Potsdam - Berlin - Bayreuth

Königsbrücke mit Kolonnaden in Berlin, Foto um 1900

Gendarmenmarkt in Berlin mit den ›Gontard-Türmen‹, Foto um 1900

Astrid Fick

Potsdam - Berlin - Bayreuth

Carl Philipp Christian von Gontard
(1731-1791)
und seine bürgerlichen Wohnhäuser,
Immediatbauten und Stadtpalais

Michael Imhof Verlag

Meinen Eltern
Hans und Lieselotte Fick

Dissertation im Fachbereich
Kommunikations- und Geschichtswissenschaften
der Technischen Universität Berlin 1997

Bildnachweis

Bayreuth, Stadtarchiv: Abb. 16, 30; Bayreuth, Stadtmuseum: Abb. 19, 34; Bayrisches Landesvermessungsamt: Abb. 24 (mit Ergänzungen); Berlin, Berlin-Museum: Abb. 164; Berlin, Geheimes Staatsarchiv: 47, 82; Berlin, Kupferstichkabinett: Abb. 154, 158, 160; Berlin/Potsdam, Stiftung Preußische Schlösser und Gärten Berlin-Brandenburg: Abb. 35-36, 38, 41, 85-86, 96-97, 99, 102-103, 105, 106, 109-123, 127-129, 155, 161, 163; Berlin, TU, Lehrstuhl für Denkmalpflege: Abb. 139; Hannover, Universität, Lehrstuhl für Baugeschichte: Abb. S. 1, 2; Abb. 80; Nürnberg, Germanisches Nationalmuseum: Abb. 70, 83, 92, 104, 124-125, 130-131, 151, 156-157, 162, 165-167; Potsdam, Amt für Denkmalpflege: Abb. 54; Potsdam, Stadtarchiv: Abb. 58, 59, 135, 145; Potsdam, Potsdam-Museum: Abb. 1; De Maria 1988: Abb. 152; Demps 1988: Abb. 84, 87-91, 93, 170-172; Diderot et d'Alembert 1751-1780: Abb. 42; Drescher 1991: Abb. 37, 39-40; Binding 1995: Abb. 107; Forssman 1961/84: Abb. 11; Giersberg 1986: Abb. 72, 108, 153, 159; Giersberg/Schendel 1990: Abb. 48-49; Goralczyk 1987: Abb. 81, 100; Gut 1916/1984: Abb. 94; Hofmann 1902: Abb. 20, 23; Köhler 1994: Abb. 27; Lombardi 1992: Abb. 57; Mielke 1972: Abb. 21, 44-45, 50-52, 56, 60-65, 67, 71, 73-79, 133-134, 136-137, 141-142, 146-150; Klünner/Peschken 1982: Abb. 69; Röver 1977: Abb. 25, 26; Wolfgang Steinbrück, Bayreuth: Abb. 6; Tadgel 1978: Abb. 7, 68; Heinze/Thiemann/Demps 1987: Abb. 126; Ausstellungskatalog »Blick auf Potsdam« 1990: Abb.101; Michael Imhof und León Krempel: Umschlag
Alle übrigen Abbildungen aus dem Besitz der Autorin und Michael Imhof Verlag (Fotos von 1999).

Die Deutsche Bibliothek - CIP-Einheitsaufnahme

Ein Titeldatensatz für diese Publikation ist bei Der Deutschen Bibliothek erhältlich.

Astrid Fick:
Potsdam – Berlin – Bayreuth.
Carl Philipp Christian von Gontard (1731-1791) und seine bürgerlichen Wohnhäuser, Immediatbauten und Stadtpalais
Dissertation Berlin 1997
Michael Imhof Verlag, Petersberg 2000

© 2000 Michael Imhof Verlag, Stettiner Straße 25, D-36100 Petersberg
   Tel. 0661/9628286; Fax 0661/63686, Verkehrsnummer: 12854.

Gestaltung und Reproduktion: Michael Imhof Verlag
Druck: Rindt-Druck, Fulda
Bindung: Buchbinderei Keller, Kleinlüder
Printed in Germany

ISBN 3-932526-42-2

Inhalt

Vorwort   7

Einleitung   8

Zur Person Carl Philipp Christian von Gontards   11
    Forschungsstand zu Carl von Gontard   11
    Quellenlage der Bayreuther, Potsdamer und Berliner Gontard-Bauten   12
    Abstammung und Familie   12
    Ausbildung   15
    Besoldung des Baumeisters   17

Die Bayreuther Frühzeit des Architekten   19
    Stadtbausituation in Bayreuth   19
    Abriß über Gontards Tätigkeit in Bayreuth   20
    Forderungen der Architekturtheorie hinsichtlich der Errichtung von Privatbauten   23
    Bayreuther Gontard-Bauten im Kontext der Architekturtheorie und im Vergleich
    zur zeitgenössischen Baukunst   26
    Charakterisierung des Bayreuther Frühwerks   38

Situation des Bauwesens in Potsdam   49
    Bürgerhausbauten unter König Friedrich Wilhelm I.   49
    Der Ausbau Potsdams zur Residenzstadt unter König Friedrich II.   49
    Friedrichs II. frühe Beschäftigung mit der Baukunst   50
    Die Organisation des Bauwesens und die Mitglieder des Baucomtoirs   51
    Die Anwerbung von Baumeistern, Künstlern und Handwerkern nach dem Ende
    des Siebenjährigen Krieges 1763   52
    Steigerung des Bauvolumens unter Friedrich II.   53
    Zeitgenössische Kritik an König Friedrichs II. Vorgehen bei Baumaßnahmen   54

Immediatbauten Carl von Gontards in Potsdam   56
    Zuschreibungen   56
    Gontards Anteil an der Fertigstellung des Neuen Palais und der Communs   56
    Gontards Anteil an Potsdamer Immediatbauten   57

    Gontards Bauten nach eigenen Entwürfen   59
    Charakterisierung der Entwürfe Gontards für Potsdamer Bauten   80

Gontard-Bauten nach fremden Vorlagen und historischen Vorbildern   83
    Vorlagen des Königs für Potsdamer Bürgerhäuser   83
    Adaptionen nach französischen und italienischen Vorbildern   85
    Gontard-Bauten in Anlehnung an holländische Backsteinarchitektur   93

Berliner Immediatbauten Carl von Gontards   96
    Abriß über Gontards Tätigkeit in Berlin   96
    Der Gendarmenmarkt in Berlin   97
    Gontards Immediatbauten am Gendarmenmarkt   98
    Charakterisierung der Entwürfe Gontards für Berliner Immediatbauten   105

Resümee: Gontards Architektursprache im Bereich des Wohnhausbaues   108

Inhalt

Exkurse — 112
    Das Potsdamer Militärwaisenhaus — 112
    Unverwirklichte Entwürfe Gontards für Schloßbauten — 118
    Brücken- und Kolonnadenbauten — 128
    Diebe, Lügner, «Erz-Canallien» – Friedrich II. und seine Baumeister — 133

Anhang mit tabellarischer Kurzaufstellung der Bauten Gontards — 135
    Tabelle I: Bauten Carl von Gontards in Bayreuth und Umgebung — 135
    Tabelle II: Immediatbauten in Potsdam zwischen 1748 und 1756 — 136
    Tabelle III: Chronologische Zuordnung der Potsdamer Immediatbauten
    zwischen 1764 und 1786 — 136
    Tabelle IV: Zum abweichenden Wiederaufbau der Häuser an der Nauenschen Plantage
    1783 und 1793 — 138
    Tabelle V: Höfische Bauten Carl von Gontards in Potsdam — 140
    Tabelle VI: Öffentliche Bauten, Sakralbauten und sonstige höfische
    Aufträge Carl von Gontards in Berlin — 140
    Tabelle VII: Immediatbauten Carl von Gontards in Berlin — 140
    Verzeichnis der Gontard-Pläne — 141

Katalog — 142
    Bayreuth und Umgebung — 142
    Potsdam — 164
    Berlin — 226
    Entwürfe für unverwirklichte Schloßbauten — 254
    Entwürfe bzw. Ansichten für Kirchen- und Tempelanlagen — 258
    Brunnenanlagen — 261

Anmerkungen — 262

Literatur und Quellen — 283
    Verzeichnis der benutzten Archive und Plansammlungen — 283
    Neuere Literatur — 284

Abkürzungsverzeichnis — 288

Vorwort

Die vorliegende Arbeit fand ihren Ausgangspunkt in meiner Magisterarbeit, die sich mit dem Bayreuther Frühwerk Carl von Gontards beschäftigte. Dank gebührt meinem Doktorvater Prof. Dr. Robert Suckale, Technische Universität Berlin, von dem die Anregung zu dieser Arbeit ausging, der sie über Jahre hinweg begleitete und der mir bei allen Problemen, die dieses Thema mit sich brachte, zur Seite stand. Herrn Prof. Dr. Wolfgang Wolters sei als Zweitkorrektor gleichfalls für seine Unterstützung gedankt.
Zahlreiche Museen und Archive waren mir bei der Erstellung dieser Arbeit unbürokratisch und überaus entgegenkommend behilflich. Besonders bedanken möchte ich mich bei Frau Dr. Sylvia Habermann, Stadtmuseum Bayreuth, Herrn Walter Bartl, Stadtarchiv Bayreuth, und Herrn Dr. Stefan Nöth, Staatsarchiv Bamberg. Im Germanischen Nationalmuseum Nürnberg gilt mein Dank Herrn Dr. Rainer Schoch und Herrn Dr. Franz Hoffmann. In Potsdam danke ich besonders herzlich der Kustodin Frau Adelheid Schendel und der Museumsassistentin Frau Evelyn Zimmermann, Stiftung Preußische Schlösser und Gärten Berlin-Brandenburg, Plankammer Neues Palais. Sie waren mir bei der Sichtung des Planmaterials unermüdlich behilflich. Ihnen verdanke ich zahlreiche Hinweise und Anregungen. Auch Frau Caroline Gegenbauer vom Amt für Denkmalpflege in Potsdam möchte ich meinen Dank für ihre Hilfe und Unterstützung aussprechen. In Berlin seien noch besonders Frau Margitta Tretter, Stiftung Schlösser und Gärten Berlin-Brandenburg, Plankammer Schloß Charlottenburg, Herr Stefan Utpatel vom Geheimen Staatsarchiv PK, Herr Andreas Matschenz, Landesarchiv Berlin, und nicht zuletzt Herr Andreas Teltow, Wissenschaftlicher Mitarbeiter am Berlin-Museum, hervorgehoben.
Viele Freundinnen und Freunde haben mir, besonders in der Endphase dieser Arbeit, beigestanden. Bedanken möchte ich mich bei Herrn Dr. Jochen Haberstroh, Landesamt für Denkmalpflege Bamberg, für seine redaktionelle Unterstützung. Mein Dank gilt an dieser Stelle besonders auch Frau Dr. Sigrid Popp und Herrn Dr. Dietmar Popp, Bayreuth, für ihre inhaltlichen Anregungen und ihre redaktionellen Hilfestellungen. Der Stadt Bayreuth und dem vormaligen Stadtdirektor Erwin Pflaum danke ich für die finanzielle Unterstützung der Drucklegung.
Ohne die Unterstützung meiner Eltern Hans und Lieselotte Fick, die mir immer zur Seite standen, wäre diese Arbeit nicht möglich gewesen.

Weißenfels, im April 2000   A.F.

Einleitung

Im Zentrum der vorliegenden Arbeit stehen der Baumeister Carl Philipp Christian von Gontard (1731-1791) und seine bürgerlichen Wohnbauten. Während seiner rund vierzigjährigen Schaffenszeit entstand eine Vielzahl verschiedener Objekte, von denen nur verhältnismäßig wenige bis heute erhalten blieben. Das Spektrum seiner Bauaufgaben war vielfältig. Gontards Œuevre umfaßt kleine Gartenstaffagen, einfache bis gehobene bürgerliche Wohnbauten und Stadtpalais, die Errichtung von Brücken- und Kolonnadenanlagen, den Bau von Stadttoren, die Konzeption von Kirchenbauten sowie höfische Aufträge im Bereich des Schloßbaues. Ganz eindeutig bildeten jedoch bürgerliche Wohnbauten den Schwerpunkt seiner Tätigkeit. Alleine in Potsdam entstanden rund 70 bürgerliche Wohnbauten nach seinen Entwürfen oder unter seiner maßgeblichen Beteiligung. Die häufig eher geringe Wertschätzung dieser Sparte der Baukunst hatte zur Folge, daß er weitgehend im Schatten derjenigen Baumeister seiner Zeit stand, die mit bedeutenden höfischen Profan- oder Sakralbauten betraut waren. In Bayreuth konzentrierte sich die Aufmerksamkeit der Kunstgeschichtsschreibung hauptsächlich auf Markgräfin Wilhelmine von Bayreuth, die von Joseph Saint-Pierre ihre außergewöhnlichen Bauprojekte, wie die Eremitage bei Bayreuth oder die Bauten in Sanspareil bei Hollfeld, umsetzen ließ. Nach ihrem Tode 1758 stagnierte die Bautätigkeit und kam nach dem Tode ihres Gatten 1763, des Markgrafs Friedrich, ganz zum Erliegen, so daß Gontard kaum mehr Gelegenheit hatte, sich zu profilieren. Desgleichen richtete sich in Potsdam und Berlin das Hauptaugenmerk der kunstwissenschaftlichen Forschung auf die Person Friedrichs II., seinen Baumeister Knobelsdorff und die bedeutenden Schloßbauten von Sanssouci und Umgebung. Die Bedeutung der immensen Bautätigkeit des Preußenkönigs im Bereich der bürgerlichen Wohnbauten und der Stadtverschönerung drang erst seit Beginn der 1970er Jahre stärker ins Bewußtsein vor. Aus diesem Grunde erschien es angemessen, die bürgerlichen Wohnbauten und Stadtpalais Carl von Gontards in Bayreuth, Potsdam und Berlin einer genauen Untersuchung zu unterziehen.

Carl von Gontards Œuvre wurde geprägt durch seine Frühzeit in Franken, seine Ausbildung bei Jacques-François Blondel in Paris und die Persönlichkeit Friedrichs II. Für das Verständnis des Gontardschen Werkes in Potsdam war es notwendig, die Stadtbausituation unter Friedrich Wilhelm I. und die spezielle Vorgehensweisen Friedrichs II. bei Bauangelegenheiten zu skizzieren. Die ungewöhnlichen Eigenheiten und Architekturvorstellungen Friedrichs II. kommen besonders bei denjenigen Bauten zum Ausdruck, die nach seinen eigenen oder nach ausländischen Vorlagen in Potsdam realisiert wurden. Um Gontards Entwicklung im Bereich der bürgerlichen Wohnbauten und Stadtpalais am Übergang vom Spätbarock zum Frühklassizismus aufzuzeigen, war es erforderlich auf sein Gesamtwerk – zumindest im Katalogteil – einzugehen. Insbesondere wurden darin auch diejenigen bürgerlichen und adeligen Wohnbauten berücksichtigt, die aufgrund ihrer Vielzahl nicht einzeln im Text behandelt werden konnten. Außerdem wurden auch Pläne und unverwirklichte Projekte aufgenommen, die bisher kaum oder gar nicht bekannt waren.

Noch bevor auf die Person Carl von Gontards und seine Werke eingegangen werden kann, muß der problembehaftete Begriff »Klassizismus« betrachtet werden. Die Schwierigkeiten, die die Definitionsansätze der Epochenbezeichnung Klassizmus mit sich bringen, können an dieser Stelle nur angedeutet werden. Sie dürfen aber nicht völlig übergangen werden, da die Architektursprache Carl von Gontards verschiedene Tendenzen widerspiegelt, die dieser Bezeichnung zugeordnet werden. Umrissen wird mit diesem Begriff in der kunstgeschichtlichen Forschung der Zeitraum etwa von der Mitte des 18. Jahrhunderts bis zum frühen 19. Jahrhundert. Dabei sind die Eckdaten je nach Autor fließend.[1] Schon häufig wurde kritisiert, daß der »Rückgriff auf die Antike« als einziges entscheidendes Kriterium zur Definition der Eigenheiten der Baukunst jener Zeit angeführt wurde. Denn der Zeitraum, der damit umfaßt wird, weist vielschichtige Strömungen auf, die weder ohne innere Widersprüche unter dem Begriff »Klassizismus« subsumiert noch auf die Rezeption antiker Architektur reduziert werden können.[2] Zwar bildete das Studium der Antike besonders in Frankreich seit der Gründung der Académie Royale d'Architecture ein wesentliches Element für das Studium der Baukunst, doch wurden gleichzeitig zu Vitruv die Werke der Renaissanceschriftsteller gelesen und diskutiert. Es erfolgte somit eine Rezeption der Antike aus dem Blickwinkel des 16. und 17. Jahrhunderts.[3] Zugleich sind auch italienische Einflüsse auf die französische Entwicklung besonders in der ersten Hälfte des 18. Jahrhunderts bisher meist zu wenig beachtet worden. In diesem Zusammenhang ist schon mehrfach auf den Prix de Rome der Académie Royale d'Architecture aufmerksam gemacht worden. Die Gewinner des dreijährigen Romstipendiums, die dort in der Accademia di Francia untergebracht waren, konnten die ganze Bandbreite römischer Architektur von der Antike bis zur Gegenwart rezipieren.[4] Dabei war das Studium der Antike oft stärker von Rekonstruktionsvorstellungen als von archäologisch exakten Befunden bestimmt: »Vielmehr sind die antiken Themen und Motive primär Ausdruck eines Strebens nach Pathos und Großartigkeit – Qualitäten, die eben in der antiken Architektur erkannt werden.«[5]

Römische Bauwerke des 16. bis 18. Jahrhunderts, besonders die Stadtpaläste mit ihrer Tendenz zu stereometrischen Baukörpern, sind gleichfalls nicht ohne Einfluß geblieben.[6] Die französische Kritik gegenüber dem Rokoko und die Forderungen nach Neuorientierungen betrachteten »ebenso die Werke des griechischen und römischen Altertums wie die an diesem gebildete ›gute‹ Baukunst des 16. und 17. Jh.« als impulsgebende Anknüpfungspunkte für eine neue Architektur.[7] So betonte Jacques-François Blondel (1705-1774), einer der bedeutendsten Architekturschriftsteller des 18. Jahrhunderts, immer wieder den Vorbildcharakter von Claude Perraults Louvre-Kolonnaden von 1667 bis 1674.

Ohne Zweifel wirkte sich die Entwicklung in Frankreich entscheidend auf die Entstehung des Frühklassizismus in Deutschland aus. Französische Architekten, die in Deutschland tätig waren, wie z.B. Pierre Michel d'Ixnard (1723-1795) sowie in Frankreich ausgebildete deutsche Baumeister traten als Vermittler auf. Hier ist besonders die Architekturschule Jacques-François Blondels zu nennen. Aus seiner 1743 gegründeten »École des Arts« gingen Persönlichkeiten wie Jean Laurent Legeay (um 1710- nach 1788), Simon Louis du Ry (1726-1799), Philippe de la Guêpière (um 1715-1773) und nicht zuletzt Carl von Gontard (1731-1791) hervor. Es muß außerdem auf die regional unterschiedlichen Voraussetzungen hingewiesen werden, die in Deutschland herrschten. Der protestantische Norden Deutschlands bot durch seine stärker von der klassischen französischen Schloßbaukunst beeinflußten Architekturauffassung für die Ausbreitung frühklassizistischer Tendenzen einen deutlich günstigeren Nährboden als der katholische, vom italienischen Hochbarock bestimmte Süden. Ausnahmen im süddeutschen Bereich bildeten das protestantische Herzogtum Württemberg und die protestantischen Markgrafschaften Ansbach und Bayreuth sowie verschiedene kleine Randgebiete.[8] Umfangreiche und detaillierte Analysen der Architektur der zweiten Hälfte des 18. Jahrhunderts legen nahe, die Eingrenzung der Frühphase dieser Entwicklung in Süddeutschland etwa zwischen 1760 und 1790 anzusetzen. Ein wichtiges Argument ist außerdem der sich zu den genannten Eckdaten jeweils vollziehende Generationswechsel innerhalb der führenden Architektenkreise.[9] Diese Eckdaten lassen sich auch auf Gontard übertragen, der 1750 seine Ausbildung begann und um 1758 bis 1761 die ersten wichtigen Aufträge ausführte. Gontard verstarb 1791, doch schon zuvor hatte sich König Friedrich Wilhelm II. Künstlern wie Carl Gotthard Langhans zugewandt. Als Vermittler der französischen Baukunst nach Preußen waren auch die Hugenotten von Bedeutung, die nach der Aufhebung des Ediktes von Nantes 1685 aus Frankreich flohen und in Preußen sowie in den protestantischen Provinzen Aufnahme fanden.[10] Zudem kam es im protestantischen Norden schon im späten 17. Jahrhundert zu Kontakten mit der palladianischen Baukunst der Niederlande. In bezug auf Preußen seien hier die verwandtschaftlichen Verbindungen

Einleitung

des Großen Kurfürsten mit dem Hause Oranien sowie seine politischen und künstlerischen Beziehungen zu Moritz von Nassau-Siegen genannt, der ihm die Baukunst Jacob van Campens (1595-1657) und Pieter Posts (1608-1669) nahe brachte.[11] Noch bis in die Regierungszeit Friedrichs II. hinein waren niederländische Handwerker und Baumeister in Preußen tätig. Aus England gelangten die Ideen Inigo Jones (1573-1652) und Colen Campbells (1676-1729), dessen »Vitruvius Britannicus« in drei Bänden zwischen 1715 und 1725 veröffentlicht wurde, nach Deutschland. Diese vielfältigen Ausgangsbedingungen zeigen, daß um die Mitte des 18. Jahrhunderts in Deutschland viele verschiedene Strömungen präsent waren.

Die Ablösungsbewegung vom Rokoko zeichnete sich formal durch das Streben hin zu Ausgewogenheit, klaren und einfachen Formen sowie durch die Übernahme antikisierender Einzelformen aus. Die »architecture pyramidale«, das barocke Risalitschema als übergreifendes Gliederungssystem, das im Corps des logis kulminiert, wurde zunehmend aufgegeben. Die Vorliebe für geometrische Formen, stereometrische Volumina und kubische Baukörper nahm zu, ebenso die Eigenständigkeit einzelner Gebäudeteile und Fassadenmotive. Die Herauslösung der Säule aus der Wand und die Verbindung der freistehenden Säule mit geradem Gebälk - bis hin zu einer oft uniformen Reihung - verdeutlichen das Streben nach klaren architektonischen Strukturen.[12] Mit der Entwicklung zur Vereinheitlichung und Vereinfachung der Gebäudemassen vollzog sich auch der Wechsel von Mansarddächern zu Flachdächern bzw. zu kaschierten Dachsituationen.[13]

Carl von Gontard konnte durch seine Ausbildung in Bayreuth bei Joseph Saint-Pierre und in Paris bei Jacques-François Blondel, durch seine Studienreisen sowie seine Tätigkeit für Friedrich II. in Potsdam und Berlin unterschiedlichste Spielarten der Baukunst und die vielfältigen intellektuellen Positionen kennenlernen. Die Darstellung der Entwicklung und die Charakterisierung seiner Architektursprache unter der besonderen Berücksichtigung bürgerlicher Wohnbauten sind Gegenstand dieser Arbeit.

Zur Person Carl Philipp Christian von Gontards

Forschungsstand zu Carl von Gontard

Als erste monographische Arbeit zu Carl von Gontard ist eine Veröffentlichung Peter Wallés zu nennen, die 1891 anläßlich des 100. Todestages des Baumeisters herausgegeben wurde. Neben zahlreichen Hinweisen zur Biographie und zur Ausbildung Gontards beschäftigt sich Wallé hauptsächlich mit dem späteren Wirken des Architekten in Potsdam und Berlin.[14] Im Zusammenhang mit Wallés Nachforschungen verfaßte der königliche Bauamtmann Oskar Brunner ebenfalls 1891 einen kleinen Artikel, der im Archiv für Geschichte und Altertumskunde von Oberfranken publiziert wurde. Er skizziert darin die Ergebnisse seiner Untersuchungen für Wallé und führt biographische Notizen sowie einige Anmerkungen zum möglichen Anteil Gontards am Neuen Schloß in Bayreuth und zum Gontard-Haus an.[15] Ab 1900 setzt in der Kunstgeschichte wieder ein stärkeres Interesse für die Bayreuther Kunstdenkmale insgesamt ein. Friedrich Hofmann veröffentlichte 1901 seine Arbeit »Die Kunst am Hofe der Markgrafen von Brandenburg«. Er beschäftigt sich darin auch mit Gontard und nimmt weitere Zuschreibungen verschiedener Bayreuther Objekte an den Baumeister vor.[16] Erst in den 1930er Jahren wurde im Rahmen der Doktorarbeit des Architekten Diether Hoffmann an der Technischen Hochschule in Berlin ein Versuch unternommen, das Œuvre Gontards zusammenzufassen. Da der Verfasser im 2. Weltkrieg fiel, wurde die Arbeit nicht mehr eingereicht und liegt heute in unterschiedlich überarbeiteten Fassungen in mehreren Archiven vor.[17] Neben zahlreichen wertvollen archivalischen Hinweisen beschränkt sich die Arbeit speziell bei den Bayreuther Arbeiten Gontards weitgehend auf eine Zusammenstellung der Objekte und ihre Beschreibung.

Als erste Veröffentlichung, die Gontards Bautätigkeit in Bayreuth intensiver behandelt, ist Karl Sitzmanns Aufsatz »Die Frühzeit des Architekten Carl Gontard in Bayreuth« von 1952 zu nennen.[18] Zur Familiengeschichte der Gontards ist eine private Studie aus dem Jahr 1958 zu erwähnen.[19] Wertvolle Ergänzungen zu Gontards Werken wurden in den letzten Jahren in der Bayreuther Presse und in den Veröffentlichungen des Historischen Vereins für Oberfranken durch Karl Müssel, Klaus Merten und Sylvia Habermann publiziert.[20] 1990 wurde von Mathias Metzler in Leipzig eine Diplomarbeit über Gontard erstellt. Metzler bietet eine Zusammenfassung des Forschungsstandes.[21] Seine Ergebnisse zu den Potsdamer Bauten faßte er außerdem in einem Beitrag in der »Brandenburgische Denkmalpflege« zusammen.[22] Von der Verfasserin wurde schließlich 1991 eine Magisterarbeit über das Bayreuther Werk des Architekten an der Universität Bamberg erstellt.[23] Die Literatur zum Bayreuther Werk Gontards kann also nicht als üppig bezeichnet werden.

Im Verhältnis zum Umfang seines Werkes in Berlin und Potsdam hat Gontard auch dort nur relativ wenig Beachtung erfahren. Der Potsdamer Heimatforscher Hans Kania verfolgte in zahlreichen Zeitungsartikeln und kleineren Aufsätzen Teilaspekte der Gontardschen Tätigkeit.[24] Der bereits erwähnte Diether Hoffmann konnte bei den Nachforschungen für sein Dissertation noch auf Quellen für die Berliner und Potsdamer Bauten zurückgreifen, die im 2. Weltkrieg verloren gingen und heute deshalb z.T. nur noch zitiert und nicht mehr überprüft werden können.

Bis in die 1960er Jahre fällt der Name des Architekten bei Baubeschreibungen und stadtgeschichtlichen Abhandlungen zwar immer wieder, Monographien zu Gontard, Darstellungen seines gesamten Œuvres entstanden jedoch nicht. Einzelne Objekte, besonders in Potsdam, haben in der Folgezeit stärkeres Interesse erfahren. Die umfangreichsten kunstgeschichtlichen Bearbeitungen der Potsdamer Bauten stellen die gemeinsame Publikation von Horst Drescher und Sibylle Badstübner-Gröger zum Bau des Neuen Palais sowie Friedrich Mielkes Veröffentlichungen zu verschiedenen Aspekten Potsdamer Baukunst dar.[25] Von großer Bedeutung ist auch Hans-Joachim Giersbergs Publikation »Friedrich als Bauherr«, die sich u.a. mit den bürgerlichen Wohnbauten in Potsdam auseinandersetzt.[26] Berliner Bauten, wie die Domtürme und die Randbebauung am Gendarmenmarkt, wurden umfassend von Laurenz Demps und Peter Goralczyk behandelt.[27]

Quellenlage der Bayreuther, Potsdamer und Berliner Gontard-Bauten

Der Umfang des originalen Quellenmaterials, wie etwa Pläne von der Hand Gontards sowie Archivalien zu seinen Bauten in Bayreuth, ist relativ gering. Die vorhandenen Unterlagen verteilen sich im wesentlichen auf das Stadtarchiv Bayreuth und das Staatsarchiv Bamberg. Im Germanischen Nationalmuseum in Nürnberg wird die Plansammlung Knebel verwahrt, in der einige Blätter Gontards, die aus verschiedenen Perioden seines Schaffens stammen, enthalten sind.[28] Neben den Informationen der wenigen erhaltenen Plänen und Archivalien des Stadtarchivs Bayreuth, haben sich neue Hinweise in den Grundakten der Häuser im Staatsarchiv Bamberg gefunden. Der Mangel an Archivmaterial in Bayreuth beruht unter anderem auf der Auflösung der Markgrafschaft Bayreuth 1792 und der folgenden Angliederung an Bayern, wobei ein großer Teil der lokalen Akten verloren ging.[29] Die kunstgeschichtliche Forschung ist deshalb gezwungen, auf einige Chroniken aus dem späten 18. Jahrhundert und frühen 19. Jahrhundert zurückzugreifen, die z.T. noch unter der Verwendung des besagten Aktenmaterials entstanden. Besonders hervorzuheben ist dabei die Stadtbeschreibung des Bayreuther Justizrats Johann Sebastian König, der eine aufschlußreiche Stadtbeschreibung Bayreuths um 1800 verfaßte. Wichtige Informationen liefert z.T. auch das sogenannte »Rissebuch«, das eine Übersicht der Steuerauflagen der einzelnen Häuser darstellt und wohl ebenfalls um 1800 entstanden ist.[30] 1991 wurde schließlich von Horst Fischer im »Häuserbuch der Stadt Bayreuth« eine Zusammenstellung archivalischer Belege vorgenommen.[31]

Zu den Potsdamer und Berliner Bauten befinden sich die Hauptquellen im Geheimen Staatsarchiv Preußischer Kulturbesitz in Berlin, wo mittlerweile auch die Bestände des ehemaligen Zentralen Staatsarchivs Merseburg untergebracht sind, sowie in den Plankammern der Stiftung Preußischer Schlösser und Gärten Berlin-Brandenburg im Neuen Palais in Potsdam und im Schloß Charlottenburg. Leider mußte insbesondere das Geheime Staatsarchiv in Berlin im 2. Weltkrieg den Verlust wichtiger Aktenbestände und Pläne verzeichnen, die für den Potsdamer Bürgerhausbau wichtig gewesen wären.[32] Auffällig ist außerdem das völlige Fehlen von Plänen, Skizzen etc. in den noch erhaltenen Akten aus der Ära Friedrichs II. Es ist zu vermuten, daß Pläne in dieser Zeit getrennt von den Akten in Plankammern aufbewahrt wurden, die aus unbekannten Gründen nicht überkommen sind. Möglicherweise wurden Baurechnungen z.T. auch direkt nach der Abnahme der Bauten vernichtet. Heinrich Ludwig Manger berichtet in seiner »Baugeschichte von Potsdam«, daß Friedrich II. am 5. Februar 1753 den Befehl erteilt habe, alle Baurechnungen zu verbrennen, da nicht bekannt werden sollte, wieviel Geld aufgewendet wurde.[33] Darüber hinaus existieren im Amt für Denkmalpflege in Potsdam und im Stadtarchiv Potsdam Hausakten zu zahlreichen Potsdamer Anwesen, die bauliche Veränderungen festhalten. Allerdings setzt die Führung dieser Akten erst in der 2. Hälfte des 19. Jahrhunderts ein und sie enthalten keine Originalaufzeichnungen oder Pläne aus dem 18. Jahrhundert. Schriftliche Quellen sind außerdem im Brandenburgischen Landeshauptarchiv in Potsdam, im Landesarchiv Berlin, im Österreichischen Verwaltungsarchiv in Wien sowie im Archiv der Humboldt Universität erhalten. Einzelne Entwürfe Gontards oder seines Umkreises sind außerdem im Berlin-Museum, im Kupferstichkabinett PK in Berlin, in der Plankammer der Technischen Universität Berlin und im Staatlichen Museum für Architektur in Moskau zu finden.

Abstammung und Familie

Sowohl in Deutschland als auch in Frankreich leben noch heute bürgerliche und adelige Nachkommen der weitverzweigten Familie Gontard. Ihre Mitglieder stellten im Laufe der Zeit immer wieder Untersuchungen zur Genealogie und Familiengeschichte an. Besonders die Ergebnisse, die Christoph von

Abstammung und Familie

Lindeiner-Wildau 1958 bei ausführlichen Nachforschungen im Auftrage Herrn Joachim Gontards in Köln erzielte, liefern uns heute wichtige Informationen über den Baumeister Carl Philipp Christian von Gontard.[34]
Nach Familienüberlieferungen stammten die Vorfahren der Familie Gontard von Hugenotten aus dem Dauphiné ab, die zum angesehensten Adel Grenobles gehörten. Nach der Aufhebung des Ediktes von Nantes 1685 flüchteten einige von ihnen nach Deutschland und begründeten dort in verschiedenen Städten neue Familienzweige.[35] Lindeiner-Wildaus Nachforschungen konnten die bisher als lückenlos angesehene genealogische Abfolge für die Mannheimer Gontards nicht bestätigen, obwohl ihre Abstammung von ausgewanderten Hugenotten weiterhin zu vermuten ist.[36] Alexander Ludwig Gontard, der Vater des späteren Baumeisters Carl Philipp Christian von Gontard, wurde wahrscheinlich in Mannheim zwischen dem 27. Dezember 1706 und dem 6. Januar 1707 geboren.[37] Vor dem 30. März 1729 heiratete er Maria Margarethe Elisabeth Kurz.[38] Vermutlich stand er in Diensten des Kurfürsten Carl Philipp von der Pfalz, dessen Vater Philipp Wilhelm seinen protestantischen Glauben aufgegeben hatte und zum Katholizismus konvertiert war.[39] Vielleicht ist hier der Grund dafür zu sehen, daß die Familie Alexander Gontards der katholischen Kirche angehörte, obwohl ihre Abstammung von Hugenotten wahrscheinlich ist.[40] Am Mannheimer Hof war Alexander Gontard vermutlich als Ballettmeister tätig.[41] Zumindest bekleidete er diese Stellung am Hofe des Markgrafenpaares Friedrich und Wilhelmine von Bayreuth.[42] Am 16. November 1741, aufgrund seiner Aufnahme in die Schloßloge der Freimaurer, wurde er hier erstmals erwähnt.[43] Daß ihm nicht erst in Bayreuth hohes Ansehen zuteil wurde, scheint auch dadurch bestätigt zu werden, daß Kurfürst Carl Philipp von der Pfalz und sein Schwiegersohn, Pfalzgraf Christian von Pfalz-Sulzbach, 1731 als namensgebende Paten für Carl Philipp Christian Gontard fungierten.[44]
Darüber hinaus nahm Alexander Ludwig Gontard auch die Position des Informators, also des Lehrers und Erziehers der Prinzessin Friederike von Bayreuth ein und war 1742/43 Tanzmeister am Gymnasium Academicum in Bayreuth.[45] Er starb am 1. April 1747 in Bayreuth.[46]

Carl Philipp Christian Gontard wurde in Mannheim als zweites von vermutlich acht Kindern der Eheleute Alexander Ludwig und Maria Margarethe Elisabeth Gontard geboren.[47] Als Geburtstag wird allgemein das Datum der katholischen Taufeintragung der oberen Pfarrkirche in Mannheim (Jesuitenkirche), der 13. Januar 1731, angegeben.[48] Bezeichnenderweise sind nur die in Mannheim geborenen Kinder Alexander Gontards katholisch getauft, während die in Bayreuth zur Welt gekommenen Kinder im Taufregister der evangelischen Stadtkirche eingetragen sind.
Nach einer Ballettausbildung trat Carl Gontard (Abb. 1) 1750 in das Hofbauamt Bayreuth ein.[49] Am 17. Mai 1756 heiratete er in Bayreuth Martha Sophia Friederica Erckert, die Tochter des Geheimen Regierungsrats und Konsistorial-Präsidenten Johann Stephan Erckert.[50] Sie stand von 1751 bis

1. Portrait C. v. Gontards, anonym, 2. Hälfte 18. Jh., Potsdam-Museum

Zur Person Carl Philipp Christian von Gontards

1756 als Kammerfrau in Diensten der Markgräfin Wilhelmine und wurde von ihr testamentarisch bedacht.[51] Sophie Friederica gebar ihrem Ehemann 16 Kinder, von denen aber sieben früh verstarben. Die in Bayreuth geborenen Kinder wurden in das Taufregister der evangelischen Hofkirchengemeinde eingetragen.[52] 1755 stieg Gontard neben Rudolf Heinrich Richter zum Hofbauinspektor auf und avancierte 1756 zum Ingenieur-Hauptmann.[53] 1761 wurde er an die 1756 eröffnete Akademie der freien Künste als Lehrer für Baukunst und Perspektive berufen.[54] Den Rang eines Ingenieur-Hauptmanns und Hofbauinspektors nahm er bis zu seinem Weggang von Bayreuth 1764 ein, während er für die Kunstakademie nicht mehr genannt wurde.[55]

Nach dem Tode des Markgrafen Friedrich wechselte Gontard 1764 in die Dienste Friedrichs des Großen nach Potsdam.[56] Mit ihm gingen auch verschiedene andere Baumeister und Handwerker nach Potsdam, wie z.B. Georg Christian Unger (1743-1804/12), Johann Rudolf Heinrich Richter (1709-1771) sowie die Brüder Johann David (1729-1783) und Johann Lorenz Räntz (1733-1776). Gontard war dort zunächst mit der Fertigstellung des Neuen Palais und der Communs beschäftigt. Seine Hauptaufgabe war der Bau von Bürgerhäusern, die Potsdams Straßenzüge aufwerten sollten. Am 8. Juli 1767 erfolgte in Wien die Erhebung des Architekten in den Reichsadelsstand als »von Gontard«, was auch das Privileg zum Führen eines Wappens beinhaltete.[57]

Das Verhältnis zwischen König und Baumeister trübte sich schon während der Vollendung des Neuen Palais und wurde immer wieder durch Betrugsvorwürfe des Königs überschattet, der Gontard – aber auch Manger und Unger – mehrmals arretieren ließ.[58] Selbst eine Reise nach Bayreuth Ende des Jahres 1769, um Erbschaftsangelegenheiten für seine Frau zu erledigen, wurde ihm nicht gestattet.[59] Dennoch erhielten Gontard und seine Gattin aus dem Nachlaß ihres Vaters 12.200 Gulden, womit sie »mit allerhöchster Bewilligung, sich durch Erkaufung des ehemaligen Bühringschen Gut, possessionirt zu machen gesonnen« waren.[60] Seine Gesundheit scheint schon früh angegriffen gewesen zu sein, die Leiden sind jedoch nicht genauer zu bestimmen. Etwa im August 1771 erkrankte Gontard schwer. Im Mai 1772 meldete er sich schließlich bei seinem König. Nach einer drei- bis vierwöchigen Kur in Berlin, so glaubte er, könne er nach der zehnmonatigen Erkrankung wieder sein Amt antreten. Eine Abwesenheit von Potsdam wurde ihm jedoch nicht gestattet.[61] Seine häufigen Krankheiten erwähnte auch später seine Witwe, als sie 1791 um ein finanzielle Unterstützung nachsuchte.[62]

Im Auftrage des Königs war Gontard seit 1776 auch in Berlin tätig, wo er unter anderem die Kolonnadenarchitekturen an der Königs- und der Spittelbrücke sowie die Türme der beiden Dome am Gendarmenmarkt errichtete. Nach dem Tode Friedrichs II. wurde Gontard, auf sein persönliches Gesuch hin, von König Friedrich Wilhelm II. 1787 in den Rang eines Majors erhoben.[63] Für den neuen König entwarf Gontard das Marmorpalais im Neuen Garten, wurde jedoch bei der Innenausstattung durch Langhans ersetzt. Der Baumeister starb am 23. September 1791 in Breslau, wo er sich aufgrund einer Reise zu den schlesischen Bädern aufhielt.[64] Sein Grab ist unbekannt.

Der Kontakt Gontards nach Bayreuth scheint, zumindest für längere Zeit, nicht abgerissen zu sein. So haben sich vier Briefe Gontards an den Marquis d'Adhémar in Bayreuth erhalten.[65] Diese wenigen Briefe erlauben einen Blick auf das persönliche Umfeld Gontards. D'Adhémar stammte aus einem alten französischen Adelsgeschlecht und scheint um 1749 mit Voltaire in Verbindung gekommen zu sein, der schon 1750 der Markgräfin vorschlug, d'Adhémar nach Bayreuth zu holen. Jedoch erst im Juli oder August 1752 traf d'Adhémar in Bayreuth ein, wo er von ca. 1761 bis zu seinem Tode 1785 in einem von Gontard entworfenen Palais lebte.[66] Im ersten Brief vom 6. Oktober 1764, Gontard konnte also noch nicht sehr lange in Potsdam gewesen sein, erweist sich der Baumeister als Übermittler eines Briefes Voltaires an d'Adhémar, den Cothenius, der Leibarzt Friedrichs II., ihm zur Übermittlung anvertraut hatte. Neben den üblichen Höflichkeiten bezieht sich Gontard auf die Abwesenheit des Marquis d'Argens von Preußen, aus der d'Adhémar Vorteile ziehen könne. Um welche Vorteile es sich dabei handelte, ist aus den Zeilen jedoch nicht zu schließen. Gleichzeitig erwähnt der Baumeister, daß ihm bald nach seiner Ankunft in Potsdam der Auftrag erteilt worden sei, »(...)

un Inventair de toute materieux et outtis de ces Batimens [...]« anzufertigen.⁶⁷ Im zweiten Brief vom 24. Oktober 1765 erwähnt Gontard eine im Brief enthaltene Beilage eines Monsieur Uriot. Es handelt sich hier vermutlich um Joseph Uriot (1713-1788), der ab Ende der 1740er Jahre als Schauspieler in der französischen Komödie in Bayreuth tätig war und Gontard somit bekannt gewesen sein muß. In den späten 1750er Jahren ging Uriot an den Hof Carl Eugens von Württemberg, wo er als Bibliothekar und Lektor wirkte.⁶⁸ Es scheint, daß Uriot in die Dienste Friedrichs II. treten wollte: »[...] C'est avec beaucoup de veneration et de plaisir que j'ai eu l'honneur de recevoir Votre chere lettre, et l'incluse de Monsieur Uriot, que je n'ai pas manqué à lui remettre, et je crois surement qu'il auroit reussi d'entrer au Service de Sa Majesté. [...]«⁶⁹
Die beiden weiteren Briefe enthalten lediglich einige persönliche Bemerkungen und die Versicherung der weiteren Freundschaft. Gontard scheint in einem sehr freundschaftlichen Verhältnis zu d'Adhémar gestanden zu haben, dem er eventuell auch eine gewisse Protektion verdankte. Christian Andreas Cothenius, Königlicher Geheimer Rat und Leibarzt Friedrichs II., dürfte Gontard schon aus Bayreuth bekannt gewesen sein, da der König 1752 Cothenius an das Krankenbett seiner Bayreuther Schwester schickte.⁷⁰

Ausbildung

Die genauen Stationen der Ausbildung Carl von Gontards lassen sich auch heute nicht völlig klären. Wallé vermutete »[...] zuerst eine militärische Erziehung, zu deren wichtigsten Zweigen ja die Mathematik und die Baukunst gehörten [...]«.⁷¹ Einen archivalischen Hinweis darauf gibt es jedoch nicht. Im Gesuch um die Erhebung in den Reichsadelsstand sowie in der Urkunde von 1767, werden sehr genaue Angaben über die Lebenswege der Brüder Gontard gegeben. Die Urkunde erwähnt zwar für beide, daß »[...] sie selbsten von Jugend auf sich aller Tugenden, Bevorab der Kriegs-Wissenschaft zu des gemeinen Wesens Besten [...] beflissen [...]« hätten, doch wird nur die militärische Ausbildung Paul Gontards ausführlich geschildert. In bezug auf Carl Gontard werden lediglich die Tätigkeit in Bayreuth, seine Auslandsreisen und seine Dienste für Friedrich II. hervorgehoben.⁷²
Der Rang eines »Ingenieur-Hauptmanns«, der schon in Bayreuth erwähnt wird, legt nahe, daß er bereits dort nicht ausschließlich der »Civil Baukunst« zugeordnet war. Die Berufsbezeichnung »Ingenieur« wurde in Deutschland seit dem 17. Jahrhundert für Baumeister verwendet, denen der Festungsbau anvertraut war. Diesen standen Baumeister für zivile Gebäude gegenüber. Jedoch wurde von einem Baumeister in der Regel die Beherrschung beider Bereiche erwartet. Architekten hatten häufig eine handwerkliche Lehre oder einen militärischen Beruf erlernt, wie z.B. Balthasar Neumann (1687-1753), Johann Conrad Schlaun (1695-1773) oder Maximilian von Welsch (1671-1745) und konnten somit in beiden Bereichen tätig sein.⁷³
Auch während seiner späteren Tätigkeit für Friedrich II. wurde Gontard mit militärischen Rangbezeichnungen geführt. Auf zwei bekannten Bildnissen, die den Baumeister zeigen, wird er in Uniform dargestellt. Vermutlich handelte es sich dabei um eine spezielle Uniform des Bauamtes, wie sie 1792 in einem Schreiben an König Friedrich Wilhelm II. erwähnt wird.⁷⁴ Gontard scheint jedoch kaum im Bereich der Militär- und Festungsbaukunst eingesetzt worden zu sein.⁷⁵
Anscheinend sollte Carl ursprünglich in die Fußstapfen seines Vaters treten. 1746 wird im Adress-Calender in der Rubrik zum Balett-Ensemble im »Etat de la Dance« »Messieur Gontard, fils« erwähnt.⁷⁶ Im Adress-Calender wird Gontard 1749 ebenda unter den »Maitres de Ballets« an dritter Stelle genannt.⁷⁷ Bereits 1901 stellte Friedrich Hofmann die These auf, daß Carlo Galli Bibiena oder der Marquis de Montperny als Mittler für Gontards Wechsel in das Hofbauamt fungiert haben könnten.⁷⁸ Die Comédie Française unterstand seit 1746 dem Marquis de Montperny, der ab 1749 auch das Hofbauamt leitete und somit durchaus der Initiator gewesen sein könnte. Im übrigen war Montperny, ebenso wie Gontards Vater, Mitglied der Schloßloge, was ihn möglicherweise bei der Förderung Carl Gontards noch bestärkte.⁷⁹ 1750 wird Gontard im Adress-Calender erstmals als Bauconducteur beim Hofbauamt erwähnt.⁸⁰ Seine Vorgesetzten waren die »Hofbau-Inspectores« Rudolf Heinrich Richter und Joseph Saint-Pierre.⁸¹

Zur Person Carl Philipp Christian von Gontards

Bei seinem Eintritt ins Hofbauamt dürfte sein Aufgabenbereich zunächst aus eher untergeordneten Aufträgen bestanden haben. Ob sich bereits während dieser kurzen Zeitspanne deutlich ein förderungswürdiges Talent herauskristallisierte, oder ob er schon vorher einflußreiche Fürsprecher gefunden hatte, läßt sich aus Quellen letztlich nicht erschließen. Sitzmann vermutete außerdem, daß Gontard als Volontär am Hofbauamt bereits ab 1748 tätig war, wofür er allerdings keine Belege anführte.[82] Auch steht dem entgegen, daß Gontard 1749 im Adress-Calender noch unter den »Maitres de Ballets« aufgeführt wird.[83] Am 19. Oktober 1750 übernahmen Carl Gontard und seine Schwester die Patenschaft für die Tochter des Stukkators Anton Franz Melber.[84] Frühestens ab diesem Datum kann der junge Conducteur seine vielfach erwähnte Bildungsreise nach Paris angetreten haben. In der Literatur finden sich zahlreich Hypothesen über die Dauer des Studienaufenthaltes, der zwischen 1750 und 1752/53 stattgefunden haben muß.[85] Dabei ist zu berücksichtigen, daß im Juli 1754 Saint-Pierre verstarb und Gontard ab dem Jahr 1755 im Adress-Calender als Hofbauinspektor neben Rudolf Heinrich Richter genannt wird.[86] Der zu dieser Zeit laufende Bau der neuen Residenz dürfte die Rückkehr Gontards erforderlich gemacht haben.[87] Sein Aufenthalt in Bayreuth kann jedoch nicht von großer Dauer gewesen sein, da er das Markgrafenpaar auf seiner Frankreich- und Italienreise vom 10. Oktober 1754 bis zum 11. August 1755 begleitete. Manger erwähnt als erster die Studienreise Gontards, deren Kosten der Markgraf getragen haben soll, in seinem Briefwechsel mit Nicolai.[88] Spätere biographische Angaben basieren diesbezüglich auf Manger. Aus dessen Schriften leitet sich auch die vielfach wiederholte falsche Annahme her, daß Gontard Griechenland bereist habe. Auslandsaufenthalte werden zudem auch im Adelsdiplom der Brüder Gontard erwähnt.[89] Der Markgraf scheint im übrigen außer Gontard auch anderen Künstlern die Gewährung einer Studienreise zum Zwecke der Ausbildung zumindest in Aussicht gestellt zu haben.[90]

In Paris besuchte Gontard die 1743 von Jacques-François Blondel gegründete École des Arts, die zur bedeutendsten privaten Architekturschule avancierte. Primärquellen hierzu konnten jedoch nicht ausfindig gemacht werden. Blondels Unterricht orientierte sich an der Académie Royale d'Architecture, deren Vorlesungen im übrigen öffentlich zugänglich waren, so daß Gontard davon hätte profitieren können. Neben der Besichtigung von Architekturbüros und Exkursionen zu Bauten in Paris und der Ile-de-France, gehörten in der »École des Arts« neun Wochenstunden mathematische Einführungen und das Erstellen von Plänen zum Programm.[91] Aufgrund seiner Ausbildung bei Blondel, aber auch mittels der relativ reichhaltigen Bibliothek des Markgrafenpaares sowie der umfangreichen Kunstliteratur im Besitz Friedrichs II. ist anzunehmen, daß Gontard mit den gängigen kunsttheoretischen Schriften und Stichwerken seiner Zeit vertraut war.

Von seinem Eintritt ins Hofbauamt als Conducteur 1750 bis zu seiner erstmaligen Erwähnung als Hofbauinspektor 1755 wird Gontard durchgehend im Adress-Calender erwähnt. Die Stelle des Conducteurs wird zu keiner Zeit als vakant angegeben. Eine mögliche Beurlaubung Gontards hätte sich allerdings kaum im Adress-Calender widergespiegelt. Falls Markgraf Friedrich die Kosten für diese Reise übernahm, ist zu vermuten, daß die Stelle des Conducteurs trotzdem im Adress-Calender als belegt angegeben wurde. Dies wird auch dadurch unterstützt, daß Gontard während der gesicherten Italienreise im Gefolge des Markgrafenpaares 1754/55 weiterhin im Adress-Calender aufgeführt wird.[92] Am 10. Oktober 1754 begann die Reise des Markgrafenpaares nach Frankreich und Italien. Zunächst begab man sich über Straßburg, Nancy und Lyon nach Avignon, wo überwintert wurde. Am 1. April 1755 wurde die Reise über Marseille, Antibes, Genua, Pisa und Florenz nach Rom, Neapel und Herculaneum fortgesetzt. Der Rückweg nach Bayreuth führte über Bologna, Venedig und Verona. Am 11. August 1755 trafen die Reisenden wieder in der Residenzstadt ein.[93] Auf dieser Reise konnte Gontard seine Kenntnisse der französischen Architektur erweitern und neue Eindrücke der italienischen Baukunst aufnehmen, die für die Entwicklung seiner Architekturauffassung von Bedeutung werden sollten. Außerdem war es ihm vielleicht auch möglich neue Kontakte zu knüpfen, da die Markgräfin mehrfach mit bedeutenden Persönlichkeiten wie Voltaire, dem Geographen und

Ausbildung – Besoldung des Baumeisters

Naturforscher Charles Marie de La Condamine (1701-1774), dem Baron von Stosch, dem Antikensammler Kardinal Albani und dem Maler Anton Raphael Mengs (1728-1779) zusammentraf.[94] Im Gefolge der Markgräfin befand sich außerdem Kammerherr Carl Heinrich von Gleichen-Rußwurm, der beim Antiquar Stosch, durch die Vermittlung Mengs, auch Winckelmann kennenlernte.[95] Wenn Gontard vielleicht auch nicht Gelegenheit hatte, direkt in persönlichen Kontakt zu diesen Personen zu treten, so dürften dennoch diese Begegnungen nicht ohne Eindruck auf ihn geblieben sein. Während der Reise fertigte Gontard auch Zeichnungen für sich und für die Markgräfin an.[96]

Im Adelsdiplom von 1776 wird außerdem eine Reise Gontards nach Holland erwähnt, für die bisher keine eindeutigen Belege nachweisbar sind. Ob Gontard während seines Parisaufenthaltes bei Blondel nach Holland reiste oder bei seiner Rückkehr nach Bayreuth noch einen Abstecher in die Niederlande machte, ist bisher nur zu vermuten. Fest steht jedoch, daß Markgraf Friedrich wohl im Frühjahr 1762 eine Reise nach Holland unternahm.[97] Möglicherweise hat Gontard den Markgrafen auf dieser Reise begleitet.

Noch nicht völlig geklärt ist die Tätigkeit bzw. der Aufenthaltsort Gontards in der Zeit nach dem Tode des Markgrafen Friedrich 1763 bis zum Dienstantritt des Baumeisters in Potsdam im Jahr 1764. Zunächst vollendete er in Erlangen noch die Renovierung des Witwensitzes der Markgräfin Sophie Caroline, und er war am Ausbau der Fantaisie in Donndorf bei Bayreuth beteiligt. Es wurden jedoch auch die Vermutungen geäußert, daß Gontard für den Württembergischen Hof in Stuttgart an Planungen für Schloß Solitude beteiligt gewesen sein könnte. Durch die Ehe der Bayreuther Prinzessin Friederike mit Herzog Karl Eugen von Württemberg sind künstlerische Kontakte zwischen Bayreuth und Stuttgart anzunehmen. Auch Gontards erwähnte Vermittlerfunktion für Uriot weist auf Beziehungen Gontards nach Stuttgart hin, auch wenn deren Intensität nicht geklärt ist. Sicherlich war er nach dem Tode des Markgrafen Friedrich 1763 auf der Suche nach einer neuen Anstellung, was ihn dorthin geführt haben könnte. Spekulationen gibt es auch über Reisen Gontards nach Frankfurt am Main und Dresden.[98] Ohne weiters Quellenmaterial sind diese Vermutungen jedoch nicht zu verifizieren. Eindeutig belegt ist jedoch Gontards Beteiligung am Bau des Verbindungstraktes 1764 zwischen der Neuen Residenz und dem sogenannten Italienischen Bau.[99]

Besoldung des Baumeisters

Zur Höhe der Einkünfte Gontards am Bayreuther Hof konnten bisher keine Hinweise gefunden werden. Vereinzelt sind in den Akten des Geheimen Staatsarchivs in Berlin Angaben zu den Besoldungen der Bedienten des Potsdamer Baucomtoirs anzutreffen. Gontards Einkünfte dürften sich aus verschiedenen Komponenten zusammengesetzt haben, der volle Umfang hat sich jedoch nicht ermitteln lassen. Einerseits hat er als Baumeister Bezüge über das Baucomtoir erhalten, andererseits weisen seine militärischen Rangbezeichnungen (Hauptmann, Capitain, Major) darauf hin, daß er vermutlich auch auf der Militärbesoldungsliste stand. Gegenüber seinen Vorgängern mußte sich Gontard mit einer geringeren Grundbesoldung von Seiten des Baucomtoirs zufrieden geben. Beispielsweise konnte Jean Laurent Legeay 1756 für sich 1000 Reichstaler jährlich, freies Zeichenpapier und freie Fahrtkosten bei dienstlichen Reisen aushandeln.[100] Hildebrandts Diäten werden mit 600 Reichstalern, Bürings mit 440 Reichstalern angegeben.[101] Quittungen Gontards über den Erhalt seiner Diäten sind aus den Jahren 1765 bis 1774 erhalten. So bezog er pro Jahr »(...) Dreyhundert fünf und sechzig Reichs Thaler (...) Diaeten wegen der besorgung derer Königl. Baue a tägl. 1rth nehmlich von Jan. bis Dec. (...)«, wobei sich die Summe bei Schaltjahren entsprechend um einen Taler erhöhte.[102] Weitere Einkünfte über die militärische Schiene seiner Laufbahn sind deshalb zu vermuten. Von Anfang Mai 1783 bis Ende April 1784 erhielt er lediglich 360 Thaler, den gleichen Betrag wie Krüger, während Manger und Unger in diesem Zeitraum je 720 Thaler ausbezahlt bekamen.[103] Bis zum Tode Friedrichs II. scheinen Gontard die ihm zustehenden Diäten nicht vollständig ausgezahlt worden zu sein, denn im Januar 1787 dankte Gontard Friedrich Wilhelm II. »(...) für die ihm verwilligten 800 rth. rückständiger Diäten. (...)«[104]

Zur Person Carl Philipp Christian von Gontards

Darüber hinaus erhielten die Baubedienten anscheinend zusätzlich zu den festen jährlichen Diäten noch Zahlungen, die sich aus ihrem Arbeitsanteil an den jeweiligen Bauten errechneten.[105] In den folgenden Jahren fehlen wiederum Belege über die Besoldung im Baucomtoir. Auch konnten die Baubedienten durch besondere Sparsamkeit im Umgang mit Baugeldern Gratifikationsgelder erhalten.[106]

2 a, b. Bayreuth, Johann David Räntz, Waisenhaus 1732/33 (Aufnahme 1997 u. 1999)

Die Bayreuther Frühzeit Carl von Gontards

Stadtbausituation in Bayreuth

Im Jahr 1603 starb Markgraf Georg Friedrich, der letzte der fränkischen Hohenzollern. Sein Nachfolger, Markgraf Christian aus der brandenburgischen Linie der Hohenzollern, verlegte bei seinem Regierungsantritt die Residenz des Oberlandes von der Plassenburg in Kulmbach nach Bayreuth. Zwei Stadtbrände in den Jahren 1605 und 1621 sowie Brandschatzungen während des 30-jährigen Krieges vernichteten große Teile der alten Bausubstanz. Die Aufwertung der neuen Residenz wurde in architektonischer Hinsicht erst durch Markgraf Christian Ernst (1655-1712) eingeleitet, der den Ausbau der Schloßkapelle und den Umbau des Alten Schlosses initiierte.[107] Die engen Beziehungen zu Preußen und die Ansiedlung von Hugenotten bewirkten eine asketisch-intellektuellere Grundhaltung mit Verzicht auf Fülle und Reichtum in der protestantischen Markgrafschaft.[108] Dies kam auch in den architektonischen Ausdrucksmitteln zum Tragen, deren strengere, französisch geprägte Richtung im Sakral- und auch im Profanbau eine günstigere Ausgangssituation für den Frühklassizismus bot als der Hochbarock der katholischen Gebiete Süddeutschlands.[109]
Stilgebend für die gesamte Markgrafschaft wirkten v.a. die Architekten Charles Philippe Dieussart, Antonio della Porta und Gottfried von Gedeler.[110] Auch Paul Decker, dessen »Fürstlicher Baumeister« bis ins späte 18. Jahrhundert den verschiedensten Baumeistern immer wieder als Anregung diente, war in Bayreuth tätig.[111] Sie setzten eine ruhige und zurückhaltende, eher nüchterne Formensprache ein, die sich auch prägend auf ihre Nachfolger auswirkte. Der Charakter ihrer Bauten hebt sich vom Stil der geistlichen Fürstentümer, wie z.B. Bamberg, deutlich ab.[112] Die Baumeister Johann David Räntz und Johann Friedrich Grael knüpften an diese Tradition an.[113]
Die entscheidensten Beiträge zur Prägung des Bayreuther Stadtbildes lieferte der Hofbaumeister Joseph Saint-Pierre.[114] Während sich die Bautätigkeit bis in die 20er Jahre des 18. Jahrhunderts vornehmlich auf höfische Projekte im Bayreuther Umland konzentrierte, wie z.B. die Eremitage bei Bayreuth und die Jagdreviere Thiergarten und Kaiserhammer, wandte man sich nun auch der Stadtgestaltung zu. Markgraf Georg Wilhelm ließ 1723 entlang eines Arms des Roten Mains die Schwarze Allee anlegen. Markgraf Friedrich veranlaßte den Ausbau der Friedrichstraße (ca. 1732 begonnen) und zwischen 1742 und 1746 die Schaffung des Dammweihers und des Dammwäldchens. Eine weitere Promenade befand sich in der Jägerstraße, dem heutigen Luitpoldplatz, die nach Norden zur Mainkaserne hin ausgedehnt und nach Markgraf Friedrichs Vorstellungen von repräsentativen Bauten flankiert werden sollte.[115] Schon Markgraf Georg Friedrich Karl hatte den Bürgern »(...) Grund und Boden, dazu Steuerfreiheit auf 12 Jahre (...)« versprochen, die in der Neuen Gasse zu Bauen bereit waren.[116] Markgraf Friedrich forderte bei der Gewährung reicher Baugnaden für Neubauten außerdem, daß die jeweiligen Risse zuvor vom Hofbauamt genehmigt werden mußten.[117]
Die Fassadenzüge der Bayreuther Straßen sind in weiten Teilen von einfachen unverputzten Sandsteinbauten geprägt, was besonders am Beispiel der Friedrichstraße gut zu erkennen ist. Hier ließen sich sowohl Bayreuther Adelige als auch einfache Handwerker nieder. Der Ausbau der Straße wurde ab 1732 bis in die 1760er Jahre vorangetrieben. Die Unterschiede zu Gontards Architektursprache lassen sich hier besonders gut ablesen. Das beachtlichste Objekt des gesamten Straßenzuges ist das ehemalige Waisenhaus, das den einstigen Paradeplatz, den heutigen Jean-Paul-Platz, beherrscht. (Abb. 2) Es wurde 1732 bis 1733 nach Plänen von Johann David Räntz (1690-1735) erbaut. Die Sandsteinfassade zeigt nur wenige dekorative Details, wie die Eckeinfassungen, die Portale in den beiden Risaliten oder die Darstellung im Giebelfeld über dem rechten Risalit. Insgesamt ist das Relief der Fassade extrem flach gehalten. Kein unnötiger Zierrat weicht die Strenge und Würde der Fassade auf. Der pietistisch beeinflußte Markgrafen Georg Friedrich Karl, der das

Die Bayreuther Frühzeit Carl von Gontards

Waisenhaus unter dem Eindruck der Franckeschen Stiftung in Halle errichten ließ, vermied den Eindruck verschwenderischer Selbstdarstellung.

Knapp 20 Jahre später wurde unweit des Waisenhauses das Meyernsche Haus im Jahr 1750 errichtet, in dem 1756 die neugegründete Kunstakademie untergebracht wurde. (Abb. 3) Der Entwurf des Hauses, das für den Landschaftsrat Johann Gottlob von Meyern erbaut wurde, stammt sehr wahrscheinlich aus der Feder Saint-Pierres.[118] Die Fassadengestaltung ist zwar detailreicher als die des Waisenhauses, dennoch insgesamt zurückhaltend. Von der ursprünglich dreiteiligen Anlage aus Hauptgebäude und seitlichen flankierenden Dienerhäuschen, die durch genutete Korbbogen miteinander verbunden waren, existiert nur noch das Mittelgebäude und der linke Annex. Auch bei diesem Gebäude tritt der Sandstein als Baumaterial in den Vordergrund. Die Möglichkeit, mit farbigem Putz Akzente zu setzen, ist nicht aufgegriffen worden. Durch die sparsam verwendeten Dekorationselemente, die nur wenig auskragen, wird das Relief der Fassade ebenfalls sehr flach gehalten. Die Stattlichkeit der Anlage kommt besonders durch die dreieilige Gliederung der Anlage, die genuteten Verbindungsbogen und die hohen, hervorkragenden Dachkonstruktionen zum Ausdruck.

Bayreuther Bürgerhäuser und Adelspalais wurden bisher nur vereinzelt im Zusammenhang mit Architekten angesprochen, die an den fürstlichen Aufträgen beteiligt waren.[119] Eine grundlegende übergreifende Besprechung steht diesbezüglich bis heute aus. Bei Vergleichen ist man deshalb weitgehend gezwungen auf Bauten zurückzugreifen, die insbesondere Joseph Saint-Pierre zugewiesen werden. Während sein Anteil an den Projekten des Bayreuther Hofes weitgehend abgeklärt wurde, ist sein Wirken für private Bauherrn, besonders aufgrund der geschilderten Quellenlage, weit weniger gesichert. Das Œuvre Rudolf Heinrich Richters ist darüber hinaus so gut wie gar nicht erforscht worden, obwohl er ca. 30 Jahre am Hofbauamt in Bayreuth beschäftigt war. Im allgemeinen wird ihm vor allem der Bereich der Innenraumdekoration zugeordnet. Er hat jedoch auch Aufrisse entworfen, wie z.B. für sein Wohnhaus in der Friedrichstraße. Einige andere Bauten werden ihm zugeschrieben.[120]

Die »Händescheidung« der am Hofbauamt tätigen Baumeister stellt folglich ein Problem dar. Zur Erlangung von Baugnaden mußten Risse durch das Hofbauamt »examiniert« werden, so daß ein Zusammenwirken der Architekten bei einzelnen Projekten nicht unwahrscheinlich ist. Weiterhin waren Saint-Pierre, Richter und Gontard nicht die einzigen Baumeister, deren Entwürfe zu dieser Zeit Umsetzung fanden. Auch der langjährige Bayreuther Hofbaumeister Mader hat sicherlich mehrere Bauten geschaffen. Zumindest sein Wohnhaus in der Friedrichstraße 20, das 1756 datiert wird, dürfte auf ihn zurückführbar sein.[121] Daß Mader eigenhändig Entwürfe geschaffen hat, geht auch aus einem Schreiben des preußischen Gesandten Buchholtz an Friedrich II. hervor, in dessen Auftrag er Bayreuther Künstler und Handwerker anwarb.[122] Leider tragen aber selbst die meisten genehmigten Risse weder eine Signatur, die den eigentlichen Autor verrät, noch Vermerke, die Hinweise darauf geben könnten, wer den Entwurf be- bzw. überarbeitet hat. Die relativ geringe Menge an Originalrissen erschwert zusätzlich die Klärung des Problems. Manger spricht dasselbe Problem 1778, also noch zu Lebzeiten Gontards, für die Potsdamer und Berliner Bauten an.[123]

Sowohl Bayreuth als auch Berlin und Potsdam haben durch Bombardierungen im Zweiten Weltkrieg viel historische Bausubstanz verloren. In den Nachkriegsjahren mußten ebenfalls zahlreiche bedeutende Objekte, die den Krieg überlebt hatten, Neubauten weichen. Umfangreiche Umbauten veränderten Fassadenansichten und Binnenstrukturen von Gebäuden. Somit wurden Bauten zerstört oder so stark verändert, daß sie als Vergleichsbeispiele nur bedingt herangezogen werden können.

Abriß über Gontards Tätigkeit in Bayreuth

Als frühestes Zeichen seiner Tätigkeit in Bayreuth ist das Mitwirken Gontards an der Konzeption und Ausstattung des sogenannten Sonnentempels in der Eremitage zu Bayreuth in Betracht gezogen worden. Diese Annahme geht auf Äußerungen Johann Michael Füssels 1787/88 zurück. Füssel nennt Saint-Pierre, Gontard und Richter als Schöpfer des Bassins und der Menagerie der Ere-

Abriß über Gontards Tätigkeit in Bayreuth

3 a, b. Bayreuth, Joseph Saint-Pierre, Haus von Meyern um 1750 (Aufnahme 1999)

mitage. Merten weist aber schon in seiner Dissertation über Saint-Pierre darauf hin, daß Gontard zu dieser Zeit gerade erst in das Baukontor eingetreten war und sich 1750 bis 1752 vermutlich in Frankreich befand. Der Anteil Gontards muß deshalb in Frage gestellt werden, auch wenn hier Parallelen zu dessen Architektursprache auftreten.[124] Ein Plan Gontards für den Wiederaufbau des Alten Schlosses 1753 befindet sich, neben anderen Skizzen, in der Sammlung »von Knebel« im Germanischen Nationalmuseum in Nürnberg.[125] Da man sich jedoch für den Neubau einer Residenz entschloß, blieben diese Entwürfe unbeachtet. Auch das »Grabmal des Vergil«, eine kleine künstliche Ruine in der Nähe des Römischen Theaters in der Eremitage, wird Gontard zugeschrieben. Es entstand nach der Rückkehr des Markgrafenpaares von der Italienreise 1755.[126]

Neben zahlreichen Aufträgen von privaten Bauherrn entwarf Carl Gontard auch Festarchitekturen.[127] Gontard zuzuschreiben ist auch der sogennante »Italienische Bau« in Bayreuth. Es handelt sich um ein ursprünglich separat stehendes kleines Schloß, das ab 1759 für Marie Caroline von Braunschweig-Wolfenbüttel, die zweite Gemahlin des Markgrafen, errichtet und später an die neue Residenz angeschlossen wurde.[128] Um 1760 wurde die Fürstengruft, die letzte Ruhestätte des Markgrafenpaares und seiner Tochter, wahrscheinlich von Gontard, in die Schloßkirche eingefügt.[129] Ein unvollendeter Jagdpavillon in Kaiserhammer, dessen Entwurfszeichnung ca. zwischen 1755 und 1760 geschaffen wurde, stammt ebenfalls aus seiner Feder.[130] Im Staatsarchiv Bamberg hat sich weiterhin ein Gartenentwurf für den Bayreuther Hofgarten erhalten, der von Gontard und Richter signiert ist und aus der Zeit um 1762 datiert.[131] Um 1763 wird die Tätigkeit des Baumeisters für den Grafen Ellrodt in Neudrossenfeld angenommen, dessen Schloß er durch den Anbau von Seitenflügeln erweiterte. Wahrscheinlich wurde auch der Terrassengarten nach seinen Plänen angelegt.[132] Zur selben Zeit war er außerdem vermutlich in der Fantaisie in Donndorf bei Bayreuth beschäftigt, wo ihm ein Gartenpavillon zugeschrieben wird.[133] Archivalisch belegt ist Gontards Urheberschaft für zwei Pfarrhausbauten, die nach seinen Plänen in Neudrossenfeld um 1764 und in Wonsees um 1766 errichtet wurden.[134] Nach dem Tode des Markgrafen Friedrich 1763 blieb er noch ein knappes Jahr in Bayreuth.[135] Seine Beteiligung an der sogenannten »Communication«, wie der Verbindungstrakt zwischen dem Neuen Schloß und dem Italienischen Bau bezeichnet wird, wurde bereits angesprochen. Gesichert ist, daß sowohl Gontard als auch Richter hiermit beschäftigt waren.[136] Letztlich wurde dem Ingenieur-Hauptmann noch die Aufgabe erteilt, den Witwensitz der Markgräfin Sophie Caroline Marie in Erlangen herzurichten, bevor er 1764 nach Potsdam ging.[137]

Nach dem Tode der Markgräfin Wilhelmine 1758 stagnierten die großen Bauprojekte des Hofes. Zwar war Gontard durch den Markgrafen vereinzelt mit höfischen Aufträgen betraut worden, wie bereits angeführt wurde, doch blieben vergleichbar umfangreiche und prestigeträchtige Aufgaben, wie sie Saint-Pierre mit der Eremitage, dem Opernhaus und dem Neuen Schloß gestellt wurden, aus. Sein Hauptbeschäftigungsfeld lag vorwiegend im Bereich des Bauens von Wohnhäusern und kleineren Palais für wohlhabendere Bürger und Adelige. Schriftliche Belege für Zuweisungen an Gontard sind jedoch nur für des Palais Reitzenstein, für Gontards eigenes Haus und für das Haus des Cariolknechts Böhm erhalten. Die übrigen Bauten, die dem Baumeister zugeordnet werden, lassen sich aus der ihm eigenen Architektursprache ableiten, die sich vom bisherigen, durch Saint-Pierre geprägten Formenrepertoire unterscheidet. Insbesondere das Wohnhaus Gontards, das er 1759 zu bauen begann, kann zu Vergleichen herangezogen werden.

Anhand der Fassadengliederung lassen sich zwei Gruppen von Bauten unterscheiden. Während bei seinen Entwürfen bis 1759/60 (Hofapotheke, Haus Gontard, Haus d'Adhémar) französische Einflüsse stärker erkennbar sind, setzten sich in der Folgezeit italienische Architekturvorbilder stärker durch (Palais Reitzenstein, Palais Ellrodt, Jägerhaus), die sich aber schon bei dem Wohnhaus des Maschinenmeisters Spindler (ca. 1758-1761) ankündigten. Gontards Wohnhausbauten befinden sich im wesentlichen in der näheren Umgebung der Neuen Residenz und im Innenstadtbereich.

Darüber hinaus gibt es einige Gebäude in Bayreuth, die zwar dem Architekten von verschiedenen Autoren zugeschrieben wurden, deren Baugeschichte jedoch zum Teil erhebliche Zweifel an der Zuweisung aufkommen lassen.[138] Durch die Auswahl der Beispiele soll die Veränderung der Architektursprache verdeutlicht werden. Die relativ homogenen Bayreuther Gruppen dürfen jedoch nicht verschleiern, daß kein abrupter, zeitlich genau festlegbarer Bruch stattgefunden hat, sondern eine Entwicklung mit Schwankungen. Zudem darf der Einfluß der Auftraggeber nicht unterschätzt werden.[139] Der Bayreuther Hof war zwar an der Aufwertung der Straßenzüge durch aufwendige Fassaden interessiert, jedoch kann nicht von einer Stadtverschönerungskampagne gesprochen werden, wie dies in Potsdam der Fall war. In Bayreuth wurden einzelne Bauvorhaben durch Baugnaden gefördert. Eine systematische und kontinuierliche Überformung ganzer Straßen mit Prachtfassaden, wie dies in Potsdam auf Anordnung Friedrichs II. geschah, fand in Bayreuth nicht statt. Desgleichen war der persönliche Einfluß des Markgrafenpaares auf die Errichtung von Bürgerhausbauten nicht vergleichbar mit König Friedrichs beständiger Kontrolle des Baugeschehens und der Konzeption der Bauten. Lediglich im Fall der Hofapotheke und des Layritz-Hauses (vgl. Kat. Nr. 14) ist aus den Akten zu ersehen, daß der Bayreuther Hof massiv auf die Fassadengestaltung oder das Bauvorhaben einwirkte. Bevor jedoch auf einzelne Objekte eingegangen werden kann, müssen die Forderungen der Architekturtheorie des 18. Jahrhunderts betrachtet werden. Nur so können Wandlungen wahrgenommen werden, die sich beispielsweise bei der Berücksichtigung der sozialen Stellung der Auftraggeber oder der Hausbewohner in der Baukunst abzeichneten. Auch deutliche Veränderungen der Architektursprache Gontards gegenüber der seiner Vorgänger können dadurch besser verstanden werden.

Forderungen der Architekturtheorie hinsichtlich der Errichtung von Privatbauten

Seit der verstärkten Rezeption der Schriften Vitruvs - besonders seit Leone Battista Albertis (1404-1472) »De Re Aedificatoria« - beschäftigten sich die kunsttheoretischen Traktate und Säulenbücher vieler Architekten und Schriftsteller in ganz Europa, vor allem seit dem 16. Jahrhundert, mit dem Dekorationsapparat in der Baukunst. Man setzte sich mit den einzelnen Dekorationselementen und dem Gesamtsystem der Fassaden auseinander, in das die einzelnen Elemente eingebunden wurden. Nicht an letzter Stelle stand dabei die Raumdisposition und Ausgestaltung der Innenräume. Verstärkte Diskussionen in bezug auf den Bau von Residenzen traten ab 1700 in den Vordergrund. Der Bau von Versailles, die Institution des französischen Hofes und das höfische Zeremoniell wirkten entscheidend auf die absolutistische Schloßbaukunst in ganz Europa ein. Städtische Privatgebäude fanden von allen Gebäudetypen am spätesten das Interesse der Architekturtheoretiker.
Besonders die klassischen Ordnungen, deren sich wandelnde Deutung und ihre zunehmende »soziale Graduierung«, standen häufig im Mittelpunkt der Abhandlungen. Während bei Vitruv noch keine Abstufungen der Säulenordnung hinsichtlich der Stellung des Bauherren auftreten, wurde seit dem Cinquecento die Anwendung der Säulenordnung zunehmend stärker vom gesellschaftlichen Stand des Auftraggebers und der Bauaufgabe abhängig gemacht. So forderte Sebastiano Serlio (1475-1542), daß öffentliche und private Bauten »(...) secondo lo stato e le professioni (...)« des Bauherrn ausgeführt werden sollten. In Serlios ungedrucktem VI. Buch »Delle habitationi di tutti li gradi degli homini« kam dieser Aspekt besonders zum Ausdruck, indem er unter der Verwendung der Säulenordnung Land- und Stadthäuser in aufsteigender Linie den verschiedenen Ständen zuordnete.[140]
Andrea Palladio äußerte zum Bau privater Häuser, daß:
»(...) ein Haus bequem genannt werden kann, wenn es den Eigenschaften dessen, der es bewohnen wird, entspricht und seine Einzelteile mit dem Ganzen und untereinander korrespondieren (...) Den geringeren Edelleuten genügen auch geringere Bauten, die weniger kosten und mit weniger Zierat versehen sind. Verwaltern und Advokaten errichte man Häuser auf dieselbe Art und Weise, so daß in ihren Häusern schöne und geschmückte Räume zu finden sind (...) Der Schmuck wird dann zum ganzen Bauwerk passen, wenn die Einzelteile mit dem Ganzen korrespondieren

und bei großen Gebäuden große Teile, in den kleinen kleine und in den mittelgroßen mittelgroße Teile angebracht werden.«[141]

Palladio ging also insbesondere auf die innere Bequemlichkeit der Bauten ein. Eine soziale Staffelung der angemessenen Schmuckformen wird deutlich.

Joseph Furttenbach (1591-1667) behandelte 1640 und 1641 verschiedene »adeliche« und »bürgerliche« Gebäude, wobei er auf das städtische Patriziat abzielte. Dieses sollte sich mit gemaltem Zierrat begnügen, da alles andere zu teuer würde.[142] Finanzielle Gründe waren jedoch nicht der einzige Anlaß dafür, daß bei privaten Gebäuden auf Verzierungen, insbesondere auf Säulen, verzichtet werden sollte. Aus ständischen Gründen müsse dieser Schmuck »(...) publiquen Gebäuden oder Herren=Häusern (...)« vorbehalten sein.[143]

Auch in Leonhard Christoph Sturms »vollständigen Anweisung alle Arten von Bürgerlichen Wohn=Häusern wohl anzugeben« (1721) wird wiederholt, daß private Gebäude auf die Säulenordnung zu verzichten hätten.[144]

»Damit ist von seiten der Architekturtheorie, die den Begriff von ›Architektur‹ so eng mit dem der ›Säulen=Ordnungen‹ verbindet, der entscheidende Grund für das weitverbreitete Desinteresse gegenüber den bürgerlichen Wohngebäuden genannt.«[145]

Generell ist der Einfluß der deutschen Architekturtheorie auf die Entstehung des Frühklassizismus, insbesondere in Süddeutschland, von geringer Bedeutung gegenüber der französischen Architekturtheorie. Dennoch können deren Forderungen als durchaus bekannt vorausgesetzt werden.

Als einer der wichtigsten und einflußreichsten französischen Architekturtheoretiker des 18. Jahrhunderts ist Jacques-François Blondel zu nennen, der auch der Lehrer Gontards war. Blondel bildete die Brücke zwischen Rokoko und Frühklassizimus in Frankreich. Besonders in Paris entstanden seit der ersten Hälfte des 17. Jahrhunderts sogenannte »Hôtels«, d.h. repräsentative Stadthäuser des Adels, und »Maisons Particuliers«, die Wohngebäude wohlhabender bürgerlicher Haushalte.[146] In seinem »Cours d'Architecture«, der jungen Architekten für diese Bauaufgaben die Grundsätze guter Architektur vermitteln sollte, sind die elementaren Forderungen der »convenance« und der »bienséance«, die im »bon sens« münden, dargelegt und an Beispielen erläutert.[147] Gerade in Frankreich hatte sich durch die Traktat-Literatur, aufgrund der Dominanz der Säulenordnungen und der damit verbunden gesellschaftlichen Hierarchie innerhalb der Architektur, ein Geflecht von Geboten in der Baukunst entwickelt. Der Baumeister hatte diese bei der Konzeption von Gebäuden entsprechend ihrer Gattung zu berücksichtigen. Aufriß, Raumdispositionen und Innendekoration waren bestimmt durch die Gedanken der »bienséance« und der »convenance«. Diese Begriffe definierten den Charakter des Bauwerkes und die dementsprechend angemessene, schickliche Gestaltung der Fassade. So spielten hier die Herkunft und der soziale Rang des Bauherren sowie die Funktion des Gebäudes und der Ort der Errichtung zusammen und mußten bei der Fassadengestaltung fein aufeinander abgestimmt werden.[148]

Blondel stand dem Rokoko nicht so feindlich gegenüber, wie einige seiner Zeitgenossen, was sich insbesondere in seinem Verhältnis zur Dekoration und zum Ornament zeigt. Doch auch in dieser Hinsicht ist sein Werk durchdrungen von den Forderungen nach Einfachheit und Klarheit, nach »simplicité«. Die Gliederung der Fläche sollte in ein geschlossenes System gebracht werden. Architekturglieder sollten klar und eindeutig formuliert sein. Bei verschiedenen Zeitgenossen Blondels mündeten diese Forderungen in der völligen Ablehnung von Halbsäulen oder Pilastern und in der Propagierung des Säulenarchitravsystems. Blondel riet zum Studium der Antike, ohne jedoch darin unverbrüchliche Vorgaben zu sehen. Vielmehr sollten antike Gestaltungsprinzipien an die Bedürfnisse der Gegenwart angepaßt werden.[149]

Im »Cours d'Architecture« führt Blondel an, was nach seinen Vorstellungen einzelnen gesellschaftlichen Gruppen, den Besitzern und Bewohnern dieser Objekte, als Dekorum angemessen sei.[150] Nach Blondel sollte z.B. das Hôtel eines »Chef de l'Armée« dessen persönliche Tüchtigkeit ausdrücken. Der angemessene Schmuck entsprach der dorischen Ordnung.[151] Die Dorica wurde seit Vitruv starken, vorzugsweise männlichen Gottheiten aufgrund ihrer Stärke und Tapferkeit zugeordnet und avancierte zum

Bayreuther Gontard-Bauten im Kontext der Architekturtheorie

Sinnbild der Stärke. Verwendung fand sie deshalb besonders in der Militärarchitektur, bei Arsenalen und Torbauten sowie bei Wohnbauten für verdiente Kriegsleute. Die Charakteristiken und die Verwendung der dorischen und der toskanischen Ordnung überschneiden sich dabei vielfach.[152]

Dem Klerus, wie etwa bei dem Hôtel eines Prelaten, sei die maßvolle ionische Ordnung angemessen.[153] Vitruv wies im 2. Kapitel des I. Buches die ionische Ordnung den Göttern mittlerer Stärke, wie z.B. Diana, zu. Sie nahm quasi die Mitte zwischen der robusten dorischen und der zierlicheren korinthischen Ordnung ein. Serlio hielt sie angemessen für »huomini litterati« und nach Scamozzi entsprach sie dem »(...) gentilhuomo di molto giudizio et generosita d'animo. (...)«[154] Die Ionica stand für die natürliche Tugend des Maßhaltens, den Geschmack des Kenners und konnte durch ihren besonders weiblichen Charakter den Künsten zugeordnet werden. So wurden auch einige spätbarocke und klassizistische Museumsbauten mit der Ionica versehen wie z.B. das Fridericianum in Kassel, das 1769-1779 von Louis du Ry erbaut wurde.[155]

Ein bedeutendes Beispiel für die Verwendung der ionischen Ordnung, das Gontard sicherlich kannte, ist das Mauritshuis in Den Haag, das um 1633 von Pieter Post und Jacob van Campen für Mauritz von Nassau-Siegen errichtet wurde. Der Palladianismus im 17. Jahrhundert fand gerade in Holland guten Nährboden, wo die Erscheinung adeliger und bürgerlicher Architektur, aufgrund der maßvollen Zurückhaltung in Dimension und Dekor bei adeligen Stadtpalästen, sich einander stark annähern konnten.[156] Nach Erik Forssman stellt der Palladianismus im 17. Jh. die einzige architektonische Bewegung dar, in der die Ionica eine wesentliche Rolle spielte.[157]

Hohen Mitgliedern des Magistrats stand nach Blondel die komposite Ordnung zu.[158] Während er bei den »bâtiments des riches Particuliers« eine maßvolle Dekoration mit Ausnahme der Säulenordnung billigte, hielt er bei den »Maisons des Commerçants« keinerlei Schmuck für angebracht.[159]

Die korinthische Ordnung, mit ihrem zierlichen jungfräulichen Charakter, kam aufgrund ihrer reichen Gestaltung am ehesten für den Kirchenbau in Frage oder dort, wo souveräner Machtanspruch, triumphale Gesinnung und höchste Pracht entfaltet werden sollten.[160] Die Kolossalordnung sah Blondel nur für öffentliche Gebäude oder königliche Plätze vor.[161] Allgemein stand Blondel im Gegensatz zu anderen Theoretikern der Verwendung von Pilastern nicht ablehnend entgegen, was sich auch bei seinem Schüler Gontard bemerkbar machte.[162] Zwischen den Autoren der zahlreichen Architekturtraktate jener Zeit treten zum Teil deutliche Unterschiede bezüglich des Dekorums auf. Gerade um die Mitte des 18. Jahrhunderts wurden die Auflösungserscheinungen der strengen formalen Regeln kritisiert. Man warf der Rokokoarchitektur vor, die Regeln der guten Architektur vernachlässigt zu haben. Der Begriff der »simplicité« gewann zunehmend an Bedeutung.[163] Insgesamt ist ab der Jahrhundertmitte ein Rückgang der Bedeutung der Säulenordnungen zu verzeichnen.

Im »Essai sur l'architecture« des Jesuitenpaters Abbé Laugier (1713-1769) aus dem Jahr 1753 wurde versucht, die Architektur auf die Regeln der Vernunft zurückzuführen, weshalb der Autor darauf drang, alles Unnötige aus der Baukunst zu entfernen. Die Tradierung eines Fehlers sei kein Argument dafür, daß etwas richtig und gut sei. »Jeder künstlerische Einfall, der gegen die Natur ist oder für den man keine solide Begründung geben kann, ist ein schlechter Einfall, den man verbieten muß, auch wenn er die größten Befürworter hätte. (...) Was man auf dem Gebiet der Vernunft und des Geschmacks einmal verurteilen konnte, muß man immer verurteilen.«[164]

Große Ordnungen hielt er nur für große Kirchen, Fürstenpaläste und öffentliche Gebäude angemessen, alles Übrige müsse einfachere und weniger kostspielige Ausschmückungen erhalten. Dies beinhaltete eine Ablehnung der Ordnungen an bürgerlichen Wohnbauten. Laugier vertrat die Meinung, daß Architekten an solchen Objekten freier arbeiten könnten und sich nicht über sie erhaben fühlen sollten.[165] Bei der Dekoration der Häusern von Privatleuten verlange die »bienséance«, daß diese dem Rang und dem Vermögen der Besitzer entspreche.[166] Eben dort, wo einfachere Ausschmückungen angebracht seien, genüge es, die Kanten der Gebäude durch Ecksteine hervorzuheben, die Geschosse durch Gesimse anzuzeigen, Türen und Fenster mit glatten, vorspringen-

Die Bayreuther Frühzeit Carl von Gontards

4. Bayreuth, Hofapotheke, Hauptfassade (Kat. Nr. 16, Aufnahme 1991)

den Fassungen zu versehen, wobei sie bei dieser Dekoration segment- oder rundbogig abschließen dürften. Gegebenenfalls seien auch Tafeln mit Basreliefs zwischen den Fenstern und Blumenornamente über den Fenstern erlaubt, was er für besser hielt, als Schlußsteine durch Tierköpfe, Konsolen oder gar Kartuschen hervorzuheben, die er generell als schlechten Geschmack betrachtete.[167] Laugier war ein Verfechter der Säule, die möglichst freistehen und am besten nur am Portikus plaziert sein sollte. Eine große Ordung sollte nur mit Säulen durchgeführt werden oder gar nicht. Pilaster waren für sein Empfinden lediglich ein schlechter Abklatsch der Säule und sollten meist nur Mängel verdecken. Von größtem Übel seien gekröpfte, gekrümmte, ineinander übergehende Pilaster, Halb- oder Viertelpilaster.[168] Er forderte, daß im Rahmen der Stadtplanung auch die Fassadengestaltung von Privathäusern nicht alleine den Besitzern überlassen sein dürfe, sondern alles einem festgelegten Plan und Vorschriften folgen müsse, nach dem die ganze Straße konzipiert werden sollte.[169]

Laugiers Forderungen gerade in bezug auf die freistehende Säule entsprachen den frühklassizistischen Forderungen nach klaren Strukturen und Ablesbarkeit der einzelnen Bauglieder. Die Säulenkolonnade wurde für das »(...) entscheidende und konstituive Merkmal antiker ›magnificence‹ (...)« gehalten.[170]

Bayreuther Gontard-Bauten im Kontext der Architekturtheorie und im Vergleich zur zeitgenössischen Baukunst

Bauten der 1750er Jahre

Gontards Anteil am Bayreuther Bauwesen wird nach seiner Rückkehr aus Frankreich um 1752/53 nur langsam faßbar. Zunächst dürfte er sicherlich mit untergeordneten Aufgaben betraut gewesen sein, um nach der theoretischen Ausbildung auch praktische Erfahrungen sammeln zu können. Diese frühen Jahre in Bayreuth sind in den Quellen nur schlecht nachzuvollziehen, so daß zahlreiche Zuschreibungen auf rein stilistischen Erwägungen beruhen müssen. Zu Gontards gesicherten Schöpfungen bis zum Ende der 1750er Jahre sind die Bayreuther Hofapotheke, das Wohnhaus des Maschinenmeisters Spindler, das Palais d'Adhémar und sein eigenes Wohnhaus zu zählen.[171]

Die Hofapotheke (ca. 1756-1759)

Das erste Anwesen, das Carl von Gontard in Bayreuth zugewiesen wird, ist die Hofapotheke »Zum goldenen Stern« an der einstigen »Rennbahn«. (Kat. Nr. 16, Abb. 4-5, 7) Es handelt sich um ein Eckgebäude an der Kreuzung der heutigen Ludwigstraße und der Richard-Wagner-Straße. Schon lange vor der Errichtung der heute noch existierenden Hofapotheke hatte es verschiedene Versuche gegeben, eine Apotheke für die Belange des Hofes zu etablieren, was allerdings erst Markgraf Georg Wilhelm glückte, der seinem Kammerdiener Johann Friedrich Örtel das Privileg dazu erteilte.[172]

Die Hofapotheke (ca. 1756-1759)

Zunächst ist das Officin im Haus Nr. 418 an der Rennbahn eingerichtet worden.[173] Margaretha Örtel, die Witwe des gleichnamigen Sohnes Johann Friedrich Örtels, erwarb im November 1753 das an die Rennbahn angrenzende Eckhaus Nr. 417.[174] Sie ließ das Gebäude niederreißen und die Apotheke »Zum goldenen Stern«, die heutige Hofapotheke, erbauen.[175] Die Witwe Örtel hat weniger aus eigenem Antrieb als auf massives Drängen ihrer Herrschaft die aufwendige Fassadengestaltung des Neubaues der Apotheke auf sich genommen. In einem Schreiben der Apothekerin aus dem Jahr 1759 an den Markgrafen, in der sie um Erhöhung der steuerfreien Jahre bittet, heißt es: »Nun würde ich mich zwar nicht entschloßen haben dergleichen kostbare äußere Verzierungen auf diese Gebäude zu wenden, (...) wofern mir nicht von Ober Bau Amts wegen ausdrücklich zugesagt worden, daß ich den von Ew. Hochfürstl. Durchl. selbst beliebten Riß in allen Stücke zu befolgen, hiervor aber eine außerordentlich beträchtliche Bau-Gnade zu erwartten hätte«.[176]

Nach ihren Angaben wurde das Gebäude innerhalb von drei Jahren errichtet, wodurch die Bauzeit auf den Herbst 1756 bzw. das Frühjahr 1757 bis 1758/59 eingegrenzt werden kann.[177]

5. Bayreuth, Hofapotheke, Fassade zur Ludwigstraße (Kat. Nr. 16, Aufnahme 1999)

6. Frankreich, Ange-Jacques Gabriel, Schloß Compiègne, Pavillon zur Place d'Armes

Die Bayreuther Frühzeit Carl von Gontards

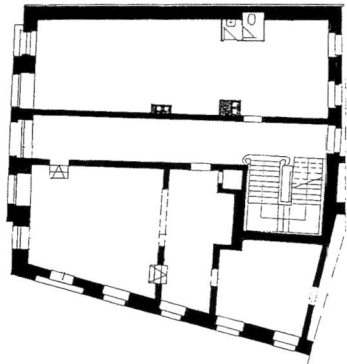

7. Bayreuth, Hofapotheke, Grundriß des Erdgeschosses (Kat. Nr. 16, Bauaufnahme H. Lochner 1987)

Aus ihren Bemerkungen ist ersichtlich, daß die Planung durch den Markgrafen bzw. das Hofbauamt vorgegeben wurde. Außer bei der Hofapotheke ist nur beim Layritz-Haus (vgl. Kat. Nr. 14) ein derart massives Drängen des Hofes bei der Errichtung eines Neubaus bekannt. Mit der Errichtung der Hofapotheke dürfte Gontard den Grundstein seiner Karriere gelegt haben.

Vergleicht man die Hofapotheke und das von Ange-Jacques Gabriel konzipierte Palais von Compiègne (Abb. 6), so wird die Rezeption von französischen Schloßbauten in Gontards Architektursprache evident.[178] Die Hofapotheke übernimmt die wesentlichen Gliederungselemente der Fassaden der Pavillons zur Place d'Armes. Sie wiederholt die Fünfachsigkeit und Dreigeschossigkeit der Pavillons und die Trennung von rustiziertem Unter- und glatt belassenen Obergeschossen. Die mittleren drei Achsen sind in den Obergeschossen ebenfalls durch kolossale Pilaster zusammengefaßt und von einem Dreiecksgiebel mit Zahnschnitt überfangen. Lediglich die plastische Ausgestaltung fehlt. Der alternierende Wechsel von segmentbogigen und dreieckigen Verdachungen wird wiederholt, auf die geraden Verdachungen wird verzichtet. Nur die Fenster- und Portalformen im Erdgeschoß der Apotheke weichen ab. Auf eine Attika und auf eine Balusterbrüstung wurde verzichtet und statt dessen ein Walmdach gewählt. Die Fassade zur Ludwigstraße zeichnet sich lediglich durch die Fortsetzung der Fensterverdachungen des ersten Obergeschosses und durch die Verzierung der Offizintür mit einem Stern aus. Insgesamt ist der Erdgeschoßbereich der Fassade der Hofapotheke vielfach überarbeitet worden, so daß die originale Gliederung nur bedingt rekonstruierbar ist.[179] Auch ist die Hofapotheke im Innern mehrfach verändert worden.[180]

Gontard bediente sich bei der Konzeption einer Apotheke in einer kleinen fränkischen Markgrafschaft, die von einer nicht übermäßig begüterten bürgerlichen Apothekerswitwe geführt wurde, deutlich der Elemente der französischen Schloßbaukunst nach dem Vorbild Ange-Jacques Gabriels, dem »premier architecte« Ludwigs XV. Die Verwendung von korinthischen Kolossalpilastern und eines antikisierenden Dreiecksgiebels war hinsichtlich der sozialen Stellung der Auftraggeberin in keiner Weise gerechtfertigt. Daß die Gebote der »bienséance« und »convenance« hier deutlich verletzt wurden, kann nicht auf die Unkenntnis des Architekten oder das Geltungsbedürfnis der Auftraggeberin zurückgeführt werden.

Als ausschlaggebend muß der Wunsch der Obrigkeit bezüglich der Verschönerung des Stadtbildes gesehen werden. An städtebaulich bedeutender Stelle, auf halbem Weg der Verbindungsachse zwischen der Residenz und dem Opernhaus, sollte ein deutlicher architektonischer Akzent gesetzt werden. Anders ist die starke Rezeption französicher Schloßbaukunst an dieser Stelle nicht zu legitimieren. Auch wenn im Vergleich zu Compiègne zwar die Dimensionen des Baues geringer sind, so wurde durch die Verwendung der korinthischen Kolossalpilaster sogar noch eine Steigerung gesucht, da diese Ordnung, wie erwähnt, als besonders geeignetes Instrument der Prachtentfaltung angesehen wurde. Aus dem bereits erwähnten Bittgesuch der Witwe Örtel geht hervor, daß der Markgraf, respektive das Hofbauamt, die aufwendige Fassade bestimmte. Da die Hofapotheke zudem für die Belange des Hofes und die Versorgung des Markgrafenpaares mit Arzneimitteln zuständig war, muß man hier indirekt von einem Amtsgebäude sprechen, das nach außen die herrschaftlichen Macht- und Repräsentationsansprüche des Markgrafen zu dokumentieren hatte. Man erhob sich aber dennoch über das eigentlich »Schickliche«, da die Hofapotheke letztendlich doch als Wohnhaus einer einfachen Bürgersfrau gesehen werden muß. Kritik war jedoch nicht zu fürchten. Man nahm sich die Freiheit, Ausnahmen von der Regel nach eigenem Belieben zu tätigen.

Deutlich wird dabei auch der generell gestiegene Repräsentationsanspruch des Hofes unter Markgräfin Wilhelmine. Der Gegensatz läßt sich insbesondere am Vergleich zwischen der Hofapotheke und dem Waisenhaus erkennen. Zugleich wird deutlich, daß Gontard bei der Planung nicht wirklich frei war, sondern den Vorgaben des Repräsentationsbedürfnisses der Obrigkeit zu folgen hatte. Dieser Umstand zog sich letztlich fast durch sein gesamtes Œuvre. Aus diesem Grund ist die Betrachtung seines eigenen, von ihm konzipierten Wohnhauses von größter Bedeutung.

Das Gontard-Haus (1759-1761)

Das einstige Wohnhaus des Architekten befindet sich im Areal des Alten Schlosses, anstelle des abgebrannten Markgrafenbaues, heute Schloßberglein 3. (Vgl. Kat. Nr. 12, Abb. 8-10) Wegen seiner großen Bedeutung wird dieses Objekt ausführlicher behandelt. Es schließt unmittelbar an die nach Plänen von Saint-Pierre errichtete Schloßkirche (1753-1758) an, die später in den Besitz der katholische Kirche überging.[181] Originale Entwürfe Gontards zu seinem Wohnhaus sind bisher nicht aufgetaucht. Das Stadtmuseum Bayreuth besitzt eine Zeichnung Königs (Abb. 16), die den Grundriß des Gontard-Hauses und einen Lageplan der Umgebung zeigt.[182] Von Bedeutung ist ein eigenhändiges Gesuch Gontards an den Markgrafen vom 26. November 1761, das gleichzeitig auch dessen Antwort trägt. Darin heißt es: »Hoc facto habe unter göttlicher Direction meinen Bau angefangen, denselben auch (ausradiert: benebst 5 anderen, d.V.) so wie dermahlen der Augenschein zeiget, mehrenteils vollendet.«[183]

Anhand der Quellen kann die Bauzeit des Wohnhauses auf das Frühjahr oder den Sommer 1759 bis zum Winter 1761 oder Frühjahr 1762 eingegrenzt werden. Zugleich geht aus dem erwähnten Schreiben hervor, daß er auch mit anderen Bauten beschäftigt war, ohne daß diese jedoch genauer spezifiziert würden.[184] Gontard muß zur Zeit der Erbauung seines Wohnhauses relativ vermögend und angesehen gewesen sein, da diese repräsentative und anspruchsvolle Anlage sicherlich hohe Kosten verursachte. Der Baumeister setzte hier erstmals in seiner Schaffenszeit eine verputzte Fassade bei einem Bürgerhaus ein, die während der Ära Saint-Pierres gänzlich fehlte.[185]

8. Bayreuth, Wohnhaus C. v. Gontards, Fassade zum Schloßberglein (Kat. Nr. 12, Aufnahme 1999)

Die Bayreuther Frühzeit Carl von Gontards

9. Bayreuth, Wohnhaus C. v. Gontards, Gartenfassade (Kat. Nr. 12, Aufnahme 1997)

10. Bayreuth, Wohnhaus C. v. Gontards, Ausschnitt der Gartenfassade (Kat. Nr. 12, Aufnahme 1997)

Die siebenachsige und dreigeschossige Fassade der Haupteingangsseite zum Schloßberglein weist kaum Dekor auf. (Abb. 8) Die Gebäudekanten sind durch genutete Wandvorlagen eingefaßt. Einzig die Mittelachse erfährt eine gewisse Betonung, indem das rechteckige, leicht erhöhte Portal mit einem Spangenschlußstein versehen ist und im ersten Obergeschoß ein konsolengestützter Balkon und eine verdachte Balkontüre eingebracht sind. Da das benachbarte Palais d'Adhémar, das auch von Gontard entworfen wurde, zu dieser Zeit ebenfalls in Bau war, bot auch die Fassade des Gontard-Hauses zum Innenhof des Alten Schlosses keine Alternative für eine anspruchsvolle Schauseite. Zwischen beiden Häusern verläuft nur eine sehr schmale Gasse, in der jede aufwendige Gestaltung verschluckt worden wäre. Dieser Bereich war sogar partiell verbaut, da Gontard in einem Schreiben erwähnt, »(...) daß durch den Flügel Bau des Herrn Marquis d'Adhémar der Durchgang totaliter verbaut, mithin vollkommen versperret wird.«[186] Die sterile Gestaltung der Fenster auf dieser Seite zeigt heute zwar die Spuren späterer Überarbeitungen, dennoch dürfte hier kaum eine aufwendigere Situation vorgegeben gewesen sein. Der Hintereingang auf der achtachsigen Rückseite liegt auf einer Achse mit dem Haupteingang des Gebäudes. Somit wurde die fünfachsige Gartenseite des Gebäudes zur städtebaulich relevanten Hauptansicht.[187]

Das Gartenareal des Hauses erstreckt sich auf die »Schanze«, einen stark abfallenden ehemaligen Befestigungsbereich der Stadt.[188] (Abb. 9, 10) Zur Fassadengliederung der Schauseite seines Wohnhauses setzte Gontard unkannelierte ionische Kolossalpilaster an einem Mittelrisalit über drei Achsen ein. Die Putzfassade zeigt eine Bänderung. Kräftige Fensterbänke, Konsolen, gerade Fen-

Das Gontard-Haus (1759-1761)

sterverdachungen im Erdgeschoß sowie üppige Festons an den Agraffen der Fenster im Obergeschoß, an den Kapitellen und Fensterschürzen beleben das plastische Relief der Fassade. In den beiden äußeren Achsen des Erdgeschosses kann man durch Fenstertüren in den Garten gelangen. Über einem breiten Gebälk mit Zahnschnitt erhebt sich ein dreiachsiges Zwerchhaus über dem Risalit. Die Fenster sind dort entsprechend kleiner, mit geohrten Faschen und kleinen, mit Blüten verzierten Agraffen ausgestattet und durch einfache Wandvorlagen unterteilt. Die angedeuteten Lambrequins erhielten keinen Dekor. Ursprünglich war das Zwerchhaus mit Vasen bekrönt.[189]

Reflektiert werden muß der Aufwand der Fassadengestaltung hinsichtlich des Standes des Auftraggebers. Die Wahl der Schaufassade zum Garten ist nur teilweise auf die Grundstücksverhältnisse zurückzuführen. Der Haupteingang des Hauses ist nur durch eine schmale Sackgasse erreichbar gewesen, deren Ende wohl durch Rasenkompartimente und ein Nebengebäude des Gontardschen Anwesens gebildet wurde. Eine repräsentative Straßensituation war in diesem Bereich nicht gegeben. Durch die enge Gasse konnte nicht flaniert werden, während von der tiefergelegenen ehemaligen Jägerstraße aus gesehen, die Gartenfassade eindrucksvoll zur Wirkung kommen konnte.

Der starke Gegensatz zwischen der schmucklosen Eingangsfassade und der aufwendigen Gartenfassade ist aber nicht alleine durch die ungünstige Lage zu erklären. Zwar konnte nicht direkt an der Fassade vorbeispaziert werden, Kirchgänger konnten aber durchaus die Eingangsfront betrachten. Es liegt vielmehr nahe, daß sich Gontard bei der Gestaltung der offiziellen Eingangsseite stärker an die Maßgaben bürgerlicher Wohnbauten hielt. Hier verzichtete er auf ausgeprägte Dekorations- und Gliederungselemente. Er faßte lediglich die Gebäudekanten und verwendete gerade Fensterverdachungen. Dies entspricht weitgehend den genannten Vorschlägen, die Laugier für derartige Bauten äußerte. Anders verhält es sich an der Gartenseite, die dem privateren Bereich zuzuordnen ist. Hier nahm sich der Baumeister größere Freiheiten heraus und verwandte ionische Kolossalpilaster zur Gliederung der Fassade. In der bereits angesprochenen sozialen Hierarchisierung der Ordini durch

11. Den Haag, Jacob von Campen und Pieter Post, Mauritshuis, begonnen 1633

Serlio wurde die Ionica als angemessen für »huomini litterati« angesehen.[190] Serlio wurde auch von den deutschen Theoretikern rezipiert und Sandrart gab ebenso diese Haltung wieder: »Es gebührt auch diese Ordnung der Jonica den gelehrten Leuten, und zwar aus derjenigen Art, so eines stillen, sittsamen Lebens gewesen.« Darüber hinaus entspreche der gemäßigte Geschmack der Jonica eher dem Geschmack des Kenners.[191]

Die Tugend der Mäßigung ist also eine Eigenschaft, die der ionischen Ordnung zugeordnet wurde. Gontard durfte sich aufgrund seiner Ausbildung und seiner beginnenden Karriere zu dem Personenkreis zählen, der durch die genannten Eigenschaften charakterisiert wurde. Er verwandte die Ionica, genauer gesagt das »Chapiteau Ionique Moderne«, wie bei Diderot & d'Alembert das Kapitell bezeichnet wird, bei dem die Voluten nicht flach sondern leicht schräggestellt sind.[192]

12. Bayreuth, Wohnhaus C. v. Gontards, Saal im 1. Obergeschoß, Wandgliederung (Kat. Nr. 12, Aufnahme 1997)

Die Bayreuther Frühzeit Carl von Gontards

13. Bayreuth, Wohnhaus C. v. Gontards, 1. Obergeschoß, Deckenstukkatur des großen Saals (Kat. Nr. 12, Aufnahme 1997)

14. Bayreuth, Wohnhaus C. v. Gontards, 1. Obergeschoß, Nebenraum, Deckenstukkatur (Kat. Nr. 12, Aufnahme 1997)

Die Ionica mit ihrem weiblichen Charakter entsprach gerade auch den Künsten. An dem Wohnhaus eines Vertreters der Baukunst dürfte die Verwendung dieser Ordnung folglich als angemessen erscheinen. Dennoch zählte der Baumeister, der erst 1767 geadelt wurde, zu diesem Zeitpunkt noch zum bürgerlichen Stand. Sowohl Blondel als auch Laugier hielten, wie schon erwähnt, große Ordnungen nur für öffentliche Gebäude oder königliche Plätze angemessen. Die ionische Ordnung, die zwar den Gebildeten und Kennern entsprach, hier aber in Kolossalordnung angewendet wurde, war also trotzdem nicht völlig pas-

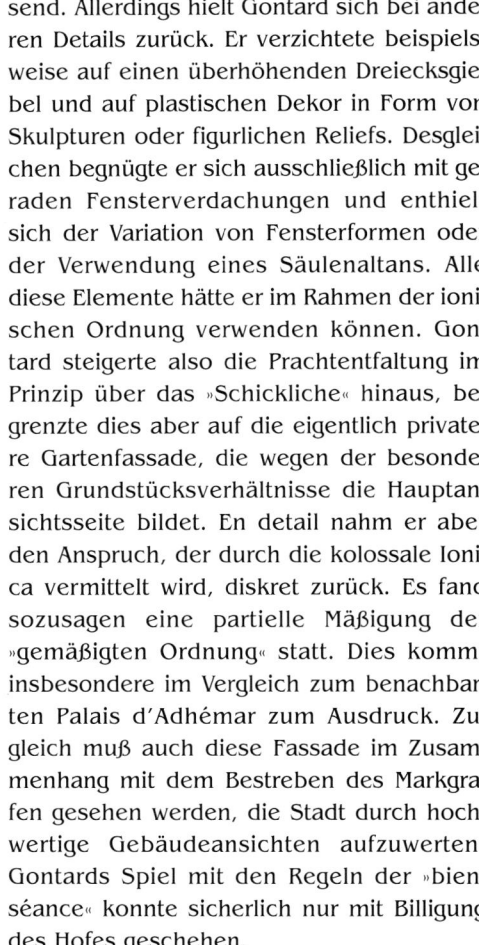

send. Allerdings hielt Gontard sich bei anderen Details zurück. Er verzichtete beispielsweise auf einen überhöhenden Dreiecksgiebel und auf plastischen Dekor in Form von Skulpturen oder figurlichen Reliefs. Desgleichen begnügte er sich ausschließlich mit geraden Fensterverdachungen und enthielt sich der Variation von Fensterformen oder der Verwendung eines Säulenaltans. Alle diese Elemente hätte er im Rahmen der ionischen Ordnung verwenden können. Gontard steigerte also die Prachtentfaltung im Prinzip über das »Schickliche« hinaus, begrenzte dies aber auf die eigentlich privatere Gartenfassade, die wegen der besonderen Grundstücksverhältnisse die Hauptansichtsseite bildet. En detail nahm er aber den Anspruch, der durch die kolossale Ionica vermittelt wird, diskret zurück. Es fand sozusagen eine partielle Mäßigung der »gemäßigten Ordnung« statt. Dies kommt insbesondere im Vergleich zum benachbarten Palais d'Adhémar zum Ausdruck. Zugleich muß auch diese Fassade im Zusammenhang mit dem Bestreben des Markgrafen gesehen werden, die Stadt durch hochwertige Gebäudeansichten aufzuwerten. Gontards Spiel mit den Regeln der »bienséance« konnte sicherlich nur mit Billigung des Hofes geschehen.

Von Bedeutung für die Schauseite des Wohnhauses Gontards und die frühen Vorbilder des Baumeisters, ist auch das Mauritshuis, das Pieter Post und Jacob von Campen um 1633 für Johann Moritz von Nassau-Siegen in Den Haag errichteten.[193] (Abb. 11) In Holland hatten die Schriften Palladios und Scamozzis stark auf die Baukunst eingewirkt. Die maßvolle Zurückhaltung der neopalladianischen Bauten in Dimension und Dekor sowie das dazugehörige Formenrepertoire konnte hier besonders Wurzeln schlagen. Die ionische Ordnung als Ausdruck von Mäßigung, Tugend und Sittsamkeit fand deshalb gerne Anwendung und entsprach auch Bauaufgaben für adelige Auftraggeber wie Moritz von Nassau, um zugleich gesellschaftlichen Anspruch und Tugend darstellen zu können.[194]

Die Fassade des Gontardschen Hauses weist Variationen derselben Gliederungselemente auf und zielt ebenfalls auf angemessene Würde und Mäßigung ab. Allerdings konnte dieser Charakter nicht in gleichem Umfang erzeugt werden. Dazu tragen sicherlich die

Das Gontard-Haus (1759-1761)

etwas gedrängteren Proportionen und die nur auf die Gartenseite begrenzte Verwendung der Pilaster bei. Eine gewisse Vorbildfunktion des Mauritshuis ist aber sicherlich gegeben.

Zum Gontard-Haus hat sich eine Grundrißzeichnung des Erdgeschosses von König um 1800 erhalten.[195] Wegen des direkten Anschlusses des Gebäudes an die Schloßkirche wurde ein Lichthof geschaffen, in den sich die Apsis der Kirche wölbt und der eine bessere Beleuchtung des Gebäudes ermöglichte. Vom Haupteingang am Schloßberglein aus erschließt ein Flur das Haus in der gesamten Breite bis zum Hinterausgang. Ein repräsentativer Treppenaufgang ist in bezug auf diese Achse etwas aus der Mitte nach hinten verschoben worden. Als Stützen sind hier zwei dorische, im ersten Obergeschoß zwei ionische Säulen eingesetzt (grau und weiß marmoriert, mit vergoldeten Kapitellen), die als Gliederungs- und Dekorationsmotiv an der Rückwand in Form von Pilastern wiederholt, aber vom Treppenaufgang überschnitten werden. Durch die Stützen sind im hinteren Flurbereich die Wände der zum Garten liegenden Räume zurückgesetzt, so daß vor der Treppe ein größerer Platz entsteht. Die vier auf dieser Seite liegenden Zimmer sind ungleich groß und sowohl vom Flur als auch durch eine Enfilade untereinander zu betreten. Auf der anderen Seite sind sie ebenfalls von unterschiedlicher Größe, wobei die Durchgänge meist auf die Fensterachsen der Gartenfassade bezogen sind.[196] Im Obergeschoß wurde diese Untergliederung im wesentlichen beibehalten.

Sicherlich beeinträchtigte die Einbringung eines Lichthofes eine optimale Grundrißgestaltung. Deutlich wird aber, daß kein großer Wert auf eine raffinierte Folge von unterschiedlichen Grundrißformen der einzelnen Zimmer gelegt wurde. Es handelt sich durchwegs um rechteckige Räume, die in unterschiedlicher Größe und Abfolge aneinandergehängt wurden. Falls der Situationsplan von König ein relativ unverändertes Erdgeschoß zeigt, ist offensichtlich, daß für die Raumaufteilung wohl eher die Bedürfnisse der Bewohner ausschlaggebend gewesen sein dürften. Symmetrie war nicht das oberste Gebot. Dies wird an der unregelmäßigen Raumaufteilung zur Gartenseite hin deutlich. Somit macht sich die Vereinfachung

15. Bayreuth, Wohnhaus C. v. Gontards, 1. Obergeschoß, Nebenraum, Detail der Deckenstukkatur (Kat. Nr. 12, Aufnahme 1997)

der Baukörper auch in der Grundrißlösung bemerkbar. Auffällig ist jedoch die fast quadratische Grundform des Gebäudes. Zugleich wird das Treppenhaus nahezu in die Mitte des Hauses gerückt und der Vorraum erweitert, so daß wiederum ein quadratischer Raum entsteht.

In den Wohnräumen des Gontard-Hauses haben sich weitgehend auch die ursprünglichen Wand- und Deckendekorationen erhalten. (Abb. 12-15) Während die Fassadengestaltung der Schauseite die repräsentativen Räume im Erdgeschoß vermuten läßt, befinden sich die anspruchsvolleren Raumdekorationen tatsächlich im ersten Obergeschoß.[197] Hier liegt der repräsentativste Raum im Risalit zur Gartenseite. Die Themen der Stukkaturen stammen aus dem Bereich der Künste. Weitgehend symmetrische Stuckfelder gliedern die Wände. An der Decke wird ein zweifaches Rahmensystem vorgeführt, in dessen Zentrum sich eine Dar-

16. Johann Sebastian König, Situationsplan und Grundriß zum Gontard-Haus, um 1800

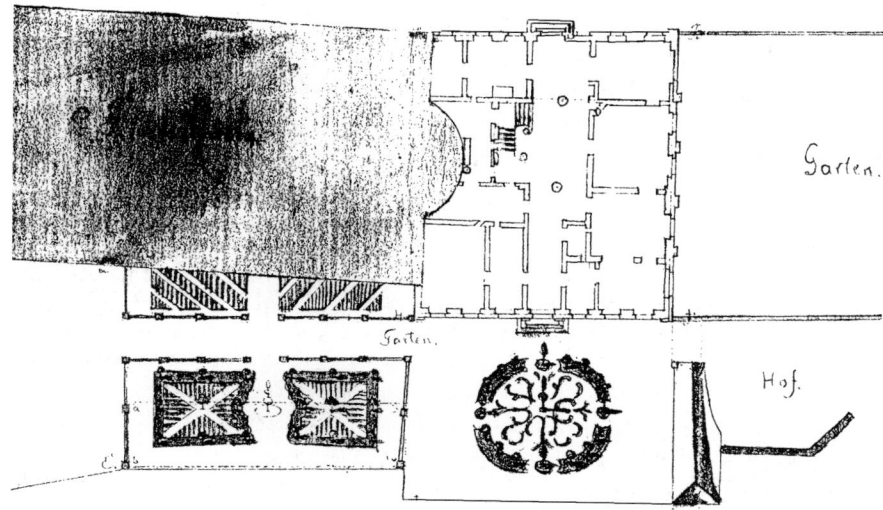

Die Bayreuther Frühzeit Carl von Gontards

stellung Apolls als Musenfürst mit einer Lyra und Notenblättern befindet. Zum Teil läßt sich die Anlage der Motive mit gleichzeitig entstandenen Stukkaturen im Italienischen Bau des Neuen Schlosses in Bayreuth vergleichen. Es wird eine Tendenz zur Symmetrie spürbar. Die Motive sind nicht sehr üppig oder flächengreifend angelegt. Blütenranken verlaufen meist dicht entlang der Profile, so daß größere Freiflächen entstehen. Insgesamt wird durch Stuckprofile ein äußerer Rahmen geschaffen, der das Wuchern der Ornamente begrenzt. Noch deutlicher verhält es sich in einem angrenzenden Raum, in dem ein rechteckiges Stuckprofil, ein ovaler Spiegel und Eckkartuschen angelegt sind. In den Kartuschen werden Attribute der Musik, der Malerei, der Wissenschaft und der Baukunst gezeigt. Einzig die Kartusche der Baukunst ist mit einer Reliefbüste versehen, die zweifelsohne auf Gontard anspielt. Zugleich verweisen die Symbole auf eine Freimaurerzugehörigkeit Gontards. Auch wenn die Einzelmotive teilweise noch sehr dem Bayreuther Rokoko verbunden sind, läßt ihre Gesamtkonzeption eine zunehmende strengere Anordnung erkennen.

Das Palais d'Adhémar (ca. 1759-1761)

Der Marquis d'Adhémar war, wie bereits erwähnt, ein französischer Adeliger, der am Bayreuther Hof lebte und in der Gunst der Markgräfin stand. Er stellt einen der wenigen adeligen Auftraggeber in den späten 1750er Jahren dar. Vielleicht fühlte er sich durch die akademisch-französisch geprägte Architekturauffassung, die Gontard zwischen 1756 und 1759 bei der Hofapotheke zum Ausdruck brachte, ermuntert, diesen als Baumeister zu beauftragen. 1761 muß auch dieses Palais weitgehend fertiggestellt gewesen sein, so daß der Beginn der Bauarbeiten um 1759 nicht unwahrscheinlich ist. Gon-

17. Bayreuth, Wohnhaus des Marquis d'Adhémar, Fassade zum Schloßhof (Kat. Nr. 13, Aufnahme 1991)

Das Palais d'Adhémar (ca. 1759-1761)

tard erwähnt die weitgehende Vollendung in seinem Gesuch vom 26. November 1761.[198] Originale Pläne des Gebäudes oder Kostenanschläge fehlen.[199]

Das Palais d'Adhémar stellt mit seinen beiden siebenachsigen und zweigeschossigen Schaufassaden zum Schloßhof und zur einstigen Jägerstraße eine Steigerung der Konzeption des Gontardschen Anwesens dar. (Kat. Nr. 13, Abb. 17-18) Risalitartig sind jeweils die drei mittleren Achsen hervorgehoben und durch Pilaster bzw. Säulen in Superposition von toskanischer und ionischer Ordnung gegliedert worden. Dreiecksgiebel mit Stuckierungen überfangen diese Gebäudebereiche. Zur Hofseite wird eine Kartusche mit feingliedrigem Rankendekor gezeigt, auf der Gartenseite füllen Putti bei Gartenarbeiten das Giebelfeld. Wiederum setzte der Baumeister hervorspringende Fensterbänke und Verdachungen ein. Er variierte hier deutlich stärker, indem er zwischen geraden und dreieckigen Fensterverdachungen abwechselte und Balusterblenden unter den Fenstern der Obergeschosse einsetzte. Er verwandte profilierte rundbogige Portale mit Agraffen und Blütendekor über den Bogenläufen und an der Gartenseite eine rundbogige Fenstertür. Ansonsten sind Rechteckfenster eingesetzt worden, wobei jedoch unterschiedliche Ausführungen der Faschen auffallen. Auch hier erscheinen wieder Festons als Dekorationselemente. Erstmals tritt an der Gartenfront ein Altan bei einem Entwurf Gontards auf. Dieses für Gartenfassaden sehr typische Gestaltungsmittel fand bei Gontard zunehmend auch an Hauptfassaden Verwendung. Gontard steigerte durch eine größere Vielfalt von Gliederungselementen die Wirkung der Fassaden und machte somit die gesellschaftlich bedeutendere Position des Marquis deutlich. Er ging auch bei diesem Objekt nicht über die Ionica hinaus, doch wurde ihre Wirkung durch die Superposition an Hof- und Gartenseite erhöht. Die Variation

18. Bayreuth, Wohnhaus des Marquis d'Adhémar, Gartenfassade (Kat. Nr. 13, Aufnahme 1991)

Die Bayreuther Frühzeit Carl von Gontards

19. Bayreuth, Palais Reitzenstein, Aufriß um 1760, gezeichnet wohl von Hofmaurermeister Johann Bauer (Kat. Nr. 19)

der Formen bei den Fenstern, deren Rahmungen und Verdachungen ist deutlich erweitert. Außerdem setzte Gontard hier wiederum Frontons als Steigerungselemente ein. Er schöpfte das Instrumentarium der ionischen Ordnung am d'Adhémarschen Palais wesentlich stärker aus. Die Gesamtwirkung ist belebter und ungezwungener als am Gontard-Haus. Sicherlich war bei diesem Objekt ein freieres Arbeiten möglich. Der Auftraggeber war von Adel und konnte ein höheres Dekorum für sich beanspruchen. Architekturelemente von Schloß- und Hôtelbauten kommen hier noch gezielter zur Anwendung. Bei der Konzeption der Fassaden für d'Adhémar mußten also weniger Kompromisse eingegangen werden, um die Grenzen der »bienséance« nicht zu verletzen. Gerade diese beiden nebeneinanderstehenden Wohnhäuser Gontards und d'Adhémars zeigen, daß der Baumeister die Klaviatur der Ordnungen beherrschte.

Leider sind weder die originalen Aufrissen noch die Grundrißzeichnungen zum Palais d'Adhémar überliefert. Außerdem ist zu vermerken, daß das Palais d'Adhémar mehrfach durch Umbaumaßnahmen verändert wurde. Besonders drastische Eingriffe fanden in den 1940er und 1960er Jahren statt.[200]

Bauten ab ca. 1760

Ab dem Jahr 1760 nahm die Zahl der adeligen Auftraggeber Gontards zu. Mit der Hofapotheke, seinem eigenen Wohnhaus und dem Palais d'Adhémar dürfte sich Gontard einen Namen in Bayreuth geschaffen haben, der ihm neue Klienten und größere Bauvorhaben zuführte. Bei Gontards Bauten der Bayreuther Spätzeit werden stärkere italienische Einflüsse spürbar. Zunehmend wurde

Das Palais Reitzenstein (ca. 1760/61-1767)

20. Bayreuth, Palais Reitzenstein (Aufnahme um 1902, zerstört)

auf vertikale Gliederungsmittel verzichtet und die horizontale Lagerung der Geschosse betont. Das Studium palladianischer Baukunst und die Kenntnis der Architektursprache römischer Stadtpaläste des 16. und 17. Jahrhunderts kamen zum Ausdruck und wurden mit französischen Dekorationsformen kombiniert.

Das Palais Reitzenstein (ca. 1760/61-1767)

Das Palais Reitzenstein stellt eines der wichtigsten Projekte dar, die der Baumeister in Bayreuth durchführte. (Kat. Nr. 19, Abb. 20) Eine Zeichnung mit der Darstellung des Auf- und Grundrisses des Gebäudes aus der Erbauungszeit ist erhalten.[201] (Abb. 19) Das Stadtpalais in der ehemaligen Jägerstraße, später Luitpoldplatz Nr. 15, wurde im Auftrag des Husarenoberst Caspar Christoph Liebmann von Reitzenstein errichtet. Es

21. Rom, Carlo Rainaldi, Palazzo Mancini (Palazzo Salviati, Accademia di Francia, Entwürfe 1662), Darstellung von Giovanni Piranesi, um 1748

handelte sich um einen dreizehnachsigen und dreigeschossigen Bau mit verputzter Fassade. Eine Bittschrift Reitzensteins an den Markgrafen vom 22. September 1760 um Baugnaden enthält zahlreiche Informationen. Im Schreiben machte sich Reitzenstein um finanzielle und materielle Vergünstigungen sowie um eine Erhöhung der steuerfreien Jahre vorstellig. Er gibt an, daß er Willens sei: »(...) sothanes Hauß, welches in der Länge 126 und in der Tiefe 48 Schuh, dann 3 Stockwerck hoch wird, auch die Faßade nach dem von Hauptmann Gontard verfertigten Riß, (...) zu erbauen.«[202]

Die Konzeption des Gebäudes ist also unzweifelhaft Gontard zuzuschreiben. Ob Gontard auch selber den erhaltenen Riß gezeichnet hat, ist fraglich.[203] Das Gebäude wurde im 2. Weltkrieg schwer beschädigt, der Torso 1963 abgerissen.[204]

Als Vorbild für das Palais Reitzenstein und somit auch wegweisend für die anderen Bauten ab etwa 1760 wird der Palazzo Mancini (später Palazzo dell'Accademia di Francia bzw. Palazzo Salviati) von Carlo Rainaldi am Corso in Rom genannt.[205] (Abb. 21) Gontard kannte den Stadtpalast aus eigener Anschauung während seines Romaufenthalts und sicherlich aus Piranesis »Le Vedute di Roma«, worin eine Ansicht des Gebäudes enthalten ist.[206] Übereinstimmungen bestehen vor allem bei der Wahl von Rechteckfenstern, der Abfolge der Fensterverdachungen in den einzelnen Etagen und dem Alternieren der Segmentbogen- und Dreiecksgiebel im Piano nobile, die allerdings ohne plastisches Dekor im Giebelfeld blieben. Als Vergleichspunkt ist auch der von toskanischen Säulen gestützte Altan zu nennen, der vor die drei mittleren Achsen gesetzt wurde. Auch die unterschiedliche Höhe der Hauptdurchfahrt und der flankierenden Seiteneingänge stimmt bei beiden Bauten überein.

Im detaillierten Vergleich mit dem Palazzo Mancini (vgl. Kat. Nr. 19) wird deutlich, daß in Bayreuth eine stark reduzierte Variante Umsetzung fand. Die übernommenen Elemente, wie der blockhafte Baukörper ohne Risalitausbildung und die stärkere Betonung des Horizontalismus, lassen sich natürlich auch bei anderen Palazzi dieser Zeit wiederfinden.[207] Im Vergleich zu den übrigen Bayreuther Bauten Gontards tritt beim Palais Reitzenstein der blockhafte und langgestreckte Baukörper stärker in den Vordergrund. Gerade die plastischen Elemente, die dem Palazzo Mancini ein lebhaftes Relief verleihen, wie senkrechte Wandvorlagen, der skulpturale Dekor in den Giebelfeldern und am Kranzgesims, Balkone und die Betonung der Fugenstruktur, wurden weggelassen. Hierduch lassen sich die architektonischen Strukturen besser ablesen und werden klarer. Der Altanvorbau belebt dabei die Fassade, ohne das Kompositionsschema zu stark zu unterbrechen, wobei die gewählte Ordnung auf die gesellschaftlich-militärische Stellung des Husarenobersts Bezug nimmt. Offensichtlich war eine ruhigere, maßvollere Erscheinung angestrebt. Die solchermaßen vereinfachte Fassade konnte neue Gestaltungskonzepte mit dem Charakter des Bayreuther Straßenbildes vereinigen.

Für die Untersuchung der Grundrißdisposition der Anlage stand lediglich die erwähnte Zeichnung zur Verfügung. Da keine späteren Grundrißaufnahmen auffindbar waren, ist unklar, inwiefern diese Vorgabe tatsächlich umgesetzt wurde. Der Plan zeigt die Raumanordnung des Piano nobile in der ersten Etage. Dieser Zeichnung zufolge sollte der Bau durch eine zweiläufige Treppenanlage, die in der rückwärtigen Mitte des Gebäudes zu beiden Seiten der Durchfahrt ansetzte, erschlossen werden. Von einem Mittelflur sollten die rückwärtigen Räume sowie der Hauptsaal und die beiden anschließenden Räume zur Hauptfassade zu betreten sein. Für die restlichen Räume auf dieser Seite war die Erschließung durch eine Enfilade in Höhe der ersten seitlichen Fensterachse vorgesehen. In ihrer symmetrischen Aufteilung wären die Räume nur in der rechten Hälfte des Palais durch einen Einbau beeinträchtigt gewesen. Alle Zimmer zur Hauptfassade waren mit abgerundeten Ecken für den Ofenservice auf der Flurseite geplant. Deutlicher als beim Gontard-Haus ist die symmetrische Anlage der Räume ablesbar, die entsprechend ihrer Bedeutung auch in unterschiedlichen Größen angelegt waren. Es tauchen aber nur rechteckige Grundformen der Räume auf, die lediglich aneinandergereiht sind. Auch hier waren keine Variationen unterschiedlicher Grundrißformen oder eine raffinierte Abfolge der Zimmer vorgesehen. Die Tendenz des Frühklassizismus zu vereinfachten Strukturen zeichnete sich auch im Inneren des Gebäudes ab. Die »simplicité« setzte sich auch bei den Grundrißlö-

Das Palais Ellrodt und das Jägerhaus (beide um 1760)

22. Bayreuth, Palais Ellrodt (Kat. Nr. 20, Aufnahme 1999)

sungen durch. Ausgeklügelte Grundrißkonzeptionen mit verschiedenartigen geometrischen Grundformen und zirkulierenden Raumfolgen waren aus Gründen einer durchsichtigen Konzeption und klarer Zusammenhänge nicht angebracht.[208]

Das Palais Ellrodt und das Jägerhaus (beide um 1760)

Dem Neuen Schloß in der ehemaligen Rennbahn liegt das Palais Ellrodt, heute Ludwigstraße 26, schräg gegenüber. (Abb. 22) Gontard errichtete das Stadtpalais im Auftrag Germann von Ellrodts (1738-1763).[209] Die Mitglieder der Familie Ellrodt waren bedeutende Würdenträger am Bayreuther Hof und zählten zu den wichtigsten Auftraggebern des Bayreuther Baumeisters. Ausgehend von der Quellenlage ist eine Datierung des Gebäudes um 1760 anzunehmen. (Vgl. Kat. Nr. 22)

Das Palais Ellrodt ist nach den gleichen Gliederungsprinzipien wie das Palais Reitzenstein konzipiert worden. Auch das Jägerhaus (Kat. Nr. 23, Abb. 23), das nach Gontards Plänen in der ehemaligen Jägerstraße errichtet wurde, folgte diesen Vorgaben. Es wurde um 1760 anstelle eines 1626 errichteten Jagdmagazins in der Jägerstraße, später Bahnhofstraße 4, errichtet.[210] Bei einer Bombadierung im 2. Weltkrieg wurde das Jägerhaus zerstört.

Das Jägerhaus umfaßte neun Achsen, das Palais Ellrodt ist durch zehn Achsen an der Hauptfassade gegliedert. Erneut wurde der

Die Bayreuther Frühzeit Carl von Gontards

blockhafte Baukörper betont, Risalitausbildungen fehlen. Aufgelegte vertikale Strukturierungen in Form von Pilastern oder Säulen wurden nicht verwendet. Betonungen der Gebäudemitte erfolgten lediglich durch Fensterverdachungen im Piano nobile und den Einsatz von Altanbauten. Die horizontalen Akzente wurden wiederum durch gerade Fensterverdachungen und Fensterbänke und speziell beim Jägerhaus durch ein Gurtgesims zwischen Erd- und Obergeschoß gesetzt. Gerade hier läßt sich die Anlehnung an frühe italienische Palazzi erkennen. Festonfelder u.ä. als Fassadendekor fehlen und die Geschosse erscheinen relativ weit auseinandergezogen.[211] Hier tauchte auch unvermutet ein antikes Dekorationselement auf, das bisher noch keine Verwendung bei Gontard fand, denn die Fensterbänke des zweiten Obergeschosses des Jägerhauses wurden mit Wellenbändern verziert. Häufig genügte bereits die Verwendung eines antikisierenden Motives, um einen Bau in der zeitgenössischen Meinung der 2. Hälfte des 18. Jh. als antik zu bezeichnen, wie Häberle am Beispiel des Hôtel de Chavannes zeigt, das von Moreaux-Desproux 1758 in Paris erbaut wurde. Es wurde als Bauwerk im »griechisch-antiken« Stil bewundert, obwohl es tatsächlich an römischer Casino-Architektur des 16. Jahrhunderts orientiert war. Ausschlaggebend dafür war offensichtlich ein Mäanderfries, der als Dekorationselement verwendet wurde.[212]

Charakterisierung des Bayreuther Frühwerks

An der Hofapotheke, dem Wohnhaus des Architekten und dem Palais d'Adhémar lassen sich charakteristische Merkmale seiner frühen Bauten festhalten, die sich aus der Fassadengestaltung der französischen Schloß- und Hôtelbauten seit dem späten 17. und frühen 18. Jahrhundert ableiten lassen.[213] Diese wurden zwar zum Teil in den letzten

23. Bayreuth, Jägerhaus
(Kat.Nr.23, Aufnahme um 1900)

Charakterisierung des Bayreuther Frühwerks

Jahren seiner Bayreuther Tätigkeit in den Hintergrund gedrängt, traten jedoch in Potsdam und Berlin wieder zu Tage.[214]

Neben dem bereits genannten Schloßbau von Gabriel in Compiègne, seien als Beispiele aus dem Bereich der Hôtel-Bauten und der Bâtiments Particulier noch die Hoffassaden des Hôtel d'Estrées (1704), die Gartenfassade des Hôtel de Torcy (1713) in Paris und ein Musteraufriß von Charles Augustin d'Aviler von 1691 genannt.[215] (Abb. 25-27) Bei diesen Konzeptionen erfolgte jeweils die Zusammenfassung der mittleren drei Achsen, die nur leicht vor die Front gezogen wurden. Ein Dreiecksgiebel mit Stuckornamenten ist zur Akzentuierung dieser Fassadenabschnitte eingesetzt worden. Beim Hôtel d'Estrées erfolgte zusätzlich eine Rustizierung des Untergeschosses und der seitlichen Wandvorlagen. D'Avilers Musteraufriß sieht eine durchgehende Gliederung der Hoffassade mit ionischen Kolossalpilastern vor. Als Vergleichspunkte lassen sich auch die rundbogigen Fenstertüren heranziehen, deren Kämpferzonen meist betont und deren Bogenläufe häufig mit Agraffen und Blütengirlanden verziert wurden. D'Aviler zeigt außerdem die Verwendung von Festons und Rechteckfenstern mit geraden Verdachungen.

Alle diese Gliederungs- und Dekorationselemente lassen sich, natürlich in variierten Formen, an den Gontard-Bauten aus den 1750er Jahren ausmachen. Gerade der Vergleich von d'Avilers Musterfassade mit Gontards Frühwerk zeigt, daß im Frühklassizismus nicht die oft zitierte »Rückbesinnung auf die Antike« das wesentliche Element der Erneuerung bildete. Hier läßt sich sehr gut ablesen, daß Formen und Konzepte wiederbelebt wurden, die der französischen Baukunst der zweiten Hälfte des 17. Jahrhunderts entstammen. Gerade die Verwendung von Girlanden als Fassadenschmuck ist hier anzuführen. Die genannten französischen Hôtel-Bauten sind noch dem Risalitschema der »architecture pyramidale« verbunden. Durch die Staffelung einzelner Bauteile wird der Blick des Betrachters auf den Corps de logis als Mittelpunkt der Konzeption gelenkt. Bei Schloßanlagen nach dem Vorbild von Versailles verstärkt sich dieser Effekt noch. Gontards Fassadenkonzepte zeigen jedoch das Streben nach stärkerer Klarheit und Übersichtlichkeit als die genannten Bauten.

Die Hofapotheke weist bereits alle Kennzeichen der Frühzeit Gontards auf, die durch Rückgriffe auf die französische Baukunst des späten 17. Jahrhunderts bestimmt wird, so z.B. die Trennung von gefugtem Erd- und

24. Verteilung der gesicherten Gontard-Bauten in Bayreuth

Die Bayreuther Frühzeit Carl von Gontards

25. Paris, Robert de Cotte, Hôtel d'Estrées, Hoffassade, 1704

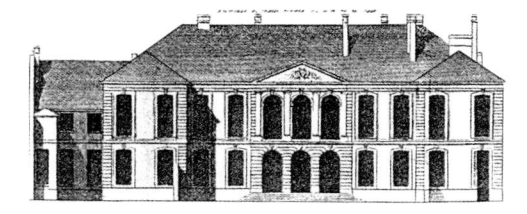

26. Paris, Germain Boffrand, Hôtel de Torcy, Gartenfassade, 1713

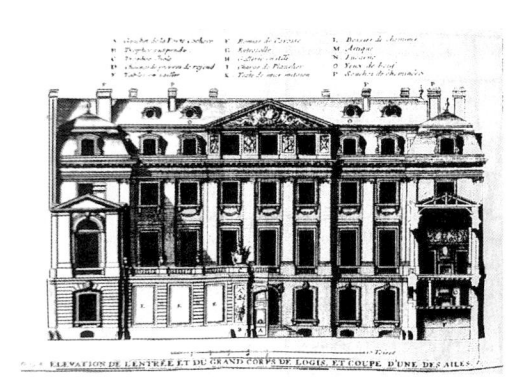

27. Charles August d'Aviler, Musteraufriß, Cours d'Architecture 1691

glattem Obergeschoß, die Akzentuierung der Fassade durch die risalitartige Zusammenfassung dreier Achsen und eines bekrönenden Dreiecksgiebels sowie die Verwendung von Girlanden als Schmuckmotiv. In unterschiedlicher Zusammensetzung sind alle diese Elemente auch am Wohnhaus Gontards und beim Palais d'Adhémar anzutreffen. Die Gestaltung der Fensterbänke trat später noch in ausgeprägterer Form in Erscheinung. Kräftige alternierende Segmentbogen- und Dreiecksgiebel, die während Saint-Pierres Schaffenszeit keine Verwendung fanden, tauchen hier erstmals wieder an einem repräsentativen Gebäude auf. Hinzu kommen bei Gontards Bauten noch die in der Regel rechteckigen, z.T. geohrten Fensterrahmungen sowie Konsolen als Stützen der Verdachungen. Verschieden erscheint jedoch die Auffassung des Baukörpers. Die Gondtardschen Bauten besitzen trotz der Risalitbildungen an den Hauptfassaden einen deutlich blockhafteren Charakter als die genannten Pariser Hôtel-Bauten. Während diese sich durch eine mehrfache Risalitausbildung auszeichnen, zeigt sich schon beim Bayreuther Apothekenbau die Bevorzugung kubischer Baukörper.

Im Vergleich zu den anfangs beschriebenen Bayreuther Fassaden aus der Zeit zwischen 1730 bis 1750 wird der Wandel der Architektursprache offensichtlich. Zeigten das Waisenhaus, dem als öffentlichem Gebäude ein deutlich höheres Dekorum entsprochen hätte, sowie das von Meyernsche Wohnhaus eine äußerst zurückhaltende Gliederung und Ausstattung mit Dekorationselementen, so wird mit Gontards Hofapotheke ein freizügigerer Umgang mit den Ordnungen deutlich. Das Relief der Fassaden wurde durch die Verwendung vorkragender Dekorationselemente wesentlich plastischer und belebter. Ohne sich im Spielerischen zu verlieren, wurde das Repertoire an Gestaltungsmitteln stärker ausgeschöpft. Weiterhin verzichtete Gontard mit Ausnahme des Italienischen Baus und des Palais d'Adhémars aber auf üppigen, flächengreifenden Stuckdekor an den Fassaden, obwohl sich durch das Wiederaufgreifen der Putzfassade dazu Gelegenheit bot. Die nun wiederbelebte farbige Fassade erweiterte zusätzlich die Ausdrucksmöglichkeit der Gontardschen Architektursprache. Einen wichtigen Impuls hat sicherlich die Italienreise für die Verwendung verputzter Fassaden gegeben. Aber auch Bayreuther Bauten aus der Zeit vor Saint-Pierre dürften Anregungen gegeben haben. Aus den erhaltenen Quellen waren jedoch keine Hinweise auf die originale Farbigkeit der Gontardschen Fassaden zu gewinnen.

Insgesamt läßt sich die frühklassizistische Tendenz zu einem geschlossenen Baukörper ohne extreme Vor- und Rücksprünge ablesen. Zwar sind die frühen Bauten durch Risalite ausgezeichnet, diese sind aber nur wenig vor die Fassade gezogen und werden bei den späteren Bauten Gontards in Bayreuth aufgegeben. Auffällig ist der nahezu quadratische Grundriß des Gontardschen und des d'Adhémarschen Anwesens. Zwar kann keine unmittelbare Rezeption palladianischer Vorbilder in der Grundrißstruktur abgelesen werden, doch könnten die Bauten Palladios den Anstoß dazu gegeben haben. Gontard hatte sowohl durch seine Italienreise im Gefolge des Markgrafenpaares als auch durch Stichwerke wie Piranesis »Vedute di Roma« Gelegenheit, sich mit der italienischen Baukunst, insbesondere den Stadtpalästen Roms, aber auch den Villen

Charakterisierung des Bayreuther Frühwerks

des Veneto, bekannt zu machen. In Markgräfin Wilhelmines Reisenotizen werden im Rahmen der Besichtigungstouren die Palazzi Corsini, Colonna, Borghese, Barberini, Farnese, Mancini (l'Accademia di Francia) und Pamphilii neben zahlreichen anderen Sehenswürdigkeiten genannt.[216]

Vermutlich dürfte außerdem, wie an der Académie Royale d'Architecture, auch in Blondels »École des Arts« eine Auseinander-

28. Bayreuth, Wohnhaus des Maschinenmeisters Johann Dietrich Spindler (Kat. Nr. 17, Aufnahme 1999)

43

Die Bayreuther Frühzeit Carl von Gontards

29. Bayreuth, sogennanter Italienischer Bau des Neuen Schlosses (Kat. Nr. 5, Aufnahme 1999)

setzung mit den »Quattro libri« Palladios und seiner Villenarchitektur stattgefunden haben. Blondel bot zumindest 1747 zweimal pro Woche je drei Stunden »Théorie sur la convenance, l'harmonie, la proportion, la situation etc., appuyée des citations et de l'autorité des Auteurs renommés« an, wobei Palladio sicherlich nicht fehlte.[217] Gontard dürfte also auf vielfältige Weise mit italienischer Baukunst und ihrer Rezeption in Kontakt gekommen sein.

Die Tendenz zur blockhafter Gestaltung der Baukörper, die Unterteilung in Erd- bzw. Sockelgeschoß, Piano nobile und zweites Obergeschoß, die Gliederung durch lange durchgehende Gesimse und gleichförmige Fensterreihungen, die Verwendung von Eckrustika und allenfalls schwach hervortretende Risalite bestimmen die Palazzo-Architektur Roms. Auf die Einflüsse der italienischen Architektur des 16. bis 18. Jahrhunderts auf französische Architekten in der Zeit nach 1740 hat insbesondere Häberle hingewiesen.[218] Gerade die blockhafte Gestaltung italienischer Palazzi mit meist nur geringer Risalitbildung, kam den klassizistischen Forderungen nach stereometrischen Gebäudeflächen und der Vereinheitlichung und Vereinfachung der Gebäudemassen entgegen. Schon ab ca. 1758, wie z.B. beim Bau des Hauses des Maschinenmeisters Spindler, zeichneten sich Gestaltungselemente ab, die sich aus Gontards Italienreise ableiten lassen. (Kat. Nr. 17, Abb. 28) Doch fand die Reise nach Italien bereits 1754/55 statt. Hier könnte sich der bereits angesprochene Einfluß der Auftraggeber verzögernd ausgewirkt haben. Bei der Hofapotheke wurden eindeutig die Repräsentationswünsche des Hofes umgesetzt, dessen treibende Kraft Wilhelmine stärker von der französischen Kunst geprägt war. Die Planungen für das Haus des Baumeisters und des Marquis d'Adhémar dürften noch zu Lebzeiten der Markgräfin, sie starb im Oktober 1758, begonnen worden sein. Die starke französische Prägung dieser Bauten ließe sich aus höfischen Architekturvorlieben, der französischen Ausbildung des Baumeisters und den Wünschen des französischen Auftraggebers d'Adhémar erklären. Beim Spindlerschen Anwesen hingegen könnten sich die manieristischen Zitate dadurch erklären lassen, daß der als Maschinenmeister an der

Charakterisierung des Bayreuther Frühwerks

Oper tätige Auftraggeber, möglicherweise offener für italienische Gestaltungsmittel war.[219]

Auch von Seiten des Hofes sind Veränderungen wahrnehmbar, die sich ab 1759 am urspünglich separat stehenden Wohntrakt für die zweite Frau des Markgrafen, Sophie Caroline von Braunschweig-Wolfenbüttel, ablesen lassen. Die von Anfang an geläufige Bezeichnung »Italienischer Bau« für diesen Schloßteil leitet sich aus dem Begriff »palais à l'italienne« ab, der ein eigentlich eingeschossiges Landhaus bezeichnet, dessen Räume unmittelbar vom Garten aus zugänglich sind. Der Italienische Bau, dessen Erdgeschoß entsprechend seiner Bestimmung als Hauptgeschoß mit repräsentativem Charakter konzipiert und dessen Obergeschoß nur als Halbgeschoß ausgebildet ist, unterscheidet sich stark von der übrigen Schloßanlage und gehört zu den ersten verputzten Fassaden der Ära Gontards in Bayreuth. Der Gegensatz zwischen dem dreigeschossigen Saint-Pierreschen Hauptgebäude und dem niedrigen Italienischen Bau ist unübersehbar. Aufgrund des fast völligen Fehlens von Plan- und Aktenmaterial zu dieser Anlage ist der jeweils genaue Anteil Gontards und Richters bisher nicht eindeutig zu klären. Was die Fassadengestaltung anbelangt, so ist jedoch eindeutig die Handschrift Gontards zu erkennen. (Kat. Nr. 5, Abb. 29)

Der langgestreckte Bau wird im Bereich des flachen dreiachsigen Mittelrisalits von einem Dreiecksgiebel betont. Im Verhältnis zum Corps de logis der knapp 10 Jahre vorher errichteten Schloßanlage wird die Tendenz zur Vereinheitlichung der Gebäudemasse klar ablesbar. Durch die Verwendung von kräftig vorkragenden, geraden Fensterverdachungen und Fensterbänken auf Konsolen wird der Horizontalismus der Anlage betont. Vertikale Gliederungselemente wie Säulen, Pilaster oder sonstige Wandvorlagen fehlen. Der plastische Dekor tritt hier noch ohne eine feste Rahmung auf. Es ist auffäl-

30. Bayreuth, Wohnhaus des Vormundschaftsrates Layritz (Kat. Nr. 14, zerstört, Aufnahme des Stadtarchivs Bayreuth um 1908)

Geschäftshaus des Königl. Bayer. Hoflieferanten u. Diplomoptikers Ernst Heuberger, Bayreuth, Luitpoldplatz 11. vor dem Ladeneinbau 3. 7. 1908.

Die Bayreuther Frühzeit Carl von Gontards

31. Bayreuth, Wohnhaus des Geheimen Camerier Liebhardt, heute Haus Steingraeber (Kat. Nr. 15, Aufnahme 1991)

32 a, b. Bayreuth, Wohhaus des Hofbaumeisters Georg Christoph Mader (Kat. Nr. 18, Aufnahme 1999)

Charakterisierung des Bayreuther Frühwerks

33. Bayreuth, Palais des Freiherrn von Künßberg (Kat. Nr. 21, Aufnahme 1999)

lig, daß die Verwendung der Putzfassade mit dem Tode Wilhelmines zu neuen Ehren gelangte.[220] Inwiefern Markgräfin Sophie Caroline möglicherweise eigene Wünsche einbrachte, ist ungeklärt. Deutlich wird jedoch, daß zum Ende der 1750er Jahre Wandlungen in der Architektursprache auftraten, die sich sowohl in den Bauten des Hofes als auch denen privater Auftraggeber niederschlugen.

Bei Gontards Bayreuther Frühwerk lassen sich verschiedene Merkmale seiner Architektursprache aufzeigen, die auch für sein späteres Werk von Bedeutung waren. Diese Eigenschaften resultierten aus den soziokulturellen Bindungen der protestantischen Markgrafschaft an Preußen und der damit verbundenen stärkeren Anlehnung an die französische Baukunst, die ihm im Hofbauamt vermittelt wurde. Verstärkt wurde dies durch seine Ausbildung bei Blondel, der ihm als Vermittler zwischen Barock und Frühklassizismus das Streben nach Einfachheit und Klarheit der Komposition nahebrachte. Aber auch italienische Einflüsse werden erkennbar, die zum Teil aus den Eindrücken der Italienreise zu erklären sind. Sie sind bezeichnend für die Suche des Architekten nach seiner eigenen Handschrift. So nahm die Putzfassade an Häufigkeit zu, vertikale Elemente zur Gliederung der Fassade in Form von Säulen, Pilastern oder anderen Wandvorlagen wurden zunehmend fallengelassen.

Das Formenrepertoire zur Dekoration der Fassaden war zwar relativ eng begrenzt, weist jedoch gegenüber seinem Vorgänger Saint-Pierre eindeutige Veränderungen und Erweiterungen auf. Die Rocaille als Element des Fassadendekors trat nicht auf, was in Bayreuth aber ohnehin kaum der Fall ist. Agraffen, z.T. von kleinen Blütensträußen flankiert, an Fenstern und Türen, unterschiedliche Variationen von Tuchgehängen

Die Bayreuther Frühzeit Carl von Gontards

und Blütengirlanden sowie vereinzelte figürliche Stukkierung stellen die wesentlichen Motive dar. Antikisierende Elemente, wie z.B. Triglyphenzitate oder Wellenbänder, wurden nur vereinzelt als dekorative Elemente verwendet. Vasen traten als neue Elemente für die Dekoration von Balustraden oder auch innerhalb von Stukkierungen auf. Der Einsatz des antiken Portikusmotives an der Hofapotheke ist nicht auf den unmittelbaren formalen Vorbildcharakter antiker Kunst zurückzuführen, sondern auf die Rezeption Palladios und das Studium der französischen Baukunst des späten 17. Jahrhunderts und der Mitte des 18. Jahrhunderts. Dies läßt sich an der bedeutenden Stellung Perraults und dessen Rezeption durch Ange-Jacques Gabriel erkennen, der entscheidenden Einfluß auf Gontard ausübte. Gerade die Kombination dieser Kompositionselemente konnte dem höfischen Repräsentationsanspruch entsprechen. Segmentbogige Formen für Fenster und Türen finden unter Gontard kaum Verwendung, rechteckige und rundbogige Formen dominieren. Dementsprechend treten Fensterverdachungen wesentlich häufiger auf und kragen zur Belebung der Fassade kräftig hervor. Dekoration an sich wird nicht abgelehnt, sondern der übergreifenden Fassadengliederung untergeordnet, so daß die »simplicité« gewahrt bleibt. Dies deutet sich auch bei der Innendekoration des Gontard-Hauses an. (Vgl. Kat. Nr. 12)

Die Tendenz zu blockhaften Baukörpern ohne Risalitgliederung, die im Bayreuther Bürgerhausbau ohnehin schon dominierte, wurde auf höfische Objekte übertragen, wie am Italienischen Bau deutlich wird. Ausgeprägte Risalite und Verkröpfungen wurden verdrängt. Dadurch wurde der Baukörper entsprechend klassizistischer Forderungen sowohl in der Gliederung seiner einzelnen Teile als auch im gesamten Dekorationssystem klarer. Diese Vereinfachung der Strukturen wurde ebenfalls auf die Raumdistribution im Innern übertragen. Hier erfolgte eine eher additive Reihung relativ gleichförmiger rechteckiger Grundrißformen.

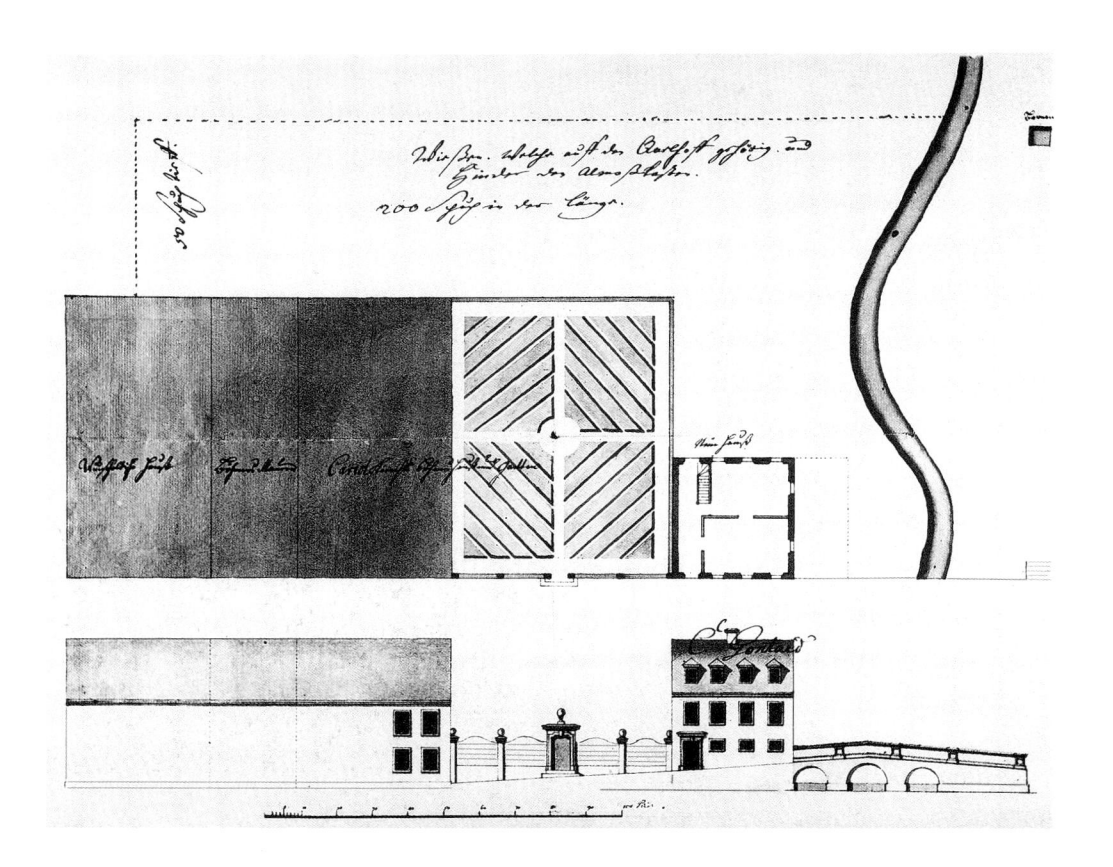

34. Bayreuth, Wohnhaus des Cariolknechts Böhm, Entwurf um 1761 (Kat. Nr. 22)

Situation des Bauwesens in Potsdam

Bürgerhausbauten unter Friedrich Wilhelm I.

1764 wechselte Gontard in preußische Dienste. Um das Bauwesen unter Friedrich II. sowie dessen Architekturvorstellungen zu verdeutlichen, ist es notwendig, kurz die Stadtbausituation in Potsdam zu skizzieren. Unter der Regentschaft Friedrich Wilhelms I. wurden zwei Stadterweiterungen in den Jahren 1722 und 1733 in Potsdam vorgenommen. Diese hingen mit dem Ausbau Potsdams zur Garnisonsstadt und der dazu benötigten Stärkung der Infrastruktur zusammen.

Neben den an holländischen Vorbildern orientierten Bauten wie dem Holländischen Viertel, zeichneten sich Wohnhausbauten unter Friedrich Wilhelm I. besonders durch ihre Zweigeschossigkeit und den Ausbau von Dacherkern aus. Häufig wurden fünfachsige Fassaden mit gequaderten oder glatten Lisenen konzipiert, die mit einem begrenzten Repertoire an ornamentalem Schmuck versehen waren. Etwa bis zur ersten Stadterweiterung 1722 wurden einfache Reihenhäuser vor allem in kostengünstigem Fachwerk mit ausgemauerten Gefachen errichtet, während in der Folgezeit ein Übergang zu massiven verputzten Fassaden stattfand.

Für den Wohnbau in Potsdam gewährte der König verschiedene Baugnaden in Form von finanziellen Zuwendungen und Materiallieferungen. Doch waren damit gleichzeitig auch bestimmte Auflagen verbunden, beispielsweise die Unterbringung von Soldaten. Dies brachte außerdem spezielle Vorgaben in der Grundrißgestaltung mit sich.[221]

Der Bau von einheitlichen Typenhäusern wurde von Zeitgenossen jedoch als monoton empfunden: »Die Art zu bauen in den neu angelegten Strassen war gänzlich ein- und gleichförmig. Alle Häuser mußten Erker haben, und wenn sogenannte halbe Häuser vorkamen, so bekamen zwey derselben über der Mitte ihrer Grenzscheidung einen solchen Erker, von dem die eine Hälfte diesem, die andere jenem Besitzer zukam, um nur die Monotonie nicht zu unterbrechen. Das Auge des Königs war durch die beständige Beschäftigung mit seinem Garderegimente [...] dermaßen verwöhnt, daß ihn auch die neu angelegten Straßen nicht anders gefielen, als wenn deren Häuser eine in Reihen stehende Anzahl Soldaten vorstellten, wovon die Dacherker über dem zweyten Stockwerke gleichsam den Grenadiermützen glichen.«[222]

Der Ausbau Potsdams zur Residenzstadt unter Friedrich II.

Nach seinem Regierungsantritt 1740 konnte Friedrich II. damit beginnen, Berlin und Potsdam gemäß seinen Vorstellungen zu repräsentativen Residenzstädten umzuwandeln. Das durch Friedrich Wilhelm I. erweiterte Stadtareal reichte bis ins späte 18. Jahrhundert für den Ausbau der Stadt, und auch Friedrich II. nahm lediglich am Berliner Tor 1753 geringfügige Ausdehnungen der Stadtgrenze vor.[223] Die Schlesischen Kriege (1740-1742 und 1744-1745) engten die Bestrebungen des Königs zunächst auf einige ausgewählte Objekte ein. Friedrich II. ließ das Charlottenburger Schloß durch Knobelsdorff zwischen 1741-1743 erweitern und gleichzeitig das Opernhaus als Eckpfeiler des geplanten Forum Fridericianum in Berlin erbauen. 1744 folgte der Neubau des Orangenhauses in Potsdam und 1745 der Umbau des Stadtschlosses. Spätestens zu diesem Zeitpunkt kristallisiert sich heraus, daß der König Potsdam als Residenz favorisierte.[224] Schließlich, im Jahr 1745, wurde mit den Bauarbeiten für Schloß Sanssouci begonnen. Nachdem dieses für Friedrich II. so bedeutende Projekt vollendet war, richtete er sein Augenmerk zunehmend auf Potsdam als Ganzes und begann den Bau von Bürgerhäusern voranzutreiben. Nun sollten auch Höhepunkte der städtischen Fassadengestaltung den Glanz und Ruhm des Fridericus Rex reflektieren.

Nach dem Ende des Siebenjährigen Krieges 1763 fuhr Friedrich II. mit der Verschönerung der Residenz Potsdam fort, allem voran natürlich mit den Bauten des Neuen

Palais und der Communs. 1764 wurden nur zwei bürgerliche Wohnbauten innerhalb der Stadtmauern nach Entwürfen Bürings, hingegen aber sechs Manufakturen und zehn Kasernenbauten geschaffen. Es wird deutlich, daß der König mit Nachdruck das Bauhandwerk und alle damit verbundenen Zuliefergewerke wieder mit einer Existenzgrundlage versorgen wollte. Zugleich sollte durch den Bau von Manufakturgebäuden, deren spätere Nutzung noch gar nicht festgelegt war, Kapital herangezogen und neue Arbeitsplätze in Potsdam geschaffen werden. Darüber hinaus wurden in Nowawes 11 Kolonistenhäuser errichtet.[225]

Friedrichs II. frühe Beschäftigung mit der Baukunst

Während seiner Kronprinzenzeit wurde Friedrich 1730, nach seinem Fluchtversuch, durch den Soldatenkönig die praktische Beschäftigung mit Bauangelegenheiten angewiesen. An der Kammer von Küstrin mußte sich der Kronprinz als Auskultator (Referendar) mit der Anlage eines Amtshauses und verschiedener Wirtschaftsgebäude im Amt Himmelstädt sowie einer Glashütte in Marienwalde befassen. Somit hatte er gewisse Grundkenntnisse auf diesem Gebiet erworben.[226]

Der Einfluß Knobelsdorffs auf den Kronprinzen ist schon vielfach beschrieben worden und kann an dieser Stelle nicht näher untersucht werden. Als Vermittler von Büchern und Stichwerken sowie als gelehrter Gesprächs- und Korrespondenzpartner in puncto Kunst und Literatur ist insbesondere Francesco Algarotti (1712-1764) zu nennen. Friedrich II. lernte den Venezianer 1739 in Rheinsberg kennen und erhob ihn bald nach der Thronbesteigung in den erblichen Grafenstand.[227] Algarotti, der sich nur zeitweilig am Hofe in Berlin und Potsdam aufhielt, beschaffte dem König verschiedene Stichwerke, darunter eine Palladio-Neuausgabe und Zeichnungen des Palazzo Pitti in Florenz. Algarotti berichtete Lord Burlington über das große Interesse des Königs am englischen Palladianismus.[228] Er vermittelte aus dessen Besitz ein Buch über die Bäder Palladios sowie Zeichnungen des Palastes von Chiswick, des in York errichteten Ägyptischen Saales und des Hauses des General Wade in London.[229] Das Interesse für die englischen Palladio-Nachfolger wurde aber auch schon durch Knobelsdorff angeregt, der sich 1741 Ausgaben von Inigo Jones beschaffen ließ.[230] Unschwer erkennbar ist dies in den Planungen für das Forum Fridericianum in Berlin. In der Bibliothek Friedrichs befanden sich außerdem auch ein Exemplar von Colen Campbells »Vitruvius Britannicus« sowie zahlreiche französische Stichwerke. Sie enthielt desweiteren Ausgaben von Boffrand, Barbault, Patte und Pitrou und Schriften Jacques François Blondels sowie Marc Antoine Laugiers.[231] Außerdem wurden im Sterbezimmer Friedrichs II. verschiedene, nicht näher bestimmte Pläne und Zeichnungen inventarisiert.[232]

In den Briefen Algarottis an Friedrich II. wird deutlich, wie stark er dem König die Architektur Italiens nahezubringen versuchte.[233] Algarotti schickte darüber hinaus dem König auch eigene Entwürfe und Reiseskizzen zu. Der König erfuhr durch den Italiener vielfältige Anregungen für sein Vorhaben, Potsdam in eine repräsentative Residenz umzuwandeln. Besonders die Rezeption italienischer und englischer Vorlagen, die sich sichtbar in den Bauvorhaben in Potsdam niederschlug, ist auf seine Vermittlung zurückzuführen. Durch eine erneute Betrachtung der Korrespondenz zwischen dem Venezianer und dem preußischen König traten einige interessante Aussagen der beiden zu Tage, die neben den geläufigen Briefzitaten bisher übersehen wurden. Dies wird im Zusammenhang mit den Vorlagen Friedrichs II. sowie den ausländischen Vorbildern für bürgerliche Wohnhäuser noch genauer erörtert werden.[234]

Friedrichs Architektur- und Kunstgeschmack war durch verschiedene Einflüsse geprägt worden. Die in Berlin und Potsdam gewachsene Baukunst mit Einschlägen der französischen und niederländischen Architektur des 17. und 18. Jahrhunderts, die italienische Renaissancebaukunst und der englische Palladianismus bestimmten die Entwicklung seiner Architekturvorlieben. Gontards Ausbildung in Bayreuth und Paris, seine Rezeption der italienischen Baukunst und des holländischen Palladianismus dürften den Vorstellungen des Königs entgegengekommen sein.

Die Organisation des Bauwesens und die Mitglieder des Baucomtoirs

Außer Mangers »Baugeschichte von Potsdam« sind als weitere wichtige Quellen für die Aufgabenstellungen und Lebensumstände der Potsdamer Baubedienten, Handwerker und Künstler die sogenannten »Minüten« und »Extracte« im Geheimen Staatsarchiv in Berlin zu nennen. Es handelt sich hierbei um Abschriften aus Kabinettsordern zwischen 1728 und 1809 sowie um Auszüge aus Suppliken und Berichten für die Vorlage im Kabinett von 1764 bis 1792.[235] Nach Mangers Aufzeichnungen wurde während der Regentschaft Friedrich Wilhelms I. (1713-1740) »das Nötige in Bausachen sehr kurz in den Wohnungen der jedesmaligen Baumeister ausgefertigt.« Als Friedrich Wilhelm Dietrichs (1702-1784) nach dem Regierungsantritt Friedrichs II. Boumann mit Bauausfertigungen betraute, richtete dieser in seiner Wohnung eine eigene Stube hierfür ein, die er wie die Schreibstuben der Kaufleute seiner Heimatstadt als »Komptoir« bezeichnete. In der Folge bürgerte sich die allgemeine Bezeichnung »Baucomtoir« ein.[236] Der König genehmigte die jährlichen Bauetats und Bauvorhaben und beantwortete Anfragen, Berichte etc. umgehend: »Dieserwegen mußten Ihm dergleichen Etats auf holländisch Briefpapier klein geschrieben übergeben werden. Diese verwahrte Er in Seinem Taschenbuche, und notirte dazu, wenn und wieviel Er darauf assigniret habe.«[237]

Am 17. Oktober 1752 wurde vom König ein Baureglement für Potsdam erlassen. Friedrich übernahm die Kontrolle des Bauwesens, seine Entscheidungen waren bestimmend bis ins Detail.

»Es dependiret gantz und allein von des Königs Befehl, wenn, wo, was und wie es (das Baucomtoir, d.V.) bauen soll, wie denn auch alle Zeichnungen nach seinem Geschmack und Vorschriften gemacht werden müßen und keine Anschläge ohne des Königs Approbation passiren können.«[238]

Kastellan Boumann unterstand die »Direction von allen Königl. Bauten« und er fungierte als unmittelbare Verbindungsperson zwischen König und Baubediensteten. Somit wird deutlich, wie eng Friedrich II. mit dem Baugeschehen verbunden war. Sowohl die künstlerische Richtung als auch die Finanzen unterlagen seiner strengsten Kontrolle.

Hans Georg Wenzeslaus von Knobelsdorff (1699-1753), der seit 1742 »Surintendant aller Königl. Schlösser, Häuser und Gärten wie auch Directeur en chef aller Bauten in denen sämtlichen Provinzen« war, wurde nicht mehr erwähnt.[239] Sein Einfluß in Bauangelegenheiten auf den König war durch Meinungsverschiedenheiten darüber verlorengegangen. Nach Knobelsdorffs Tod wurde das Baucomtoir 1754 durch Johann Gottfried Büring (1723 - nach 1788) erweitert, der die Position eines Landbaumeisters erhielt.

Von den Kondukteuren, die zu dieser Zeit dort arbeiteten, sind besonders Heinrich Ludwig Manger (1728-1790), Christian Carl Ludwig Hildebrant (1720 - unbekannt) und Andreas Krüger (1719-1759) zu nennen.[240] Mangers »Baugeschichte von Potsdam« und seinen anderen Publikationen verdanken wir heute viele Informationen zum Baugeschehen. Der König ließ ihm nie die erhoffte Anerkennung zu Teil werden, da er Manger nicht die nötige Erfindungskraft zutraute.[241] Manger, aber auch Büring, Hildebrandt, Unger und Gontard wurden mehrfach inhaftiert, da der König sie der Unterschlagung und Nachlässigkeiten verdächtigte.[242] Persönliche Bereicherungen konnten bei den Untersuchungen jedoch widerlegt werden.[243]

1756 trat Jean Laurent Legeay (ca. 1710-nach 1788) in die Dienste des Königs und beanspruchte für sich den Titel eines Oberlandbaumeisters.[244] 1747/48 hatte Legeay bereits eine Folge von sieben Stichen zur Erbauung der Hedwigskirche in Berlin geschaffen.[245] Von ihm stammen wesentliche Intentionen der Pläne für das Neue Palais und die Communs. Umstritten ist, ob Legeay zeitweilig an Blondels Architekturschule beschäftigt war.[246] Die Zahl der tatsächlich nach Legeays Entwürfen geschaffenen Bauten scheint im Verhältnis zu seinem zeichnerischen Werk sehr gering gewesen zu sein. Auch im Urteil der Zeitgenossen wurde er eher als Entwerfer und Zeichner, denn als praktischer Baumeister geschätzt.[247] Durch den Beginn des Siebenjährigen Krieges stand seine Tätigkeit in Potsdam unter keinem guten Stern. Die Umstände seiner Flucht aus Potsdam (1763 oder 1764) sind bis heute nicht genau geklärt. Der Chronist Manger führte sie auf Unstimmigkeiten über die Entwürfe zu den Communs zurück.[248]

Situation des Bauwesens in Potsdam

Während Carl von Gontard die Geschicke des Potsdamer Baucomtoirs leitete, sind insbesondere die Kondukteure Andreas Ludwig Krüger (1743-1822) und Georg Christian Unger (1749-1804/12) hervorzuheben. Krüger kam nach Mangers Angaben erst 1777 in das Baucomptoir.[249] Von großer Bedeutung sind seine Stadtansichten von Potsdam, die noch heute einen Eindruck von der aufwendigen Gestaltung der Straßen und Plätze geben.[250] Aus Bayreuth stammte Georg Christian Unger, der sich vom Kondukteur in Potsdam zum Oberhofbaurat in Berlin hinaufarbeitete. Nach Mangers Aufzeichnungen teilte der König ab 1768 Unger die mündlichen Befehle in Bauangelegenheiten mit, da er mit Gontard nicht mehr sprach.[251] Möglicherweise trieb Gontard, nach der Auffassung des Königs, die Arbeiten an der Kolonnade der Communs nicht schnell genug voran.[252] Die mündliche Kommunikation zwischen Friedrich und Gontard scheint aber nicht völlig unterbrochen gewesen zu sein bzw. scheint sie sich zwischenzeitlich wieder gebessert zu haben. Im Oktober 1780, als die Planungen für die Domtürme am Gendarmenmarkt liefen und Gontard für den inneren Ausbau der neuen Bibliothek in Berlin zuständig war, wurde dem Baumeister mitgeteilt, daß der König ihn zu sprechen verlange.[253]

Unger war zunächst mit seiner Position in Potsdam wohl unzufrieden gewesen. Im Januar 1769 bat er um die vakante Stelle des Landbaumeisters an der Magdeburger Kammer, was jedoch abgelehnt wurde.[254] Ein Gesuch Ungers, ihm 1774 eine Studienreise nach Italien zu gestatten, scheint ebenfalls abgelehnt worden zu sein.[255] Manger erwähnt den Umzug Ungers nach Berlin für das Jahr 1781.[256] Aber auch Unger zog sich die Ungnade des Königs zu. Beispielsweise wurde er im Mai 1786 in Arrest gesetzt, da er sich nicht an Kostenanschläge des Oberbaurates Seidel hinsichtlich des Baues der Stadtmauern gehalten hatte.[257]

Die Anwerbung von Baumeistern, Künstlern und Handwerkern nach dem Ende des Siebenjährigen Krieges 1763

Durch den Bau des Neuen Palais, dessen Planungen schon um 1755 nachweisbar sind, benötigte der König nach dem Ende des Siebenjährigen Krieges zusätzliche Handwerker und Baumeister.[258]

»Nach dem siebenjährigen Kriege mußten 1763 und 1764 vom Baukomptoir aus dem Bayreuthschen und aus dem Reiche überhaupt viele Bildhauer, Steinmetzen, Steinhauer, Zimmerleute, Maurer und andere Professionisten, wegen des neuen Schloßbaues angeschafft werden, welche freye Reisekosten und ander Gutthaten erhielten. Ihrentwegen wurden viele Emissarien ausgesendet.«[259]

Im selben Jahr, in dem der Siebenjährige Krieg endete, verstarb Markgraf Friedrich von Bayreuth. Eine große Zahl der dortigen Handwerker und Bauverständigen war daraufhin ohne Erwerbsquelle, da der Nachfolger keine Neigungen zu kostspieligen Bauprojekten zeigte. Aus dem Briefwechsel Friedrichs II. mit dem preußischen Gesandten Buchholtz am Bayreuther Hof sowie mit dem preußischen Minister und Gesandten Baron von Plotho lassen sich die umfangreichen Verhandlungen mit den Künstlern und Handwerkern aus Bayreuth, aber auch aus Ansbach, Bamberg, Nürnberg, Stuttgart, Germersheim und Eger gut verfolgen.[260] Von einer bloßen »Erbschaft« der Handwerker kann also nicht gesprochen werden.[261] Bayreuth verlor hierdurch einen Großteil der geschicktesten Handwerker.[262] In der Abschrift einer Kabinettsorder bei Manger wird eine Vorschußzahlung für »zweyhundert fünf und dreyßig anher gekomenen fremden Ouvriers, betragend 5965 Thaler 12 Gr. 5. Pf.« für den Herbst 1764 genannt.[263]

Auffälligerweise fehlen in der Korrespondenz mit Plotho und Buchholtz und auch in anderen Archivalien bisher Hinweise auf die Anwerbungen Gontards und Ungers. Die Vermutung, daß Gontard zu dieser Zeit von Bayreuth abwesend war, könnte darin Nahrung gefunden haben. In Betracht zu ziehen ist aber auch, daß Gontard aufgrund seines militärischen Ranges über Verbindungsmänner im militärischen Bereich angeworben wurde. Belege konnten diesbezüglich jedoch noch nicht ausfindig gemacht werden. Dies erklärt aber nicht die fehlenden Hinweise auf Unger, der nicht in militärischen Diensten geführt wurde. Vielleicht benutzte Gontard einen eigenen Mittelsmann mit guten Beziehungen zum preußischen Hof. Als geeignete Person wäre sicherlich der Marquis d'Adhémar anzusehen, für des-

sen Ratschläge und Protektion sich Gontard in einem an den Marquis gerichteten Brief im Oktober 1764 bedankt: »C'est à Vous Monsieur que j'endois l'oplication, j'en Suis pennetre de la plus vive reconnoisance, je Vous Suplice Monsieur de me conservire Votre protection et vos Sage Conseilles, je le Suivris en toutt et tacherois de m'en rendre digne en vous demognent le respect avec le quelle j'ay l'honneur d'etre (...).«[264]
Letzlich könnten auch Verbindungen über die Freimaurerlogen geknüpft worden sein. Friedrich II. war Freimaurer und Beyer vermutet eine Aufnahme Gontards in die Bayreuther Schloßloge schon vor seiner Studienreise nach Paris, da »(...) von ihm als dem Sohne eines Freimaurers, nicht das sonst übliche Alter gefordert wurde. (...)«[265]
Gontard selber scheint nicht sehr mitteilsam gewesen zu sein, was seine Person betraf, wie Manger in einem Brief an Nicolai bemerkt.[266] In Potsdam traf der Baumeister wohl erst in der zweiten Hälfte des Jahres 1764 ein. Etwa Mitte bis Ende Juli 1764 dürfte eine Notiz in die »Extracte« aufgenommen worden sein, in der Gontard noch um sechs Wochen Zeit zur Regelung persönlicher Angelegenheiten in Bayreuth bat. Ersichtlich wird daraus auch, daß Gontard in Potsdam Pläne vorlegen mußte, die vermutlich als Proben seines Könnens dienen sollten.[267] Die Datierung in bezug auf Gontards Eintreffen in Potsdam erschließt sich aus Mangers Erwähnung, daß der König ihm Anfang September die Aufsicht über den Bauhof und die Baumaterialien erteilte.[268] Der Baumeister muß also spätestens Ende August in Potsdam eingetroffen sein, um seine Vorbereitungen für den Dienstantritt in Potsdam zu erledigen.
Die große Zahl der zugewanderten Bayreuther Handwerker sorgte in Potsdam gleichzeitig auch für Konflikte mit den einheimischen Arbeitskräften, da die Bayreuther verschiedene Begünstigungen erhielten.[269] Waltraud Volk bringt Gontards Eintritt in das Baucomtoir und seinen Einfluß durch den zu vermutenden Rückhalt unter den Bayreuther Bauleuten mit der Flucht Bürings und Legeays 1764 in Verbindung. Er habe vermutlich von Anfang an seine Position als einstiger Protegé der Markgräfin Wilhelmine ausgenutzt, um »(...) seine Rivalen Büring und Legeay bloßzustellen (...)«.[270] Manger begründete Legeays Fortgang, wie schon angesprochen, mit Differenzen zwischen dem Baumeister und dem König in bezug auf die Entwürfe zu den Communs.[271] Allerdings gibt Büring in einem Brief an Friedrich Wilhelm II. an, daß zum großen Teil Neider Schuld an der Ungnade gewesen seien, in die er gefallen sei.[272]

Steigerung des Bauvolumens unter Friedrich II.

Noch während des ersten Schlesischen Krieges ließ Friedrich das von seinem Vater begonnene Holländische Viertel in Potsdam durch Boumann vollenden.[273] Das Viertel war als Wohnort für holländische Handwerker und deren Familien gedacht, die als Arbeitskräfte in Potsdam seßhaft gemacht werden sollten, was aber im gewünschten Umfang nicht gelang.[274] Im Gegensatz zu den Bauten Friedrich Wilhelms I. wurden während der Regentschaft Friedrichs II. vorwiegend dreigeschossige Gebäude errichtet. Günstig für die Stadtverschönerungspläne des Königs wirkte sich die Erbschaft Ostfrieslands 1744 aus, wodurch regelmäßige Zahlungen von rund 200.000 Talern eingingen.[275]
Da in Potsdam und zum Teil auch in Berlin die Errichtung bürgerlicher Wohnbauten unmittelbar durch Friedrich II. erfolgte, der sowohl den größten Teil der Kosten übernahm als auch die Erscheinungsform der Bauten bestimmte, erscheint der Begriff »Immediatbau« als angemessen.[276] Hierdurch kommt deutlicher zum Ausdruck, daß nicht wirklich die Bürger als Auftraggeber in Erscheinung traten und die Gestaltung ihrer Wohnhäuser festlegten, sondern der König dies für sich beanspruchte.
Mit dem Jahr 1748 setzte in Potsdam eine zunehmende Bautätigkeit im Wohnhausbau innerhalb und auch außerhalb der Stadtmauer ein.[277] Die Anzahl der Immediatbauten zwischen 1748 und 1756 variiert nach Mangers Angaben zwischen drei (1748) und maximal neunzehn Häusern (1755) pro Jahr. In der Regel wurden sie den Bewohnern übereignet. (Vgl. Tabelle II) Eigenmächtige Veränderungen an den Fassaden durch die Besitzer waren, auch unter Friedrich Wilhelm II., nicht gestattet, was aber häufig ignoriert wurde.[278] Reparaturen wurden meist über das Baucomtoir erledigt, fanden jedoch nicht immer umgehend statt.[279] Auch Manger klagte 1789 über die

Situation des Bauwesens in Potsdam

geringe Haltbarkeit der Fassadendekorationen.[280]

Nach dem Siebenjährigen Krieg stieg die Zahl der Bauten zunehmend an. Werden 1764 nur zwei immediate Wohnhäuser neben einer ganzen Reihe von Kasernen und Fabrikenhäusern genannt, waren es 1765 schon elf, 1770 zwanzig, 1775 vierundzwanzig, 1780 neununddreißig und 1786 vierzig Wohnhäuser. Friedrich Mielke beschreibt in seinem Werk zum Potsdamer Bürgerhaus ausführlich, wie die Straßenfassaden der Stadt entsprechend der persönlichen Blickpunkte des Königs und ausgehend vom Stadtschloß sukzessive überarbeitet wurden. Friedrich II. wählte persönlich die Standorte der neu zu errichtenden bzw. zu überarbeitenden Objekte aus. Vielfach schuf der König eigene Entwürfe für einzelne Immediatbauten oder wählte bedeutende Prospekte französischer und italienischer Paläste als Vorlagen aus, die in Potsdam, entsprechend den jeweiligen Grundstücksgrößen, modifiziert wurden. Hans-Joachim Giersberg prägte diesbezüglich den Begriff der »gezeichneten Kabinettsorder«, der treffend die Einflußnahme Friedrichs II. auf das Baugeschehen charakterisiert, da der König dazu vielfach grobe Skizzen an seine Baumeister weitergab.[281]

Die Gestaltungsvorgaben des Königs für seine Immediatbauten zielten jedoch ausschließlich auf die Errichtung repräsentativer Fassaden unter gleichzeitig größtmöglicher Sparsamkeit ab. Das Baugeschehen wurde durch den König dominiert und die eigentliche soziale Zusammensetzung der Bewohner des jeweiligen Gebäudes oder Straßenzuges, letztendlich die Sozialstruktur der Einwohner der Stadt, durch die Prachtfassaden verschleiert.

Die eingangs angeführte Bezeichnung »Immediatbau« trifft, wie die vorangegangenen Erläuterungen aufzeigen, den Charakter der bürgerlichen Wohnbauten unter Friedrich II. in Potsdam und zum Teil auch Berlin besser als der Begriff »Bürgerhaus«. Nicht die Bürger prägten durch ihre Wünsche und Bedürfnisse die Gestaltung der Wohnbauten, sondern alleine die Architekturvorstellungen des Königs waren maßgeblich. In der Tradition absolutistischer Herrscher setzte Friedrich II. sein königliches Selbstverständnis nicht nur in Politik und Heeresführung, sondern auch in der Baukunst um.

Zeitgenössische Kritik an König Friedrichs II. Vorgehen bei Baumaßnahmen

Die Zusammenfassung von mehreren Einzelgebäuden unter einer Fassade, eine gängige Vorgehensweise unter Friedrich II., erfuhr schon durch Knobelsdorff Kritik. Als er vom König nach seinem Urteil über derartige Bauten unter Boumanns Regie gefragt wurde, antwortete er: »[...] `für Kasernen sind sie gut genug´; denn er glaubte, daß es nur bey großer Herren Wohnungen und bey Kasernen erlaubt wäre, mehrere Eingänge anzubringen, jedes Bürgerhaus müsse seine eigene Façade haben, damit es das Ansehen behielte, als habe ein jeder nach seinem Geschmacke und Gelde gebaut, wenn es auch in Potsdam nicht der Fall wäre.«[282]

Es wird deutlich, daß das Zusammenfassen von Einzelgebäuden durch übergreifende Fassaden abgelehnt wurde, da somit nicht der Stand der eigentlichen Bewohner zum Ausdruck kam. Weder das Schickliche nach den Regeln der »convenance« noch Wohnbedürfnisse spielten für den König hinsichtlich der eigentlichen Bewohner der Bauten eine Rolle, und Manger beklagte schon 1753 die daraus entstehenden kuriosen Wohnbedingungen. Insbesondere bei Nachbauten von italienischen Palästen entstanden beispielsweise zu große Raumhöhen, die als nicht angemessen für die bürgerlichen Bewohner der Häuser galten. Deshalb wurden Zwischengeschosse eingezogen, die an den Fassaden nicht erkennbar waren, die aber im Inneren die Fensterpartien zerschnitten.[283]

Mit seinem Stoßseufzer »[...] der weise Bauherr sollte doch warlich von praktischen Sachverständigen Widersprüche dulden, zumal wenn sie wegen untrüglicher Erfahrungen gemacht werden [...]«, sprach er sicherlich vielen seiner Potsdamer Kollegen aus der Seele.[284]

Bürger und Adelige konnten nur in beschränktem Umfang als direkte Auftraggeber auftreten, da deren finanzielles Potential gering war, wie Manger ebenfalls anmerkte: »Wenn doch große Herren, besonders solche, die außer ihrem Vergnügen zugleich zum Besten ihrer Unterthanen bauen, nicht so sehr auf armselige Ersparungen sehen wollten! wie groß würde in der Folge der Vortheil für dieselben seyn! besonders in Potsdam, wo für arme Bürger Palläste erbauet werden, deren Unterhalt öfters mehr beträgt, als der ganze Nutzen der Vermiethung und des Gewerbes.«[285]

Manger war im übrigen nicht der einzige zeitgenössische Kritiker dieser Vorgehensweise des Königs. Auch in Millenets »Kritische Anmerkungen den Zustand der Baukunst in Berlin und Potsdam betreffend«, ist dieses Thema 1776, also noch zu Lebzeiten des Königs, aufgegriffen worden. Der Autor bemängelt die Diskrepanz zwischen den anspruchsvollen Fassaden und der inneren Struktur der Häuser und bemerkt: »Indessen wird einem jungen Architekten, welcher sich auch in dieser Art Gebäuden (Privatbauten, d.V.) darselbst bilden will, eine vorsichtige Wahl anzurathen seyn. Einige dieser Häuser sind mit einer Pracht erbauet, welche der Magnifizenz des großen König würdig sind; es läßt sich aber unschwer einsehen, daß nicht alle für die eigentlichen jetzigen Bewohner bestimmt waren, sonst könnten sie einen Anfänger leicht auf falsche Grundsätze führen.«[286]

Mit den angeführten Grundsätzen dürften unzweifelhaft die Regeln der »bienséance« und der »convenance« gemeint sein. Die Mißachtung des »Schicklichen« besonders bei Potsdamer Bauten mußte sich zwangsläufig aus dem Prospektcharakter der Bauten und dem sehr häufig unangemessenen Dekorum ergeben, da der eigentliche Zweck der Gebäude und der Stand der Besitzer kaum berücksichtigt wurden. In Millenets Stadtbeschreibung dringt neben einer ablehnenden, rivalisierenden Haltung gegenüber den fremden, d.h. ausländischen Baumeistern in Potsdam, auch eine, aus den Forderungen Laugiers und der zeitgenössischen Architekturtheorie resultierende Kritik durch, die auch den allgemeinen Vorbildcharakter Palladios nicht verschont. So verurteilt Millenet die Verwendung von Kolossalpilastern, die zwei vollwertige Geschosse durchschneiden, und die Verwendung von verkröpften Gebälken am Beispiel der Potsdamer Kopie des Palazzo Valmarana: »Die Verhältnisse (der Baukörper, d.V.) sind zwar unentbehrlich in der Baukunst, sie tragen viel zur Deutlichkeit bey, und sind daher wohl eine Eigenschaft des Schönen, keineswegs aber das einzig wesentliche Schöne selbst, wie dieser Mann (Palladio, d.V.) vorgiebt. Selbst das von ihm angeführte Meisterstück in Absicht der Verhältnisse, das Haus des Grafen Valmanara (Valmarana, d.V.) zu Vicenza von Palladio, welches auch zu Potsdam erbauet worden, ist nicht tadelsfrey: Das über jedem Pilaster gekröpfte, und an den Ecken des Gebäudes, wo die größte Last ist, mit menschlichen Figuren unterstützte Hauptgesimse; die Pilastre welche zwey vollkommene Stockwerke durchschneiden u. alles dieses kann unmöglich für schön gehalten werden, da es seinem Ursprung und seiner Bestimmung gänzlich zuwider läuft, ohnerachtet es in die bestern Verhältnisse gebracht worden.«[287]

Noch 1797 bemängelte man im »Allgemeinen Magazin für die bürgerliche Baukunst«: »So entstanden aus Bürgerhäusern Palläste en mignature, die an andern Orten colossalisch aufgeführt stehen.«[288]

Es wird deutlich, daß hierarchische Abstufungen hinsichtlich des Baues von Bürgerhäusern sehr wohl geläufig waren und ihre Nichteinhaltung kritisiert wurde.

Immediatbauten Carl von Gontards in Potsdam

Zuschreibungen

Die wichtigste Quelle zum Bau Potsdamer Bürgerhäuser stellt Mangers »Baugeschichte von Potsdam« dar, auch wenn verschiedentlich Ungenauigkeiten auftreten oder Abweichungen in seinen Angaben zwischen den einzelnen Bänden auffallen. So nennt er in der Vita Gontards wesentlich mehr Bürgerhäuser, die auf diesen zurückgehen, als im Text zum Baugeschehen zwischen 1764 bis 1786.[289] Andererseits sind seine Angaben hierzu in einem Brief an Nicolai, dem er über Gontards und Ungers Anteil an Potsdamer und Berliner Bauten berichten sollte, noch viel dürftiger.[290]

Die Benennung der Häuser erfolgte nach ihren Besitzern, die häufig wechselten. Spätere Zuordnungen in der Kunstgeschichtsschreibung sowie die vielfach veränderten Straßennamen und letztlich die Hausnummern, die zur Erbauungszeit noch nicht existierten und nach ihrer Einführung öfters geändert wurden, erschweren den Überblick. Die in dieser Arbeit behandelten Objekte basieren im wesentlichen auf Mangers Zuschreibungen und den Zuweisungen in den zahlreichen Publikationen Hans Kanias und Friedrich Mielkes.[291]

Gontards Anteil an der Fertigstellung des Neuen Palais und der Communs

Bevor zum eigentlichen Hauptarbeitsfeld Gontards, dem Immediatbau, übergegangen werden kann, muß sein Einwirken auf die Fertigstellung des Neuen Palais und besonders der Communs (Wirtschaftsgebäude) kurz umrissen werden. Als Gontard die Bauleitung des Neuen Palais nach der Flucht Legeays übernahm, waren die Bauarbeiten schon so weit vorangeschritten, daß er auf die Gestaltung des Außenbaus kaum noch Einfluß nehmen konnte. (Kat. Nr. 24/2, Abb. 36) Er versuchte jedoch noch Veränderungen an der geplanten Kuppel einzubringen, die aber abgelehnt wurden.[292] (Kat. Nr. 24/1, Abb. 35) Wesentlich stärker konnte er auf die Distribution des mittleren Corps de logis und dessen Ausgestaltung sowie der seitlichen Bereiche des Hauptgebäudes einwirken. Dabei dominieren architektonische Stilmittel wie Pilaster und Säulen über den ornamentalen Dekor und prägen den eher strengen und kühlen Charakter der Räume.[293] (Abb. 37)

Für das Verständnis der Gontardschen Architekturauffassung sind seine Veränderungen an Legeays Vorgaben für die Aufrißgestaltung der Communs wichtig. (Vgl. Kat. Nr. 25/3, Abb. 38) Gontard übernahm zwar im wesentlichen die Disposition und Anordnung der Baugruppe, führte aber die Aufrißgestaltung stilistisch in eine deutlich andere Richtung. Legeay sah eine von der römisch-neoklassizistischen Schule bestimmte Gliederung vor, bei der ein starker Kontrast zwischen den geschlossenen Mauerflächen des risalitartig betonten Portikus zu den jeweils drei seitlichen Fensterachsen vorgesehen war. (Abb. 39) Verstärkt wurde dies auch durch den unterschiedlichen Rhythmus bei der Plazierung der vorgelegten Säulen und durch die Verwendung antikisierender Dekorationsmittel, wie des isokephal angeleg-

35. Potsdam, Neues Palais, C. v. Gontard, Aufrißentwurf des Mittelrisalits mit Kuppelentwurf, um 1765 (Kat. Nr. 24/1)

ten Figurenreliefs über dem Eingangsportal. Gontard behielt die generelle Gliederung der Fassade in ein hohes genutetes Sockelgeschoß, ein Haupt- und ein Mezzaningeschoß sowie die Tambourkuppel bei. (Kat. Nr. 25/1, Abb. 40) Doch bereits im Sockelbereich reduzierte er Legeays monumentale Flächenbetonung, indem er zusätzlich zwei Fenster einfügt. Auch verringerte er die Säulenzahl des Portikus von sechs auf vier Säulen, um zu einer gleichmäßigeren und rhythmischeren Abfolge der Kolossalsäulen zu gelangen. Gontard harmonisierte außerdem den Wandaufriß der Communs, indem er ein gleichmäßiges Konzept aus rundbogigen Fenstertüren im Hauptgeschoß, einem durchgehenden Gesimsband und hochovalen Mezzaninfenstern entwarf.

Die Dominanz der geschlossenen Wandflächen des Portikus als Resultat des römischen Antikenstudiums Legeays wurde von Gontard deutlich verändert. Dieser überarbeitete die Fassade im Sinne der retrospektiv auf die Formensprache der französischen Klassik des 17. Jahrhunderts ausgerichteten Schule Blondels. Parallelen zwischen der Aufrißgestaltung des Portikusbereiches der Communs und den Eckrisaliten der Louvre-Fassade Perraults (Abb. 42) sind deshalb bezeichnend. [294]

Gontards Anteil an Potsdamer Immediatbauten

Nach seinem Eintritt ins Baucomtoir nahm sein Anteil an den Baumaßnahmen für Immediatbauten von sechs Gebäuden 1765 bis auf 20 Gebäude 1770 zu und in den darauffolgenden Jahren wieder deutlich ab. Insgesamt kann man unter der Regentschaft Friedrichs II. ca. 71 Fassaden zählen, an denen Gontard Anteil gehabt hat bzw. die mit ihm in Verbindung gebracht werden, wobei es unterschiedliche Zuweisungen gibt.

Es lassen sich:
1) 45 Fassaden nach eigenen Entwürfen,
2) ein Bau nach einer Skizze Friedrichs II.,
3) fünf Fassaden nach italienischen und französischen Vorbildern sowie
4) 20 Bauten in Anlehnung an holländische Backsteinarchitektur voneinander unterscheiden.

Der Hauptanteil von ca. 41 Fassaden entstand bis 1770, darunter rund 38 eigene Entwürfe. Danach folgten noch ca. 30 Fassaden, worunter die 20 Backsteinbauten eine relativ homogene Gruppe ohne auffallende Variationen darstellen. Aus seiner Feder stammen ab 1770 nur noch die Fassaden-

36. Potsdam, Neues Palais, C. v. Gontard, Aufrißentwurf der Garten- und Hoffassade, um 1766/67 (Kat. Nr. 24/2)

Immediatbauten Carl von Gontards in Potsdam

rechts: 37. Potsdam, Neues Palais, C. v. Gontard, Entwurf für eine Seitenwand des Marmorsaals im Neuen Palais, um 1765 (Staatliches Museum für Architektur Moskau)

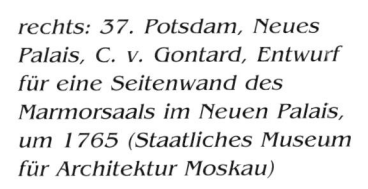

38. Potsdam, Baucomtoir, Aufriß der Communs und der Kolonnaden, Grundrisse der Hauptgebäude und der Kolonnaden, um 1787

39. Potsdam, Communs, Jean Laurent Legeay, Aufrißentwurf, um 1764 (Ausschnitt)

konzeptionen für etwa sieben Bauten. Der deutliche Rückgang ab 1770 dürfte mit dem Bau des Militärwaisenhauses zusammenhängen, das von ihm geplant und unter seiner Aufsicht in den nachfolgenden Jahren erbaut wurde. Dieses Projekt hat sicherlich den Großteil seiner Arbeitszeit beansprucht. Außerdem war der Baumeister ab 1776 mit verschiedenen Projekten wie den Spittel- und Königskolonnaden in Berlin betraut.[295] Es ist schon von verschiedenen Autoren die Frage gestellt worden, inwieweit Gontard nach 1779 überhaupt noch Baumaßnahmen in Potsdam zugeordnet werden können.[296] Seit 1776, als Gontard in Berlin mit der Spittelbrücke und deren Kolonnade betraut war, mußte er zur Betreuung der Bauten mehrfach nach Berlin reisen. Der Baumeister mußte sich um die Erlaubnis, nach Berlin reisen zu dürfen, beim König vorstellig machen. »Einmahl im Monath auf 3 Tage jedes mahl ist genug«, so lautete die Antwort des Königs, der eine längere Abwesenheit Gontards von Potsdam offenbar nicht schätzte.[297] Es scheint im Juni 1779 zunächst noch nicht klar gewesen zu sein, wo Gontard künftig auf Dauer eingesetzt werden sollte.[298] Erst im Juli wurde offiziell Gontards Wechsel an das Berliner Baucomtoir bekannt gegeben.[299] In den folgenden Jahren hat sich Gontard vorwiegend in Berlin aufgehalten.[300] Auch Unger pendelte zunächst anscheinend zwischen Berlin und Potsdam, denn im Juni 1781 bat er um Unterstützung für sein geplantes Wohnhaus vor dem Nauenschen Tor.[301] Nicolai weist Unger bereits in den frühen 1770er Jahren Bauten in Berlin zu. Wenn also schon lange vor dem offiziellen Wechsel Gontards und Ungers im Potsdamer Baukontor Entwürfe für Berliner Bauten angefertigt wurden, so ist ein umgekehrtes Verfahren nach dem Wechsel nicht auszuschließen. Auch der Umstand, daß nach dem Einsturz des Turmes des Deutschen Domes auf dem Gendarmenmarkt am 28. Juli 1781 Gontard die Bauleitung entzogen wurde, könnte sich in diesem Zusammenhang ausgewirkt haben. Der König betraute ihn danach im wesentlichen nur mit zeichnerischen Aufgaben.[302] Bei dieser eingeschränkten Tätigkeit wären Entwürfe für Potsdam nicht völlig abwegig. Abgesehen davon könnten natürlich auch ältere Entwürfe Gontards, die nicht sofort Umsetzung fanden, noch nachträglich herangezogen worden sein.

Immediatbauten Carl von Gontards in Potsdam

Gontards Bauten nach eigenen Entwürfen

Die zahlenmäßig umfangreichste Gruppe stellen die Bauten nach seinen eigenen Entwürfen dar. Dabei darf aber nicht vergessen werden, daß jeder Kostenanschlag und jeder Entwurf durch die Hände des Königs ging. Völlig freies Arbeiten war nicht wirklich möglich. Zu Gontards eigenen Inventionen zählen im Immediatbaubereich rund 45 Bauten, wobei die Fassaden gezählt wurden, nicht die dahinter zusammengefaßten Einzelbauten.[303] Die Bauten fielen je nach der Größe der Straße und der städtebaulichen Bedeutung unterschiedlich aufwendig aus. Bei den größten und bedeutendsten Bauten

oben: 40. Potsdam, Communs, C. v. Gontard, Aufrißentwurf, um 1765/66 (Kat. Nr. 25/1, Ausschnitt)

41. Potsdam, C. v. Gontard, Seitenfassade des nördlichen Commun-Gebäudes, um 1766 (Kat. Nr. 25/2)

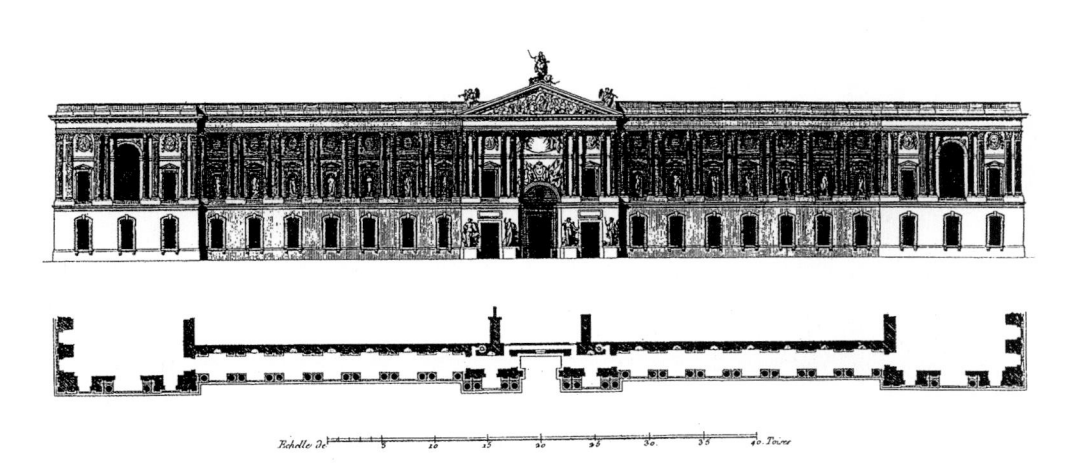

42. Paris, Claude Perrault, Ostfassade des Louvre, 1667-1674

Immediatbauten Carl von Gontards in Potsdam

aus der Feder Gontards handelt es sich um die Fassadenzüge rund um die Nauensche Plantage, das sogenannte Brockesche Haus Am Kanal 30, das Anwesen Charlottenstraße 45-47 und die beiden stattlichen Bauten Berliner Straße 4/5 und 18/19. Die bescheideneren Anwesen verteilen sich auf verschiedene, meist kleinere Nebenstraßen wie die Scharrenstraße oder die Burgstraße. Anhand der Bebauung rund um die Nauensche Plantage läßt sich das Spektrum Gontardscher Bauten aufzeigen, da er alleine als federführender Architekt tätig war. Neben seinen eigenen Entwürfen hatte er hier allerdings auch drei fremde Entwürfe umzusetzten.

Es sticht geradezu ins Auge, daß ab 1770 nur noch wenige, aber sehr prächtige Konzeptionen Gontards ausgeführt wurden, wie die Häuser Berliner Straße 4/5, 18/19, Charlottenstraße 45-47 und Am Kanal 30. Während die Bauten rund um die Plantage zu einem größeren Verband Gontardscher Bauten zählen, sind letztere eher Einzelobjekte, die aufgrund ihrer Prospektwirkung plaziert wurden.

Gleichzeitig nahm die Zahl palastartiger Bauten ab und es wurden vermehrt Häuser errichtet, die nun stärker wirklichen bürgerlichen Wohnbauten entsprachen. Dabei ist auch ein Übergang zu zweigeschossigen Bauten zu verzeichnen. Zahlreiche dieser zweigeschossigen und weniger aufwendigen Bauten wurden ab 1770 vor allem in weniger bedeutenden Straßen, wie der Bäcker- oder der Burgstraße, errichtet.[304]

Die Randbebauung der Nauenschen Plantage

Für die Nord-Süd-Erschließung Potsdams war die Nauener Straße stets von großer Bedeutung. Ausgehend vom Nauener Tor (erbaut 1753) verlief sie mit einem leichten Knick in Höhe der Charlottenstraße bis zum Kanal. Dort verjüngte sie sich nach der Brücke leicht, ging in die Hohe Wegstraße über und mündete am Vorplatz des Stadtschlosses. Zwischen der Charlottenstraße und der Straße Am Kanal tangierte sie die Nauensche Plantage, ehemals als »faule See Plantage« (später Wilhelmplatz, Platz der Einheit) bezeichnet. Das einstige Sumpfgebiet war bereits unter Friedrich Wilhelm I. 1724 zugeschüttet und später mit Bäumen eingefaßt worden. Das schwierige Gelände verursachte immer wieder große Probleme bei der Randbebauung. Nachdem in der unmittelbaren Umgebung des Stadtschlosses bereits wesentliche Baumaßnahmen durchgeführt worden waren, z.B. die Erneuerung der Bauten am Alten Markt, wurde nach dem Siebenjährigen Krieg die Überarbeitung der Straßenzüge nach Norden fortgesetzt.

Die Baumaßnahmen in der Nauener Straße setzten im Jahr 1765 ein. Insgesamt kamen in jenem Jahr elf Bürgerhäuser zur Ausführung, davon sechs an der Nauenschen Plantage. Die Wahl dieses Straßenabschnitts hing mit dem Vorhaben des Königs zusammen, eine neue Umrahmung der Nauenschen Plantage zu schaffen.[305] Dies zeichnete sich 1766 mit der Errichtung der Häuser Wilhelmplatz 0, 1, 2/3, 4/5 ab. Die gesamte Randbebauung des Platzes war 1770 im Außenbaubereich weitgehend vollendet. An der Westseite der Nauenschen Plantage, der einstigen Nauener Straße und heutigen Friedrich-Ebert-Straße, wurden also die ersten Immediatbauten nach Plänen Gontards in Potsdam errichtet. Es handelte sich dabei um die Nauener Straße 30/31, 32 (zwei Gebäude) und 33/34.[306] (Kat. Nr. 88-90, Abb. 44, 49, 51, 55) Ein Kostenanschlag aus dem Jahr 1764 konnte ausfindig gemacht werden.[307] Mit diesem Gebäudezug wurde erstmals nördlich des Kanals mit der Erneuerung von Wohnbauten begonnen. Bekann-

unten: 43. Verteilung der Gontard-Bauten in Potsdam

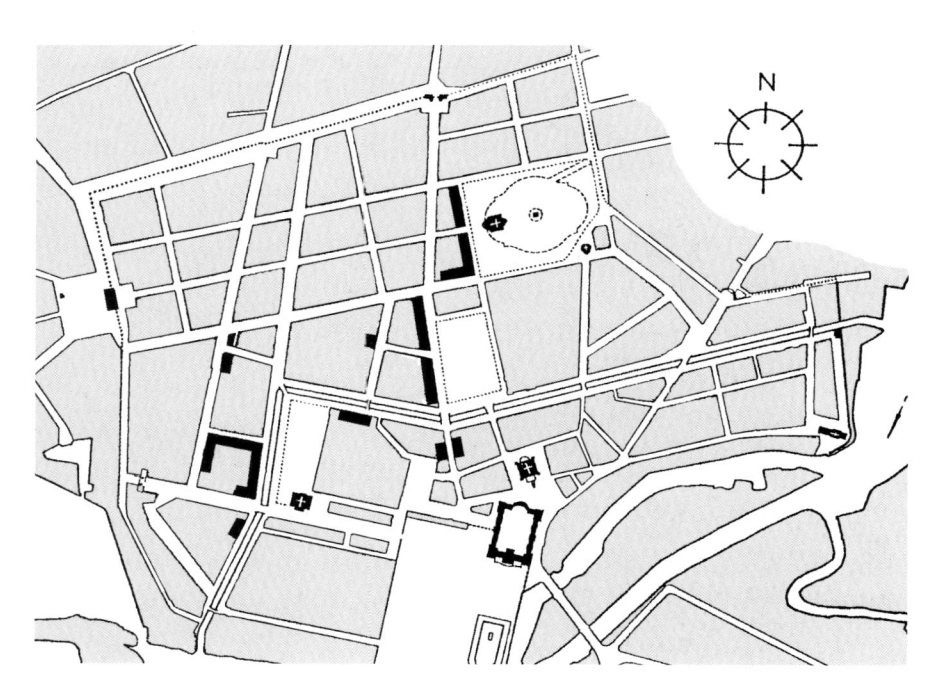

Immediatbauten Carl von Gontards in Potsdam

termaßen forderte der König immer wieder besondere Sparsamkeit bei seinen Bauvorhaben, was bei den Bauten Nauener Straße 30/31, 32 und 33/34 und auch auf der gegenüberliegenden Seite im Bereich Wilhelmplatz 0 bis 7, in Verbindung mit dem problematischen Baugrund, schwerwiegende Folgen haben sollte. Um die Baukosten gering zu halten, wurden die Vorgängerbauten aus Fachwerk bis zu den Fundamenten abgerissen und diese sowie die alten Pfahlroste beibehalten. Doch kragten die massiven Neubauten vielfach über die alten Substruktionen, die für leichtere Fachwerkbauten bestimmt gewesen waren, hinaus. Dies führte nach kurzer Zeit zu starken Schäden im Mauerwerk und zum Abbruch der Bauten 1783 auf der West- und 1793 auf der Ostseite.[308]

Fortgesetzt wurde die Überformung der Nauener Straße nach Entwürfen Gontards im Jahr 1768 in Richtung auf das Nauener Tor mit den Häusern Nauener Straße 23, 24/25, 26/27, 28/29 auf der Westseite der Straße, über die Kupferschmiedsgasse hinüber, die eine Verbindung zur Hoditzstraße herstellt.[309] (Kat. Nr. 84-87, Abb. 45-46, 50, 53-54, 76)

1770 folgten die Häuser Nauener Straße 22, 35, 36 und 37. (Kat. Nr. 83, 91-92, Abb. 59, 145) Insgesamt entstanden nach Mangers Angaben in jenem Jahr 20 Bürgerhäuser, die alle nach Gontards Entwürfen gebaut wurden.[310] Den baulichen Queranschluß an die Häuser Wilhelmplatz 15-20 stellen die Häuser Nr. 35 und Nr. 36 auf der Ostseite der Straße dar. Die Gebäude Nauener Straße Nr. 22 und Nr. 37 bilden die Eckpunkte auf beiden Seiten der Straße, nachdem sie von der Charlottenstraße (Pflugstraße) durchschnitten wird und schließen an Bauten aus der Zeit Friedrich Wilhelms I. an, die nicht überarbeitet wurden.

Parallel zur Errichtung der Bauten der Nauener Straße entlang der Plantage wurde auch die nördliche und östliche Bebauung des Wilhelmplatzes vorangetrieben. 1766 wurde mit den Bauten Wilhelmplatz 0, 1, 2/3, 4/5 begonnen, 1767 folgte der Großbauabschnitt Wilhelmplatz 15-20 und 1769 der Bauabschnitt Wilhelmplatz 6-12 incl. Charlottenstraße 44, die ein Eckgebäude zum Bassin mit dem Haus Wilhelmplatz 12 bildete.[311] Gontard war wiederum der verantwortliche Architekt, jedoch wurde auf Wunsch des Königs bei der Nr. 15-20 eine französische Vorlage verarbeitet.[312]

1769 wurde die östliche Platzseite durch die Errichtung der Anwesen Nr. 6 bis 12 (incl. Charlottenstraße 44) vervollständigt.[313] Bei Nr. 9 wurde ein von Friedrich persönlich geschaffener Entwurf umgesetzt.[314] Die Zählung der Häuser auf der Ostseite des Wilhelmplatzes bringt gewisse Schwierigkeiten mit sich. Diese beruhen auf dem teilweisen Abriß der Häuserzeile von Nr. 0 bis Nr. 7 ab ca. 1793, dem anschließenden Wiederaufbau und den später neu eingeführten Hausnummern.[315] Wie bei der Nauener Straße, verursachte der schlechte Baugrund schon bald nach der Erbauung starke Gebäudeschäden. Diese führten zum Abbruch der Häuser Nr. 0 bis Nr. 7 ab 1793, obwohl hier in geringerem Ausmaß auf den alten Pfahl-

44 a, b. Potsdam, Andreas Ludwig Krüger, um 1780, (v.l.n.r. Am Kanal 19/Nauener Straße 34a, angeschnitten) Nauener Straße 34/33, 32, 31-30, Gontard-Bauten 1765

Immediatbauten Carl von Gontards in Potsdam

45. Potsdam, Andreas Ludwig Krüger, um 1780, (v.l.n.r.) Nauener Straße 29/28, 27/26, 25/24, 23, Gontard-Bauten 1768

unten: 46. Potsdam, Andreas Ludwig Krüger, um 1775, (v.l.n.r.) Nauener Straße 27/26, 25/24, 23, Gontard-Bauten 1768

gründungen gebaut (Nr. 12, 11/10) und teilweise sogar neue doppelte Pfähle gesetzt wurden (Nr. 0, 1).[316] Da auch hier die Eigentümer z.T. schon wieder gewechselt hatten, soll eine Aufstellung der Namen der Besitzer und der Hausnummern die Übersicht erleichtern.[317]

Die nördliche Bebauung des Wilhelmplatzes bestand aus einem zusammenhängenden Gebäudeblock von sechs Häusern unter einer Fassade. Da Gontard hier nach einer französischen Vorlage des Architekten Robert Pitrou arbeitete, wird der Baublock an anderer Stelle erörtert.[318] Pitrou hatte einen Entwurf für einen großen Rathauskomplex in Paris geschaffen, der aber nicht verwirklicht worden war (Abb. 74). Bei der Potsdamer Häuserzeile handelte es sich um ein dreiunddreißigachsiges und dreigeschossiges Gebäude mit Mittel- und Eckrisaliten. Der palastartige Charakter des Gebäudes, das mit einer kolossalen ionischen Pilasterordnung versehen und im Mittelrisalit mit einem Dreiecksgiebel ausgestattet war, dominierte den gesamten Platz.

Weite Teile des Platzes wurden bei einem Bombenangriff 1945 zerstört. Obwohl bei einigen Gebäuden, wie dem Säulenhaus (Nauener Str.26/27, Kat. Nr. 86, Abb. 76) oder Wilhelmplatz Nr. 1 (Synagoge, Neubau von 1901/3), Nr. 2/3 und Nr. 4/5 (Kat. Nr. 97-99) zumindest die Fassaden noch weitgehend erhalten waren (Abb. 47), wurden diese beim Wiederaufbau nach 1945 trotz Protesten abgetragen und zum Teil durch Neubauten ersetzt.[319] Erhalten blieben lediglich die Anwesen Nr. 23, 30/31, 32, und 33/34. (Vgl. Kat. Nr. 84, 88-90)

Die Platzgestaltung

Mit Ausnahme der Nauener Str. 26/27 (Kat. Nr. 26/27, Abb. 76), die nach Vorbild der Dogana di Terra (Zollhaus) in Rom konzipiert wurde, dem Fassadenblock Wilhelmplatz 15-20 (Kat. Nr. 105, Abb. 48, 73, 75) nach Pitrous Vorlage (Abb. 74) sowie dem Haus Wilhelmplatz 9 (Kat. Nr. 102, Abb. 71) nach Friedrichs Entwurf sind alle Gebäude rund um die Plantage nach eigenen Entwürfen Gontards geschaffen worden.[320] Gemälde von Johann Friedrich Meyer sowie Zeichnungen und gestochene Ansichten von Andreas Ludwig Krüger (Abb. 44-46, 48-49, 56, 146) vermitteln noch heute die repräsentative Gestaltung der Platzanlage. Es ist klar zu erkennen, daß die Gestaltung der gesamten Anlage nicht auf den Monumentalcharakter französischer Plätze abzielte.[321] Ob dies lediglich auf eine »unkoordinierte Summierung von Einzelentwürfen« zurückgeführt werden kann, die Friedrichs II. unfachmännische Einflußnahme verursachte, ist sehr fraglich.[322]

Gleichfalls wurde die These formuliert, daß sich Friedrich II., hinsichtlich der Gesamtkomposition von Straßenabwicklungen, an Abbé Laugiers Forderungen zur Konzeption von Straßenzügen angelehnt habe.[323] Der Jesuitenpater forderte sowohl Regelmäßigkeit als auch Mannigfaltigkeit bei den Häuserfronten. Laugier vertrat die Auffassung, daß bei Straßen, bei deren Bauten man sich an ein genaues symmetrisches Schema halte, so daß sie wie ein zusammenhängendes Gebäude wirken, ein langweiliger Eindruck entstehe.

Immediatbauten Carl von Gontards in Potsdam

47. Potsdam, Wiederaufbauplan Wilhelmplatz 1-5, 1948

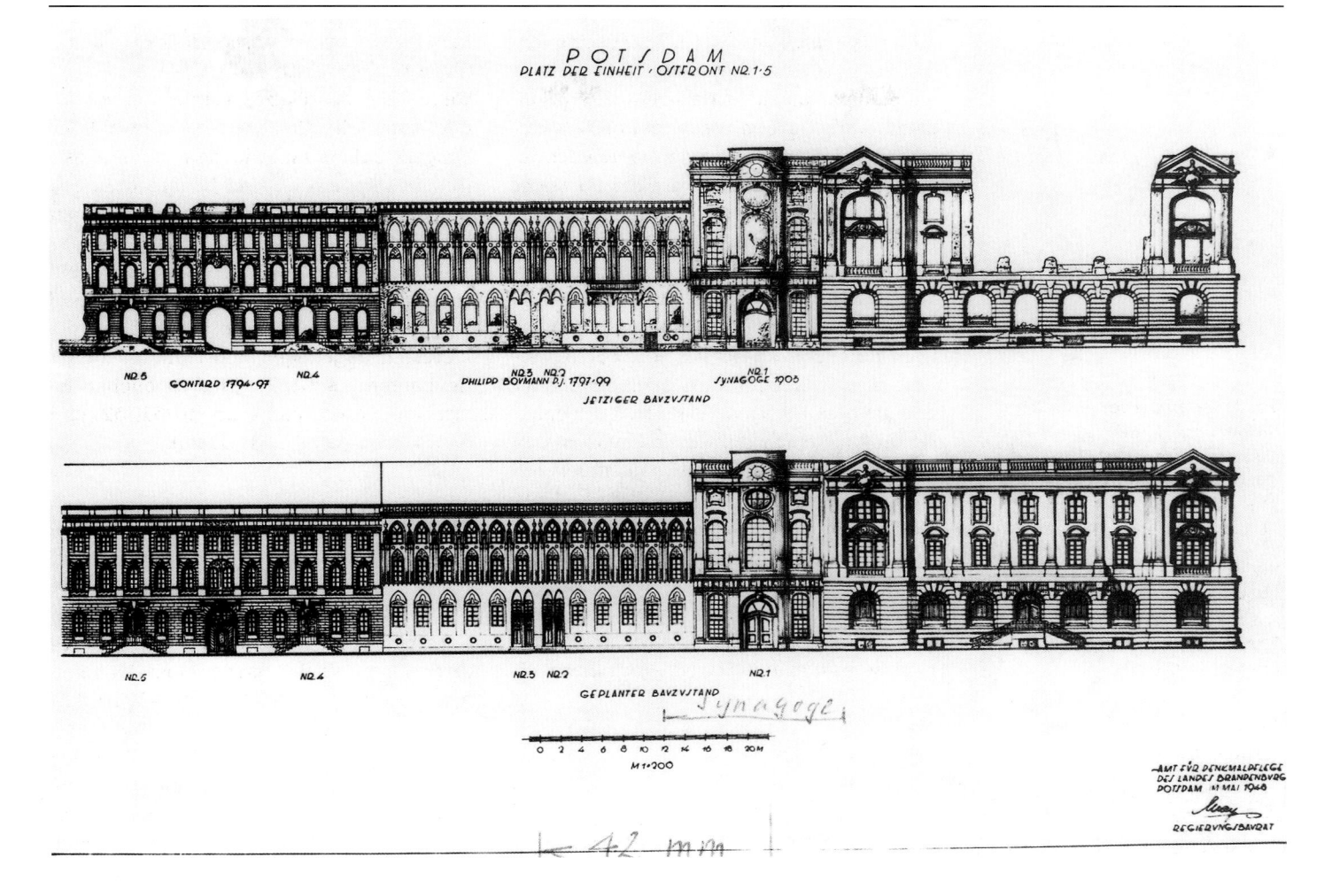

»Um eine Straße schön zu gestalten, dürfen nur die Fassaden gleich sein, die miteinander verbunden oder parallel zueinander stehen. In jedem Straßenabschnitt, der nicht von einer Querstraße unterbrochen wird, muß das gleiche stilistische Modell verwendet werden, das im nächsten Abschnitt nicht gleich sein darf.«[324]

Es solle an Ornamenten gespart sowie viel Einfaches mit etwas Schlichtheit, Eleganz und Pracht vermischt werden. Seine Thesen lassen sich aber nur teilweise nachvollziehen und nicht generell auf die Konzeptionen aller Potsdamer Straßen übertragen, die während der Regentschaft Friedrichs II. neu gestaltet wurden. Abgesehen davon, wurden bei vielen der Potsdamer Fassadenkompositionen Gestaltungselemente verwendeten, wie z.B. Pilastergliederungen, die Laugier sehr heftig ablehnte.[325]

Von Uniformität kann bei der Gestaltung der Nauenschen Plantage sicherlich nicht gesprochen werden. Bereits bei der übergreifenden Konzeption des Fassadenzuges Wilhelmplatz 15-20 richtete man sich nicht nach den von Laugier geäußerten Vorstellungen. Die zusammengefaßten sechs Bauten erscheinen wie ein zusammenhängendes Gebäude, die eine Straßenzeile bilden, was nach Laugier schnell Langeweile erzeugen konnte.

Auch bei dem Fassadenabschnitt der Nauener Straße an der Plantage, der durch die Kupferschmiedsgasse unterbrochen wird, können Laugiers Prinzipien nicht abgelesen werden. Zwar kann das Säulenhaus mit seiner ungewöhnlichen Fassade gewiß als plötzlicher Gegensatz zum Rest der Straße verstanden werden, was Laugier als Überraschungsmoment in seiner Abhandlung empfahl: »Gelegentlich sollte man allerdings ganz plötzlich durch Gegensätze, die so gewagt sind, daß sie die Blicke auf sich ziehen und großen Eindruck machen, von einem Extrem ins andere fallen. Lassen wir von Zeit zu Zeit die Symmetrie beiseite und versuchen wir es mit dem Bizarren und Ungewöhnlichen.«[326]

Immediatbauten Carl von Gontards in Potsdam

48. Potsdam, Johann Ferdinand Meyer, Ansicht des Wilhelmplatzes von Süden, 1773

49. Potsdam, Johann Ferdinand Meyer, Ansicht des Wilhelmplatzes von Norden, 1773

Trotzdem ging der Abbé von einer gewissen Gleichartigkeit der Fassadengliederungen innerhalb eines Abschnittes oder bei gegenüberliegenden Bauten aus. Denn er forderte, daß das gleiche Modell für den nächsten Straßenabschnitt nicht wiederverwendet werden dürfe. In beiden Teilbereichen der Nauener Straße wurden aber Eckbauten mit vergleichbaren Kompositionsprinzipien nebeneinander gesetzt (Nauener Straße 28/29 und 30/31), die nach Laugiers Forderungen nicht dieselben Grundprinzipien der Gestaltung wiederholen dürften, da sie in aufeinanderfolgenden Straßenabschnitten liegen. Laugiers Vorgaben können also nur hinsichtlich der Mannigfaltigkeit auf die Nauener Plantage angewandt werden, da von Regelmäßigkeit nicht gesprochen werden kann. Offensichtlich wurde bewußt kein einheitliches Schema für das Gesamtensemble an der Nauenschen Plantage verwendet. Vielfältigkeit war das Ziel, was sich an verschiedenen Details erkennen läßt. Die Entscheidung, die Randbebauung der Nauenschen Plantage zu überformen, muß spätestens zum Ende des Siebenjährigen Krieges 1763 und mit der Anwerbung geeigneter Baumeister 1764 gefallen sein. Da Pläne und Kostenanschläge immer ein Jahr im voraus approbiert werden mußten, kann man davon ausgehen, daß Gontard 1764 neben den Planungen für das Neue Palais auch an den Entwürfen für die ersten Häuser an der Nauener Straße (1765) gearbeitet haben muß. Die Fortsetzung der Baumaßnahmen 1766 auf der gegenüberliegenden Seite macht deutlich, daß eine komplette Erneuerung der Fassaden rund um den Platz angestrebt wurde. Hätte Friedrich II. ein einheitlicheres Konzept gewünscht, wäre dazu vermutlich schon 1764 die Order ergangen. Insgesamt wurde die Bebauung in sechs aufeinanderfolgenden Jahren mit Bauabschnitten von jeweils vier bis zu sieben Gebäuden ausgeführt. Sowohl der Umfang der Baumaßnahmen als auch der Zeitraum wären logistisch sicherlich überschaubar gewesen. Mangelnde Weitsicht oder eine zu geringe schöpferische Kraft für eine übergeordnete Konzeption scheiden von seiten des Königs und des Baucomtoirs aus. Finanzielle Gründe können ebenfalls nicht als Ursache für das Fehlen eines übergeordneten Programms angesehen werden. Eine komplette Überformung der Platzseiten nach einem einheitlichen Konzept hätte kaum höhere Kosten verursachen können als die Betonung von Einzelbauten.

Die Nordseite des Platzes (Wilhelmplatz 15-20), die an Pitrous Vorlage orientiert war und einen einzelnen Palast suggerierte, zeigt, daß ein übergreifendes System möglich gewesen wäre, selbst wenn es lediglich als Nachahmung eines fremden Entwurfes geschah. Schließlich sollten wiederholt durch die Zusammenfassung mehrerer Häuser unter gemeinsamen Prachtfassaden der repräsentative Eindruck verstärkt und finanzkräftige private Bauherren vorgetäuscht werden.[327] Gleichzeitig wurde aber durch wechselnde Kompositionsprinzipien der Einzelcharakter der Fassaden unterstrichen.

Immediatbauten Carl von Gontards in Potsdam

Verstärkt wurde dies noch dadurch, daß selbst innerhalb der Bauabschnitte eines Jahres, bei einheitlicher Dreigeschossigkeit der Gebäude, keine gleichbleibenden Firsthöhen oder Fassadenlängen gewahrt wurden. Es kann auch nicht von einer einheitlichen Proportionierung im Verhältnis von Breite und Höhe der Gebäude gesprochen werden. Selbst eine homogene Fassadenabfolge wäre durch die Rezeption eines so ausgefallenen Objektes wie des Säulenhauses stark unterbrochen worden, deren monumentale Säulenreihung völlig den lokalen Rahmen sprengte. Dies kann nicht nur auf Schwächen des Baumeisters oder des Bauherrn beruht habe, die ohne Konzept Einzelentwürfe zu Straßenzügen addierten.

Es wird deutlich, daß eine repräsentative Platzgestaltung angestrebt wurde, die zur Aufwertung des städtischen Gesamteindruckes beitragen sollte. Dabei sollte zum einen die tatsächliche Sozialstruktur der Hausbewohner bzw. der Einwohner Potsdams überhaupt verschleiert werden. Zum anderen sollte durch wechselnden Kompositionskriterien vor allem der Charakter einer historisch gewachsenen Bebauung suggeriert werden. Man gelangt zu dem Eindruck, daß architektonisch eine stärkere historische Kontinuität herrschaftlicher Prachtentfaltung in Potsdam vorgetäuscht werden sollte. Friedrich I. hatte sich 1701 die preußische Königskrone aufgesetzt. Die Residenzstadt Potsdam wurde erst seit der Ära des Soldatenkönigs stärker ausgebaut, so daß ein provinzieller Charakter der Bebauung nicht zu leugnen war. Die Steigerung der Prachtentfaltung mit kulissenhaften Fassaden setzte erst Friedrich II. in Gang, der die Residenz seinen repräsentativen Wünschen entsprechend aufwertete, um hier ein architektonisches Vakuum zu schließen. Ein vergleichbares Vorgehen anderer Monarchen ist in diesem Umfang nicht bekannt.

Einzelne Fassadenkonzeptionen und Gestaltungsmittel

Bei den Fassadenkonzeptionen an der Nauenschen Plantage griff Gontard auf die aus Bayreuth bekannten Kompositionselemente zurück. Er führte jedoch nicht die zuletzt bevorzugten, stärker italienischen Komponenten stringent fort, sondern wandte sich wahlweise stärker französischen oder italienischen Motiven zu. Für die Umrahmung der Nauenschen Plantage sind an der Nauener Straße die Gebäude Nr. 23 bis Nr. 34 zwischen der einstigen Charlottenstraße (Pflugstraße) und Am Kanal von Bedeutung. Dieser Straßenzug wird durch die Kupferschmiedsgasse (Ebräergasse) in zwei Blöcke unterteilt, während die anderen Platzseiten geschlossene Häuserzeilen bilden. Um wichtige Gestaltungsweisen darzustellen, werden einzelne Objekte herausgegriffen.[328]

Die beiden Eckhäuser Nr. 28/29 (Kat. Nr. 87, Abb. 50) und Nr. 30/31 (Kat. Nr. 88, Abb. 51) an der Einmündung der Kupferschmiedsgasse in die Nauener Straße lehnen sich stärker als die meisten anderen Gebäude an der Plantage an französische Vorbilder an. Deutlich wird dies durch ihren kompositionellen Bezug zu Pitrous Vorgabe für die Nordseite des Platzes. Bei beiden Eckhäusern sind jeweils zwei Gebäude unter einer Fassade zusammengefaßt worden.

50. Potsdam, Nauener Straße 28/29 (Kat. Nr. 87, zerstört, Aufnahme um 1910)

51. Potsdam, Nauener Straße 31-30 (Kat. Nr. 88, erneuert 1783, Aufnahme um 1910)

65

Immediatbauten Carl von Gontards in Potsdam

52. Potsdam, Charlottenstraße 45-47, (Kat. Nr. 63, Aufnahme vor 1945, zerstört)

53. Potsdam, Nauener Straße 23 (Kat. Nr. 84, Aufnahme um 1946)

Sie zeichnen sich durch eine Abgrenzung des Erdgeschosses durch ein Gurtgesims, die Ausbildung von schwachen Risaliten, den Einsatz von Frontons und durch Pilastergliederungen aus. Wiederum werden also Gestaltungsmittel von Schloß- und Hôtel-Bauten eingesetzt, um den palastartigen Charakter der beiden Bauten zu erzeugen, wie dies auch bei der Fassade Wilhelmplatz 15-20 (Kat. Nr. 105, Abb. 73, 75) zum Ausdruck kommt. Auch werden verschiedenartige Putzstrukturierungen, Fensterverdachungen und Fensterformen sowie Festons, Büsten, Konsolen und Vasen zur Belebung der Fassaden bzw. der Attika verwendet.

Es fällt auf, daß Nr. 28/29 durch seine korinthischen Kolossalpilaster zwar in eine höhere Ordnung gesetzt wird, der Dekor der Fassade aber gegenüber dem Nachbarhaus mit toskanischen Pilastern stark zurückgenommen wird, so daß beide ohne große Niveauunterschiede miteinander harmonieren. Kolossalpilaster sind außer an der Nauener Straße Nr. 28/29, Nr. 30/31 und Wilhelmplatz Nr. 15-20 nur noch am Gebäude Wilhelmplatz Nr. 4/5 (Kat. Nr. 99, Abb. 147) zum Einsatz gekommen. Hier ließe sich eine gewisse Korrespondenz zu den Eckgebäuden an der Kupferschmiedsgasse feststellen. Neben den Pilastern erinnern die rundbogigen Fenster der Bel étage, die ohne Verdachungen ausgebildet sind und ebenfalls Festons mit Masken besitzen, an die Gestaltung der Nauener Straße 30/31. Eine Risalitausbildung fehlt dem elfachsigen Gebäude, aber die Strukturierung des Putzes ist mit der Nauener Straße 28/29 vergleichbar.

Schließlich ist noch die Fassade des Eckgebäudes Nauener Straße 23 an der Kreuzung zur Charlottenstraße mit kolossalen Wandvorlagen ohne Ordnung versehen worden. (Kat. Nr. 84, Abb. 53, 54) Das sog. Staffeldsche Eckhaus erhielt »von außen eine besondere Unterscheidung.«[329] Gemeint ist damit, daß hier Gontards leicht abgewandelter Entwurf für die Seitenfassade des nördlichen Commungebäudes am Neuen Palais, der um 1766 datiert wird, als Grundlage der Konzeption diente.[330] (Kat. Nr. 25/2, Abb. 41) Gontard behielt die eigentlich für die Communs geplanten neun Achsen im Anschluß an den Kopfbau bei, betonte aber jeweils die äußeren Achsen, indem er sie ein wenig aus der Flucht heraushob. Dieses Schema wiederholte er auch an den ursprünglich vier Achsen zur Charlottenstraße.[331]

Mit geringfügigen Modifikationen wurde also auf eine Zeichnung zurückgegriffen, die bereits an einem höfischen Objekt Umsetzung gefunden hatte. Dies läßt darauf schließen, daß Gontards Entwurf für die Seitenfassade der Communs vom König geschätzt wurde. Die Errichtung von palastartigen Gebäuden für einfache Bürger störte den König ebensowenig wie die Profanierung von Entwürfen für höfische Objekte seines direkten Umkreises. Belegen läßt sich dies am Beispiel des Hauses Am Kanal Nr. 41. Manger errichtete das Gebäude 1756 nach einer Skizze des Königs als »(...) ein Modell zu dem vorhabenden neuen Lustschlosse (...)«, womit das Neue Palais gemeint war. Jenes Haus Am Kanal diente von Anfang an als Wohnhaus und Strohhutfabrik.[332]

Immediatbauten Carl von Gontards in Potsdam

Friedrich II. neigte dazu, Konzeptionen und Gestaltungsmittel, die sich bewährt hatten, immer wieder aufzugreifen. Dies zeigte sich bei der Gestaltung der Immediatbauten ebenso wie bei der Verwendung des Triumphbogenmotives für Stadttore oder den immer wiederkehrenden Kolonnadenbauten in der friderizianischen Baukunst.

Bei den übrigen Bauten aus Gontards Feder, die rund um die Nauensche Plantage errichtet wurden, fehlten vertikale Gliederungselemente in Form von kolossalen Pilastern oder Wandvorlagen sowie die Ausbildung von Risaliten.[333] Dies dürfte einerseits daraus resultiert haben, daß nach Friedrichs Wünschen der ästhetischen Mannigfaltigkeit der Fassaden diese Gestaltungselemente nicht ständig eingesetzt werden sollten. Andererseits konnte dadurch indirekt eine hierarchische Abstufung zwischen den Bauten bzw. deren Besitzern angedeutet werden, auch wenn dies tatsächlich gar nicht der Fall war.

Wenig Beachtung fanden bisher die Gestaltungen der Fassaden Nauener Straße 32 (Kat. Nr. 89, Abb. 45, 55) und Wilhelmplatz 0 (Kat. Nr. 96, Abb. 56), bei denen sehr stark auf Dekorationsformen der italieni-

54. Potsdam, Nauener Straße 23 (Kat. Nr. 84, Aufnahme 1999)

links und unten: 55 a, b. Potsdam, Nauener Straße (v.l.n.r.) 34/33, 32 (Kat. Nr. 89-90, erneuert 1783, Aufnahme 1996 und um 1910)

Immediatbauten Carl von Gontards in Potsdam

oben: 56. Potsdam, Andreas Ludwig Krüger, (v.l.n.r.) Wilhelmplatz 5/4, 3/2, 1, 0, Am Kanal 18 (angeschnitten), um 1770

links: 57. Rom, Palazzetto Santacroce, Via in Publicolis 43, 15. Jh.

schen Renaissance zurückgriffen wurde. Nach Ansichten Krügers und Meyers zu schließen, wurde bei beiden Objekten der Charakter einer kräftigen Diamantierung erzeugt. Bei Darstellungen der Fassaden erscheint in der Mitte der Quader eine kreuzartige Linienführung, so daß der Eindruck einer facettenschliffartigen Oberflächenstruktur entsteht.[334] Hier führte Gontard ein für Potsdam äußerst ungewöhnliches Gestaltungsmittel ein. Der steinschliffartige Charakter einzelner Mauersteine, der hier im Putz erzeugt wurde, hat sicherlich ein sehr lebhaftes Licht- und Schattenspiel hervorgebracht und dürfte einen starken Kontrast zu den Bauten nach französischem Muster gebildet haben. Ob dieses Gestaltungselement durch Stichwerke, eigene Beobachtungen auf der Italienreise oder andere Einflüsse angeregt wurde, läßt sich nicht klären. Vergleichbar ausgeprägte Diamantierungen waren in Potsdam an anderer Stelle in dieser Intensität nicht anzutreffen. Gontard scheint als einziger dieses Gestaltungsmittel bei eigenständigen Fassadenentwürfen so dezidiert verwendet zu haben. An der Fassade von Wilhelmplatz 0, dem Haus des Hauptmannes Bockelberg, wurde außerdem der schon in Bayreuth mehrfach verwendete Altanvorbau eingesetzt und zwar wiederum als Gestaltungsmittel für die Hauptfassade.

Anmerkungen zur Grundrißgestaltung

Planmaterial zur inneren Aufteilung der Bauten ist nur in sehr begrenztem Umfang vorhanden. Aus der Erbauungszeit sind weder originale Fassaden- noch Grundrißpläne überliefert. Lediglich in den Hausakten sind vereinzelt Grundrißaufnahmen enthalten, die den Zustand im späten 19. Jahrhundert zeigen.

Im Gegensatz zu den Prachtfassaden, die wohlhabendes Bürgertum und Adel als Bewohner suggerieren sollten, war bei der Grundrißgestaltung dieses Täuschungsmanöver unnötig. Schon der Umstand, daß sich oft mehrere Besitzer ein Anwesen bzw. ein Geschoß teilten, verhinderte eine phantasievollere, die ganze Etagenbreite umfassende Grundrißgestaltung. Abgesehen davon wären solche Lösungen für die meist einfachen Bewohner kaum als angemessen betrachtet worden und wären vermutlich auch nicht praktisch für Gewerbetreibende gewesen. Insbesondere im Erdgeschoßbereich wurden durch den Einbau von Läden sowohl die Fassade als auch die Raumaufteilung in späterer Zeit vielfach verändert. Aufgrund der Bedürfnisse der Ladenbesitzer und der Hausbewohner mußten in der Regel von vorneherein mehrere Hauseingänge geschaffen werden, die teilweise als Durchfahrten in den Hof oder als direkte Hauseingänge ausgeführt wurden, wie z.B. beim Säulenhaus. (Kat. Nr. 86, Abb. 58)

Das Säulenhaus hatte, zumindest in der rechten Gebäudehälfte, im hinteren Bereich einen einläufigen Treppenaufgang. Die Räume der Obergeschosse waren teilweise direkt vom Treppenaufgang aus zu betreten. Im rechten Teilbereich des Hauses waren die Zimmer an der Vorderseite sogar durch eine Enfilade verbunden, die Raumgrößen waren jedoch unterschiedlich. Es fehlten Räume, die vom rechteckigen Schema abwichen. Ebensowenig trat ein raffinierteres System der Anordnung der Räume auf, bei dem eine Steigerung der Ausstattung oder der Bedeutung der Zimmer schon von der Konzeption her festgelegt gewesen sein könnte.[335]

Auch bei dem angrenzenden Haus Nr. 24/25 (Kat. Nr. 85, Abb. 45-46) erschlossen zwei Eingänge mit rückwärtigem Treppenhaus das Gebäude. Ursprünglich waren bei Nr. 25 die Räume vom Flur aus über Eingänge, die auf einer Achse lagen, zu betreten und mit den dahinterliegenden Zimmern verbunden. Bei der Doppelfassade Nauener Straße Nr. 35/36 ist gleichfalls, zumindest für den Teilbereich Nr. 35, der Hausflur mit rückwärtiger, einläufiger Treppenanlage gesichert. (Kat. Nr. 91, Abb. 59) Wiederum vom Flur aus waren Läden mit dahinterliegenden Zimmern zugänglich. Die Räume des ersten und zweiten Obergeschosses konnten direkt von der Treppe aus betreten werden.[336]

Auch für die Objekte auf der Ostseite der Plantage ist das Planmaterial zur Grundrißgestaltung sehr gering.[337] Teilweise haben die Gebäude wiederum zwei oder mehr Eingänge erhalten, um den Bedürfnissen der Bewohner zu entsprechen, obwohl die Fassadengliederungen mondäneres Wohnen vortäuschten. Aus einem Häuserverzeichnis von 1792 bis 1802 geht hervor, daß wiederum Menschen aus meist einfacheren Ständen in den herrschaftlich anmutenden Gebäuden rund um den Platz lebten.[338] Die Eingänge waren teils ebenerdig als Durchfahrt oder leicht erhöht mit Treppenvorbauten angelegt, wo teilweise auch die Kellerzugänge lagen. Ihre Plazierung war innerhalb der Fassade symmetrisch gesetzt, variierte aber von Haus zu Haus. Bei den fünfachsigen Gebäuden Nr. 6 (Kat. Nr. 100, Abb. 146) und Nr. 12 (Kat. Nr. 104, Abb. 63, 146) wurden die Eingänge in die Mittelachse eingefügt.[339] Dieses Schema galt im Prinzip auch für die zehnachsigen Doppelfassade Nr. 7/8 (Kat. Nr. 101, Abb. 146, 148) und Nr. 10/11 (Kat. Nr. 103, Abb. 146, 150), bei denen die Eingänge in die dritte und achte Achse gelegt wurden.[34]

Grundrißlösungen wurden also nicht entsprechend der Prachtfassaden ausgearbeitet. Häufig zeigten die auf Schauwirkung konzipierten Fassaden, besonders die Palastkopien, zu große Geschoßhöhen, die als unangemessen für die Bewohner erachtet und durch den Einzug von Zwischendecken ausgeglichen wurden. Die kuriosen Wohnbedingungen, die hieraus resultierten, wurden bereits angesprochen.[341] Die Verteilung der Räume war abhängig von der Plazierung der Hauseingänge und der Treppen. Deren Ausführung konnte gewiß nicht nach der von außen zu erwartenden Kostbarkeit umgesetzt werden, sofern nicht von den Besitzern finanzielle Beiträge aufgebracht wurden. Dem entsprechend handelte es sich auch um einfache rechteckige Räume, die ohne große Raffinesse aneinandergereiht wurden. Es waren einfache Wohn- und Nutzräume, die kaum Aufgaben der Etikette zu erfüllen hatten. Ladeneingänge waren, so-

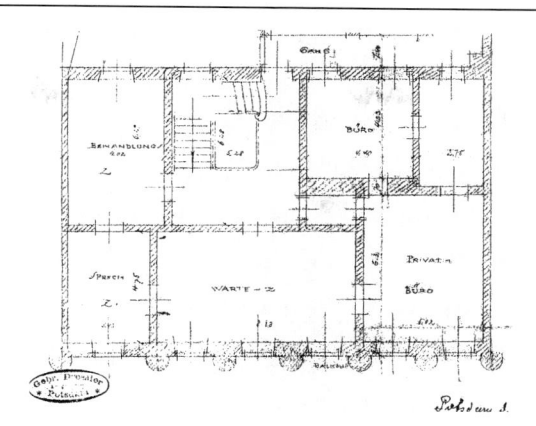

58. Potsdam, Nauener Straße 26/27, sogenanntes Säulenhaus, Teilgrundriß Nauener Straße 26, 1. Obergeschoß, 1914 (Kat. Nr. 86)

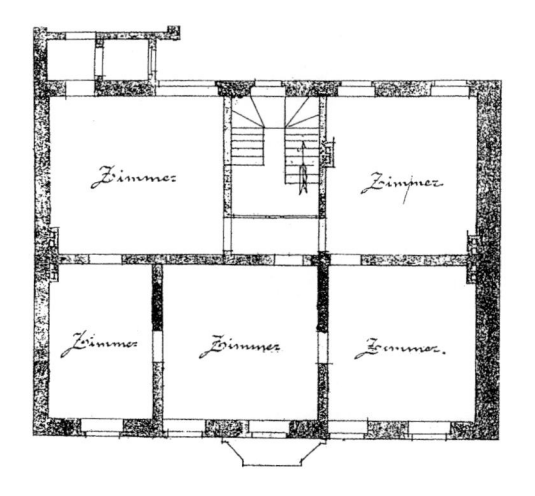

rechts: 59. Potsdam, Nauener Straße 35, Grundriß 1. Obergeschoß, 1896 (Kat. Nr. 91)

weit dies aus dem Ansichts- und Planmaterial ersehen werden kann, nicht von außen vorgesehen, sondern lagen ursprünglich in den Hausfluren.

Die Diskrepanz zwischen der Fassaden- und der Binnengestaltung der Häuser resultiert aus den rein auf äußerliche Prospektwirkung abzielenden Schaufassaden. In der Grundrißgestaltung wird deutlich, daß es sich bei den Bewohnern der Häuser eben nicht um finanzkräftige und anspruchsvolle Bürger oder Adelige handelte. Für sie waren raffinierte und bequeme Raumdispositionen keine Notwendigkeiten hinsichtlich ihrer sozialen Stellung, da es sich meist um kleine Handwerker, Händler, Dienstboten, Soldaten oder andere einfache Stände mit bescheideneren Möglichkeiten handelte.

Gestaltungsprinzipien der Fassaden um die Nauensche Plantage

Festzuhalten sind als einheitliche Elemente der Gebäude rund um den Platz die übliche Dreigeschossigkeit, die allerdings durch unterschiedliche Geschoß- und damit auch Firsthöhen relativiert wurde, sowie der Einsatz von verputzten Fassaden. Die Zahl der Achsen pro Gebäude variierte auf der Westseite, der Nauener Straße, von neun bis zu dreizehn Achsen und auf der Ostseite, von Wilhelmplatz 0-12, zwischen fünf und elf Achsen, wobei nicht auf eine Rhythmisierung abgezielt wurde. In der Regel wurden zwei Objekte unter einer Fassade zusammengefaßt.[342]

Risalitausbildungen traten selten auf und kragten nur schwach hervor. Die Kombination von Kolossalpilastern, Risalitausbildung und bekrönendem Dreiecksgiebel trat bzw. tritt nur an den zwei Eckgebäuden an der Kupferschmiedsgasse Nr. 28/29 und Nr. 30/31 auf. (Vgl. Kat. Nr. 87-88, Abb. 50-51) Diese Kombination erzeugte insbesondere einen palastartigen Charakter, da hier Elemente des Schloßbaues vereinigt wurden. Beim größten Teil der Gebäude wurde außerdem das Erdgeschoß durch ein Gurtgesims von den Obergeschossen abgegrenzt.[343]

Der Erdgeschoßbereich wurde fast immer unter der Verwendung von Lagerfugen oder der Angabe von Verbandstrukturen der Mauerung im Putz vorgeführt. Teilweise traten unterschiedlich stark hervorkragende Rustizierungen auf, deren Oberflächenstruktur glatt oder grob gekörnt erschienen. Auch rustizierte Eckeinfassungen wurden mehrfach verwendet. Auffällig ist die starke Bossierung bzw. sogar Diamantierung, die bei der Fassadenstruktur der Häuser Nauener Str. 32 und Wilhelmplatz 0 ausgearbeitet wurde. (Kat. Nr. 89, Abb. 44 und Kat. Nr. 96, Abb. 56)

Bei den einzelnen Objekten war die Verwendung vertikaler und horizontaler Gliederungselemente unterschiedlich stark ausgeprägt. Es wurde schon darauf hingewiesen, daß Friedrich II. einerseits Mannigfaltigkeit der Fassaden wünschte, weshalb zwischen den Gestaltungsmitteln gewechselt wurde. Andererseits konnte dadurch indirekt der Eindruck einer hierarchischen Abstufung zwischen den Bauten und somit eine variierende soziale Zusammensetzung der Eigentümer bzw. Bewohner angedeutet werden, auch wenn dies tatsächlich gar nicht in diesem Umfang gegeben war.

Die Betonung der horizontalen Lagerung wurde durch die angesprochene Gestaltung des Erdgeschosses, den Einsatz von Gesimsbändern und der Reihung gleichförmiger Fensterverdachungen sowie den Einsatz von Attiken unterstrichen. Eine Korrespondenz zwischen den einander gegenüberstehenden Fassaden läßt sich nur bedingt ausmachen. Verschiedentlich wurden bestimmte Gliederungselemente aufgegriffen, so daß sich eine gewisse Bezugnahme bei in etwa gegenüberliegenden Objekten nicht ganz verneinen läßt.[344] Als Dachformen wurden Satteldächer und Abwalmungen an Straßenecken verwendet, wobei der Dachansatz mehrfach durch Attiken verdeckt wurde. Dadurch wurde die horizontale Lagerung der Bauten betont.[345] Die eingangs angesprochene Tendenz zur Vereinfachung des Baukörpers wird dadurch ersichtlich.

Im Vergleich zu den Bayreuther Bauten ist festzustellen, daß Gontard das gesamte dort eingesetzte Repertoire an Gliederungselementen weiterverwendete, es aber z.T. noch stärker plastisch ausarbeitete. Ganz besonders ist dies für die Strukturierung des Putzes zu vermerken, wobei zwischen glatten, gekörnten bis hin zu diamantierten Partien abgewechselt wurde. Die Diamantierung bei zwei Objekten (Nauener Str. 32 und Wil-

Immediatbauten Carl von Gontards in Potsdam

helmsplatz 0) kann als verstärkte Ausarbeitung manieristischer Gestaltungselemente verstanden werden, wie sie sich in Bayreuth beim Spindlerschen Haus ankündigten. Ähnliche Diamantierungen zeigen beispielsweise der Palazzetto Santacroce in Rom (Abb. 57) aus dem 15. Jahrhundert oder der Palazzo Pitti in Florenz.[346] Es fällt ebenfalls auf, daß freistehende Säulen nur sehr selten Verwendung fanden. Außer der Altansubstruktion am Haus Wilhelmplatz 0 sowie zweier Säulen, die das Portal von Haus Wilhelmplatz 6 flankierten, wurden an den Fassaden nur Pilaster verwendet. Die Forderung nach freistehenden Säulen, wie sie z.B. von Abbé Laugier formuliert wurde – aber natürlich nicht in bezug auf Bürgerhäuser – fand bei den Potsdamer Immediatbauten Gontards, bei denen es sich nicht um Fassadenrezeptionen nach fremden Vorlagen handelte, praktisch keine Beachtung.[347] Die Baukörper weisen allenfalls nur schwach vor die Wand tretende Risalite auf, so daß ein geschlossener längsrechteckiger Charakter gewahrt blieb. Nur bei den stärker an französische Vorbilder angelehnten Objekten erfolgte eine Absetzung einzelner Achsenpartien durch flache Risalite, Pilastergliederungen oder bekrönenden Frontons. Es dominierte aber eher die homogene Reihung von Gestaltungselementen, die nur vereinzelt durch vertikale Akzente unterbrochen wurde. Plastischer Zierrat wie Festons, Dekorfelder, Agraffen, Volutenkonsolen bei Fensterverdachungen und Vasen auf den Attiken wurde ebenfalls schon in Bayreuth vorgebildet.

Die Anwesen Berliner Straße 4/5 und 18/19

An repräsentativer Stelle entstanden ab 1772 die beiden einander gegenüberstehenden Anwesen.[348] Die Berliner Straße führte vom Berliner Tor über den Blücherplatz und die Brauerstraße direkt zum Stadtschloß und nahm somit eine wichtige Rolle in der Erschließung der Stadt ein. Jeder, der nach Berlin reiste oder von Berlin kam, passierte das Berliner Tor und diese Straßenabfolge. Die beiden Gebäude lagen knapp auf der Hälfte der Strecke, zwischen der Berliner Brücke und der Kreuzung der Berliner und der Garde-du-Corps-Straße. (Kat. Nr. 51-52, Abb. 60-61) Die Aufrißgliederung des Hauses Berliner Straße 18/19 war außerdem auf das angrenzende Gebäude Garde-du-

60. Potsdam, Berliner Straße 4/5 (Kat. Nr. 51, Aufnahme vor 1945, zerstört)

Immediatbauten Carl von Gontards in Potsdam

61. Potsdam, Berliner Straße 18/19 (Kat. Nr. 52, Aufnahme vor 1945, zerstört)

Corps-Straße 26 (Kat. Nr. 72) übertragen worden.[349] Originales Quellenmaterial oder Pläne sind verschollen. Der palastartige Charakter der Bauten ließe an jedem anderen Ort die Residenzen hochrangiger Persönlichkeiten vermuten, doch waren ihre Besitzer wiederum einfache Bürger.[350] Es handelte sich also erneut um Prospektbauten zur Aufwertung des Stadtbildes.

Wie in der Musik kann hier von Variationen zum selben Thema gesprochen werden. Zwar hatten sie unterschiedlich aufwendige »Tonlagen« und Ausschmückungen erhalten, doch das Grundthema hatten beide gemeinsam. Tatsächlich hat Gontard sich mit dem Verhältnis von Musik und Architektur beschäftigt, wie aus dem Kommentar zu einer Entwurfszeichnung für ein fürstliches Anwesen zu ersehen ist.[351]

Übereinstimmungen waren in der Dreigeschossigkeit, in der Trennung zwischen Erd- und Obergeschoß durch ein Gurtgesims, der Ausbildung eines fünfachsigen Mittelrisalits mit Kolossalordnung, der gleichen Verteilung der Fensterformen in den Obergeschossen und einer, besonders über dem Risalit stark vorkragenden Attika mit Zahnschnitt und bekrönendem Vasendekor zu finden. Hierdurch wurde der Dachansatz verdeckt.

Ausgangspunkt der Variation war die unterschiedliche Zuweisung der Ordnungen. Die 19achsige Nr. 4/5 entstammte der dorischen, die 27achsige Nr. 18/19 der ionischen Ordnung. Entsprechend der dorischen Ordnung wurde das Erdgeschoß der Berliner Straße 4/5 kräftig rustiziert vorgeführt. Die Bänderung durchstieß die profilierte Rahmung der rundbogigen Fenster und Türen. Auf sonstigen Dekor wurde verzichtet. Die Rustizierung wurde im Obergeschoß, mit Ausnahme des Risalits, in den Wandstreifen zwischen den Fenster wiederholt. Im Mittelrisalit gliederten sechs dorische Kolossalpilaster ohne Kanneluren die Fassade. Gleichsam der Dorica entsprechend, erhielt die Gebälkzone darüber Triglyphen und die Attika einen Zahnschnitt. Rundbogige Fenster mit Agraffen, aufliegenden Gebinden und ornamentalen Brüstungsfeldern bestimmten die Bel étage des Risalites, während an den Seiten Rechteckfenster mit segmentbogiger Verdachung und Gebinden über einer würfelartigen Bosse ausgestattet waren. Im obersten Geschoß wurden durchweg Rechteckfenster eingesetzt, unter deren Rahmungen Festons angebracht waren, wobei im Risalit zusätzlich noch Agraffen im Sturz auflagen.

An der Fassade von Nr. 18/19 wurde die ornamentale Vielfalt gesteigert. Durch eine gleichmäßige Bänderung wirkte das Erdgeschoß weniger rustikal. Über den Rechteckfenstern befanden sich Dekorfelder mit Darstellungen von Kriegerhelmen, darunter Felder mit Ringmotiven. Vermutlich war nur der Haupteingang rundbogig konzipiert.[352] Kolossale ionische Pilaser rhythmisierten den Mittelrisalit. Die Fensterformen in den Obergeschossen stimmten mit denen des gegenüberliegenden Gebäudes überein, waren aber mit üppigerem Zierrat sowie mit Verdachungen versehen. So wurden Balustermotive in den Fensterbrüstungen im Risalit der Bel étage an den Seiten durch Festons ersetzt. Dreieckige Verdachungen und Agraffen dekorierten hier die Fenster. Im zweiten Geschoß wurden durchgängig Agraffen im Fenstersturz, Festons mit Armaturen bzw. kleine Kartuschen unter den Fensterbänken sowie gerade Verdachungen eingesetzt. Die Verwendung von Armaturen an der Fassade kann nicht mit den Besitzern in Verbindung gebracht werden.

Bei beiden Objekten dominierte der geschlossene, lagernde Charakter der Fassade und der Gebäudemasse, der einen Kontrapunkt in der Kolossalordnung des Risalits erhielt, um eine zu eintönige Reihung der Fensterachsen zu verhindern. Die vertikale Akzentuierung des Risalits durch Pilasterordnung und abweichende Fenstergestaltung wurde durch die breite Gebälkzone und die stark hervorkragende Attika zurückgenommen. Auch traten beide Risalite nur wenig vor die Fassade, so daß kompakte geschlossene Baukörper entstanden. Als Würdeformeln wurden neben dem Zahnschnitt antiker Tempelgiebel auch Triglyphenzitate im Gebälk verwendet. Alle übrigen Dekorationselemente waren in ihren Einzelformen nichts Neues und wurden gemäß der jeweiligen Ordnung und dem repräsentativen Anspruch lediglich verschieden kombiniert, ohne dabei die Gliederung der Fassade zu verunklären oder ihr würdevolles Pathos aufzulösen. Trotz des variierenden Dekors und der unterschiedlichen Fassadenlängen wurde die einheitliche Grundstruktur der Gebäude offensichtlich. Die feine Nuancierung und Steigerung des Dekors entsprechend der jeweiligen Ordnung bestätigt erneut, daß Gontard die Prinzipien und Dekorationssysteme der einzelnen Ordnungen

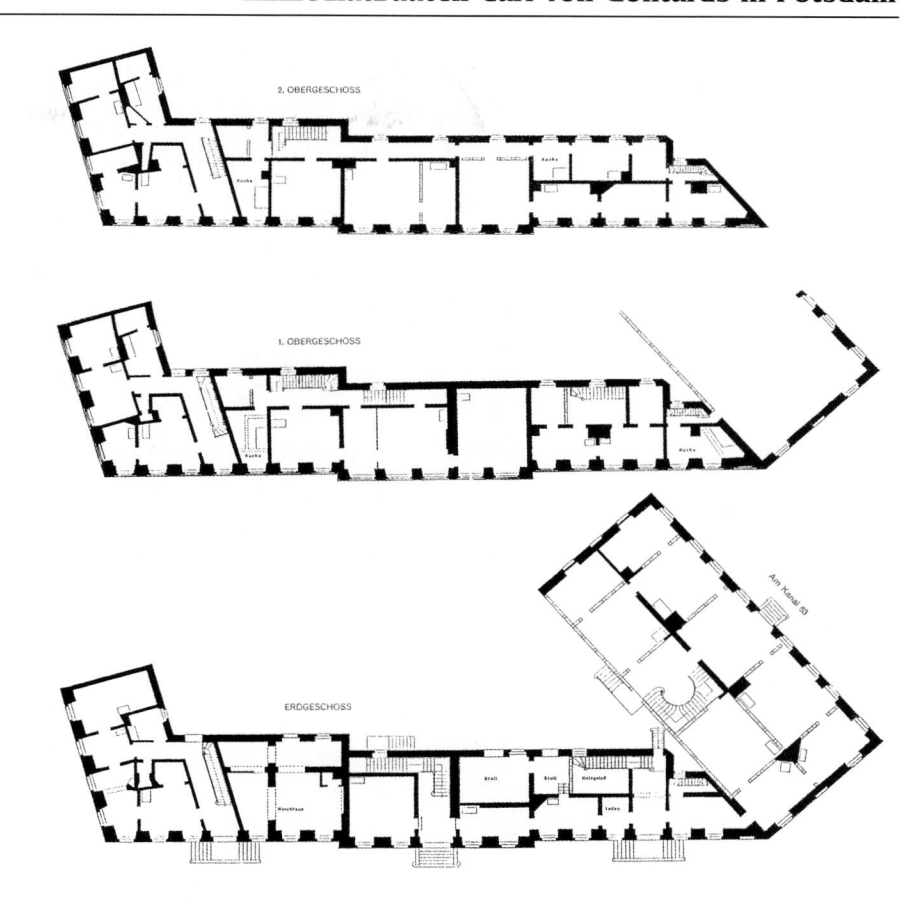

pointiert anzuwenden verstand. Letztlich spielte Gontard hier mit den hierarchischen Abstufungen innerhalb der Architektur. Unterschiedlich wertiges Dekorum wäre in keiner Weise notwendig gewesen, da keine unterschiedlichen gesellschaftlichen Ansprüche zu berücksichtigen waren. Ohne weiteres hätten also zwei gleichwertige Objekte einer Ordnung an dieser Stelle plaziert werden können. Beide Gebäude überstanden den 2. Weltkrieg relativ gering beschädigt, fielen dann aber Neubauprojekten nach 1957 zum Opfer.

Originale Grund- oder Aufrißpläne haben sich nicht erhalten, so daß auf jüngere Bauaufnahmen zurückgegriffen werden muß. Die Berliner Straße 4/5 (Abb. 60, 62) wurde durch drei Eingänge mit vorgelagerten Freitreppen erschlossen. Wie nicht anders zu vermuten, entsprach die Aufteilung und Gestaltung der Räume nicht dem Anspruch der Fassade. Auf der rückwärtigen Seite hat die Wand keine gerade Flucht eingehalten, sondern sprang auf der Höhe des Risalits zurück. Drei Treppenanlagen von unterschiedlicher Größe und Position führten zu den obe-

62. Potsdam, Berliner Straße 4/5, Grundrisse (Kat. Nr. 52)

ren Etagen. Mielkes Aufnahme bzw. Rekonstruktion der Grundrisse von Nr. 4/5 spiegelt eine extrem verschachtelte Situation wieder. Nach den als tragende Mauern kenntlich gemachten Partien im Erdgeschoß scheint die (ursprüngliche ?) Besitzgrenze auf der linken Seite in Höhe des Risalitansatzes gelegen zu haben, was in den Obergeschossen aber nicht eindeutig nachvollziehbar ist. Die Raumaufteilung läßt kein Konzept erkennen, was aber vermutlich auch durch spätere Ein- und Umbauten verursacht wurde. Anzumerken ist, daß die (v.l.n.r.) letzte Fensterachse an der Fassade als Blendachse angegeben wird, da hier in spitzem Winkel das Haus Am Kanal 63 anschloß.[353]

Aus den Bauakten zu Nr. 18/19 gehen vor allem Änderungen in der Zugangssituation hervor, die für Ladeneinbauten vorgenommen wurden. In einer Fassadenrekonstruktion gibt Mielke außer der Durchfahrt in der Mittelachse nur einen einzigen weiteren Zugang in der 6. Achse (v.r.n.l.) an. Zum einen erscheint eine unsymmetrische Verteilung kaum wahrscheinlich, außerdem dürfte dies bei der Größe des Gebäudes nicht ausreichend gewesen sein. Aus den Akten geht hervor, daß 1889 ein dritter Treppenaufgang im linken rückwärtigen Gebäudebereich (Nr. 19) geplant wurde. Bei dazugehörigen Zeichnungen wird im Risalitbereich der Bel étage nach hinten ein ovaler Raum angegeben, während auf der Straßenseite die Zimmer durch eine Enfilade verbunden gezeigt werden. Anscheinend waren hier anspruchsvollere Grundrißdispositionen vorhanden. Ein Schnitt duch den Risalitbereich läßt ersehen, daß das zweite Obergeschoß, zumindest in diesem Abschnitt, kein Vollgeschoß war. Auf der rückwärtigen Seite wurde das Dach von der Firstlinie steil nach unten gezogen und lag in Höhe des Fußbodenniveaus des zweiten Obergeschosses auf. Dieses Vorgehen ist bei den Bauten unter Friedrich II. mehrfach belegt. Die Zahl der Veränderungen an der Fassade aufgrund von Ladeneinbauten war sehr hoch.[354]

Charlottenstraße 45-47

Einer der anspruchsvollsten Bauten in Potsdam, mit einer äußerst aufwendigen Fassade nach Gontards Entwurf, kam 1773 zur Ausführung. Der Komplex Charlottenstraße 45-47 (Kat. Nr. 63, Abb. 52, 63) entstand in Anschluß an das Eckgebäude Charlottenstraße 44 aus dem Jahre 1769. Die Fassade war auf das Bassin gerichtet, auf dessen gegenüberliegender Seite das Holländische Viertel angesiedelt ist.[355] Allerdings findet diesmal bei Manger keine explizite Zuweisung an Gontard statt. Manger widerspricht sich sogar bei seinen Aussagen, denn er erwähnt neun Bürgerhäuser nach Gontards Entwürfen für 1773 und schreibt gleichzeitig Unger alle Bürgerhäuser des Jahres 1773 zu.[356] Verschiedentlich ist der Bau deshalb Unger zugeordnet worden.[357] Andreas Ludwig Krüger gibt jedoch ausdrücklich an, daß die Fassade nach »(...) Angabe und Zeichnung des Hauptmann von Gontard (...)« ausgeführt wurde. Aus Krügers Beschreibung ist zu schließen, daß bei dem Gebäude neben der Höhe und Breite, auch die Zahl der Fenster und die Pilasterordnung vorgegeben war.[358]

Wie bei den bisher besprochenen palastartigen Objekten handelte es sich um ein dreigeschossiges Gebäude, dessen gebändertes Erdgeschoß durch ein Gurtgesims abgesetzt und dessen Obergeschosse in kolossaler korinthischer Ordnung zusammengefaßt wurden. Eine Risalitausbildung erfolgte wiederum nur sehr schwach, wobei ebenfalls ein Fronton diesen überhöhte. Auch hier wurden also wiederum Architekturmotive der Schloßbaukunst eingesetzt, um einen repräsentativen Eindruck zu erzeugen. Auffällig war die Überschneidung der Pilaster am Risalitansatz. Gontard verwandte dieses Motiv bei der Modifikation der Pitrouschen Fassade am Wilhelmplatz 15-20 (Kat. Nr. 105, Abb. 48, 73-75) und ebenso bei dem Anwesen Am Kanal 30 (Kat. Nr. 49, Abb. 66-67), das von ihm 1770 entworfen wurde, aber erst später zur Ausführung kam. Aber auch andere Potsdamer Baumeister benutzten halbe oder verkröpfte Pilaster, so daß dies nicht als spezielle Eigenheit Gontards angeführt werden kann.[359] Gleichfalls wurden antikisierende Architekturzitate, wie der Zahnschnitt am Traufgesims und die triglyphenartigen Konsolsteine der Erdgeschoßfenster eingesetzt. Die Verwendung des Triglyphenmotives kam bei Gontard-Entwürfen bereits in Bayreuth vor.[360] Auch die Ausbildung der Fensterbänke des zweiten Obergeschosses in Form eines durchlaufenden Gesimsbandes, das von Pilastern überschnitten wurde, trat in

Immediatbauten Carl von Gontards in Potsdam

63. Andreas Ludwig Krüger, Vorstellung der Nordseite beym Bassin, um 1779, (v.l.n.r.) Charlottenstraße 47-45 (Gontard 1773), 44 (Gontard 1769), 43 (Unger 1775)

ähnlicher Weise bereits an der Nauenschen Plantage auf.[361] Um die Fassade gebührend hervorzuheben, waren die angrenzenden Gebäude deutlich zurückhaltender dekoriert bzw. auch niedriger gebaut worden.

Viele dieser Motive sind allerdings auch von Unger verwendet worden, z.B. bei der ihm zugeschriebenen Fassade Breite Straße 11 (Abb. 64) aus dem Jahr 1770. Dieser Bau eignet sich gut für einen Vergleich, da er ebenfalls dreigeschossig ist, die Obergeschosse in korinthischer Kolossalordnung gegliedert sind und ein Mittelrisalit ausgebildet ist. Auch erfolgt eine Trennung zwischen den Obergeschossen durch ein überschnittenes Gesimsband. Zuerst fällt auf, daß die Ungerschen Kolossalpilaster schlanker proportioniert wirken. Im weiteren Vergleich zeigt sich, daß Gontard die Fenster und damit verbundene Dekorationselemente stärker in das orthogonale Gliederungssystem einspannte. Diese füllen die Fläche, die durch die Überschneidungen von Gesimsbändern und Pilastern entstehen, vollkommen aus. Bei Unger dagegen wird an den Seiten und über den Fenstern wesentlich mehr Freiraum gelassen. Die Betonung geschlossener Flächen erfolgt deutlich stärker

64. Potsdam, Breite Straße 11 (Unger 1770)

Immediatbauten Carl von Gontards in Potsdam

65. Andreas Ludwig Krüger, um 1779, Vorstellung der Nordseite am Canal, Am Kanal 30

66a. Potsdam, Am Kanal 30 (Kat. Nr. 49, Aufnahme 1999)

Immediatbauten Carl von Gontards in Potsdam

und verweist auf eine intensive Rezeption palladianischer Architektur.

Das Gebäude Charlottenstraße 45-47 wurde im 2. Weltkrieg schwer beschädigt und brannte völlig aus. Ein Wiederaufbau wurde aus künstlerischen und städtebaulichen Aspekten als erwünscht angesehen, jedoch nicht realisiert.[362]

Am Kanal 30

Als letztes der von Gontard in palastartiger Manier entworfenen Gebäude soll noch das Brockesche Haus Am Kanal 30 vorgestellt werden. Es zählt zu den prächtigsten Fassaden Potsdams, auch wenn es gegenwärtig einen traurigen und vernachlässigten Eindruck vermittelt. (Kat. Nr. 49, Abb. 65-67)

Das Gebäude bildet einen langgestreckten dreigeschossigen Baukörper über 19 Achsen und ist mit dreiachsigen flachen Risalitausbildungen in der Mitte und an den Seiten versehen. Das Erdgeschoß wird durch eine gebänderte Arkadenstruktur bestimmt, wobei die Kanten des Mittelrisalits rustiziert sind. Kolossale korinthische Pilaster bzw. Säulen gliedern das Obergeschoß. Als einziges der Gontardschen Immediatbauten in Potsdam zeigt das Haus einen Mittelrisalit, bei dem die beiden Obergeschosse loggiaartig zurückgesetzt und mit eingestellten Freisäulen ausgezeichnet sind.

Nach Mangers Berichten entwarf Gontard die Fassade bereits 1770.[363] In der Beschreibung der Kupferstichfolge, die Andreas Ludwig Krüger 1779 veröffentlichte, wird die Anerkennung der Zeitgenossen Gontards deutlich: »Die ganze Form ist edel nach dem Geständniß aller Kenner der Baukunst, die es sehen.«[364]

Da das Baubudget 1770 schon ausgeschöpft war, verzögerte sich die Ausführung. Wie der Vorgängerbau, der von Gayette errichtet worden war, erhielt das Gebäude umgangssprachlich die Bezeichnung »Patrontasche«.[365] Ob es um 1770 allgemein bekannt war, daß das Gebäude neu erbaut werden sollte, ist nicht bekannt. Glasschleifer Brockes erwarb den Vorgängerbau spätestens 1772 und wurde beim König wegen einer Unterstützung für dringende Reparaturen vorstellig. Aus der Antwort des Königs geht hervor, daß der Bau zu diesem Zeitpunkt für das Jahr 1774 vorgesehen war.[366]

In den nächsten Jahren reichte Brocke weitere Eingaben ein. Bei seiner Nachfrage bezüglich des für 1774 versprochenen Baues wird er auf unbestimmte Zeit vertröstet.[367] Ausgeführt wurde der Bau schließlich ab 1776. Es fand also in diesem Fall keine Zuweisung des Objektes an einen beliebigen Bürger statt.[368] Als einziges der palastartigen Gebäude, die Gontard in Potsdam errichtete, gehörte der Neubau einem einzelnen bessergestellten Besitzer, dessen Gewerbe sogar in den Attributen der Skulpturengruppe auf dem Dach angedeutet gewesen sein soll.[369] Dennoch ist es zu den Prospektbauten der friderizianischen Stadtverschönerungskampagne zu zählen. Es wurde durch das Baucomtoir geplant, ausgeführt und mit den Geldern des Königs finanziert. Unbekannt ist, inwiefern Brockes eigenes Kapital in den Neubau investierte. Vermutlich dürfte sich dieses stärker im Innenraumbereich bemerkbar gemacht haben.[370] Auflistungen der Kostenanteile der einzelnen Gewerke sind für den Immediatbau nur bis 1773 erhalten geblieben.

Die neue »Patrontasche« kam neben Gayettes Reit- und Exerzierhaus, dem sogenannten Langen Stall, unweit der Brücke am Kanal zu stehen. Unger blendete 1781 dem Langen Stall eine neue Fassade vor. Der prächtige Bau steht wahrscheinlich mit dem geplanten Ausbau des Straßenabschnittes Am Kanal, zwischen Waisen- und Hoditzstraße, sowie der Verschönerung der Hoditzstraße in Verbindung. 1776 wird außer dem Brockeschen Haus auch mit der Eckbebauung am Schnittpunkt von Waisenstraße (Nr. 38, 39) und Am Kanal (Nr. 27, 28) begonnen. 1777 folgten zwei einander gegenüberstehende Bauten an der Ecke Hoditzstraße und Am Kanal (Hoditzstr. 10/11, 12).[371] Manger betont die Position der weithin sichtbaren Fassade der »Patrontasche«. Als direkter point de vue für den Abschluß der Hoditzstraße kann das Haus aber nicht gelten, da es nicht unmittelbar in deren Achse liegt. Während der Ausbau der Hoditzstraße vorangetrieben wurde, stagnierte er auf der nördlichen Seite Am Kanal. Vermutlich verzögerte sich eine zunächst geplante Überformung der Straße Am Kanal, deren Glanzlicht das Brockesche Haus sein sollte. Ab 1817 dienten das einstige Haus des Glasschleifers und später auch der Lange Stall als Sitz der Oberrechnungskammer.

Immediatbauten Carl von Gontards in Potsdam

*66b. Potsdam, Am Kanal 30
(Kat. Nr. 49, Aufnahme 1999)*

Für die Genese des Entwurfes wurden von Metzler, Mielke und anderen Autoren verschiedene Vorlagen als mögliche Inspirationsquellen genannt. Die Analyse zeigt, daß Gontard die Rezeption klassischer und zeitgenössisch französischer Bauten mit Elementen der lokalen Bautradition und persönlicher Kompositionsvorlieben verbunden hat. Mielke zeigte Parallelen zwischen der Gliederung des Brockeschen Hauses und der 1752 von Héré de Corny entworfenen Fassade des Hôtel de Ville in Nancy auf. Der Entwurf war in Pattes Ausgabe der »Monumens érigés en France à la gloire de Louis XV« abgebildet, die in Friedrichs Bibliothek enthalten war.[372] (Abb. 67) Übereinstimmend ist die Grundkonzeption einer Palastanlage mit Mittel- und Eckrisaliten, das Erdgeschoß mit einer gebänderten Arkadenstruktur, die kolossale komposite Obergeschoßgliederung und die Betonung der Kanten des Mittelrisalites durch Doppelung der Gliederungselemente. Der an den Risalit anschließende dritte Vollpilaster wird bei Gontard halbiert. Ähnlich wirken auch die Konsolen über den Eingängen am Mittelrisalit, die bei Héré de Corny einen Balkon tragen. Bei beiden Objekten tritt ein Sohlgesims zwischen den Obergeschossen auf.

Aber auch Mielke wies bereits darauf hin, daß eher von einer Nachschöpfung als von einer Imitation zu sprechen ist. In der Tat sind viele der genannten Übereinstimmungen auch von anderen französischen Prachtbauten bekannt und in Potsdam bereits vertreten. Die Ausbildung von flachen Mittel- und Eckrisaliten an langgestreckten Prospektbauten tritt in Potsdam in verkleinerter Form schon an der Nauener Straße 30/31 auf. Das gleiche gilt für Gontards bevorzugtes Kompositionsschema langgestreckter palastartiger Anlagen mit Trennung von gefugtem Erdgeschoß und der kolossalen Gliederung zweier Obergeschosse (z.B. Charlottenstraße 45-47).

Auch das Motiv des Halbpilasters an der Verkröpfung des Risalits kann nicht alleine auf die Reduktion der Vorlage von Héré de Corny zurückgeführt werden. Vergleiche läßt ebenfalls das Aufrißschema der Anlage Wilhelmplatz 15-20 nach Pitrous Vorlage zu. (Kat. Nr. 105, Abb. 73-75) Wiederum handelte es sich um ein langgestrecktes Gebäude mit kolossaler Gliederung der Obergeschosse unter Ausbildung eines Mittelrisalits mit Fronton und Halbpilastern sowie Eckrisaliten. Desgleichen unterteilte ein Sohlgesims die beiden Obergeschosse und spannte die Fenster und die rechteckigen Dekorfelder eng in das Gliederungsschema ein.

Die dreiachsigen Risalite des Brockeschen Hause kragen nur wenig aus, wodurch die Gebäudemasse einen geschlossenen Charakter beibehält. Eine betonte Verstrebung zwischen den Geschossen durch die Überschneidung der Kolossalpilaster mit der relativ breiten, die Horizonale akzentuierenden Fläche zwischen den Obergeschossen, festigt diesen Eindruck. Das Orthogonalsystem reduziert den Anteil undekorierter Fläche zwischen den Geschossen. Gleichfalls tauchen hier antikisierende Motive wie der Fronton, ein Zahnschnitt und Triglyphenzitate auf, die schon an anderen Gontard-Bauten als dekorative Elemente auftraten. Es erfolgt aber insgesamt eine Steigerung durch die Ausbildung eines Mittelrisalits mit einer Loggia, die portikusartig gestaltet ist.

Wie schon Metzler hervorhebt, spielt hier Claude Perraults Entwurf für die Ostfassade des Louvres (1667-74) hinein. Deren Vorbildcharakter wird bei Gontards unverwirklichten Schloßentwürfen evident.[373] (Abb. 42) Gerade an den Ecken des Mittelrisalits der Louvre-Kolonnaden wird die dreifache Betonung der Verkröpfungen durch gedoppelte Säulen in den Risaliten und der nachfolgenden Säule an den Seiten vorgebildet, die Gontard abwandelte.

Hinzuweisen ist in diesem Zusammenhang auch auf das Fenstermotiv mit der muschelartigen Verzierung des Bogenfeldes, das bei Gontard sonst keine Verwendung fand. Hier läßt sich eine Beziehung zu Gabriels Konzeption der Eckrisalite der Baublöcke an der Place Louis XV. in Paris (ab 1755) herstellen, die wiederum eine Perrault-Rezeption darstellen. (Abb. 68)

Nicht zuletzt soll auch auf die Parallelen hingewiesen werden, die hinsichtlich Johann Baptist Broebes Entwurf für den Marstall in Berlin um 1702 zu nennen sind und die auf die Rezeption lokaler Bautradition verweisen.[374] (Abb. 69) Das Aufrißschema des Brockeschen Hauses stimmt im wesentlichen mit dem Marstallentwurf überein, allerdings sah Broebes keine Eckrisalite und auch keine Loggia vor. Bei dem Berliner Entwurf sind aber die Erdgeschoßfenster ebenfalls nischenartig eingerahmt, jedoch waren für die Obergeschosse weder Dekorfelder

oben: 67. E. Héré de Corny, Nancy, Hôtel de Ville (Ausschnitt), 1752

68. Paris, Place Louis XV, Ausschnitt der Eckbebauung nach einem Entwurf von Ange-Jacques Gabriel, begonnen um 1755

Immediatbauten Carl von Gontards in Potsdam

noch rundbogige Rahmungen oder Gesimsbänder vorgesehen.

Gontard rezipierte Elemente der genannten Vorlagen der französiscchen Schloßbaukunst des späten 17. Jahrhunderts, verband sie mit den retrospektiven Strömungen der Mitte des 18. Jahrhunderts und verschmolz sie zu einer Neuschöpfung in der ihm eigenen Architektursprache. Er ergänzte das Dekorationssystem durch Dekorfelder, Festons, Masken, Volutenkonsolen und unterschiedliche Fensterumrahmungen, die in ein straffes orthogonales System eingefügt wurden. So entstand ein weiterer und zugleich der letzte große Prospektbau Gontards in Potsdam.

Charakterisierung der Entwürfe Gontards für Potsdamer Bauten

Gontards Entwürfe für Potsdam sind von Friedrichs Vorgaben zur repräsentativen Umgestaltung der Stadt dominiert worden. Gerade an städtebaulich wichtigen Punkten setzte der König mit palastähnlichen Fassaden Akzente, die mit der tatsächlichen Funktion des Gebäudes und der eigentlichen sozialen Herkunft der Eigentümer und Bewohner nichts gemein hatten. Die Forderungen des »bon sens« liefen hier ins Leere, da es sich um reine Prospektarchitektur handelte. Vorhandene Abstufungen des Dekorums beruhten folglich nicht auf wirklichen sozialen Unterschieden der Eigentümer oder Bewohner der Gebäude, sondern auf rein ästhetischen Gesichtspunkten, wie dies z.B. bei den einander gegenüberliegenden Bauten in der Berliner Straße der Fall war. Zugleich ist zu bemerken, daß für die großen Prospektbauten von mehr als zehn Achsen eindeutig stärker auf französische Stilmittel zurückgegriffen wurde. Eine Ausnahme bilden die direkten Kopien italienischer Paläste.

Wenig Beachtung fanden bisher jene Bauten Gontards, die stärkere italienische Einflüsse zeigen. Sie traten v.a. in seiner Potsdamer Frühphase auf, in der Friedrich II. unter dem Einfluß Algarottis die italienische und neopalladianische Baukunst rezipierte. Als Beispiele sind hier die Bauten Nauener Straße 32 oder Wilhelmplatz 0 zu nennen, deren extreme Rustizierung, ja sogar Diamantierung auf Vorbilder der italienischen Renaissance zurückzuführen sind. Algarotti besorgte dem König neben Palladio-Vorlagen auch Zeichnungen des Palazzo Pitti oder der Bauten von Giulio Romano. Sein Einfluß zeigte sich bei der Überformung des Alten Marktes, bei dem verschiedene Nachbauten italienischer Bauwerke den Charakter des Platzes bestimmten.[375]

Besonders bei dem Haus des Hauptmanns Bockelberg (Wilhelmplatz 0) lassen sich italienische Vorbilder der Renaissance ablesen. Betont wurde die Massivität des Erdgeschosses durch den Einsatz von diamantierten Quadersteinen und eine Rustizierung der Gebäudekanten. Den Obergeschossen fehlten vertikale Gliederungselemente in Form von Pilastern oder Wandvorlagen. Die horizontale Lagerung der Geschosse fand außerdem durch ein kräftiges Gurtgesims sowie die Altanbrüstung und die waagrechten Fensterverdachungen der Bel étage Unterstützung. Gontard wiederholte hier die Gliederungsstrukturen, die schon an einigen Bayreuther Bauten auftraten und von der Architekur der römischen Stadtpaläste des 15. bis 17. Jahrhunderts angeregt wurden. Erinnert sei an die manieristische Bossierung der Fenster am Spindlerschen Anwesen oder die starke Betonung der horizontalen Lagerung der Geschosse beim Palais Reitzenstein und dem Jägerhaus.

Diese Gliederungsstrukturen wurden bei Gontards Bauten in Potsdam in zunehmendem Maße wieder durch französische Einflüsse überlagert und dominierten seine Entwürfe in den 1770er Jahren. Ab 1770 sind in Mangers Baugeschichte keine Hinweise mehr auf die Umsetzung von Skizzen aus

69. Johann Baptiste Broebes, Entwurf für den Marstall zu Berlin (Ausschnitt), um 1702

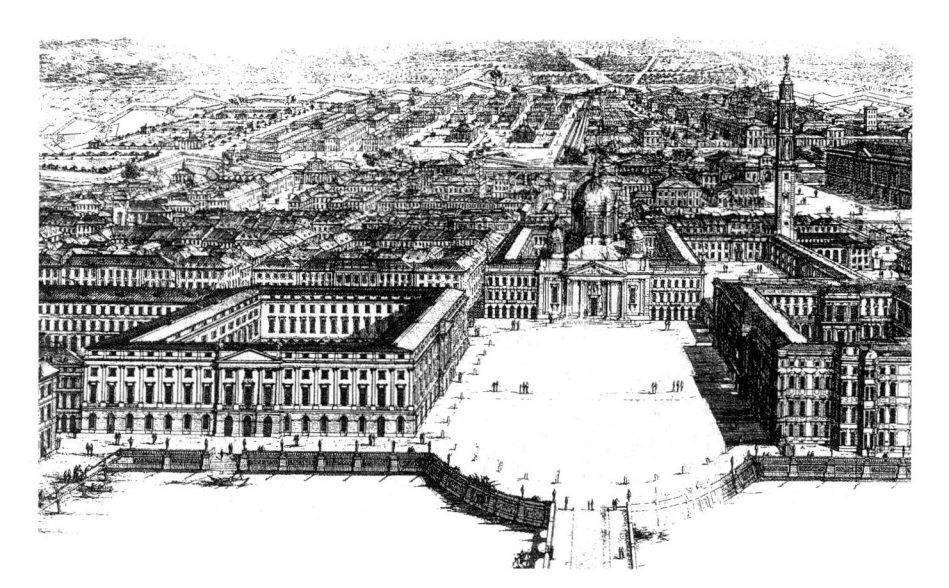

Immediatbauten Carl von Gontards in Potsdam

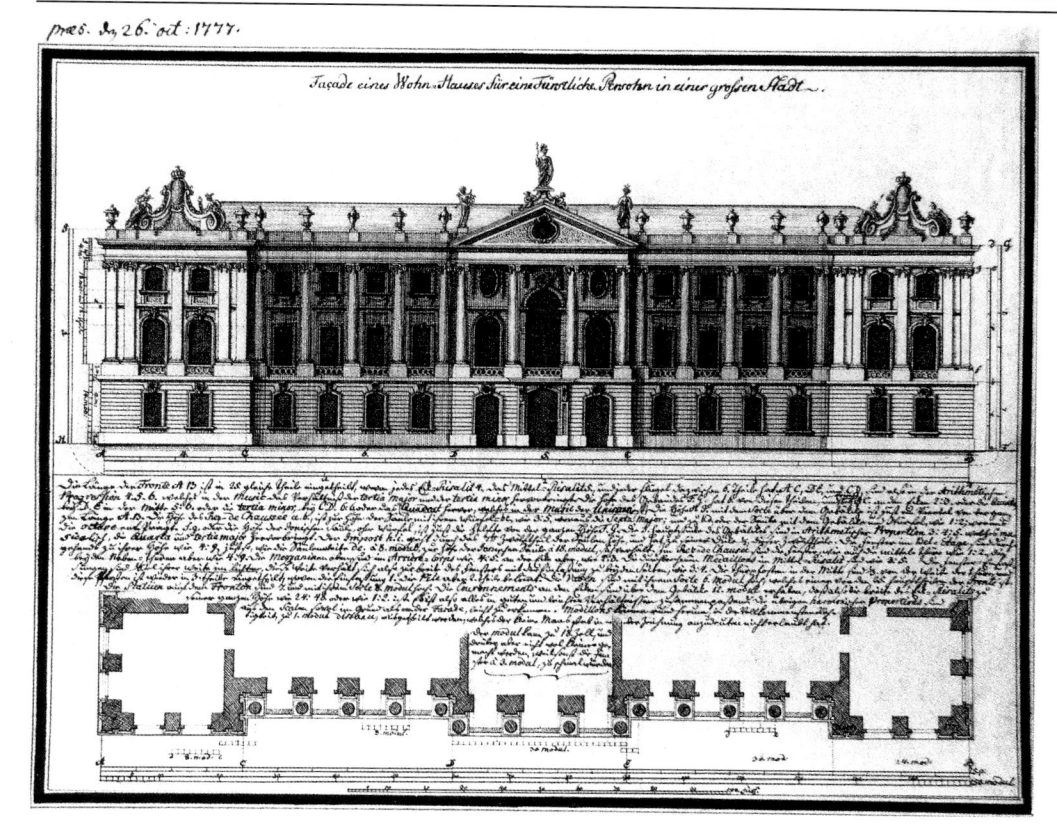

70. C. v. Gontard, »Façade eines Wohn-Hauses für eine Fürstliche Persohn in einer großen Stadt«, 1777 (Kat. Nr. 138)

der Hand des Königs für Immediatbauten zu finden. Dies wird allgemein als Indiz dafür gewertet, daß Friedrichs unmittelbares Interesse an der Baukunst abnahm, was den Baumeistern größere Freiheit und Eigenständigkeit in ihrer Entwurfstätigkeit ermöglichte.[376] Manger weist auf Friedrichs abnehmende Einflußnahme allerdings erst ab 1780 hin. Er erwähnt, daß seit dieser Zeit die Entwürfe nicht mehr zuerst zur Korrektur dem König vorgelegt werden mußten.[377] Bei den wichtigen Prospektbauten dieser Zeit in Potsdam ist die Tendenz zu langgestreckten Bauten mit Fassaden ohne starke Verkröpungen offensichtlich. Falls Risalite ausgebildet wurden, so nur sehr flach. Sie erstreckten sich in der Regel über drei Achsen und erfuhren keine weiteren Rücksprünge. Risalitbildungen traten bei Gontards eigenen Entwürfen vor allem dort auf, wo er sich stärker an französischen Vorbildern orientierte. Dabei erfolgte aber keine kleinteilige Zergliederung der Fassade. Vor- oder Rücksprünge sind als größere geschlossene Abschnitte ausgearbeitet worden. Dies trifft insbesondere auf die palastartigen Anlagen von meist mehr als zwölf Achsen zu.[378] Das Fehlen von Rundungen an derartigen Verkröpungspunkten, wie z.B. noch bei Guêpières Fassade des Stadtflügels am Stuttgarter Neuen Schloß (1752-56), unterstützen diesen Eindruck.[379] Ebensowenig wurden abgerundete Kanten eingesetzt, wie z.B. am Corps de logis von Schloß Weißenstein bei Pommersfelden (1711-18), noch zeichneten sich geschwungene Innenräume in der Führung der Außenmauern ab, wie z.B. bei Schloß Monrepos (1760-1764) von Philippe de la Guêpière.[380] Somit erfolgten auch keine unnötigen Verkröpungen des Gebälks, wie sie z.B. von Laugier stark kritisiert wurden, da dies der Funktion des Gebälks widerspräche.[381] Nichts verschliff die Scharfkantigkeit der Bauten oder deren kubischen Charakter

Bei den hier behandelten Bauten Gontards wird das bevorzugte Gliederungsschema deutlich. Immer wieder wurde über einem gefugten oder rustizierten Erdgeschoß eine kolossale Pilastergliederung im Risalit oder über die gesamte Fassade vorgeführt. Eine spezielle Vorliebe für eine bestimmte Ordnung ist nicht ablesbar, von der dorischen bis zur kompositen Ordnung sind alle aufgegriffen worden. Die Verwendung von Halbsäulen oder Pilastern war in der französischen Architekturtheorie der 2. Hälfte des 18. Jahrhunderts besonders von Laugier stark angegriffen worden, da sie nur ein schlechter Abklatsch der Säule und ohne konstruktive Funktion seien. Insbesondere lehnte er verkröpfte oder halbierte Pilaster ab, wie sie bei Gontards Bauten mehrfach vorkommen. Die Radikalität Laugiers ist bei Gontard nicht zu finden. Blondel hingegen ließ Pilaster als geringeres Übel gelten. Während Pilaster das bevorzugte vertikale Gliederungsmittel darstellten, sind Halbsäulen an den nach eigenen Entwürfen Gontards verwirklichten Bauten praktisch nicht eingesetzt worden.[382]

Häufig ist der Mittelrisalit durch einen Fronton bekrönt worden, dessen Giebelfeld bis auf Zahnschnitte ohne Dekor blieb. Das Portikusmotiv ist ebenfalls an den palastartigen Bauten nachvollziehbar, jedoch nur unter der Verwendung von Pilastern. Gerade bei der Rezeption der Louvre-Kolonnaden von Perrault (Abb. 42) wird deutlich, daß hier Rückgriffe auf die Formen der 2. Hälfte des 17. Jahrhunderts stattfanden. Blondel hob den Vorbildcharakter Perraults in seinen Schriften immer wieder hervor.[383] Ähnliche Schemata sind bei Gontards Entwurf für den Wiederaufbau der 1753 teilweise abgebrannten alten Residenz der Markgrafen in Bayreuth (Kat. Nr. 141, Abb. 104) und bei einer nicht realisierten Zeichnung Gontards zu einer »Façade eines Wohn-Hauses für eine Fürstliche Persohn in einer großen Stadt« von 1777 nachweisbar.[384] (Kat. Nr. 138, Abb. 70)

Im Hinblick auf das Frühwerk Gontards wird also deutlich, daß der Baumeister sich zunehmend dem Säulen-Architrav-System zuwandte, wie dies in der zeitgenössischen französischen Architekturtheorie gefordert wurde. Er hielt sich dabei an den anerkannten Vorbildcharakter Perraults, der von Blondel hervorgehoben wurde, sowie an die zeitgenössischen Rezeptionen, wie sie z.B. Gabriel als premier architecte in seinen Bauten um 1755 manifestierte.

Dies zeigt sich auch bei der Überarbeitung der Fassaden der Communs, deren durch Legeay ursprünglich stärker italienisch-palladianischer Charakter von Gontard im Sinne der klassischen französischen Baukunst der zweiten Hälfte des 17. Jahrhunderts verändert wurde. Deutlich wird dies am Portikus, dessen ursprünglich geschlossene, undurchfensterte Wandflächen der Aufrißgliederung der Seiten angepaßt wurden. (Kat. Nr. 25, Abb. 39-40)

Bei der Aufrißgestaltung entwickelte Gontard ein orthogonales Netz aus geradlinigen vertikalen und horizontalen Gliederungselementen in Form von Sockelstreifen, Pilastern, Gesimsbändern und Gebälkzonen, in das die einzelnen Bestandteile der Fassaden, wie Fenster, Dekor- und Brüstungsfelder etc. eingefügt wurden. Dieses orthogonale System integrierte auch Elemente in die Gesamtgliederung der Fassade, die der frühklassizistischen Tendenz zur Geradlinigkeit entgegenliefen, wie etwa rundbogige, ovale oder ähnliche Formen. Das Säulen-Architrav-System, als eine wichtige Forderung frühklassizistischer Architektur, fand bei Gontard im wesentlichen in übertragener Form Verwendung, indem er ein System aus Pilastern und waagrechten Architravelementen benutzte. Dies resultierte einerseits daraus, daß sein Lehrer Blondel Pilastergliederungen nicht generell ablehnte. Andererseits hätten Säulenvorlagen vermutlich einen erheblichen finanziellen Mehraufwand erfordert, den der König nicht zu leisten bereit war. Betrachtet man die unverwirklichten Schloßentwürfe Gontards, so wird bei diesen die Betonung der freistehenden Vollsäule und des Säulen-Architrav-Systems wesentlich stärker hervorgehoben. Hans Jacob Wörner charakterisierte dieses wichtige Grundsystem frühklassizistischer Bauten anhand umfangreicher und detaillierter Analysen von bedeutenden Bauten aus der zweiten Hälfte des 18. Jahrhunderts.[385]

Gerade die Gontardschen Palastimitationen weisen dieses Schema deutlich im Zusammenhang mit Fassadendekor auf. Im Vergleich zum Italienischen Bau in Bayreuth, bei dem sich Stuckmotive noch ohne Rahmung entwickeln, ist dies in der Folgezeit restlos aufgegeben worden, um eine deutliche Unterscheidung zwischen den einzelnen Fassadenelementen zu erreichen. Dekorationsmotive sind nicht in dem Maße reduziert worden, wie dies Laugiers Forderungen entsprach, aber sie wurden in feste Strukturen eingebunden. Gontard hielt sich auch hier stärker an Blondel, der Dekor und Ornamente keineswegs ablehnte. Blondel forderte »richesse sans confusion« und drang auf eine stringente Durchbildung des Dekors sowie auf eine strenge Anordnung der Ornamente.[386]

Gontard-Bauten nach fremden Vorlagen und historischen Vorbildern

Vorlagen des Königs für Potsdamer Immediatbauten

Innerhalb der Umbauung der Nauenschen Plantage errichtete Gontard 1769 den Fassadenzug Wilhelmplatz 6 bis 12, unter dem sich das Haus Wilhelmplatz 9 befand, das laut Manger nach Friedrichs II. eigener Invention erbaut wurde:

»Zu den Aussenseiten von Nr. VI. und VII. gab der König einen von Ihm Selbst aus freyer Hand mit der Feder, nicht nach dem Maasstabe, aber überaus schön gezeichneten Entwurf.«[387]

Dieses Objekt (Kat. Nr. 102, Abb. 71) stellt das einzige Wohnhaus dar, bei dem Gontard, nach Aussage des Chronisten, einen Entwurf des Königs umzusetzen hatte.

Friedrich II. hatte sich schon als Kronprinz in Manier absolutistischer Herrscher der Baukunst zugewandt und dokumentierte dies besonders bei den Entwürfen für Schloß Sanssouci. Seine umfassende Kontrolle des Baucomtoirs, die ihm alleine unterliegende Wahl der Bauplätze und die einzig von ihm abhängige Approbation der Entwürfe wurde bereits angesprochen. Entwürfe des Königs für Bürgerhäuser sind erst ab 1753, als Manger dem Baucomtoir beitrat, notiert worden. Aber bereits Giersberg hat darauf hingewiesen, daß vermutlich schon vorher nach Entwürfen aus der Hand des Königs gearbeitet wurde.[388]

Einige wenige dieser Entwurfszeichnungen haben sich als Original erhalten, andere nur noch in alten Aufnahmen. Sie skizzieren meist sehr grob und mit äußerst unruhiger Linienführung die Proportionen und Fassadengliederungen der geplanten Immediatbauten. Teilweise sind sie mit Angaben der zu verwendenden Ordnung und der Dachform versehen oder weisen darauf hin, ob Dekorationen aus Stuck oder in Stein gearbeitet werden sollen und wie der Putz einzufärben sei. Verschiedentlich werden auch die eigentlichen Inspirationsquellen durch die Vermerke »Palladio« oder »vitruve« angedeutet. Besonders Boumann setzte eine größere Anzahl von Entwürfen des Königs um, aber auch Manger wurde z.B. bei dem Haus Am Kanal 41 damit betraut. Hans Joachim Giersberg hat diesen Aspekt Potsdamer Baukunst in seiner Abhandlung »Friedrich als Bauherr« intensiv bearbeitet. Alle die von ihm Friedrich zugeschriebenen Skizzen zeichnen sich durch eine sehr unruhige Linienführung aus, die nur grobe Umrisse der Bauten und der Details wie Fenster, Verdachungen und Fassadenschmuck angeben. Sie sind alle freihand, ohne Verwendung von Hilfsmitteln, gezeichnet. Giersberg bezeichnet sie als »(...) pure Ideenskizzen ohne bedeutenden künstlerischen Wert. (...)«[389] Es mutet deshalb seltsam an, wenn Manger bei dem Entwurf für die Fassade Wilhelmplatz 9 von einem, wie eingangs zitiert, »überaus schön gezeichneten Entwurf« spricht. Dies steht im Gegensatz zu den bekannten Entwürfen des Königs, die wahrlich nicht als besonders »schön« gelten können und kein ausgesprochen zeichnerisches Talent bzw. den Willen zu einer exakten Umsetzung erkennen lassen. Auch neigte Manger in seiner Potsdamer Baugeschichte keineswegs dazu, den

71. Potsdam, Wilhelmplatz 9 (Kat. Nr. 102, Entwurf Friedrich II., wohl nach fremder Vorlage, Ausführung C. v. Gontard, Aufnahme vor 1945, zerstört)

Gontard-Bauten nach fremden Vorlagen und historischen Vorbildern

König unkritisch zu verherrlichen und deshalb einen Entwurf verbal zu schönen. So bemerkte er hinsichtlich der fremden Vorlagen, nach denen vielfach gearbeitet wurde, folgendes: »Bey eingelaufenen Zeichnungen, deren Verfertiger der König nicht wollte bekannt werden lassen, gab er sich oft die Mühe, solche mit der Feder ohne Linial und Zirkel zu kopiren, und sie hernach auf diesen oder jenen Platz auszuführen anzubefehlen. Dies waren also Ideen aus der zweiten Hand in die dritte, und es mußten solche endlich so, wie es der Raum und die dazu bestimmten Kosten erlauben wollten, ins Werk gerichtet werden.«[390]

Die wahre Herkunft von Entwürfen, die meist als Stichvorlagen in Friedrichs Hände gelangten, sollte also teilweise verschleiert werden. Schon Giersberg vermutete deshalb eine verlorengegangene ausländische Vorlage hinter dem Entwurf für die Fassade Wilhelmplatz 9.[391] Ebensowenig wie die mögliche Vorlage hat sich der eigentliche Entwurf des Königs erhalten.

Die Schauseite des Gebäudes Wilhelmplatz 9 zur Nauenschen Plantage umfaßte elf Achsen, drei Stockwerke und schloß zwei Einzelgebäude zusammen. Jedes Geschoß erhielt eine eigene Ordnung in Form von Pilastern, die in Superposition angeordnet waren. Fenster und Dekorationen waren eng in das orthogonale System eingefügt. Im Verhältnis zu den übrigen Bauten wirkt das Gebäude in seinen Dekorationselementen noch stark dem Rokoko verbunden. (Abb. 71) Von Schäden durch Senkungen des Untergrundes blieb das Haus verschont und wurde deshalb nicht in die Abbruch- und Wiederaufbaumaßnahmen nach 1793 einbezogen. Wie fast die gesamte Umbauung der Nauenschen Plantage wurde es im 2. Weltkrieg zerstört und durch Neubauten ersetzt.

Auch an dieser Stelle kann kein direktes Vorbild für die Fassade angeboten werden. Es handelte sich bei dem Entwurf aber offensichtlich nicht um eine Stichvorlage, die von Friedrich mit der Hand umgezeichnet wur-de, da Manger sonst kaum von einer schön gezeichneten Vorlage berichtet hätte. Wenn dies der Fall war, so wäre eine Quelle in der Umgebung des Königs zu vermuten, eine Person, mit der er sich künstlerisch austauschte und die ihm eventuell eigene Entwürfe zukommen ließ. Der König hätte dann nicht unbedingt eine Umzeichnung anfertigen müssen, um die Provenienz zu verschleiern.

Eine solche Persönlichkeit war in der Frühzeit Graf Algarotti, der in der Kunstgeschichtsschreibung mehr als Vermittler palladianischer und neopalladianischer Vorlagen und als Gesprächs- bzw. Korrespondenzpartner in Sachen Kunst betrachtet wurde. Nicht berücksicht wurde bisher, daß Algarotti dem König eigene Entwürfe zusandte, wie dies aus seinen Briefen an den König hervorgeht:

»Sire, Hier haben Sie einige Entwürfe zu Häusern, welche ich mit breitem Pinsel hingeworfen habe, damit Ew. Maj. für diejenigen, welche Sie bereits bauen ließen, ein Schminkpflästerchen haben. Ein jedes davon hat ohngefähr so viel Front, als der Raum von dem letzten neuen Hause bis zu dem des Herrn von Kleist beträgt. Das mittlere dieser drei Häuser ist dasjenige, welches Palladio für sich selbst zu Vicenza gebaut hat. Ich habe es mir ins Gedächtniß gerufen, und ich glaube, Sire, daß es Mannigfaltigkeit in das Ganze bringen dürfte, ohne zu sehr von dem Geschmack der andern abzuweichen. [...] Was mich betrifft, Sire, so weiß ich, daß man, wenn man Apollodor selbst wäre, architektonische Zeichnungen einem Trajan, welcher selbst ein Apollodor ist, nur mit zitternder Hand überreichen würde.«[392]

Für den Entwurf am Wilhelmplatz 9 kommt Algarotti allerdings aus stilistischen Gründen als Quelle nicht in Frage. Als Verehrer Palladios ist ein in diese Richtung gehender Entwurf von ihm zu erwarten. Abgesehen davon verstarb der Venezianer bereits 1764. Zumindest muß Algarotti aber bei Friedrichs Bauten der Frühzeit als Lieferant eigener Entwürfe in Betracht gezogen werden.

Algarottis Brief datiert vom 9. August 1749, als er sich für etwa vier Jahre in Potsdam aufhielt. 1750, also ein Jahr nachdem Algarotti einige seiner Entwürfe dem König übermittelt hatte, wurden in der Breiten Straße Bauten errichtet, bei denen Giersberg den König anhand verschiedener Skizzen als Entwerfer der Fassaden vermutete. Darunter befindet sich eine Skizze für das Haus Breite Straße Nr. 3, 3a, 4 (Abb. 72), die sich im Kupferstichkabinett in Berlin befindet und von Giersberg in das Jahr 1748 datiert wird. Diese trägt – wohl von fremder Hand –

Vorlagen des Königs für Potsdamer Immediatbauten

interessanterweise eine Datierung vom 15. August 1749, also einen Vermerk, der knapp eine Woche nach dem besagten Brief Algarottis entstand.[393] Es erscheint deshalb nicht unwahrscheinlich in jener Skizze des Königs eine Umzeichnung der Entwürfe Algarottis zu vermuten.

Insgesamt sollte die Rolle Algarottis in diesem Punkt nochmals genauer untersucht werden. Wer letztlich die eigentliche Vorlage für das Haus Wilhelmplatz 9 schuf, ist ohne weitere Quellenfunde nicht festzustellen.

Adaptionen französischer und italienischer Bauten

Bereits vielfach angesprochen wurde das Phänomen, daß immer wieder französische und vor allem italienische Bauten als Vorbilder für Immediatbauten dienten. In verkleinerten Dimensionen und überarbeiteten Fassadenkonzeptionen wurden sie in das Stadtbild Potsdams eingefügt. Dominierend sind die Nachbauten der Entwürfe und Bauten Palladios.

»Daß verschiedene Bürgerhäuser jetzt nach Entwürfen des Palladio, oder nach Zeichnungen, welche dem Könige von auswärtigen Orten eingeschickt waren, erbauet wurden, möchte wohl daher rühren: Der Freyherr von Knobelsdorff war todt, und Boumann in Ungnade, vielleicht hatte auch dessen Geschmack im Bauen nichts Reizendes mehr für den König; Hildebrant aber war der Einzige, den er wegen Bausachen sprach, und diesem mochte er eben nicht viel eigene Erfindungskraft zutrauen; er gab ihm also Kupferstiche, oder Zeichnungen, sagte ihm, an welchem Orte er sie angebracht wissen wollte. Und auf solche Weise entstanden aus Bürgerhäusern Palläste in Mignatür, die an andern Orten kolossal aufgeführt sind. Auch in späteren Jahren, da wieder andere Baumeister auf dem Schauplatze waren, von denen eigene Erfindungen zu hoffen stunden, ließ der König oft nach Zeichnungen Auswärtiger, Palläste von Bürgerhäusern aufführen (...).«[394]

Bereits Manger hielt also mangelndes Vertrauen des Königs in die Erfindungsgabe seiner Baumeister nicht wirklich für den einzigen Grund dieser Erscheinung, denn auch Knobelsdorff hatte nach fremden Vorlagen arbeiten müssen.[395]

Das große Interesse Friedrichs II. für die Baukunst fand vor allem in den frühen Jahren seiner Regentschaft neben Knobelsdorff in dem schon oft zitierten Grafen Algarotti eine wichtige Inspirationsquelle. Auf seine Vermittlertätigkeit bei der Beschaffung von italienischen Stichwerken und Zeichnungen sowie von neopalladianischen Architekturvorlagen aus England ist bereits hingewiesen worden. Aber auch andere Mittelsmänner versorgten den König mit Stichwerken und dergleichen, doch hatten diese nicht den Einfluß, der dem vielseitigen italienischen Gelehrten eigen war. Algarotti brachte dem König verschiedene Aspekte der Architektur Italiens nahe, insbesondere die römische Antike sowie Palladio und die Kunst des 16. Jahrhunderts, und er regte deren Rezeption im Rahmen der Stadtverschönerung Potsdams an. In bezug auf den Bau des »Forum Fridericianum« schrieb er: »Man muß, so glaube ich, Sire; zu dem, was man in Berlin ausführen will, die Vorbilder nirgend anders wo, als in dem triumphirenden Rom suchen.«[396]

Neben einigen Vorlagen, die Friedrich II. wünschte, vermerkt Algarotti in einem Brief an den König hinsichtlich der Nachbauten bedeutender italienischer Architekturmonumente in Potsdam: »Sire, Den Befehlen Ew. Maj. gemäß habe ich wegen des Pallastes Pitti und des neuen Palladio, welches man in Venedig druckt, geschrieben und ich hof-

72. Friedrich II., Skizze für das Haus Breite Straße Nr. 3, 3a, 4 in Potsdam

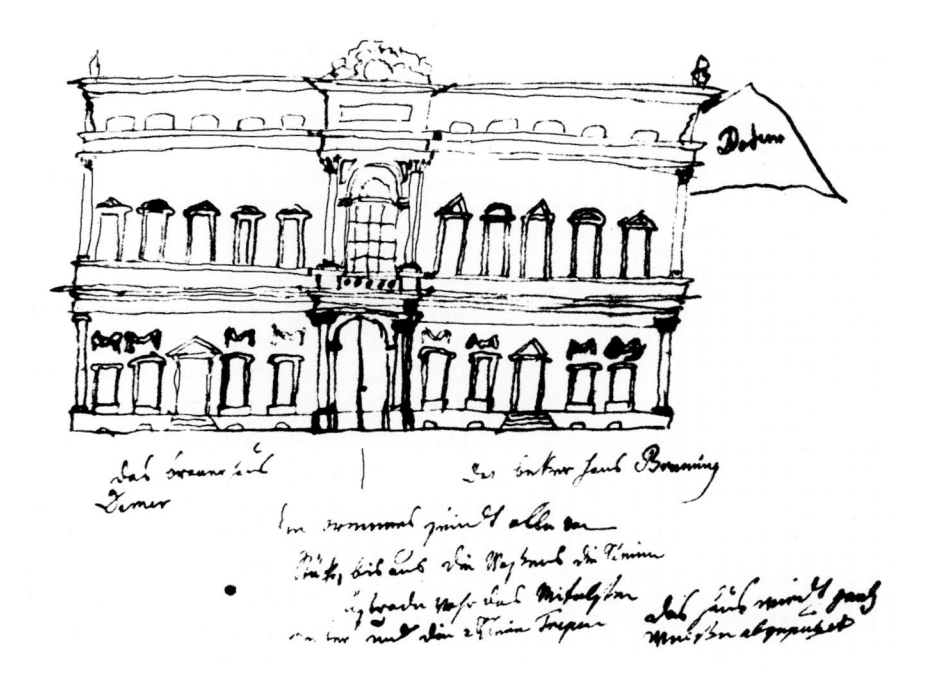

Gontard-Bauten nach fremden Vorlagen und historischen Vorbildern

fe, Ew. Maj. werden den Architekten Venedigs dieselbe Ehre zu Theil werden lassen, die Sie denen von Rom und Versailles erwiesen, die nämlich, einige ihrer Schöpfungen bei sich heimisch zu machen und mit Ihren eigenen zu vermischen. Potsdam wird eine Schule der Baukunst werden wie es eine Schule der Kriegskunst ist.«[397]

Er berichtete Friedrich II. in seinen Briefen von seinen Reisen und schickte immer wieder Architekturvorlagen zu verschiedensten Baumeistern und Objekten, aber auch eigenhändige Reiseskizzen. Der König dürfte 1755 auf diese Weise höchst warscheinlich auch in den Besitz von Zeichnungen nach den Werken Giulio Romanos in Mantua gekommen sein, was bisher keine Beachtung fand: »Nach Ostern habe ich einen kleinen Ausflug nach Verona gemacht, um mich für die Reise in Zug zu bringen. Ich rechnete darauf, Sire, an den Garda=See zu gehen, welcher in der schönen Jahreszeit der lieblichste Aufenthalt im Venetianischen ist. Allein da die Witterung noch zu rauh war, blieb ich in Mantua, um die Gebäude von Giulio Romano wieder zu sehen, von denen ich Ew. Maj. einige Zeichnungen bringen werde.«[398]

Der preußische König bedankte sich in einem Antwortschreiben für die Übersendung der Vorlagen sehr aufschlußreich: »Ich finde es sehr gut, daß Sie von Rom die Zeichnungen des Pallastes Pitti und von Venedig den neuen Palladio kommen lassen; es ist dies eine Bemühung, für welche ich Ihnen verbunden bin. Sehr gerne werde ich diese Werke in meine Bibliothek stellen. Alles was gut ist, hat bei mir Bürgerrecht und Sie wissen, daß ich hierbei, weder in Beziehung auf das Land, noch in Beziehung auf die Schriftsteller irgend ein Vorurtheil habe.«[399]

Hans Joachim Giersberg bemerkt zu Friedrichs Architekturkopien: »Sie (die Nachbauten nach ausländischen Vorlagen, d.V.) sind Repräsentationsstücke eines sich auch in der Architektur bestätigenden absolutistischen Monarchen, der sich das kostspielige Vergnügen leistet, nicht nur Gemälde, Skulpturen, Bücher, sondern auch Bauwerke zu »sammeln«.[400]

Friedrichs Antwort auf Allgarottis Freundschaftsdienste geht aber noch über den Dank des reinen Sammlers hinaus. Sie ist im Grunde eine Toleranzerklärung an die Kunst, die Philosophie und die Literatur Europas. Als junger Monarch im Zeitalter der Aufklärung, der den Gedankenaustausch mit Freidenkern wie Voltaire pflegt, will er sich über nationale Vorurteile und Chauvinismen in der Kunst hinwegsetzen.[401] Das Sammeln von Repräsentations- und exotischen Einzelstücken der Baukunst gepaart mit Toleranz gegenüber Andersgläubigen zeigt sich z.B. in der Idee Friedrichs II., die Kirche von Eichow, die 1771 baufällig war, in der Art einer Moschee errichten zu lassen. Diese sicherlich gewagte Idee, die unzweifelhaft Protest von Seiten der Kirche hervorgerufen hätte, ist allerdings nicht verwirklicht worden.[402]

Friedrich II. ist ein besonders gutes Beispiel für den Früh-Historismus der zweiten Hälfte des 18. Jahrhunderts. Es fand eben nicht nur eine Rückbesinnung auf die römische und griechische Antike statt, sondern es setzte auch eine neue Wertschätzung anderer vergangener, fremder und exotischer Architekturströmungen ein. Erinnert sei nur an Laugiers Bewunderung der Gotik.[403]

In Potsdam wurden Beispiele »guter« Baukunst aus fast allen Epochen in enzyklopädischer Manier errichtet.[404] Deshalb ist es nur schwer verständlich, wenn er als Kenner der »guten Architektur« und quasi als »Lehrer der Baukunst« (wenn mann Algarottis Bemerkung über die »Schule der Baukunst« weiterdenkt) für seine Potsdamer Untertanen vorbildliche Beispiele verschiedenster Herkunft auswählte und umsetzte, gleichzeitig aber häufig die eigentlichen Vorbilder zu verbergen versuchte. Diese zerrissene Haltung muß wohl auf die schwierige Persönlichkeit Friedrichs II. zurückgeführt werden. So, wie er Potsdam mit Prachtbauten versah, um die tatsächliche soziale Struktur der Einwohner zu verschleiern, war er wohl auch darauf bedacht, seine Person als Genius auf den verschiedensten geistigen Gebieten zu präsentieren. Der »Philosoph von Sanssouci« wollte offenbar nicht nur staatspolitisch als der »Große« angesehen werden, sondern er hätte diesen Beinamen wohl auch gerne hinsichtlich seiner baukünstlerischen Ambitionen getragen.

Offenbar unterschätzte er aber seine Baumeister, die sich in der Regel nicht durch die Umzeichnungen fremder Vorlagen täuschen ließen, was den eigentlichen Ursprung der Bauten anging. Bei weniger in der Baukunst bewanderten Personen hinterließen diese Objekte aber vielleicht den gewünschten

Adaptionen französischer und italienischer Bauten

Eindruck. Zwar hatte in jener Zeit das Kriterium »Original« oder »Kopie« einen anderen Stellenwert als heute, in manchen Fällen wollte der König aber ganz offensichtlich nicht, daß der Umstand der reinen Nachahmung bekannt wurde.

Manger war im übrigen nicht der einzige zeitgenössische Kritiker dieser Baupolitik, wie schon erwähnt wurde. Es lassen sich auch kaum Vergleiche zu der Potsdamer Vorgehensweise finden. Nirgendwo sonst entstanden derart viele Kopien nach den Werken verschiedenster Baumeistern des 16. bis 18. Jahrhunderts in einer einzigen Stadt. Sicherlich wurden Palladios Bauten auch an anderen Orten kopiert und rezipiert. Zu nennen wäre Lord Burlingtons Entwurf für General Wades Haus in London nach einem damals unveröffentlichten Entwurf Palladios im Besitz Burlingtons.[405] In England wirkte Palladio jedoch wesentlich stärker stilgebend auf die gesamte Baukunst der Zeit, während die Potsdamer Nachbauten theatralische Einzelstücke blieben, die hauptsächlich reinen Anschauungswert besaßen. Fast ist man versucht, von einem »Freilichtmuseum klassischer Architektur« in Potsdam zu sprechen.

Carl von Gontard hatte insgesamt ein Objekt nach einem französischen Vorbild und vier Bauwerke nach italienischen Vorlagen in Potsdam zu realisieren. Es handelt sich hierbei um den Fassadenzug Wilhelmplatz 15-20 nach der Vorlage von Pitrou (1767), die Nauener Straße 26/27 in Anlehnung an die Dogana di Terra in Rom (1768), den sogenannten Palast Barberini in der Humboldtstraße 5/6 (1771), das Anwesen Charlottenstraße 54a/b/55 nach der Accademia di Francia in Rom (1775) und zuletzt das Noacksche Haus in der Humboldtstraße 4 (1777). Bei letzterem ist die Rezeption italienischer Vorlagen naheliegend, das Vorbild jedoch nicht bekannt. Mögliche Inspirationsquellen sollen hier erörtert werden. Mit Ausnahme der Humboldtstraße 4 handelte es sich wie bei den anderen Potsdamer Palastbauten um Zusammenfassungen mehrerer Gebäude unter einer Fassade.

Der Baumeister hatte die Aufgabe, die ausgewählten Fassaden der Situation des jeweiligen Bauplatzes anzupassen. Da in Potsdam meist geringere Bauflächen zur Verfügung standen, mußten die Proportionen abgewandelt werden. Natürlich konnte auch nicht mit dem gleichen finanziellen Aufwand gebaut werden. Abweichend erfolgte ebenfalls die innere Einteilung der Bauten. Da die Geschoßhöhen der fremden Paläste nicht den Potsdamer Gegebenheiten entsprachen, wurde dieses Manko durch den Einzug von Zwischengeschossen ausgeglichen, ohne auf Wohnbedürfnisse Rücksicht zu nehmen. Anhand der Bauten Wilhelmplatz 15-20, Nauener Straße 26/27 (Säulenhaus) sowie dem Haus Humboldtstraße 4 (Noacksches Haus) soll Gontards Vorgehensweise erläutert werden.[406]

Wilhelmplatz 15-20

Für die Fassade Wilhelmplatz 15-20 (Kat. Nr. 105, Abb. 73, 75), die die gesamte Nordseite der Nauenschen Plantage bildete, diente 1767 ein Entwurf von Robert Pitrou als Vorlage (Abb. 74). Pitrou hatte den Entwurf als Vorschlag für einen großen Rathauskomplex in Paris geschaffen, der aber nicht verwirklicht wurde.

»Der König hatte im vorigen Jahre eine Zeichnung aus Paris von einem dortigen Baumeister Pirou (Pitrou, d.V.) erhalten, die Ihm gefiel. Er befahl, die Außenseite von sechs Häusern an der Nauenschen Plantage gerade dem Kanale gegen über darnach einzurichten und diese Häuser neu zu erbauen.«[407]

Wegen der bescheideneren Grundstücksverhältnisse in Potsdam konnte jedoch nicht die komplette Vorlage übernommen werden. Eine Verkürzung der Achsenabstände war außerdem erforderlich: »Die Nachahmung der Zeichnung geschah mit möglichstem Fleiße; es fiel aber doch alles sehr jung aus, weil niemand an der Zahl seiner Fenster verlieren wollte.«[408]

Vermutlich mit Friedrichs placet wurde eine Partie von 6 Achsen eines Seitenflügels sowie der Fronton des Corps de logis übernommen und modifiziert.[409] Gontard entwickelte aus dieser Vorgabe ein Fassadensystem über insgesamt 33 Achsen mit Eingängen in der 3., 12., 17., 22. und 31. Achse. Die Schmalseiten des Hauses umfaßten fünf Achsen. Jeweils die äußeren fünf Achsen der Front sowie der zweifach abgestufte Mittelrisalit wurden leicht vor die Fassade gezogen. Dabei wurden die Kolossalpilaster mit modernen ionischen Kapitellen an der

Gontard-Bauten nach fremden Vorlagen und historischen Vorbildern

73. Potsdam, Wilhelmplatz 15-20 (Kat. Nr. 105, Ausschnitt Wilhelmplatz 18-15, Aufnahme vor 1945, zerstört)

74. Paris, Robert Pitrou, Entwurf für ein Rathaus, unverwirklicht, um 1750

verkröpften Seite mit einem halben Kolossalpilaster hinterlegt, was nicht Pitrous Vorlage entsprach. Die mittleren drei Achsen des Corps de logis sind von einem Fronton überhöht worden. Lediglich die Relieffelder unter den geohrten stichbogigen Fenstern des ersten Obergeschosses und die am unteren Rand geschweiften Faschen der geohrten Rechteckfenster im zweiten Obergeschoß wurden vom französischen Vorbild nur verändert übernommen. Die Attika erhielt als Dekor sechs Figuren, die aus der Werkstatt Johann Christian Wohlers stammten.[410]

Der Abbruch der Vorgängerbauten fand, nicht wie so oft schon im Vorjahr, sondern erst 1767 statt, so daß sich der Bau geraume Zeit hinzog. Im März 1770 scheint der Innenausbau in weiten Teilen noch nicht abgeschlossen gewesen zu sein, denn der Tischler Eremite, der dort zwei nebeneinanderliegende Häuser (Nr. 16/17) besaß, führte Beschwerde gegen Gontard.[411]

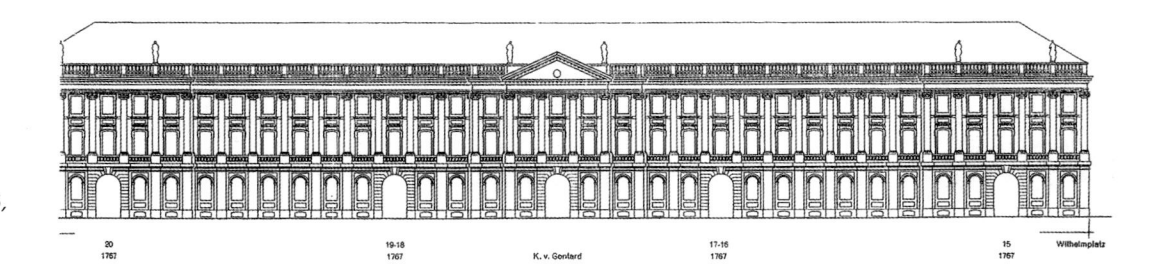

75. Potsdam, Wilhelmplatz 15-20 (Kat. Nr. 105, Rekonstruktionszeichnung)

Adaptionen französischer und italienischer Bauten

Die für Gontard typischen kräftigen Verdachungen, Fensterbänke und Profilierungen traten hier aufgrund der Rezeption einer fremden Vorlage praktisch nicht auf, während die von ihm selten verwendeten stichbogigen Fensterformen eingesetzt wurden. Auch fehlten die üblichen Zierelemente wie Festons und Agraffen. Die Fassadenabwicklung hatte ein deutlich flacheres Profil als gewöhnlich. Bei dieser Anlage verwandte Gontard halbe Pilaster zur Vermittlung zwischen sich verkröpfenden Fassadenabschnitten. Dieses Stilelement griff Gontard, wie schon erwähnt, immer wieder bei verschiedenen Bauten auf, beispielsweise bei der Fassade Charlottenstraße 45-47 oder Am Kanal 30. Mit 106,75 m dominierte die eigentlich aus sechs Häusern bestehende Großfassade den Wilhelmplatz.[412] Die Ausstrahlung der Pariser Großstadtarchitektur konnte hier sicherlich vermittelt werden.

Im Zusammenhang mit der Randbebauung der Nauenschen Plantage wurde bereits erläutert, daß die Großfassade Wilhelmplatz 15-20 eine gewisse Ausnahme darstellte, da sie die komplette Nordseite der Plantage rahmte. Es sollte jedoch kein übergreifendes Fassadenkonzept für die gesamten Baublöcke rund um den Platz durchgeführt werden, um eine gewachsene Bausituation vorzutäuschen. Im 2. Weltkrieg wurde der Fassadenzug schwer beschädigt. Obwohl der Wiederaufbau als wünschenswert angesehen wurde, erfolgte die Beseitigung der Ruine.[413]

Das Säulenhaus Nauener Straße 26/27

Im Jahr 1768 wählte der König ein sehr ungewöhnliches ausländisches Vorbild für den Nachbau in Potsdam aus. Seinen Baumeistern präsentierte er offenbar wieder eine Umzeichnung einer Stichvorlage, ohne die Quelle zu nennen. Diese waren sich jedoch im klaren darüber, was ihnen hier vorgelegt wurde.

»Die beyden folgenden wurden auch nur mit einer zusammenhängenden Aussenseite erbauet, und zwar nach einer Skizze des Königs, die von einem gewissen Hause in Rom entlehnt war. An diesen hatten ehemahls, als es noch der Palast eines Fürsten war, fornenher ganz freye korinthische kannelirte Säulen gestanden. Der Pabst aber ließ die Zwischenräume mit Mauern ausfüllen, so daß von demselben nur drey Viertheile frey blieben, und machte es zum Hauptzollhause.«[414]

Gontard kannte das römische Vorbild, die Dogana di Terra (Kat. Nr. 86, Abb. 58, 76-77) in der Piazza di Pietra, nicht nur aus Piranesis »Vedute di Roma«, wovon der König eine Ausgabe besaß, sondern auch von seinem Aufenthalt in der Metropole 1755 im Gefolge der kunstsinnigen Schwester Friedrichs II.

1695 ließ Papst Innozenz XII. die Überreste des Hadriantempels (elf von ursprünglich dreizehn Säulen), der 145 n. Chr. von Antonius Pius zu Ehren seines verstorbenen Adoptivvaters Hadrian errichtet worden war, durch Francesco Fontana (1668-1708) um-

76. Potsdam, Nauener Straße 26/27, sogenanntes Säulenhaus (Kat. Nr. 86, Aufnahme vor 1945, zerstört)

Gontard-Bauten nach fremden Vorlagen und historischen Vorbildern

bauen. Fontana ergänzte die Fassade auf beiden Seiten durch Mauerwerk, das der Ausdehnung der fehlenden Interkolumnien entsprach. Die verlorenen Säulen wurden nicht rekonstruiert. Alle drei Etagen, die eingezogen wurden, erhielten Rechteckfenster mit geraden Verdachungen. Das Traufgesims wurde mit einer Attika bekrönt. Seit 1695 war die Dogana di Terra, das Landzollamt, darin untergebracht, das alle Ausländer passieren mußten. Ab 1878 beherbergte es die Börse und Handelskammer.[415]

Gontards Rezeption stellte keine identische Kopie des Umbaus von 1695, sondern eine eigenständige Variante dar. Er ließ die seitlichen Ergänzungen Fontanas weg, fügte dafür aber eine zusätzliche zwölfte Säule hinzu. Gontard vergrößerte außerdem das Interkolumnium der Mittelachse, die mit einer korbbogigen Durchfahrt versehen wurde. Weitere Eingänge wurden in der 2., 5. und 9. Achse eingerichtet. Er behielt zwar die Fensterformen bei, verzichtete aber auf die Verdachungen in den Obergeschossen. Außerdem fügte er Dekorfelder, teils unverziert, teils mit Festons versehen, ein. Das römische Vorbild, selber ein Konglomerat verschiedener Epochen, wurde in Potsdam durch barocke Zutaten bereichert.

Auch wurde darauf verzichtet, den ruinösen Charakter der Säulen zu imitieren, der auf Stichvorlagen dem Ganzen einen sehr malerischen Ausdruck verlieh. Der Vanitas-Gedanke, der in Rom durch die Verwendung einer tatsächlichen Ruine quasi ganz natürlich vorgegeben war, paßte in Potsdam offensichtlich nicht in Friedrichs Vorstellungen von städtischen Prachtfassaden. Während das Bizarre und Ungewöhnliche, um nach Laugiers Thesen einen plötzlichen optischen Gegensatz und somit Abwechslung zu erzeugen, genehm war, sollte keineswegs auch an die Vergänglichkeit alles Irdischen oder gar der Macht des Königs erinnert werden.[416] Prinzipiell muß für diese Modifikation der Vorlage zumindest das Einverständnis des Königs, wohl eher aber seine ausschlaggebende Entscheidung vorausgesetzt werden. Letztlich waren Ruinenstaffagen allgemein eher Elemente der Gartenkunst, wie z.B. das Ruinentheater der Markgräfin Wilhelmine in der Eremitage bei Bayreuth, was den König zu diesem Entschluß bewogen haben könnte. Die Plazierung dieser ungewöhnlichen Fassade ist auch durch seine Prospektwirkung zu erklären, die es durch den Knick in der Straßenführung, südlich der Kreuzung mit der Charlottenstraße, erzielte, wenn man vom Nauener Tor in Richtung Wilhelmplatz blickte. Durch diese Richtungsänderung der Straße lag das imposante Säulenhaus, wie Mielke erkannte, als point de vue direkt im Blickpunkt des Betrachters.[417]

Die drei Objekte nach fremden Vorlagen an der Plantage, das Säulenhaus, der Fassadenzug Wilhelmplatz 15-20 und das Haus Wilhelmplatz 9, bildeten die wichtigen Eckpunkte im Norden der Platzanlage.[418] Bei Bombenangriffen auf Potsdam wurde das Säulenhaus im 2. Weltkrieg schwer beschädigt, jedoch stand die Ruine noch längere Zeit. Aus den Hausakten geht hervor, daß die Fassade des Säulenhauses mindestens noch 11 Jahre existierte, bis die Überreste abgeräumt wurden. Potsdam verlor hierdurch ein überaus ungewöhnliches Zeugnis friderizianischer Baukunst.

Das Noacksche Haus in der Humboldtstraße 4

1777 wurde in der Humboldtstraße 4 (Kat. Nr. 80, Abb. 78-79) das letzte Haus errichtet, das Gontard nach fremden Vorbildern umzusetzen hatte: »Dieses Haus sollte zwischen das 1771 erbaute fünf Geschoß hohe, dem Palaste Barberini zu Rom nachgeahmt, und dem, 1753 aufgeführten drey Geschoß hohen, nach Palladio, zu stehen

77. Rom, Giovanni Piranesi, um 1748, ehemaliger Tempel des Kaisers Hadrian (145 n. Chr.), Dogana di Terra (Landzollamt 1695)

Adaptionen französischer und italienischer Bauten

78. Andreas Ludwig Krüger, 1779, Vorstellung der West-Seite der Brauer Strasse in Potsdam, (v.l.n.r.) Humboldtstraße 6/5 (Palazzo Barberini, Gontard/Unger 1771/72), 4 (Gontard 1777)

kommen, und hatte doch nur drey und vierzig und ein sechstheil Fuß an Länge. v. Gontard war also in einiger Verlegenheit bey Verfertigung des Entwurfs zur Aussenseite. Um nun die Lücke zwischen gedachten beyden Häusern schicklich auszufüllen, ordnete er über dem Erdgeschosse eine Kolonnade von sechs freystehenden dorischen Säulen mit einer Balustrade, die einen Altan längs des Hauses formirte, und über welcher noch zwey Geschoß mit einem sehr verzierten Mittelfenster in die Höhe gingen. Ueber diesem Geschosse kam wieder eine mit sechs Figuren verzierte Balustrade.«[419]

Andras Ludwig Krügers gestochene Ansicht von 1779 zeigt die ursprüngliche Fassade. (Kat. Nr. 80, Abb. 79) Der Bau umfaßte drei Geschosse und fünf Achsen. Dem stark rustizierten Erdgeschoß war ein Altan vorgelegt. Das Piano nobile zeichnete sich in der Mittelachse durch eine Balkontür mit geschweiftem, figurenbekröntem Giebel und seitlichen Hermenatlanten aus. In diesem Fall erwähnt Manger keine direkte Vorlage, doch steht die Fassadenkomposition weit außerhalb der üblichen Gontardschen Architektursprache. Italienische Vorbilder des 16. Jahrhunderts sind so stark spürbar, daß hier zumindest eine Anlehnung an sie vorausgesetzt werden muß, was schon von verschiedenen Autoren angesprochen wurde.[420] Auch Krüger nennt in der Beschreibung zu seiner Darstellung des Noackschen Haus keine spezielle Vorlage. Er weist aber ebenfalls darauf hin, daß der Bauplatz sehr schmal war und die Lage zwischen den zwei Palastkopien die Fassadenkomposition sehr schwer machte. Gerade die Plazierung des Baues in Potsdam zwischen dem Palast Barberini und der Kopie des Palazzo Pompeji in Verona dürfte den Nachbau eines italienischen Stadtpalastes bzw. die starke Anlehnung an italienische Architektur des 16. Jahrhunderts angeregt haben.[421]

79. Potsdam, Humboldtstraße 4, sogenanntes Noacksches Haus (Kat. Nr. 80, Aufnahme vor 1945, zerstört)

Gontard-Bauten nach fremden Vorlagen und historischen Vorbildern

Bei der Suche nach Inspirationsquellen für den Entwurf der Fassade des Noackschen Hauses ist bisher noch kein eigenständiges Vorbild ermittelt worden. Umgesetzt wurden in Potsdam z.B. Bauten von Michele Sanmicheli und natürlich besonders von Palladio. Durch die zahlreichen Stichvorlagen und einzelnen Zeichnungen, die Friedrich II. besaß, dürften ihm eine ganze Reihe von Bauten des 16. Jahrhunderts bekannt gewesen sein. Es ist anzunehmen, daß der König bei einem Gebäude an dieser städtebaulich wichtigen Stelle Einfluß auf die Komposition nahm und eventuelle Vorbilder auswählte. Möglicherweise verknüpfte Gontard verschiedene Vorlagen miteinander, so daß gar kein singuläres Vorbild existierte. Da in Potsdam alle übrigen ausländischen Vorlagen identifiziert werden konnten, die dort nachgebaut wurden, könnte dies - neben der Vermischung verschiedener Entwürfe - auch auf eine starke Modifikation eines einzelnen Vorbildes hindeuten.

Betrachtet man das Œuvre Palladios, so bietet der Palazzo Chiericati (Abb. 80) bei genauerem Vergleich einige interessante Übereinstimmungen mit dem Noackschen Haus in Potsdam. Palladio begann 1551 den Bau des Stadtpalastes für den Grafen Girolamo Chiericati in Vicenza. Nach Bauunterbrechungen wurde er erst durch den Sohn Valerio Chiericati 1570 bezogen und erst im 17. Jahrhundert komplett fertiggestellt.[422]

Die Potsdamer Schauseite des Noackschen Hauses wies einige Parallelen zur Mittelpartie der Hauptfassade des Palazzos auf. Dieser Abschnitt ist bei dem Palladio-Bau ebenfalls fünfachsig und dreigeschossig. Der Erdgeschoßbereich ist als Säulengang in dorischer Ordnung konzipiert. Die Säulen sind zwar an den Ecken gedoppelt, doch stehen sie auf einer Sockelzone, die in der Mitte als Treppe gearbeitet ist. Da in Potsdam ein ebenerdiges Portal vorgesehen wurde, war eine Treppe nicht notwendig, so daß die Sockellösung übernommen werden konnte. Die Erdgeschoßfenster sind in Vicenza ebenfalls rechteckig und mit geraden Verdachungen, aber ohne zusätzlichen Dekor versehen. Abweichungen sind bei der Form der Tür zu verzeichnen, außerdem ist das Erdgeschoß nicht rustiziert worden.

Daß in Potsdam eher Altanbauten anstatt Loggien bevorzugt wurden, könnte den Anlaß dazu gegeben haben, am Noackschen Haus die Fassade der Obergeschosse zurückzusetzen, um so eine breite Austrittsfläche im Piano nobile zu schaffen. Die Balusterbrüstungen des Potsdamer Altans könnten als Übertragungen der Fensterbrüstungen der Villa Chiericati angesehen werden. Parallelen lassen sich auch in den Obergeschossen zwischen beiden Objekten ziehen, obwohl in Vicenza eine Gliederung durch ionische Halbsäulen stattfindet. So sind die Hauptgeschoßfenster ebenfalls rechteckig und mit unten geohrten Faschen versehen. Die Giebel wechseln zwar zwischen Dreiecken und Segmentbogen ab, sind aber, wie am Giebel des Potsdamer Mittelfensters, mit liegenden Figuren besetzt. Das Grundmotiv dieses Fensters findet sich zwar nicht bei Palladios Palazzo Chiericati, aber bei vielen anderen Bauten, wie beispielsweise an der Basilica Palladiana in Vicenza oder in jenem Entwurf Palladios, den Lord Burlington für das Haus des General Wade in London verwendete. Ebenso wurde es für die Fassade von Chiswick House genutzt, dessen Pläne durch Algarottis Vermittlung auch nach Potsdam gelangt waren. In ähnlicher Form verwandte Gontard das Motiv bereits am Waisenhaus 1772. Auch am Berliner Stadtschloß fanden sich vergleichbare Fensterformen, z.B. an der Lustgartenfront Eosanders, wo unmittelbar in der darundergelegenen Etage Hermenatlanten einen Balkon trugen.[423] Hermenpilaster, geschweifte Giebel und die Darstellung der Steinfugen fehlen

80. Vicenza, Andrea Palladio, Palazzo Chiericati, begonnen 1551

am Palazzo Chiericati hingegen völlig. Es ist aber ein niedriges Mezzaningeschoß mit geohrten Faschen ausgebildet, wie dies ganz ähnlich in Potsdam der Fall ist. Auch ist in Vicenza über dem Gebälk eine Bekrönung der Fassade mit Figuren und geometrischen Aufsätzen vorgebildet, wobei man sich in Potsdam auf Skulpturen beschränkte, diese aber auf eine Balustrade setzte. Es ist jedoch darauf hinzuweisen, daß der Skulpturenschmuck in Vicenza eine Zutat des 17. Jahrhunderts ist.

Wenn neben Palladios »Quattro Libri« auch auf Stichvorlagen oder Zeichnungen des 18. Jahrhunderts zurückgegriffen wurde, ließen sich diese Übereinstimmungen erklären. Einzelne Elemente der Potsdamer Fenster und Gebälkdekorationen könnten auf die in Vicenza gewählte Ornamentik des Loggiagebälks zurückgeführt werden, wie die Tierschädel und Rosettenmotive.

Die genannten Übereinstimmungen zwischen dem Noackschen Haus und dem Palazzo Chiericati deuten darauf hin, daß Palladios Entwurf die Basis für das Noacksche Haus bildete. Entsprechend der Grundstückssituation und in Hinsicht auf die Nachbarbauten wurde die Vorlage abgewandelt und durch neue Elemente, wie das Mittelfenster im Obergeschoß, ergänzt. Für das Fenstermotiv mit den Hermenpilastern kann kein spezifisches Vorbild angeboten werden. Diese Konfigurationen wurden vielerorts als Dekor verwendet und in Potsdam an der Fassade von Schloß Sanssouci eingesetzt.[424] Die Giebelform mit den seitlich aufliegenden Putti tritt bereits am Waisenhaus auf. Die Kombination beider Motive samt der Konsolsteine mit Rosettenmotiv, die die Atlanten tragen, läßt sich aber nicht unmittelbar ableiten.

Aus den Hausakten geht hervor, daß sich ein niedriges Mezzaningeschoß von 2,10 m Höhe, das Tageslicht ursprünglich nur durch den oberen Teil der Erdgeschoßfenster erhielt, zwischen dem Erd- und dem ersten Obergeschoß befand. Äußere und innere Geschoßgrenzen stimmten also nicht überein.[425] Der Einschub eines derart ungünstigen Mezzaningeschosses ist ein weiterer Hinweis auf die Verwendung einer fremden Vorlage. Mangers bereits angeführte Kritik am Nachbau ausländischer Stadtpaläste bezog sich gerade auch auf die ungünstigen Zwischengeschosse.

Wie der angrenzende Palast Barberini wurde das Haus im 2. Weltkrieg schwer beschädigt. Im Potsdamer Verzeichnis der Kriegsschäden wird sogar von einer völligen Zerstörung gesprochen. Die Rekonstruktion aus künstlerischen, baugeschichtlichen oder städtebaulichen Gründen wurde deshalb als nicht machbar angesehen.[426]

Gontard-Bauten in Anlehnung an holländische Backsteinarchitektur

Eine weitere eigenständige Gruppe stellen diejenigen Bauten dar, die Gontard in Anlehnung an holländische Backsteinbauten in der Gegend um das Bassin zugeschrieben werden. Der Bezug Preußens zur niederländischen Kunst und Kultur zeigte sich schon im 17. Jahrhundert und wurde durch die Ehe des Großen Kurfürsten mit Luise Henriette von Oranien gefördert. Seit dieser Zeit holte man holländische Handwerker und Baumeister nach Potsdam. König Friedrich Wilhelm I. ließ das Jagdschloß Stern (1730-1732) und das Kommandantenhaus (1733-1737) in Manier der holländischen Backsteinarchitektur errichten.

»Wer dazumal das Bauen dirigierte, ist unbekannt. Vermutlich aber ein Holländer, den der König hielt die Holländischen Baumeister für die Besten [...].«[427] So äußerte Manger sich über die architektonischen Vorlieben des Soldatenkönigs, dessen Bauvorhaben von starkem Nützlichkeitsdenken bestimmt waren, wie es den Grundprinzipien seines reformierten Glaubens entsprach.

Der Chronist berichtet auch von der Anlage des Bassins anstelle eines Sumpfes, dessen Wasserzufuhr durch einen Graben und durch Kanäle gewährleistet werden sollte. Es erhielt zunächst eine Einfassung aus Bruchstein. In der Mitte der Anlage befand sich eine kleine Insel mit der »Gloriette«, einem Lusthäuschen in holländischer Bauweise, in dem Friedrich Wilhelm I. zuweilen sein Tabakscollegium abhielt.[428] Etwa 1737 ist mit dem Bau des Holländischen Viertels nördlich des Bassins begonnen worden, um dort holländische Handwerker einzuquartieren, die man in Potsdam ansässig machen wollte. Als Anreiz ahmte man deshalb die holländische Backsteinarchitektur nach.[429] Es handelt sich um zweigeschossige Back-

Gontard-Bauten nach fremden Vorlagen und historischen Vorbildern

steinbauten von meist drei bis fünf Achsen, bei denen sich alleinstehende Traufenhäuser, gereihte Traufenhäuser und Giebelhäuser unterscheiden lassen. Ihre Dekoration verhält sich eher bescheiden und beschränkt sich meist auf weiß gestrichenes Schnitzwerk an den Portalen, Hauptgesimskonsolen oder die verschiedenen Giebelformen und ihre Verzierungen.[430] Friedrich II. ließ noch während des ersten Schlesischen Krieges (1740-42) das Viertel durch Boumann vollenden.[431]

1773 wurde damit begonnen, die Straße Am Bassin und die nördlichen Seite der Charlottenstraße (Pflugstraße) zwischen der Straße Am Bassin und der Nauener Straße in Anlehnung an das Holländische Viertel mit Backsteinbauten zu überformen. Manger vermerkt zu den Bauten ihre Anzahl, die Bauweise und ihre Dekorationen.[432] Es handelt sich bei den beschriebenen Bauten um die Häuser Am Bassin 9 bis 11. Danach konzentrierte man sich auf die Charlottenstraße und setzte im Anschluß die Bauzeile Am Bassin mit den Eckgebäuden zur Brandenburger Straße bis zu dem Haus Am Bassin 2 fort.[433]

Mit der Genese der Straßenzüge hat sich insbesondere Mathias Metzler beschäftigt.[434] Nachdem in den vorangegangenen Jahren die Bebauung rund um die Plantage überformt worden war, wurde gleichzeitig mit den Anwesen Am Bassin 2-12 und Charlottenstraße 62-68 auch die Bebauung der Südseite der Charlottenstraße in Richtung auf die Französische Kirche vorangetrieben und mit repräsentativen, durch die französische Schloßbaukunst beeinflußten Prachtfassaden besetzt. In starkem Kontrast dazu stand das Holländische Viertel nördlich des Bassins mit seinen niedrigen, bescheidenen Backsteinbauten.

Eine Fortsetzung der dreigeschossigen fridericianischen Prospektarchitektur entlang des Bassins hin zum Holländischen Viertel hätte zu einem abrupten architektonischen Gegensatz geführt, der die Backsteinbauten Friedrich Wilhelms I. vermutlich eher armselig hätte wirken lassen. Wahrscheinlich entschloß man sich aus diesem Grunde dazu, die Neubebauung als Bindeglied zwischen Holländischem Viertel und dem Anschluß an die südliche Bebauung der Charlottenstraße in einer Form zu gestalten, die einerseits die Backsteinarchitektur aufgriff, andererseits aber in den Dimensionen und der Fassadengestaltung eine deutliche Steigerung erfuhr. So konnte ein städtebaulicher Akzent gesetzt werden, der gleichzeitig das »Nord-Süd-Gefälle« milderte.[435]

Die Lösung dieses Problems durch das Wiederaufgreifen der holländischen Bauweise, die unter Friedrich II. durch italienische, französische und englische Einflüsse zurückgedrängt wurde, dürfte sicherlich der König im Austausch mit dem Baucomtoir getroffen haben. Vermutlich hätten Kopien bedeutender niederländischer Bauten an dieser Stelle nicht die gewünschte überleitende Funktion ausüben können. Generell ist zu erwähnen, daß unter Friedrich II. im Immediatbaubereich, außer dem Gebäude Am Kanal 41, keine niederländischen Vorbilder kopiert wurden.[436]

Nachfolgend stellt sich die Frage, wer als ausschlaggebender Architekt in Frage kommt. In der »Baugeschichte von Potsdam« fehlt eine definitive Zuschreibung der Bauten Am Bassin und dem nördlichen Teilbereich der Charlottenstraße an Gontard. Nur summarisch wird bei Gontard von »etlichen Bürgerhäusern« für die Jahre 1773 bis 1777 gesprochen und wiederum überschneidet sich dies mit den Zuweisungen an Unger, dem allgemein »die Bürgerhäuser« in den Jahren 1773 bis 1775 sowie 1777, 1779 und 1780 zugerechnet werden.[437]

Rein stilistische Kriterien sind für eine Händescheidung hier nur bedingt anwendbar, da die Nachempfindung holländischer Backsteinbauten nur wenig Raum für die spezifische Architektursprache eines Baumeisters übrig ließ. Häufig wird in diesem Zusammenhang eine Reise Gontards nach Holland angeführt, die in der Nobilitierung erwähnt wird. Bisher kann diese jedoch nicht belegt werden, obwohl sie nicht abwegig erscheint. Ob Gontard die holländische Baukunst aus eigener Anschauung kannte und somit eher als geeigneter Architekt in Frage kam, muß deshalb dahingestellt bleiben.

Es ist außerdem schon an anderer Stelle angesprochen worden, inwieweit Gontard nach 1779 überhaupt noch Baumaßnahmen in Potsdam zugeordnet werden können. Gontards Wechsel nach Berlin stand erst im Juli 1779 definitiv fest. Nach den üblichen einjährigen Vorausplanungen des Baucomtoirs sind deshalb zumindest Entwürfe Gontards für Potsdamer Baumaßnahmen des

Gontard-Bauten in Anlehnung an holländische Backsteinarchitektur

Jahres 1780 wahrscheinlich. In den folgenden Jahren hat er sich vorwiegend in Berlin aufgehalten. Da Gontard schon in den 1770er Jahren Planungen für Berlin durchführte, erscheint ein umgekehrtes Verfahren nach seinem Berliner Dienstantritt nicht ausschließbar. Zumindest dürfte Gontards Vielseitigkeit für sich gesprochen haben, die entscheidene Weichenstellung bei den Entwürfen in seine Hände zu legen. Während der Planungsphase für die Bauten, die nach der üblichen Vorgehensweise spätestens 1772 begonnen haben muß, sowie beim Baubeginn 1773, hielt sich Gontard unzweifelhaft in Potsdam auf. Zu diesem Zeitpunkt ist die künftige Gestaltung der Fassaden bereits festgelegt worden. Es wurden Typenhäuser vorgebildet, die maßgeblich für die Fassadenabwicklung dieser Straßenbereiche wurden und nur in einzelnen Details variieren. Prinzipiell erscheint eine permanente Anwesenheit zum Zwecke der Planung bis zur Ausführung des letzten Baues Am Bassin 2 im Jahr 1785 deshalb gar nicht notwendig.

Wie so oft in Potsdam üblich, fassen die Fassaden meist mehrere Gebäude zusammen, so daß der Grenzverlauf nicht ohne weiteres ablesbar ist. Hierbei wurde auf die Vorgehensweise Friedrich Wilhelms I. zurückgegriffen, der die Gebäudegrenzen bei seinen Reihenhausbauten durch Erker markieren ließ. Friedrich II. nutzte hierzu die Giebelaufsätze.[438]

Der Charakter von Typenhäusern wird neben der Verwendung eines begrenzten Dekorrepertoires noch dadurch unterstrichen, daß mit Ausnahme der zweigeschossigen Häuser Charlottenstraße 63 bis 65 die gesamte Fassadengruppe je drei Stockwerke, bei gleichbleibender Geschoß- und Traufgesimshöhe, besitzt.[439] Dies ist sehr ungewöhnlich für friderizianische Architektur in Potsdam, wie anhand der Bauten um die Nauensche Plantage erörtert wurde. Gleichbleibende Geschoßhöhen sind aber ein Charakteristikum des Holländischen Viertels, dessen Aufgreifen wiederum ein verbindendes Kriterium schuf. Sicherlich wurde dadurch technisch auch ein kontinuierlicheres Arbeiten ermöglicht.

Als weiteres übergreifendes Motiv ist die Form der Giebel zu nennen. Es handelt sich durchweg um geschweifte Giebel, die sich am Ansatz der Traufe volutenförmig einrollen. Die Kanten sind jeweils farbig abgesetzt und mit Zopfdekor belegt. Jeder Giebel ist mit einer großen Muschel dekoriert. Sie variieren lediglich in ihrer Breite, da sie unterschiedliche Fensterzahlen und Fenstereinfassungen besitzen.

Generell sind die Fassaden zum Bassin hin etwas aufwendiger gestaltet worden, da hier mehrfach schwache risalitartige Verkröpfungen bei den Achsen im Giebelbereich auftreten. Auch sind teilweise senkrechte, farbig abgesetzte Putzfelder in den Mittelachsen (z.B. Am Bassin 10) angebracht worden. Im Erdgeschoßbereich ist z.T. ebenfalls mit farbigen vertikalen Putzfeldern gearbeitet worden (z.B. Am Bassin 6). Lediglich auf dieser Platzseite sind die durchweg eingesetzten Rechteckfenster bei den Bauten, die eine Betonung der Mittelachse erfahren, im ersten Obergeschoß durch geschweifte Giebel und verschiedenen Zierrat hervorgehoben worden. Ebenso haben alle dreigeschossigen Fassaden eingetiefte Felder zwischen erstem und zweiten Obergeschoß erhalten, die meist mit Festons dekoriert sind. Bei einigen Häusern (Am Bassin 4, 8) sind diese Felder leer, es ist aber nicht auszuschließen, daß die Dekorationen erst nachträglich verloren gingen. Bei den niedrigeren Bauten an der Charlottenstraße sind die Festonfelder zwischen dem Erd- und dem Obergeschoß plaziert worden. Hier wurden Putzstreifen lediglich als Abgrenzung zwischen Erd- und Obergeschoß bzw. in der Traufzone eingesetzt. Aus Mangers Beschreibungen der Häuser geht hervor, daß die Fassadendekoration teils in Sandstein, teils in Stuck gearbeitet wurde.

Bei diesen Bauten wurden keine direkten Vorbilder nachgeahmt. Aus der Verwendung der Ziegelbauweise und Giebelaufbauten sowie einzelner Dekorformen, die an niederländischen Architekturzierrat angeglichen wurden, schuf man Nachempfindungen holländischer Bürgerbauten. Bereichert wurden diese durch Potsdamer Dekorelemente wie die Festonfelder. Das angestrebte Ziel, eine Überleitung zwischen den friderizianischen Prachtbauten und dem Holländischen Viertel herzustellen, ist geschickt erreicht worden, indem Elemente beider Bauformen aufgegriffen und kombiniert wurden.

Berliner Immediatbauten Carl von Gontards

Abriß über Gontards Tätigkeit in Berlin

Seit dem Bau der Spittelkolonnaden ab 1776 und der Errichtung der Königskolonnaden ab 1777 war Gontard verstärkt in Berlin beschäftigt. 1779 war zunächst vorgesehen, daß er sich nur für ein Jahr um die Berliner Bauten kümmern sollte.[440] Im Juli 1779 wurde die Kabinettsorder erlassen, daß Gontard die Direktion der Berliner Bauten übernehmen sollte.[441]
Es folgten die Konzeptionen für die beiden Kirchen am Gendarmenmarkt 1780, der innere Ausbau der Königlichen Bibliothek, eventuell Pläne für eine Artilleriekaserne am Holzmarkt sowie erste Entwürfe für einen neuen Flügelbau zur Charité, der aber unverwirklicht blieb. 1782 entwarf er Pläne für die Jägerbrücke und 1786 für das Oranienburger Tor.[442] Desgleichen war er auch für Reparaturangelegenheiten zuständig.[443]
Ob er bereits ab 1776 oder sogar schon davor an der Entwurfstätigkeit für Berliner Immediatbauten beteiligt war, ist unklar. Unger wird in dieser Zeit mehrfach erwähnt. Es wäre also nicht abwegig, daß auch Gontard in dieser Zeit Pläne für Berliner Wohnhausbauten entworfen haben könnte. Friedrich Nicolai gibt an, daß zwischen 1774 bis 1776 fast alle Häuser am Dönhoffplatz nach Ungers Rissen viergeschossig konzipiert wurden. Ebenfalls nach Ungers Entwürfen sollen zwischen 1773 und 1777 ca. 46 Bauten in der Leipziger Straße sowie 1783 vier in der Nähe der Böhmischen und der Dreifaltigkeitskirche errichtet worden sein. Es folgten 1784 und 1785 noch acht weitere Gebäude Ungers in der Markgrafenstraße, dreizehn am Gendarmenmarkt und eines in der Kronenstraße.[444] Im Kunsthandel tauchte 1989 ein Konvolut von Zeichnungen auf, von denen einige Unger zugeschrieben und in diese Zeit datiert werden.[445] Von Gontard ist in dieser Zeit, zumindest was den Immediatbau angeht, nicht die Rede.
Der König ging bei diesen Baumaßnahmen ähnlich wie in Potsdam vor. Wiederum wurden mehrere Einzelbauten unter gemeinsamen Fassaden miteinander verbunden. So sollen zwischen 1770 und 1773 in der Straße Unter den Linden 44 Objekte zu 33 Fassaden zusammengefaßt worden sein.[446] Friedrich II. versuchte also auch in Berlin die tatsächliche Bevölkerungsstruktur und ihre finanziellen Möglichkeiten zu verschleiern, indem Prachtfassaden vor kleinteiligere Grundstücke geblendet wurden.
Von Bittstellern hinsichtlich Bauangelegenheiten wurde Gontard spätestens ab 1779 als Ansprechpartner angesehen.[447] Auch der Entwurf eines Gebäudes für die französische Kolonie, der Gontard zugeschrieben wird, ist 1779 zu datieren. Nach dem Einsturz des Turmes des Deutschen Domes auf dem Gendarmenmarkt am 28. Juli 1781 wurde Gontard die Bauleitung entzogen. Der König übertrug ihm im wesentlichen wohl nur noch zeichnerische Aufgaben. Ersichtlich wird dies aus einer Eingabe Gontards vom Dezember 1782, in der er sich nach längerer Krankheit zurückmeldete. Er glaubte, nun wieder den Königlichen Bauten vorstehen zu können. In der Antwort des Königs heißt es: »Zeichnen kann er aber das andere vertraue ich ihm nicht wieder.«[448]
Alle Immediatbauten, die Gontard in Berlin zugewiesen werden, befanden sich in der Friedrichstadt. Es handelte sich um repräsentative Bauten am Gendarmenmarkt oder in dessen Nähe. Durch den Bau der Türme für den Deutschen und Französischen Dom auf dem Gendarmenmarkt hat der Platz eine wesentliche Aufwertung erhalten. Im Bereich der Randbebauung war um 1778 mit der Überformung begonnen worden. Der König hatte zu Anfang des Jahres 1779 noch gezögert, Gontard ganz nach Berlin zu versetzen. Doch wurde durch das Bauvorhaben am Gendarmenmarkt eine bewährte Kraft für die Planungen benötigt, so daß im Juli 1779 die Übernahme der Direktion der Berliner Bauten durch Gontard bekannt gegeben wurde. Sogar nach dem Debakel des Turmeinsturzes 1781 behielt er den Baumeister im Entwurfsbereich bei, obwohl

er Gontard für Fehler in der statischen Berechnung verantwortlich machte. Trotz der oft rüden Haltung gegenüber seinen Baumeistern, wollte er Gontard offensichtlich in seinem Architektenstab nicht entbehren.[449]

Der Gendarmenmarkt in Berlin

Durch die Pläne Friedrichs II. 1740 für die Erstellung des »Forum Fridericianum« in der Friedrichstadt, war auch eine Neugestaltung der Straßenzüge absehbar gewesen. Als Bestandteile für dieses Zentrum von Wissenschaft und Kunst, waren ein neues Stadtpalais in der Straße Unter den Linden, gegenüberliegend ein Opernhaus sowie die Akademie der Wissenschaften vorgesehen. Der gesamte Komplex hätte durch die Markgrafenstraße eine städtebauliche Verbindung zum Friedrichstädtischen Markt besessen. Zwar wurde der Forum-Plan nach dem Bau des Opernhauses 1741 bis 1743 durch Knobelsdorff nicht weitergeführt, jedoch wurde in der Friedrichstadt die Errichtung von Immediatbauten nach dem Siebenjährigen Krieg vorangetrieben. Dies scheint besonders für die 1770er Jahre zu gelten.

Die heute gebräuchliche Bezeichnung »Gendarmenmarkt« für den Friedrichstädtischen Markt bürgerte sich erst gegen Ende des 18. Jahrhunderts ein. Sie leitet sich von dem Regiment Gensd'armes ab, das hier untergebracht gewesen war. Friedrich Wilhelm I. hatte 1738 zu diesem Zweck Stallgebäude an die beiden Kirchen auf dem Platz anbauen lassen. Die Stallungen waren 1773 so baufällig, daß Friedrich II. sie abreißen ließ und das Regiment in eine Kaserne vor dem Weidendamm verlegte. Somit war eine Voraussetzung für die repräsentative Überformung des gesamten Platzes geschaffen worden.[450]

Die Platzgestaltung muß ein wichtiges Diskussionsthema in Architektenkreisen dargestellt haben. 1774 sandte Robert Bartholomé Bourdet dem König unaufgefordert einen Entwurf im Sinne französisch absolutistischer Platzgestaltungen mit regelmäßiger Randbebauung zu.[451] (Abb. 81) Vorgesehen waren einheitliche drei- bzw. viergeschossige Fassadenzüge nach zwei Kompositionssystemen für die Lang- und die Schmalseiten des Platzes. Dabei waren die Kirchen als Kulminationspunkte jeweils in die Mitte der Schmalseiten an der Französischen und der Mohrenstraße integriert, so daß eine große Freifläche entstanden wäre. Die Fassadenzüge sollten einen Platz von 315 x 155 m umschließen und Torbauten die Schnittstellen der Charlotten- und der Markgrafenstraße mit der Jäger- und Taubenstraße überbrücken. Bourdets überaus repräsentativer Entwurf wurde jedoch nicht angenommen.[452]

Demps geht davon aus, daß der Plan aus finanziellen Gründen abgelehnt wurde, da neben den reinen Baukosten auch zahlreiche Grundstückserwerbungen notwendig gewesen wären.[453] Aber schon Goralczyk weist darauf hin, daß die Errichtung von rund 20 neuen Häusern unter wesentlicher finanzieller Beteiligung des Königs einer völligen Überformung des Platzes gleichkam.[454] Dieser Umstand konnte schon anhand der Randbebauung der Nauenschen Plantage in Potsdam nachvollzogen werden. Friedrich II. zielte eindeutig nicht auf ge-

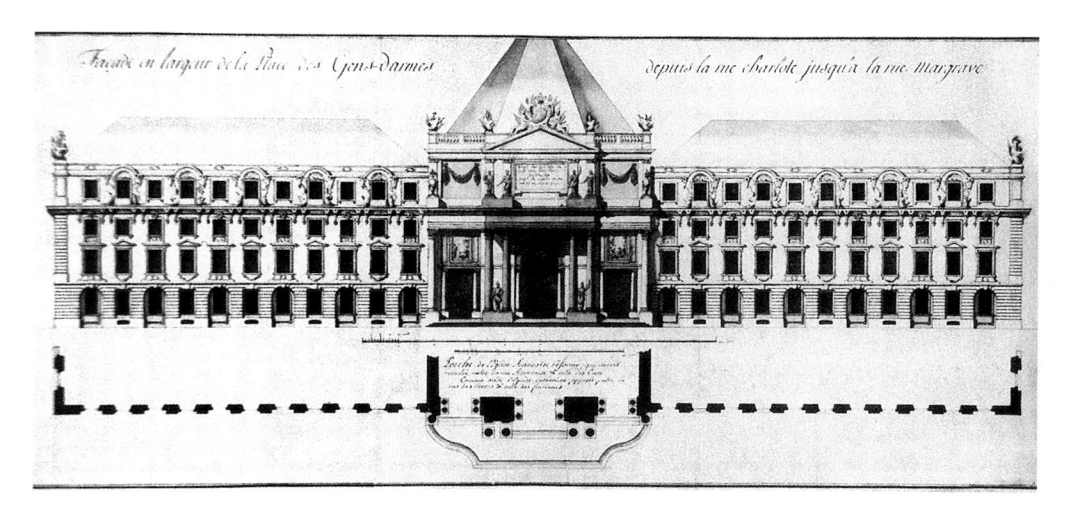

81. Robert Bartholomé Bourdet, Entwurf für den Gendarmenmarkt 1774 (Ausschnitt, unverwirklicht)

Berliner Immediatbauten Carl von Gontards

Schon zu Beginn der 1770er Jahre wurde mit einer Überformung der Straßenzüge in der Friedrichstadt in größerem Umfang begonnen, die besonders Unger zugerechnet wird.[455] Aus Akten geht hervor, daß besonders die Friedrichstadt mit neuen Immediatbauten versehen wurde. In einem Schreiben des Oberbaudirektors Boumann im März 1774 werden 19 geplante Neubauten genannt. Für 1776 werden in einer weiteren Mitteilung 20 neue Objekte erwähnt, die sich auf die Potsdamer Straße, den Dönhoffplatz, die Königstraße und die Jerusalemer Straße, also ausschließlich auf die Friedrichstadt, verteilten. Weitere 27 Bauten waren für 1777 geplant.[456] Hinzu kommen die bereits erwähnten Königs- und Spittelkolonnaden sowie die beiden Kirchenüberformungen am Gendarmenmarkt, die städtebauliche Akzente setzten.

Gontards Immediatbauten am Gendarmenmarkt

Nicolai gibt in seiner Stadtbeschreibung an, daß nach dem Abbruch der Ställe am Gendarmenmarkt zwischen 1777 und 1785 insgesamt 20 Häuser auf Kosten des Königs nach Plänen Ungers und Gontards neu errichtet wurden. Gontard werden davon lediglich sieben Bauten sowie der Umbau des französischen Waisenhauses zugeordnet.[457] Diese Zahl kann zwar für die Bauten nach Gontards Entwürfen am Gendarmenmarkt zutreffen, für den gesamten Immediatbaubereich dürfte sie zu niedrig gegriffen sein. In der kunstgeschichtlichen Literatur werden von verschiedenen Autoren zwölf Wohnbauten in dieser Gegend mit Gontard in Verbindung gebracht, wobei es jedoch zu Überschneidungen mit Zuschreibungen an Unger und Boumann kommt. Und selbst diese Zahl scheint für seine gesamte Berliner Zeit unter Friedrich II. zwischen 1779 und 1786 relativ gering. Wenn man bedenkt, daß er nach den Entwürfen für die Türme am Gendarmenmarkt, soweit aus Quellen ersichtlich ist, in Berlin lediglich Pläne für den Innenausbau der Bibliothek, für die Charité, möglicherweise für das Rosenthaler Tor und die Jägerbrücke sowie das Oranienburger Tor schuf, so ist zu vermuten, daß sich sein Anteil an den Planungen für Immediatbauten höher belaufen dürfte.[458]

82. Schemazeichnung der Dachkonstruktionen in Berlin, 1782

schlossene Platzgestaltungen nach französischem Vorbild ab. Er bevorzugte sichtlich den Charakter von Einzelbauten, was eine stärkere Variationsbreite der Gestaltungsmittel zuließ. Dadurch wurde zugleich der Eindruck einer wirtschaftlich gutgestellten Bevölkerungsstruktur und einer größeren Kontinuität innerhalb der Bautätigkeit erzeugt.

Der Gendarmenmarkt in Berlin

Im Gegensatz zu den Potsdamer Immediatbauten Gontards haben sich für Berlin einige Pläne erhalten, die Bauten am Gendarmenmarkt betreffen und Gontard zuzuweisen sind. Im Rahmen der Nachforschungen für diese Arbeit ist es gelungen, einige Entwürfe, deren Verbleib zeitweise unbekannt war, wieder ausfindig zu machen und in Verbindung mit Quellenmaterial näher zu datieren. Es handelt sich um die Entwürfe zu den Häusern Schilantzky und Thorm sowie um einen nicht näher bezeichneten Entwurf, der aber vermutlich auch für die Friedrichstadt in Berlin geschaffen wurde.[459] Auch ein bisher nicht näher lokalisierbarer Entwurf für die nebeneinanderliegenden Gebäude des Lohgerbers Sabbatier und des Tuchbereiters Barrow konnte mit Hilfe von Aktenmaterial Gontard zugeordnet werden.[460]

Zwei Quellen lieferten wichtige Hinweise zu den Gontard-Bauten am Gendarmenmarkt. In einer Aufstellung des Bauholzbedarfes von 1780, die für die Baumaßnahmen 1781 bestimmt war, listete Gontard sieben Häuser auf. Es handelte sich um Neubauten für den Brauer Doeblitz, den Kaufmann Nicolas, den Kaufmann Boquet, die Witwe Schilantzky, den Lohgerber Barrow, den Tuchbereiter Sabbatier und ein Haus für die französische Kolonie.[461] Möglicherweise gehen auch Nicolais Angaben auf diese Quelle zurück.

Alle jene Bauten befanden sich im Bereich des Gendarmenmarktes, was aus einem Protokoll hervor geht, das im Oktober 1782 angefertigt wurde. Einige der Eigentümer legten Beschwerde ein, da Wasserschäden im Dachbereich aufgetreten waren. In dem Bericht wurde auch eine schematische Darstellung der Dachkonstruktionen gezeigt, wie sie unter Boumann, während Gontards Direktion zwischen 1779 bis 1782 und in leicht abgewandelter Form in der Folgezeit in Berlin ausgeführt wurden.[462] (Abb. 82)

Anhand dieser Quellen lassen sich die oben genannten Bauten sowie das Wohnhaus für den Weinhändler Thorm in engen Zusammenhang mit Gontard bringen. Nicolai erwähnt weiterhin den Umbau des Waisenhauses der Französischen Kolonie durch Gontard.[463] Ebenfalls aufgrund von stilistischen Aspekten wird das Haus Schützenstraße 26 Gontard zugeschrieben. Daneben gibt es noch fünf weitere Gebäude, die mit Gontard in Verbindung stehen, bei denen aber keine Ansichten bekannt sind bzw. deren Zuschreibung fraglich ist.[464]

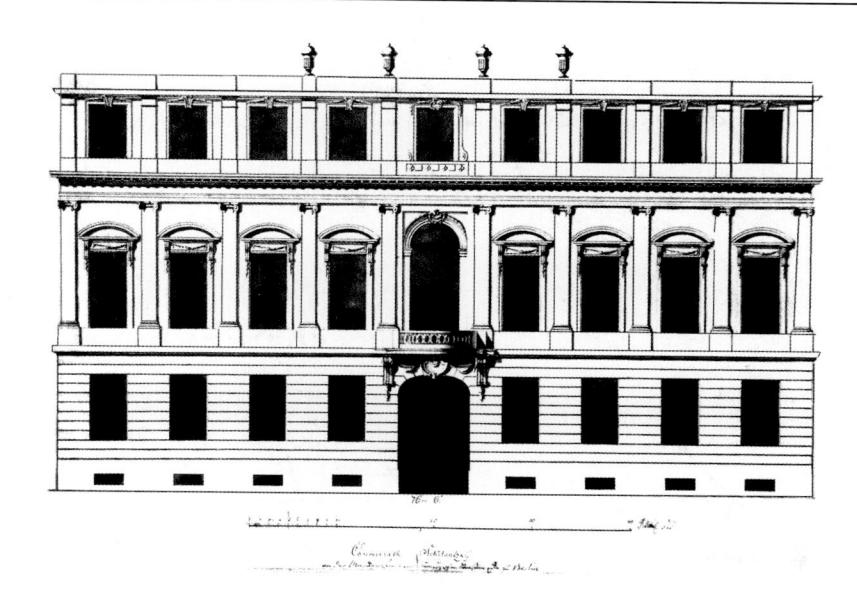

83. Berlin, Wohnhaus des Kammerrats Schilantzky (Kat. Nr. 128, Entwurf 1780)

Zur Lokalisierung der Gontard-Bauten am Gendarmenmarkt

Der Gendarmenmarkt in Berlin wurde hinsichtlich seiner Geschichte und seiner Bebauung bereits ausführlich in den Abhandlungen von Goralczyk und Demps dargestellt. Insbesondere Demps hat bei der Zuordnung der Immediatbauten an einzelne Architekten wesentliche Vorarbeiten geleistet. Für die Charakterisierung derjenigen Bauten am Gendarmenmarkt, die Gontard zugeschrieben werden, ist eine Vorstellung dieser Objekte jedoch erforderlich.[465]

Haus des Kammerrats Schilantzky

Für das Haus des Kammerrats Schilantzky (Kat. Nr. 128, Abb. 83) hat sich eine signierte Zeichnung erhalten.[466] Auf dem Blatt ist neben dem Namen des Besitzers auch der geplante Erbauungsort verzeichnet, die Straßenkreuzung Markgrafenstraße und Französische Straße in Berlin. Aus dem Aktenmaterial hinsichtlich der Wasserschäden 1782 geht hervor, daß das Gebäude, welches 1780 in der erwähnten Bauholzberechnung genannt wird, am Gendarmenmarkt errichtet wurde.[467] Es muß also im Zuge der Baumaßnahmen von 1781 erbaut worden sein. Schilantzky wandte sich 1773 mit der Bitte

rechts und unten: 84 a, b.
Berlin, Gendarmenmarkt,
(v.l.n.r.) »Scheibles Hotel« und
Boumannsches Haus (Kat. Nr.
132 und Kat. Nr. 131, Aufnahme um 1880, zerstört)

an den König, ihm den Titel »Commercien Rath« zu verleihen.[468] Er muß aber vor Dezember 1780 verstorben sein, da in der Holzberechnung bereits von der Witwe Schilantzky die Rede ist.[469] In Frage kommen die Häuser an der nordöstlichen und südöstlichen Ecke der Straßenkreuzung. Jedoch zeigen ein Gemälde von Carl Traugott Fechhelm von 1788 sowie eine Aufnahme um 1880 abweichende Aufrißgliederungen, so daß der Bau nicht eindeutig lokalisiert werden kann.[470]

Scheibles Hotel

An der südöstlichen Ecke der Markgrafenstraße und Französischen Straße war ein weiterer Bau gelegen, der verschiedentlich Gontard zugeschrieben wird, das Eckhaus Markgrafenstraße 41, auch als »Scheibles Hotel« bekannt. (Kat. Nr. 132, Abb. 84) Borrmann erwähnte als erster das Haus Markgrafenstraße 41 und schrieb es Gontard aufgrund der Holzberechnung von 1780 zu.[471] Jedoch gehen aus diesem Quellenmaterial keine Lokalisierungen der Objekte, sondern lediglich die Namen der Besitzer hervor. Es müssen dazu also noch andere Informationen herangezogen worden sein, wenn es sich nicht um eine reine Vermutung handelte. Ungeklärt bleibt, ob sich der Entwurf für das Haus des Kammerrates Schilantzky möglicherweise auf die Fassade des ehemaligen Hotels Scheibe zur Französischen Straße bezieht. Deshalb muß auch die Möglichkeit in Betracht gezogen werden, daß es sich hier um das ehemalige Haus der Witwe Schilantzky handeln könnte, bei dem diese Straßenkreuzung als geplanter Erbauungsort genannt wurde. Die Aufrißgliederung zur Markgrafenstraße läßt dies aber eher unwahrscheinlich erscheinen. 1884 wurde das

Der Gendarmenmarkt in Berlin

Gebäude abgebrochen und durch einen Neubau, das spätere Fürsten-Hotel, ersetzt.[472]

Wohnhäuser für den Lohgerber Sabbatier und den Tuchbereiter Barrow

Überliefert ist eine weitere Bauzeichnung (Kat. Nr. 136, Abb. 85) für zwei nebeneinanderliegende, dreigeschossige Gebäude, die leider keine Ortsbezeichnung aufweist.[473] Dieser Entwurf kann jetzt erstmals konkret mit der Bebauung am Gendarmenmarkt und mit Gontard in Verbindung gebracht werden. Da zu den beiden Bauten die Namen Sabbatier und Barrow vermerkt sind, lassen sie sich wiederum mit Hilfe der Holzberechnung von 1780 den Berliner Bauten zuordnen. Demnach wurden sie vermutlich 1781 in der Nähe des Gendarmenmarktes errichtet und dürften aus der Feder Gontards stammen.[474]

Wohnhaus des Weinhändlers Thorm

Ein weiterer Aufriß ist zu dem Wohnhaus des Weinhändlers Thorm am Gendarmenmarkt erhalten.[475] (Kat. Nr. 129, Abb. 86-87) Dieses Gebäude ist identisch mit dem Haus, in dem zeitweise das Salzkontor und die Schuldenverwaltung untergebracht waren. Es befand sich in der Markgrafenstraße 37, an der Ecke zur Taubenstraße, neben der Seehandelsgesellschaft. Demps hat die wechselvolle Geschichte des Gebäudes ausführlich geschildert.[476]

Der Entwurf für den Neubau muß in das Jahr 1779 datiert werden, da aus dem Protokoll zu den Wasserschäden hervorgeht, daß das Thormsche Haus 1780 erbaut wurde.[477] In der Literatur wurde diese Zeichnung schon erwähnt und auch abgebildet, der Verbleib war aber offenbar nicht bekannt.[478]

Gebäude der französischen Kolonie, später Haus Lutter & Wegner

Eine ältere fotografische Aufnahme existiert in Zusammenhang mit einer Bauzeichnung, die Gontard zugeschrieben wird. Sie betrifft das Haus Charlottenstraße 49 an der Ecke zur Französischen Straße, das 1799 im Besitz der französischen Kolonie nachgewiesen ist. (Kat. Nr. 124, Abb. 88-89) Ab 1811 betrieben die Kaufleute Lutter & Wegner eine Weinstube in dem Anwesen.[480] Es ist zu vermuten, daß es sich um jenes Haus handelt, das 1781 für die französische Kolonie errichtet und von Gontard in der Bauholz-

85. Berlin, Friedrichstadt, Wohnhäuser Sabbatier und Barrow (Kat. Nr. 136, Entwurf 1780)

Berliner Immediatbauten Carl von Gontards

86. Berlin, Gendarmenmarkt, Wohnhaus des Weinhändlers Thorm, später Salzkontor (Kat. Nr. 129, Entwurf 1779)

87. Berlin, Ansicht des Wohnhauses Thorm, Salzkontor, (Kat. Nr. 129, Aufnahme um 1880, zerstört)

88. Berlin, Gendarmenmarkt, Gebäude der französischen Kolonie (Kat. Nr. 124, Entwurf 1780)

Der Gendarmenmarkt in Berlin

aufstellung von 1780 genannt wurde.[481] Somit ist auch der Entwurf in das Jahr 1780 zu datieren, wenn von der üblichen Verfahrensweise im Baucomtoir ausgegangen wird.

Wohnhaus des Brauers Doeblitz

Ebenfalls nur noch als Fotografie ist eine Fassadenzeichnung erhalten, die in der Literatur um 1800 datiert wird und die zum Wohnhaus des Brauers Doeblitz gehört, das vermutlich Gontard entworfen hat.[482] Es handelt sich um das Gebäude Markgrafenstraße 39 an der Ecke zur Jägerstraße. (Kat. Nr. 130, Abb. 90-91) Sowohl in der Holzberechnung Gontards von 1780 als auch im Schadensprotokoll von 1782 wird das Haus eines Brauers Doeblitz am Gendarmenmarkt erwähnt.[483] Die genauere Lokalisierung und Identifizierung ermöglichte Nicolais Erwähnung des Doeblitzschen Hauses an der genannten Straßenecke.[484] Der Entwurf des Gebäudes ist also 1780, die Ausführung 1781 zu datieren.[485] Es ist identisch mit dem Gebäude, in dem um 1791 die Königliche Lotteriedirektion untergebracht wurde. Bis es im 2. Weltkrieg zerstört wurde, zählte es zu den stattlichsten Gebäuden am Gendarmenmarkt aus der Bauphase um 1780.[486]

Unbekanntes Wohnhaus

Eine weitere Zeichnung, die wiederum in der Sammlung von Knebel im Germanischen Nationalmuseum verwahrt wird, kann aus stilistischen Gründen mit Gontard in Verbindung gebracht werden. (Kat. Nr. 137, Abb. 92) Im selben Sammlungskonvolut befindet sich auch der bereits genannte Entwurf für das Haus des Kammerrats Schilantzky am Gendarmenmarkt von 1780, so daß auch der Fundzusammenhang der Zeichnung auf Gontard hinweist. Leider ist das Blatt ohne nähere Angaben zum Eigentümer oder dem Erbauungsort versehen.[487] Auf der Rückseite des Blattes ist jedoch der Vermerk »Bürger Häuser pro 1781« angebracht. Es liegt nahe, daß es sich um den Entwurf eines Gebäudes für die Berliner Friedrichstadt handeln dürfte. Wenn die Notiz auf der Rückseite des Blattes stimmt, so

oben u. unten:
89 a, b. Berlin, Gendarmenmarkt, Gebäude der französischen Kolonie (Kat. Nr. 124, Haus Lutter und Wegner, Ansicht um 1880, zerstört)

Berliner Immediatbauten Carl von Gontards

90. Berlin, Gendarmenmarkt, Wohnhaus des Brauers Doeblitz (Kat. Nr. 130, Entwurf 1780)

oben u. unten: 91 a, b. Berlin, Gendarmenmarkt, Wohnhaus des Brauers Doeblitz, später Lotteriedirektion (Kat. Nr. 130, Aufnahme um 1908, zerstört)

müßte es sich unter den aufgezählten Häusern in der Holzberechnung Gontards von 1780 befinden. Nach den bisherigen Zuordnungen bleiben für diesen Entwurf nur noch die beiden Kaufleute Nicolas und Boquet übrig, die beide auch in dem erwähnten Schadensprotokoll auftauchen. Hervor geht daraus auch, daß Bauinspector Scheffler zumindest am Nicolasschen Haus die Bauarbeiten betreute.[488]

Umbau des Französischen Waisenhauses

1725 wurde nach Nicolais Angabe das Waisenhaus der französischen Kolonie in der Charlottenstraße 55 an der Ecke zur Jägerstraße errichtet. Gontard baute es 1780 um, überarbeitete die Fassade und erhöhte es um ein Stockwerk.[489] (Kat. Nr. 125, Abb. 93) Der Umbau war 1779 beschlossen und zusammen mit Gontards Übernahme der Direktion der Berliner Bauten in einer Kabinettsorder verkündet worden.[490] Planmaterial aus der Zeit um 1780 hat sich nicht erhalten. Da es sich lediglich um eine Überformung, nicht um einen völligen Neubau handelte, war die Grunddisposition der Anlage vorgegeben.[491] Der Abbruch des Gontardschen Umbaus erfolgte im September 1907.[492]

Konsistorialgebäude

Aus stilistischen Gründen wird das Anwesen Schützenstraße 26 vielfach dem Werk Gontards zugeordnet.[493] Es gehörte nicht zu den Bauten am Gendarmenmarkt und war einige Straßenzüge weiter südlich, an der Südostecke der Kreuzung der Schützen- und der Jerusalemer Straße errichtet worden. (Kat. Nr. 135, Abb. 94) Der Baubeginn liegt vermutlich nach 1785. Im Aufbau der Fassade sind Parallelen mit verschiedenen Potsdamer Bauten zu erkennen, wie etwa der Charlottenstraße 45-47. Im 19. Jahrhundert waren verschiedene Ämter darin etabliert, unter anderem ab 1880 das Consistorium der Provinz Brandenburg, nach dem es allgemein benannt wird.[494] Wie die anderen Berliner Immediatbauten Gontards wurde auch dieses Objekt im 2. Weltkrieg zerstört.

Der Gendarmenmarkt in Berlin

92. Entwurf für ein Wohnhaus, 1780, vermutlich Berlin, Friedrichstadt (Kat. Nr. 137)

Charakterisierung der Entwürfe Gontards für Berliner Immediatbauten

Im wesentlichen zeigen die hier vorgestellten Bauten und Entwürfe die bereits aus Potsdam bekannten Gestaltungsmittel. Sie wurden teilweise stärker ausgeprägt und freier angewendet, aber auch durch einige neue Motive erweitert. Die Achsenanzahl der Gebäude lag im Bereich von sieben bis dreizehn Achsen und ist also mit Potsdam vergleichbar. Bei der Zahl der Geschosse muß von Vorgaben des Königs ausgegangen werden, wie dies auch in Potsdam der Fall war. In der Ausbauphase Berlins nach dem Siebenjährigen Krieg wurden bereits viergeschossige Bauten eingesetzt. Nicolai erwähnt dies im Zusammenhang mit den Neubauten am Dönhoffplatz. Rund um den Gendarmenmarkt wurde jedoch durchgehend die Dreigeschossigkeit beibehalten. Dennoch wurde wiederum von einheitlichen Geschoß- oder Traufhöhen abgesehen, um den Charakter von Einzelbauten stärker hervorzuheben.

Eindeutig wurde bei diesen Objekten und bei den Berliner Immediatbauten überhaupt darauf verzichtet, italienische und französische Vorlagen direkt zu kopieren. Ungewöhnliche Effekte als »point de vue«, wie bei dem Säulenhaus in der Nauener Straße in Potsdam, wurden bei diesen Wohnhäusern nicht mehr eingesetzt.[495] Außerdem bildeten die beiden Türme der Deutschen und Französischen Kirche bereits einen vielgelobten Blickfang, von dem sicherlich nicht zu sehr abgelenkt werden sollte. Die Ursachen für den Verzicht auf ausländische Vorlagen sind nur zu vermuten. Vielleicht hatte sich der König einen größeren Vorbildcharakter jener Bauten in Potsdam erhofft, der sich nicht einstellte. Möglicherweise ist auch das nachlassende Interesse des Königs für Bauangelegenheiten dafür verantwortlich gewesen, so daß er sich nicht mehr die Zeit nahm, um geeignete Beispiele auszuwählen. Algarotti war 1764 verstorben, so daß eine herausragende Persönlichkeit fehlte, die ihn in dieser Hinsicht motivierte und inspirierte. Eigene Entwürfe des Königs werden in den Stadtbeschreibungen Berlins für den Bereich der Immediatbauten ebensowenig erwähnt. Dies deutet gleichfalls auf einen Rückgang des künstlerischen Interesses des Königs am Wohnhausbau hin. Ob am Gendarmenmarkt mehrere Gebäude unter gemeinsamen Fassaden zusammengefaßt wurden, ist den kargen Akten nicht zu entnehmen. Eine vergleichbar detaillierte Beschreibung zu den Immediatbauten, wie sie Manger für Potsdam unter der Verwendung von Quellenmaterial schuf, ist nicht vorhanden. Nicolais Stadtbeschreibung geht im Bereich der Wohnhausbauten nicht so stark auf Einzelheiten ein.

Wie schon aus Potsdam bekannt, ist bei den Bauten der Erdgeschoßbereich mehrfach durch den Einsatz von Lagerfugen im Putz akzentuiert worden, wie z.B. am Haus der Witwe Schilantzky (Kat. Nr. 128, Abb. 83) oder am Eckhaus des Lohgerbers Sabbatier. (Kat. Nr. 136, Abb. 85) Auch die Fassung der Gebäudekanten durch Eckrustika, wie bei dem zuletzt genannten, ist in Potsdam beispielsweise am Haus Nauener Straße 33/34 (Kat. Nr. 90, Abb. 44-45) verwendet worden. Wesentlich verstärkt wurde der Einsatz von Diamantierungen. Im Zusammenhang mit dem 1766 erbauten Haus Bockelberg an der Nauenschen Plantage (Kat. Nr. 96, Abb. 56) konnte schon auf dieses Gestaltungsmittel hingewiesen werden, das durch die Rezeption italienischer Renaissancebauten und der Entwürfe der englischen Palladianisten angeregt wurde. Es wurden verschiedene Gestaltungsformen mit Facettenschliffcharakter eingesetzt, die sicherlich einen sehr massiven und expressiven Eindruck hervorriefen. Erkennbar wird dies an dem Entwurf für den Neubau des Jahres 1781 (Kat. Nr. 137, Abb. 92), der nicht näher zu lokalisieren ist. Hier wurden drei verschiedene Schliffformen in Putz übertragen. Auch bei dem Haus des Brauers Doeblitz (Kat. Nr. 130, Abb. 90-91), der späteren Lotteriedirektion, ist die Fassade mit diesem Gestaltungsmittel strukturiert worden. Bei diesem Objekt ist die Rustizierung in einem abgegrenzten Wandfeld sogar in der Symmetrieachse nach oben fortgesetzt worden. Dieses Gestaltungselement scheint bei den Ungerschen Bauten nicht aufzutauchen.[496] Aber nicht nur Diamantierungen wurden verwendet. Auch der Oberflächencharkter, der in der Steinbearbeitung durch den Einsatz von Körneleisen erzeugt wird, ist bei der Gestaltung des Putzes aufgegriffen worden. Dies wird in Potsdam auf Ansichten des Hauses Wilhelmplatz 1 (Kat. Nr. 97, Abb. 56) und in Berlin bei dem Entwurf des Hauses Barrow (Kat. Nr. 136, Abb. 85) nachvollziehbar.

Ein weiteres Element, das Gontard schon in Bayreuth mehrfach einsetzte, ist das Vorlegen von Altanbauten. Bei den Berliner Bauten am Gendarmenmarkt und Umgebung ist dieses Motiv an dem nicht lokalisierbaren Entwurf für das Jahr 1781 (Kat. Nr. 137, Abb. 92) sowie an den Häusern des Weinhändlers Thorm (Kat. Nr. 129, Abb. 86-87) und des Brauers Doeblitz (Kat. Nr. 130, Abb. 90-91) verwendet worden. Auch die reduzierte Variante mit Säulenvorlagen, aber ohne betretbaren Balkonbereich, wird in Berlin am Haus der Französischen Kolonie, später Lutter & Wegner, benutzt.[497] (Kat. Nr. 124, Abb. 88-89) Konsolengestützte Balkone sind auf dem Entwurf für das Haus Schilantzky (Kat. Nr. 128, Abb. 83) und am Konsistorialgebäude (Kat. Nr. 135, Abb. 94) eingesetzt worden.

Bei der Fassadengliederung der Obergeschosse wurden ebenfalls die bekannten Systeme beibehalten. Verwendet wurden Pilasterordnungen in einfacher oder kolossaler Ausformung. Aber auch Fassaden ohne betonte Vertikalgliederung in den oberen Etagen, wie bei dem Haus Barrow (Kat. Nr. 136, Abb. 85) oder Scheibles Hotel (Kat. Nr. 131, Abb. 84), wurden weiterhin umgesetzt. Mehrfach eingesetzt wurde die Betonung einzelner Partien durch erweiterte Achsabstände, wie bei dem nicht lokalisierbaren Entwurf von 1781 (Kat. Nr. 137, Abb. 92), dem Doeblitzschen Haus (Kat. Nr. 130, Abb. 90-91) oder dem Thormschen Anwesen (Kat. Nr. 129, Abb. 86-87) nachvollzogen werden kann. Bei den Fenstern wurden weiterhin Rechteckformen oder rundbogige Formen verwendet. Segmentbogige Fenster, die bei den Potsdamer Entwürfen Gontards noch vereinzelt vorkamen, fehlten bei seinen bekannten Berliner Entwürfen völlig. Die üblichen geraden, segmentbogigen oder dreieckigen Verdachungen wurden beibehalten, ebenso deren Auflage auf Konsolen. Am Thormschen (Kat. Nr.129, Abb. 86-87) und am Doeblitzschen Haus (Kat. Nr. 130, Abb. 90-91) wurde das Fenster- bzw. Giebelmotiv aufgegriffen, das Gontard in Potsdam bei den Kolonnaden an den Communs (Kat. Nr. 25/1, Abb. 40), an der Waisenhausfassade (Kat. Nr. 106, Abb. 95, 97-99) und auch am Noackschen Haus (Kat. Nr. 80, Abb. 78-79) einsetzte.

Zur Ausschmückung von Fenstern und Dekorfeldern wurden weiterhin Festons in verschiedenen Ausformungen, Agraffen und Rankenwerk beibehalten. Mehrfach traten triglyphenartige Verzierungen z.B. bei Konsolen auf. Als zusätzliche Dekorationselemente wurden Rosetten eingesetzt. Bei dem Haus der Witwe Schilantzky (Kat. Nr. 128, Abb. 83) wurden sie als Verzierung der Fensterauflage verwendet, am Thormschen Wohnhaus (Kat. Nr. 129, Abb. 86-87) traten sie in Kombination mit Festons als Fries in der Gebälkzone auf. Eine ähnliche friesartige Dekoration war offensichtlich auch für

Der Gendarmenmarkt in Berlin

93. Berlin, Gendarmenmarkt, Waisenhaus der französischen Kolonie (Kat. Nr. 125, Ansicht um 1874, zerstört)

die Lotteriedirektion (Kat. Nr. 130, Abb. 90-91) vorgesehen.

Insgesamt stimmten also die Bauten am Gendarmenmarkt in ihrer Gliederungsweise und in den Dekorationselementen mit denen an der Nauenschen Plantage überein. Einzelne Motive, wie die Diamantierungen, wurden stärker ausgeprägt. Neue Verzierungsformen, wie z.B. Rosetten, wurden einzeln oder in Kombination mit bekannten Motiven angewandt. Beibehalten wurde die Tendenz zu blockartigen Baukörpern ohne stärkere Risalitbildungen. Auch die horizontale Lagerung der Bauten wurde weiterhin betont. Das Gliederungssystem der Fassaden spannte die einzelnen Bestandteile in ein engmaschiges Netz ein. Den einzelnen Elementen wurde zumeist wenig Raum gelassen, um sich zu entfalten, so daß der Gesamteindruck dominierte. Auf den Entwürfen wirken allerdings die einzelnen Gliederungselemente, wie Verdachungen oder Kapitelle, teilweise etwas zierlicher und nicht mehr ganz so kräftig aus der Fläche hervorkragend.

Die Zahl der Wohnbauten, die in Berlin auf Gontard zurückgeführt werden können, ist relativ gering. Es fällt jedoch auf, daß der in Potsdam häufig verwendete palastartige Charakter von Bauten unter Gontards Entwürfen für den Gendarmenmarkt zurückgenommen wurde. Lediglich das Doeblitzsche Haus (Kat. Nr. 130, Abb. 90-91) konnte in seinen Dimensionen daran anknüpfen. Dies wird im Vergleich mit Ungerschen Bauten, wie der Achardschen Stiftung (Abb. 171) oder dem Ammonschen Haus (Kat. Nr. 126, Abb. 170), deutlich. Einzig die Fassade des Konsistorial-Gebäudes in der Schützenstraße (Kat. Nr. 135, Abb. 94) schloß an diese Potsdamer Vorgaben an. Da aber vermutlich die Zahl der Entwürfe Gontards für Wohnhausbauten in Berlin größer sein dürfte, als bisher bekannt ist, kann das Verhältnis zwischen palastähnlichen und einfacheren Bauten nicht eindeutig bestimmt werden. Das offensichtlich nachlassende Interesse des Königs an Wohnhausbauten in den späten 1770er Jahren läßt eine Tendenz zu kleineren, den tatsächlichen Grundstücks- und Sozialstrukturen eher entsprechenden Wohnbauten vermuten. Auch für Berlin, z.B. in der Straße Unter den Linden, ist die Koppelung von Einzelbauten unter gemeinsamen Fassaden belegt. Jedoch sind Großfassaden, wie sie in Potsdam an der Nauenschen Plantage (z.B. Wilhelmplatz 15-20) durch den Zusammenschluß von bis zu sechs Gebäuden entstanden, aus Berlin nicht bekannt.

Resümee: Gontards Architektursprache im Bereich des Wohnhausbaues

Innerhalb seiner rund vierzigjährigen Schaffenszeit als Baumeister in Franken und besonders in Preußen lag der Schwerpunkt seiner Tätigkeit im Bereich des Bauens von Wohnhäusern. Durch seine Ausbildung unter Joseph Saint-Pierre in Bayreuth und Jacques-François Blondel in Paris wurde seine Architektursprache von Anfang an durch die französische Baukunst stark beeinflußt. Seine umfassende Kenntnis der maßgeblichen architekturtheoretischen Traktatliteratur des 18. Jahrhunderts ist gesichert. Einfluß auf sein Schaffen übte auch die Italienreise im Gefolge des Markgrafenpaares 1754 bis 1755 aus. In Bayreuth zeigen seine Werke eine deutliche Aufwertung der Fassadengestaltung im Wohnhausbau. Besonders unter Joseph Saint-Pierre unterschieden sich die Wohnbauten des Adels hauptsächlich nur durch die größeren Dimensionen der Palais, jedoch kaum in der Dekoration der Fassaden von den Häusern einfacher Bürger. Dies wird besonders im Vergleich der Bebauung der Friedrichstraße (z.B. Haus von Meyern, Abb. 3) mit dem Palais d'Adhémar (Kat. Nr. 13, Abb. 17-18) oder dem Palais Reitzenstein (Kat. Nr. 19, Abb. 19-20) deutlich. Aber auch bei bürgerlichen Wohnhäusern ist eine deutliche Steigerung des Fassadendekors festzustellen, wie dies bei dem Wohnhaus des Maschinenmeisters Spindler (Kat. Nr. 17, Abb. 28) oder Gontards eigenem Wohnhaus (Kat. Nr. 12, Abb. 8-9) offensichtlich wird. Auf die Sonderstellung der Hofapotheke (Kat. Nr. 16, Abb. 4-5), die von einer bürgerlichen Auftraggeberin auf Betreiben des Hofes quasi als Amtsgebäude errichtet wurde, ist hingewiesen worden.

Ein wesentliches Element zur Steigerung der Prachtentfaltung war der Übergang bzw. die Rückkehr zur verputzten Fassade. Einfluß übte hier die Kenntnis römischer Stadtpaläste und der palladianischen Architektur Oberitaliens aus. Aber auch Bayreuther Putzbauten des späten 17. Jahrhunderts, wie etwa die markgräflichen Kanzleibauten in der Kanzleistraße aus der Zeit zwischen 1681 bis 1685, könnten in retrospektiver Hinsicht Anregungen geliefert haben. Durch diesen Wechsel konnten stärkere farbige Akzente gesetzt werden, während unter Saint-Pierre Sandsteinfassaden dominierten. Eine homogene Gesamtwirkung der Straßenzüge durch die einheitliche Materialverwendung ließ Einzelbauten in ihrer Erscheinung zurücktreten. Sicherlich kam dieser Effekt, neben der größeren Feuersicherheit von Steinbauten, auch der pietistisch gemäßigten Haltung der Bayreuther Regenten der ersten Hälfte des 18. Jahrhunderts hinsichtlich schicklicher Prachtentfaltung entgegen. Durch verschiedenfarbige Putzfassaden und Putzstrukturen konnten nun neue Blickpunkte geschaffen werden. In diesem Zusammenhang wirkte sich gleichzeitig auch die Kenntnis der Werke der englischen Palladio-Nachfolger aus. Der Gegensatz von glatten und rustizierten Flächen spielte dort ebenfalls eine wichtige Rolle.

Weitere Steigerungselemente an den Bürgerhausfassaden und besonders den Palais waren der Einsatz von Pilastern, Kolossalpilastern und bekrönenden Dreiecksgiebeln. Die strengen französischen Regeln der »bienséance« und »convenance« im Sinne einer sozialen Hierarchisierung innerhalb der Architektursprache blieben außer Acht, da vom markgräflichen Hofe eine Aufwertung der Straßenzüge durch Prachtfassaden gewünscht wurde.

Als Verzierungselemente traten nun Stukkaturen in Form von figürlichen Darstellungen, Kartuschen oder Fensterdekorationen an den Fassaden auf, wie beim Italienischen Bau (Kat. Nr. 5, Abb. 29) oder dem Palais d'Adhémar. (Kat. Nr. 13, Abb. 17-18) Hinzu kam der Einsatz von Girlanden und Zopfmotiven. Geprägt durch seinen Lehrer Blondel lehnte Gontard ornamentale Verzierungen nicht ab, sondern fügte sie in feste Strukturen ein. Gerade, dreieckige und segmentbogige Fensterverdachungen in Verbindung mit Konsolen und Fensterbänken, verliehen den Bauten eine ausgeprägtere Reliefwirkung. Zur besonderen Betonung der Fassaden wurden Altanbauten vorgelegt, wie z. B. am Palais Reitzenstein (Kat. Nr.19, Abb. 19-20) oder am Palais Ellrodt (Kat. Nr. 22, Abb. 22).

Gontards Entwürfe zeigen eine deutliche Tendenz zu rechteckigen, geschlossenen

Resümee: Gontards Architektursprache im Bereich des Wohnhausbaus

Baukörpern ohne ausgeprägt hervorkragende Risalitausbildungen. Von der barocken »architecture pyramidale«, der Staffelung einzelner Gebäudepartien hin zum Corps de logis als Kulminationspunkt, ist bereits bei den Bayreuther Bauten, seien es bürgerliche Wohnhäuser oder Adelspalais, nichts mehr zu spüren. Insofern Risalite ausgebildet wurden, fanden keine verschliffenen Übergänge, z.B. durch mehrfache Verkröpfungen oder schwer nachvollziehbare Vor- und Rücksprünge, statt. Die gerade Linie spielte eine wesentliche Rolle. Sie bestimmte weitgehend den Baukörper und seine Dekoration. Als einzige Ausnahme hierzu ist die Fassadengestaltung des Verbindungsbaues zwischen der Neuen Residenz und dem Italienischen Bau zu nennen. Allerdings mußten hier sicherlich Wünsche des Auftraggebers berücksichtigt werden. Runde Formen wurden nur selten und dann meist in Gestalt von rundbogigen Fenstern oder Okuli aufgegriffen. Segmentbogige Fenster fehlen fast völlig. Bei einigen der späteren Bauten fielen vertikale Gliederungsmittel unter dem Einfluß der Stadtpaläste des 16. und 17. Jahrhunderts, die er in Rom kennenlernte, fort. Alle diese Elemente bildeten eine bereits relativ gefestigte Ausgangsbasis der Architektursprache Gontards, die in Potsdam und Berlin zum Tragen kam.

In den beiden preußischen Residenzstädten dominierte der König das Baugeschehen, so daß wirklich freies Arbeiten der Architekten nur bedingt möglich war. Besonders wirkte sich bei den königlichen Immediatbauten aus, daß Prachtfassaden, die nicht den tatsächlichen finanziellen und sozialen Strukturen entsprachen, die Straßenzüge aufwerten sollten. Somit waren spezielle Anforderungen an die Architektursprache vorgegeben.

Gontard behielt die in Bayreuth entwickelten Strukturen im wesentlichen bei, verfestigte spezielle Details und ergänzte sein Formenrepertoire, wobei seine Ausbildung in Frankreich meist spürbar blieb. Annäherungen an Palladio oder die englischen Palladianisten sind bei den Immediatbauten in ihrer Gesamtheit tendenziell stärker zurückgenommen. Das Doeblitzsche Haus am Gendarmenmarkt, dessen Fassadengestaltung jedoch sehr stark an die Architektursprache von Inigo Jones erinnert, stellt im Verhältnis zu den übrigen Gontardschen Immediatbauten eher eine Ausnahme dar.

Deutlicher trat dieser Einfluß auf Gontard bei einzelnen höfischen Projekten oder den Kirchenbauten am Gendarmenmarkt hervor, zu denen Friedrich II. einen Entwurf geliefert haben soll. Besonders Gontards letzte Schöpfung, das Marmorpalais für König Friedrich Wilhelm II. am Heiligen See, macht dies sichtbar. Bei diesem Bau ist ein deutlicher Unterschied in der Flächenbehandlung und der Grundform des Baukörpers zu erkennen. Ebenso nehmen hier geschlossene Wandflächen im Verhältnis zu den Fensteröffnungen zu. (Kat. Nr. 140, Abb. 102-103)

Gontard variierte in Potsdam und Berlin die aus Bayreuth bekannten Typen der Fassadengestaltung, was sich sowohl an der Nauenschen Plantage in Potsdam als auch am Gendarmenmarkt in Berlin nachvollziehen läßt. Die Gebäude waren jedoch wegen der königlichen Vorgaben in ihren Ausmaßen im Verhältnis größer als in Bayreuth. Dadurch konnten Gliederungselemente durch die vermehrte Anzahl oder Reihung ihre Wirkung steigern. Teils wurden Fassaden mit betonter Vertikalgliederung durch Pilaster oder Kolossalpilaster vorgeführt, teils wurde darauf verzichtet, um z.B. andere Gestaltungselemente wirken zu lassen. Bei der Vertikalgliederung der Fassaden wurden nur an der Front des Anwesens Am Kanal 30 (Kat. Nr. 49, Abb. 66-67) in Potsdam Vollsäulen verwendet. Möglicherweise hing dies aber auch damit zusammen, daß Wandvorlagen bei Potsdamer Bauten in der Regel aus Backstein gemauert und verputzt waren. Häufig waren auch die Kapitelle aus Kostengründen in Stuck gearbeitet. Der Einsatz von freistehenden Säulen hätte häufiger die Verwendung von Stein erforderlich gemacht und somit auch höhere Kosten verursacht. In seinen unverwirklichten Entwürfen, wie der Zeichnung für ein fürstliches Wohngebäude (Kat. Nr. 138, Abb. 70) oder den Plänen für ein Lustschloß (Kat. Nr. 143/1-3, Abb. 106, 109-110), treten dagegen wesentlich häufiger Säulen als Gliederungsmittel auf.[498] Dort, wo vertikale Gliederungselemente fehlten, wurden z.T. andere Dekorationsformen, wie Rustizierungen und Diamantierungen, in den Vordergrund gerückt. Dieses Motiv der Flächenstrukturierung deutete sich in Bayreuth erstmals am Haus Spindler (Kat. Nr. 28, Abb. 17), dort noch in Stein, an. In Potsdam und Berlin wurde diese Oberflächenbehandlung auf Putz übertragen, in der Formenvielfalt erweitert und in ihrer

Resümee: Gontards Architektursprache im Bereich des Wohnhausbaues

Wirkung gesteigert. Auffällig ist, daß sich frei entwickelnde figürliche Stukkaturen, wie sie an der Fassade des Italienischen Baues (Kat. Nr. 5, Abb. 29) in Bayreuth verwendet wurden, bei seinen späteren Entwürfen fehlten. Andere Schmuckformen, wie Festons, wurden meist auf Dekorfelder aufgelegt oder eingetieft. Sie erschienen kaum ohne ein rahmendes System. Hier wird Blondels Vorgabe deutlich, daß auf Ornamente nicht verzichtet werden müsse, sofern diese in eine feste Ordnung eingebunden seien. Das Repertoire der Dekorationsformen wurde, besonders in Berlin, durch die Verwendung von Rosetten, wie z.B. am Salzkontor, erweitert. (Vgl. Kat. Nr. 129, Abb. 86) Triglyphen und Wellenbänder wurden als antikisierende Zitate auf Konsolen und Gesimsen eingesetzt. (Vgl. Schützenstraße 26, Kat. Nr. 135, Abb. 94) Da der König die Zusammenfassung mehrerer Fassaden anordnete und gleichzeitig Wert darauf legte, daß der Dachansatz der Gebäude versteckt blieb, wurde die Tendenz zu langgestreckten kubischen Baukörpern mit nur mäßiger Risalitbildung noch verstärkt.

Mit Gontard war ein Baumeister nach Potsdam gekommen, der ein Bindeglied zwischen Spätbarock und Frühklassizismus in Preußen darstellt. Entscheidend für seine gesamte Tätigkeit war seine Ausbildung bei Jacques-François Blondel in Paris. Die Neuerungsbestrebungen zur Mitte des 18. Jahrhunderts in Frankreich beinhalteten eine zunehmende Beschäftigung mit der Kunst der Antike, zugleich aber auch verstärkte Rückgriffe auf die französische Baukunst des späten 17. Jahrhunderts. Dies wird bei dem immer wieder betonten Vorbildcharakter von Perraults Louvre-Kolonnaden (Abb. 42) deutlich. Der wichtigste Vertreter dieser Strömung, Ange-Jacques Gabriel (1698-1782), war ein entscheidendes Vorbild Gontards und wird in dessen Baukunst immer wieder spürbar, was in bezug auf den Schloßbau von Compiège oder die Place Louis XV. in Paris erläutert wurde. (Vgl. Abb. 6, 68, 168) Blondel fehlte die Radikalität eines Abbé Laugier, was sich auch auf Gontard auswirkte. Laugiers Forderungen nach der völligen Abkehr von Pilastergliederungen oder nach stark reduzierten Dekorationssystemen wurden von Blondel nicht in diesem Maße aufgegriffen. Dennoch übte auch Blondel Kritik an der Regellosigkeit des Rokokos und verlangte eine strenge Einbindung der Dekoration in das architektonische System. Diesem Beispiel folgte auch Gontard. Ohne auf Dekor verzichten zu müssen, konnte so sein Auswuchern gebannt werden. Das Repertoire an Zierformen für die Fassadengestaltung war bei Gontard ohnehin relativ eng begrenzt. Setzte er in Bayreuth noch figürliche Reliefs ohne Rahmung ein, so dominierten an den Immediatbauten in Potsdam, neben den Fensterverzierungen, Festons in verschiedenen Variationen. Antikisierende Motive traten erst bei seinen späteren Bauten in zunehmendem Maße auf.

Gontards stärker auf die französische Baukunst des 17. Jahrhunderts bezogene Architektursprache kam somit auch Friedrich II. entgegen. Der König beschäftigte sich zwar unter dem Einfluß von Knobelsdorff und Algarotti mit der Kunst Palladios und der englischen Palladianisten, wie bei dem Berliner Opernhaus oder am Neuen Palais deutlich wird. Diese Strömung konnte sich dennoch unter Friedrich II. nicht restlos etablieren bzw. kontinuierlich weiterentwickeln. Zumindest im Bereich des Immediatbaus konnte sie sich nicht im gleichen Umfang durchsetzten, wie bei verschiedenen höfischen Objekten. Der König verharrte auch in diesem Bereich bei bewährten Lösungen und ließ diese wiederholen. Ähnlich verhielt es sich bei Gontard. Erst in seinem Spätwerk, beispielsweise bei den Domen am Gendarmenmarkt oder dem Marmorpalais, zeigten sich diese Tendenzen stärker, wurden aber vermutlich auch von den beiden Auftraggebern forciert.

Gontard gehörte zu denjenigen Baukünstlern, die den Übergang vom Spätbarock zum Frühklassizismus einleiteten, was besonders in seiner Auffassung des Baukörpers und der strengeren Behandlung der Zierformen zum Ausdruck kommt. Es gelang ihm jedoch zum Ende seines Schaffens nicht mehr, sich dem vorherrschenden Geschmack adäquat anzupassen. Im Vergleich mit anderen Zeitgenossen wie Friedrich Wilhelm von Erdmannsdorff (1736-1800) ist seine stärkere Bindung an den Spätbarock sichtbar. Dies trat besonders auch im Zusammenhang mit Innendekorationen in Erscheinung. Allerdings muß dabei beachtet werden, daß gerade bei den friderizianischen Immediatbauten die innere Gestaltung vernachlässigt wurde und kaum überliefert ist. Bei diesen Vergleichen können

Resümee: Gontards Architektursprache im Bereich des Wohnhausbaues

meist nur höfische Objekte herangezogen werden, die eine andere Qualität besitzen. Gontards besondere Leistungen lagen im Bereich des Immediatbaus, dem er in Bayreuth, Potsdam und Berlin neue Ausdrucksstärke und Qualität verlieh. Er gehörte zu den entscheidenden Baukünstlern, die in Deutschland in der zweiten Hälfte des 18. Jahrhunderts dem neuen Formempfinden entgegenkamen und die Ablösung des Rokokos einleiteten. Seine Vielseitigkeit wird in der großen Bandbreite unterschiedlichster Aufgabenbereiche deutlich, bei denen er eingesetzt wurde und die von Bürgerhäusern bzw. Immediatbauten über Adelspalais, Toranlagen, Brücken- und Kolonnadenbauten, Innenraumdekorationen, bis hin zu Schloßbauten reichten. Gerade in Potsdam wirkte Gontard prägend auf die Gestaltung des Stadtbildes und die Architektursprache seiner Mitarbeiter aus, wie am Beispiel Georg Christian Ungers nachzuvollziehen ist. Im Urteil seiner Zeitgenossen, beispielsweise in den Äußerungen Peter Heinrich Millenets, wird deutlich, wie hoch seine Baukunst geschätzt wurde: »Nirgend wird auch ein Mann von Genie seine Talente so gut zeigen können wie dort, wo beständig gebaut wird, und der König selbst, wie bekannt, große Einsichten in diese Kunst besitzt, folglich auch die guten Künstler zu schätzen weiß. (...) Nirgend wird man bessere Beyspiele von Privatgebäuden als daselbst (Berlin, d.V.) antreffen, besonders aber zu Potsdam. Außer den würklichen Kopien von den besten italienischen Gebäuden, findet man noch einige daselbst von der Erfindung des Königlichen Architekten, Herrn von Gontard, in einem großen Geschmack ausgeführt, welche unvergleichlich sind. Überhaupt zeigen alle Kompositionen dieses Architekten seine großen Talente an, und ob er zwar sich bey J. F. Blondel gebildet haben soll, so ist sein Geschmack doch dem französischen und besonders demjenigen des Blondels weit vorzuziehen.«[499]

94. Berlin, Friedrichstadt, Schützenstraße 26 (Kat. Nr. 135, Ansicht um 1910, zerstört)

Exkurse

Um Gontards Werk gebührend zu würdigen, erschien es angemessen und notwendig in den nachfolgenden Exkursen über den Bereich der bürgerlichen Wohnbauten hinauszugehen. Das Potsdamer Militärwaisenhaus, Gontards unverwirklichte Schloßentwürfe sowie seine Berliner Brücken und Kolonnadenbauten stellen weitere interessante und bedeutende Bauten bzw. Themenbereiche dar, die den Facettenreichtum seines Schaffens aufzeigen. Gerade die zahlreichen Entwürfe für Schloßbauten waren zudem für die stilistische Untersuchung der Architektursprache Gontards wichtig. Abschließend wurde noch allgemein auf das äußerst schwierige Verhältnis zwischen Friedrich II. und seinen Baumeistern eingegangen.

Das Potsdamer Militärwaisenhaus

Das Potsdamer Waisenhaus zählt nicht zum Bereich der bürgerlichen Wohnbauten. Da es aber bisher wenig Beachtung fand, Gontard über einige Jahre hinweg weitgehend beschäftigte und außerdem vor geraumer Zeit einige Originalentwürfe auftauchten, soll es an dieser Stelle besprochen werden. (Kat. Nr. 106/1-3, Abb. 95-101)

1724 war von König Friedrich Wilhelm I. in der Breiten Straße westlich der Brücke über den Kanal ein »(...) Weysenhaus für Dero Grenadier- und Soldaten-Kinder von Dero Armee (...)« errichtet worden, damit »(...) selbige darinnen nicht allein wohl versorget, und in ihrem Christenthum, Schreiben und Rechnen gehörig informiret, sondern hiernächst auch zu einer annehmlichen Profession gebracht werden sollen.(...)«[500]

95. Potsdam, Militärwaisenhaus, Ansicht der Fassade zur Breiten Straße (Kat. Nr. 106, Aufnahme 1996)

Das Potsdamer Militärwaisenhaus

Ursprünglich bestand dieser Bau aus drei Flügeln an der Seite zum Kanal, der Breiten Straße und der Spornstraße. Erst 1739/42 wurde in der Lindenstraße, wo sich zuvor eine Kaserne befunden hatte, ein weiterer Flügel angebaut.[501] Es vergingen nicht einmal fünf Jahrzehnte, bis sein Sohn und Nachfolger Friedrich II. den alten, teils aus Fachwerk errichteten, teils massiven Bau ab 1771 durch einen gemauerten großen Neubau ersetzen ließ. Am 11. Januar 1770 erhielt das Baucomtoir die Mitteilung, »(...) Das S. Königl. Majt. declariret, daß die künftige Jahr die Seite vom Waysen Hause nach der breiten Straße zu, bauen laßen wollen (...)« und daß die Anlage »(...) Casernenmäßig gebautet werden (...)« und »(...) 3 bis 4 Etagen (...)« erhalten sollte.[502]

Wie üblich konnte also ein Jahr im voraus mit den Planungen begonnen werden. Genaue Berichte über die Bauarbeiten, die sich über mehrere Jahre bis 1777 erstreckten, denn die Anlage umfaßte vier große Flügel, die sich entlang der Breiten Straße, der Straße Am Kanal, der Spornstraße und der Lindenstraße erstreckten, liefert wiederum Manger. Allerdings bildeten die Flügel kein geschlossenes Viereck, da im Eckbereich Lindenstraße und Breite Straße die vorhandene Randbebauung z.T. beibehalten wurde, ja sogar noch 1770 das Abtische Haus und das Landschaftshaus erneuert wurden. Das Direktionsgebäude, das 1724 vom Soldatenkönig (Breite Straße 9) errichtet worden war, blieb stehen.[503] Manger führte dieses Vorgehen darauf zurück, daß der König ohne Erhöhung der Baukosten, die durch Abbruch und Versetzung jener Bauten sowie durch die Mehrkosten für einen erweiterten Eckbau des Waisenhauses angefallen wären, den Flügel in der Lindenstraße mit einem kostbaren Turm ausstatten wollte.[504]

Obwohl diese Begründung nicht wirklich befriedigt, konnten aus den erhaltenen Quellen keine anderweitigen Erklärungen gewonnen werden.

Der Flügel zur Breiten Straße

Den Anfang machte man 1771 mit dem Bau in der Breiten Straße nach »(...) dem v. Gontard gemachten und genehmigten Entwurfe. (...)«[505] Einem »pro memoria« der Waisenhaus-Administration vom 13. Oktober 1770 an das Baucomtoir ist zu entnehmen, daß zu diesem Zeitpunkt noch nicht mit Abbrucharbeiten begonnen worden war. Gleichzeitig wird erwähnt, daß »(...) der Anfangs projectirte Bau abgeändert (...)« wurde, weshalb auch neue Pläne für die Grundrißeinteilung erforderlich waren.[506]

Eine Planänderung läßt sich auch an den Entwürfen Gontards für die Breite Straße ablesen. Pläne zum Waisenhaus müssen teilweise schon vor dem 2. Weltkrieg verloren gegangen sein.[507] Um so interessanter ist, daß 1989 im Kunsthandel ein ganzes Konvolut von Fassadenaufrissen zu Potsdamer und Berliner Bauten aus der zweiten Hälfte des 18. Jahrhunderts auftauchte, unter denen sich drei Aufrisse zum Potsdamer Militärwaisenhaus befanden.[508] Es handelt sich dabei um einen Aufriß zur Kanalseite sowie um zwei Entwürfe für die Fassade zur Breiten Straße. Letztere zeugen von der erwähnten Planänderung für die Ansicht der Breiten Straße. Zuerst sah man für diesen Bauabschnitt einen langgestreckten Bau von vier Geschossen und 20 Achsen vor (Kat. Nr. 106/1, Abb. 96), dessen Ecksituationen durch die Ausbildung von dreiachsigen Risaliten mit gebänderten Lisenen hervorge-

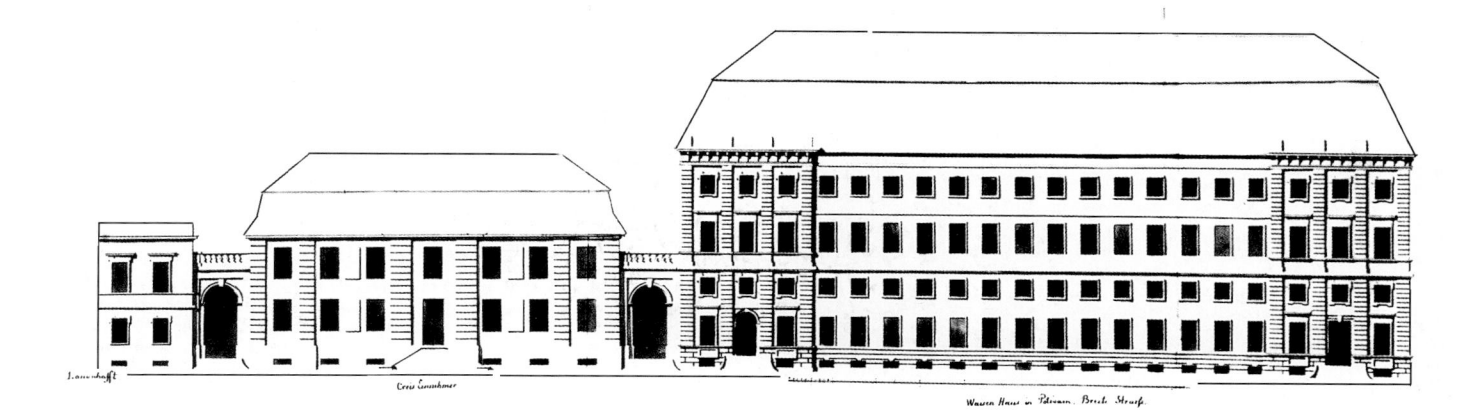

96. Potsdam, Militärwaisenhaus, 1. Entwurf für die Breite Straße, um 1770 (Kat. Nr. 106/1)

Exkurse

97. Potsdam, Militärwaisenhaus, 2. Entwurf für die Breite Straße, um 1770/71 (Kat. Nr. 106/2)

hoben werden sollten. Offensichtlich wurde diese relativ monotone Reihung der Fensterachsen als zu eintönig empfunden und deshalb überarbeitet.

Auf dem zweiten Entwurf (Kat. Nr. 106/2, Abb. 97), der zunächst irrtümlich als Entwurf für den Flügel zur Lindenstraße vor der Planung des Turmaufbaus angesehen wurde, ist die Einfügung eines repräsentativen Mittelrisalits, der Wegfall von seitlichen Eingängen in den Eckrisaliten sowie eine Reduzierung der Achsenzahl ersichtlich.[509] Der Mittelrisalit zeichnet sich durch ein hohes Eingangsportal aus. Das zweite und dritte Obergeschoß wird hier durch vier dorische Kolossalpilaster gegliedert. Ein rundbogiges Fenster auf eingestellten ionischen Säulen und Halbpilastern, auf dessen Bogenlauf zwei Putti lagern, betont die mittlere Achse. Dieses Motiv geht auf antike Vorbilder zurück, kann aber als Zitat Palladios bzw. der englischen Palladianisten verstanden werden und tauchte bei den Immediatbauten seit Mitte der 1770 Jahre verstärkt auf.[510] Der Entwurf gibt fast vollständig die ausgeführte Fassung der Fassade wieder, lediglich die Jahreszahl im Dekorfeld des Mittelrisalits fehlt. Somit ist die Entstehung des Blattes nach der erwähnten Änderung des

98. Potsdam, Militärwaisenhaus, Ansicht der Fassade zum Kanal (Kat. Nr. 106, Aufnahme 1996)

Das Potsdamer Militärwaisenhaus

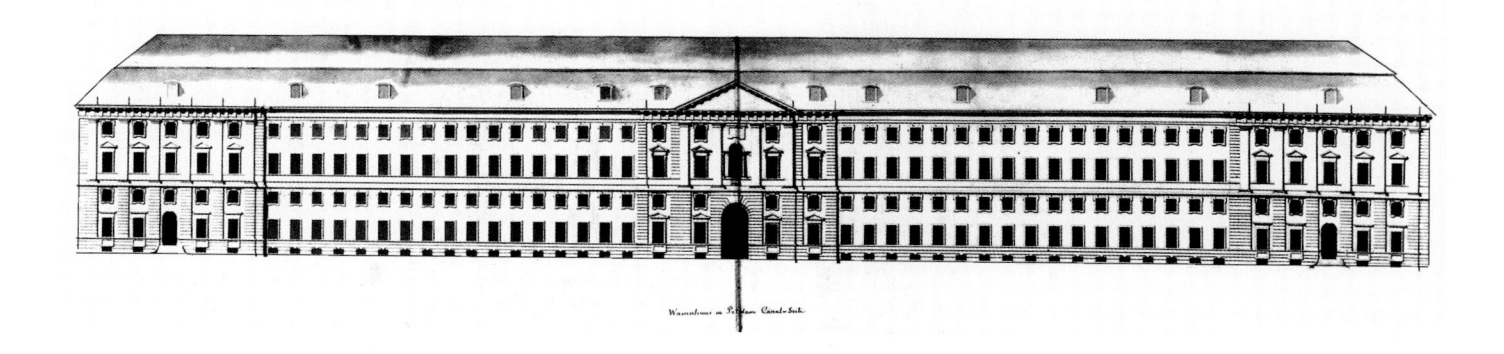

ersten Entwurfes im Oktober 1770 und etwa bis zum Baubeginn im Frühjahr 1771 zu datieren. Im übrigen stimmt der Aufriß auch mit Mangers Angaben für den Waisenhausbau 1771 überein.[511] Der Ablauf der gesamten Baumaßnahmen ist im Katalogteil ausführlicher dargestellt. (Vgl. Kat. Nr. 106)

Der Flügel zum Kanal

1772 folgte der Flügel zur Waisenstraße, der den längsten Bauabschnitt des Waisenhauses bildet.[512] Die Waisenstraße verläuft an dieser Stelle parallel zum Kanal, so daß auch die Bezeichnung »Kanalseite« üblich war. Erst gegen Ende April scheint man sich über die innere Einteilung geeinigt zu haben, doch verzögerte sich die Erstellung der Pläne durch Becherer. Im September des Jahres ist auch der Wirtschaftsflügel im Innenhof im Bau befindlich gewesen.[513] Die Ausschachtung für das Fundament des Flügels zum Kanal wurden im März 1772 begonnen und dauerten bis in den Juni hinein.[514]

Gontards Entwurf für die Seite zum Kanal zeigt im wesentlichen die gleiche Aufrißgliederung, wie sie für die Fassade zur Breiten Straße verwendet wurde. (Kat. Nr. 106/3, Abb. 99) Allerdings umfaßt die Fassade 49 Achsen, weshalb die Risalite aus Gründen der Proportion in ihrer Achsenanzahl erweitert wurden. Die Risalite umfassen jeweils fünf anstatt drei Achsen und zeigen leichte Aufrißvariationen gegenüber dem ersten Waisenhausflügel. So sind die Eckrisalite in sich noch ein weiteres Mal an den Kanten und ebenso der Mittelrisalit im Frontonbereich verkröpft worden. Wegen der Länge des Flügels sind die Eckrisalite mit zusätzlichen rundbogigen Eingängen mit vorgelagerten Treppen versehen worden. Außerdem wurde im zweiten und dritten Obergeschoß die Kolossalgliederung mit dorischen Pilastern aufgegriffen.

Im Mittelrisalit wurde das Aufrißschema der Fassade zur Breiten Straße wiederholt, jedoch durch zwei zusätzliche Achsen, die von gefugten Lisenen gefaßt wurden, erweitert. Nur schwach mit Bleistift angedeutet sind die Figuren auf dem Mittelfenster des zweiten Obergeschosses, die Jahreszahl MDCCLXXII in dem darüberliegenden Feld sowie die Dekoration des Frontons und die flankierenden Kindergruppen auf der Attika. Das Mansarddach ist mit zwölf Fenstern ausgestattet. Bis auf die nur angedeutete plastische Dekoration stimmt der Entwurf mit der Ausführung überein, wie auch Krügers Darstellung des Waisenhauses um 1777 erkennen läßt. (Abb. 101)

Die Baumaßnahmen müssen mit größter Eile vorangetrieben worden sein. Manger erwähnt für das Jahr 1773 keine weiteren Arbeiten am Flügel zum Kanal. Somit muß der Außenbau zu diesem Zeitpunkt als weitgehend abgeschlossen angesehen werden. Der Entwurf Gontards muß also zum Ende des Jahres 1771 oder im Frühjahr 1772 approbiert gewesen sein, als man sich – bis auf den Skulpturenschmuck – über die Anlage des Flügels zum Kanal schon im klaren war. Das Giebelfeld an der Kanalseite ziert in der Mitte eine bekrönte Kartusche mit den Initalen »FR« für Fridericus Rex. Sie wird von zwei Bellonen gestützt, von denen die eine ein Kind säugt. Wer das Giebelfeld ausarbei-

99. Potsdam, Militärwaisenhaus, Entwurf für den Flügel zum Kanal, um 1771/72 (Kat. Nr. 106/3)

tete, geht weder aus den Akten noch aus Mangers »Baugeschichte« hervor.[515]

Der Flügel in der Lindenstraße

Im Jahr 1773 wurde mit dem Turm des Waisenhauses in der Lindenstraße begonnen. Der repräsentative Eingang scheint von Anfang an für diesen Bereich geplant gewesen zu sein. Berücksichtigt man aber die Vorliebe des Königs, städtebauliche Akzente dort zu setzen, wo sie möglichst schnell ins Auge fielen und den Prospekt der Stadt sichtbar aufwerten konnten, so hätten sich von der Lage her eigentlich die besser einsehbaren Fassaden zum Kanal oder zur Breiten Straße angeboten. An diesen beiden Seiten wäre der Blick auf den Turm von der Stadt her wesentlich ungestörter gewesen.

Krügers Ansicht des Waisenhauses macht deutlich, wie gut sich diese beiden Flügel optisch für einen Turmaufbau geeignet hätten, da durch den Kanal, den Platz vor der Garnisonkirche und die Breite Straße großzügig Raum vorhanden gewesen wäre, um den Turm zur Geltung zu bringen. Aus dieser Perspektive wurde der Turm des Lindenstraßenflügels aber durch die anderen Flügel überschnitten, so daß nur noch die Kuppel sichtbar war.

Andererseits ist aber zu überlegen, ob der Baugrund auf den Seiten zum Kanal oder der Breiten Straße wegen des Grundwassers als zu bedenklich für den Turmaufbau angesehen wurde. Wahrscheinlich veranlaßte aber der Umstand, daß bereits der Vorgängerbau in der Lindenstraße mit einem Turm versehen war, Friedrich II. dazu, den Risalit in diesem Bereich ebenfalls mit einem Turm auszuzeichnen.[516] Vermutlich wollte Friedrich II. durch die Plazierung des Turmes in der Lindenstraße einerseits an den Vorgängerbau anknüpfen, ihn aber andererseits durch die aufwendige Konstruktion übertrumpfen. Gerade in dieser Hinsicht ist es aber unverständlich, warum am Flügel in der Lindenstraße aus Kostengründen das Grundprinzip der Viergeschossigkeit aufgegeben und durch die Planänderung 1775 eine Beeinträchtigung der Gesamtwirkung akzeptiert wurde. Friedrichs II. Sparsamkeit setzte sich hier offenbar gegenüber seinen Repräsentationsbedürfnissen durch. Gontards Konzeption wurde dadurch beeinträchtigt, obwohl seine Zeitgenossen die Anlage überaus schätzten, was aus Nicolais Beschreibung hervorgeht.[517]

Das Grundprinzip der Fassadengliederung des Waisenhauses wurde auch in der Lindenstraße beibehalten. Allerdings wurden hier keine wirklichen dreiachsigen Eckrisalite ausgebildet, da lediglich die gebänderten Lisenen seitlich der mittleren Achse zweifach aufgelegt wurden. Der fünfachsige Mittelrisalit hingegen verkröpft sich doppelt am Ansatz zwischen den mittleren drei, von einem Fronton bekrönten Achsen, hin zu den äußeren Achsen. Die einzige kleine Abweichung im Risalit ist, daß die Dreiecksgiebel der Fenster im zweiten Obergeschoß neben dem Mittelfenster nicht auf Konsolen aufliegen, wie an den anderen Fassaden. Auf dieser Seite wurde die Jahreszahl MDCCXXIII eingebracht. Das Giebelfeld ist wiederum mit einer Kartusche mit »FR« für Fridericus Rex und zwei weiblichen allegorischen Figuren besetzt, die als Abundantia und Scientia gedeutet werden.[518] Hinter dem Giebeldreieck wurde einst der dreiachsige Turmansatz sichtbar, der durch komposite Pilaster untergliedert und in den äußeren Achsen durch Ovalfenster mit Scheitelkartusche und Laubwerk belichtet wurde. Darüber verlief eine mit Kindergruppen besetzte Balustrade. Acht korinthische Säulen trugen über einem breiten Gebälk und einer mit acht Vasen besetzten Balustrade die hohe Kuppel, die von Caritas, der Personifikation der Nächstenliebe, bekrönt wurde. Alte Ansichten zeigen, daß der Turmansatz seitlich von den Dachaufbauten der viergeschossigen äußeren Achsen des Risalits verdeckt war. Der Bau des Mittelrisalits und des Turmaufbaus war 1774 weitgehend fertiggestellt.[519] Die Gestaltung des Turmes als offener Monopteros verweist bereits auf die Konzeption der Türme auf dem Gendarmenmarkt.

Im Inneren des Risalits entwarf Gontard ein aufwendiges und außergewöhnliches Treppenhaus. In einer zweischalig aufgebauten Konstruktion führte er die Treppenläufe um kuppelartige, zweigeschossige Raumausbildungen empor. Zentrale Öffnungen in der Decke ließen den Blick durch die Geschosse nach oben zu. Dies offenbarte den turmartigen Aufbau des Treppenhauses innerhalb des Flügels und ließ den Betrachter die komplizierte Struktur des Entwurfes erkennen. Auch die Gliederung von Voll- und Halbge-

Das Potsdamer Militärwaisenhaus

schosssen wurde sichtbar. Um die Belichtung der Mezzanine zu gewährleisten, waren segmentförmige Einschnitte in die Wölbung der inneren Schale eingebracht worden, die zugleich die Massivität der Kuppel reduzierten. Zwischen den einzelnen Geschossen wurde im Innern durch ein Gebälk unterschieden, über dem jeweils die Wölbung der Kuppel ansetzte. An den Ecksituationen der Durchgänge gliederten Pilaster in aufsteigender Ordnung die Wände. Einfache darüberliegende Vorlagen teilten die innere Schale in Segmente ein. Die Lichtöffnungen der einzelnen Etagen waren durch schmiedeeiserne Gitter gesichert.

Aus den Bauakten geht hervor, daß Ende des Jahres 1774 beschlossen wurde die seitlichen Anschlüsse an den Risalit der Lindenstraße nur dreigeschossig zu errichten.[520] Die beiden Seitenflügel scheinen 1775 fertiggestellt worden zu sein, da Manger sie im folgenden Jahr nicht mehr erwähnt.[521]

Da sich zwischen dem Waisenhausflügel und der bestehenden Randbebauung an der Ecke Lindenstraße und Breite Straße eine Lücke mit Zugang zum Innenhof befand, drang man 1773 auf einen »(...) Abschlag an der Öffnung der Lindenstraße zu Verhütung der desertion (...)« von »(...) erwachsenen Waysen-Knaben (...)«, die jährlich dem König vorgezeigt werden mußten.[522]

Im Anschluß an die Bebauung der Lindenstraße wurde 1776 nicht, wie zunächst geplant, der Flügel in der Sporngasse begonnen, sondern ein Personalbau im Hof des Waisenhauses errichtet.[523] 1777 wurde schließlich mit dem Bauabschnitt in der Sporngasse der Waisenhausbau abgeschlossen.[524] Die Fassade wurde schmucklos konzipiert. Wie in der Lindenstraße wurden jeweils die äußeren drei Achsen mit gebänderten Lisenen gefaßt.[525] Als Kosten für den gesamten Waisenhauskomplex gibt Manger die Summe von 244.299 Talern an.[526]

Gontards erster schmuckloser Entwurf für die Breite Straße ordnete sich der geforderten kasernenmäßigen Bauweise unter und schloß sich der Aufrißgestaltung des »Creis-Einnehmer«-Hauses an. Dieses wies als Gliederungselemente ebenfalls nur genutete Wandvorlagen auf und besaß gleichfalls ein Mansarddach. Offensichtlich wurde diese Version als zu eintönig empfunden. Bei der zweiten Fassung treten deutlicher die Gestaltungselemente in den Vordergrund, die Gontard auch bei den friderizianischen Prachtbauten verwandte. Er hat die bekannten, schwach vorkragenden Risalitausbildungen mit kolossaler Pilastergliederung in den Obergeschossen und Frontons über dem Mittelrisalit eingesetzt, wie er es auch im Immediatbaubereich tat. Hinzu kamen die bekanten Fensterverdachungen und Fensterformen. Gleichzeitig verband er diese Elemente mit den häufig unter Friedrich Wilhelm I. verwendeten genuteten Wandvorlagen.

In Hinsicht auf eine möglichst effiziente Raumausnutzung hat Gontard bei der Gestaltung des Daches auf die unter Friedrich Wilhelm I. vielfach ausgeführte Form des Mansarddaches zurückgegriffen, mit dem

100. Potsdam, Militärwaisenhaus, Blick in den Turm (Kat. Nr. 106)

101. Andreas Ludwig Krüger, Ansicht des Potsdamer Waisenhauses von Osten, um 1777

Exkurse

auch der Vorgängerbau ausgestattet war. Unter Friedrich II. war diese Dachform ungebräuchlich. Meist wurden Satteldächer eingesetzt, deren Ansatz durch Attiken oder Balustraden verborgen wurde. Durch die Verdeckung der Dächer wurde der Eindruck von langgestreckten kubischen Baukörpern betont. Bei der Konzeption des Waisenhauses hat Gontard also das mehrfach besprochene Gliederungssystem, das er für die Potsdamer Prospektbauten verwendete, mit älteren regionalen Vorgaben verbunden.

Die Funktion als Waisenhaus wurde bis 1945 beibehalten, danach wechselten verschiedene Nutzungen einander ab.[527] Im 2. Weltkrieg wurden der Turm in der Lindenstraße zerstört sowie der Flügel in der Breiten Straße und andere Partien beschädigt. 1979 wurde mit den Restaurierungsmaßnahmen begonnen.

Unverwirklichte Entwürfe GoNtards für Schloßbauten

Im Verhältnis zu seiner langen Schaffenszeit in königlichen Diensten nimmt der Schloßbau einen relativ geringen Anteil im Œuvre Gontards ein. In Bayreuth waren die Schloßbauprojekte nach Wilhelmines Tod zurückgegangen. Nur der schon angesprochene kleine Schloßtrakt für die zweite Frau des Markgrafen (Abb. 29) sowie Erweiterungsbauten an der Neuen Residenz wurden von ihm, in Zusammenarbeit mit Rudolf Heinrich Richter, ausgeführt. Zu Beginn seiner Tätigkeit in Potsdam hatte Gontard, wie gezeigt, noch Anteil am Bau des Neuen Palais und der Communs. Erst unter König Friedrich Wilhelm II. folgte ein weiteres Schloßbauprojekt. Doch auch beim Marmorpalais war Gontard nicht für die gesamte Konzeption zuständig. (Kat. Nr. 140/1-2, Abb. 102, 103) Während Gontard noch stärker dem Barock verhaftet war, orientierte sich der König am Dessau-Wörlitzer Kunstkreis und dem »englischen Geschmack«. Dies hatte zur Folge, daß Gontard bei der Inneneinrichtung des Marmorpalais durch Carl Gotthard Langhans (1732-1808) abgelöst wurde. Es ist deshalb nicht verwunderlich, daß sich Gontard neben seinen offiziellen Bauvorhaben mit diesem für einen Architekten des 18. Jahrhunderts so entscheidenden Thema beschäftigte.

Eine ganze Reihe von unrealisierten Zeichnungen und Skizzen Gontards kreisen um das Thema Schloßbau. Der einzige Entwurf, der sich auf ein konkretes Projekt beziehen läßt, beschäftigt sich mit dem Wiederaufbau des alten Bayreuther Residenzschlosses, das im Januar 1753 abgebrannt war. (Kat. Nr. 141, Abb. 104) Friedrich II. hatte zunächst zum Wiederaufbau geraten, doch entschloß sich das Markgrafenpaar zu einem Neubau, dessen Entwurf von Joseph Saint-Pierre geschaffen wurde.[528] Pläne zum Wiederaufbau wurden auch von Philipp de la Guêpière eingereicht, gelangten aber nicht

102. Potsdam, Entwurf für das Marmorpalais und das Küchengebäude, um 1786/87 (Kat. Nr. 140/1)

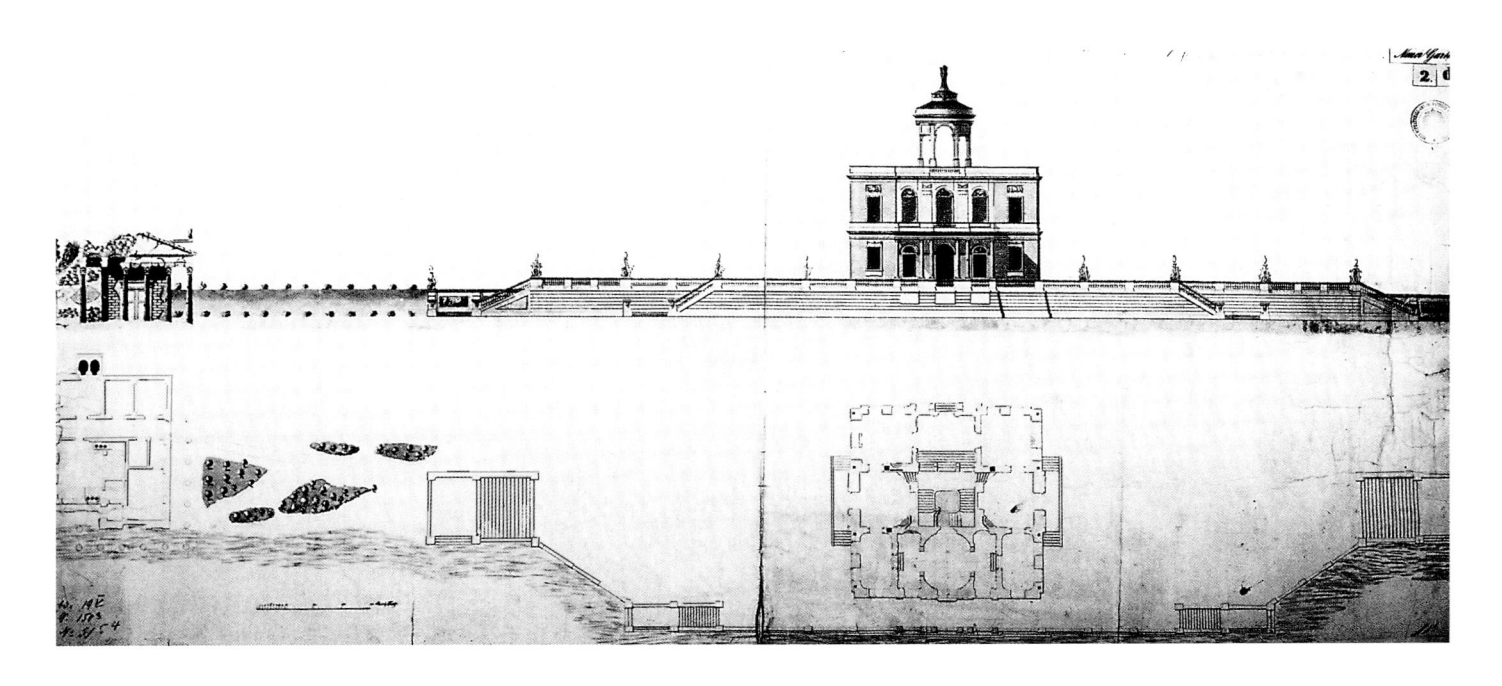

Unverwirklichte Entwürfe Gontards für Schloßbauten

zur Ausführung.[529] Da mit dem Bau der neuen Residenz schon kurz nach dem Brand begonnen wurde, muß Gontards Zeichnung in das Frühjahr 1753 datiert werden.[530] Der Baumeister spielte bei seinem Entwurf für die Stadtseite des Schlosses zwei unterschiedliche Lösungen durch. Gontards Skizze zeigt seine Prägung durch die französische Schloßbaukunst und läßt, besonders beim rechten Seitenflügel, Perraults Louvre-Fassade als Vorbild spüren.

Die übrigen erhaltenen Zeichnungen und Skizzen lassen sich vier verschiedenen Vorhaben zuordnen. Innerhalb der zeichnerisch ausgearbeiteten Blätter können drei Schloßbauten voneinander unterschieden werden. Hierzu finden sich Aufrisse, Grundrisse und Schnitte, die z.T. detaillierte Angaben zur Innenraumgestaltung enthalten. Den vierten Komplex bilden zahlreiche Skizzen sowie eine großformatige aquarellierte Zeichnung, die sich mit einer weitläufigen Schloßanlage mit Kolonnadenarchitektur befassen. Nur ein Teil dieser Blätter ist signiert, die übrigen

103. Potsdam, Marmorpalais, unbekannter Künstler, um 1787 (Kat. Nr. 140/2)

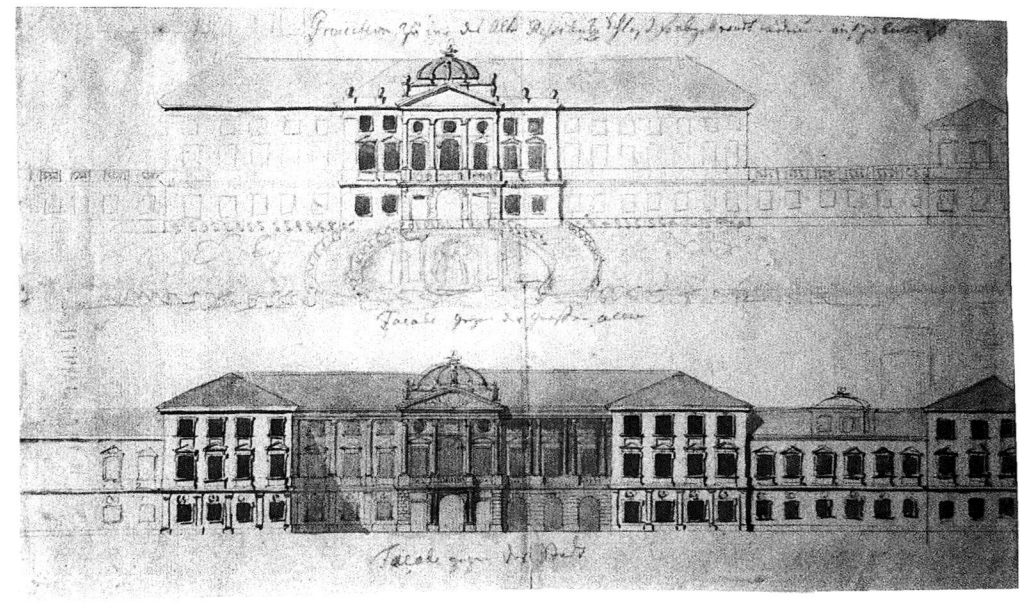

104. Entwurf für den Wiederaufbau des alten Bayreuther Residenzschlosses, um 1753 (Kat. Nr. 141)

Exkurse

105. Projekt für eine Schloßanlage mit großem Ehrenhof (Kat. Nr. 142, nach 1764)

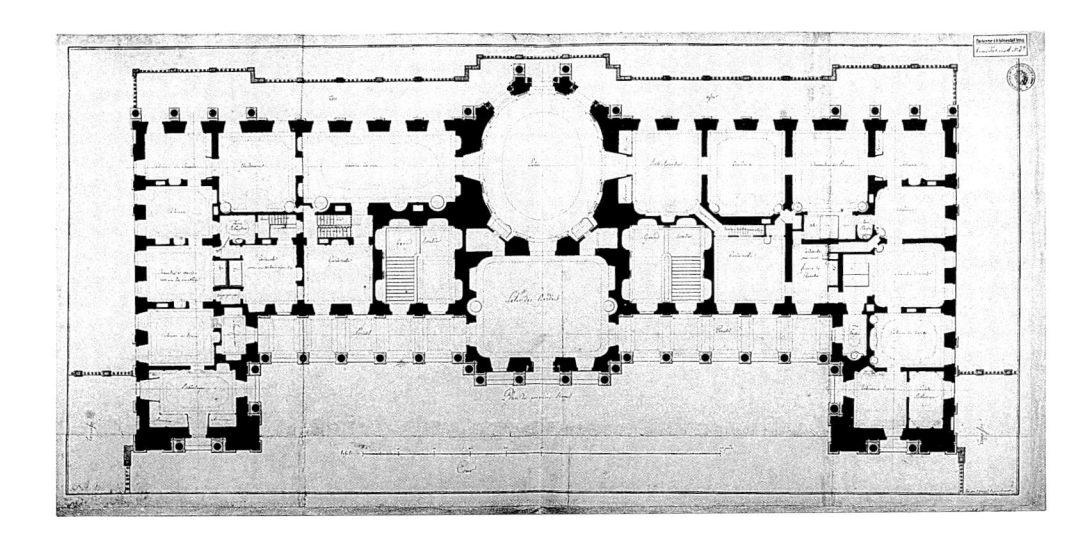

106. Grundrißentwurf für ein unverwirklichtes Lustschloß, um 1764-1770 (Kat. Nr. 143/1)

sind Gontard aus stilistischen Gründen zuzuschreiben. In ihrer Anlage weisen die Blätter eine intensive Auseinandersetzung des Künstler mit seinem Vorhaben auf. Teilweise wurden einzelne Partien für Korrekturen säuberlich herausgeschnitten und neu hinterklebt. Auch wurden für einzelne Details Alternativentwürfe durch aufgeklebte Klappen angeben, bzw. deuten Klebereste auf deren ursprüngliches Vorhandensein hin. Zeitlich sind die Entwürfe wohl hauptsächlich in die Frühzeit von Gontards Schaffen unter Friedrich II. einzuordnen. Es wurde schon in Erwägung gezogen, ob es sich bei diesen Blättern z.T. um Probezeichnungen handeln könnte, die Gontard als Belege seines Könnens in Potsdam vor seiner Einstellung abliefern mußte. Dies könnte besonders auf das einzelne Blatt zutreffen, das eine Anlage mit einem großen abgegrenzten Cour d'honneur vorführt.[531] Doch zeigen die übrigen eine stärkere Auseinandersetzung mit Palladio und den englischen Palladianisten, als dies bei anderen frühen Entwürfen Gontards zum Ausdruck kommt. Diese Einflüsse wirkten vermutlich erst seit dem Beginn seiner Arbeit für Friedrich II. stärker auf ihn ein. Es ist deshalb zu vermuten, daß diese erst nach seinem Wechsel in preußische Dienste entstanden und ca. zwischen 1765 bis 1775 zu datieren sind.

Projekt für eine Schloßanlage mit großem Ehrenhof (Projekt I)

Außer dem Teilaufriß der Hofseite haben sich zu diesem Projekt keine weiteren Zeichnungen erhalten. (Kat. Nr. 142, Abb. 105) Ähnlich wie bei Blondels »Plan au Rez de Chaußée d'un grand Hôtel« in Diderots Encyclopédie ist auf eine weitläufige Anlage zu schließen.[532]

Hinsichtlich der Konzeption der Anlage dürfte die Zeichnung zu den früheren Arbeiten Gontards zählen, da sie noch stärker dem barocken System einer Schloßanlage verbunden ist. Ablesbar wird dies an der räumlich sehr tiefen und abgestuften Disposition der Anlage, die im Corps de logis gipfelt. Einzelne Partien, wie die Pavillons und der Mittelrisalit des Haupttraktes, werden durch ihre Höhe aus dem Baukörper herausgehoben. Die geschwungenen Kuppeln lassen sich mit denen der Communs vergleichen. Mögliche freie Flächen der Fassade, wie der Dreiecksgiebel und die Kuppeln, werden mit Kartuschen bzw. geschwungenen Ornamenten verziert. Gleichfalls ist das gesamte Gebälk dekoriert. Auch die Portalsituationen der Pavillons wirken mit den gekröpften und verzierten Segmentgiebeln noch stärker dem Barock verhaftet. Möglicherweise könnte dieses Blatt zu den Bewerbungsunterlagen gehören, die Gontard einzusenden hatte, was durch Quellen belegt ist.[533] Zumindest ist die Zeichnung innerhalb der unverwirklichten Projekte zu den frühesten Blättern zu zählen.

Projekt für ein Lustschloß (Projekt II)

Drei Blätter, ein Grundriß und zwei Aufrisse, haben sich für das Projekt eines zweigeschossigen Lustschlosses erhalten. (Kat. Nr. 143/1-3, Abb. 106, 109-110) Alle drei Zeichnungen sind von Gontard signiert und lassen sich wegen der ergänzenden Bezeichnung »Cap. et Inspecteur (du Batiments)« in seine Schaffenszeit unter Friedrich II. einordnen.

Der Grundriß des Obergeschosses folgt dem von Louis Le Vau in Schloß Veaux-le-Vi-comte (1657-1661) geprägten Typus.[534] (Abb. 107) Wie bei dem französischen Vorbild handelt es sich um eine hufeisenförmige Anlage. Gleichfalls zeichnen sich ein ovaler Saal zur Gartenseite und ein rechteckiger Saal zur Hofseite an den Fassaden ab. Diese wesentliche Kombination ist auch bei Schloß Sanssouci anzutreffen. (Abb. 108) Die Bezeichnungen der Räume geben zwei Bibliotheken, zwei Schreibzimmer, eine »Galerie du jeu« und verschiedene andere Zimmer an.

Die Fassadengestaltung mit stark ausgeprägten Quaderungen, die auf der Gartenseite

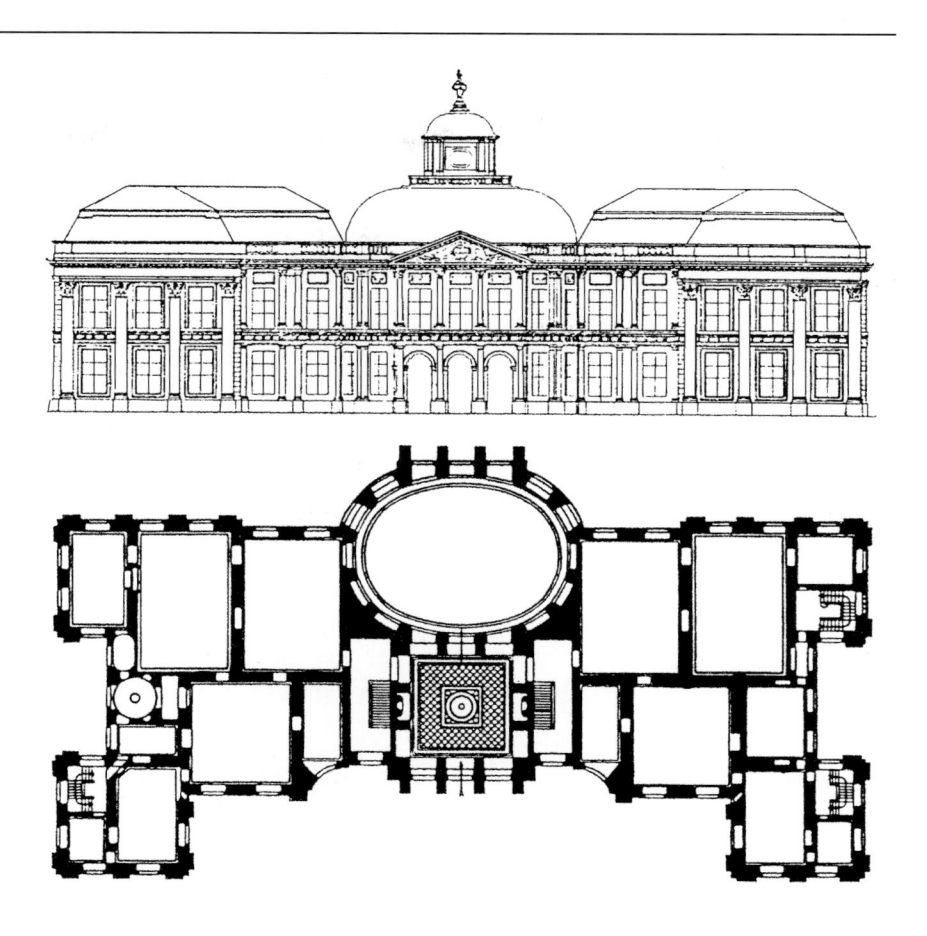

107. Melun/Paris, Louis Leveau, Schloß Veaux-le Vicomte, 1657-1661

108. Potsdam, Schloß Sanssouci, approbierter Entwurf aus dem Baubüro G. W. v. Knobelsdorffs, 1745

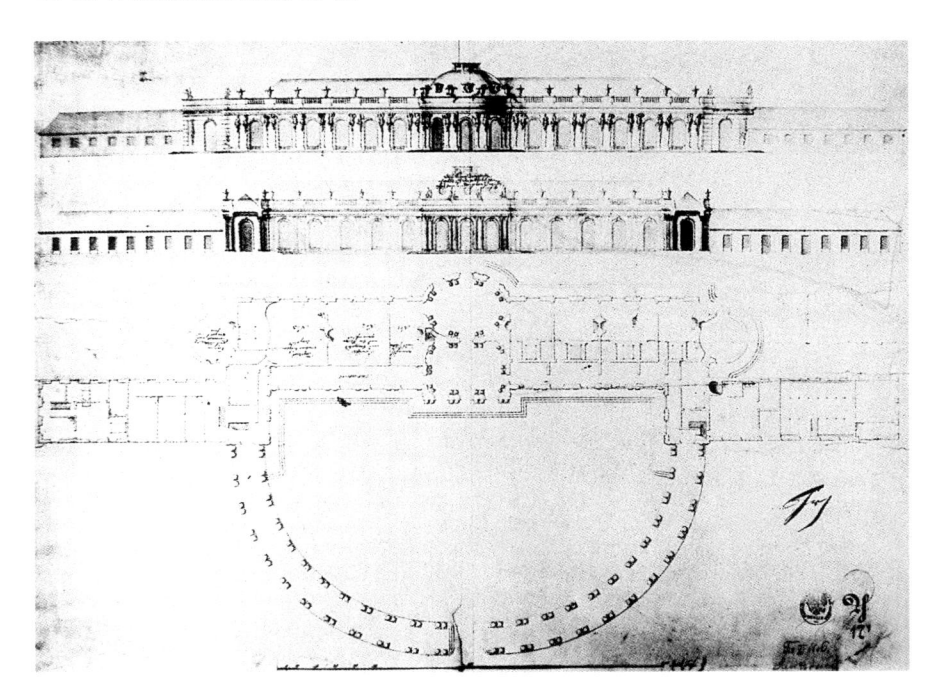

Exkurse

etwas zurückgenommen werden, verleiht dem Schloß starke manieristische Züge. Wiederum ist bei diesen Blättern kein Hinweis darauf gegeben, für wen und zu welchem Anlaß Gontard die Zeichnungen anfertigte. Die innere Aufteilung und Bezeichnung der Räume spiegelt den Zweck eines Lustschlosses wider und weist auf eine künstlerisch und literarisch interessierte Zielperson hin. Der entstehende martialische Charakter, der durch die überwiegende Verwendung der dorischen Ordnung erzeugt und durch eine Rustizierung noch verstärkt wird, erhält durch die extreme Häufung von Trophäen, Armaturen, gerüsteten Figuren etc. noch eine Steigerung. Die Bossierung der Säulen läßt sich mit denen der Innenhöfe der Villa Sarego in Santa Sofia di Pedemonte bei Verona von Palladio oder des Palazzo Pitti in Florenz vergleichen.[535] Palladio äußerte hinsichtlich der starken Rustizierungen der Villa Sarego: »Diese Säulen sind von ionischer Ordnung und aus unbearbeiteten Steinen zusammengesetzt, wie es eine Villa anscheinend überhaupt erfordert, der unverfälschte und einfache Dinge besser stehen als zierliche.«[536]

Mit dem Einsatz von Rustizierungen betont Gontard folglich einerseits den Charakter einer ländlichen »Maison de Plaisance«. Andererseits wird durch die Verwendung der Dorica und der besonderen Akzentuierung der Kriegsembleme auf eine verdiente Persönlichkeit im militärischen Bereich hingewiesen. Ob es sich bei der anvisierten Person um Friedrich II. handelt, muß ohne weitere Quellen dahin gestellt bleiben, läge jedoch nahe.

Hinsichtlich der Datierung dürften die Blätter wohl auch eher noch in die Frühzeit Gontards in Preußen eingeordnet werden, denn die Kompositionen der geschweiften Kuppeln gleichen noch stark denen der Communs. Eine Entstehung der Blätter zwischen 1764 und 1770 scheint nicht abwegig.

Projekt für eine Vierflügelanlage mit Kapellenanbau (Projekt III)

Zu diesem Projekt haben sich ein Grundriß der ersten Etage, Ansichten der Fassade zum Ehrenhof und der Gartenseite der Anlage sowie drei Schnitte mit detaillierten Angaben zur Innendekoration erhalten.[537] (Kat. Nr. 144/1-6, Abb. 111-116) Die vierflügelige Anlage bildet zwei Innenhöfe aus. Eine Kapelle ist der Anlage angeschlossen. Im Grundriß ist die Funktion der einzelnen Räume verzeichnet. Ausgehend von einem großen Salon in der Mitte der Gartenseite schließen sich verschiedene Vorzimmer, Kabinette, mehrere Bibliotheksräume, eine Bildergalerie, Schreibzimmer etc. an und führen zum Saal für die Garde im gegenüberliegenden Flügel. Dabei fallen ein runder »Sale à mangé« und ein Schreibzimmer auf, bei dem die eigentliche Rechteckform durch den Einbau von Wandschränken sowie eingestellte Säulen stark abgerundet wird. Hier könnte Bezug auf die Vorliebe Friedrichs II. für runde Bibliotheksräume genommen worden sein.[538]

Grundlegend für die Aufrißgestaltung ist die Rezeption der Ostfassade des Louvres (1667-1674) von Claude Perrault. (Abb. 42) Besonders deutlich wird dies an der Hoffront (Kat. Nr. 144/2, Abb. 112), die durch zwölf gekuppelte kolossale Säulenpaare in den beiden Obergeschossen untergliedert wird, welche einen Säulengang ausbilden. Zugleich spiegelt sich die Kenntnis palladianischer Baukunst und deren englischer Rezeption in der Gegenüberstellung von geschlossenen, undekorierten Wandflächen und Rustikaverwendung wider. Allerdings ist der Entwurf in diesen Bereichen nicht vollständig ausgeführt. Schwache Bleistiftskizzen rechts für zwei große Dekorfelder und eine Überklebung auf der linken Seite deuten auf Probleme in der Entwurfsfindung hin. Darüber hinaus waren ursprünglich über den Partien der Eckpavillons wohl Klappen mit Alternativentwürfen angebracht, wie es im Mittelteil noch der Fall ist. Auf der Gartenseite wurde das Gliederungsprinzip weitgehend beibehalten. (Kat. Nr. 144/3, Abb. 113) Das Aufrißschema der seitlichen Risalite zum Ehrenhof zeigt Veränderungen gegenüber Perraults Vorbild, die aus der Beschäftigung Gontards mit Palladio und den englischen Palladio-Nachfolgern resultieren dürften. Auch ein Gabriel zugeschriebener Entwurf für die Gestaltung der Place Louis XV. in Paris (um 1750) weist Parallelen auf und spiegelt Gontards Rezeption des »premier architect« wider.[539] (Abb. 168) Ungewöhnlich sind auch die niedrigen, undekorierten Kuppelschalen über der Attika der Pavillons und des mittleren Tambours, die fast schon an Revolutionsarchitektur erinnern. Hier erfolgt ein deutlicher Umbruch im

Unverwirklichte Entwürfe Gontards für Schloßbauten

109. Aufrißentwurf für die Hoffassade eines unverwirklichten Lustschlosses, um 1764-1770 (Kat. Nr. 143/2)

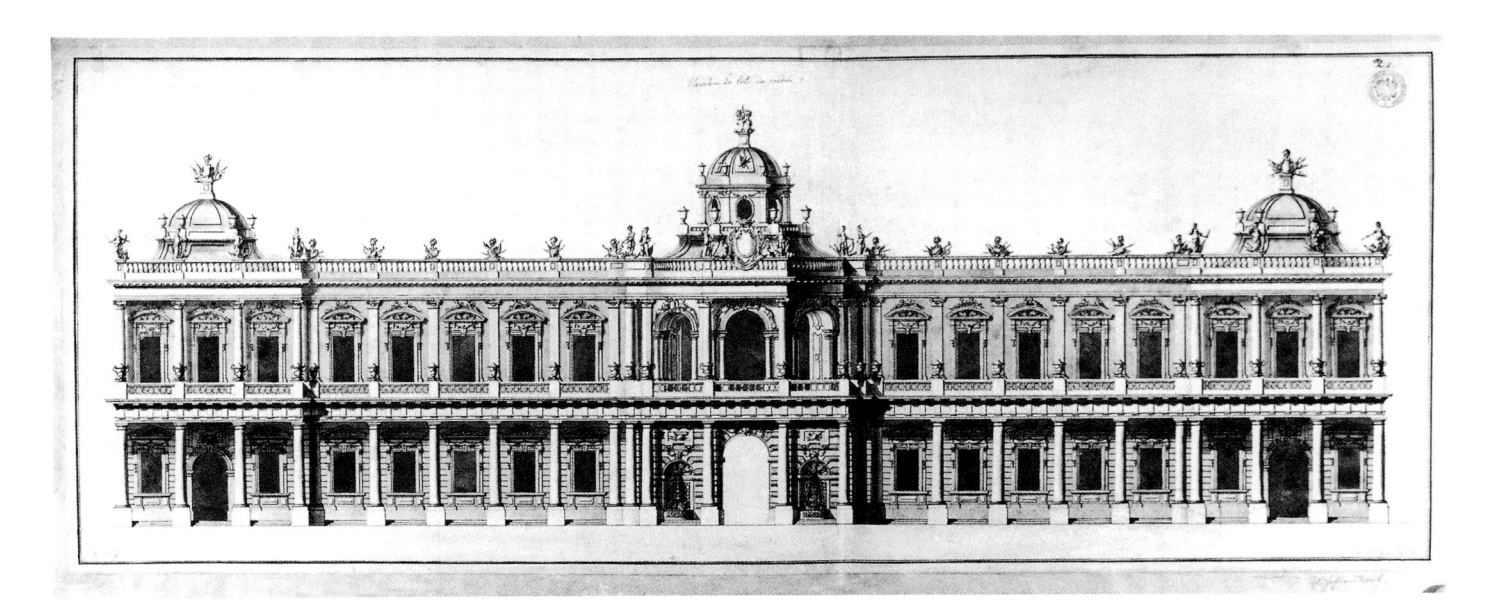

110. Aufrißentwurf für die Gartenfassade eines unverwirklichten Lustschlosses, um 1764-1770 (Kat. Nr. 143/3)

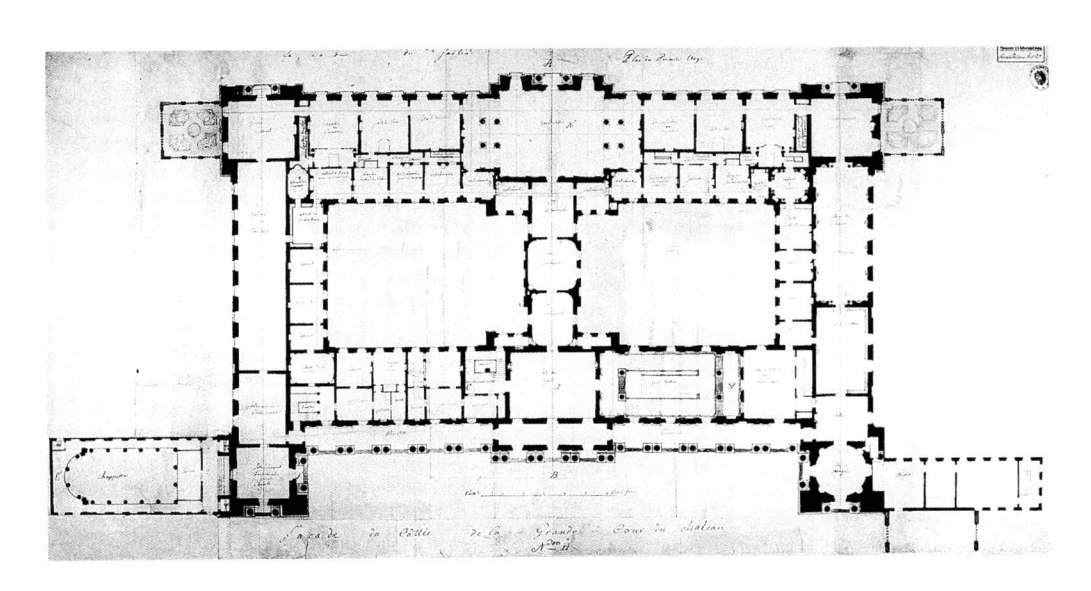

111. Grundrißentwurf für ein unverwirklichtes vierflügeliges Schloßprojekt mit Kapellenanbau, um 1775 (Kat. Nr. 144/1)

Exkurse

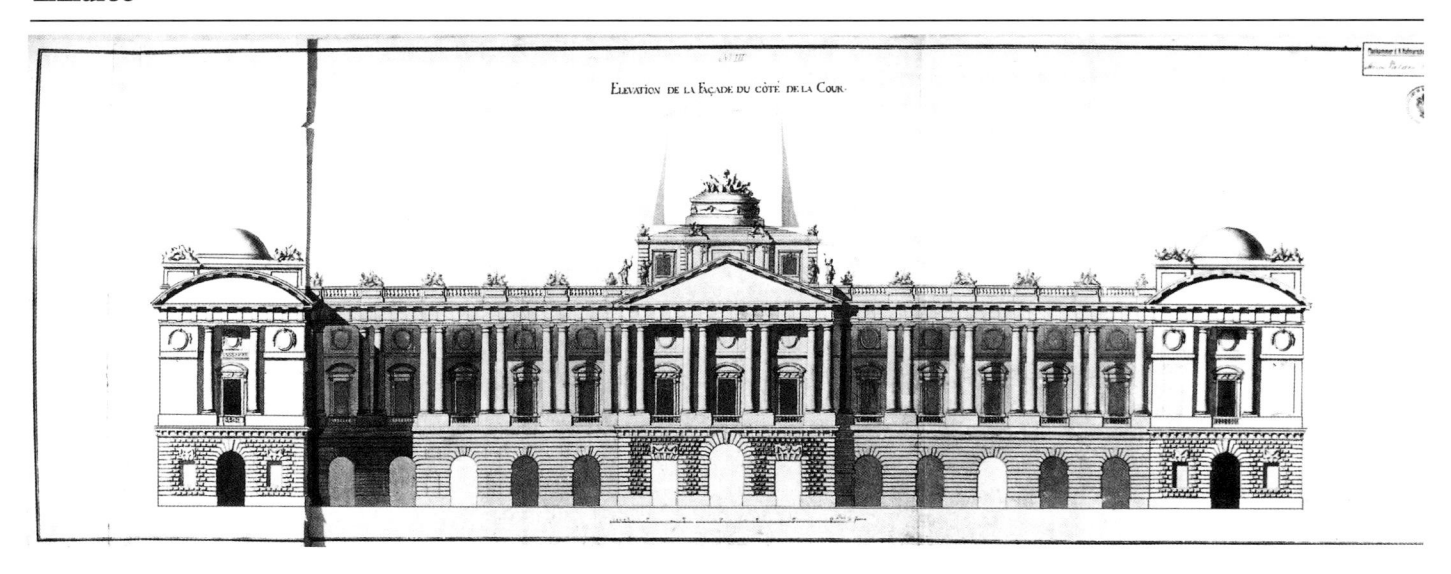

112. Aufriß für die Hoffassade eines unverwirklichten vierflügeligen Schloßprojektes, um 1775 (Kat. Nr. 144/2)

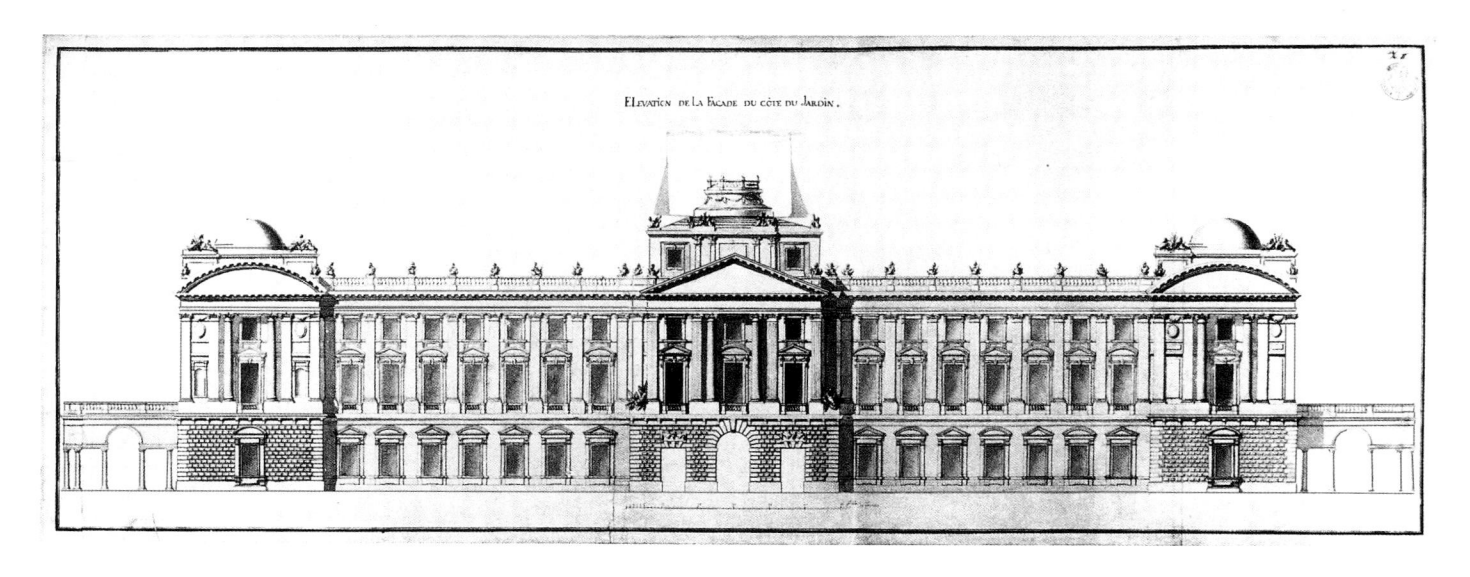

113. Aufriß für die Gartenfassade eines unverwirklichten vierflügeligen Schloßprojektes, um 1775 (Kat. Nr. 144/3)

Vergleich mit den anderen genannten Projekten. Die Konturen der einzelnen Bauglieder werden härter. Einfache stereometrische Formen dringen stärker in die Komposition ein. Gerade in den Risaliten wird der Neopalladianismus bei den größeren geschlossenen Wandflächen im Verhältnis zu den Fenster- und Türöffnungen sowie im Gegensatz von glatten und rustizierten Flächen spürbar.

Drei dazugehörige Schnittzeichnungen vermitteln einen Eindruck von der Innenraumgestaltung des Haupttreppenhauses, des großen Salons zur Gartenseite und der Kapelle. (Kat. Nr. 144/4-6, Abb. 114-116) Insgesamt wirkt die Innendekoration, besonders im großen Saal, noch stärker dem Rokoko verpflichtet, zumal der verwendete Dekor (Girlanden, Blütenranken, Supraporten mit Veduten) kaum freie Flächen ausspart. In der Kapelle hingegen zeigen sich stärkere klassizistische Tendenzen, indem hier ein Säulen-Architrav-System und ein kassettiertes Tonnengewölbe mit geometrischen Motiven und Mäanderbändern Verwendung fand.

Es gibt keine Hinweise, für wen oder zu welchem Anlaß die Entwürfe angefertigt wurden. Die zahlreichen Bibliotheksräume und Schreibzimmer, die Bildergalerie und die Kapelle deuten wiederum auf eine Person von hohem Rang und literarisch-künstlerischem Interesse hin. Zugleich wird an der Fassade der martialische Charakter stark betont, so daß auf Verdienste im militärischen Bereich zu schließen ist. Alle diese Beobachtungen würden wiederum auf Friedrich II. zutreffen. Um Bewerbungsentwürfe kann es sich aus stilistischen Gründen kaum handeln, da

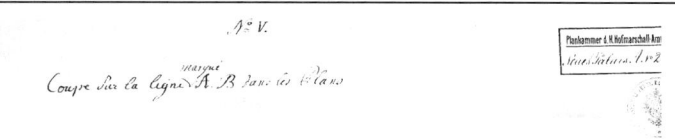

Unverwirklichte Entwürfe Gontards für Schloßbauten

114. Schnitt durch die Mittelachse eines unverwirklichten Schloßprojektes, um 1775 (Kat. Nr. 144/4)

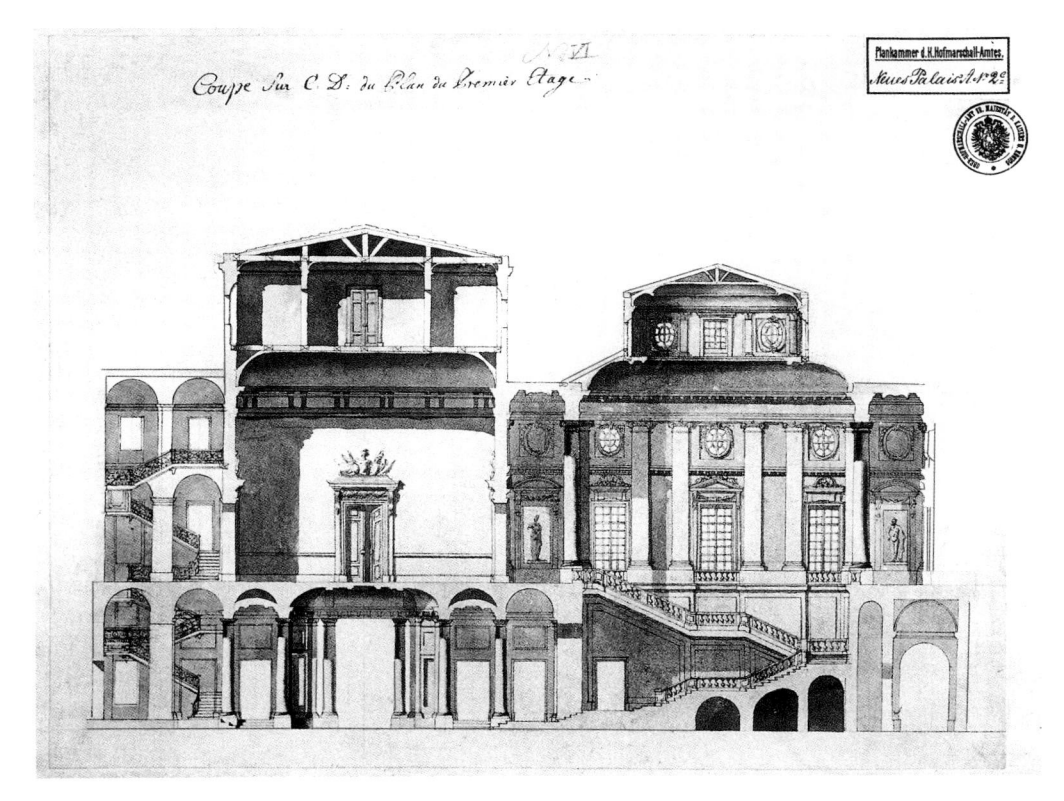

115. Teilschnitt durch den Hofflügel eines unverwirklichten vierflügeligen Schloßprojektes, um 1775 (Kat. Nr. 144/5)

Gontards übrige Entwürfe um 1764 noch nicht so starke neopalladianische Züge aufweisen. Thematisch wären sie als Alternativentwürfe zum Neuen Palais nach Ende des Siebenjährigen Krieges denkbar, doch waren die Bauarbeiten schon in Gange, als Gontard nach Potsdam kam. Zieht man Vergleiche zu Gontards Entwürfen im Bereich des Immediatbaus, so lassen sich Parallelen zum Brockeschen Haus Am Kanal 30 feststellen, dessen Entwurf um 1770 entstand und 1776 ausgeführt wurde. Eine Datierung des Schloßbauentwurfes in diese Zeit wäre denkbar. Ob Gontard eventuell das Ende des Bayerischen Erbfolgekrieges 1779 zum Anlaß für die Zeichnungen nahm, muß dahingestellt bleiben.

Exkurse

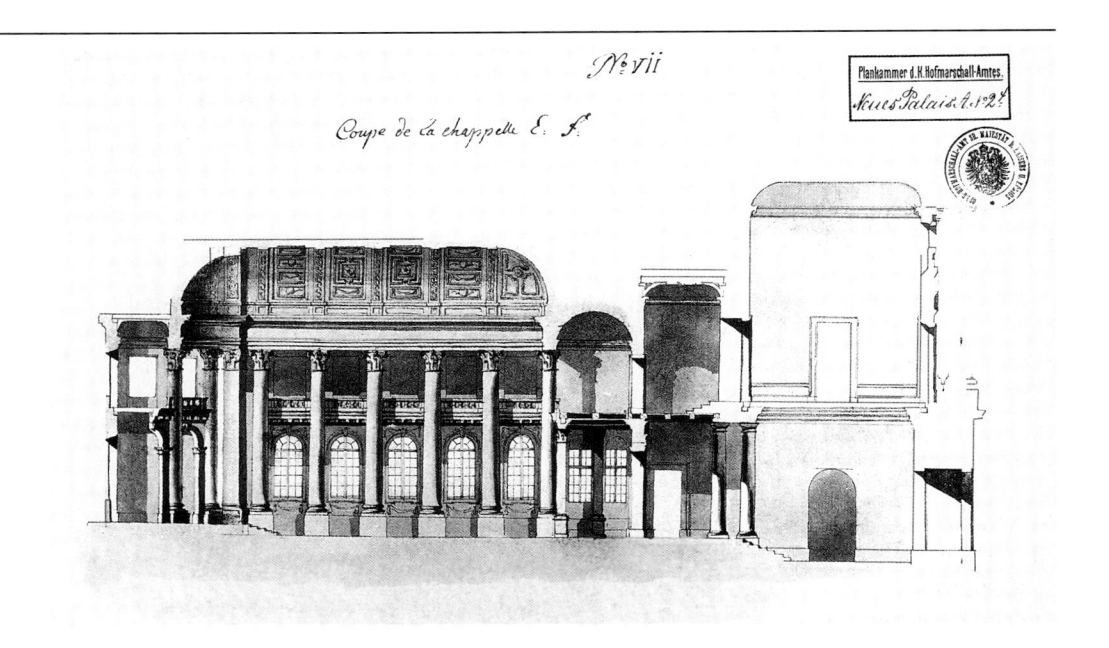

116. Schnitt durch den Kapellenanbau eines unverwirklichten vierflügeligen Schloßprojektes, um 1775 (Kat. Nr. 144/6)

117. Zeichnung einer palastartigen Kolonnadenarchitektur, letztes Drittel 18. Jh. (Kat. Nr. 145/1)

Skizzen zu Schloßbauten mit Kolonnadenarchitektur

Ein ganze Reihe von Skizzen beschäftigt sich mit zwei verschiedenen Schloßbauten.[540] Sie stehen teilweise in Bezug zu einer großformatigen aquarellierten Zeichnung, die vermutlich aus dem Nachlaß Gontards stammt.[541] In Inventaren wurden das Aquarell und die Zeichnungen mit Alternativentwürfen Gontards für das Neue Palais in Verbindung gebracht, was aber schon von Drescher angezweifelt wurde.[542]
Auf dem Aquarell (Abb. 117) wird eine konkav geschwungene Kolonnadenarchitektur mit einer Terrassenanlage und Brunnen vorgestellt. Eck- und Scheitelpunkte der Anlage sind pavillonartig hervorgehoben und durch verschiedenartige Aufbauten in Form von runden Turmbauten, Obelisken und Podesten überhöht. Der Turm über dem Zentrum der Anlage wird durch eine Säulen-Architrav-Konstruktion akzentuiert. Befahrbare Kolonnaden in korinthischer Ordnung zeichnen sich durch einen anderthalbgeschossigen Aufriß aus. Skulpturen und Trophäen bekrönen die Attika, wobei auf den vorderen Eckpavillons Putten eine Krone emporhalten.
Auf einer dazugehörigen Vorzeichnungen (PK 5348, Abb. 118) sind zunächst noch die von

Brücken- und Kolonnadenbauten

Gontard vielfach eingesetzten geschweiften Kuppelformen bei den vorderen Pavillons vorgesehen. Ein weiteres Blatt (PK 5350, Abb. 120) plaziert an dieser Stelle runde Turmaufbauten und zeigt im Zentrum der Anlage einen polygonalen Aufsatz mit einer Laterne. Die geringe Geschoßzahl, die enge Verbindung zu Terrassenanlagen, Baum- und Heckenpartien sowie die als Raptusgruppen skizzierten Skulpturengruppen lassen den Charakter eines Lustschlosses entstehen.[543] Der Übergang von den zunächst vorgesehenen Kuppelformen der Skizzen zu den Aufbauten, die im Aquarell gezeigt werden, deuten darauf hin, daß es sich wohl nicht um Blätter aus der unmittelbaren Frühzeit Gontards in Potsdam handelt. Dies läßt sich auch anhand der ungewöhnlichen Dekorationsmotive in Gestalt von Säulen-Architrav-Vorlagen mit dekorierter Attika am Aufbau des mittleren Turmes vermuten. Alternativpläne für das Neue Palais dürften hier also nicht vorliegen. In Vorschlag wurden auch unverwirklichte Projekte für ein Palais in Potsdam gegenüber der Heiliggeistkirche und ein als »Rudera« bezeichnetes Bergschloß auf dem Brauhausberg gebracht.[544] Der lustschloßartige Charakter und die Dimensionen der Anlage dürften für ein Palais in der Stadt nicht unbedingt angemessen gewesen sein, so daß das Bergschloß eher als Anlaß der Zeichnungen in Frage käme. Letztlich ist natürlich nicht ausgeschlossen, daß es sich um einen reinen Phantasieentwurf ohne konkreten Anlaß oder Auftrag handelt, da in den Quellen keine weiteren Hinweise auftauchen.

Die Entwürfe stehen zugleich in einem deutlichen Gegensatz zu den anderen Zeichnungen, die z.T. auf dieselben Blätter skizziert wurden und die stärker auf eine repräsentative Residenz abzielen. Auf zwei Blättern (PK 5351, Vorder- und Rückseite und PK 5355, Abb. 121-123) wird eine Anlage vorgeführt, die wesentlich weitläufiger ist. Sie ist dreiflügelig konzipiert und bildet einen großen, terrassenartig abgestuften Cour d'honneur aus. Wiederum sind Kolonnadenbauten einbezogen.

Die Entwürfe spielen jeweils zwei Variationen zur Disposition der einzelnen Baukörper durch, wobei wiederum konkav geschwungene Partien auftreten. Der gesamte Komplex umfaßt zahlreiche Innenhöfe. Auf einem der Blätter (PK 5351, Rückseite, Abb. 123) wird einer der Höfe als »Reith Schule« bezeichnet.

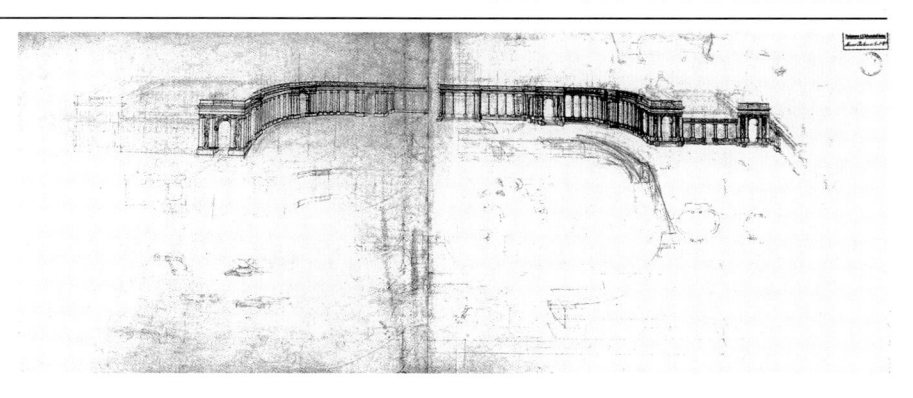

118. Perspektivischer Entwurf zu einer Schloßanlage (PK 5348), letztes Drittel 18. Jh. (Kat. Nr. 145/2)

119. Verschiedene Skizzen zu einer Schloßanlage mit Kolonnadenarchitektur (PK 5349), letztes Drittel 18. Jh. (Kat. Nr. 145/3)

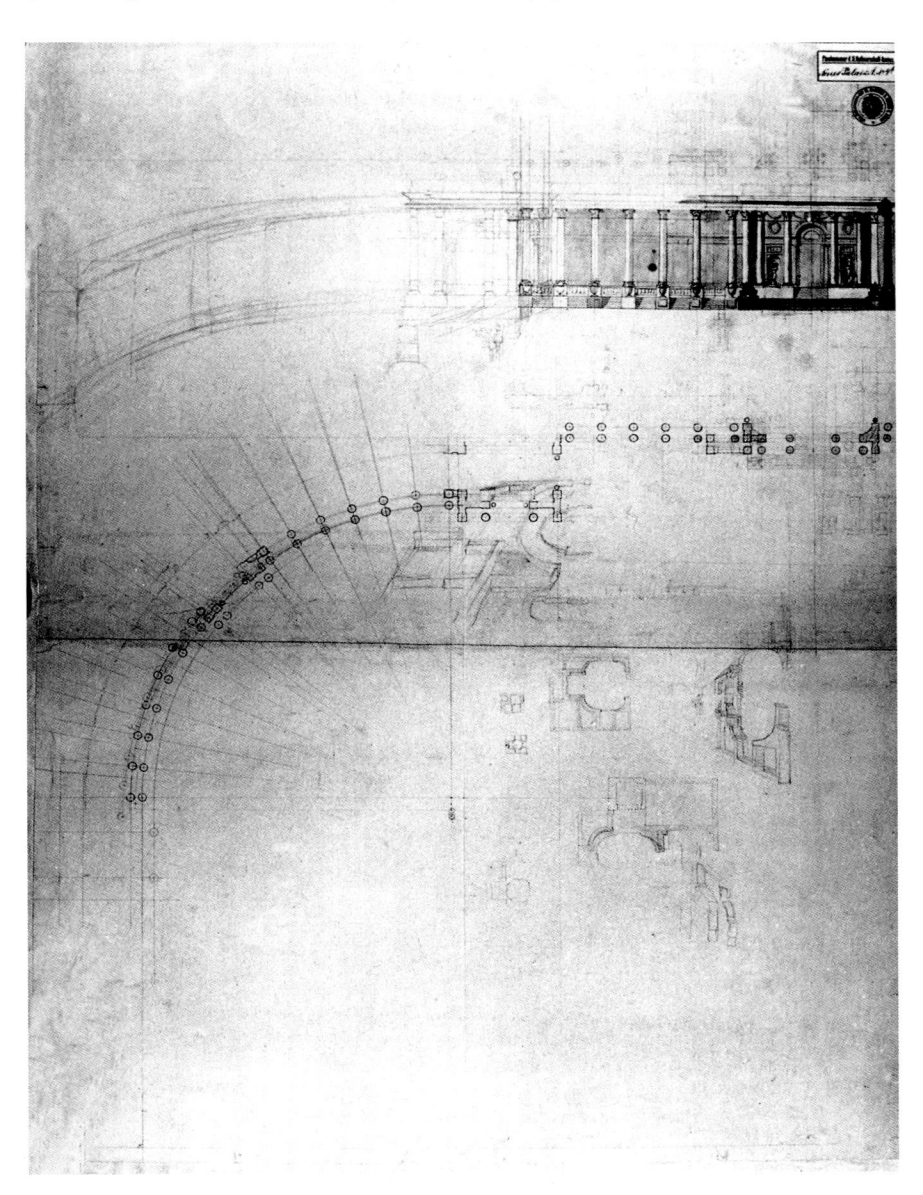

Exkurse

120. Teilaufriß einer Kolonnadenarchitektur (PK 5350), letztes Drittel 18. Jh. (Kat. Nr. 145/4)

121. Verschiedene Skizzen zu einer weitläufigen Schloßanlage (PK 5355), letztes Drittel 18. Jh. (Kat. Nr. 146)

122. Verschiedene Skizzen zu einer Schloßanlage (PK 5351, Vorderseite), letztes Drittel 18. Jh. (Kat. Nr. 147)

Die einzelnen Baukörper variieren von eingeschossigen Kolonnaden bis zu dreigeschossigen Risalitbauten. Bei den Risalitbauten sind anscheinend eher konventionelle Kuppelformen vorgesehen. Von den Ausmaßen, der Anordnung und der Achsenführung der Baukörper her lassen sich die Entwürfe beispielsweise mit d'Ixnards ursprünglichem Projekt für den Kurfürsten von Trier, Erzbischof Clemens Wenzeslaus von Sachsen (1777), vergleichen.[545]

Brücken- und Kolonnadenbauten

Die Vorliebe König Friedrichs II. für Kolonnadenarchitekturen wird bereits bei den Schloßbauten in Rheinsberg, Sanssouci (Abb. 108) und den Communs am Neuen Palais (Kat. Nr. 25/3, Abb. 38) deutlich. Gontard führte im Auftrag des Königs in Berlin die Spittel- und die Königsbrücke mit zugehörigen Kolonnaden aus. Vermutlich lieferte er aber noch weitere Entwürfe für Brückenanlagen.

Es ist anzunehmen, daß die auf dem Plan zum Haus des Cariolknechts Böhm gezeichnete Brücke über den Sendelbach in Bayreuth von Gontard geplant wurde. (Vgl. Kat. Nr. 22, Abb. 34) Eine Zeichnung in der Plankammer Potsdam, die vermutlich einen Entwurf für einen Neubau der Langen Brücke in Potsdam darstellt, wird ebenfalls mit Gontard in Verbindung gebracht.[546] Möglicherweise stammen auch die Entwürfe der Jägerbrücke in Berlin von Gontard. Nach Nicolais Angaben soll Unger 1782 die Brücke konzipiert und errichtet haben.[547] (Kat. Nr. 109) In den »Extracten« vom Dezember 1782 teilte Gontard dem König mit, »daß er die Zeichnungen der Jäger Brücke, wobei eine Façade in perspective, und der Bürger Häuser pro anno 1782 (...) nunmehro dem Bau Inspector Unger abgegeben (...)« habe.[548] Wenn die Brücke 1782 schon im Bau gewesen wäre, hätte es kaum Sinn ergeben, daß Gontard noch im Dezember Entwürfe dazu an Unger weiterleitete. Wie Gontards Zeichnungen aussahen und ob eventuell die Ungerschen Zeichnungen jenen vorgezogen wurden, ist ohne weiteres Quellenmaterial nicht zu klären.[549]

Letztlich erwähnt Carl Christian Horvath 1798 noch eine Drehbrücke über den Hasengraben im Neuen Garten in Potsdam, die

Brücken- und Kolonnadenbauten

nach Gontards Angaben errichtet worden sein soll.⁵⁵⁰ Zu den bedeutendsten Leistungen Gontards in dieser Sparte der Baukunst zählen aber sicherlich die Spittel- und die Königsbrücke in Berlin mit den dazugehörigen Kolonnaden.

Die Spittelbrücke und ihre Kolonnaden

Die Spittelbrücke in der Nähe des Dönhoffplatzes führte über den ehemaligen Festungsgaben und stellte eine Verbindung zwischen dem Friedrichswerder und der Friedrichstadt in Berlin her. (Kat. Nr. 107, Abb. 126) Ein hölzerner Vorgängerbau war 1738 von Favre errichtet und mit »(...) einer hölzernen dorischen Säulenlaube gezieret, worunter Kram= und Trödelbuden waren. (...)«⁵⁵¹ Ende des Jahres 1775 lassen sich die ersten Hinweise auf den Neubau der Hospitalbrücke in Berlin finden, die allgemein als »Spittelbrücke« bezeichnet wurde. »(...) Der Bau Capitaine Gontard dem die Erbauung der Hospital Brücke in Berlin, nach der approbirten Zeichnung auszuführen anvertraut worden (...)«, bat im Dezember 1775 um die Erlaubnis, nach Berlin reisen zu dürfen. Dort wollte er Absprachen mit den Besitzern der Ladenanbauten an den Kolonnaden treffen, um genauere Materialaufstellung vornehmen zu können.⁵⁵² Im Februar 1776 fragte Gontard wiederum an, ob er nach Berlin reisen dürfe, um »(...) mit den dortigen ouvriers die nöthigen Contracte wegen des Hospitalsbrücken baues (...)« schließen zu können. In der Antwort des Königs wurde zugleich der Abbruch der alten Brücke genehmigt.⁵⁵³ Nicolai gibt an, daß als Material für die Brücke rothenburgische Quadersteine und weiße Quaderstücke für die Kolonnaden verwendet wurden.⁵⁵⁴ Der Bau der Spittelbrücke wird im Dezember 1778 als vollendet bezeichnet.⁵⁵⁵

Zwar haben sich genauere Material- und Kostenaufstellungen nicht erhalten, doch konnte bei den Nachforschungen für diese Arbeit ein Plan Gontards ausfindig gemacht werden, der sich unzweifelhaft auf die Spittelkolonnaden bezieht.⁵⁵⁶ (Kat. Nr. 107, Abb. 124-125) Die Zeichnung zeigt eine Ansicht und einen Querschnitt der Kolonnaden sowie der dahinterliegenden Kramläden. Dabei werden verschiedene Aufrißvarianten der Ecksituationen durchgespielt. Auf der Zeichnung ist für das linke Joch die Beibehaltung der ionischen Säulen vorgesehen, wobei es zu einer Doppelung der Säulen an der Ecke kommt. Am anderen Ende wird der Abschluß des Säulenganges durch eine pavillonartige Lösung vorgeschlagen, bei dem die Kanten von Pilastern gerahmt und Arkaden eingefügt werden. Die Zeichnung sieht zunächst eine einfach geschwungene Kolonnade vor, während eine Klappe zusätzlich eine risalitartige Hervorhebung des Scheiteljoches mit einem Aufbau auf der Attika zeigt. Dieser Mittelrisalit zeichnet sich durch die Kombination von innenstehenden Säulen und Eckpilastern aus, wobei gleich nach dem Rücksprung eine weitere Säule

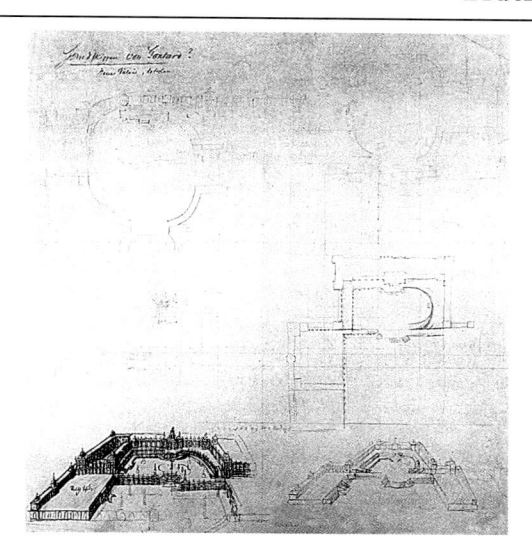

123. Verschiedene Skizzen zu einer Schloßanlage (PK 5351, Rückseite), letztes Drittel 18. Jh. (Kat. Nr. 147)

124. Berlin, Entwurf zu den Spittelkolonnaden, Variante mit Mittelpavillon, 1775 (Kat. Nr. 107)

Exkurse

folgt. Die Attika ist mit Vasen und mit einer Kartusche auf einem geschweiften Sockel über dem Mittelrisalit dekoriert. An der Rückwand der Kolonnaden werden die Zugänge zu den dahinterliegenden Läden gezeigt.

Der Entwurf zeigt ein relativ fortgeschrittenes Entwicklungsstadium, jedoch noch nicht die endgültige Lösung. Für die Ausführung wählte man die Kombination der pavillonartigen Ecksituation und der Ausbildung eines Mittelrisalits. Dabei setzte man zwei gleiche halbkreisförmige Säulenhallen einander gegenüber. An der Rekonstruktion der Kolonnade in der Leipziger Straße wird sichtbar, sofern man sich an die originalen Vorgaben hielt, daß die Eckpilaster außen noch durch je einen Halbpilaster hinterlegt wurden, was auf der Zeichnung nicht erkennbar ist. Erweitert wurde die Dekoration der Attika. Über dem Mittelrisalit wurde ein Aufbau aus einer Kartusche und Trophäen zusammengestellt, den seitlich Putten flankierten. Außerdem wurden die Eckpavillons durch Trophäendekorationen betont. Die Rückwand der Kolonnade wurde üppiger dekoriert, als vorgesehen. Auf dem Entwurf wurden nur leere Wandfelder über den Durchgängen zu den Läden angedeutet. Bei der Ausführung wurden diese breiter angelegt und mit Reliefs dekoriert, die sich, wie Teile des Skulpturenschmucks, auf den Handel bezogen.

Vermutlich handelt es sich also noch nicht um den approbierten Riß, von dem Gontard im Dezember 1775 spricht, sondern um eine unmittelbare Vorstufe dazu. Die Entstehung des Blattes kann für den Herbst des Jahres 1775 angenommen werde. Wie bei den Kolonnaden von Schloß Sanssouci (Abb. 108) und der Communs (Kat. Nr. 25/1, Abb. 38) wurden hier zirkelförmig geschwungene Anlagen gewählt. Ihre Prachtenfaltung ist jedoch im Verhältnis reduziert, da sie kleiner dimensioniert sind und eine niedrigere Ordnung besitzen. Auch wurden die Ecksituationen und der Mittelrisalit nicht im gleichen Umfang hervorgehoben und dekoriert. Die Verwendung von einfachen Säulenstellungen schwächte den Gesamteindruck im Verhältnis zu den anderen genannten Kolonnadenbauten deutlich ab, da auf ein Steigerungselement verzichtet wurde. Eine weitere Reduzierung des Ausdrucks erfolgte durch den Wechsel zu Pilastergliederungen an den Eckpavillons. Gerade an den wichtigen Eckpunkten der Anlage mußten Pilaster, die in ihrer Wertigkeit niedriger als Säulen eingestuft waren, eine Ausdrucksminderung bewirken.

Die südliche Hälfte der Kolonnaden wurde bereits 1929 beseitigt. Zunächst spielte man allerdings mit dem Gedanken, die gesamte Anlage zu versetzten.[557] Im 2. Weltkrieg wurde die verbleibende nördliche Hälfte schwer beschädigt und ab 1979 rekonstruiert.[558] Von den ursprünglich dahinterliegen-

125. Berlin, Entwurf zu den Spittelkolonnaden, Variante ohne Mittelpavillon, 1775 (Kat. Nr. 107)

Brücken- und Kolonnadenbauten

den Räumen für die Händler ist nichts übrig geblieben. An der heute mehrspurigen Leipziger Straße, inmitten von Hochhausbauten gelegen, kann die Rekonstruktion der Spittelkolonnaden nur noch marginal an die einstige Anlage erinnern.

Die Königsbrücke und ihre Kolonnaden

Die Königsbrücke führte über den ehemaligen Festungsgraben von der Königsstraße aus Alt-Berlin in die Königsvorstadt. (Kat. Nr. 108/1-3, Abb. 127-129) Wie bei der Spittelbrücke wurde eine ältere Holzbrücke durch eine steinerne Konstruktion ersetzt. Auch hier handelte es sich um einander gegenüberstehende Kolonnadenflügel. Zwischen Brücke und Kolonnaden vermittelten viertelkreisförmige Balustraden. Schon bald nach dem Baubeginn der Spittelkolonnaden, wird der Entschluß für den Bau der Königsbrücke und der Kolonnaden in Quellen faßbar. Im November 1776 scheinen die Anwohner erste Gerüchte über den Neubau der Brücke gehört zu haben und wandten sich an den König. Sie befürchteten Einbußen an ihren Grundstücken und den Mieteinnahmen aus den Krambuden. Ihre Bedenken wurde vom König jedoch als »Grillen« verworfen.[559] Im Februar 1777 wiederholen sie ihre Vorbehalte. Es ist von 28 Eigentümern die Rede, die einen großen Teil ihrer Einkünfte verlieren würden, die sie seit 15 Jahren bezögen.[560]

Nicolai gibt an, daß Gontard die Pläne für die Kolonnaden- und Brückenanlage schuf und Boumann d. J. die Ausführung der Arbeiten leitete. Als beteiligte Bildhauer für die Skulpturengruppen nennt er Meyer d. J. und Schulz aus Potsdam.[561] Boumann erstellte auch im Februar 1777 Stein-, Bau- und Nutzholzaufstellungen »[...] zum Bau der Königs Thor Brücke, Colonnaden und 27 Bürger Häuser [...]«.[562] Neben Boumann war aber auch Johann Rudolf Heinrich Richter, der Sohn seines ehemaligen Bayreuther Vorgesetzten und Kollegen, beteiligt.[563] Eine weitgehende Fertigstellung der Königsbrücke wird im Januar 1778 notiert.[564] Drei Zeichnungen haben sich zu diesem Brückenbau erhalten. (Kat. Nr. 108/1-3, Abb. 127-129) Es handelt sich um zwei konstruktive Zeichnungen und einen Schauentwurf, der den Vermerk »von Sr. Königl. Majestät approbirt« trägt.[565] Zeitlich dürften sie gegen Ende des Jahres 1776 einzuordnen sein, da im Frühjahr 1777 mit den vorbereitenden Maßnahmen für den Brückenbau begonnen wurde. Innerhalb dieser Blätter muß diejenige Zeichnung als die früheste angesehen werden, die Gesamtansichten des einen Kolonnadenflügels und der Brücke bietet. (Kat. Nr. 108/1, Abb. 127) Der Entwurf ist zwar hinsichtlich der späteren Ausführung schon weit entwickelt, doch werden hier unterschiedliche Varianten in bezug auf die Dop-

126. Berlin, Ansicht der Spittelkolonnaden in der Leipziger Straße (Aufnahme um 1890) (Kat. Nr. 107)

127. Berlin, Entwurf zur Königsbrücke und den Kolonnaden, um 1776 (Kat. Nr. 108/1)

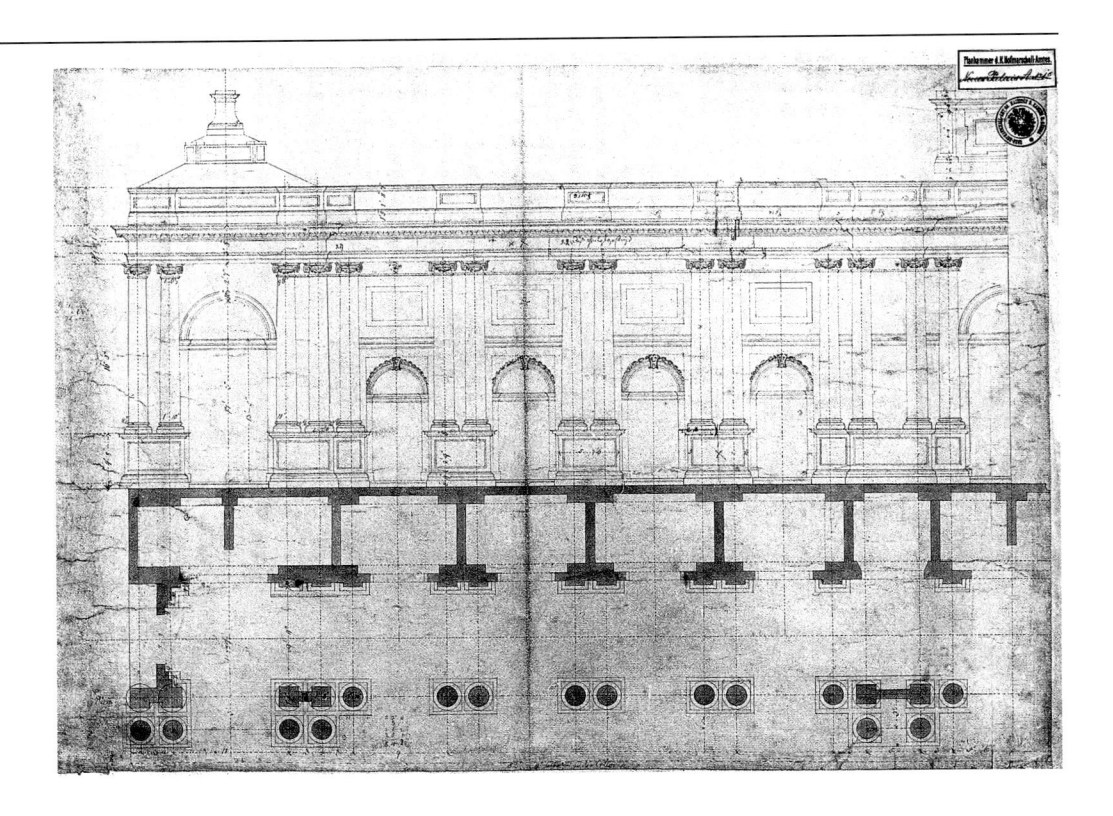

Exkurse

128. Berlin, Teilaufriß und Teilgrundriß der Königskolonnaden, um 1776 (Kat. Nr. 108/2)

pelung oder einfache Stellung der Säulen und die Aufrißgestaltung der Brücke vorgeschlagen. Vorgesehen ist ein Säulengang in ionischer Ordnung, der in gerader Achse angelegt ist und elf Joche umfaßt. Bei der Gestaltung der Brückenbogen werden dekorierte Zwickelfelder und Rustikavarianten angeboten. Im teilweise anskizzierten Grundriß der Brücke wird in der Mitte auch eine konkave Ausbuchtung vorgeschlagen, die sicherlich als Standplatz für eine Skulptur gedacht war.

Eine weitere Aufrißzeichnung, welche die linke Hälfte der Kolonnade zeigt, geht von gekuppelten Säulen aus. (Kat. Nr. 108/2, Abb. 128) Der Aufriß ist nicht ausgesprochen detailliert ausgearbeitet, so fehlen beispielsweise genauere Angaben zu den Dekorfeldern im Säulengang oder den Attikafiguren. Am vorderen Pavillon werden im Gegensatz zu dem vorhergehenden Entwurf nur Säulen in der vorderen Flucht gezeigt. Auch wird am Ansatz der Ladenanbauten eine undekorierte Ecksituation ohne Säulenvorlagen vorgegeben, die nicht verwirklicht wurde. Außerdem wird hier der Abschluß der Säulenhalle durch einen Bogendurchgang vorgesehen. Der Schauentwurf (Kat. Nr. 108/3, Abb. 129) zeigt, daß man sich für die Doppelung der Säulen entschied. Als Bekrönungen der Eckpavillons werden Putti gezeigt, die einen Obstkorb emporhalten.[566] Der seitliche Abschluß des Eckpavillons durch einen Bogendurchgang fand jedoch keine Verwendung. Bei den Brückenbogen wählte man die Dekoration der Zwickelfelder mit Girlanden und Armaturen.[567]

Im Verhältnis zu den Spittelkolonnaden erfolgte hier eine deutliche Steigerung der Prachtentfaltung. Hierzu tragen die größeren Dimensionen der Anlage, die durchgehende Doppelung der Säulen und der vielfältige Figurenschmuck bei. Der Wechsel zwischen Pilastern und Säulen an der Vorderfront, der bei den Spittelkolonnaden die Ecksituationen in ihrem Ausdruck schwächte, wurde nicht wiederholt. Am Mittelpavillon läßt sich die Anordnung der Säulen und die Plazierung der Skulpturen zwischen den beiden vorderen Säulen mit dem Mittelpavillon der Communs (Kat. Nr. 25/3, Abb. 38) vergleichen. Auch auf dem Entwurf für die palastartige Kolonnadenarchitektur (Kat. Nr. 145/1, Abb. 117) findet eine ähnliche Säulenstellung und Verkröpfung von Gebälk und Balustrade statt. Die Brücke wurde 1871 abgerissen und durch einen Neubau ersetzt.[568] 1910 wurden die Kolonnaden wegen Straßenverbreiterungsmaßnahmen in den Kleistpark an der Potsdamer Straße in Berlin/Schöneberg versetzt.[569]

»Diebe, Lügner, Erz-Canaillen« – Friedrich II. und seine Baumeister

Betrachtet man abschließend das Verhältnis zwischen Friedrich II. und seinen Baumeistern, so zeichnete sich der König durch ein zunehmendes und nahezu pathologisches Mißtrauen hinsichtlich ihrer Ehrlichkeit aus, was die Arbeit für das Baucomtoir ohne Zweifel sehr erschwerte. Hinzu kam die Unnachgiebigkeit Friedrichs II. bei stilistischen oder bautechnischen Differenzen.

»Was der König in Bausachen einmal angeordnet und befohlen hatte, dabey mußte es schlechterdings bleiben, und wenn Er es auch Selbst in der Folge fehlerhaft gefunden hätte. Knobelsdorff, Le Geai, und Gontard würden vielleicht länger in Seiner Gnade geblieben seyn, wenn sie nicht den Versuch hätten wagen wollen, darzuthun, daß auch ein König zuweilen in einer Kunst, die nicht Sein Hauptwerk ist, Unrecht haben könne.«[570]

Knobelsdorff hatte bekanntermaßen zunächst in einem freundschaftlichen Verhältnis zum Kronprinzen und späteren König gestanden. Er hatte zumindest das Glück, daß ihm der König, nachdem er dessen Gunst verloren hatte, keine Unredlichkeiten vorwarf. Legeay zog es vor, sich 1764 der andauernden Ungnade des Königs durch Flucht zu entziehen. Die genauen Ursachen der Unstimmigkeiten sind nicht bekannt, hingen aber vermutlich mit Baufragen zusammen.[571] Nach dem Tode Friedrichs II. meldete sich Legeay 1788 mit einem Brief aus Rom bei dessen Nachfolger, um seinen Anspruch auf 450 Reichstaler geltend zu machen, die ihm vorenthalten worden seien. Der Grund seiner Flucht wird leider nicht erwähnt, nur daß er sich »(...) die Ungnade des höchstsel. Königs zugezogen (...)« hätte.[572] Es handelt sich um das letzte, bisher unbekannte Lebenszeichen Legeays, dessen Todesdatum bis heute nicht genau bestimmt werden konnte. Ähnlich erging es auch Johann Gottfried Büring, der »(...) ofte unangenehme Aeußerungen vom König erdulden mußte, die ihn ganz kleinmüthig machten. (...)«[573] Büring überzog 1764 den ihm gewährten Urlaub für eine Kur, da sich sein Gesundheitszustand verschlechtert hatte und wagte es anschließend nicht mehr, nach Potsdam zurückzukehren. Dies kostete ihn einen Großteil seines Vermögens. 1788 wandte er sich an Friedrich Wilhelm II. mit der Bitte, wiederkehren zu dürfen.[574]

Der Franzose Robert Bartholomé Bourdet, der ab 1766 als Generalinspekteur der Häfen, Deiche, Domänen und Schleusen im Dienste Friedrichs II. tätig war, wurde 1771 vom Dienst suspendiert und erst nach dem Tode des Königs durch die Berufung an die Potsdamer Ingenieurakademie als Lehrer für Civil- und Wasserbaukunst rehabilitiert.[575] Bourdets Entwurf für den Gendarmenmarkt könnte als Versuch angesehen werden, wieder die Gunst des Königs zu erlangen.

Mehrfachen Arrest und Diebstahls- bzw. Unterschlagungsvorwürfe mußten Manger, Unger und Gontard über sich ergehen lassen. So vermutete der König im Dezember 1774, daß Gontard und Manger Unredlichkeiten bei Baurechnungen begangen hätten. Gontard mußte 43 Tage in Hausarrest bleiben, da er krank war, während Manger 50 Tage auf der Hauptwache des 1. Bataillons Fußgarde ausharren mußte. Eine Überprüfung der Baurechnungen ab 1763 durch eine königliche Kommission aus Berlin be-

129. Berlin, approbierter Entwurf zur Königsbrücke und den Kolonnaden, um 1776 (Kat. Nr. 108/3)

stätigte jedoch die Korrektheit der Rechnungen.[576] Sicherlich kam es zu Diebstählen auf den Baustellen, aber mit zunehmender »Sparsamkeit« vermutete der König besonders hinter Reparaturanschlägen Bereicherungsversuche seiner Baumeister. Manger ist in seiner Abhandlung zu den Arbeiten an den Pfahlgründungen an der Nauenschen Plantage 1783 näher auf die Unterstellungen eingegangen. Offensichtlich argwöhnte der König, daß die Baumeister, in Absprache mit den Handwerkern, überhöhte Kostenanschläge genehmigten und an den »Überschüssen« beteiligt wurden.[577]

Diese Verdächtigungen waren anscheinend besonders seit den 1770er Jahren akut und hatten makabere Anspielungen des Königs zur Folge. Manger berichtet, daß der König 1774 damit anfing, Kostenvoranschläge mit Galgen zu versehen: »Bey Ueberreichung des summarischen Anschlages zu innern Arbeiten im neuen Schlosse durch Neuffer, kamen dem Könige alle Summen so groß vor, daß Er von oben anfing, Galgen mit Gehenkten dazu zu mahlen, wobey Er sagte: » der ist für —, der für —, der für — u. Endlich wollte Er auch einen für Neuffer mahlen; allein dieser protestirte mit den Worten: mich verschonen Ew. Majestät, ich habe keinen Anschlag gemacht und verstehe auch nichts vom Bauen.«[578]

Zu einem Kostenanschlag für das Streichen der Kolonnaden bei Sanssouci 1779 vermerkte der König: »aber dergleichen theuere Rechnungen machen sie immer, und sehet man ihre Diebereyen dabey gar zu sehr.«[579] Als Gontard 1781 eine Kostenaufstellung für den Bau einer Kaserne einreicht, erwiderte Friedrich II.: »(...) wenn er stehlen will, so werden höchstdieselben die Sache durch einen andern machen lassen.«[580] Schließlich gab er bei einem Reparaturanschlag für das Dach des Neuen Palais 1781 dem Baucomtoir zu Antwort: »(...) daß sie alle Erz-Canaillen sind, und daß sie den Manger, sowohl, wie alle andern zum Teufel jagen wollen, mit ihren impertinenten Anschlägen. (...) das macht aber alles nur eine Luegerey aus und bedarf keineswegs einen so unvernünftigen Anschlag.«[581]

Es wird deutlich, wie schwer das Arbeiten in diesem von Mißtrauen geprägten Klima für die Baubedienten gewesen sein muß. »Sparsamkeit ist eine große Tugend; wird sie aber zu weit getrieben, so verliehret sie diesen Namen.«[582] Mangers spitze Bemerkungen über den König lassen sich vor diesem Hintergrund verstehen. Gerade aber die angeordneten extremen Sparmaßnahmen bei Neubauten führten wohl häufig zu reparaturanfälligen Objekten, da vermutlich auch billigere Materialien Verwendung fanden. Da der König auch das Bautempo ständig steigerte und ungeduldig das Baugeschehen verfolgte, dürften hastige und schlampige Ausführungen häufig vorgekommen sein. Die Bauten an der Nauenschen Plantage, bei denen aus Kostengründen auf neue Pfahlroste verzichtet wurde, belegen dies. Der Ausspruch des Königs: »Ich will nicht wie die Römer bauen, laß den Anschlag geringer machen, wenn es nur hält so lange Ich lebe,« verdeutlicht sowohl die königliche Sparsamkeit als auch die häufig auf oberflächliche Effekte ausgerichtete Bauvorstellung des Königs.[583]

Trotz all dieser Verdächtigungen wurde Gontard, selbst nach dem Einsturz des Turmes am Gendarmenmarkt, nicht vom König entlassen. Wie bereits angesprochen wurde er weiterhin für Entwürfe herangezogen. Offensichtlich wollte der König seinen Architekten, trotz der diversen Anschuldigungen, nicht verlieren. Dies zeugt davon, wie sehr Carl von Gontard von Friedrich II. geschätzt wurde.

Ohne Zweifel hat König Friedrich II. durch seine Bautätigkeit immens zur Verschönerung seiner Residenzen beigetragen, einige sehr ungewöhnliche und interessante Wohnbauten geschaffen und zur Verbesserung der Wohnsituation seiner Untertanen beigetragen. Friedrichs II. eigenwillige Ideen prägen die königlichen Residenzstädte bis heute. Seinen Bauuntergebenen hat er es aber oft nicht leicht gemacht ihren Betrag an der friderizianischen Baukunst zu leisten.

Anhang mit tabellarischer Kurzaufstellung der Bauten Gontards

Tabelle I: Bauten Carl von Gontards in Bayreuth und Umgebung

Höfische Bauten, Pfarrhäuser

1749-1753	Mitarbeit am Neuen Schloß der Eremitage (fraglich)
1753	Eremitage Bayreuth, Grabmal des Vergil, Gartenstaffage
1757	Verlängerungsbau am Markgrafenflügel des Neuen Schlosses
ab 1759	Italienischer Bau
um 1755-1760	Jagdpavillon Kaiserhammer
um 1760	Fürstengruft in der Schloßkirche für die markgräfliche Familie
um 1762	Gartenentwurf für den Bayreuther Hofgarten gemeinsam mit Richter
um 1763	Anbau der Seitenflügel von Schloß Neudrossenfeld bei Bayreuth
um 1763	Gartenpavillon von Schloß Fantaisie in Donndorf bei Bayreuth
1763	Renovierung des Gotteshauses und des Witwensitzes für Markgräfin Sophie Caroline in Erlangen
1764	«Communication», Verbindungsflügel zwischen dem Neuen Schloß und dem Italienischen Bau
um 1764	Pfarrhaus Neudrossenfeld bei Bayreuth
um 1766	Pfarrhaus Wonsees, nach Plänen Gontards

Adelspalais, Bürgerhäuser und Amtsgebäude

um 1750-1757	Haus Layritz, Luitpoldplatz 11 (fraglich)
um 1752-1755	Haus Liebhardt, Friedrichstraße 2 (fraglich)
um 1756/57-1759	Hofapothek, Richard-Wagner-Straße 2
um 1758-1761	Haus Spindler, Ludwigstraße 29
um 1759-1761	Wohnhaus Gontard, Schloßberglein 3
um 1759-1761	Palais d'Adhémar, Maximilianstraße 10
um 1760/61-1767	Palais Reitzenstein, Luitpoldplatz 15
um 1760	Haus Pfeiffer, Brandenburger Str. 32 (fraglich)
um 1760	Palais Ellrodt, Ludwigstraße 26
um 1760	Palais Künßberg, Friedrichstraße 18
um 1760	Jägerhaus, Bahnhofstraße 4
um 1761-1764	Wohnhaus Cariolknecht Böhm, Moritzhöfen 7

Tabelle II: Immediatbauten in Potsdam zwischen 1748 und 1756

Die Tabelle wurde nach Mangers Angaben im Band I der »Baugeschichte von Potsdam« zusammengestellt und umfaßt die auf königliche Kosten errichtete Bürgerhäuser zwischen 1748 bis 1756. (Seitenangaben in Klammern.) Fabriken, Fabrikantenhäuser, Kasernen etc. wurden dabei nicht berücksichtigt. Spätere Datierungsversuche Potsdamer Bauten stimmen allerdings nicht immer mit Mangers Angaben überein. Mielke zählt für das Jahr 1744 8 Gebäude, 1748 4 Gebäude, 1749 8 Gebäude, 1750 13 Gebäude, 1751 11 Gebäude, 1752 21 Gebäude, 1753 18 Gebäude, 1754 19 Gebäude, 1755 27 Gebäude, 1756 13 Gebäude. Dies hängt damit zusammen, daß teilweise das Jahr der Fertigstellung als Fixpunkt genommen wurde (vgl. Mielke 1972, Bd.II, XV-XXXVIII.).

	Innerhalb der Stadt	Außerhalb der Stadt
1748	3 Bürgerhäuser (S.88)	
1749	8 Bürgerhäuser (S.111)	
1750	7 Bürgerhäuser (S.117)	
1751	9 Bürgerhäuser (S.121)	
1752	Wohnhaus des Kommandeurs der Leibgarde (S.133) Predigerhaus (S.137), Haus am Lustgarten (S.139) 3 holländische Häuser (S.141), 13 Bürgerhäuser (S.141/142)	
1753	11 Bürgerhäuser (S.168)	
1754	12 Bürgerhäuser (S.185)	19 Häuser für ausländische Handwerker (S.132)
1755	19 Bürgerhäuser (S.202)	
1756	4 Bürgerhäuser (S.220) Fertigstellung des Färberschen Hauses in der Brauerstraße (S.221)	20 Kolonistenhäuser am Brauhausberg (S.139)

Tabelle III: Chronologische Zuordnung der Potsdamer Immediatbauten zwischen 1764 und 1786

Die Tabelle beruht auf den Angaben in Mangers »Baugeschichte von Potsdam« sowie auf den Zuschreibungen von Hans Kania, Friedrich Mielke und Hermann Fellien. Berücksichtigt wurden die Immediatbauten in der Zeit nach dem Siebenjährigen Krieg bis zum Tode Friedrichs II. Kursiv gesetzte Objekte wurden von Gontard nach fremden Vorlagen adaptiert, Schrägstriche (/) zwischen den einzelnen Hausnummern weisen auf zusammenhängende Fassaden hin. Die in Klammern gesetzten Zahlen in der Spalte »Jahr« geben die von Manger genannte Anzahl der Bürgerhausbauten für das jeweilige Jahr an.[584] Allerdings treten hier teilweise Abweichungen gegenüber der Zahl der Zuschreibungen durch Mielke und Kania auf. Es wurden die vor 1945 gebräuchlichen Straßennamen und Hausnummern gewählt, wie dies in der Literatur zu Potsdam allgemein üblich ist.

Jahr	Bürgerhäuser	Kasernen	Fabriken etc.	Architekt
1764 (2)	Hohe Wegstr. 4, 6	Am Kanal 31, 32, 33, 34, 35	Hohe Wegstr. 7/8	Büring
		Lindenstr. 35-37, 38/39		Manger
1765 (11)	Lindenstr. 40/41/42/43			Manger
	Nauener Str. 30/31, 32 (2 Häuser), 33/34			Gontard
	Schwertfegerstr. 8			Manger
1766 (6)	Wilhelmplatz 0, 1, 2/3, 4/5			Gontard
1767 (10)	Am Alten Markt 5, 7 Scharrenstr. 3			Gontard
	Wilhelmplatz 15-20			*Gontard*
	Kirchstr.?			?
1768 (7)	Nauener Str. 23, 24/25, 28/29			Gontard
	Nauener St. 26/27			Gontard
1769 (16)	Blücherplatz 7, 9 Charlottenstr. 44 Hohe Wegstr. 5, 9 Wilhelmplatz 6, 7/8, 10/11,12			Gontard
	Wilhelmplatz 9 (2 Häuser)			*Fr.II./ Gontard*
	Breite Str. 26/27 (mit Zwischenbau)			Unger
1770 (20)	Am Alten Markt 9/10, 11 Bäckerstr. 6 Burgstr. 2, 3, 4 Burgstr. 55/56 (56 = 2 Häuser) Hohe Wegstr. 10, 11/12 (urspr. nur 1 Haus) Lindenstr. 44, 44 I (urspr. nur 1 Haus?)		Burgstr. 3 Salzmagazin	Gontard

Jahr	Bürgerhäuser	Kasernen	Fabriken etc.	Architekt
1770	Nauener Str. 22, 35, 36, 37 Scharrenstr. 4 Waisenstr. 37		Brandenburger Tor	Gontard+ Unger
	Breite Str. 10, 11			Unger
		Garde du Corps Str. 1-5		Manger
1771 (19)	*Humboldtstr. 5/6*		Militärwaisenhaus	*Gontard*
	Burgstr. 51/52, 53/54 Hoditzstr. 6 (?)			Unger
	Hohe Wegstr. 3, 12a			Unger
	Kaiserstr. 3/4 Scharrenstr. 1, 2			Unger
	Schwertfegerstr. 9, 10			Unger
	Waisenstr. 28, 29, 30/31			Unger
1772 (15)	Am Alten Markt 6			?
	Berliner Str. 4/5, 18/19 Garde du Corps-Str. 26		Militärwaisenhaus	Gontard
	Blücherplatz 8 Charlottenstr. 15 Kaiserstr. 1 (2 Häuser), 2		Lindenstr. 25 (Lazarett)	Unger
	Lindenstr. 23, 24, 27 (Schwertfegerstr. 7a, gehört zu Neuer Markt 12/13) Waisenstr. 32			Unger
		Türkstr. 13		Manger
1773 (30)	Am Bassin 9, 10, 11 Charlottenstr. 45-47, 66, 67, 68		Militärwaisenhaus	Gontard

Tabellen

Jahr	Bürgerhäuser	Kasernen	Fabriken etc.	Architekt
1773	Am Neuen Markt 2/3, 6, 7, 8 Burgstr. 6/7, 49/50 Charlottenstr. 37/38 Grünstr. 4/5, 6, 7 Schwertfegerstr. 2, 14 Spornstr. 6 Waisenstr. 33/34, 35			Unger
		Kasernenstr. 1-3		
		Garde du Corps-Str. 7-9		Manger
		Hohenzollernstr. 19		Manger
1774 (27)	Charlottenstr. 63, 64, 65		Militärwaisenhaus	Gontard
	Bäckerstr. 7, 8, 9 Burgstr. 45, 46, 47, 48 Charlottenstr. 39/40/41, 48/49, 50/51, 52/53 Hohe Wegstr. 1/2 Schwertfegerstr. 6/7, 11 Yorckstr. 7, 8, 11/12	Garde du Corps-Str. 13		Unger
		Siefertstr. 2		?
1775 (24)	Am Bassin 12 Charlottenstr. *54a/54b/55*, 62		Militärwaisenhaus Rathausflügel	Gontard
	Am Neuen Markt 4 Bäckerstr. 1, 2, 3, 4, 5 Burgstr. 43/44 Charlottenstr. 42/43 Französische Str. 14, 15 Schwertfegerstr. 3 Wilhelmplatz 13, 14 Yorckstr. 3/4, 8a			Unger
		Elisabethstr. 29/30		Manger

Jahr	Bürgerhäuser	Kasernen	Fabriken etc.	Architekt
1775		Garde du Corps-Str. 10/11/12 Hohenzollernstr. 3/4		Manger
	Berliner Str. 11			?
1776 (25)	Am Bassin 7, 8 Am Kanal 30 Brandenburger Str. 37		Militärwaisenhaus	Gontard
	Am Kanal 27, 28 Burgstr. 16, 18, 40, 41, 42 Charlottenstr. 56/57 Französische Str. 1, 13, 16 Kirchstr. 5 Yorckstr. 10		An der Gewehrfabrik 2 (bis 5)	Unger
		Garde du Corps-Str. 14/15 Hohenzollernstr. 2 (2 Häuser) Siefertstr. 3, 4		Manger
	Hohenzollernstr. 1 Kupferschmiedsgasse 8 Mammonstr. 5 Waisenstr. 38, 39, 47 Yorckstr. 5			?
1777 (38)	Brandenburger Str. 38 *Humboldstr. 4*		Militärwaisenhaus	Gontard
	Berliner Str. 3, 20 Burgstr. 13/14, 19, 20, 23, 24, 25 Charlottenstr. 20, 89/90, 91/92, 93/94 Französische Str. 9, 10/11, 12, 26 Hoditzstr. 10/11 (1 Haus), 12			Unger

Jahr	Bürgerhäuser	Kasernen	Fabriken etc.	Architekt
1777	Kiezstr. 1, 2, 3, 4, 26/27 Schwertfegerstr. 12, 13 Waisenstr. 25, 26, 27 Priester Str. 12			Unger
				Unger?
	Pläne für das Teltower Tor in Potsdam (?)			Gontard?
1778	----	----	----	Unger
1779 (11+2)	Am Kanal 9 Charlottenstr. 13, 14, 18/19, 58, 95 Charlottenstr. 16/17 (nach Kania) Hohe Wegstr. 14 Lindenstr. 22, 46 Waisenstr. 24			
		Elisabethstr. 26/27/28		Manger
1780 (39)	Am Bassin 6 Hoditzstr. 13 (?) Burgstr. 37 (?)			Gontard (Unger?)
	Burgstr. 35? Charlottenstr. 35/36, 69, 70/71, 96/97 Französische Str. 2, 25 Hoditzstr. 7, 14?, 15?, 16? Kiezstr. 5, 6?, 7, 8 Kirchstr. 1 Waisenstr. 48, 49/50, 51	Garde du Corps-Str. 18?		Unger
	Burgstr. 38 Grünstr. 8			J. Chr. V. Schultze
	Burgstr. 26/27, 36 Charlottenstr. 98 Französische Str. 17/18, 19/20 Schockstr. 20	Garde du Corps-Str. 25		?
1781 (33)	Am Bassin 5			Gontard

Jahr	Bürgerhäuser	Kasernen	Fabriken etc.	Architekt
1781	Burgstr. 32, 33 Charlottenstr. 11/12?, 21/22/23, 72, 86/87			Unger
	Breite Str. 18			Böhme
	Charlottenstr. 59			A. L. Krüger
		Kaiser-Wilhelm-Str. 33/34/35		Manger
	Charlottenstr. 73/74, 88, 99 Französische Str. 7/8, 23, 24, Garde du Corps-Str. 23/24 (zu 25) Hoditzstr. 1, 5 Jägerstr. 22, 23 Kiezstr. 9 Kupferschmiedsgasse 6, 7 (Mammonstr. 5, Fortsetzung von 1776) Schockstr. 19			?
1782 (32)	Waisenstr. 40/41/42			
	Am Bassin 4			Gontard
	Charlottenstr. 60 Elisabethstr. 17 Heiliggeiststr. 14/15			Krüger
	Kiezstr. 13			J.R.H. Richter
	Charlottenstr. 24/25/26, 33, 34, 75/76/77, 83/84/85, 100/101 Elisabethstr. 18 Französische Str. 4/5,6 Friedrichstr. 6 Hoditzstr. 21, 22, 23 Kaiser-Wilhelm-Str. 57 Kiezstr. 10, 14		Brandenburger Co. 7/8 (Kaiser-Wilhelm-Str. 30, 6 Häuser)	?
1783 (37)	Waisenstr. 43/44/45			
	Am Bassin 3			Gontard

Jahr	Bürgerhäuser	Kasernen	Fabriken etc.	Architekt
1783	Nauener Str. 30/31, 32 (2 Häuser), 33/34 (1783/84 Wiederaufbau der Bauten von 1765)			Gontard
	Charlottenstr. 81/82, Am Kanal 19, (mit Nauener Str. 34 a), 20			Unger
	Charlottenstr. 108 Elisabethstr. 19/20/21/22 Französische Str. 3, 21, 22			Krüger
	Charlottenstr. 1, 78/79/80 Kiezstr. 11, 12			J. R. H. Richter
	Charlottenstr. 9/10, 27/28/29/30, 31/32, ? Kupferschmiedsgasse 9, 10			?
1784 (34)	Charlottenstr. 107 (zu 108) Elisabethstr. 23/24/25 Hoditzstr.19 Kupferschmiedsgasse 2/3/4			Krüger
	Spornstr. 3, 4, 5			J. R. H. Richter
	Eltesterstr. 2/3/4 Heiligegeiststr.1/2 Hohenzollernstr. 10/11, 12/13			J. G. Schulze
	Charlottenstr.2/3, 4/5/6, 7/8, 102/103/104, 105/106 Hoditzstr. 20 Hohenzollernstr. 9			?
1785 (38)	Am Bassin 2			Gontard

Jahr	Bürgerhäuser	Kasernen	Fabriken etc.	Architekt
1785			Am Kanal 29 (Montierungskammer)	Unger
	Kupferschmiedsgasse 1, 5			Krüger
	Brandenburger Str. 1, 72 Hohenzollernstr. 14/15/16, 17/18			J. R. H. Richter
	Eltesterstr. 1 (zu 2/3/4) Große Fischerstr. 6, 7, 8/9, 10 Heiligegeiststr. 3 (zu 1/2), 4 Kleine Fischerstr. 1			J. G. Schulze
	Friedrichstr. 1 Hoditzstr. 2, 3, 17, 18 Jägerstr. 42 Kaiser-Wilhelm-Str.32, 49/50/51, 52/53/54, 55 (2 Häuser), 56 Mammonstr. 3 Schockstr. 1			?
1786 (40)	Brandenburger Str. 8 Kiezstr. 16, 20/21/22 Schockstr. 15, 16, 17, 18			J. R. H. Richter
	Große Fischerstr. 3/4/5 Kleine Fischerstr. 2/3/4			J. G. Schulze
	Große Fischerstr. 2 Jägerstr. 1 Kaiser-Wilhelm-Str. 36, 37, 38, 39/40, 41, 42, 43, 44, 45, 46/47/48 Kiezstr. 15, 18 Lindenstr. 1 Schockstr. 21/22/23, 24 Waisenstr. 1, 74			?

Tabelle IV: Zum abweichenden Wiederaufbau der Häuser an der Nauenschen Plantage 1783 und 1793

Nach knapp 17 Jahren ihres Bestehens war man 1783 gezwungen, die Gontard-Bauten Nauener Straße 30/31, 32, 33/34 abzubrechen, womit am 7. Februar des Jahres begonnen wurde. (Kat. Nr. 88-90, Abb. 44-45, 49, 51, 55) Da man sie 1765 über unzureichenden Pfahlgründungen der Vorgängerbauten aus Fachwerk errichtet hatte, waren schwere Schäden im Mauerwerk aufgetreten. Es mußten neue, tiefere Pfahlroste und Fundamente geschaffen werden.[585] »Die Außenseiten wurden alle drey wie sie vorher gewesen waren«, der skulpturale Schmuck in Form von Vasen und Figurengruppen wurde, soweit es ging, wiederverwendet oder neu ergänzt, wie Manger angibt.[586]

Verschiedene Autoren haben sich bereits mit den Abweichungen beschäftigt, die sich bei der Betrachtung von Ansichten vor und nach der Erneuerung der Häuser Nauener Str. 30/31, 32, 33/34 ergeben.[587] Manger erwähnt, daß die ursprüngliche Aufrißgestaltung bei den Baumaßnahmen 1783 beibehalten worden sei.[588] Vergleiche zwischen verschiedenen Ansichten zeigen, daß die Nauener Straße 30/31 nach 1783 statt mit neun mit elf Achsen versehen ist und bei Nr. 33/34 anstelle von zwölf nur noch elf Achsen ausgeführt wurden. Als Vergleichsbeispiele dienen Ansichten von Andreas Ludwig Krüger (Abb. 44-46) und Johann Friedrich Meyer (Abb. 48-49), die beide die gleiche Gliederung dieser Objekte wiedergeben.[589] Für die Nauener Straße 32 läßt sich keine Abweichung der Achsenzahl festhalten, wahrscheinlich wurde aber die Oberflächenstruktur verändert und von einer Diamantierung in eine flache Quaderung abgewandelt. (Abb. 44, 55).

Beim genaueren Vergleich von Ansichten Andreas Ludwig Krügers mit den Bauten der Nauener Straße fallen aber auch bezüglich der Nr. 24/25 und 28/29 Abweichungen auf. Krüger zeigt Nr. 24/25 (Kat. Nr. 85) auf zwei Ansichten (Abb. 45-46) mit elf Achsen, während sie tatsächlich nur zehn Achsen umfaßt. Die im Anschluß gebaute Nr. 23 weist keine Abweichungen auf. Bei der Nauener Straße 28/29 (Kat. Nr. 87) gibt Krüger ebenfalls auf zwei Ansichten (Abb. 45) einmal zwölf und einmal elf Achsen (Abb. 46) an, obwohl das Gebäude tatsächlich dreizehn Achsen (5:3:5) besitzt, wie es in diesem Fall auch bei Meyer (Abb. 49) gezeigt wird.

Vergleiche zwischen historischen Ansichten und den tatsächlichen Bauten wurden bisher offenbar nur bei den Bauten 30/31, 32, 33/34 angestellt, da hier bekannterweise ein Abbruch und Wiederaufbau durchgeführt wurde. Abweichungen zwischen den Achsenzahlen von 1765 und 1783 wurden deshalb auf veränderte Konzeptionen der Nachfolgebauten zurückgeführt. Da aber auch bei den Darstellungen der Nauener Straße 24/25 und 28/29, die nicht von diesen Maßnahmen betroffen waren, Unterschiede in bezug auf die ausgeführten Anlagen zu verzeichnen sind, muß die Genauigkeit der Ansichten hinterfragt werden.

Möglicherweise beruhen die bisher angenommenen Achsenveränderungen lediglich auf Ungenauigkeiten in den Stadtansichten. Falls die Originalbaupläne damals noch existierten, wäre ein Rückgriff auf sie vermutlich die einfachste Lösung gewesen, da zeitaufwendige neue Fassadenentwürfe überflüssig gewesen wären. Auch bestanden die Hausbesitzer in der Regel darauf, die gleiche Anzahl von Fensterachsen wie am Vorgängerbau zu erhalten, wie Manger es für die Häuserzeile Wilhelmplatz 15-20 erwähnte.[590] Andererseits ist eine sklavisch genaue Rekonstruktion der Bauten in dieser Zeit eigentlich nicht zu erwarten. In jedem Fall sollte bei dieser Problematik nicht außer Acht gelassen werden, daß bei den Ansichten Krügers und Meyers sicherlich der künstlerische Gesamteindruck vor einer hundertprozentigen Detailgenauigkeit bei der Wiedergabe der Platzgestaltung lag.

Auch auf der Ostseite des Platzes waren die Pfahlgründungen teilweise zu schwach angelegt worden, wovon die Gebäude Wilhelmplatz 0-7 (Kat. Nr. 96-101) betroffen waren. Die gesamte baufällige Häuserzeile wurde jedoch nicht auf ein Mal eingerissen. Mit dem Abbruch der Häuser Nr. 7 (die Hälfte der Doppelfassade blieb stehen) bis Nr.2/3 wurde eventuell schon im Herbst/Winter 1793, spätestens im Frühjahr 1794 begonnen, denn im Mai dieses Jahres war das Erdgeschoß von Nr.7 schon fast vollständig aufgemauert.[591] Mit dem Einreißen der Synagoge sowie des Töpferschen und des Gebhardtschen Hauses wurde erst Ende September 1795 begonnen.[592] Da auch hier die Eigentümer z.T. schon wieder gewechselt hatten, soll die nachfolgende Aufstellung der Namen der Besitzer und der Hausnummern die Übersicht erleichtern.
Die Angaben der Kabinettsakten weichen hinsichtlich der Erbauungsjahre von einer Häuserliste ab, die 1803 durch das Königliche Hofbauamt erstellt wurde und die wohl weitgehend als Ausgangspunkt für die bisherige Datierung der Bauten in die Jahre 1792 bis 1795 diente.[593] Durch die gesicherten Angaben in den Kabinettsakten verschieben sich diese in bezug auf die Fertigstellung um ca. zwei bis drei Jahre. Auf der Ostseite der Plantage sind die Veränderungen noch deutlicher als auf der Westseite, da teilweise neue Entwürfe Umsetzung fanden und die Umbauten erst nach Gontards Tod stattfanden.

Beim Wiederaufbau wurden für die Fassade von Nr. 2/3 (Kat. Nr. 98, Abb. 47) gotisierende, nahezu maurische Formen verwendet, wobei Boumann d. J. als Erbauer in Frage kommt.[594] Bei der Vorderfront von Nr. 4/5 (Kat. Nr. 99, Abb. 47, 56, 147) dürfte, im vorsichtigen Vergleich mit der Ansicht Meyers – die Achsenzahl gleichgeblieben sein. Einzelne Details wie die Gestaltung der mittleren Fensterachse mit gedoppelten Fenstern oder der »Laufenden Hund« als Motiv der Fensterbrüstungen dürften nachträglich dazugekommen sein. Lediglich Nr. 6 und 7, letztere bildete eine gemeinsame Fassade mit Nr. 8, dürften weitgehend nach den ursprünglichen Fassadenvorgaben wiederhergestellt worden sein. (Abb. 148)

Die Zuordnungen der Tabelle resultieren aus Mangers Angaben zum Bau der Häuser 1766 und 1769 sowie aus Aufzeichnungen zum Wiederaufbau in den Kabinettsakten König Friedrich Wilhelms II.[595] Demnach wurde der Ausbau von Nr. 7 und Nr. 6 im November 1795 beendet. Bei Nr. 5 (Urban) war damals das Fundament fertig, bei Nr. 4 (Kunze) wurde mit dem Fundament begonnen, bei Nr. 3/2 wurde der Pfahlrost gelegt und die beiden letzten Häuser waren gerade abgebrochen worden.[596] Die Fertigstellung der verbliebenen Bauten dürfte 1796, spätestens 1797 abgeschlossen gewesen sein.

Besitzer	Erbaut	Nr.	Abriß	Fertig	Besitzer	Nr.
Bockelberg	1766	0	Sept. 1795		Gebhardt, später Töpfer	
Synagoge ("Judenschule")	1766	1	Sept.1795	1796?	Synagoge	1
Morisson + Weisse	1766	2/3	ca. 1793/94	1796?	Dietrich	2/3
Kunze + Urban	1766	4/5	ca. 1793/94	1796?	Kunze + Urban	4/5
Löper	1769	6	ca. 1793/94	1795	Horvath	6
Bellin + Wehnert	1769	7/	ca. 1793/94	1795	Lehmann + Heymüller	7/
		8	blieb erhalten			8
Jenner + Koch	1769	9	blieb erhalten			9
Bardus + Melzer	1769	10/ 11	blieb erhalten blieb erhalten			10/ 11
Reinicke + Floreif	1769	12	blieb erhalten			12

Tabellen

Tabelle V:
Höfische Bauten
Carl von Gontards in Potsdam

Baujahr	Objekt
1764-1769	Überarbeitung der Pläne für das Neue Palais und die Communs, Bauleitung
ab 1768	Antikentempel, nach einem Entwurf Friedrichs II. Freundschaftstempel Wacht- und Gärtnerhäuser am Neuen Palais Orangenhäuser am Neuen Palais hinter dem Gärtnerhaus sowie bei Schloß Sanssouci
ab 1769	Drachenhaus
um 1770	Treillage-Pavillon im Gartenrevier am Neuen Palais
1771-1775	Ausbau der Neuen Kammern in der Orangerie gemeinsam mit Unger
ab 1786/87	Marmorpalais am Heiligen See, Entwurf des Außenbaues für König Friedrich Wilhelm II., Inneneinrichtung durch Langhans

Tabelle VI:
Öffentliche Bauten, Sakralbauten und sonstige höfische Aufträge
Carl von Gontards in Berlin

Baujahr	Objekt
1776	Spittelbrücke und Kolonnaden
1777	Königsbrücke und Kolonnaden
ab ca. 1777	Dombauten am Gendarmenmarkt, wohl nach einem ersten Entwurf des Königs
1780	Innenausbau der Königlichen Bibliothek eventuell Pläne für eine Artilleriekaserne am Holzmarkt Pläne für einen Flügelbau der Charité (unverwirklicht)
1781-1788	Rosenthaler Tor (?)
1782	Pläne für die Jägerbrücke
1786	Oranienburger Tor
1786	Trauerdekoration für die Trauerfeierlichkeiten anläßlich des Begräbnisses König Friedrichs II.
ab 1786	Ausbau der Königskammern im Berliner Stadtschloß (Audienzsuite mit Thronzimmer sowie ein Vorzimmer, Konzert-, Schlaf- und ein Schreibzimmer zum Schloßhof, Neuwieder-Zimmer mit lackierten Kabinetten zum Lustgarten). Erdmannsdorff und Langhans waren ebenfalls mit dem Ausbau betraut.

Tabelle VII:
Immediatbauten
Carl von Gontards in Berlin

Baujahr	Objekt
1779/80	Wohnhaus des Weinhändlers Thorm, Markgrafenstr. 37 (46b)
um 1780	Ammonsches Haus, Charlottenstr. 59 (fraglich, wohl Unger)
um 1780	Eckgebäude Französische Str. 44, Charlottenstr. 33 (fraglich, wohl Unger)
um 1780	"Scheibles Hotel", Markgrafenstr. 41 (49)
um 1780/81	Markgrafenstr. 40 (48) (fraglich, wohl Michael Ph. Boumann)
1780/81	Umbau des Französischen Waisenhauses, Charlottenstr. 55
1781	Haus des Kammerrats Schilantzky am Gendarmenmarkt, Markgrafenstr., Ecke Französische Straße (evtl. Markgrafenstr. 42 (50) oder Französische Straße 38/39)
1781	Wohnhäuser Barrow und Sabbatier am Gendarmenmarkt
1781	Gebäude für die Französische Kolonie, Charlottenstr. 49 (Haus Lutter und Wegner)
1781	Wohnhaus des Brauers Doeblitz, Markgrafenstr. 39 (47)
wohl 1781	Entwurf für ein unbekanntes Wohnhaus in der Friedrichstadt
?	Wohnhaus zum Weißen Schwan, Markgrafenstraße 35 (44)
?	Mohrenstraße 28
ab ca. 1785	Konsistorialgebäude, Schützenstraße 26

Verzeichnis der Gontard-Pläne

Das nachfolgende Verzeichnis soll den Überblick über die Gontard-Pläne erleichtern. Es wurden dabei vereinzelt auch Pläne erfaßt, die nicht von Gontard selber stammen, wie z.B. spätere Bauaufnahmen. Eine genauere Beschreibung der Blätter findet im Rahmen der jeweiligen Katalognummern statt, zu denen die Pläne gehören. Ein Anspruch auf Vollständigkeit kann natürlich nicht erhoben werden.

Kat. Nr.	Objekt	Aufbewahrungsort	Abb.
4	Jagdpavillon Kaiserhammer, um 1760	GNM, Graph. Slg., Kapsel 1555, Hz. 4183	130
19	Palais Reitzenstein, Bayreuth (gez. Johann Bauer), um 1760	Stadtmuseum Bayreuth, Inv. Nr. 06.444	19
22	Haus Cariolknecht Böhm, Bayreuth, um 1761	Stadtmuseum Bayreuth, HV 273, Mappe Arch. 1	34
24	Neues Palais, Potsdam, 1765-1769	Plankammer Potsdam Inv. Nr.725-727, 868-870	37
		Staatl. Museum für Architektur Moskau Inv. Nr. I 5300, 5351, 5313, 5302, 5320	
25	Communs, Potsdam 1765-1787	Plankammer Potsdam, Inv. Nr. 228, 1208, 1210	40, 41
		Berlin Museum, Inv. Nr. VII 60/1803	
26	Wacht- und Gärtnerhäuser, Potsdam	Plankammer Potsdam, Inv. Nr. 1984, 1849	
30	Treillagengitter, Potsdam, 1777	Plankammer Potsdam, Inv. Nr. 1154	96, 47, 99
31	Treillagepavillon, Bayreuth oder Potsdam, um 1750-1760	GNM, Graph. Slg., Kapsel 1555, Hz. 4184	124, 125
106/1-3	Militärwaisenhaus Potsdam, 1770-1772	Plankammer Potsdam, Zugangsnummer 4912-4914	127, 128, 129
107	Spittelbrücke und Kolonnade Berlin, 1775/76	GNM, Graph. Slg., Kapsel 1555, Hz. 4197	
108/1-3	Königsbrücke und Kolonnade Berlin, 1776	Plankammer Charlottenburg, PK 3460/1-3	

Kat. Nr.	Objekt	Aufbewahrungsort	Abb.
110	Triumphbogen für Sophie Caroline v. Braunschweig, Bayreuth, 1759	GNM, Graph. Slg., Kapsel 1555, Hz. 4181	188
111	Feuerwerksarchitektur für die Herzogin von Württemberg, Kayserhammer, um 1760	GNM, Graph. Slg., Kapsel 1555, Hz. 4182	
115/1-3	Oranienburger Tor, Berlin, 1785/86	Plankammer Charlottenburg, PK 3457, 3458	193-195
		GNM, Graph. Slg., Kapsel 1555, Hz. 4192 a, b	
		LA Berlin, Pr. B., Rep. 42, VII, 39	
116	Entwurf für eine Toranlage mit Brücke, Potsdam?, um 1777?	GNM, Graph. Slg., Kapsel 1555, Hz. 4188	
117	Entwurf für eine Toranlage	GNM, Graph. Slg., Kapsel 1555, Hz. 4189	
118	Stadttor mit Seitengebäuden, Berlin?	Plankammer Charlottenburg, PK 5352	196
119	Stadttor mit Seitengebäuden, Berlin, um 1785/86?	Kupferstichkabinett Berlin Hdz. 5891 (3830 b)	197
123/2**	Deutscher und Französischer Dom Berlin	GNM, Graph. Slg., Kapsel 1555, Hz. 4195	199-201
123/3**		Plankammer Charlottenburg, Inv. Nr. 3273	
123/4**		Berlin Museum, Inv. Nr. GHZ 90/3	

Kat. Nr.	Objekt	Aufbewahrungsort	Abb.
124	Gebäude der franz. Kolonnie (Lutter & Wegner), Berlin, 1780	Ansicht bei Jahn, Franz (siehe Literaturverzeichnis)	88
125	Franz. Waisenhaus, Berlin, 1780/81	Ansicht bei Jahn, Franz (siehe Literaturverzeichnis)	
128	Wohnhaus Schilantzky, Berlin, 1780	GNM, Graph. Slg., Kapsel 1555, Hz. 4198	83
129	Wohnhaus Thorm, Berlin, 1779	Plankammer Potsdam, Inv. Nr. 9476	86
130	Wohnhaus Doeblitz, Berlin, 1780	Ansicht bei Jahn, Franz (siehe Literaturverzeichnis)	90
136	Wohnhäuser Barrow und Sabbatier, Berlin, 1780	Plankammer Potsdam, Inv. Nr. 9477	85
137	Entwurf für ein Wohnhaus, vermutl. Berlin, 1780	GNM, Graph. Slg., Kapsel 1555, Hz. 4199	92
138	Entwurf für ein fürstl. Wohngebäude, 1777	GNM, Graph. Slg., Kapsel 1555, Hz. 4210	70
140/1	Marmorpalais und Küchengebäude, Potsdam, um 1786/87	Plankammer Potsdam, Inv. Nr. 2535	102
141	Entwurf für Wiederauf des Alten Schlosses in Bayreuth, um 1753	GNM, Graph. Slg., Kapsel 1555, Hz. 4180	104
142	Entwurf für ein unverwirklichtes Schloßprojekt (Projekt I, um 1764?)	Plankammer Charlottenburg, Inv. Nr. 5342	105
143/1-3	Entwurf für ein unverwirklichtes Schloßprojekt (Projekt II, um 1765-1770?)	Plankammer Charlottenburg, Inv. Nr. 5346, 5347, 5353	106, 109, 110

Kat. Nr.	Objekt	Aufbewahrungsort	Abb.
144/1-6	Entwurf für ein unverwirklichtes Schloßprojekt (Projekt III), um 1775?	Plankammer Charlottenburg, Inv. Nr. 5340, 5341, 5343, 5344, 5345, 5354	'111-116
145/1-4	Zeichnungen zu einer palastartigen Kolonnadenarchitektur, letztes Drittel 18. Jhd.	Plankammer Potsdam, GK I 40796 Plankammer Charlottenburg, Inv. Nr. 5348-5350	'117-120
146-147	Verschiedene Skizzen zu plastartigen Anlagen, letztes Drittel 18. Jhd.	Plankammer Charlottenburg, Inv. Nr. 5351, 5355	'122, 123
148/1-2	Auf- und Grundrißentwurf für eine Kirche, um 1750-1752	GNM, Graph. Slg., Kapsel 1555, Hz. 4185-4186	'206, 207
149/1-2	Auf- und Grundriß eines Rundtempels, um 1754/55	GNM, Graph. Slg., Kapsel 1555, Hz. 4194, 4187	'208
150	Ansicht eines Rundtempels, 1755	GNM, Graph. Slg., Kapsel 1555, Hz. 4193	
151	Ansicht einer tempeartigen Anlage, um 1754/55	GNM, Graph. Slg., Kapsel 1555, Hz. 4196	'209
152	Entwurf für eine öffentliche Brunnenanlage, um 1751?	GNM, Graph. Slg., Kapsel 1555, Hz. 4190	'212

Katalog

Einleitung

Der Katalog faßt die Bayreuther, Potsdamer und Berliner Bauten Carl von Gontards zusammen, wobei notwendige Archivalienhinweise vermerkt wurden. Außerdem wurden wichtige Zeichnungen zu den einzelnen Objekten aufgenommen und genauer erläutert. Es hat es sich dabei z.T. als sinnvoll erwiesen einzelne Bauten oder Entwürfe aus dem regionalen Zusammenhang herauszulösen und in übergeordneten Themenstellungen zu erörtern.

Bei den Potsdamer Immediatbauten erschien es teilweise erforderlich auf die Bedeutung und Funktion der jeweiligen Straßenzüge oder Platzsituationen einzugehen, insofern dies nicht schon im Textteil erfolgte. Die einzelnen Katalognummern geben zunächst die wichtigsten Informationen zum Standort, zur Datierung und zum Erhaltungsstand wieder. Bei häufig wechselnden Straßennamen, wie dies in Potsdam der Fall war, wurden die jeweiligen Bezeichnungen vermerkt. Außerdem wurden neben der Baugeschichte und den Beschreibungen der Gebäude auch bauliche Veränderungen aufgenommen, soweit diese bekannt sind.

Bauten im Auftrag des Hofes in Bayreuth und Umgebung

Kat. Nr.: 1
Ort: Bayreuth
Objekt: Neues Schloß der Eremitage

Entwurf: Joseph Saint-Pierre, evtl. Mitwirkung Gontards als Conducteur
Erbaut: 1749-1753
Umbauten: Ursprünglich Menageriebau, Einbau von Wohnräumen in die Seitenflügel ab Mitte der 1750er Jahre.
Zerstörung: Im 2. Weltkrieg fast völlig zerstört, Inneneinrichtung verbrannt. Rekonstruktion 1972 abgeschlossen.

Es handelt sich um einen Zirkelbau mit zentralem Pavillon, die Fassaden sind mit Inkrustationen versehen. Die Ausstattung des achteckigen Mittelpavillons bezieht sich ikonologisch auf Apoll und diente der Verherrlichung des Markgrafen. Die Mitwirkung Gontards bei der Ausstattung des Sonnentempels ist fraglich, da Gontard zu dieser Zeit gerade erst in das Hofbauamt eingetreten war und im Anschluß zur Ausbildung nach Paris reiste.

Kat. Nr.: 2
Ort: Bayreuth
Objekt: Grabmal des Vergil, Gartenstaffage im Park der Eremitage

Entwurf: Vermutlich Carl von Gontard
Erbaut: 1755

Diese Gartenstaffage wurde nach der Rückkehr des Markgrafenpaares von der Italienreise unweit des Alten Schlosses in Gestalt eines ruinösen Architekturfragments erbaut, das möglicherweise als Gedenkmonument für Vergil gedacht war. Wilhelmine besuchte in Italien das sogenannte Grabmal des Vergil in Pozzuoli bei Neapel.[597] Auch wird die Staffage als Grabmal für den Lieblingshund der Markgräfin, »Folichon«, bezeichnet. In ihrem Tagebuch der Italienreise schreibt Wilhelmine in diesem Zusammenhang bei der Grotte der Prosalipe in Boussole (Pozzuoli?) von einer »grotte du chien«.[598]

Kat. Nr.: 3
Ort: Bayreuth
Objekt: Gartenportikus für den Minister und Reichsgrafen Andreas Philipp von Ellrodt

Straßenname: Friedrichstr. 7
Entwurf: Carl von Gontard
Erbaut: Um 1759
Umbauten: Aufstockung im 19.Jh.
Archivalien: Stadtarchiv Bayreuth, Beschreibung der Stadt Bayreuth, König, um 1800, Nr. 288, 289, 289 b.
Stadtarchiv Bayreuth, Rissebuch.
StA Bamberg, Rep. K 111, Kreis- und Stadtgericht Bayreuth, Nr. 289 a.

In der Friedrichstraße Nr. 7 befindet sich der einstige Wohnsitz Philipp Andreas von Ellrodts.[599] Ellrodt (1707-1767) wurde beim Regierungsantritt des Markgrafen Friedrich 1735 zu dessen Geheimsekretär ernannt und stieg 1749 in den Rang eines Ministers auf. 1750 wurde er geadelt, 1759 folgte die Baronisierung und vier Jahre später die Erhebung in den Reichsgrafenstand. Auch seine Söhne Friedrich (1737-1765) und Germann (1738-1763) bekleideten bedeutende Ämter im Regierungsapparat. Nach dem Bericht Königs wurden für Ellrodt mehrere aneinanderschließende Gebäude zu einem Stadtpalais zusammengefaßt.[600] Die Gebäude wurden nicht speziell für den Minister von Ellrodt erbaut.[601] Den Grundakten ist zu entnehmen, daß zumindest das auf der rechten Seite an den Portikus anschließende Gebäude erst 1759 von Ellrodt erkauft wurde.[602] Demnach kann der ursprünglich eingeschossige Gartenportikus, den Graf Ellrodt nach Königs Angaben neu errichten ließ, erst ab 1759 gebaut worden sei, da der Graf vorher gar nicht im Besitz des Grundstücks war.[603]

Die Portalanlage, die dem Liebhardtschen Haus schräg gegenüber steht, wird von sowohl zweiachsigen als auch zweigeschossigen Flankenbauten eingefaßt, die ursprünglich Zeltdächer trugen. Nach der Aufstockung des Portikus wurde die Anlage mit einem durchgehenden Walmdach überfangen. Das in Bänderrustika gearbeitete Erdgeschoß wird vom glatten Obergeschoß durch ein breites Gebälk abgesetzt. Die Bauten rahmen die korbbogige Durchfahrt, die von zwei toskanischen Halbsäulen eingegrenzt wird. Zwischen den Flankenbauten und dem Portal verkröpft sich das Gebälk und wird von je zwei toskanischen Vollsäulen getragen, die auf einem gemeinsamen langgestreckten Piedestal stehen. Die Wandfläche hinter den Säulen ist mit Pilastern der gleichen Ordnung besetzt. Zwischen den Säulen sind Aussparungen in der Rustika zu erkennen, die jeweils mit längsrechteckigen Wandfeldern versehen und deren Oberflächen glatt gearbeitet sind. Ihre Oberkanten werden von Vorlagen überschnitten, die an Lambrequins erinnern. Über den verkröpften Bereichen erheben sich attikaartige Balusterbrüstungen, deren Eckeinfassungen mit allegorischen Frauengestalten besetzt sind. Es handelt sich um Kopien der Figuren am Bayreuther Opernhaus.[604] Die Toranlage wurde im 19. Jh. um das Obergeschoß erweitert, dessen Traufe nicht mit den angrenzenden Gebäuden fluchtet. Das heute dort befindliche Wappen der Ellrodts erhob sich ursprünglich über dem Gebälk der Einfahrt. Das Portikusmotiv mit dem breiten durchlaufenden Gebälk, die Gestaltung der rechteckigen profilierten Fensterrahmungen und die mit Blumen bekränzten Agraffen, lassen auf Gontards Urheberschaft schließen. Mit der Erbauung des Gartenportikus könnte der Anfang der Tätigkeit des Baumeisters für die Familie Ellrodt begonnen haben, für die er später noch Aufträge in der Ludwigstraße in Bayreuth und in Neudrossenfeld ausführte.

Kat. Nr.: 4   Abb.: 130
Ort: Bayreuth
Objekt: Jagdpavillon Kaiserhammer

Erbaut: Entwürfe wohl 1755-1760, unvollendet.
Zerstörung: Der Torso wurde 1780 abgebrochen.
Archivalien: GNM, Graphische Sammlung, Sammlung Knebel, Kapsel 1555, Hz. 4183. Zeichnung des Torsos von Jacob Spindler 1769, StA Bamberg, C 9 VI Nr. 11011 II/VIII. Zeichnung von C. C. Riedel 1780 in der Bayer. Staatsbibliothek München, Handschriftenabtl., Nachlaß Eduard Riedel.

Im Jagdrevier Kaiserhammer, im Amt Marktleuthen, sollte der Pavillon im Zentrum eines sternförmigen Wegenetzes mit Querverbindungen errichtet werden. In Kaiserhammer wurden verschiedene höfische Festlichkeiten abgehalten. Hier errichtete Gontard auch eine Feuerwerksarchitektur anläßlich des Geburtstages der Herzogin von Württemberg um 1760. Wegen des Todes des Markgrafen 1763 blieb der Pavillon unvollendet und wurde schließlich in den 1780er Jahren abgerissen.[605]

Zu Kat. Nr.: 4   Abb.: 130
Germanisches Nationalmuseum
Objekt: Auf- und Grundriß zum Jagdpavillon Kaiserhammer

Inv. Nr.: GNM, Graphische Sammlung, Sammlung Knebel, Kapsel 1555, Hz. 4183
Künstler: Carl von Gontard
Material: Feder in Grau, Braun, Schwarz; grau, graurosé, blau, schwarz laviert
Größe: H: 41,9 cm; B: 27,3 cm
Signiert: —
Datiert: —, um 1760
Maßstab in »Pieds«, mit Skala; Wasserzeichen: Krone, darunter »GR«; mit grauem Strich (Tinte) gerahmt; leicht fleckig, unten nachträglich beschnitten.
Bezeichnet: »Elevation du Rendez vous de chasse« (oben, braune Tinte)
»Plan du Rendez vous de chasse Batit de le Barc de Kayserhamer«

Gezeigt werden der Auf- und Grundriß für den Jagdpavillon beim Jagdschloß Kaiserhammer bei Bayreuth. Der Pavillon steht auf einer polygonalen Substruktion mit zweiläufigen vorgelegten Treppen in den Symmetrieachsen. Ein Oktogon über einem Kreis bildet den Grundriß des Pavillons, dessen Wände in den Hauptachsen rundbogige, ansonsten rechteckige Zugänge besitzen. Die Wände zeigen Ziegelmauerwerk. Eine geschweifte, einmal abgesetzte Kuppel überfängt den Raum. Geweihe dekorieren die Fassade. Der Bau des Pavillons blieb unvollendet. Jacob Spindler zeichnete den Torso 1769. Der Abbruch erfolgt 1780. Eine Zeichnung von 1780 von C. C. Riedel zeigt, daß der Pavillon in eine natürliche Erhebung gebaut war, die Treppenanlagen also nicht rund um den Pavillon herumliefen.[606]

Kat. Nr.: 5   Abb.: 29, 131, 132
Ort: Bayreuth
Objekt: Erweiterungsbau der Neuen Residenz, Italienischer Bau, Communication

Erbaut: 1757, 1759, 1763/64

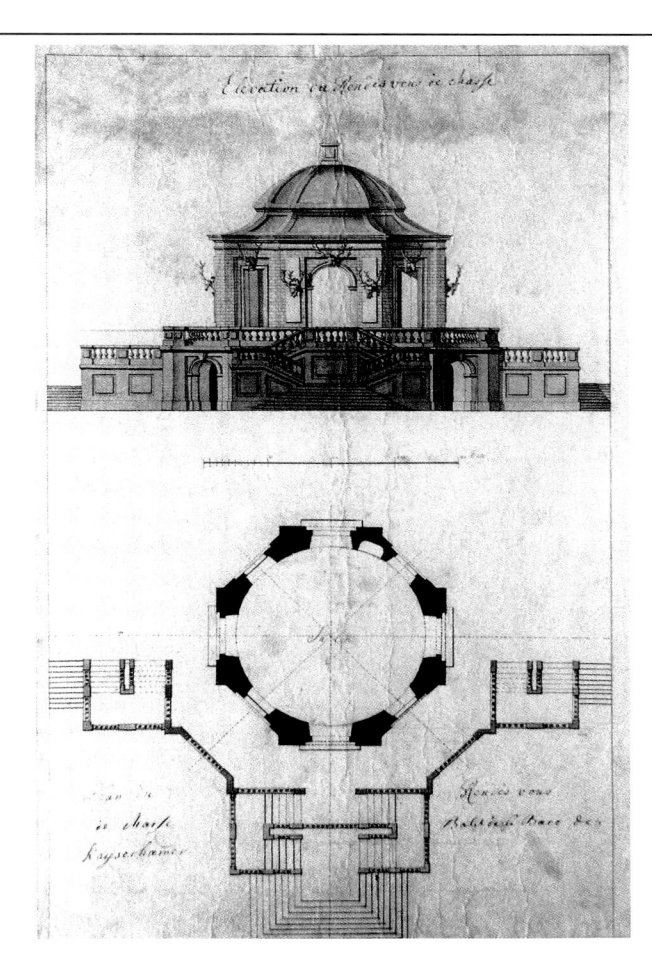

130. Jagdpavillon Kaiserhammer (unvollendet), Entwurf C. v. Gontard, um 1755-60 (Kat. Nr. 4)

Entwurf: Carl von Gontard, Rudolf Heinrich Richter
Archivalien: StA Bamberg, C9 VI, Bd. 1 a, KDK Hofkammer Bayreuth, Domänengrundbesitz, Nr. 3149, 3161, 3164, 3178, 3189. StA Bamberg, Markgrafentum Brandenburg-Culmbach, neugeordnet, Nr. 2703.

Zunächst erfolgte eine Erweiterung des Herrenflügels der Neuen Residenz um 1757 durch Gontard. Ein angrenzendes Gebäude wurde zu diesem Zweck gekauft und teilweise in den Schloßbau integriert. Der ab 1759 von Gontard für die zweite Frau des Markgrafen errichtete Italienische Bau stand ursprünglich separat und wurde durch die sogenannte »Communication« (Badetrakt und dreiachsiger Balkontrakt) durch Gontard mit dem Schloß verbunden. Die Konzeption der Innenausstattung wird weitgehend Richter zugeordnet.[607] Die drei mittleren sowie jeweils die äußeren Achsen des langgestreckten Italienischen Baues (5:13 Achsen) sind leicht vor die Fassade gezogen, wobei letztere zusätzlich durch einen vergrößerten Achsenabstand akzentuiert werden. Der Mittelrisalit wird durch einen Dreiecksgiebel mit Stuckkartusche überhöht. Die Risalitbildung fällt insgesamt jedoch sehr flach aus. Gerade im Verhält-

Katalog

nis zum Corps de logis der knapp 10 Jahre vorher errichteten Schloßanlage läßt sich dies erkennen. Die Tendenz zur Vereinheitlichung der Gebäudemasse wird ablesbar. Vor dem Mittelrisalit und an den Gebäudeecken befinden sich zweiläufige Freitreppen zum Garten. Durch die Verwendung von kräftig vorkragenden geraden Fensterverdachungen und Fensterbänken auf Konsolen wird der Horizontalismus der Anlage betont. Vertikale Gliederungselemente wie Säulen, Pilaster oder sonstige Wandvorlagen fehlen. Im Mittelrisalit, hinter dem sich im Inneren ein anderthalbgeschossiger Gartensaal befindet, wird die Reihung der Rechteckfenster im Obergeschoß durch ovale Okuli mit geschweifter Verdachung unterbrochen und von einem Fronton bekrönt. Man kann hier aber nicht mehr von einer »achitecture pyramidale« im barocken Sinne reden. Der plastische Dekor in Form von Festons unter den Fensterbänken des Obergeschosses und Agraffen, wird in den Türachsen durch Ranken über den Bogenläufen und figürliche Stukkaturen in der Gestalt von Putten mit Urnenvasen bzw. einer Kartusche erweitert. Die rückwärtige Fassade wurde ohne jegliche Dekor belassen.

Kat. Nr.: 6   Abb. 133
Ort: Bayreuth
Objekt: Fürstengruft der Markgrafen in der Schloßkirche

Straßenname: Am Schloßberglein
Entwurf: wohl Carl von Gontard
Erbaut: um 1760
Archivalien: —

Die Fürstengruft wurde um 1760 nachträglich in die Schloßkirche eingebaut. Beigesetzt sind hier Markgraf Friedrich, Markgräfin Wilhelmine und die Tochter Friederike, Herzogin von Württemberg. Als Material wurde schwarzer und weißer Marmor verwendet. Urnenvasen, Lorbeergirlanden und Lorbeerkränze verzieren den durch Pilaster gegliederten Einbau.

Kat. Nr.: 7
Ort: Bayreuth
Objekt: Schloß Neudrossenfeld, Anbau der Seitenflügel und Anlegung des Terrassengartens

Entwurf: Wohl Carl von Gontard
Erbaut: Um 1763

Das einstige Schloß- und Rittergut Drossenfeld war seit 1755 im Besitz der Familie Ellrodt. Die Fassade des älteren Hauptbaus war verputzt, die Gliederung unregelmäßig gestaltet. Seitlich wurden durch Gontard zweigeschossige Flügel angebaut, die zur Straße jeweils drei Fensterachsen aufweisen und leicht risalitartig vorgezogen sind. An den Seiten zeigen sie fünf bzw. sechs Achsen. Die Kanten der Flügel sind jeweils in Eckrustika gefaßt. Während der westliche Flügel steinsichtig ist, wurde der östliche Flügel verputzt. An der Gartenseite ist das Mittelfenster des Ostflügels portalartig gerahmt und mit Girlanden verziert. Ursprünglich war hier eine doppelläufige Treppe vorgelegt. Fenster und Türen an der Nordseite sind mit einfachen Rahmungen ohne Dekor eingefaßt. Mansarddächer überfangen die Flügel. Die extrem einfache Gliederung der Seitenflügel ist vermutlich auf eine Angleichung an den Hauptbau auf dieser Seite zurückzuführen. Auffällig ist dennoch das völlige fehlen des üblichen Gontardschen Fensterdekors, die unterschiedliche Oberflächenbehandlungen der Flügel sowie der Einsatz von Mansarddächern. Von großem Reiz soll der Terrassengarten gewesen sein. Von den Gartenplasti-

Katalog

S. 144 und oben:
131 und 132. Bayreuth, sogennanter Italienischer Bau des Neuen Schlosses (Kat. Nr. 5, Aufnahmen 1999)

rechts:
133. Bayreuth, Fürstengruft der Markgrafen in der Schloßkirche (Kat. Nr. 6, Aufnahmen 1999)

Katalog

ken sind noch Rocaillevasen und Komödiantenfiguren erhalten geblieben.[608]

Kat. Nr.: 8
Ort: Bayreuth
Objekt: Gartenpavillon von Schloß Fantaisie in Donndorf bei Bayreuth

Entwurf: Wohl Carl von Gontard
Erbaut: Um 1763
Archivalien: —

Der Gartenpavillon wurde als eingeschossiger Bau (3:2 Achsen) von 9,6 m x 11,8 m errichtet. Der Aufriß wurde am Grand Trianon in Versailles angelehnt. Ein Mansarddach überfängt den Pavillon. An den dreiachsigen Hauptseiten (Ost- und Westseite) erfolgt eine Gliederung durch jeweils zwei ionische Pilaster. Die rundbogigen Türen besitzen profilierte Bogenläufe, Scheitelagraffen und Rankendekor auf den Bogenläufen. Felder mit Blendbaluster unterteilen die Attika. An den Schmalseiten sind nur an den Kanten einfache ionische Pilaster plaziert. Die Südseite ist zweiachsig, jedoch wurden die Türen nachträglich vermauert. Auf Fensterdekor und Blendbaluster in der Attika wurde verzichtet. Ursprünglich war wohl auch die Nordseite auf diese Art gestaltet, die durch Anbauten zerstört wurde. Historische Ausstattung und Farbigkeit sind nicht mehr nachweisbar. Der Pavillon soll zukünftig als Ausstellungsraum für ein geplantes Gartenhistorisches Museum genutzt werden.[609]

Kat. Nr.: 9
Ort: Bayreuth
Objekt: Pfarrhaus Neudrossenfeld

Entwurf: Carl von Gontard
Erbaut: Um 1764

Aus Kirchenakten geht hervor, daß für den Neubau des Pfarrhauses von Drossenfeld 1764/65 nach Plänen des Hauptmann Gontard gearbeitet wurde. Die Umsetzung fand also wohl hauptsächlich erst nach seinem Weggang von Bayreuth statt. Gontard vergaß peinlicherweise den Einbau der »heimlichen Gemächer«, weshalb zunächst nur ein behelfsmäßiger Abtritt eingebaut wurde. Als beteiligte Handwerker werden Maurermeister Johann Nikolaus Hirsch und Zimmermeister Johann Heinrich Bär genannt.[610]
Es handelt sich um einen zweigeschossigen Bau von 7:3 Achsen. Aufgrund der leichten Hanglage, ist an der Hauptfassade ein hohes Sockelgeschoß angebracht, das sich durch ein Gesimsband vom Hochparterre absetzt. Die mittleren drei Achsen sind risalitartig betont. Im Hochparterre sind hier die Tür und die beiden Fenster durch gerade Verdachungen akzentuiert. Die Türe ist durch einen Keilstein verziert. Im Obergeschoß sind die Fenster mit Bänken ausgestattet und durch einfache Fensterschürzen dekoriert. Über dem Mittelfenster verkröpft sich das schmale Traufgesims. Vor der Hauptfassade ist eine hohe zweiläufige Treppe mit Balustergeländer angelegt. Auf der Rückseite sitzen die Fensterrahmen im Erdgeschoß auf der Sockelzone auf. Nur die Hintertür ist mit einer geraden Verdachung versehen. Die übrigen Fensterrahmen sind einfach gehalten. Ein Walmdach überfängt das Gebäude.

Kat. Nr.: 10
Ort: Bayreuth
Objekt: Pfarrhaus Wonsees

Entwurf: Carl von Gontard
Erbaut: Um 1766

In den Historischen Anmerkungen des Pfarrers M. Hedenus zur Aufsteckung der Turmknopfnachrichten heißt es 1797, daß das hölzerne Pfarrhaus von 1638 im Jahr 1766 durch ein steinernes nach Plänen Gontards errichtet wurde. Beteiligte Handwerker waren Maurermeister Johann, Maurermeister Johann Konrad Meißner und Zimmermeister Andreas Hofmann aus Sanspareil. Hoffmann gibt an, daß Gontard die Aufträge 1762 erhielt.[611]

Kat. Nr.: 11
Ort: Erlangen
Objekt: Renovierung des Gotteshauses und des Witwensitzes für Markgräfin Sophie Caroline Marie in Erlangen

Entwurf: Carl von Gontard
Erbaut: Renovierungsarbeiten 1763
Zerstörung: Wohnräume der Markgräfin bei einem Brand 1814 zerstört.
Archivalien: StA Bamberg, Geheimes Ministerium, Rep. C 22 II, Nr. 1730, (111 Prd); Acta, btrl. die nach Markgraf Friedrichs Hintritt veranstaltete Regulierung des Witthums für die Markgräfin Sophie Caroline Marie, d. a. 1763-1767, Schreiben vom 14. Juli 1763.

Bürgerhäuser, Adelspalais und Amtsgebäude in Bayreuth

Kat. Nr.: 12   Abb.: 8-16
Ort: Bayreuth
Objekt: Gontard-Haus

Straßenname: Schloßberglein 3
Entwurf: Carl von Gontard
Erbaut: ca. 1759-1761
Umbauten: 1939 (Umbau), 1968 (Umbau), 1996/97 (Restaurierung)

Archivalien: Stadtarchiv Bayreuth, Briefwechsel Bauamtmann Bauer und Peter Wallé; Betreff den 100-jährigen Todestag des Baumeisters Carl Gontard, 9. Juni 1891, Rep. Nr. 94, Schreiben Nr. 5285, 7087/8, 7726, 8102, 8323, 8674.
Historischer Verein Bayreuth, Abschrift des Schenkungsdekrets des Grundstücks.
Stadtarchiv Bayreuth, Abschrift des Schenkungsdekrets, Hist. Nr. 843, 2498.
Stadtarchiv Bayreuth, Rissebuch, Nr. 48
Stadtarchiv Bayreuth, Beschreibung der Stadt Bayreuth durch König
StA Bamberg, Rep. K 111, Kreis- und Stadtgericht Bayreuth, Grundakte 48
StA Bamberg, Markgrafentum Brandenburg-Culmbach, neugeordnet, Nr. 2464, Acta des Ingenieurhauptmann Gontards Hauß Bau in dem alten Residenz Schloß allhier betr. (...) dazu erhaltene Begnadigungen betr. 1759, 1760, 1761, 1763.
Katholisches Pfarramt: Umbaupläne Architekt S. Stadelbauer, Bayreuth 1939; Umbaupläne Architekt Walter Schilling, Würzburg 1968.
Johann Sebastian König, Lage- und Grundrißplan des Gontard-Hauses um 1800, Stadtmuseum Bayreuth, o. Inv. Nr.

Baugeschichte
Originales Planmaterial zum Gontard-Haus ist bisher nicht bekannt. Sicherlich existierten aber neben einem Grundriß des Hauses von König noch andere Pläne oder Bauaufnahmen des Gontard-Hauses. In den Beständen des Historischen Vereins und im Stadtarchiv Bayreuth sowie in der Grundakte des Gebäudes im Staatsarchiv Bamberg sind Abschriften des Dekrets erhalten geblieben, das die Schenkung des Bauareals an Gontard schriftlich fixiert und von König auch unter dem Riß verzeichnet worden ist.[612] Im Staatsarchiv Bamberg ist vor kurzem die Bauakte »des Ingenieur Hauptmann Gontards Hauß Bau« betreffend aufgetaucht, die Unterlagen aus den Jahren 1759 bis 1763 enthält.[613] Sie gibt Auskunft über verschieden Baugnaden, die Gontard

gewährt wurden und bisher nicht bekannt waren. Leider enthält sie jedoch keine Baupläne.[614] Auch in Königs Stadtbeschreibung werden die Schenkung des Areals und die Grundstücksverhältnisse angesprochen, während das Rissebuch keine näheren Informationen liefert.[615] Darüber hinaus enthalten die angegebenen Quellen auch grobe Skizzen der Grundstückssituation des Gontardschen Anwesens, an denen sich König bei seiner Zeichnung wohl orientierte.[616] Im Jahr 1763 folgt außerdem der Bau eines Stalles und einer Chaisenremise.[617] Am 1. Juni 1765 verkaufte Gontard das Gebäude für 5000 Gulden an Carl Christian von Lindenfels.[618] Lindenfels scheint der Familie Gontard freundschaftlich verbunden gewesen zu sein, da er 1764 die Patenschaft für Gontards Sohn Friedrich Carl Ludwig übernahm.[619]

Beschreibung

Ein Sockel aus teilweise unverputzten glatten Sandsteinquadern bildet den Unterbau. Verputzte Wandvorlagen als Eckeinfassungen der Gebäudekanten werden an der Gartenfassade und der Haupteingangsseite am Schloßberglein gefugt, an der östlichen Hauswand glatt vorgeführt. Zum Luitpoldplatz fassen sie das gefugte Erd- und Obergeschoß der Schauseite ein, deren drei mittlere Achsen durch kolossale ionische Pilaster eingerahmt werden. Dieser Bereich ist risalitartig leicht nach vorne gezogen. In der unteren Etage befinden sich in den äußeren Achsen rechteckige profilierte Fenstertüren, die über kleine Treppen in den Garten führen. Im Risalitbereich haben die Fenster ebenfalls profilierte rechteckige Rahmungen erhalten. Fensterbank und Sockelzone der Erdgeschoßfenster verkröpfen sich und spannen glatte erhabene Brüstungsfelder ein. Fenster und Fenstertüren besitzen gerade Verdachungen, die über die ganze Breite der Achsen reichen. Als Stützen dienen schlanke Volutenkonsolen, zwischen denen zierliche Blumengirlanden hängen. Das Erdgeschoß wird auf dieser Ansichtsseite durch die Fenstergestaltung hervorgehoben. Allerdings befinden sich die repräsentativeren Räume tatsächlich im ersten Obergeschoß. Die Umrahmungen der etwas kleineren geohrten Fenster im Obergeschoß des Risalits sind wiederum profiliert. Im Sturz tragen sie Agraffen, neben denen links und rechts Festons angebracht sind. Verkröpften Fensterbänke liegen auf Volutenkonsolen auf, zwischen denen wiederum Blumengirlanden über leicht hervorspringenden, rechteckigen Brüstungsfelder gespannt sind. Bei den beiden äußeren Achsen liegt ein einfaches rechteckiges Brüstungsfeld zwischen den Konsolen.

Die Fenster des Obergeschosses besitzen keine eigentliche Verdachung. Ihren Abschluß bildet quasi die breite Gebälkzone, die auf den ionischen Kolossalpilaster lastet. Die Gebälkzone folgt dem Vorsprung des Risalits und verläuft über den drei mittleren Achsen geradlinig. Dieser Bereich wird zusätzlich durch einen Zahnschnitt betont. Über dem Risalit erhebt sich ein dreiachsiger Dachausbau. Einfache Wandvorlagen zitieren hier das Gliederungsschema des Risalits und tragen wiederum ein Gebälk, welches einst durch vier Vasen bekrönt wurde. Der Dachausbau trägt einen flachen Walm, dessen Mitte durch eine Dachgaube zusätzlich betont wird, während das Walmdach des Gesamthauses steiler angesetzt ist. Zur Deckung wurde Schiefer verwendet.

Die Fenster des Zwerchhauses liegen direkt über den Brüstungsfeldern auf, ohne durch eine Fensterbank von ihnen getrennt zu sein. Diese Zone geht in die geohrte Rahmung über. Insgesamt sind die Fenster etwa um ein Viertel kleiner als jene im Erdgeschoß und sind wiederum mit Agraffen und Blütensträußen dekoriert. Die Dachgaube ist segmentbogig abgeschlossen und besitzt einen kleinen keilförmigen Schlußstein.

Auf der siebenachsigen Längsseite des Hauses zum Schloßberglein hin, befindet sich der Haupteingang.[620] Der rechteckige Eingang liegt symmetrisch in der Mitte des Hauses. Betonung erfährt er durch einen Spangenschlußstein und kräftige Volutenkonsolen, auf denen der Balkon des Obergeschosses auflastet. Die glatte Rahmung der rechteckigen Fenster tritt nur wenig aus der Mauerfläche hervor. In der Mittelachse des Obergeschosses öffnet sich eine rechteckige Tür zum Balkon, der mit einem schmiedeeisernen Gitter umschlossen ist. In der Mitte des Türsturzes sitzt wiederum eine Agraffe mit Blütendekor. Darüber tritt eine kräftige gerade Verdachung aus der Wand hervor. Das Gesims folgt nach einem breiten Wandabschnitt, der auf der Hauptfassade als Gebälkzone vorgeführt und hier lediglich bei den Wandvorlagen angedeutet wird. Über dem Gesims befinden sich im Walmdach zwei Reihen von Dachgauben. Die unteren Dachgauben wurden erst nachträglich eingefügt, die einzelne, wohl originale Dachgaube oben ist, wie jene auf der Schauseite, segmentbogig abgeschlossen.

Die östliche Längsseite ist achtachsig. Ihre extrem schlicht gehaltene Front weist keine aufgesetzten Gliederungselemente oder dekoratives Beiwerk auf. Gontard hat auf dieser Seite, über dem ersten Obergeschoß, noch ein Halbgeschoß mit schmalen, querrechteckigen Fenstern eingefügt. Insgesamt erscheint diese Seite des Gebäudes durch Umbaumaßnahmen (Fenster) stark überformt.

Grundrißdisposition

Wie schon erwähnt, fehlen die originalen Entwürfe für das Wohnhaus des Baumeisters. Die Untersuchung der Raumkonzeption basiert auf der heutigen Situation, auf Königs Zeichnung und auf Umbauplänen von 1939 und 1968. Da das Haus direkt an die Schloßkirche anschließt wurde ein

134. Bayreuth, Wohnhaus C. v. Gontards, 1. Obergeschoß, Deckenstukkatur des großen Saals (Kat. Nr. 12, Aufnahme 1997)

Lichthof geschaffen, so daß sich die Apsis der Kirche weitgehend in einen kleinen Innenhof wölbt, der von außen nicht zu erkennen ist. Das Erdgeschoß ist vom Eingang am Schloßberglein bis zum gegenüberliegenden Hintereingang durch einen Flur über die gesamte Breite des Hauses zu erschließen. Ein repräsentativer Treppenaufgang ist etwas aus der Mitte, zur linken Seite hin, verschoben. Als Stützen sind hier zwei toskanische, im ersten Obergeschoß zwei ionische Säulen eingesetzt, die als Gliederungs- und Dekorationsmotive an der Rückwand in Form von Pilastern wiederholt werden. Dem Erdgeschoß liegt ein zweibündiges Raumsystem zugrunde, d.h. die angrenzenden Zimmer sind jeweils direkt vom Gang aus zu betreten. Bei der Anlage der zum Garten gerichteten Haupträume des Erdgeschosses ergibt sich eine Unregelmäßigkeit gleich im Eingangsbereich, da hier zwei kleine Kompartimente vor die Haupträume geschaltet sind. Bei dem ersten Zimmer ist diese Trennung 1968 beseitigt worden. Hierdurch verbreitert sich der Korridor im Areal der Treppenanlage. Alle vier Haupträume der Gartenfront waren außerdem durch eine Enfilade verbunden, die in der Höhe der ersten seitlichen Fensterachse durchgezogen war. Zwischen dem ersten und zweiten Raum scheint außerdem eine Trennwand weitgehend ausgebrochen worden zu sein. Auf den Plänen von 1939 wird die Enfilade noch wiedergegeben. Seit den Umbauten 1968 liegen die Zugangsmöglichkeiten der Räume untereinander nicht mehr auf dieser gemeinsamen Achse, sondern wurden unterschiedlich versetzt. Das letzte Zimmer ist zudem nur noch über den Flur zu erreichen. Die rückwärtigen Durchgangszimmer waren unregelmäßig unterteilt und sind während der Baumaßnahmen 1939 und 1968 weiter verändert worden. Für die Umfunktionierung des hinteren linken Raumes zur Sakristei der Schloßkirche wurde außerdem ein Durchgang zwischen Kirche und Gontard-Haus eingebrochen.

In der ersten Etage und im Dachgeschoß ist die Konzeption vergleichbar, besonders die Raumaufteilung der vorderen Räume und deren Enfilade. Auch in diesem Stockwerk wurden Eingriffe, v.a. für sanitäre Einrichtungen, vorgenommen. Der Treppenbereich im ersten Stock ist außerdem durch das Einziehen einer Zwischenwand auf der rechen Seite verschmälert worden, was durch Überschneidungen der Dekoration erkennbar wird. Der direkte Anschluß des Gebäudes an die Kirche hatte nachteilige Folgen für die Aufteilung der Räume. Durch das Einbringen eines Lichthofes und die somit weit nach vorne gezogene Treppenanlage, konnte im rückwärtigen Bereich des Hauses keine optimale Grundrißlösung umgesetzt werden. Verschachtelte Durchgangszimmer, deren Konzeption durch spätere Umbauten zudem noch verändert wurden, waren die Folge.

Interessanterweise hat Gontard über der ersten Etage auf der Seite zum Schloßhof noch ein Halbgeschoß mit schmalen, querrechteckigen Fenstern eingefügt. Diese Räume sind über eine schmale Stiege im ersten Stock zu erreichen. Möglicherweise waren hier die Dienstboten untergebracht.

Innenraumgestaltung

In den Wohnräumen des Gontard-Hauses haben sich wohl weitgehend auch die ursprünglichen Wand- und Deckendekorationen erhalten. Restaurierungsmaßnahmen mit umfangreichen Befunduntersuchungen wurden 1997 abgeschlossen, wobei die Farbigkeit nach den Ergebnissen der Untersuchungen wiederhergestellt wurde. Während die Fassadengestaltung der Schauseite die repräsentativen Räume im Erdgeschoß vermuten läßt, befinden sich die anspruchsvolleren Raumdekorationen tatsächlich im ersten Obergeschoß. Die Deckenstukkaturen in den Innenräumen werden Giovanni Battista Pedrozzi, eventuell in Zusammenarbeit mit Adam Rudolph Albini, zugeschrieben.[621] Im Erdgeschoß zeigt lediglich ein Raum zur Gartenseite einfache Deckenstukkaturen. Hier wurde ein vierpaßähnlicher Stuckspiegel mit Blütenranken angelegt. In den Ecken der Zimmerdecke sind Blumenvasen dargestellt, die auf lambrequinbededeckten Podesten plaziert sind. Die übrigen Erdgeschoßzimmer weisen keinen Dekor auf. Im ersten Obergeschoß liegt der Hauptraum im Risalitbereich zur Gartenseite. Weitgehend symmetrische Stuckfelder gliedern die Wände, zeigen Rocaillemotive an ihren Profilen und umfangen oder tragen z.T. Ovalfelder. Über den Fenstern und Türen sind geschwungene Stuckfelder eingebracht. Zierliche Blütenranken dekorieren die Wandfelder. Nach einem Gesimsband und einer Hohlkehle wird an der Decke ein zweifaches Rahmensystem vorgeführt, in dessen Zentrum sich eine Darstellung Apolls mit einer Lyra und Notenblättern als Musenfürst befindet. Sitzmann vermutete Wilhelm Wunder als ausführenden Künstler.[622] In den Eckkartuschen sind die Jahreszeiten durch Putti personifiziert. Dazwischen sind weitere Kartuschen mit Reliefbüsten angelegt. Blüten- und Weinranken verzieren die Fläche zwischen den Stuckprofilen. Partiell lassen sich Parallelen zu den gleichzeitig entstandenen Stukkaturen des Italienischen Baues feststellen. Allerdings läßt der Hauptraum des Gontard-Hauses, im Vergleich zum Gartensaal des Italienischen Baues, eine stärkere Tendenz zur symmetrischen Anlage der Motive spüren. Auch sind sie nicht so üppig und gedrängt angelegt. Sie verlaufen meist dicht entlang der Profile, so daß größere Freiflächen entstehen. Ähnlich verhält es sich in den angrenzenden Räumen. Im danebenliegenden Zimmer zum Schloßberglein sind zwei Deckenkompartimente mit Stukkaturen versehen. Im Zimmer zur Gartenseite rahmt ein rechteckiges Stuckprofil einen ovalen Spiegel und Eckkartuschen. In den Kartuschen werden Attribute der Musik, Malerei, der Wissenschaft (Mathematik?) und der Baukunst gezeigt. Einzig die Kartusche der Baukunst ist mit einer Reliefbüste versehen, die als Darstellung Gontards zu verstehen ist. Als Attribute sind ihm Winkelmaß, Zirkel und Werkzeuge zur Steinbearbeitung mitgegeben. Winkelmaß und Zirkel verweisen zugleich auf seine Mitgliedschaft in der Bayreuther Freimaurerloge. Im anderen Deckenabschnitt wird nur Bandelwerk gezeigt. Im dahinterliegenden Raum ist in der Mitte der Decke eine Wirbelrosette mit Blütenranken in Stuck aufgelegt. Entlang der Deckenkanten verläuft Bandelwerk, das mit Blumenvasen versehen ist.

Kat. Nr.: 13   Abb.: 17-18
Ort: Bayreuth
Objekt: Haus des Marquis d'Adhémar

Straßenname: Maximilianstraße 10
Entwurf: Carl von Gontard
Erbaut: Ca. 1759-1761
Umbauten: Vermutlich um 1900 (Harmoniegesellschaft), 1947 (Café), seit 1960 Kinderhort und Schwesternheim

Archivalien:
Stadtarchiv Bayreuth, Beschreibung der Stadt Bayreuth, König, um 1800, Nr. 42;
Stadtarchiv Bayreuth, Rissebuch, Nr. 45.
Zitierung im Zusammenhang mit dem Gontard-Haus:
StA Bamberg, Rep. K 111, Kreis- und Stadtgericht Bayreuth, Grundakte 48.
StA Bamberg, Markgrafentum Brandenburg-Culmbach, neugeordnet, Nr. 2464, Acta des Ingenieurhauptmann Gontards Hauß Bau in dem alten Residenz Schloß allhier betr. (...) dazu erhaltene Begnadigungen betr. 1759, 1760, 1761, 1763.
Katholisches Pfarramt: Umbaupläne Architekt G. C. Bayerlein, Bayreuth 1947; Umbaupläne Architekt Walter Schilling, Würzburg 1960.

Baugeschichte
König äußerte sich zwar zur Lage des Hauses und gibt eine knappe Beschreibung, doch macht er keine Angaben über den Architekten.[623] Sitzmann gibt an, daß d'Adhémar gleichzeitig mit Gontard um 1759 den Bauplatz geschenkt bekam. Dies ist

135. Bayreuth, Wohnhaus des Marquis d'Adhémar, Fassade zum Schloßhof (Kat. Nr. 13, Aufnahme 1991)

zwar wahrscheinlich, doch sind diesbezüglich noch keine schriftlichen Belege aufgetaucht. Auch aus dem Rissebuch lassen sich keine Hinweise auf die genaue Bauzeit oder den Architekten entnehmen.[624] Der Marquis bewohnte das Haus bis zu seinem Tode im Jahr 1785.[625] Über die Bauzeit oder die entstandenen Kosten konnten bisher keine Angaben ausfindig gemacht werden, die Grundakte ist nicht auffindbar. Auch dieses Gebäude hat mehrfach den Besitzer gewechselt. Nach einigen privaten Inhabern diente es um 1900 der Gesellschaft Harmonie als Vereinsgebäude, ab ca. 1947 war ein Café darin untergebracht. 1960 erwarb die katholische Kirche das Gebäude, die darin einen Kinderhort und einige Schwesternwohnräume untergebracht hat.

Beschreibung
Wie beim Gontard-Haus, handelt es sich beim Palais d'Adhémar um einen zweigeschossigen Putzbau, der allerdings sieben Achsen an der Hauptfassade aufweist. Die Hauptfassade zum Schloßplatz und die Gartenseite des Hauses sind sehr repräsentativ gestaltet. Nach Planangaben beträgt die Länge dieser Fronten je 19,30 m.[626] In der Konzeption der Anlage treten Parallelen zum Wohnhaus Gontards auf. Wieder sind die Gebäudekanten von genuteten Wandvorlagen eingefaßt, die auf einem glatten, leicht hervorspringenden und umlaufenden Sockelband aufsitzen. Beide Schauseiten sind horizontal durch ein breites Gebälk, vertikal durch Pilaster bzw. Säulen gegliedert. Zum Schloßhof sind wiederum die drei mittleren Achsen des Gebäudes risalitartig nach vorne gezogen und werden im Erdgeschoß durch toskanische, im Hauptgeschoß durch ionische Pilaster gegliedert. Eine rundbogige Eingangstür liegt in der Mittelachse und ist ohne Zwischenraum von den Pilastern eingefaßt. Sie besitzt einen profilierten Bogenlauf, der auf Kämpfern aufliegt und mit Agraffen verziert ist. Im Risalit sitzen die rechteckigen Fenster auf geraden und kräftig hervortretenden Fensterbänken auf, die von Volutenkonsolen gestützt werden. Zwischen den Konsolen treten rechteckige Brüstungsfelder hervor. Zwischen Fensterrahmen und Gebälkzone werden hier rechteckige Vertiefungen über der gesamten Fensterbreite eingebracht. Auch die äußeren Fenster sind rechteckig und besitzen die gleiche Rahmung. Erdgeschoß und Bel étage werden durch eine breite, stark hervorspringende Gebälkzone getrennt. Die höhere Wertigkeit des Obergeschosses läßt sich unschwer am reicheren Dekor und der Verwendung ionischer Pilaster ablesen. Bis auf ihre Verdachung sind die Fenster des Piano nobile im Risalit und in den äußeren Achsen gleich aufgebaut. Sie sind wiederum rechteckig und von einem abgestuften Rahmen eingeschlossen. Die Auflager der Fensterbänke sind im Obergeschoß durch kleine Postamente mit dazwischenliegenden vorgeblendeten Balustern wesentlich aufwendiger gestaltet. In den Fensterstürzen befindet sich jeweils ein dekorierter Spangenschlußstein. Für die Verdachung der Fenster hat man in den drei mittleren Achsen Dreiecksgiebel gewählt, die äußeren Fenster haben eine gerade Verdachung erhalten. Das Traufgesims verkröpft sich

Katalog

über dem Mittelrisalit, der mit einem Dreiecksgiebel bekrönt wird. Das Giebelfeld wird von einer Stuckkartusche mit Rankenwerk ausgefüllt. Ein mit Schiefer gedecktes Walmdach überfängt das Haus. Gliederung und Dekoration der Hauptfassade wurden an der Gartenfassade weitgehend übernommen. Abweichend tritt hier der von vier toskanischen Säulen getragene Altan auf. Allerdings unterscheiden sich die Formen der Baluster des Altans von denen der Fensterbrüstungen. Außerdem sind die Erdgeschoßfenster geohrt und müssen im Risalit ohne Konsolen unter den Fensterbänken auskommen. Dafür erhalten sie jedoch Schmuckfelder mit Festons. Im Obergeschoß ist die Tür zum Altan zudem rundbogig gestaltet. Der Dreiecksgiebel über dem Risalit ist mit Stuckdekor versehen, der Puttenszenen vorführt. Die Treppen- und Terrassensituation zeigt Veränderungen.[627] Die östliche Schmalseite des Hauses ist mehrfach überarbeitet worden.

Die Schmalseiten nehmen je eine Länge von 16,04 m ein.[628] Auf schmückendes Beiwerk oder Gliederungselemente wurde hier gänzlich verzichtet. An der westlichen Schmalseite wurde, spätestens 1947, als das Palais ein Café beherbergte, ein Anbau errichtet. Aus den zur Verfügung stehenden Plänen lassen sich keine Rückschlüsse auf die originale Aufrißgestaltung ziehen.

Grundrißdisposition
Die Innenraumdisposition müßte über eine Befunduntersuchung geklärt werden. Unter den verschiedenen Nutzer des Palais wurden das Gebäude im Inneren stark verändert. Dabei gingen Teile der Innendekoration, die vermutlich von Pedrozzi stammte, verloren.[629] Nach Angaben von Herrn Pfarrer Keiling sollen die Deckenstuckaturen abgehängt worden sein. Aus den Umbauplänen von 1947 und 1960 könnte man schließen, daß vor der Gartenfront drei Räume mit 2:3:2 Fensterachsen lagen, da die Mauerabschnitte zwischen dem zweiten und dritten sowie dem fünften und sechsten Fenster etwas stärker ausfallen. Die Länge der Räume dürfte etwa die Hälfte der Gesamttiefe des Hauses eingenommen haben, doch ist dies den Plänen nicht eindeutig zu entnehmen. Zur Linken des Haupteingangs befindet sich die Treppenanlage. Raumkompartimente links von der Treppe und rechts des Korridors zeigen, ebenso wie an der Gartenfront, breitere Mauerabschnitte zwischen dem zweiten und dritten sowie dem fünften und sechsten Fenster. Eine diesbezügliche Unterteilung hätte aber sehr schmale Räume zur Folge gehabt. Im Obergeschoß dürfte die Raumdisposition vermutlich ähnlich gewesen sein.

Kat. Nr.: 14   Abb.: 30
Ort: Bayreuth
Objekt: Haus des Vormundschaftsrates Layritz

Straßenname: Jägerstraße, später Luitpoldplatz 11
Entwurf: Rudolf Heinrich Richter (?)
Erbaut: Planungen ca. 1750-1754, Ausführung ca. 1755-1757
Umbauten: 1908 Einbau von Schaufenstern im Erdgeschoß
Zerstörung: Bombenangriff 1945, Abtragung in 1960er Jahren

Archivalien:
Stadtarchiv Bayreuth, Beschreibung der Stadt Bayreuth, König, um 1800, Nr. 712/713.
Stadtarchiv Bayreuth, Rissebuch, Nr. 712.
Stadtarchiv Bayreuth, Hausakt Layritz, Nr. 22345.
StA Bamberg, Rep. K 111, Kreis- und Stadtgericht Bayreuth, Grundakte Nr. 712.

Baugeschichte
Zur Dokumentation der Entstehung des Wohnhauses des Vormundschaftsrates Layriz in der ehemaligen Jägerstraße können Königs Häuserchronik, einige wenige Zeilen des Rissebuches sowie Hausakten aus den Beständen des Stadtarchivs Bayreuth und des Staatsarchivs Bamberg herangezogen werden.[630] Die in Bayreuth befindliche Hausakte ist nicht mehr vollständig. Deutlich macht dies ein Zeitungsartikel aus dem Jahr 1924, in dem der Stadtbaurat Brunner die Erbauungsgeschichte des Layrizschen Hauses beschreibt.[631] Zwar sind die von Sitzmann erstmals angeführten Kostenanschläge der Maurermeister Mader und Brunner sowie die Entwürfe für Portal und Brustplatten noch heute vorhanden, doch fehlt die umfangreiche Korrespondenz zwischen dem Vormundschaftsrat und dem Hofbauamt, die Brunner anführt.[632] Layriz erbaute sein neues Haus nur aufgrund des massiven Drucks des Markgrafen, der die ehemalige Jägerstraße zu einer Prachtstraße ausbauen wollte. Der Vormundschaftsrat hatte am 7. September 1742 sowohl das Anwesen aus der Hinterlassenschaft des Stadtphysikus Johann Ernst Schilling als auch das Haus des Geheimen Rats Christian Hieronymus von Butterheim erworben.[633] Nach Brunner erließ der Markgraf zu Beginn des Jahres 1750 den Befehl, daß »(...) die von der Steinern Brucken bey der Allee an bis zu der Ziegelhütte befindliche alte und auf den Einfalle ruhenden Häuser und Gebäude abgebrochen und dagegen neue dahin gesetzt werden sollen (...).« Eine vom 29. Juli 1750 datierende Anweisung des Oberbaudirektors Montperny forderte Layriz auf, »(...) daß künftiges Fruh-Jahr bey Zeiten sein zu bauen habender Antheil abgebrochen und wiederum hergestellt werden möge. Außerdem ansonsten bey nicht erfolgenden Falle von Herrschaftswegen solche Gebäude und zwar auf des Saumseligen Costen niedergerißen und zur Vollführung des Baues angehalten werden solle (...).«[634] Layriz ließ von Hofbau- und Maurermeister Georg Christoph Mader einen am 15. Oktober 1750 aufgestellten »Anschlag, Wie hoch sich die Baukosten betragen werden ein Massives Hauß zu erbauen, 105 Schuh Lang 43 Schuh Breit«, erstellen. Für ein dreigeschossiges Gebäude mit einem Corps de logis veranschlagte Mader 8.591 fl. 40 Xer.[635] Brunner, der Rudolf Heinrich Richter für den Planer des Hauses ansah, zitiert darüber hinaus ein Schreiben des Hofbauamtes vom 28. Februar 1751. Darin wird Layriz erneut befohlen binnen einen Monats sein Anwesen abbrechen zu lassen und für den Neubau »(...) nach dem ihm bereits vom Bauamt ertheilten Riß (...).« zu verfahren.[636] Der Abbruch der Häuser konnte bis in das Jahr 1752 hinausgezögert werden. Am 8. Mai 1752 wurde ihm aber schließlich das ehemalige Schilling'sche Haus »(...) vom hochfürstlichen Bauamt mit gewald demoliert (...)«, worauf er durch den Maurermeister Johann Bernhardt einen neuen Kostenvoranschlag aufstellen ließ.[637] Der Handwerker errechnete am 2. Oktober 1752 die Summe von 6441 fl. 44 xer »(...) zu des Herrn Vormundtschafts Rath Larez neuen Hauß welches 80 Schuh Lang und 47 Schuh in der Breiden, und den Grund 11 Schuh dief gerechnet, und 3 Stockwerk hoch aufen der Erde Maßif mit Quadern (...).«[638] In der Grundakte des späteren Layrizschen Hauses befindet sich die Kopie einer Bewilligung von Baugnaden für Layriz. Layriz erhielt »(...) vor sein abgebrochene Häuser, dann statt der gewöhnlichen Baubegnadigung von seinem neu erbauende Haus Sechshundert Gulden fränk., nebst der Hand Lohns Befreyung von des gedachten Haus und seine übrige dermals besitzende Grund Stücke (...).«[639] Am 5. Oktober 1753 erkaufte Layriz das Anwesen des Schultheiß Johann Hieronymus Thümling in der Jägerstraße für 2050 Gulden fränk. Kaufschilling und 2 Carolines Leykauf hinzu.[640] Anscheinend konnte der Vormundschaftsrat sich noch bis 1754 um die Forderungen des Markgrafen herumdrücken, denn Meister Bernhardt mußte am 18. Oktober 1754 einen weiteren Voranschlag ausarbeiten.[641]

Nach Brunners Angaben wurden 1753 und 1754 Steine für den Bau gebrochen und angeliefert. Weitere Bittgesuche um Unkosten- und Materialbeiträge (900 Gulden so-

wie kostenloser Gips) erreichten das Hofbauamt. Wohl in einem Schreiben vom 21. Februar 1755 bat Layriz um die Auszahlung des Geldes, damit er »(...) im Frühjahr mit der Ausführung des ihm vom Oberbauamt vorgeschriebenen und von Höchstdemselben signierten Riß beginnen (...)« könne. Am 19. Juni 1756 schrieb Layriz, daß »(...) in das Weihnachten unter Dach gebrachte Haus bereits 10.000 Gulden verbauet und das meiste Geld dazu erborget (...)« wurde. Schon am 2. März 1756 meinte Layriz für den Innenausbau noch ca. 4000 Gulden zu benötigen.[642] Am 1.5. 1757 war das neue Haus schließlich bezugsfertig. Dem Bayreuther Stadtbaurat stand als Quelle außerdem ein von Layritz geführtes Steinregister zur Verfügung. Brunner benennt weiterhin die Bayreuther Krager und Melber als ausführende Kräfte für die Stuckdekorationen. Aus den herrschaftlichen Gipsbrüchen, so Brunner, erhielt der Vormundschaftsrat unentgeltlich »(...) 244 Mäßlein Gips (...)« für seinen Bau, dessen Kosten sich insgesamt auf 12.000 Gulden 58 1/2 Kreuzer belaufen haben sollen.[643]
Für die Errichtung des Layrizschen Wohnhauses kann also der Zeitraum zwischen dem Herbst 1754 bis zum Sommer 1757 angesetzt werden, sofern Brunners Informationen stimmen. Über die ausführenden Handwerker sind keine weiteren Angaben bekannt. Sitzmann nennt Franz Anton Melber und M. Krätzer als Stukkatoren von »14 köstlichen Muschelwerkdecken« im Layrizhaus.[644] Nach Gebessler stammte die Bauplastik von Johann Friedrich Fischer.[645] 1908 wurde das Erdgeschoß durch den Einbau von Schaufenstern seitlich des Risalits verändert.[646] Bei einem Bombenangriff 1945 wurde das Gebäude schwer beschädigt. Zunächst wurden die Überreste der Anlage bis auf das Untergeschoß abgetragen, in den 1960er Jahren dann gänzlich abgerissen.

Beschreibung
Das in Sandstein aufgeführte dreigeschossige Gebäude umfaßte sieben Achsen an der Fassade. Die mittleren drei Fensterachsen waren risalitartig leicht nach vorne gezogen. Corps de logis und Gebäudekanten waren über dem ersten und zweiten Obergeschoß durch kolossale korinthische Pilaster eingefaßt, die dazwischenliegenden Achsen durch einfache Lisenen unterteilt. Überfangen wurde das Haus von einem steilen Satteldach mit zwei Reihen von Dachgauben. Das Erdgeschoß in Bänderrustika saß auf einem glatten Sockel mit stichbogigen Kellerfenstern auf. Zur Betonung der Hauskanten wurden Wandvorlagen aufgesetzt, die ebenfalls gefugt waren. Über den stichbogigen Fenstern knickte die Bänderung hakenförmig ab und bildete zugleich einen keilförmigen Schlußstein aus. Sowohl im Risalit als auch an den beiden Seiten waren die Fenster ohne eine spezielle Rahmung in das Mauerwerk eingeschnitten und mußten auf Fensterbänke und Lambrequins verzichten. Das korbbogige Eingangsportal war in der Mitte der Anlage gelegen und trug eine Agraffe als Schlußstein. Flankiert wurde der Eingang durch glatte Vorlagen und je zwei ionische Pilaster, die einander überschnitten. Ein Gurtgesims trennte das Erdgeschoß von den oberen Etagen, wobei es in den Giebelaufsatz des Portals integriert wurde. Die gesprengte und zugleich leicht geschweifte Bekrönung des Eingangs schloß eine Kartusche ein und reichte bis unter die Sohlbank des darüberliegenden Fensters. In den beiden oberen Stockwerken waren die stichbogigen Fensterrahmungen gleich gestaltet. Lambrequins waren in der Bel étage und in den mittleren Achsen des zweiten Stockwerks mit Festons dekoriert. Verdachungen erhielten nur die Risalitfenster des Piano nobile. Abwechselnd wurden leicht geschweifte Dreiecksgiebel und ein gesprengter, volutenartig eingerollter Typus verwendet. Wie das abschließende Kranzgesims konzipiert war, ist auf den Abbildungen leider nicht zu erkennen. Im Dachbereich waren zwei Reihen von Gauben eingesetzt. Beide Schmalseiten des Layrizschen Hauses waren weitgehend verbaut. Von der Rückseite sind keine Ansichten erhalten geblieben.
Der in der Hausakte erhaltene undatierte Entwurf des Risalits ist nur im Portalbereich ausgearbeitet worden. Ob sich die Kostenanschläge von 1750, 1752 und 1754 auf einen gemeinsamen »Urplan« beziehen, der nur in seinen Dimensionen reduziert wurde, ist aus der Hausakte nicht zu erschließen.[647] Wäre dies der Fall, so könnte die alleinige Urheberschaft Gontards von vorneherein schon aus zeitlichen Gründen ausgeschlossen werden, da er in diesem Jahr erst in das Hofbauamt eintrat. Zumindest kann also der Plan von 1750 nicht von ihm stammen. Insgesamt stellt aber der gesamte Zeitraum zwischen 1750 bis 1754 ein Vakuum im Kenntnisstand über die Frühzeit des Architekten dar. Seine Bildungsreise, die zwischen 1750 und 1752 angesetzt wird, sowie seine Teilnahme an der Italienreise des Markgrafenpaares 1754/55, lassen seine Anwesenheit in Bayreuth während dieser Zeit nur kurz erscheinen. Vergleicht man das Gebäude mit den späteren Bauten Gontards, so müßte spätestens mit der Konzipierung der Hofapotheke ein radikaler Umbruch bei seinen Gestaltungskriterien eingesetzt haben. Stichbogige Fenster verschwinden fast völlig aus seinen Bayreuther Planungen, wobei nur die Erdgeschosse des Spindlerschen Hauses und der Hofapotheke eine Ausnahme darstellen. Die Fensterbänke kragen im Verhältnis zu den späteren Bauten nur wenig aus der Wand. Es wird auf eine Akzentuierung der Fensterachsen durch Verdachungen, bis auf die drei mittleren Achsen des Piano nobile, verzichtet. Zudem ist die dort geschweifte Form der Dreiecksgiebel bei Gontard ansonsten nicht nachzuweisen. Auch wirkt die Portalgestaltung im Vergleich zu anderen Gebäuden Gontardscher Provenienz eher aufwendiger dekoriert. Das Einsetzen eines Satteldaches stellt außerdem eine in Bayreuth für Gontard ungewöhnliche Dachform dar. Bei der Gestaltung der Fenster mit den z.T. rosettenartigen Schlußsteinen und der Ausführung der Gauben lassen sich Parallelen zum Liebhardtschen Haus in der Friedrichstraße ziehen, bei dem die alleinige Planung durch Gontard ebenfalls stark anzuzweifeln ist. Sollten nach 1750/1751 weitere Pläne für das Layrizhaus erstellt worden sein, so ist allenfalls eine geringe Beteiligung Gontards möglich. In der älteren kunstgeschichtlichen Literatur wurde das Gebäude, vor dem Aufsatz von Sitzmann, Rudolf Heinrich Richter zugewiesen.[648] Gebessler, der die Kunstdenkmale der Stadt und des Landkreises Bayreuth 1959 erfaßte, schloß sich der ursprünglichen Auffassung an, in Richter den Architekten des Layrizhauses zu sehen.[649]

Kat. Nr.: 15   Abb.: 31
Ort: Bayreuth
Objekt: Haus des Geheimen Camerier Liebhardt (heute Sitz der Pianofabrik Steingraeber und Söhne)

Straßenname: Friedrichstraße 2
Entwurf: Zuschreibung an Carl von Gontard fraglich
Erbaut: zwischen 1752 und 1755

Archivalien: Stadtarchiv Bayreuth, Beschreibung der Stadt Bayreuth, König, um 1800, Nr. 119.
Stadtarchiv Bayreuth, Rissebuch Nr. 119.
Hist. Verein Bayreuth, Ms.127/III. (UB Bayreuth).
StA Bamberg, Rep. K 111, Kreis- und Stadtgericht Bayreuth, Nr. 119.

Baugeschichte
Auch wenn für das Haus Liebhardt keine Pläne oder Angaben zum Architekten überliefert wurden, so sind doch bei König, im Rissebuch und in der Grundakte des Hauses einige Nachrichten weitergegeben worden.[650] Diesen Quellen ist zu entnehmen,

daß das Liebhardtsche Haus 1754/55 anstelle eines Teils des ehemaligen Fronhofs und eines angrenzenden Gebäudes errichtet wurde. 1756 bekam es eine 30-jährige Steuerbefreiung erteilt. Nach dem Manuskript 127 des Historischen Vereins Bayreuth, müßte das Gebäude allerdings schon 1753 fertiggestellt gewesen sein, da es dem Markgrafen nach dem Brand des Alten Schlosses vorübergehend als Unterkunft gedient haben soll.[651] Reitzenstein verfaßte 1881 einen Aufsatz über die Burggüter und Freihäuser in Bayreuth, wobei er über heute nicht mehr erhaltene Quellen verfügt haben muß. Danach waren der Fronhof, das sogenannte »Neue Tor« und ein Teil der Stadtmauer 1753 abgerissen worden, um einen Zugang zu der im Ausbau begriffenen Friedrichstraße zu schaffen.[652] Falls diese Angabe richtig ist, so dürfte es eher unwahrscheinlich sein, daß das Gebäude 1753 vom Markgrafen bereits genutzt werden konnte. Der Geheime Camerier erhielt nicht nur den Bauplatz geschenkt, sondern durfte nach Reitzenstein ca. 6300 Quadersteine aus dem Abbruchmaterial der Vorgängerbauten unentgeltlich für sein neues Haus verwenden. In der Grundakte des Gebäudes hat sich die Kopie einer Anweisung des Markgrafen Friedrichs vom 3. Oktober 1754 erhalten, in der Liebhardt aufgrund seiner hohen Baukosten weitere Vergünstigungen erteilt bekommt.[653] Die gewährten Privilegien für Bewirtung und öffentliche Unterhaltungen unterstützen die Angabe Königs, daß Liebhardt dem Markgrafen das Gebäude als Gesandtenhaus überlassen wollte. Reitzenstein gibt weiterhin an, daß Liebhardt zusätzlich noch Baugnaden in Höhe von 4000 fl. erteilt worden sein sollen.[654]

Beschreibung
Das Anwesen in der Friedrichstraße besteht aus einem zweigeschossigen Hauptgebäude und zwei gleichhohen Nebengebäuden. Das mittlere Gebäude umfaßt 9:5, die Flankenbauten nehmen 2:2 bzw. 2:3 Achsen ein. Eine Toranlage auf der rechten sowie ein eingeschossiger Verbindungstrakt auf der linken Seite bilden die Verbindungsglieder zwischen dem Hauptgebäude und den Flankenbauten. Wie praktisch alle Gebäude in diesem Straßenzug ist das Liebhardtsche Haus in Sandstein errichtet und unverputzt belassen. Die neunachsige Hauptfassade zeichnet sich durch einen schwachen dreiachsigen Risalit aus, der durch korinthische Kolossalpilaster gefaßt wird. Über dem Risalit erhebt sich ein Zwerchhaus mit Fronton. Im Giebelfeld befindet sich eine mit Muschelwerk verzierten Kartusche mit den Initialen MDF, deren Ableitung nicht bekannt ist. Auch ist die Jahreszahl 1754 vermerkt.[655] Rusitzierte Lisenen fassen die Gebäudekanten. An der gesamten Fassade wurden stichbogige Fenster eingesetzt, die im ersten Obergeschoß des Risalits geohrt sind. Verzierungen erhalten sie durch Keilsteine bzw. kartuschenartige Motive. Im ersten Obergeschoß sind außerdem einfache Fensterschürzen eingesetzt. Das Gurtgesims verkröpft sich über den Keilsteinen des Erdgeschosses. Reich gestaltet ist das Portal in der Symmetrieachse des Hauses. Der Türbogen wird von einem segmentbogigen geschweiften Giebel überfangen, der sich zusätzlich noch leicht verkröpft. Volutenkonsolen, die seitlich neben den Bogenlauf gesetzt sind, bilden seine Stützen. Als plastischer Dekor lagern auf dem Giebel zwei Putti, die dem Betrachter eine Kartusche entgegenhalten.

Auch die Pavillons haben weitgehend das Aufrißprinzip der äußeren Achsen des Hauptgebäudes aufgenommen. Sowohl rustizierte Ecklisenen als auch das mit den Schlußsteinen verkröpfte Gurtgesims werden wieder eingesetzt. Der eingeschossige Verbindungsflügel (1:2:1 Achsen) zwischen dem linken Nebengebäude und dem Haupthaus ist mit einer Attika versehen, die mit Skulpturen und Vasen geschmückt ist. Die beiden mittleren Fensterachsen werden von zwei freistehenden toskanischen Säulen gerahmt, über deren Kapitellen sich das aufliegende Gesims und die Balustrade mehrfach verkröpfen. Die Hofeinfahrt auf der rechten Seite wird von einer relativ aufwendigen Toranlage zur Straße hin abgeschlossen. Sie springt gegenüber dem Haupt- und Nebengebäude zurück und nimmt in der Höhe knapp dreiviertel der Seitenannexe ein. Diese wird von zwei schlanken toskanischen Säulen flankiert, deren Postamente die Höhe des umlaufenden Sockelbandes einnehmen. Die Attika ist mit Vasen und Figuren besetzt.[656] Das Löwenpaar mit der Kartusche im Mittelteil stellt eine spätere Zutat dar.

In der kunstgeschichtlichen Literatur wurde das Anwesen 1901 erstmals von Hofmann dem Bayreuther Hofarchitekten Saint-Pierre zugeschrieben.[657] Diese Zuweisung blieb bestehen, bis Sitzmann in seinem Aufsatz von 1952 Zweifel anmeldete. Nach seinem Dafürhalten kommen weder Saint-Pierre noch Richter als Planer in Betracht. Als Argumente für die Urheberschaft Gontards führt er, neben der Auslastung der Hofbauinspektoren mit höfischen Aufträgen, einige stilistische Merkmale des Liebhardschen Hauses an. Für ihn deuten die Hervorhebung des dreiachsigen Risalits, das Zwerchhaus mit Dreiecksgiebel im Hauptgebäude und v.a. das reiche Rundbogenportal »auf eine neue Kraft, auf Gontard« hin.[658] Merten hält in seiner Dissertation die Zuschreibung an Saint-Pierre ebenfalls für fragwürdig, gleichzeitig erscheint ihm aber bei der Zuordnung des Liebhardschen Hauses an Gontard Vorsicht geboten.[659] Die Grundkonzeption der Anlage, ein Haupt- und zwei Nebengebäude, gleicht dem Saint-Pierreschen Wohnhausbau für den Postmeister von Meyern in der Erlangerstraße (1743). Das gleiche System setzte dieser auch bei dem Anwesen des Landschaftsrats Johann Gottlob von Meyern in der Friedrichstraße (1750/51) in Bayreuth ein.[660] Beide Objekte repräsentieren den Typus des Bayreuther Adelspalais aus der ersten Hälfte des 18. Jahrhunderts.[661] Insbesondere die flachen stichbogigen Fensterrahmungen, die kaum auskragenden Fensterbänke sowie die Gestaltung der Lambrequins erinnern an Saint-Pierres Formengebung bei den genannten Anlagen. Sie tritt auch am Palais des Geheimen Rats und Kammerdirektors Anton von Meyern an der Rennbahn (1746/47) auf, das 1753 in den Bau des Neuen Schlosses integriert wurde.[662] Das Fehlen von Fensterverdachungen unterscheidet das Liebhardtsche Haus von fast allen Bauten, die Gontard in Bayreuth zugeschrieben werden können. Merten führt als Saint-Pierresche Motive auch die freistehenden toskanischen Säulen und die auskragende Steinlage unter dem Kranzgesims, die er als »Horizontallisene« bezeichnet, an.[663] Zweifel an der Urheberschaft Saint-Pierres werden bei Merten vor allem durch das steile Walmdach, das Zwerchhaus über dem Mittelrisalit und die kantige Aneinanderfügung der Bauteile ausgelöst. Es sollte aber auch der zeitliche Aspekt nicht übersehen werden. Gontard müßte zwischen seinen Auslandsaufenthalten mit dem Auftrag betraut worden sein, da das Haus 1754 (Jahreszahl im Giebelfeld) weitgehend fertiggestellt gewesen sein muß. Nach seiner Rückkehr aus Frankreich konnte Gontard aber wohl kaum mit sichtbaren Beispielen seines Könnens aufwarten und hatte erst eine knapp zweijährige theoretische Ausbildung hinter sich. Eine Zuweisung an Saint-Pierre mit einer evtl. Mitwirkung von Gontard, wie Gebessler es vorschlägt, wäre denkbar, doch erscheint der mögliche Anteil das damaligen Conducteurs eher gering.[664]

Kat. Nr.: 16   Abb.: 4-7
Ort: Bayreuth
Objekt: Hofapotheke

Straßenname: Rennbahn, heute Ludwigstraße, Eckhaus Richard-Wagner-Straße 2
Entwurf: Carl von Gontard
Erbaut: ca. 1756/57-1759
Umbauten: um 1900, um 1924, 1987

Archivalien:
Stadtarchiv Bayreuth, Beschreibung der

Stadt Bayreuth, König, um 1800, Nr. 418.
Stadtarchiv Bayreuth, Rissebuch, Nr. 417.
StA Bamberg, Markgrafentum Brandenburg-Culmbach, neugeordnet, Nr. 3817; Johann Friedrich Örtels, Vater und Sohn Hoff-Apotheckern Previlegium (...)
StA Bamberg, Rep. C 9 VI, KDK Hofkammer Bayreuth, Nr. 10088, Einrichtung der allhiesigen Schloß-Apotheke betr. ao. 1740-1777.

Baugeschichte
Schon lange vor der Errichtung der heute noch existierenden Hofapotheke hatte es verschiedene Versuche gegeben, eine Apotheke für die Belange des Hofes zu etablieren, was allerdings erst Markgraf Georg Wilhelm glückte.[665] Dieser erteilte seinem Kammerdiener und Apotheker Johann Friedrich Örtel am 28. Juni 1712 den Befehl »(...) aus dem Schlosse jedoch außer der Stadt vor dem Oberen Tore (...)« eine Hofapotheke einzurichten, die für ihn und seine Dienerschaft zuständig sein sollte. Zunächst ist das Officin im Haus Nr. 418 an der Rennbahn eingerichtet worden.[666] Margaretha Örtel, die Witwe des gleichnamigen Sohnes Johann Friedrich Örtels, erwarb am 3. November 1753 das an die Rennbahn angrenzende Eckhaus Nr. 417.[667] Sie ließ das Gebäude niederreißen und die Apotheke »Zum goldenen Stern«, die heutige Hofapotheke, erbauen.[668]

Beschreibung
Als Material ist der ortsübliche gelbliche Sandstein aus der Umgebung von Bayreuth verwendet worden. Zahlreich Umbauten, zuletzt 1987, veränderten die Fenster- und Eingangssituation des Erdgeschosses. Die aus einer früheren Veränderung stammende dreistufige Sandsteintreppe auf der rechten Seite der Hauptfassade wurde beim letzten Umbau beseitigt, da das Fußbodenniveau des Verkaufsraumes der Apotheke auf die Ebene des Gehsteiges gesenkt wurde. Aus diesem Grund wurde auch die Treppe zum einstigen Haupteingang an der heutigen Ludwigstraße entfernt.
Die fünfachsige Schauseite des dreigeschossigen Gebäudes weist auf den Sternplatz hin, wobei die mittleren drei Achsen risalitartig nach vorne gezogen sind. Zur Akzentuierung trägt der Risalit einen Dreiecksgiebel mit Zahnschnitt. Das Erdgeschoß tritt über einem glatten Sockelband leicht zurück und ist im Gegensatz zu den oberen Etagen bänderartig gefugt. Über den rahmenlosen Fenstern knickt die Bänderung hakenförmig ab. Dieses Gestaltungsprinzip wiederholt sich auch auf der Langseite des Gebäudes zur Ludwigstraße hin. Als ursprüngliche Gliederung des Erdgeschosses der Hauptfassade, sind ein rundbogiges Portal und je zwei stichbogige Fenster zu vermuten. Ein umlaufendes Gurtgesims trennt das Unter- und die beiden Obergeschosse voneinander. Im Risalit werden die beiden oberen Etagen durch korinthische Kolossalpilaster zusammengefaßt. Zwischen den profilierten Rahmungen der Rechteckfenster und den alternierenden Segmentbogen- und Dreiecksgiebeln werden im 1. Stock Rechteckfelder ausgebildet, die im Risalit zusätzlich mit Festons dekoriert sind. In diesem Bereich werden die Fenstergiebel von Volutenkonsolen gestützt. Auch hier liegen die Fensterrahmungen auf geraden Fensterbänken auf. Wiederum werden die drei mittleren Verdachungen von Volutenkonsolen getragen. Rosettenartige Schlußsteine verzieren die mittleren drei Fensterstürze. In den beiden äußeren Achsen sind die Fenster insgesamt nicht mittig angeordnet, sondern schließen direkt rechts und links an die äußeren Pilaster des Risalits an. Über der Gebälkzone erhebt sich ein steiles Walmdach, das heute mit Ziegeln gedeckt ist. Vermutlich hat das Dach, ebenso wie das Gontard-Haus, ursprünglich eine Schieferdeckung getragen. Es ist mit drei Dachgauben ausgestattet, die segmentbogig abgeschlossen sind. Die Fassade zur Ludwigstraße umfaßt sechs Fensterachsen und ist deutlich einfacher gehalten. Es wurden die gleichen Fensterformen und Verdachungen verwendet, jedoch wurde auf jeglichen Dekor verzichtet. Einzig die Offizintür ist mit einem Reliefstern im Stichbogen verziert. Nach alten Abbildungen und auch nach den Angaben des Besitzers, Herrn Dr. Steinbrück, bestand ursprünglich nur ein einziger Zugang zum Offizin von der heutigen Ludwigstraße aus, wie dies auch bei König erwähnt wird. Die rechte äußere Achse wird von einem rundbogigen Schaufenster eingenommen, wo sich, nach Informationen des Inhabers, ursprünglich eine Durchfahrt zum Hof- und Gartenareal befand, die sich noch schwach an der Rückseite des Hauses abzeichnet. Nach den frühen Ansichten der Apotheke muß diese Durchfahrt schon vor 1900 geschlossen worden sein. Extrem vernachlässigt wurde die Gestaltung der hinteren Langseite. Hier verläuft ein schmaler Gang zwischen der Apotheke und dem angrenzenden Gebäude.

Grundrißdisposition
Die zur Verfügung stehenden Pläne beschäftigten sich hauptsächlich mit einem 1926 geplanten Dachum- und Ausbau. Grundrißzeichnungen der beiden Obergeschosse befassen sich leider nur mit einzelnen Teilbereichen der Etagen. Hinter dem Haupteingang an der Richard-Wagner-Straße teilt ein breiter Mittelgang das Erdgeschoß, an dessen Ende eine großzügige Treppe mit Wendepodesten ansteigt. In der linken Erdgeschoßhälfte sind, spätestens seit der Jahrhundertwende, Läden untergebracht. Zwischenwände oder sonstige Raumunterteilungen sind heute verschwunden. Der trapezförmige Apothekenbereich ist in drei Raumkompartimente unterteilt. Inwiefern sich diese Einteilung auf ehemalige Vorgaben bezieht, ist schwer zu beurteilen. Das Offizin dürfte jedoch etwa die ursprüngliche Größe besitzen. Bei den Umbaumaßnahmen 1988 wurde unter der neuzeitlichen Holzdeckenverkleidung von 1937 die originale Deckenstukkierung entdeckt, die sich auf die heutige Raumgröße bezieht, soweit dies aus dem Dokumentationsmaterial der Restauratoren zu ersehen ist. Rocaillen, Bandwerk und Blumen werden von einer umlaufenden Hohlkehle mit Stuckprofilen eingefaßt. Als ausführende Kraft der ca. 1757 gearbeiteten Decke wird Jean Baptist Pedrozzi erwogen.[669] Die ehemalige Hofeinfahrt, die bereits um 1900 geschlossen worden sein muß, war mit einem Gewölbe versehen. Dieser Bereich wurde in mehrere kleine Räume unterteilt. Aus dem Teilgrundriß für das rückwärtige Areal des ersten Stockwerks lassen sich kaum Rückschlüsse auf die ursprüngliche Anlage ziehen, so daß keine Aussagen zur Disposition der repräsentativen Etage gemacht werden kann.

Kat. Nr.: 17   Abb.: 28, 136, 137
Ort: Bayreuth
Objekt: Haus des Maschinenmeisters Johann Dietrich Spindler

Straßenname: ehem. Rennbahn, heute Ludwigstraße 29
Entwurf: Carl von Gontard
Erbaut: ca. 1758-1761
Umbauten: um 1900?, 1924?, 1976

Archivalien:
Stadtarchiv Bayreuth, Beschreibung der Stadt Bayreuth, König, um 1800, Nr. 430.
Stadtarchiv Bayreuth, Rissebuch, Nr. 430.
StA Bamberg, Rep. K 111, Kreis- und Stadtgericht Bayreuth, Nr. 430.
StA Bamberg, R 1246.
Bestandsplan für das Evangelische Gemeindehaus, Ludwigstraße 29, Architekt Kurt Baumann, Bayreuth 1976, im Besitz der Evangelischen Kirche Bayreuth.

Baugeschichte
Wieder liefert König einen Teil der spärlichen Informationen zur Baugeschichte.[670] Nach den Aufzeichnungen des Chronisten errichtete Spindler 1758 sein Wohnhaus an der ehemaligen Rennbahn auf einem Grundstück, das ursprünglich zur Erweiterung des herrschaftlichen Hetzgartens gedacht war. Markgraf Friedrich verwendete

Katalog

das Gelände des Hetzgartens jedoch zur Errichtung eines Komödienhauses, das durch einen Gang mit dem Neuen Schloß verbunden war. Diese Gebäudegruppierung machte erforderlich, daß sich der Spindlersche Neubau zur rechten Schmalseite hin auf eine Fensterachse verjüngen mußte. Eine später beabsichtigte Erweiterung dieses Gebäudeteils kam nicht zustande. Wenn Königs Angaben zutreffen, könnte die Bauzeit auf die Jahre 1758 bis 1761 eingegrenzt werden.[671] Zumindest für die Datierung des Baubeginns auf 1758 gibt es im Grundbuch des Gebäudes eine weitere Quelle.[672] Im Rissebuch finden sich wiederum nur spärliche Informationen, die sich auf die Besteuerung des Hauses beziehen.[673] Leider haben sich auch in diesem Fall keine Pläne oder sonstige nähere Angaben erhalten. Von den Stukkaturen des Spindlerschen Hauses im Erd- und den beiden Obergeschossen (Plafonds mit Blüten- und Rankenwerk sowie Putti-Darstellungen) wird der Hauptanteil Adam Rudolph Albini zugeschrieben.[674] Die Fassadengestaltung nimmt im Bayreuther Œuvre Gontards eine Einzelstellung ein. Hofmann schrieb 1901 erstmals Gontard das Gebäudes zu.[675]

Beschreibung

Das Gebäude liegt wiederum nur wenig von der Residenz entfernt. Der dreigeschossige und siebenachsige Sandsteinbau mit Mansarddach weist eine starke plastische Akzentuierung des Erdgeschosses auf. Über einem Sockelband ist das Erdgeschoß mit einer Bänderrustika verziert, die im Bereich der Fensterrahmung quaderartig hervortritt. Die Fassade zur Ludwigstraße nimmt eine Länge von 21,54 m ein.[676] Wie bei der Hofapotheke, hat hier ein in der Nähe von Bayreuth gebrochener, gelber Sandstein Verwendung gefunden. In den beiden äußeren Gebäudeachsen erfolgt eine portikusartige Inszenierung des Einganges bzw. eines Fensters durch toskanische Halbsäulen, die einen Architrav tragen. Durch ihre breitere Anlage werden die äußeren Gebäudeachsen von den inneren deutlich abgesetzt. Im linken Portikus befindet sich der korbbogige Eingang. Die Nutungen in der Mauerfläche knicken zur Wölbung des Bogens hin hakenförmig ab. Im rechten Portikus wird ein stichbogiges Fenster von den Säulen eingefaßt. Auf durchstoßende Quader, wie bei den übrigen Erdgeschoßfenstern, wurde verzichtet. Um das Fenster herum ist eine umlaufende Baufuge abzulesen, die der Form des Eingangsbereiches gleicht. Aufnahmen aus der Zeit um die Jahrhundertwende und aus den Zwanziger Jahren zeigen, daß im Erdgeschoßbereich Veränderungen vorgenommen wor-

S. 154 und 155: 136 u. 137. Bayreuth, Wohnhaus des Maschinenmeisters Johann Dietrich Spindler (Kat. Nr. 17, Fotos 1999)

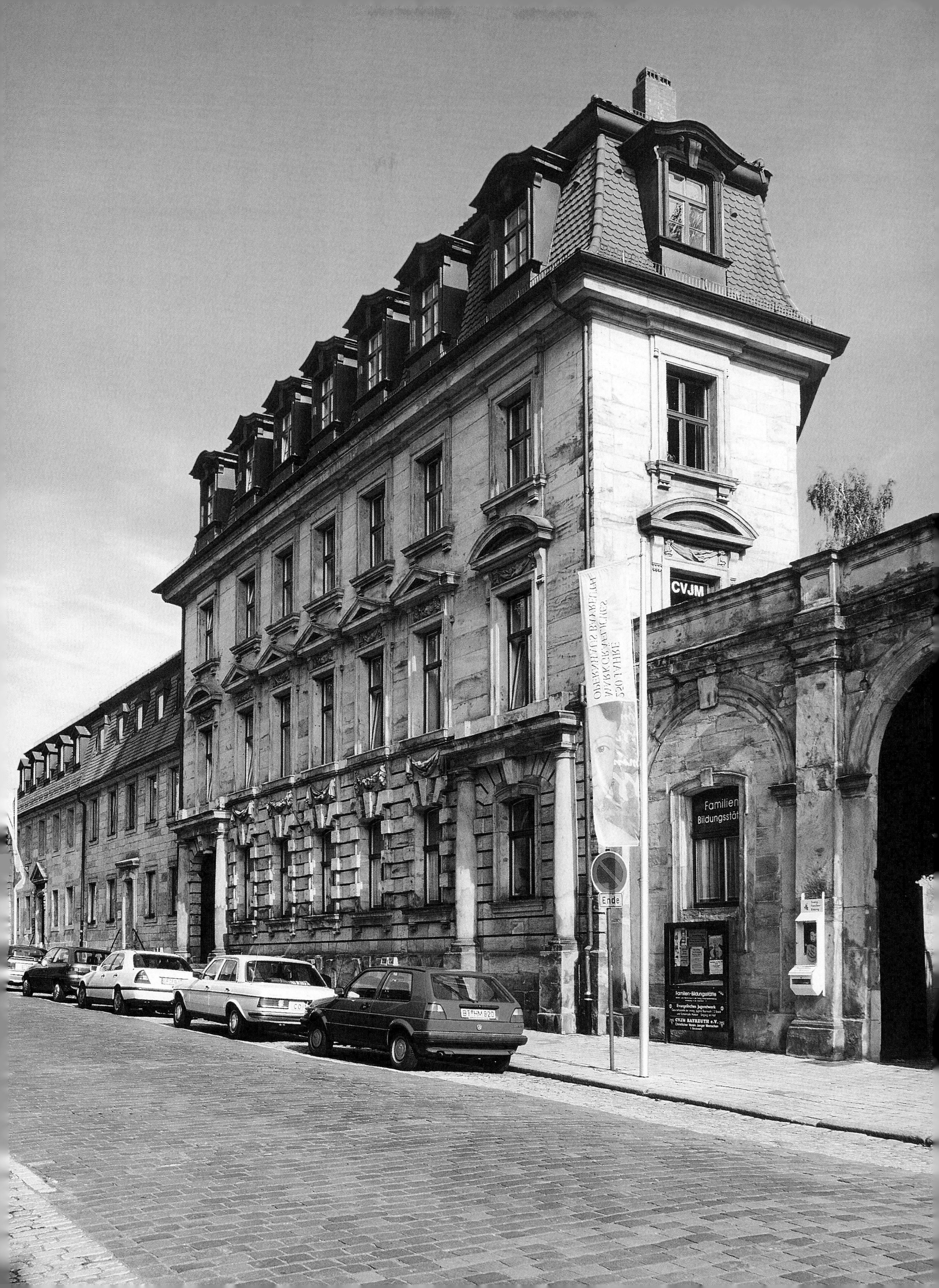

den sind.[677] König gibt um 1800 an, daß das Haus »(...) an dem ersten Ende mit einem Portal (...)« versehen war, so daß von lediglich einem ursprünglichen Eingang ausgegangen werden kann.[678] Über dem gefugten Erdgeschoß verläuft ein gurtgesimsartiges Band, das jedoch über den Architravbereichen der seitlichen Achsen abgeschitten erscheint. Girlanden und Tuchfestons dekorieren die Lambrequins des ersten Obergeschosses, die von den Dekorsteinen der Erdgeschoßfenster und den Sohlbänken der Fenster im ersten Stock eingespannt werden. Den äußeren beiden Fenstern, die einen anderen Achsenabstand erhalten haben, fehlen sowohl die Fensterbänke als auch die Dekorplatten. Durch das Hochziehen der genuteten Wandfläche bis unter die Fensterbänke der Bel étage und den gurtgesimsartigen Abschluß erscheint die Grenze zwischen Erd- und Obergeschoß verunklärt. Die Rechteckfenster des Piano nobile erhalten in den äußeren beiden Achsen segmentbogige Verdachungen, ansonsten Dreiecksgiebel. Als Auflager dienen triglyphenartige Aufsätze. Im Wechsel sind hier wiederum Festons und Tuchgehänge als Schmuckformen eingesetzt. Im zweiten Obergeschosses wurden ebenfalls rechteckige Fenster eingesetzt, aber etwas kleiner ausgeführt. Die Unterkante des Kranzgesimses bildet die geraden Verdachungen der Fenster aus, indem es sich über den Rahmungen verkröpft. Im Mansarddach sind sieben rechteckige Fenster eingesetzt, die kleine Keilsteine im Sturz tragen und mit einer leicht geschweiften segmentbogigen Verdachung versehen sind.

An der linken Schmalseite des Gebäudes schließt direkt das Nachbarhaus an. Die rechte Schmalseite ist nur einachsig und gleicht in der Konzeption der Fenster denen der äußeren Achsen der Hauptfassade. Die Rückseite des Gebäudes weist keinerlei Gliederungs- oder Dekorationselemente auf und ist nur mit einigen lukenartigen Fensteröffnungen in den Obergeschossen versehen.

Grundrißdisposition

Das Spindlersche Haus wird durch einen Gang in der äußeren linken Achse des Gebäudes erschlossen, an dessen hinterer Mitte eine großzügige Treppe mit Wendepodest ansetzt. Der Bereich des Hofausgangs, der am Ende des Korridors liegt, wird in den Obergeschossen als separater abgeschlossener Raum genutzt. Die untere Zimmerflucht an der Hauptfassade besteht aus drei Räumen und ist durch eine Enfilade verbunden, die vom Korridor aus zu betreten ist und sich auf die einzelne Fensterachse der rechten Schmalseite des Gebäudes bezieht. Von diesen Räumen aus sind auch kleinere Zimmer hinter der Treppenanlage zu erreichen. Ein weiterer Zugang wurde durch einen späteren Anbau im Hof geschaffen, der in den Gebäuderücksprung, hinter dem Zimmer in der äußeren rechten Fensterachse, eingefügt worden ist.

Die Raumkonzeption in den beiden oberen Stockwerken gleicht der des Erdgeschosses. Die seitlich der Treppe liegenden rückwärtigen Räume sind vom Treppenhaus aus zugänglich. Ihre Unterteilungen stammen jedoch nicht aus der Erbauungszeit, was u.a. durch die Überschneidung von einfachen Stuckprofilen zu erkennen ist. Auch wurden hier Veränderungen durch den Einbau sanitärer Einrichtungen vorgenommen. Interessant ist, daß die Enfilade der Bel étage auf der linken Seite durch eine Scheintür imaginativ verlängert wird.

Im Dachgeschoß ist der Grundriß durch das Einbringen eines Mittelflurs gegenüber den unteren Stockwerken verändert, so daß ein Raum etwas verkürzt wurde. Da der Treppenaufgang im Dachgeschoß endet, konnte ein zusätzlicher Raum im hinteren Bereich gewonnen werden. Wie schon bei dem Wohnhause Gontards, bestimmt die ungünstige Grundstückssituation das innere System des Gebäudes.

Die Gestaltung der Portiken an der Fassade verlangt optisch den Zugang zum Haus in einer der beiden äußeren Achsen. Durch das mehrfache Zurückspringen der Rückseite des Wohnhauses war die Einbringung des Treppenhauses nur in der linken Gebäudeachse sinnvoll. Zudem konnte dadurch im Erdgeschoß eine zusammenhängende Raumfolge von drei Zimmern gewonnen werden. Die unregelmäßige Disposition im hinteren Bereich neben der Treppe, ist weitgehend durch die späteren Einbauten entstanden. Die ursprüngliche Situation läßt sich aber ohne eine eingehende Befunduntersuchung nicht klären.

Kat. Nr.: 18   Abb.: 32
Ort: Bayreuth
Objekt: Wohnhaus des Hofbaumeisters Georg Christoph Mader

Straßenname: Friedrichstraße 20
Entwurf: Hofbaumeister Georg Mader
Erbaut: um 1756

Archivalien:
Stadtarchiv Bayreuth, Beschreibung der Stadt Bayreuth, König, um 1800, Nr. 245.
Stadtarchiv Bayreuth, Rissebuch Nr. 245.
StA Bamberg, Rep. K 111, Kreis- und Stadtgericht Bayreuth, Nr. 245.

Baugeschichte
Die Zuschreibung der Pläne dieses Wohnhauses an Gontard wurde 1959 von Gebessler vorgenommen und ist von anderen Autoren nicht wiederholt worden. Gebessler gibt an, daß das Gebäude, das sich in der Friedrichstraße Nr. 20, neben dem Palais Künßberg, erstreckt, um 1760 für den Hofbaumeister Georg Christoph Mader errichtet worden sei.[679] Auch König nennt Mader als den Bauherren, nennt jedoch keine Datierung für das Gebäude.[680] Im Rissebuch finden sich detailliertere Angaben, nach denen Mader das Haus im Jahr 1756 erbaut haben soll.[681] Die genauen zeitlichen Benennungen der Landschaftsrescripte lassen die Errichtung des Gebäudes 1756 als glaubwürdig erscheinen. Die Grundakte des Anwesens liefert keine neuen Hinweise.[682] Auch die Gestaltung des Hauses läßt eher auf Anfang bis Mitte der 1750er Jahre schließen.

Beschreibung

Das dreigeschossige Sandsteingebäude umfaßt fünf zu fünf Achsen. Auffällig ist, daß es auf der rechten Seite nur grob vermauert ist und die Läufer aus dem Mauerverbund der Fassade über die Kante herausragen. Außerdem ist das steile Walmdach auf dieser Seite senkrecht abgeschnitten. Dies erklärt sich durch eine Bemerkung Königs, der angibt, daß Mader an dem Haus noch anbauen wollte.[683] Auf einem Plan der Kreishauptstadt Bayreuth von 1854 erscheint jedenfalls eine Baulücke zwischen dem Maderschen und dem Künßbergschen Anwesen.[684] Während das Erdgeschoß in Bänderrustika gehalten ist, wird die Mauerfläche in den oberen Stockwerken glatt vorgeführt. Ein Gurtgesims trennt das Untergeschoß von den oberen Etagen. Sämtliche Fenster der Fassade und auch der Eingang sind stichbogig ausgeführt. Im Erdgeschoß knicken die Fugen des Mauerwerks hakenförmig über den Fenstern und über der Türe ab, die ohne Rahmung in die Wand eingeschnitten sind. Zur Betonung des ersten Obergeschosses erhalten die Fenster eine flache Rahmung und eine schmale, leicht verkröpfte Fensterbank. Sie sind mit einer für Bayreuth ungewöhnlichen Form von Dreiecksgiebeln versehen, die seitlich abknicken und nach unten geöffnet sind. Ihre Lambrequins zeigen ein eingetieftes Rechteckfeld. Auch der Bereich unter den Fensterverdachungen ist mit flachen Vorlagen dekoriert, die über den Bogen der Fenster einschwingen. Im zweiten Obergeschoß sind die Fenster etwas kleiner gehalten und jeweils mit einem keilförmigen Schlußstein versehen, der sich mit dem Kranzgesims verkröpft. Die Fenster haben ebenfalls Schürzen erhalten, die über den Giebeln der unteren Fensterreihe nach oben etwas abgeschrägt werden. Das steile Walmdach ist schließlich mit fünf stichbogigen Gauben versehen, die einen kleinen Keilstein tragen und mit einer dreieckigen Verdachung ausgestattet sind. Die linke Schmalseite und die Rückseite des Gebäudes sind nach einem einheitlichen Schema gestaltet. Die Mauerflächen sind glatt gearbeitet und nicht durch Gesimsbänder unterteilt. Im Erdgeschoß sind durchgängig hochrechteckige Fenster mit einer flachen glatten Rahmung eingesetzt. Den Proportionen der Front entsprechend, sind die Fenster in den Obergeschossen stichbogig ausgeführt und mit einem kleinen breiten Keilstein ausgestattet. An der Rückseite läßt sich noch ein späterer Anbau ablesen, der wieder abgebrochen wurde.

Alleine vom zeitlichen Aspekt her gesehen, könnte das Gebäude zum Werk Gontards in Bayreuth zählen. Doch lassen verschiedene stilistische Eigenheiten, wie die Formen der Fenster und der Verdachungen sowie die Verkröpfung des Traufgesimse über den Keilsteinen, starke Zweifel an der Zuschreibung kommen, die einzig von Gebeßler angeführt wurde. Saint-Pierre muß allerdings als Architekt ausscheiden, da er bereits 1754 verstarb. Es muß deutlich darauf hingewiesen werden, daß es sich bei dem Gebäude um das Wohnhaus des Hofbaumeisters Georg Christoph Mader handelt. Daß Mader eigene Entwürfe geschaffen hat, geht aus Quellen hervor.[685] Es ist eher unwahrscheinlich, daß der Hofbaumeister den Entwurf seines Wohnhauses einem anderen Architekten übertrug.

Kat. Nr.: 19   Abb.: 19-21
Ort: Bayreuth
Objekt: Palais des Husarenoberst Caspar Christoph Liebmann von Reitzenstein

Straßenname: ehemals Jägerstraße, später Luitpoldplatz 15
Entwurf: Carl von Gontard
Erbaut: Ca. 1760/61-1767?
Umbauten: 1915/16 zum Bayreuther Rathaus umgebaut
Zerstörung: Bei einer Bombadierung am 11. April 1945 wurde das Gebäude schwer beschädigt, der Torso wurde 1963 wegen des Rathausneubaus abgerissen.

Archivalien:
Stadtmuseum Bayreuth, Aufriß des Gebäudes Inv. Nr.: 06.444.
Stadtarchiv Bayreuth, Hist. Nr. 2583 (Baugnaden).
Stadtarchiv Bayreuth, Beschreibung der Stadt Bayreuth, König, um 1800, Nr. 710.
Stadtarchiv Bayreuth, Rissebuch, Nr. 710.
StA Bamberg, Rep. K 111, Kreis- und Stadtgericht Bayreuth, Nr. 710.

Baugeschichte
Aus einem Schreiben Reitzensteins von 1760 an Markgraf Friedrich geht Gontard eindeutig als Baumeister des Palais hervor.[686] König bezeichnet das Palais in seiner Chronik als das »(...) größte Privathaus der ganzen Stadt (...)« und äußert sich auch zu den Bedingungen des Baus, während das Rissebuch praktisch keine Informationen über das Gebäude liefert.[687] Über die Bauzeit sind bisher keine archivalischen Belege auffindbar und auch die Grundakte des Gebäudes liefert keine neuen Erkenntnisse.[688] Reitzensteins Bittgesuche wurden im Oktober 1760 vom Markgrafen bewilligt. Auch der Riß war zu dieser Zeit schon vollendet, wie aus dem Schreiben des Husarenobersts vom 22. September 1760 hervorgeht. Ob die Bauarbeiten noch im selben Jahr aufgenommen wurden, ist unbekannt, aber zu vermuten. Da bei dem wesentlich kleineren Wohnhaus des Architekten von einer ca. dreijährigen Bauzeit bis zur völligen Fertigstellung ausgegangen werden kann, so wird man auch in diesem Fall wenigstens drei Jahre annehmen können. Die Dauer der Bauarbeiten könnte also zwischen 1760/61 und 1763/64 liegen, wobei eine Bauzeit bis 1767 nicht auszuschließen ist. Allerdings hätte die Endphase der Arbeiten ohne Gontards direkte Einflußnahme ablaufen müssen, da er 1764 Bayreuth verließ.[689] Das Gebäude wechselte später mehrmals den Besitzer. Nach Umbauten im Jahr 1915/16 wurde das Palais zum Bayreuther Rathaus umfunktioniert.[690] Im November 1850 erwarb Herzog Alexander von Württemberg das Stadtpalais und vererbte es 1881 seiner Gemahlin, der Frau von Meyernberg. Sie verstarb am 31. März 1915 und vermachte das Gebäude der Stadt, der sie es schon seit 1911 zur Verfügung gestellt hatte. Zur Bedingung machte sie dabei, daß das Anwesen den Charakter eines herrschaftlichen Hauses beibehalten müsse und nicht für wirtschaftliche Zwecke genützt werden dürfe. Nach Ratsbeschlüssen vom 10. und 20. August 1915 sollte das Palais als Sitz des Neuen Rathauses genutzt werden. Als Kosten für einen Umbau, der von September 1915 bis Ende des Jahres 1916 dauerte, wurden 50.000 Mark veranschlagt. Diese Nutzung wurde bis zur weitgehenden Zerstörung bei einer Bombardierung am 11. April 1945 aufrecht erhalten.[691]

Beschreibung
Das Palais Reitzenstein gehört zu den wenigen Objekten im Bayreuther Œuvre Gontards, bei dem ein Plan aus der Erbauungszeit erhalten geblieben ist. Er befindet sich im Stadtarchiv Bayreuth und zeigt den Aufriß des Palais und die Raumdisposition des Piano nobile. Vermutlich fertigte der Hofmaurermeister Johann Bauer den Entwurf nach Gontards Angaben an, wie die Signatur des Blattes nahelegt. Der Aufriß zeigt ein stattliches dreigeschossiges Sandsteingebäude, das sich über 13:5 Fensterachsen erstreckt und dessen horizontale Gliederung die Fassade bestimmt. Die Abstände zwischen den drei mittleren Fensterachsen sind etwas breiter gehalten, um eine Betonung der Mitte zu erzeugen, da in diesem Fall auf einen Risalit verzichtet wurde. Das Erdgeschoß wird im Gegensatz zu den Obergeschossen rustiziert vorgeführt. Die Rechteckfenster des Erdgeschosses sind mit geraden Verdachungen auf Konsolen ausgestattet. Unter den Sohlbänken befinden sich Brüstungsfelder. Den drei mittleren Achsen sind vier toskanische Säulen vorgestellt, die einen Altan mit Balusterbrüstung tragen. Über den Kapitellen der Säulen verläuft ein Architrav mit einem Metopen-Triglyphen-Fries. Das Haupttor ist ca. ein Drittel höher als die flankierenden Eingänge, die mit Spangenschlußsteinen und darüberliegenden Relieffeldern verziert sind. Im Hauptgeschoß, das durch ein Gurtgesims vom Erdgeschoß abgetrennt wird, wechseln sich dreieckige und segmentbogige Verdachungen der Rechteckfenster ab. Brüstungsfelder unter den Fenstern zitieren wiederum die Balkonbrüstung, wobei bei der tatsächlichen Ausführung ein Gittermotiv statt der Baluster gewählt wurde. In diesem Achsenbereich tragen die Fenster zusätzlich Agraffen bzw. in der Mittelachse zusätzlichen Reliefdekor. Es handelte sich hier um das Allianzwappen der Reitzenstein-Stiebar sowie um zwei lagernde Putti.[692] Im zweiten Obergeschoß sind wiederum Rechteckfenster mit geraden Verdachungen und von Konsolen getragene Sohlbänke eingesetzt. Im Gegensatz zur späteren Ausführung sind auf dem Riß nur die drei mittleren Fenster mit Spangenschlußsteinen ausgezeichnet worden. Das Traufgesims ist mit einem Zahnschnitt dekoriert. Statt der zwei Reihen runder Okuli, wie sie auf dem Riß geplant waren, wurden segmentbogige Dachfenster ausgeführt. Nach der Planvorgabe waren für die Schmalseiten des Palais auf der rechten Seite fünf, auf der linken Seite wohl nur drei Fensteröffnungen im ersten Obergeschoß vorgesehen. Hier schloß sich das sog. »Quastenhäuschen« an, das 1916 abgerissen wurde, da an seiner Stelle ein Verbindungsgang zwischen dem »Neuen Rathaus« und dem Layrizhaus errichtet wurde.

Als Vorbild für das Palais Reitzenstein und somit auch wegweisend für die anderen Bauten ab etwa 1760, wird der Palazzo Mancini (später Palazzo dell' Accademia di Francia bzw. Palazzo Salviati) von Carlo Rainaldi am Corso in Rom genannt.[693] (Abb. 21) Der dreizehnachsige Stadtpalast mit drei Voll- und zwei Halbgeschossen zwischen Erd- und erstem Obergeschoß sowie unter dem Kranzgesims weist verschiedene Übereinstimmungen mit dem Palais Reitzenstein auf. Gegenüber dem römischen Vorbild wurde bei der Bayreuther Fassade auf die beiden Halbgeschosse verzichtet. Ebensowenig wurde die Dreiteilung der Front (3:7:3 Achsen) durch Wandvorlagen und die Plazierung von Balkons in der zweiten und zwölften Achse übernommen. Reduziert wurde auch die Hervorhebung der horizontalen Trennung der Stockwerke, besonders zwischen erstem und zweiten Obergeschoß. Hier wurde das Gesimsband weggelassen. Nicht übernommen wurde außerdem das plastisch betonte Kranzgesims. In Bayreuth wurde die Rustizierung der Fassade auf das Untergeschoß beschränkt. Übereinstimmungen bestehen vor allem bei der Wahl von Rechteckfenstern, der Abfolge der Fensterverdachungen in den einzelnen Etagen und dem Alternieren der Segmentbogen- und Dreiecksgiebel im Piano nobile, die allerdings ohne plastisches Dekor im Giebelfeld blieben. Als Vergleichspunkt ist auch der von dorischen Säulen gestützte Altan zu nennen, der vor die drei mittleren Achsen gesetzt wurde. Dessen Brüstungsmotiv setzt sich bei beiden Gebäuden in den Lambrequins fort. Hier ist eine größere Übereinstimmung zwischen dem römischen Palazzo und der Bayreuther Entwurfszeichnung festzuhalten, da hier ebenfalls eine Balusterbrüstung vorgesehen war, die aber in der Ausführung verworfen wurde. Auch die unterschiedliche Höhe der Hauptdurchfahrt und der flankierenden Seiteneingängen stimmt bei beiden Bauten überein.

Grundrißdisposition
Eine Untersuchung der Raumkonzeption kann für dieses Gebäude nur mittels der Planzeichnung des Stadtarchives erfolgen, da keine weiteren Pläne oder Bauaufnahmen erhalten sind. Die Erschließung des Gebäudes erfolgte durch eine zweiläufige Treppenanlage mit Differenzstufen in den Wendepodesten, die in der rückwärtigen Mitte des Palais, zu beiden Seiten der Durchfahrt, ansetzte. Der Grundriß der ersten Etage war zweibündig angelegt, d.h. die Zimmer zur Vorder- und Rückseite waren von einem Mittelgang aus zu betreten. Eine Enfilade verband zusätzlich die vorderen sieben Räume untereinander. Die Innenkanten der Zimmer waren an der Flurseite abgerundet. In diesem Bereich befanden sich zumeist auch Öfen, die vom Gang aus zu befeuern waren. Ausgehend vom Mittelsaal mit drei Fensterachsen zum Balkon, nahm die Größe der Zimmer nach außen hin ab. Es schlossen je zwei Räume mit zwei und je ein Zimmer mit einer Fensterachse an. Auf der Hofseite des ersten Obergeschosses befanden sich zu beiden Seiten der Treppe je zwei Zimmer, die ebenfalls durch eine Tür verbunden waren. Die äußeren umfaßten je zwei, die inneren je eine Fensterachse. Das Treppenhaus war durch fünf Fenster zu beleuchten. An der Rückseite des Palais wurden die Achsenabstände der Fenster z.T. unregelmäßig groß ausgebildet. Ein zusätzliches Zimmer, das aus der sonst regelmäßigen Anlage der Bel étage herausfällt, wurde auf der rechten Flurseite durch das Abtrennen eines Korridorabschnittes erzeugt. Deshalb fielen auch die beiden vorderen Zimmer in diesem Bereich etwas kleiner, als ihre Pendants auf der linken Seite aus.
Es läßt sich folglich nur eine einfache Reihung von Räumen, ohne ausgefallene Raumformen oder eine raffinierte Distribution festhalten. Der vorhandene Raum wird so zweckmäßig wie möglich erschlossen.

Zu Kat. Nr.: 19   Abb.: 19
Stadtmuseum Bayreuth
Objekt: Palais Reitzenstein, Bayreuth

Inv. Nr.: 06.444
Entwurf: Carl von Gontard
Zeichner: Hofmaurermeister Johann Bauer (?)
Material: Feder
Größe: H: 54,8 cm; B: 50,3 cm
Signiert: »Pollir Bauer«
Datiert: um 1760

Beschreibung
Bezeichnet: »Daß gegenwartiger Riß von dem Pollir Bauer ohne alle Beyhilffe eines andern Verfertiget. Attestirt de Reitzenstein mpr.«
Dieser Vermerk deutet darauf hin, daß die Zeichnung nicht von Gontard selber angefertigt wurde, sondern nach seinen Angaben, wohl von Hofmaurermeister Johann Bauer, umgesetzt wurde. Im Hofadreßkalender ist Bauer 1763 und 1764 als Zimmermannspolier aufgeführt. Zwar fehlt er in späteren Kalendern, doch ist der Titel in anderen Quellen verbürgt. Bauer muß vor 1788 verstorben sein. Den Hinweis verdanke ich Herrn Bartl, Stadtarchiv Bayreuth.

Kat. Nr.: 20   Abb.: 138, 139
Ort: Bayreuth
Objekt: Palais des Ober-Reiß-Stallmeisters Germann von Ellrodt

Straßenname: Ehemlige Rennbahn, heute Ludwigstraße 26
Entwurf: Vermutlich Carl von Gontard
Erbaut: Um 1760

Archivalien:
Stadtarchiv Bayreuth, Beschreibung der Stadt Bayreuth, König, um 1800, Nr. 433.
Stadtarchiv Bayreuth, Rissebuch, Nr. 433.
StA Bamberg, Rep. K 111, Kreis- und Stadtgericht Bayreuth, Nr. 433.

Baugeschichte
Die Erläuterungen zu dem Anwesen in den Aufzeichnungen Königs und im Rissebuch sind nicht sehr ausführlich.[694] Bei dem von König genannten »Ober-Reiß-Stallmeister« handelte es sich um Germann von Ellrodt (1738-1763), der 1761 in dieses Amt eingesetzt wurde.[695] Es ist anzunehmen, daß auch Germann von Ellrodt in den Genuß der fünfzehnjährigen Steuerbefreiung kam, wie sie im Baugnadenerlaß des Markgrafen Friedrich angekündigt wurde. Bei der im Rissebuch angesprochenen Eintaxierung des Wohnhauses von 75 fl. könnte es sich also um das Steuermaß handeln, das nach Ablauf der steuerfreien Jahre angesetzt und im Dezember 1775 auf 40 5/8 fl. reduziert wurde. Demnach müßte das Gebäude ca. um 1760 errichtet worden sein.[696] Im Verhältnis zu den anderen Gontardschen Bauten wird man wohl ebenfalls von einer ca. dreijährigen Bauzeit ausgehen müssen.[697]

Beschreibung
Das Palais Ellrodt umfaßt drei Stockwerke mit zehn Fensterachsen auf der verputzten Schauseite zur heutigen Ludwigstraße. Zwischen der 3./4. und 7./8. Fensterachse sind die Abstände ein wenig erweitert. Im Erdgeschoß erscheint in den beiden mittleren Achsen eine korbbogige Toreinfahrt zum Hinterhof. Toskanische Säulen flankieren die Durchfahrt sowie die anschließenden Fensterachsen und tragen den Altan des ersten Obergeschosses. Der Altan ist nur von den beiden mittleren Achsen aus betretbar. Unter seinen beiden äußeren Achsen tritt er als Blendarchitektur in die Mauerfläche zurück, während die Eckposte über den äußeren Säulen wieder aus der Fassade herausspringen. Die einfachen, rechteckigen Fenster des Untergeschosses sind zu Seiten der Einfahrt mit Rocailleformen verzierten Agraffen ausgestattet. Über den drei äußeren Achsen befinden sich eingetiefte Felder mit Festons. Durch die Fenstergestaltung wird das erste Obergeschoß deutlich hervorgehoben. In den drei äußeren Achsen sitzen sie auf Fensterbänken auf, die etwas aus der Wand herausragen. Die Fenster werden von geraden Verdachungen überfangen, die auf reliefierten Volutenkonsolen lasten. Zwischen den Konsolen sind abwechselnd Blüten- und Lorbeergirlanden aufgehängt, die auf den Rahmungen aufliegen. Von den unteren Enden der Voluten fallen Pflanzenstränge in Form von leicht eingerollten Akan-

138. Bayreuth, Palais Ellrodt (Kat. Nr. 20, Aufnahme 1999)

139. Bayreuth, Palais Ellrodt (Kat. Nr. 20, Aufnahme 1999)

thusblättern herab. Die beiden mittleren Balkontüren werden besonders hervorgehoben. Sie werden von einem Dreiecksgiebel überfangen, der seitlich wiederum von Konsolen getragen wird. Im Giebelfeld präsentieren zwei Putti eine Kartusche. Eine zweite erscheint unterhalb des Giebels, zwischen den Oberkanten der Fenster. Gemeinsam mit den Konsolen fungiert die Kartusche als Aufhängung für die Lorbeergebinde. Am unteren Ende ist sie zusätzlich noch mit einer Schleife und einem weiteren Lorbeerstrang dekoriert. In dieser Etage sind lediglich die beiden Türen mit Agraffen im Sturz ausgestattet.

Die Fenster in der zweiten Etage sind etwas kleiner gehalten, doch tritt dafür ihre dreifach abgesetzte Rahmung kräftiger hervor. Sie tragen alle einen Spangenschlußstein mit Blütendekor. Die Fenstereinfassungen werden auch hier von geraden Bänken getragen, die aus der Wand herausragen und an der Unterkante abgestuft sind. Als Stützen dienen ihnen erneut Volutenkonsolen, die rechteckige, leicht erhabene Brüstungsfelder einfassen. Das Traufgesims schließt die Fassade ab. Überfangen wird das Gebäude von einem Walmdach.

An den Schmalseiten des Hauses schließen unmittelbar die Nachbargebäude an. Die Rückseite des Anwesens hat später zahlreiche bauliche Veränderungen erfahren. Die Innendekoration des Palais wird als verloren angegeben.[698] Die kubische Gebäudeform ohne Risalit, die Putzfassade, die Wahl der Fensterverdachungen, der Konsolen, der Agraffen, der Festonfelder sowie der Einsatz eines Altans deuten sehr stark auf Gontard als den Baumeister hin.

Kat. Nr.: 21   Abb.: 140
Ort: Bayreuth
Objekt: Palais des Kammerherrn Friedrich Carl Ludwig Ernst Freiherr von Künßberg

Straßenname: Friedrichstraße 18

Entwurf: Carl von Gontard
Erbaut: Um 1734 als Mulzhaus (Mälzerei)
Umbauten: Um 1760 Aufstockung um ein Geschoß, Vorblendung einer ansehnlichen Fassade, zahlreiche Umbauten im 19./20. Jahrhundert

Archivalien:
Stadtarchiv Bayreuth, Beschreibung der Stadt Bayreuth, König, um 1800, Nr. 244.
Stadtarchiv Bayreuth, Rissebuch, Nr. 244.
StA Bamberg, Rep. C 18/I, Collectanea Sauerweiniana, oder historische Beschreibung der Hochfürstl. Brandenburg. Residenz- und Hauptstadt Bayreuth, Kap.7, Teil 3.
StA Bamberg, Rep. K 111, Kreis- und Stadtgericht Bayreuth, Nr. 244.

Baugeschichte
Die erstmalige Zuschreibung an Gontard wurde um 1940 von Diether Hoffmann vorgenommen.[699] Wie bei den vorhergehenden Gebäuden sind auch hier keine Pläne und nur wenige Informationsquellen über-

liefert worden, die genaueren Aufschluß über die Konzeption der Anlage, die Bauzeit, den Umfang der Kosten und Materialien sowie die beteiligten Handwerker und den Architekten geben könnten. Der Häuserchronik Königs ist zu entnehmen, daß es sich bei dem Palais Künßberg um ein ehemaliges Mulzhaus (Mälzerei) handelt, das im Auftrag der Kammer 1734 für 20000 fl. durch Maurermeister Mader errichtet wurde. 1760 erwarb es der Württembergische Oberhofmeister von Künßberg und baute es um.[700] Auch das Rissebuch geht auf den Umstand ein, daß es sich nicht um den Neubau eines Stadtpalais handelte. Nachdem der Autor des Rissebuches zunächst angibt, daß das Wohnhaus 1752 anstelle des herrschaftlichen Mulzhaus neu errichtet worden sei, korrigiert er seine Ausführungen. Einem Protokoll vom 4. April 1761 entnimmt er, daß das Anwesen erst zu dieser Zeit dem Kammerherrn von Künßberg unentgeltlich überlassen worden sei. Am 30. Juni 1763/64 schenkte Künßberg das Palais seiner Gemahlin Antonetta Maria, die im März 1769 den Garten durch Ankäufe erweiterte.[701] Diese Angaben können durch Abschriften verschiedener Dekrete belegt werden, die in der Grundakte des Hauses enthalten sind.[702] Das im Rissebuch genannte Datum von 1752 wird von Sitzmann und Gebessler als Datierung für die Erbauung des Mulzhauses und späteren Künßbergschen Palais genannt.[703]

Königs Datierung von 1734 für die Errichtung des Mulzhauses wird im Collectanea Sauerweiniana des Staatsarchivs Bamberg wiederholt. Allerdings wird auch von einem Brand eines massiven steinernen, dreigeschossigen Malzhauses im Jahr 1736 gesprochen.[704] Es wird dabei nicht ganz deutlich, ob sich die Einäscherung auf das Mulzhaus in der Friedrichstraße bezieht. Auf J. A. Riedingers »Carte speciale« von 1745 ist jedoch ein Mulzhaus an diesem Platz verzeichnet.[705] Sowohl Sitzmann als auch Gebessler führen in ihren Publikationen an, daß das Mulzhaus durch Gontard um eine Etage aufgestockt worden sei. Schriftliche Belege sind dazu bisher nicht auffindbar. In einem Schreiben in der Grundakte geht der Bauherr nicht direkt auf einen möglichen Umbau ein. Er führt an, daß das Mulzhaus zu seinem »[...] Wohnhause erbauet und solchergestalten sothane Straße durch eine schöne Fascade mögte verbeßert werden [...].«[706] Im Collectanea Sauerweiniana wird von einem dreigeschossigen Mulzhaus geredet. Es ist jedoch nicht klar, ob sich dabei um das alte Mulzhaus oder den Künßbergschen Umbau handelt. Über die genaue Dauer der Bautätigkeit an der Fassade sind keine Quellen vorhanden. Zumindest der Innenausbau scheint im Juni 1763 noch nicht beendet gewesen zu sein, wie aus der Hausakte hervorgeht. Ebensowenig werden die Baukosten näher spezifiziert. Künßberg spricht lediglich von »[...] etl. Tausend Gulden [...]«, die ihm seine Frau ausgelegt habe.[707]

1786 ging das Palais in den Besitz des Barons Friedrich Wilhelm von Voelerndorf-Waradein über. Später beherbergte das Gebäude lange Zeit verschiedene schulische Institutionen. Zu Beginn des 19. Jh. (um 1835) etablierte sich die Hofmannsche Tuchfabrik in dem Gebäude. Seit 1842 war die 1835 gegründete Gewerbeschule im Palais Künßberg einquartiert. Bis in die 1970er Jahre setzte sich die schulische Nutzung des Gebäudes fort. Im Jahr 1865/66 wurde die Kreisgewerbeschule in dem Adelspalais untergebracht. 1882 trat die königliche Realschule an deren Stelle, die 1908 von der sog. Oberrealschule abgelöst wurde. 1927 richtete sich die Friedrichsschule in dem Anwesen ein. Die Städtische Höhere Handelsschule und die Stadtbücherei folgten 1938. Im Jahr 1952 zog die Stadtbücherei aus, wodurch der Handelsschule das gesamte Haus zur Verfügung stand. Nachdem die Handelsschule zum Wirtschaftsgymnasium avancierte, wurde es bis zur Fertigstellung eines Schulneubaus 1973 als Unterrrichtsgebäude genutzt.[708] Heute dient es als Domizil des Bayreuther Amtsgerichts.

Beschreibung

Das Stadtpalais des Oberhofmeisters Künßberg erstreckt sich über neun Fensterachsen. Die Schauseite des verputzten dreigeschossigen Anwesens weist zur Friedrichstraße. Über einem unverputzten Sandsteinsockel mit rechteckigen Kellerfenstern, der das Auflager für die Basen von zehn ionischen Pilastern bildet, springt die Putzfassade leicht zurück. In kolossaler Ordnung fassen die Wandvorlagen das Erd- und das erste Obergeschoß zusammen und überschneiden ein dazwischenliegendes Gesims. Die mit zierlichen Festons dekorierten Kapitelle der Pilaster tragen ein weiteres Gesimsband, das von der Oberkante der Fensterrahmungen des Piano nobile zäsiert wird. Ein durchlaufendes Gurtgesims bildet die Trennungslinie zum darüberliegenden zweiten Obergeschoß, dessen Fensterachsen durch gedoppelte toskanische Pilaster unterteilt werden. Über dem Traufgesims erhebt sich ein Satteldach. In den beiden äußeren Achsen des Erdgeschosses liegen die zwei rundbogigen Vordereingänge des Palais. Ihre profilierten Bogenläufe sitzen auf Kämpferplatten auf und ragen bis an die Gesimsstreifen. Im Scheitel tragen sie je eine Agraffe mit Blütendekor. Die rechteckigen Erdgeschoßfenster liegen auf geraden Fensterbänken auf, deren Unterkanten mehrfach profiliert sind. Im Sturz sind auch hier wieder Spangenschlußsteine mit Blütendekor eingesetzt. Das Piano nobile weist die gleichen Fensterrahmungen auf wie das Erdgeschoß, doch winden sich die Blütenstränge auf den Fensteroberkanten über die Agraffen hinüber. Hier sind die Fensterbänke schmaler, ohne Profilierungen gearbeitet und werden von Volutenkonsolen gestützt, die rechteckige glatte Brustplatten einfassen. Im zweiten Obergeschoß sind die Fenster kleiner ausgeführt worden und besitzen keine aus der Wandfläche hervortretenden Fensterbänke. Ihre Rahmung endet nicht an der Fensterunterkante, sondern läuft hinunter zu den Wandstreifen über dem Gurtgesims. Die so eingeschlossene Wandfläche trägt eine rechteckige glatte Brüstungsplatte.

Äußerst schlicht ist die Rückseite des Gebäudes gehalten. Ihre heutige Gestalt dürfte aufgrund der verschiedendsten früheren Nutzungsbelange weitgehend nicht mehr dem Zustand des 18. Jh. entsprechen. Die gesamte Wandfläche ist einheitlich verputzt und ohne dekorative Gliederungselemente ausgestattet.

Ungewöhnlich für Gontards Bayreuther Bauten erscheint die kolossale Pilastergliederung von Erd- und erstem Obergeschoß, die über die gesamte Front durchgehalten wurde, sowie die Verwendung von gedoppelten toskanischen Pilastern zwischen den Fensterachsen der obersten Etage. Bei den Potsdamer und Berliner Objekten werden hingegen häufig Pilaster als Gliederungselemente über die gesamte Front einsetzt. Als Vergleichsbeispiel sei auf die Fassade Blücherplatz 7 (vgl. Abb. 133) in Potsdam hingewiesen. Die kräftigen Fensterrahmungen mit den hervorkragenden, z.T. von Konsolen gestützten Fensterbänken, die mit Blüten dekorierten Agraffen sowie die Portalgestaltungen treten bei Gontard jedoch häufig auf. (Vgl. Gontard-Haus, Palais d'Adhémar, Abb. 9/10, 17/18). Auffällig ist allerdings das Fehlen von Fensterverdachungen, die bei den übrigen, Gontard zuzuschreibenden Gebäuden in Bayreuth, durchgehend Verwendung finden.

Kat. Nr.: 22   Abb.: 34
Ort: Bayreuth
Objekt: Haus des Cariolknechts Böhm

Straßenname: Bereich des Quellhofs am Almoskasten, heute Moritzhöfen 7
Entwurf: Carl von Gontard
Erbaut: Zwischen 1761-1764

Katalog

Archivalien:
Stadtmuseum Bayreuth, Wunschelplan-Plan (1750), Leihgabe des Historischen Vereins von Oberfranken, Inv. Nr. HV 296; Wunschelplan (1755), Inv. Nr. HV 802.
Stadtmuseum Bayreuth, Aufriß des Böhmschen Hauses, Leihgabe des Historischen Vereins von Oberfranken, Inv. Nr. HV 273, Mappe Arch.1.
Stadtarchiv Bayreuth, Beschreibung der Stadt Bayreuth, König, um 1800, Nr. 734.
StA Bamberg, Rep. K 111, Kreis- und Stadtgericht Bayreuth, Nr. 750.

Baugeschichte
Im Stadtarchiv Bayreuth befindet sich ein undatierter Plan aus den Beständen des Historischen Vereins Bayreuth, der die Signatur Gontards trägt.[709] In der unteren Hälfte des Planes werden von links nach rechts drei zusammenhängende, zweigeschossige Reihenhäuser gezeigt. An sie schließt ein geometrisch angelegtes Gartengrundstück an, das zur Straße mit einer Mauer begrenzt wird. Daran stößt ein weiteres zweistöckiges Gebäude, in dessen Dachbereich sich die Signatur Gontards befindet. Hierauf folgt eine steinerne dreibogige Brücke, die möglicherweise auch von Gontard konzipiert wurde. Die obere Hälfte der Zeichnung gibt eine Aufsicht auf die beschriebene Straßensituation, doch wird dabei nur der Grundriß des äußeren rechten Gebäudes und die geometrische Konzeption der Gartenanlage genauer angegeben.
Die drei Reihenhäuser tragen die Beschriftungen »Wunscholdische(s) Hauß«, »Böhmers Maurer« und »Cariolknecht Böhms Hauß und Gartten«. Das Gebäude auf der rechten Seite wird als das »Neue Hauß« betitelt. Zur Lokalisierung dient neben der Nennung der Hausbesitzer und dem am rechten Blattrand skizzierten Fluß auch der Vermerk oberhalb der Zeichnung: »Wießen, welche auff den Quelhoff gehörig und hinder den Almoßkaßten. 200 Schuh in der länge.« Müssel beschäftigte sich 1964 mit dem Entwurf und konnte anhand der Beschriftungen der Zeichnung sowie zweier weiterer Pläne des Historischen Vereins und Königs Stadtbeschreibung den wirklichen Standort der Häuser ausmachen.[710] Es handelt sich um den Straßenzug Moritzhöfen 1-7 in Bayreuth. Mit den eben aufgeführten Quellen konnte eine Eingrenzung der Entstehungszeit des Plans zwischen 1761 und 1764 vorgenommen werden. 1761 erwarb Wunschold das Haus Möritzhöfen 1 und Gontard verließ 1764 Bayreuth.[711] Das »Neue Hauß«, das die Signatur Gontards trägt, wird ohne Besitzerangabe vorgeführt. Zweifel an Böhms Funktion als Auftraggeber konnten durch Archivalienfunde beseitigt werden. In der Grundakte des Gebäudes existieren Schriftstücke aus denen eindeutig hervorgeht, daß Böhm zumindest der Besitzer war. Die genaue Bauzeit wird nicht erwähnt. Aus einer Kaufnotation vom 16. Juni 1780 ist zu entnehmen, daß der Cariolknecht Johann Thomas Böhm im Jahr 1756 das Gelände für seinen Ziergarten erworben hatte und das Gebäude Moritzhöfen Nr. 5 zu dieser Zeit bereits errichtet war.[712] Das Schreiben gibt weiterhin Auskunft darüber, daß Böhm im Jahr 1771 den Bankrott ankündigen müßte und sein Besitz 1772 zwangsversteigert wurde. Ein Schreiben des Markgrafen Christian Friedrich Carl Alexander hinsichtlich der Böhmschen Konkursmasse vom 6. Februar 1772 nennt explizit »(...) die in Moritzhöfen liegende Zwey Häußer Garten und Keller (...)«. Aus einem Schätzungsprotokoll »(...) des gewesenen Cariol: Knechts Pöhm (...) in der Moritz Höf, an der Steinern Brücken (...)« erbauten Hauses geht hervor, daß es erst » (...) vor etl. Jahren vor 850 fl. frk. hergestellt (...)« worden war.[713] Böhm darf aus diesen Gründen sehr wahrscheinlich auch als Bauherr des Hauses Moritzhöfen 7 angesehen werden.

Beschreibung
Das Böhmsche Haus auf der Planzeichnung ist ein einfaches zweigeschossiges und vierachsiges Sandsteingebäude mit einem Satteldach. Für das Erdgeschoß sind die Fenster nur halb so hoch vorgesehen wie im Obergeschoß. Die Tür ist in die äußerste linke Achse des Hauses gelegt. Im Vergleich zum Wunschel-Plan von 1755 ist festzustellen, daß der Eingangsbereich, so weit dies anhand der Pläne zu erkennen ist, einheitlich konzipiert wurde. Die rechteckige Türöffnung ist mit einem Keilstein im Sturz und einer geraden, hervorspringenden Verdachung versehen. Verschieden ist lediglich ihre Plazierung, da die Gebäude über unterschiedliche Achsenzahlen verfügen. Das Obergeschoß besitzt einfache rechteckige Fenster. In das Satteldach sind vier Dachgauben mit rechteckigen Fensteröffnungen und Dreiecksgiebeln eingesetzt. Auf der Zeichnung von 1755 werden die Dachgauben dagegen segmentbogig, mit keilförmigem Schlußstein und einer im unteren Bereich verbreiterten Rahmung gezeigt. Heute stellt sich das Haus Moritzhöfen Nr. 7 stark verändert dar. Der Eingang wurde auf die linke Schmalseite in einen kleinen Vorbau verlegt. Das abgearbeitete Gewände der ursprünglichen Tür in der linken Achse der Fassade ist klar nachvollziehbar. Die Achsenanzahl der Planzeichnung wurde eingehalten. Allerdings wurden die Fenster nicht so klein ausgeführt wie vorgesehen. Im Erdgeschoß sind sie mit einer flachen Rahmung versehen, während sie im Obergeschoß direkt ins Mauerwerk eingeschnitten sind. Die Sandsteinausführung des Hauses läßt sich nur noch in der Erdgeschoßzone der Fassade und der rechten Schmalseite ablesen. Die restlichen Bereiche sind teils verputzt, teils verschalt.

Grundrißdisposition
Der Grundriß des Gontard-Plans läßt erkennen, daß die Rückseite des Gebäudes ebenfalls vierachsig konzipiert war, während an den Giebelseiten nur die zum Sendelbach weisende Front mit zwei Öffnungen versehen war. Der Entwurf zeigt einen langen schmalen Flur (1. Achse v.l.), der sich über die gesamte Tiefe des Hauses erstreckt und an dessen Ende eine Treppe zur oberen Etage führt. Vom Korridor aus sind zwei fast gleichgroße Räume zugänglich, die mit einer Verbindungstür versehen sind. In der bereits erwähnten Grundakte ist eine lavierte Federzeichnung enthalten, die den Böhmschen Ziergarten und einen weiteren Grundriß des Anwesens Nr. 7 wiedergibt.

Zu Kat. Nr.: 22   Abb.: 34
Stadtmuseum Bayreuth
Objekt: Haus des Cariolknechts Böhm, Bayreuth, Moritzhöfen 7

Inv. Nr.: Leihgabe des Historischen Vereins von Oberfranken, HV 273, Mappe Arch.1.
Künstler: Carl von Gontard
Material: Feder
Größe: H: 39,5 cm; B: 47 cm
Signiert: Carl Gontard (im Dachbereich des Hauses)
Datiert: —, um 1761

Kat. Nr.: 23   Abb.: 23
Ort: Bayreuth
Objekt: Jägerhaus

Straßenname: Ehemalige Jägerstraße, später Bahnhofstraße 4
Entwurf: Carl von Gontard
Erbaut: Um 1760
Zerstörung: Bombenangriff im April 1945

Archivalien:
Stadtarchiv Bayreuth, Beschreibung der Stadt Bayreuth, König, Nr. 696
Stadtarchiv Bayreuth, Rissebuch, Nr. 695/696

Baugeschichte
König berichtet, daß das sogenannte Jägerhaus 1760 im Auftrag der Landesherrschaft, anstelle eines Jagdmagazins aus dem Jahr 1626, errichtet wurde, wie dies schon 1952 von Sitzmann angeführt wurde.[714] Die Angaben des Rissebuches sind äußerst spärlich und geben keine Hinweise

140. Bayreuth, Palais des Freiherrn von Künßberg (Kat. Nr. 21, Aufnahme 1999)

auf die Bauzeit, die angefallenen Kosten oder den ausführenden Architekten.[715] Wie im Falle des Palais d'Adhémars ist die Grundakte des Jägerhauses im Staatsarchiv Bamberg nicht mehr auffindbar. Die Stukkaturen werden seit Sitzmann Giovanni Battista Pedrozzi zugeordnet. Der Balkonsaal soll mit Motiven aus der Jagdemblematik ausgestaltet gewesen sein.[716] Über die Beteiligung anderer Handwerker und Künstler ist nichts bekannt. Bei einem Bombenangriff wurde das Gebäude im April 1945 zerstört.

Beschreibung
Bei dem Bayreuther Jägerhaus hat es sich es sich um einen neunachsigen Putzbau mit drei Geschossen gehandelt, der von einem Walmdach überspannt wurde. Über einem schmalen Sockelband mit weitgehend blinden rechteckigen Kellerfenstern sprang das Erdgeschoß etwas zurück. Der Eingangsbereich befand sich in der Mittelachse. Das Portal und die beiden anschließenden Fenster wurden von vier freistehenden toskanischen Säulen gerahmt, die einen Altan stützten. Je zwei Säulen fußten auf einem langgezogenen Postament, das eine Achsenbreite des Gebäudes wiedergab. Ihre Kapitelle trugen einen Architrav, der durch das umlaufende Gurtgesims vom Brüstungsbereich des Balkons abgesetzt war. Die Brüstung bestand aus Postamenten mit flachen Vorlagen und Balusterfeldern, wobei sich die Oberkante über den Postamenten verkröpfte. Die rechteckigen Erdgeschoßfenster in den äußeren drei Achsen hatten eine einfache flache Rahmung erhalten. Auch die Fensterbänke waren schlicht und gerade gearbeitet und erhielten weder Konsolen noch Brüstungsfelder. Im Fenstersturz saßen keilförmige Schlußsteine. Gemeinsam mit den Volutenkonsolen trugen sie die geraden Verdachungen der Fenster. An den Voluten hingen Blütenranken herab. Beide Fenster unterhalb des Balkons unterschieden sich nur wenig von den eben Beschriebenen. So verkröpften sich ihre Fensterbänke über flachen Vorlagen, die ein rechteckiges, leicht erhabenes Brüstungsfeld einfaßten. Festons zierten die Schlußsteine über den Fensterstürzen. Die beiden oberen Etagen wurden durch ein kräftiges umlaufendes Gurtgesims vom Erdgeschoß abgesetzt. Im Piano nobile erhielten die Fenster der äußeren Achsen ein Brüstungsfeld, welches über dem Gurtgesims ansetzte und als Weiterführung des Balustermotivs der Altane erschien. Die Vorderkanten der Fensterbänke waren mit einem Wellenband verziert. Die Rahmungen der Fenster waren geohrt. Auf einen Schlußstein wurde verzichtet, so daß die geraden Verdachungen alleine von den Volutenkonsolen getragen wurden, die auch hier wieder mit Blütensträngen dekoriert waren. Bei den Balkonfenstern mag sich lediglich der Lambrequinbereich unterschieden haben, da er von der Brüstung verdeckt wurde. Ein segmentbogiger Giebel bekrönte die Balkontür. Im zweiten Obergeschoß waren die Fenster etwas kleiner ausgeführt. Wiederum war eine einfache geohrte Umrahmung gewählt worden. Bei den drei Mittelfenstern tauchte erneut das Motiv des herabhängenden Blütenstranges auf. Auch in dieser Etage waren die Fensterbänke mit einem Wellenband dekoriert. Insgesamt waren die Fenstergewände und Architekturgliederungen nicht verputzt, sondern steinsichtig belassen. Die Schmalseiten dürften ca. vier Fensterachsen umfaßt haben, wobei aber die Achsenabstände etwas enger gewesen sein können. Da auch bei diesem Gebäude Planmaterial völlig fehlt, können keine Angaben zur Grundrißdisposition und Innenraumgestaltung gegeben werden.

Kat. Nr.: 23A
Ort: Bayreuth
Objekt: Haus Pfeifer

Straßenname: Brandenburger Straße 32
Erbaut: Um 1747
Umbau: Fassadenumgestaltung um 1760

Archivalien:
StB Bamberg, M.v.O. Ms.29, Beschreibung und Geschichte der Stadt St. Georgen am See von Johann Sebastian König, um 1800. (Katalog der Handschriften der königl. Bibliothek, jetzt Staatbibliothek, zu Bamberg, Bd. 3/I, S. 125, 1912, Manuskripte der Marschalk von Ostheimschen Sammlung.)

Baugeschichte
Das Haus des Fayencefabrikanten Johann Georg Pfeiffers im Stadtteil St. Georgen wurde spätestens 1747 errichtet, da es zu dieser Zeit in eine Federzeichnung Riedingers aufgenommen wurde. Nach Sitzmann erhielt der Sandsteinbau (9:4 Achsen) im Jahr 1760 die Vorblendung eines dreiachsigen Risalits an der Fassade, die er Gontard zugeschrieben hat.[717] Die Hausakte sowie Pläne oder sonstige archivalische Belege waren nicht ausfindig zu machen. In Königs Beschreibung der Stadt St. Georgen am See wird nur das Fabrikgebäude, nicht das Wohnhaus Pfeiffers erwähnt.[718]

Beschreibung
Der möglicherweise von Gontard vorgeblendete mittlere Fassadenabschnitt wird von den einfachen und schmucklosen seitlichen Partien durch gefugte Lisenen abgegrenzt, die über dem glatten, leicht hervortretenden Sockelband aufsetzen. Ein schmales Sims unterteilt diesen Fassadenteil horizontal und wird im hervorspringenden Gesims des mit Rustikamauerwerk eingefaßten Rundbogenportals fortgeführt. Die oberen drei Fenster werden durch Lisenen unterteilt, die in einem leicht eingetieften Feld je ein Gebinde aus Eichenlaub präsentieren. Das abschließende Kranzgesims verkröpft sich über den Lisenen, wie auch über dem Fenster der Symmetrieachse. Während die rechteckigen Fenster in den äußeren Achsen mit schlichten, kaum aus der Wand hervorkragenden Rahmungen versehen sind, werden im Risalit etwas aufwendigere Fassungen gewählt. In den beiden äußeren Achsen sind die Rahmungen zweifach abgestuft und tragen Agraffenschlußsteine, die mit Muschel- und Laubwerk verziert sind. Unter den geraden Fensterbänken befinden sich Fensterschürzen, die mit Guttae besetzt sind. Das Fenster der Mittelachse besitzt eine vierfach abgestufte Rahmung und ebenfalls einen dekorierten Agraffenschlußstein. Die Fensterbank wird von schmalen Vorlagen gestützt. Sie schließen ein Brüstungsfeld ein, das mit einem Gebinde aus Blumen und dem Relief einer Panflöte bestückt ist. Das schiefergedeckte Walmdach ist mit drei Reihen versetzt angeordneter Dachgauben ausgestattet. Die Größe der segmentbogigen Fenster mit dreieckiger Verdachung nimmt nach oben ab. In einer Achse mit den Lisenen der Fassade stehend, bekrönen vier steinerne Vasen die Traufe. Die Gestaltung der Fenster mit den blumengeschmückten Agraffen und das gefugte Portal stellen Motive dar, die bei Gontards Bauten häufig verwendet wurden. Etwas ungewöhnlich erscheinen die mit Guttae besetzten Fensterschürzen, der sehr zierliche Feston mit der Panflöte sowie die Eichenlaubgebinde. Diese wenigen Motive ermöglichen keine eindeutige Zuordnung an Gontard. Nicht abwegig wäre auch eine Zuschreibung an Richter, wie dies in der Literatur auch schon erfolgte.[719]

Potsdam, Neues Palais und zugehörige Bauten

Kat. Nr.: 24   Abb.: 35-37
Ort: Potsdam
Objekt: Neues Palais

Erbaut: 1763-1769
Entwurf: Büring, Manger, Legeay, Überarbeitung durch Gontard
Manger: Bd. II, S. 253-336
Nicolai: S. 1230ff.

Archivalien:
Gontard zugeschriebene Pläne: Stiftung Preußische Schlösser und Gärten Berlin-Brandenburg, (Plankammer Potsdam):
Inv. Nr. 725, Neues Palais, Grundriß des Erd- und des 1. Obergeschosses, um 1765/66.
Inv. Nr. 726, Neues Palais, Grundriß des Erd- und der Obergeschosse, um 1766/67.
Inv. Nr. 727, Neues Palais, Grundrisse des Erd- und ersten Obergeschosses, um 1766/67.
Inv. Nr. 868, Aufriß zum Mittelrisalit mit Kuppelentwurf, um 1765.
Inv. Nr. 869, Neues Palais, Aufriß der Garten- und Hoffassade (Baucomtoir), um 1766/67.
Inv. Nr. 870, Neues Palais, Entwurf des Hofgitters vor der Westfront des südlichen Nebenflügels des Neuen Palais, um 1767.
Staatl. Museum für Architektur Moskau:
Inv. Nr. I 5300, Neues Palais, Grundrisse des Erd- und des ersten Obergeschosses, um 1769.
Inv. Nr. I 5351, Neues Palais, Entwurf für die Seitenwand des Marmorsaales, um 1769.
Inv. Nr. I 5313, Neues Palais, Entwurf für die Decke des Marmorsaals, um 1765.
Inv. Nr. I 5302, Neues Palais, Entwurf für die Decke des Marmorsaals, um 1765.
Inv. Nr. I 5320, Neues Palais, Entwurf für den Fußboden des Marmorsaals, um 1765.
Berlin- Museum: VII 60/1803 W

Beschreibung
Gontard übernahm im Herbst 1764 die Bauleitung in Potsdam, als mit dem Bau schon begonnen war. Auf die Gestaltung der Fassaden konnte er nur noch bedingten Einfluß ausüben. Er war jedoch an der Grundrißgestaltung und der Innenraumdekoration beteiligt.

Kat. Nr.: 24/1   Abb.: 35
Plankammer Neues Palais Potsdam
Objekt: Neues Palais, Aufriß des Mittelrisalits mit Kuppelentwurf

Inv. Nr.: 868
Künstler: Carl von Gontard (?)
Material: Feder in Schwarz und Rot
Größe: H: 48,2 cm; B: 31,7 cm
Signiert: —
Datiert: —, um 1765

Beschreibung
Maßstab fehlt; Wasserzeichen: Lilienwappen mit Krone.
Bezeichnet (unten): »Corps de Logis wie Selbiges würcklich durch (...) erbauet worden«, evtl. von Manger.
Gezeigt wird der Mittelrisalit an der Gartenfassade des Neuen Palais. Die von Büring konzipierte Fassade ist mit eingezeichneten roten Alternativvorschlägen versehen, die Gontard zugeschrieben werden. Das Blatt wurde erstmals 1923 von Charles F. Foerster Gontard zugeordnet. Drescher datierte es in die Zeit um 1765 und ordnete es der Projektierungsphase vor der Ausführung der Kuppel zu.[720]

Kat. Nr.: 24/2   Abb.: 36
Plankammer Neues Palais Potsdam
Objekt: Neues Palais, Aufriß der Garten- und Hoffassade

Inv. Nr.: 869
Künstler: Baucomtoir unter Leitung Gontards
Material: Feder in Schwarz, Bleistift, grau laviert
Größe: H: 58,5 cm; B: 93,0 cm
Signiert: —
Datiert: —, um 1766/67

Beschreibung
Maßstab: Rheinländische Fuß.
Der Aufriß der Garten- und Hofseite wird in die letzte Bauphase des Schlosses um 1766/67 datiert und dem Grundriß Inv. Nr. 727 zugeordnet. Abweichungen sind nur im Skulpturenschmuck der Gartenseite zu verzeichnen. Aus diesem Grunde setzte Drescher die Entstehung in der Zeit nach der Vollendung der Außenfassaden und zwischen die Fertigstellung von Kuppel (1766) und Skulpturenschmuck der Mittelrisalite (1767) an.[721]

Kat. Nr.: 25   Abb.: 38-41
Ort: Potsdam
Objekt: Communs

Erbaut: 1766-69
Entwurf: Jean Laurent Legeay, Überarbeitung durch Gontard
Manger: Bd. II, S. 286f., 302, 305, 312, 320; Bd. III, S. 635/636

Archivalien:
Stiftung Preußische Schlösser und Gärten Berlin-Brandenburg (Plankammer Potsdam):
Inv. Nr. 228, Aufrißentwurf zu den Communs und Kolonnaden, um 1765/66.
Inv. Nr. 1208, Aufrißentwurf zur Seitenfassade des nördlichen Commun-Gebäudes, um 1766.
Berlin-Museum:
Inv. Nr. VII 60/1803 W, Aufriß der Communs und der Kolonnaden, um 1766.
Geheimes Staatsarchiv PK, I. HA, Rep. 36, Hofverwaltung, Nr. 3066, Kostenanschläge über Bauten und Baureparaturen in und bei Potsdam, Bl. 25-29, Anschlag zu Erbauung der Colonade, Potsdam 6. August 1766, gez. Gontard.

Beschreibung
Um 1764 datiert der erste Fassadenentwurf zu den Communs und Kolonnaden von Legeay. Gontard folgte weitgehend der Disposition Legeays, überarbeitete aber den Aufriß der Kopfbauten im Sinne der französisch-klassischen Schule. (Vgl. Textteil) Eine Planänderung hinsichtlich der Länge und der Höhe des rückwärtigen Gebäudeteils sowie des Fassadenaufrisses ist von Manger 1766, kurz nach Legung der Fundamente, bezeugt. 1768 war der Außenbau soweit fortgeschritten, daß mit dem Innenausbau begonnen werden konnte.[722]

Kat. Nr.: 25/1   Abb.: 40
Plankammer Neues Palais Potsdam
Objekt: Aufriß der Communs, der Kolonnade und der Remisen

Inv. Nr.: 228
Künstler: Carl von Gontard
Material: Feder in Grau, Schwarz; Bleistift; grau, rotbraun, grün laviert.
Größe: H: 51,2 cm; B: 198,5 cm
Signiert: —
Datiert: —, um 1765/66

Beschreibung
Maßstab in »Rheinl. Fuss«; aus zwei Blättern zusammengesetzt, mit schwarzem Doppelstrich gerahmt. Der Entwurf gilt als der früheste erhaltene Entwurf aus der Hand Gontards für die Communs und zeigt die gegenüber Legeays Planungen vorgenommenen Aufrißveränderungen. Diese betreffen die Säulenstellung im Portikusbereich und die Aufrißgestaltung der Wand seitlich des Einganges, die Legeay stärker im Sinne italienisch-palladianischer Vorbilder konzipierte. Auch die Kuppel der Communs sowie die Kolonnaden zeigen Abwandlungen. Ebenfalls werden hier die an die Communs angeschlossenen Remisen gezeigt, jedoch noch nicht deren endgültige Arkadenanzahl. Der Entwurf entspricht weitgehend der tatsächlichen Ausführung. Bei der Fassadengestaltung fehlt allerdings die Einzeichnung des Mauerwerks, wie sie an den Communs ausgeführt wurden. Erd- und Obergeschosse sowie die Fensterrahmungen, die Portikussäulen, die Kolonnaden und die Tambours werden rotbraun laviert vorgeführt. Die Kuppel wird grünlich angegeben, die Fassade der Remisen ist rotbraun angelegt. Bei genauerer Betrachtung grenzt die farbige Lavierung fast an eine Marmorierung.[723]

Kat. Nr.: 25/2   Abb.: 41
Plankammer Neues Palais Potsdam
Objekt: Seitenfassade des nördlichen Commun-Gebäudes

Inv. Nr.: 1208
Künstler: Carl von Gontard
Material: Feder in Schwarz; Bleistift; mehrfarbig laviert.
Größe: H: 19,5 cm; B: 65 cm (Ausschnittgröße Passepartout)
Signiert: —
Datiert: —, um 1766

Beschreibung
Bezeichnet: »Elevation de la Façade Latéral«, Marginalien in brauner Tinte: »24 Pieds«, bezeichnen Dachhöhe; mit Bleistift Korrekturen an Traufhöhe skizziert.
Der Aufriß zeigt die Nordfassade des nördlichen Commun-Gebäudes, jedoch ohne den Remisenvorbau. Der Kopfbau stimmt weitgehend mit der Vorgabe des Plans im Märkischen Museum (Inv. Nr. VII 60/1803 W) überein. Noch nicht berücksichtigt ist die 1767 von König Friedrich II. angeordnete Planänderung, die eine Veränderung der Aufrißgestaltung und eine Erhöhung der Achsenzahl des rückwärtigen Traktes zur Folge hatte. Das Aufrißschema wurde statt dessen für den Immediatbau Nauener Straße 23 (Potsdam, Friedrich-Ebert-Str. 105) verwendet.[724]

Kat. Nr.: 25/3   Abb.: 38
Plankammer Neues Palais Potsdam
Objekt: Aufriß der Communs und der Kolonnaden, Grundrisse der Hauptgebäude und der Kolonnaden

Inv. Nr.: 1210
Künstler: Baucomtoir
Material: Feder in Schwarz; rosé, grau, ocker, rot laviert.
Größe: H: 57,2 cm; B: 89 cm
Signiert: —
Datiert: —, um 1787

Beschreibung
Maßstab: »250 Rheinl. Fuß«, Gradeinteilung von 0-250, Blatt leicht fleckig, kaschiert.
Das Blatt zeigt die tatsächliche Ausführung der Communs, der Remisen und der Kolonnaden sowie ihre Grundrißeinteilung (links Erdgeschoß, rechts 1. Obergeschoß).

Kat. Nr.: 26
Ort: Potsdam
Objekt: Wacht- und Gärtnerhäuser am Neuen Palais

Erbaut: 1768
Entwurf: Gontard
Manger: Bd. II, S. 335/336; Bd. III, S. 635-636

Archivalien:
GStA PK, I. HA, Rep. 36, Hofverwaltung, Nr. 3277, Special-Bau-Rechnung der Wacht und Gärtner Häuser ao 1767.

Beschreibung
Die Häuser für den Hofgärter (nördliches Gebäude) und die Wache (südliches Gebäude) am Neuen Palais umfassen je 9:11 Achsen. In ihrer Anlage um einen Innenhof

und der Gestaltung der zum Neuen Palais gerichteten Fassaden, lehnen sie sich an die Konzeption des Palazzo del Te von Giulio Romano (1526-1535) an.[725] Es sei daran erinnert, daß Graf Algarotti dem König Zeichnungen der Bauten Giulio Romanos aus Mantua übermittelte.[726] Vergleiche lassen sich zwischen der Hauptfassade der Potsdamer Bauten und der Nordfassade des Palastes von Mantua bei der arkadenartigen Anlage der mittleren drei Bogen ziehen, die in Potsdam allerdings auf Säulen aufliegen. Auch die Einteilung in ein Haupt- und ein Mezzaningeschoß sowie die Rustizierung der Fassaden sind vergleichbar. Es fehlen jedoch die Pilastergliederung und der Metopen-Triglyphen-Fries, die Giulio Romano vorgab. Parallelen lassen sich auch zu Vignolas Casinobau in Caprarola (1558-62) ziehen, insbesondere bei der Auflage der Arkaden auf Säulen. Für den Bau der beiden Häuser wurden 20.000 Taler veranschlagt. Abgerechnet wurden schließlich 21,024.15.06 Taler. Für die Maurerarbeit ist besonders Mader zu nennen, für Stukkaturen wird Augustini erwähnt.[727]

Kat. Nr.: 27
Ort: Potsdam
Objekt: Orangenhäuser am Neuen Palais hinter dem Gärtnerhaus sowie bei Schloß Sanssouci

Erbaut: 1768
Entwurf: Gontard
Manger: Bd. II, S. 313; Bd. III, S. 636.

Gartenarchitekturen in Potsdam
Mit dem Beginn der Bauarbeiten am Neuen Palais in Potsdam wurde auch mit der Umgestaltung des Rehgartens, des Lustgartens von Sanssouci und des Hügelgeländes am Klausberg begonnen. Gegen Ende der Bauarbeiten und in der Folgezeit war Gontard für die Errichtung zahlreicher Gartenarchitekturen verantwortlich. Hierzu zählen der Antiken- und der Freundschaftstempel, ein Treillagepavillon im Areal des Neuen Palais und das Drachenhaus.
Auch in der damaligen Zeit kam es im Park bereits zur Verstümmelung von Figuren, Vasen, Treillagen, etc. In einer Akte der Plankammer Potsdam ist ein Schadensprotokoll des Gärtners Heydert enthalten, das darüber berichtet. Desweiteren ist hierin eine signierte Entwurfszeichnung Gontards für eine Vase enthalten.[728]

141. Neues Palais in Potsdam (Aufnahme 1998)

Katalog

Katalog

Kat. Nr.: 28
Ort: Potsdam
Objekt: Antikentempel

Erbaut: 1768-1769
Entwurf: Friedrich II., Gontard
Manger: Bd. II, S. 314/315; Bd. III, S. 635/636
Nicolai: S. 1224.

Archivalien:
GStA PK, I. HA, Rep. 36, Hofverwaltung, Nr. 3071, Rechnungen und Belege der Königl. Baukasse in Potsdam über Bau- und Reparaturarbeiten 1771-1775.
GStA PK, I. HA, Rep. 36, Hofverwaltung, Nr. 3072, Rechnungen u. Belege der Königl. Baukasse in Potsdam über Bau- und Reparaturarbeiten in Potsdam 1775-1776.

Beschreibung
Nach Mangers Berichten hatte der König im Jahr 1768 »ein paar Skizzen zu Tempeln entworfen, die im Rehgarten, unweit dem neuen Schlosse erbauet werden sollten. v. Gontard mußte solche ins reine zeichnen, und nach einigen Aenderungen in den Entwürfen und Kostenanschlägen wurde zum Bau derselben geschritten.«[729] Weder die Skizzen des Königs noch die Umzeichnungen Gontards haben sich erhalten. Der Antiken- und der Freundschaftstempel wurden als Pendants errichtet und auf die Eckpavillons der Nebenflügel des Neuen Palais ausgerichtet. Friedrich II. lehnte diese Entwürfe an das Pantheon in Rom an, mit dem er sich in seinen Zeichnungen und Projekten immer wieder beschäftigt hatte. Die Anlage wurde als Rotunde mit einer Laterne über toskanischen Säulen angelegt und mit einem Anbau versehen. Im Inneren wurden Verkleidungen aus Marmor, eine Konsolbank zur Plazierung größerer Skulpturen und hölzerne Konsolen für Büsten eingebracht. Zur Ausgestaltung wurden auch Marmorreliefs und Malereien in der Laterne eingesetzt. Bis 1798 bzw. 1828 diente der Tempel der Aufstellung der Antikensammlung des Königs, die sich vor allem aus der Sammlung des Kardinals Polignac (1742 erworben) und aus Stücken des Nachlasses der Markgräfin Wilhelmine zusammensetzte.[730]

Kat. Nr.: 29
Ort: Potsdam
Objekt: Freundschaftstempel

Erbaut: 1768-1769
Entwurf: Friedrich II., Gontard
Manger: Bd. II, S. 315/316, Bd. III, S. 635/636
Nicolai: S. 1229.

Archivalien:
GStA PK, Rep. 96 B, Extracte, Nr. 139, 1772, Bl. 100, Bl. 122; Nr. 140, 1772, Bl. 201; Nr. 142, 1773, Bl. 75.

Beschreibung
Als Monopterus über acht paarweise angeordneten Säulen wurde der Freundschaftstempel zur Erinnerung an die 1758 verstorbene Markgräfin Wilhelmine von Bayreuth errichtet. Anregungen boten der Apollotempel im Amaltheagarten in Neuruppin (1735), ein Brief Ciceros und Voltairs Gedicht »Le Temple de l'Amitié« von 1732.[731] An den Säulen wurden Medaillonbildnisse berühmter antiker Freundespaare plaziert. Eine Sitzstatue der Markgräfin, die die Brüder Räntz nach einem Gemälde von Pesne schufen, wurde auf einem Sockel vor einer Rundbogennische des ansonsten offenen Tempels postiert. Die Fertigstellung der Skulptur wird erst im Juli 1773 gemeldet. Anscheinend ging Ränz davon aus, daß eine Inschrift in das Buch eingefügt werden sollte, das die Markgräfin in Händen hält, denn er bat hierfür um ein Konzept.[732] Auf Pesnes Gemälde hält sie ein Exemplar des »Traité de l'Amitié« von Louis de Sacy (1654-1727) in Händen, um die Bedeutung der Freundschaft in ihrem Leben hervorzuheben.[733]

Kat. Nr.: 30
Ort: Potsdam
Objekt: Treillagengitter

Erbaut: ?
Entwurf: Gontard
Manger: Bd. II, S. 343/344

Archivalien:
Stiftung Schlösser und Gärten Berlin-Brandenburg (Plankammer Potsdam), Inv. Nr. 1154.
Stiftung Schlösser und Gärten Berlin-Brandenburg (Plankammer Potsdam), Akte 368, Acta betr. die Reparaturen im Lustgarten [...], de 1775, 1784, 1790.
GStA PK, I. HA, Rep. 36, Hofverwaltung, Nr. 3291, Special Bau Rechnung von einem eisernen Treillage Berceau in Sans Souci 1777.

Beschreibung
1770 erwähnt Manger im Gartenrevier vor dem Neuen Palais die Erbauung eines Gartensalons aus Gitterwerk. Nachdem sich hölzernes »Nagelwerk« als zu schadensanfällig erwies, wurde zu eisernem Gitterwerk übergegangen.[734] Möglicherweise orientierte sich die Zeichnung Gontards an Entwürfen von Knobelsdorffs um 1745/46 für die Treillage auf der obersten Terrasse von Schloß Sanssouci.[735] Aber auch von Unger wurden noch Ende der 1770er Jahre im Park von Sanssouci eiserne Treillagen gebaut.[736]

Zu Kat. Nr.: 30
Plankammer Potsdam
Objekt: Treillagengitter

Inv. Nr.: 1154
Künstler: Carl von Gontard
Material: Feder in Schwarz, Grün; Bleistift; grün, grau, gelb, braun laviert
Größe: H: 39,8 cm; B: 33 cm
Signiert: —
Datiert: um 1770

Beschreibung
Der in der Plankammer Potsdam erhaltene Entwurf zeigt ein grünes Treillagengitter mit rundbogigen Nischen. Der Pfeiler links ist mit einem Gehänge aus Musikinstrumenten (gelb bis braun) verziert, ebenso die Scheitel der Nischen. Auf dem Pfeiler ist in Bleistift schwach eine Vase skizziert. Vermutlich gehört der Entwurf zu einem 1770 entstandenen Treillagesalon im Gartenbereich südlich des Neuen Palais.[737]

Kat. Nr.: 31 Abb.: 142
Germanisches Nationalmuseum
Objekt: Entwurf für einen Treillagenpavillon

Inv. Nr.: GNM, Graphische Sammlung, Sammlung Knebel, Kapsel 1555, Hz. 4184
Künstler: Carl von Gontard
Material: Feder in Grau, Schwarz; Bleistift; grau, gelb, grün laviert.
Größe: H: 53,1 cm; B: 34,3 cm
Signiert: —
Datiert: —, 1750-1760 (?)

Beschreibung
Maßstab mit Gradeinteilung von 1-10, ohne Bezeichnung; Wasserzeichen: Säulenbaldachin, in der Mitte »FR« in Ligatur; Blatt leicht fleckig, kleine Risse (hinterklebt).
Auf dem Blatt werden ein Grund- und Aufriß zu einem Treillagenpavillon gezeigt, der sich auf einer runden Bodenfläche über 8 gedoppelten ionischen Säulen erhebt. Zwei niedrige Treppenzugänge sind angedeutet. Die Säulen tragen das Traufgesims, über dem sich die geschwungene Dachkonstruktion erhebt, für die 2 Varianten angegeben werden. Die kannelierten Säulenschäfte sind grün marmoriert und mit gekreuzten Bandmotiven versehen, die Kapitelle sind goldfarben angegeben. Der Scheitelring des Daches ist mit zwei Putti dekoriert. Vom Traufgesims hängen zierliche Festons herab. Während Habermann den Pavillon mit dem Grünen Salon »auf 16 frey stehenden Säulen« im südlichen Waldgebiet der Eremitage

bei Bayreuth gleichsetzt, der in den 1750er Jahren entstanden sein muß, weist Drescher auf einen eisernen Treillagepavillon »mit verguldeten Kinder-Gruppen, Capitäler, Festons und Sonnen« hin, der um 1770 an der südlichen »schlangenförmigen Allee« des Rehgartens bei Sanssouci entstand.[738] Vergleiche der Kuppel lassen sich sowohl zum Jagdpavillon Kaiserhammer bei Bayreuth um 1760 als auch zu den Communs (1766-1769) herstellen. Die Übereinstimmung bei der Säulenanzahl und Säulenstellung, lassen Habermanns Vermutungen naheliegender erscheinen.

Kat. Nr.: 32
Ort: Potsdam
Objekt: Drachenhaus

Erbaut: 1769-1772
Entwurf: Gontard
Manger: Bd. II, S. 342; Bd. III, S. 635/636
Nicolai: S. 1227.

Archivalien:
Vorstudie Bürings um 1765, Stiftung Schlösser und Gärten Berlin-Brandenburg (Plankammer Potsdam), Inv. Nr. 2368.

Beschreibung
Ein »sinesisches Häusgen«, das sogenannte Drachenhaus, wird von Manger 1769 erwähnt und wurde von Gontard auf dem Klausberg, in der Nähe des Belvederes, errichtet. Es sollte den Winzern des dortigen Weinberges als Unterkunft dienen und wurde in Gestalt einer vierstöckigen Pagode über einem oktogonalen Grundriß sowie mit konvex eingeschwungenen Seiten konzipiert. Erhalten hat sich lediglich eine Vorstudie, die Büring zugeschrieben wird, denn dieser hatte eine Vorliebe für »sinesische, japanische und andre morgenländische Verzierungen, wobey viel Schlangen angebracht werden konnten, weil er in Zeichnungen der modernen Zierrathen damahliger Zeit nicht sonderlich geübt war.«[739] Anregungen lieferten die Ho-Pagode in der Nähe von Kanton, die in Chambers »Desigs of Chinese Buildings« (1757) abgebildet war, sowie Chambers Pagode in Kew Garden, die in dessen »Plans, Elevations, Section and Perspective Views of the Gardens and Buildings at Kew« dargestellt war. Gontard verringerte gegenüber der Version Bürings die Geschoßanzahl und gliederte die Gebäudekanten mit dekorierten Wandvorlagen. Die Eckpositionen des Daches wurden mit verguldeten Drachenfiguren bzw. Quasten in den beiden obersten Geschossen dekoriert.[740]

Potsdam, Immediatbauten

Für die nachfolgende Erfassung der Potsdamer Immediatbauten, die von Gontard geschaffen wurden oder maßgeblich mit ihm in Verbindung stehen, wurde bei der Nennung der Grundbuchnummern, der Bezirksangaben und der frühen Straßennamen im wesentlichen auf Mielkes Ergebnisse zurückgegriffen.[741] Ergänzungen oder Korrekturen wurden aus Mangers »Baugeschichte von Potsdam«, der Häuserkartei Kanias, dem Verzeichnis der Kriegsschäden von 1946, Felliens Lokalisierung der bei Manger genannten Bauten von 1988, den Hausakten sowie einzelnen Archivalien gewonnen, deren Provenienz jeweils in Klammern aufgeführt ist. Desweiteren wurden die 1997 geltenden Straßennamen hinzugefügt. Im Textteil wurden die vor 1945 üblichen Straßennamen verwendet, wie dies in der Literatur

142. Entwurf für einen Treillagenpavillon, um 1750-1760 (Kat. Nr. 31)

Katalog

zu Potsdam allgemein der Fall ist. Im Katalog wurden sie deshalb optisch hervorgehoben. Letzteres gilt auch z.T. für die Namen der Erstbewohner der Objekte, soweit sie bekannt sind. Die Hinweise auf Nicolai beziehen sich meist auf seine Beschreibungen der Straßenzüge und wurden nur vereinzelt im Katalog wiederholt. Außerdem werden wichtige Umbaumaßnahmen angegeben.

Der Alte Markt und die umliegenden Gassen

Die Bauten am Alten Markt umrahmten die Nicolaikirche, der das Stadtschloß gegenüberstand. Dem König war es ein Anliegen gewesen, zunächst die unmittelbare Umgebung des Stadtschlosses zu erneuern. Bereits 1750 ließ er die ersten Immediatbauten am Alten Markt (Nr. 13-17) erbauen, wobei er auf eine französische Vorlage zurückgriff.[742] 1752 errichtete Knobelsdorff, neben dem einfacheren Anwesen Alter Markt 3, das reich verzierte Prediger- und Schulhaus (Nr. 4) nach dem Vorbild des Palazzo della Sagra Consulta in Rom. Nach dem römischen Vorbild von Santa Maria Maggiore ließ Friedrich 1753 die Fassade der Nikolaikirche in der Platzmitte überformen. Die Eckbebauungen Schwertfeger Str. 1 und Am Alten Markt 12, letzteres wiederum ein Palladio-Nachbau von dessen unverwirklichtem Entwurf für den Palazzo Giulio Capra in Vicenza, folgten 1753. Im Jahr 1757 wurde die Erneuerung des Rathauses nach Palladios Entwurf für den Palazzo Angarano in Vicenza durchgeführt.[743] Nun waren nur noch wenige Anwesen Am Alten Markt (Nr. 5-11) nicht erneuert worden. Möglicherweise wurden sie bis zuletzt aufgehoben, da sie vom Schloß aus gesehen durch die Nikolaikirche weitgehend verdeckt wurden. Letztlich war der königliche Blickwinkel entscheidendes Kriterium für die Wahl der Neubauten, die den Alten Markt in eine italienische Piazza verwandelten. Die noch fehlende Nr. 5 sowie die zusammenhängende Bauzeile von Nr. 6 bis Nr. 11 wurden nicht in einem Zug errichtet. Auch ließ man sich damit Zeit bis zum Ende der 1760er Jahre. Von 1767 bis 1772 wurde die Platzverschönerung abgeschlossen, wobei wohl vorwiegend nach Gontards Entwürfen gearbeitet wurde. Auffällig ist, daß Friedrich II. die wichtigsten Punkte des Marktplatzes mit den Nachahmungen vorwiegend italienischer Prachtbauten akzentuieren ließ. Diejenigen Gebäude, die hinter der Nikolaikirche lagen und somit von geringerer städtebaulicher Wichtigkeit waren, wurden wesentlich später in Angriff genommen. Dies war einerseits durch den Siebenjährige Krieg bedingt, der die Bautätigkeit zum Erliegen brachte. Andererseits handelte es sich bei allen Bauten am Alten Markt nach 1767 um einfachere Im-mediatbauten ohne Palastcharakter, bei deren Erneuerung keine unmittelbare Prospektwirkung zum Tragen kam. Dies wird besonders deutlich, wenn man berücksichtigt, daß das Gebäude Am Alten Markt 8, das noch aus der Zeit Friedrich Wilhelms I. stammte, nicht erneuert und somit letztlich der Marktplatz nicht komplett überformt wurde. Am 3. September 1795 fielen die Nikolaikirche und zahlreiche Häuser der nördlichen und westlichen Platzbebauung (Am Alten Markt 9-16) einem verheerenden Feuer zum Opfer, das bei Reparaturarbeiten am Turm der Kirche ausgebrochen war. Schon in den folgenden Jahren wurde mit dem Wiederaufbau der Immediatbauten begonnen, während die Nikolaikirche lange Zeit als Ruine stehen blieb und erst ab 1830, nach Entwürfen Schinkels, erneuert wurde.[744]

Kat. Nr.: 33
Ort: Potsdam
Objekt: Flügel am Rathaus

Straßenname um 1809: Am Markt 2
Straßenname bis 1945: Am Alten Markt 2
Straßenname nach 1945: Am Alten Markt 2 (veränderte Straßenführung und Platzsituation)
Straßenname ab 1992: Am Alten Markt
Erbaut: 1775
Zerstört: 1945, Wiederaufbau des Rathauses ohne den Anbau
Grundbuchnummer: 1156
Bezirk: II
Entwurf: Carl von Gontard
Manger: Bd. II, S. 400/401: »Bey Erbauung des Rathauses am alten Markte ist im Jahre 1753 schon angemerket worden, daß, weil es durch Erkaufung des nebenstehenden Bürgerhauses nicht mehrern Raum als das vorige erhalten konnte, durch die starken Mauern sehr war verenget worden. Jetzt waren die dazu gehörigen beyden alten Seitenflügel dermaßen baufällig geworden, daß solche nicht mehr konnten gebraucht werden. Auf Bitten des Magistrats ließ also der König dieses Jahr den einen dieser Flügel gegen den hohen Steinweg zu neu steinern und statt des vorigen niedrigen Geschosses, drey Geschosse von verschiedener Höhe erbauen, und die Gemächer darin mit den Fußbodenhöhen der im Vordergebäude befindlichen gleich fortlaufend anlegen. Dieser Flügel ward sechzig Fuß tief, und in das untere Geschoß kamen gegen die Straße sieben Arkaden, für die Schlächter zur öffentlichen Feilbietung des Fleisches.«
Ebd., Bd. III, S. 635-636.
Nicolai: S. 1157

Archivalien:
GStA PK, I. HA, Rep. 36, Hofverwaltung, Nr. 3180, Acta wegen des dem Einfall drohenden Atlas auf dem Rathhaus Thurme 1774-1776.
GStA PK, I. HA, Rep. 36, Hofverwaltung, Nr. 3181, Belege zur Special-Rechnung sub XXXI vom Bau des linken Rathhaus-Flügels pro 1787.

Bemerkung
Zu den seitlichen Anbauten an das Potsdamer Rathaus nach Gontards Entwürfen haben sich weder aussagekräftige Ansichten noch Archivalien erhalten. Eine Beschreibung bzw. genaue Untersuchung dieses Objektes war deshalb nicht möglich.

Kat. Nr.: 34
Ort: Potsdam
Objekt: Am Alten Markt 5

Straßenname um 1809: Am Markt 5
Straßenname bis 1945: Am Alten Markt 5
Straßenname nach 1945: Am Alten Markt (veränderte Straßenführung und Platzsituation)
Straßenname ab 1992: Am Alten Markt
Erbaut: 1767
Zerstört: 1945
Grundbuchnummer: 129
Bezirk: II
Entwurf: Gontard
Manger: Bd. II, S. 309, 1767, Nr. VIII: »zwey an der Stadtkirche, das Eckhaus des Fabrikanten Joel von sieben und vierzig und ein sechstel Vorder= und vierzig Fuß Wiederkehr Länge.«
Ebd., Bd. III, S. 635-636.

Archivalien:
GStA PK, I. HA, Rep. 36, Hofverwaltung, Nr. 3064, Haupt Rechnung derer innenbenannten 20 Königl. Exterieur Bauten in und vor Potsdam, und in sonderheit des neuen Palais de annis 1762 bis 1768.
GStA PK, I. HA, Rep. 36, Hofverwaltung, Nr. 3066, Kostenanschläge über Bauten und Baureparaturen in und bei Potsdam.
Stadtarchiv Potsdam, (nachfolgend StAP) Sig.1-9/851, Acta specialia betreffend: Bau-Sachen, Alter Markt No.5, Laufzeit der Akte: 14.4.1840 bis 28.5.1945.
Stadtarchiv Potsdam, Kania-Kartei 2/Bl. 8.
Bemerkung
1767 wurde, neben dem östlichen Abschluß des Wilhelmplatzes, mit dem Bau von drei weiteren dreigeschossigen Immediatbauten begonnen, die mit den Anwesen Am Alten Markt 5 und 7 sowie mit der Scharrenstraße Nr. 3 zu identifizieren sind und durch Manger wiederum Gontard zugeordnet werden.[745] Zu allen drei Anlagen haben sich komplette Kostenvoranschläge

erhalten, die aus dem Jahr 1766 stammen.⁷⁴⁶ Für das Eckhaus am Alten Markt 5, das dem Schutzjuden Joel gehörte und neben dem Prediger- und Schulhaus plaziert wurde, veranschlagte man 3,835.14.04 Taler. Die Kostenvoranschläge beinhalten Angaben zu den benötigten Materialien und den Kosten der Maurer-, Zimmermanns-, Tischler-, Steinmetz-, Stukkatur-, Schlosser-, Maler-, Glaser-, Töpfer-, Lehmer- und Klempnerarbeit. Aus der angegebenen Anzahl von Fenstern und Türen, lassen sich bei dem Joelschen Eckhaus eine fünf- und eine vierachsige gemauerte und verputzte Front mit zwei Hauseingängen sowie ein Kellergewölbe mit vier Fenstern erschließen. Im Erd- und im 1. Obergeschoß sollten Gewicht-, d.h. Schiebefenster eingesetzt werden, während im 2. Obergeschoß, an Vorder- und Rückseite, vierflügelige Fenster vorgesehen wurden. Das Dach sollte durch vier Fenster belichtet werden. Auch sollten die Fenster im 1. Obergeschoß wohl Faschen erhalten. Außerdem wird ein gemauertes Gurtgesims aufgeführt.⁷⁴⁷ (Die Kania-Kartei nennt lediglich eine fünfachsige Fassade.)

Auf einer Ansicht Krügers ist eine Achse des Joelschen Hauses im Anschluß an das Predigerhaus dargestellt.⁷⁴⁸ Im Erdgeschoß ist ein rundbogiges Fenster mit profiliertem Bogenlauf und Scheiteldekor zu erkennen. Ein Gurtgesims trennte das Erdgeschoß von den beiden oberen Etagen. Die Fensterbänke des ersten Obergeschosses waren als durchgehendes Band ausgebildet, im zweiten Obergeschoß jedoch auf die einzelnen Fenster begrenzt. Bei den profilierten Fensterumrahmungen ist nur eine Ohrung bei den Gewänden des zweiten Obergeschosses zu erwähnen.

In der Hausakte wird das Grundstück 1814 im Besitz des Sattelmacher Grobe genannt (StAP, Sig. 1-9/851, Bl. 1, 14.4.1840). 1888 ist der Eigentümer Pol. Secretair a.d. Mesves, der im Haus einen Laden eingerichtet hat und dort Umbaumaßnahmen durchführen läßt. (StAP, Sig. 1-9/851, Bl. 1a, 6.1.1888). 1892 wird der Antrag vor Fr. Voss um Anschluß des Grundstückes an die Kanalisation gestellt. (StAP, Sig. 1-9/851, Bl. 7, 28.11.1892) 1923 scheint zumindest die Dachwohnung in sehr schlechtem Zustand gewesen zu sein, da die Städtische Baupolizei eine weitere Nutzung aus baupolizeilichen und gesundheitspolizeilichen Gründen verbietet. (StAP, Sig. 1-9/851, Bl. 18, 23.11.1923) Im Dezember 1935 gibt es zwischen der Eigentümerin Elli Wolff und der Baupolizei Streitigkeiten wegen der Abortanlagen. Als Bauzeit des Hauses wird 1722 angegeben. (StAP, Sig. 1-9/851, Bl. 36, 11.12.1935). Eine Besichtigung des Hauses. Am Alten Markt 5 durch die Baupolizei ergibt im Mai 1945, daß das Haus durch Kampfhandlungen zur vollständigen Ruine geworden und nicht mehr wiederherzustellen sei. (StAP, Sig. 1-9/851, Bl. 42, 28. Mai 1945) Im Verzeichnis der Kriegsschäden 1946 (S. 4), wird das Haus der Kategorie 4, total zerstört, zugewiesen. Ein Wiederaufbau in der alten Form wurde nicht als erforderlich angesehen.

Kat. Nr.: 35
Ort: Potsdam
Objekt: Am Alten Markt 6

Straßenname um 1809: Am Markt 6
Straßenname bis 1945: Am Alten Markt 6
Straßenname nach 1945: Am Alten Markt (veränderte Straßenführung und Platzsituation)
Straßenname ab 1992: Am Alten Markt
Erbaut: 1772
Zerstört: 1945
Grundbuchnummer: 178
Bezirk: II
Entwurf: Carl von Gontard?
Manger: Bd. II, S. 383, 1772, Nr. VII: »Eines, das Quasische hinter der Stadtkirche war auch drey Geschoß hoch, hatte dreyßig Fuß Länge und gewöhnliche Tiefe.« Nicolai: S. 1155.

Archivalien:
Stadtarchiv Potsdam, Kania-Kartei 2/Bl. 9.
Stadtarchiv Potsdam, Sig.1-9/852, Acta specialia betreffend: Bau-Sachen, Am Alten Markt No.6, Laufzeit der Akte: 7.1.1893 bis 28.5.1945.

Bemerkung
Bei Manger finden sich keine speziellen Zuweisungen an Gontard, Unger oder ihn selber. Allerdings war Gontard ca. von Juni 1771 bis Mai 1772 wohl schwer krank, so daß eine Zuordnung an Gontard nicht unbedingt zwingend ist.⁷⁴⁹ Eine Aufnahme aus der Ausakte um ca. 1910 zeigt eine dreiachsige und dreigeschossige Fassade, die den gleichen Fassadendekor wie die viergeschossige Nr. 7 aufweist. In der äußersten rechten Achse, die leicht hervorgezogen ist, befindet sich im gefugten Erdgeschoß ein korbbogiger Eingang, der mit Tuchgehängen verziert ist. Die beiden anschließenden Achsen sind als Schaufenster und Ladentür für die Bäckerei Wünsch eingerichtet. Über einem Gurtgesims verläuft ein Band, auf dem die geohrten Fenster des ersten Obergeschosses aufliegen. Diese sind mit geraden Verdachungen versehen, unter denen Portraitmedaillons mit Girlanden angebracht sind. Im zweiten Obergeschoß sind ebenfalls Rechteckfenster mit Ohrungen eingebracht. Sie liegen auf einfachen Fensterbänken auf und sind mit schmucklosen Dekorfeldern versehen. (StAP, Sig. 1-9/852, Bl. 1, o.D.) 1935 wurden die Eigentümer von Nr. 6 und Nr. 7 durch die Baupolizei aufgefordert, die Fassaden ihrer Häuser im Hinblick auf die Olympiade von störenden Hinzufügungen zu befreien und einen einheitlichen Anstrich durchzuführen. (StAP, Sig. 1-9/852, Bl. 84, 30.11.1935) Im Verzeichnis der Kriegsschäden von 1946 (S. 4), in dem das Gebäude Gontard zugewiesen wird, wird das Haus als völlig zerstört bezeichnet. Die Übereinstimmung des Fassadendekors mit dem Haus Nr. 7 weist darauf hin, daß eine Überformung der Fassade stattfand. Möglicherweise wurden auch diese Häuser bei dem Brand der Stadtkirche von 1795 so stark beschädigt, daß eine Veränderung der Fassade stattfand, wie dies auch bei den Häusern Am Alten Markt 9-11 der Fall war. Vielleicht ist hier ebenfalls Philipp Boumann als Entwerfer der Fassade in Betracht zu ziehen, die auf dem Foto zu sehen ist.

Kat. Nr.: 36
Ort: Potsdam
Objekt: Am Alten Markt 7

Straßenname um 1809: Am Markt 7
Straßenname bis 1945: Am Alten Markt 7
Straßenname nach 1945: Am Alten Markt (veränderte Straßenführung und Platzsituation)
Straßenname ab 1992: Am Alten Markt
Erbaut: 1767
Zerstört: 1945
Grundbuchnummer: 179
Bezirk: II
Entwurf: Carl von Gontard
Manger: Bd. II, S. 309, 1767, Nr. IX: »[...] desgleichen ein anderes dem vorigen (=Nr. 5, d.V.) gegenüber, dem Feldwebel Neumann gehörig, von sieben und dreyßig Fuß Länge, und sechs und dreyßig Fuß Tiefe, gleicher Höhe (drey Stockwerk) erbauen, von welchen weiter nichts anzumerken ist.« Ebd., Bd. III, S. 635-636.

Archivalien:
GStA PK, I. HA, Rep. 36, Hofverwaltung, Nr. 3064, Haupt Rechnung derer innenbenannten 20 Königl. Exterieur Bauten in und vor Potsdam, und in sonderheit des neuen Palais de annis 1762 bis 1768.
GStA PK, I. HA, Rep. 36, Hofverwaltung, Nr. 3066, Kostenanschläge über Bauten und Baureparaturen in und bei Potsdam.
Stadtarchiv Potsdam, Sig.1-9/852, Acta specialia betreffend: Bau-Sachen, Am Alten Markt No. 6 (enthält Angaben zu Nr. 7), Laufzeit der Akte: 7.1.1893 bis 28.5.1945.
Stadtarchiv Potsdam, Sig.1-9/853, Acta Specialia betreffend: Bau-Sachen, Am Al-

ten Markt No. 7, Laufzeit der Akte: 30.9.1870 (?) bis 28.5.1945.
Stadtarchiv Potsdam, Kania-Kartei 2/Bl. 11.

Bemerkung
Feldwebel Neumann erhielt 1767 das Gebäude am Alten Markt 7, wofür 4,995.20.04 Taler berechnet wurden.[750] Darüber hinaus sind vereinzelte Handwerkerrechnungen überliefert.[751] Der »Anschlag der Kosten Zu Erbauung eines Bürger Hauses für den Feld Webel Neumann, à 54 Fus en Fronte und 35 Fuß Tiefe«, gibt eine größere Längenangabe an, als bei Manger genannt wird. Für das Haus des Feldwebels läßt sich aus den Angaben eine siebenachsige gemauerte und verputzte Front mit einem Eingang, vermutlich in der Mittelachse, ableiten. Es wurden für alle Etagen an der Fassade Gewichtfenster vorgesehen. Die rückwärtige Fassade erhielt die gleiche Fensteranzahl, aber keine Gewicht-, sondern Flügelfenster. Hinweise auf Gesimsbänder, Fensterverdachungen oder Stuckdekor sind dem Anschlag nicht zu entnehmen.[752]
Diese Angaben werden im Vergleich mit einer Ansicht um die Jahrhundertwende nur in bezug auf Achsenanzahl und Position des Einganges bestätigt. In der Kania Kartei (StAP, 2/Bl. 11) wird die Aufstockung des Hauses in das Jahr 1891 datiert. 1892 wird laut Hausakte der Antrag der Gebr. Hoffmann (Brauereiinhaber) um Anschluß des Hauses Alter Markt 7 an Kanalisation bei der Baupolizei eingereicht. Zu diesem Zeitpunkt besitzt das Gebäude ein langgestrecktes Hofareal, das großflächig mit zwei seitlichen Flügeln und Hintergebäuden überbaut ist. (StAP, Sig. 1-9/853, Bl. 10, 29.9.1892) 1907 beantragt Max Lippstreu eine Genehmigung für Schaufenstereinbauten im Erdgeschoß. (StAP, Sig. 1-9/853, Bl. 62, 26.11.1907) Ein Foto um 1900 zeigt die Häuser Nr. 6 und 7. Nur das Anwesen Nr. 7 zeigt 4 Etagen. Auch ist es mit einem relativ aufwendigen Stuckdekor versehen, der von Manger nicht erwähnt wird und der demjenige von Nr. 6 völlig angeglichen ist. Diese Haus besitzt aber nur 3 Stockwerke und drei Fensterachsen. Das Erdgeschoß ist durch Ladeneinbauten kaum rekonstruierbar. Auffällig ist die Betonung der Mittelachse durch einen vergrößerten Achsenabstand. Die Fenster des 1. Obergeschosses sitzen auf einem schmalen Gesimsband auf. Sie sind mit Faschen eingefaßt und besitzen gerade kräftige Verdachungen, unter denen sich Medaillons mit Reliefbüsten und Tuchgehängen als Dekor befinden. Die Fenstergestaltung wiederholt sich weitgehend in den Obergeschossen, mit Ausnahme der Reliefs und Festons. Reliefbüsten als Fassadendekor stellen, für Gontard und seine Fassadendekorationen um 1767, eine ansonsten relativ selten auftretende Dekorationsform dar (vgl. Nauener Str. 30/31). Es ist nicht unwahrscheinlich, daß die Fassade der beiden Häuser Nr. 6 und Nr. 7 durch den Brand von 1795 stark beschädigt wurden. Zu überlegen ist, ob die Fassaden zu diesem Zeitpunkt einander angeglichen wurden. (StAP, Sig. 1-9/852, Bl. 1, o.D.).
Nach dem Foto in der Hausakte von Nr. 6 befinden sich ca. um 1910 die Schankwirtschaft »Berliner Kindl« und ein Geschäft von Max Lippstreu in dem Gebäude. (StAP, Sig. 1-9/852, Bl. 1, o.D.) Max Lippsteu wird 1935 noch immer als Eigentümer von Nr. 7 angegeben. Die Baupolizei bemängelt damals, daß die Einheitlichkeit der Fassaden durch Eingriffe in die Architektur wie auch durch die Farbe gestört und daher der Gesamteindruck des Platzes erheblich beeinträchtigt sei. Im Hinblick auf die Olympiade wird die Beseitigung aller störender Zutaten und die Wiederherstellung der Architektur sowie ein Neuanstrich verlangt. Finanzielle Beihilfen werden in Aussicht gestellt. »Die Olympiade 1936 wird auch unserer Stadt eine grosse Anzahl Besucher aus dem In- und Auslande bringen. Es ist also unerläßlich, das Stadt- und Strassenbild von Potsdam so zu gestalten, wie es Potsdam als Symbol des deutschen Volkes würdig ist.« (StAP, Sig. 1-9/853, Bl. 84, 30.11.1935) Im Verzeichnis der Kriegsschäden (S. 4) von 1946 wurde das Haus in die Kategorie 4, total zerstört, eingeordnet. Der Wiederaufbau in der alten Form wurde nicht als erforderlich angesehen.

Kat. Nr.: 37
Ort: Potsdam
Objekt: Am Alten Markt 9-10 (11)

Straßenname um 1809: AmMarkt 9 (11)
Straßenname bis 1945: Am Alten Markt 9 + 10 (11)
Straßenname nach 1945: Am Alten Markt (veränderte Straßenführung und Platzsituation)
Straßenname ab 1992: Am Alten Markt
Erbaut: 1770
Zerstört: 1945
Grundbuchnummer: 181 (Alter Markt 9), 182 (Alter Markt 10), 183 (Alter Markt 11)
Bezirk: II
Entwurf: Gontard
Manger: Bd. II, S. 350-351, 1770, Nr. VII-X: »Die dreye hinter der Stadtkirche neben einander hatten an der Straße sieben und neunzig und ein Drittel Fuß Länge, und bekamen bey sechs und dreyßig Fuß Tiefe auch drey Geschoß Höhe. Die Besitzer hießen Kähne, Schwechten und Wederholz.« Ebd., Bd. III, S. 635-636.

Archivalien:
Stadtarchiv Potsdam, Sig. 1-9/855, Acta Specialia betreffend: Bau-Sachen, Am Alten Markt No. 9, Laufzeit der Akte: 2.6.1893 bis 28.5.1945.
Stadtarchiv Potsdam, Sig. 1-9/856, Acta Specialia betreffend: Bau-Sachen, Am Alten Markt No. 10, Laufzeit der Akte: 19.12.1892 bis 28.5.1945.
Stadtarchiv Potsdam, Sig. 1-9/857, Acta Specialia betreffend: Bau-Sachen, Am Alten Markt No. 11, Laufzeit der Akte: 27.8.1888 bis 26.4.1938.
Amt für Denkmalpflege Potsdam (AfDP), Plansammlung Baugewerbeschule Berlin, Bl. 76, SS 1922, gez. Harry Kreich, Zimmertüre im Hause Alter Markt 9/10, M 1:10, gesamte Tür, Türbeschlag mit Klinke; Bl. 78, WS 1929/30, gez. Hans ?, M = ?, Treppendetails, Einzelbaluster, Treppenkopf.
Stadtarchiv Potsdam, Kania-Kartei, 2/Bl. 13, 15, 17.

Bemerkung
Zu diesen Gebäuden haben sich weder Kostenanschläge noch Entwürfe erhalten. Im Jahr 1770 wurde die Platzverschönerung mit dem Baublock Alter Markt 9 bis 11 fortgesetzt. Die Häuser lagen nebeneinander, erhielten drei Stockwerke und eine Gesamtlänge von 97 1/3 Fuß. Ihre Tiefe entsprach den üblichen 36 Fuß.[753] Vermutlich besaßen alle drei eine gemeinsame Fassade, da Manger keine Größenangaben oder Fassadendetails zu den Einzelbauten angibt. Die insgesamt 20 Immediatneubauten von 1770 sollen alle auf Gontards Entwürfe zurückgehen und Kosten in Höhe von 149.075, 04.02 Taler ausgemacht haben. Neben Mangers Kostenaufstellung existiert noch eine weitere, die die Höhe der Ausgaben bestätigt und in Material- und Lohnkosten aufgegliedert ist. Leider ist kein Zuweisung an Einzelobjekte möglich.[754] Nach der Feuersbrunst von 1795 wurde ein Großteil der zerstörten Immediatbauten, vermutlich durch Philipp Boumann, erneuert. Hans Kania gibt an, daß die Häuser Nr. 9/10 eine gemeinsame Fassade hatten (3:4 Achsen), zu der vermutlich auch Nr. 11 gehörte. Die beiden ersten sollen nach dem Brand 1796/97 in alten Formen rekonstruiert worden sein, während Nr. 11 der Fassade von Nr. 12 angeglichen wurde.[755] An der Fassade von Nr. 12 wurde die Jahreszahl 1796 angebracht. Eine Ansicht der Häuser Nr. 9/10 in der Hausakte, läßt an einer vollständigen Rekonstruktion der alten Fassadenvorgabe jedoch zweifeln. (StAP, Sig. 1-9/855, Bl. 1a) Abgesehen davon, daß das Erdgeschoß durch Ladeneinbauten verändert wurde, zeigen die Dekorationselemente nicht die »typische Gontardsche Handschrift«. Die eingetieften Felder mit Ringmotiven über

den Fenstern des ersten Obergeschosses sind, im Gegensatz zu vergleichbaren Entwürfen Gontards, schmaler als das Fenster. Ohne die Verbindung mit den üblichen Verdachungen und Konsolen wirken sie relativ bezugslos zu den Fenstern, die sie dekorieren. Die zweifache Abtrennung zwischen dem ersten und zweiten Obergeschoß durch ein Gurtgesims und die als Sohlgesims ausgebildete Fensterbänke der obersten Etage treten zwar auch bei der Nr. 5 und Nr. 3 auf, die hierdurch gerahmten Konsolen und Tuchgehänge wirken aber wie abgeschnitten von den darüberliegenden Fenstern.

Nach Angaben der Hausakte beantragte die Eigentümerin Ida Leiter, geb. Vogel, 1893 den Anschluß des Gebäudes Alter Markt 9 an Kanalisation. (StAP, Sig. 1-9/855, Bl. 2, 4.6.1893) Das gleiche gilt für Haus Nr. 10, das damals im Besitz von L. Lober war. (StAP, Sig. 1-9/856, Bl. 2, 4.1.1893) Damals verfügten die Häuser Nr. 9/10 über einen sehr langgestreckten Hofbereich mit angebauten Seitenflügeln sowie über Stallungen. (StAP, Sig. 1-9/855, Bl. 2/3, 4.6.1893) Auf einem Foto um 1908 in der Hausakte, ist das Erdgeschoß durch Ladeneinbauten kaum noch rekonstruierbar. (StAP, Sig. 1-9/Bl. 1a, o.D., vor dem Umbau.) 1908 wird dem Eigentümer von Nr. 10, Kaufmann Nonnast, die Genehmigung des Ladenausbaues unter der Bedingung erteilt, daß der Fugenschnitt im Bereich der Eingangstür und der Fenster fortgesetzt wird. (StAP, Sig. 1-9/856, Bl. 38, 7.8.1908) Im Verzeichnis der Kriegsschäden (S. 4) von 1946, werden die Häuser in die Kategorie 4, total zerstört, eingeordnet. Der Wiederaufbau in der alten Form wurde nicht als erforderlich bzw. durchführbar angesehen.

Kat. Nr.: 38   Abb.:144
Ort: Potsdam
Objekt: Am Bassin 2

Straßenname um 1809: Am Bassin 2
Straßenname bis 1945: Am Bassin 2
Straßenname nach 1945: Am Bassin 2
Straßenname ab 1992: Am Bassin 2
Erbaut: 1785
Grundbuchnummer: 920
Bezirk: VII
Entwurf: Carl von Gontard (?)
Manger: Bd. II, 1785, S. 484, Nr. I, ohne Nennung des Baumeisters: »Wiederum ein sogenanntes holländisches am Bassin dem Grenadier Schlagow gehörig, von vierzig und einviertel Fuß Länge. Es erhielt, wie die vorherigen, drey Geschoß Höhe und einen Erker. Der Grund in dieser Gegend ward nun tiefer und morastiger, so, daß an dem Fundamente viele Kosten verwendet werden mußten.«
Nicolai: S. 1186.

Archivalien:
Amt für Denkmalpflege Potsdam, Acta specialia betreffend: Bau-Sachen, Am Bassin 2, Laufzeit der Akte: 6. Januar 1893 bis 1956.
Amt für Denkmalpflege Potsdam, Plansammlung Friedrich Mielke, Am Bassin 2 (KtNr. 649), Treppe, Detail Geländer, gez. K. Kuaebel, gepr. Mielke, September 1954, Format 62 x 113 cm, M 1:1, Feder auf Transparent.
Stadtarchiv Potsdam, Kania-Kartei, 5/Bl. 7.

144 Am Bassin 2 in Potsdam (Kat. Nr. 38)

Bemerkung
Zu den Gestaltungsprinzipien der Bauten in holländischer Manier vgl. Textteil. Das Haus Nr. 2 umfaßt fünf Fensterachsen. Nach Auskunft der Hausakte war das Gebäude 1893 im Besitz des Hofmalermeisters Robert Nicolai, der ein Gesuch um Anschluß des Hauses an die Kanalisation stellte. (AfDP, Bl. 1, 6.1.1893) 1910 wurde der Anbau eines Balkons an der Vorderfront genehmigt. Die Ausführung erfolgte durch Dipl. Ing. Emil Lilie, (AfDP, Bl. 15, 21.3. 1910, Bl. 20, 10.3.1910) Im Verzeichnis der Kriegsschäden von 1946 (S. 2) wurde das Gebäude der Kategorie 1, erhalten, bzw. gering beschädigt, zugeordnet. Im selben Jahr werden die Deckenbalken als angefault bezeichnet. 1954 geht das Haus in den Besitz einer VEB Grundstücksverwaltung über. Die Wohnung Schötz im Haus Am Bassin 2 wird 1956 als stark baufällig bezeichnet, die Küche als menschenunwürdig, die Deckenschalung und das Dach als schadhaft angegeben (AfDP, o.Nr., Schreiben 18.10.1956).

Kat. Nr.: 39   Abb.:145
Ort: Potsdam
Objekt: Am Bassin 3

Straßenname um 1809: Am Bassin 3
Straßenname bis 1945: Am Bassin 3
Straßenname nach 1945: Am Bassin 3
Straßenname ab 1992: Am Bassin 3
Erbaut: 1783
Grundbuchnummer: 919
Bezirk: VII
Entwurf: Carl von Gontard (?)
Manger: Bd. II, 1783, S. 469, Nr. XI, ohne Nennung des Baumeisters: »Eines am Bassin im holländischen Geschmack neben dem im vorigen Jahre eben so zuletzt erbauten Hause drey Geschoß hoch mit einem Erker. Es war vierzig und einen halben Fuß lang und der Besitzer hieß Feder.«

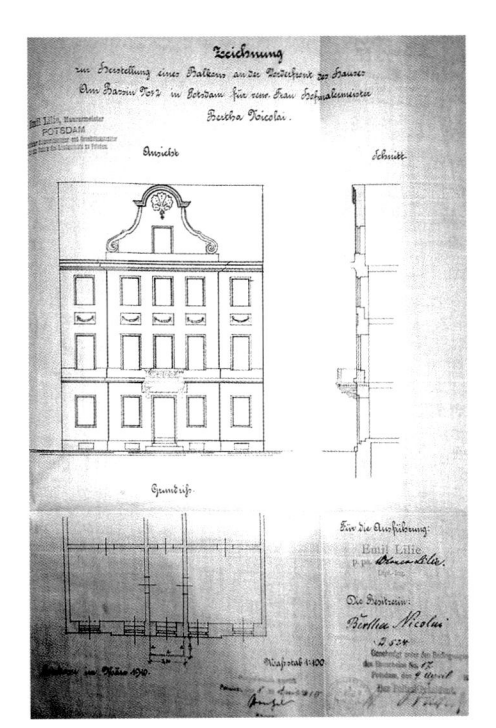

143 a). Grund- und Aufrißplan des Hauses Am Bassin 2 in Potsdam (Kat. Nr. 38)

Katalog

145 Brandenburger Str. 38/Am Bassin 6 bis 2 in Potsdam (Kat. Nr. 38-42, 55, Aufnahme 1999)

Nicolai: S. 1186

Archivalien:
Amt für Denkmalpflege Potsdam, Acta specialia betreffend: Bau-Sachen, Am Bassin No. 3, Laufzeit der Akte 10. Oktober 1878 bis 19. September 1949.
Stadtarchiv Potsdam, Kania-Kartei, 5/Bl. 8.

Bemerkung
Zu den Gestaltungsprinzipien der Bauten in holländischer Manier vgl. Textteil.
Das Haus umfaßt wiederum fünf Fensterachsen. Eigentümer H. Miehl, Steuer-Aufseher, stellt 1893 den Antrag auf Anschließung des Hauses an die Kanalisation, wie aus der Hausakte hervorgeht. (AfDP, Bl. 13, 12.1.1893) Zwei ungenehmigte Dachfenster auf der Rückseite des Hauses, werden 1912 von der Baupolizei beanstandet. (AfDP, Bl. 45, o.D.) Eine Mietwohnung im 3. Stock wird 1926 als in sehr schlechtem Zustand beschrieben. Die Doppelfenster mußten wegen Absturzgefahr ausgehängt werden und das war Dach undicht. (AfDP, Bl. 45, 19.10. 1926) Im Verzeichnis der Kriegsschäden 1946 (S. 2) wurde das Haus in die Kategorie 1, erhalten bzw. gering beschädigt, eingeordnet.

Kat. Nr.: 40   Abb.:145
Ort: Potsdam
Objekt: Am Bassin 4

Straßenname um 1809: Am Bassin 4
Straßenname bis 1945: Am Bassin 4
Straßenname nach 1945: Am Bassin 4
Straßenname ab 1992: Am Bassin 4
Erbaut: 1782
Grundbuchnummer: 918
Bezirk: VII
Entwurf: Carl von Gontard (?)
Manger: Bd. II, 1782, S. 459, Nr. I, ohne Nennung des Baumeisters: »Neue Häuser wurden diesesmal erbauet: Ein holländisches am Bassin, der Mauer gegenüber, Budewich gehörig, von vierzig und einem halben Fuß Länge. Es erhielt, wie die vorigen, drey Geschoß Höhe, und darüber noch einen Erker mit den gewöhnlichen Schweifungen und Trossengehängen von Sandstein.«
Nicolai: S. 1186.

Archivalien:
Amt für Denkmalpflege Potsdam, Acta specialia betreffend: Bau-Sachen, Bassin No. 4, Laufzeit der Akte: 27. Februar 1866 bis 17. April 1951.
Amt für Denkmalpflege Potsdam, Plansammlung Friedrich Mielke, Am Bassin 4 (KtNr. 646), Treppenhaus, gez. -, gepr. Mielke, undatiert, Format (ein Teil fehlt), M 1:20, Feder auf Transparent. Aufsicht und Schnitt des Treppenhauses; Am Bassin 4 (Ktnr. 657), Treppengeländer, gez. B. Güttler, gepr. Mielke, September 1954, Format 76 x 98 cm, M 1:1, Feder auf Transparent; Am Bassin 4 (KtNr. 848), Treppengeländer, gez. B. Güttler, gepr. Mielke, undatiert, Format 46 x 87 cm, M 1:1, Feder auf Transparent.
Stadtarchiv Potsdam, Kania-Kartei, 5/Bl. 9.

Bemerkung
Zu den Gestaltungsprinzipien der Bauten in holländischer Manier vgl. Textteil.
Es handelt sich wiederum um ein fünfachsiges Gebäude. 1866 erfolgt laut Hausakte der Antrag des Bäckermeisters A. Eckert bezüglich des Abbruchs von Stallgebäuden

sowie der Errichtung eines einstöckigen Rückgebäudes, was genehmigt wird. (AfDP, Bl. 1, 27.2.1866) Bäckermeister Albert Kiekebusch läßt an der Straßenfront 1885 das Fenster in der zweiten Achse von links in eine Tür umwandeln, das Fenster in der zweiten Achse von rechts soll auf Normalgröße reduziert werden. (AfDP, Bl. 14, 28.2. 1885) Im selben Jahr beantragt Bäckermeister Kiekebusch Veränderungen im Dachgeschoß, die genehmigt werden. (AfDP, Bl. 45., 5.9.1885) Valentin Botas beantragt 1903 eine Fassadenveränderung, wobei das Fenster in der äußersten rechten Achse zu einem Schaufenster erweitert werden soll. (AfDP, Bl. 64/65,Schreiben 23.1. 1903) Die Baupolizei bezeichnet 1945 eine Wohnung im 1. Obergeschoß durch Kriegseinwirkung als beschädigt. Ein Fenster sei herausgefallen, Wand- und Deckenputz sei beschädigt. (AfDP, Bl. 80, 26.6.1945) Auch dieses Haus ist im Verzeichnis der Kriegsschäden 1946 (S. 2) in die Kategorie 1, erhalten bzw. gering beschädigt, eingestuft worden.

Kat. Nr.: 41   Abb.:145
Ort: Potsdam
Objekt: Am Bassin 5

Straßenname um 1809: Am Bassin 5
Straßenname bis 1945: Am Bassin 5
Straßenname nach 1945: Am Bassin 5
Straßenname ab 1992: Am Bassin 5
Erbaut: 1781
Grundbuchnummer: 917
Bezirk: VII
Entwurf: Carl von Gontard (?)
Manger: Bd. II, 1781, S. 449, Nr. I, ohne Nennung des Baumeisters: »Ein sogenanntes holländisches von drey Geschossen und einen Erker am Bassin, auf der gegen die Stadtmauer gekehrten Seite von vierzig und ein Sechstheil Fuß Länge, welches der Wittwe Grünacher gehörte, wozu die Dekorateurs die gewöhnlichen Gehänge an der Schweiffung des Erkers verfertigten.«
Nicolai: S. 1186.

Archivalien:
Stadtarchiv Potsdam, Kania-Kartei, 5/Bl. 10

Bemerkung
Zu den Gestaltungsprinzipien der Bauten in holländischer Manier vgl. Textteil.
Das Haus umfaßt ebenfalls fünf Achsen. Die Hausakte war nicht zugänglich. Im Verzeichnis der Kriegsschäden 1946 (S. 2) wird das Gebäude in die Kategorie 1, erhalten bzw. gering beschädigt, eingeordnet.

Kat. Nr.: 42   Abb.:145
Ort: Potsdam
Objekt: Am Bassin 6

Straßenname um 1809: Am Bassin 6
Straßenname bis 1945: Am Bassin 6
Straßenname nach 1945: Am Bassin 6
Straßenname ab 1992: Am Bassin 6
Erbaut: 1780
Grundbuchnummer: 916
Bezirk: VII
Entwurf: Carl von Gontard (?)
Manger: Bd. II, 1780, S. 440, Nr. I, ohne Nennung des Baumeisters: »Eins ein sogenanntes holländisches von drey Geschoß

146 Am Bassin 8 bis 2 in Potsdam, Brandenburger Str. 38 (Kat. Nr. 38-46, 55, Aufnahme 1999)

Katalog

*147 Am Bassin 10 bis 2 in Potsdam
(Kat. Nr. 38-48, 55, Aufnahme 1999)*

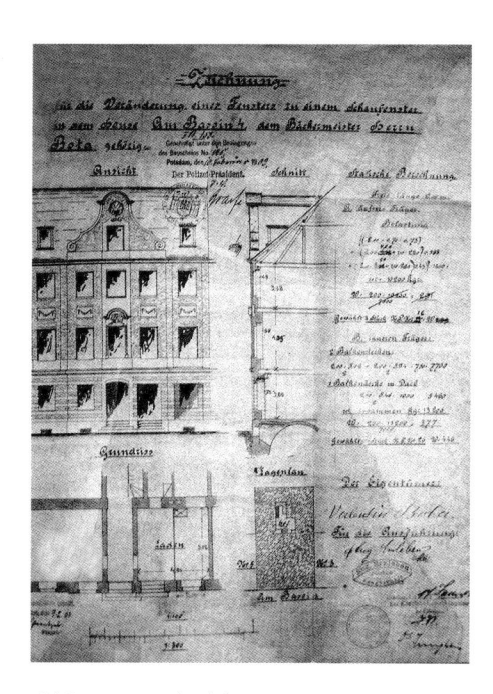

148 Am Bassin 4 in Potsdam (Kat. Nr. 40)

hoch und einem Giebelerker am Bassin, Hirsch David gehörig. Es hatte neun und dreyßig fünfsechstel Fuß in der Länge und ward den Vorhergebauten ganz ähnlich.« Nicolai: S. 1186

Archivalien:
Amt für Denkmalpflege Potsdam, Acta specialia betreffend: Bau-Sachen, Am Bassin 6, Laufzeit der Akte: 13. August 1883 bis 21. April 1966.
Stadtarchiv Potsdam, Kania-Kartei, 5/Bl. 11

Bemerkung
Zu den Gestaltungsprinzipien der Bauten in holländischer Manier vgl. Textteil.
Das Gebäude Am Bassin 6 liegt zwischen dem Anwesen Am Bassin 5 und dem Eckhaus Brandenburger Straße 38. Es umfaßt zum Bassin wiederum fünf Achsen. Der Schuhmachermeister Schneider beantragt 1883 den Abbruch eines Hintergebäudes, wie aus der Hausakte ersichtlich wird. (AfDP, Bl. 1, 13.8.1883) Die Baupolizei lehnt 1886 ein Gesuch ab, wonach ein Balkon an der Vorderfront eingebaut werden soll, da es den städtebaulichen Charakter des Holländischen Viertels beeinträchtigen würde.

(AfDP, Bl. 19, 7.1886) 1892 erfolgt der Anschluß an die Kanalisation. (AfDP, Bl. 20, 8.1892) Im Jahr 1898 wird überraschenderweise der Antrag von Schneider um Anbringung zweier Balkone im ersten und zweiten Obergeschoß genehmigt. (AfDP, Bl. 25, 30.7.1898) Eine Genehmigung für den Abriß eines massiven Schuppens wird 1966 erteilt. (AfDP, Bl. 43, 21.4.1966) Im Verzeichnis der Kriegsschäden 1946 (S. 2) wird das Haus in die Kategorie 1, erhalten bzw. gering beschädigt, eingeordnet.

Kat. Nr.: 43　　　　　　　　　Abb.: 147
Ort: Potsdam
Objekt: Am Bassin 7

Straßenname um 1809: Am Bassin 7
Straßenname bis 1945: Am Bassin 7
Straßenname nach 1945: Am Bassin 7
Straßenname ab 1992: Am Bassin 7
Erbaut: 1776
Grundbuchnummer: 898
Bezirk: VIII
Entwurf: Carl von Gontard
Manger: Bd. II, S. 416, 1776, Nr. VII-IX, ohne Nennung des Baumeisters: »Drey in

149 Am Bassin 10 in Potsdam (Kat. Nr. 46, 55, Aufnahme 1999)

eben der Gegend am Bassin, der Stadtmauer gegen über, nämlich: die Dielitz, Brand= und Hintzischen Häuser, wurden wiederum drey Geschoß hoch mit Giebeln auf holländische Art erbauet, und hatten eine Länge von einhundert und vierzehn Fuß bey der gewöhnlichen Tiefe. Es ist bey denselben weiter nichts zu bemerken, als daß die Bildhauergesellschaft die daran gekommen vier Festons von Sandstein verfertigten. Alles andere waren Stuckarbeiten.«
Ebd., Bd. III, S. 635-636
Nicolai: S. 1186.

Archivalien:
Amt für Denkmalpflege Potsdam, Acta specialia betreffend: Bau-Sachen, Bassin No. 7, Laufzeit der Akte: 7. März 1893 bis 17. Februar 1950.
Stadtarchiv Potsdam, Kania-Kartei, 5/Bl. 13.

Bemerkung
Zu den Gestaltungsprinzipien der Bauten in holländischer Manier vgl. Textteil.
Das Gebäude Am Bassin 7 schließt an das Eckgrundstück Brandenburgerstraße 37 an und umfaßt wiederum 5 Achsen. In der Hausakte finden sich nur wenige Informationen. 1893 wurde es, wie die meisten der Häuser, an die Kanalisation angeschlossen. Der Auftraggeber war A. Zimmermann. (AfDP, Bl. 1, 7.3.1893) Auch dieses Gebäude wird im Verzeichnis der Kriegsschäden 1946 (S. 2) der Kategorie 1, erhalten bzw. gering beschädigt, zugewiesen.

Kat. Nr.: 44 Abb.:147, 149
Ort: Potsdam
Objekt: Am Bassin 8

Straßenname um 1809: Am Bassin 8
Straßenname bis 1945: Am Bassin 8
Straßenname nach 1945: Am Bassin 8
Straßenname ab 1992: Am Bassin 8
Erbaut: 1776
Grundbuchnummer: 897
Bezirk: VIII
Entwurf: Carl von Gontard
Manger: Bd. II, S. 416, 1776, Nr. VII-IX, ohne Nennung des Baumeisters (Nr. VII, Dielitz), vgl. Am Bassin 7; ebd., Bd. III, S. 635-636.
Nicolai: S. 1186.

Archivalien:
Amt für Denkmalpflege Potsdam, Acta specialia betreffend: Bau-Sachen, Bassin No. 9, Laufzeit der Akte: 2. Januar 1893 bis 26. September 1938.
Stadtarchiv Potsdam, Kania-Kartei, 5/Bl. 14.

Bemerkung
Zu den Gestaltungsprinzipien der Bauten in holländischer Manier vgl. Textteil.
Der Hausakte lassen sich nur wenige Informationen entnehmen. Es handelt sich, wie bei den anderen Gebäuden Am Bassin, um ein fünfachsiges Haus. 1893 ist der Anschluß an die Kanalisation beantragt worden. (AfDP, Bl. 1, 2.1.1893) Ein Schaufenstereinbruch wird auf Veranlassung von Dr. Paulat 1929 durchgeführt. (AfDP, Bl. 16, 14.1.1929) Wie die anderen Häuser am Bassin, wurde das Haus im Verzeichnis der Kriegsschäden 1946 (S. 2) in die Kategorie 1, erhalten bzw. gering beschädigt, eingeordnet.

150 Am Bassin 12 und Nachbarhäuser in Potsdam (Kat. Nr. 48, Aufnahme 1999)

Kat. Nr.: 45 Abb.: 149
Ort: Potsdam
Objekt: Am Bassin 9

Straßenname um 1809: Am Bassin 9
Straßenname bis 1945: Am Bassin 9
Straßenname nach 1945: Am Bassin 9
Straßenname ab 1992: Am Bassin 9
Erbaut: 1773
Grundbuchnummer: 896
Bezirk: VIII
Entwurf: Carl von Gontard
Manger: Bd. II, S. 390, 1773, Nr. X-XII, ohne Nennung des Baumeisters: »Dreye auf der andern Seite des Bassins ganz im holländischen Geschmack, nemlich alles Mauerwerk von den besten Rathenauer Mauersteinen in Kreuzverband, welche ihre natürliche Rothe Farbe behielten, die Fugen zwischen denselben weis ausgestrichen. Plinthen und Gesimse wurden von Sandstein gemacht, und solche so wie die getünchten Fenstergewände gelblich abgefärbt. Ausser drey Geschossen Höhe kam in die Mitte eines jeden noch ein hoher geschweifter Erker, dessen Schnörkel an den Seiten, und das gebogene Gesims auch von Sandstein wurden. Die Besitzer waren Rück, Lampenhof und Hohlfeld. Bey gewöhnlicher Tiefe hatten sie eine Länge von einhundert und zwanzig Fuß. Von den Dekorateurs wurden acht sandsteinerne Festons angebracht.«
Ebd., Bd. III, S. 635-636
Nicolai: S. 1186.

Archivalien:
Amt für Denkmalpflege Potsdam, Acta specialia betreffend: Bau-Sachen, Bassin No. 9, Laufzeit der Akte: 18. Januar 1893 bis 12. Juni 1951.
Amt für Denkmalpflege Potsdam, Plansammlung Friedrich Mielke, Am Bassin 9 (Ktnr. 111), Aufmaß Fensterfasche, Gesims, gez. D. Poßuweit, Oktober 1955, Format 56 x 70 cm, M 1:1, Feder auf Transparent.
Stadtarchiv Potsdam, Kania-Kartei, 5/Bl. 15.

Bemerkung
Zu den Gestaltungsprinzipien der Bauten in holländischer Manier vgl. Textteil.
Auf Antrag des Eigentümers Sternsdorff erfolgt 1893 Anschluß an Kanalisation (AfDP, Bl. 1, 18.1.1893) Ein Hintergebäude aus Fachwerk wird auf Veranlassung des Gürtlermeisters Franz Kablitzky 1911 abgerissen. (AfDP, Bl. 15, 8.6.1911) Im Juli des gleichen Jahres wird ein Entwurf für ein neues Werkstattgebäude eingereicht. (AfDP, Bl. 24, 8.7.1911) Auch dieses Anwesen wird im Verzeichnis der Kriegsschäden 1946 (S. 2) als erhalten bzw. gering beschädigt beschrieben. 1995 wurde mit der Sanierung des Hauses begonnen. (Besichtigung des Gebäudes Am Bassin 9, 22.11.1995, zusammen mit dem Baustellenleiter Herr Goltze.) Das Gebäude wird im Auftrag eines Immobilienmaklers renoviert. Geplant ist, daß in dem Haus sowohl Wohnungen als auch eine Rechtsanwaltskanzlei sowie das Bauamt der Stadt Potsdam untergebracht werden sollen. Das Gebäude ist in Fachwerk (Trennwände) und Massivmauerwerk (Fassade) erbaut. Es wurde über einer Pfahlgründung errichtet, wie dies für den Großteil der Bebäude am Bassin zutrifft. Die gemauerten Gewölbekappen des Kellers sind teilweise stark beschädigt. Aufgrund der schlechten Substanzerhaltung, z.B. ist der Schornstein eingestürzt, mußten Böden bzw. Decken der Obergeschosse sowie das Dach entfernt werden. Dennoch soll so viel alte Substanz wie möglich erhalten werden, wie z.B. Treppenanlage, Türen und Türrahmen, Fenster sowie der Fußboden des Erdgeschosses und Teile der Kaminanlagen. Bei der Aufmauerung neuer Wände wurde die alte Raumaufteilung beibehalten. Das Gebäude wird in der Mittelachse durch einen Flur mit Zugang zum Hofgelände erschlossen, von dem rechts und links je zwei Räume liegen. Im hinteren Gebäudebereich wurden die

151 Am Bassin 12 in Potsdam, Eckgebäude zur Charlottenstraße 62 (Kat. Nr. 48, Aufnahme 1999)

Räume z.T. durch Zwischenwände unterteilt. Die Treppe befindet sich im hinteren rechten Gebäudeteil und besitzt ein einfaches Geländer mit Brettbalustern. Lediglich in den Erdgeschoßräumen befanden sich einfache Stuckdecken, während in den übrigen Räumen Voutendecken vorhanden waren. Das Dach muß völlig neu aufgezimmert werden, wobei zu beiden Seiten des Giebels je zwei Dachgauben eingesetzt werden.

Kat. Nr.: 46   Abb.:149
Ort: Potsdam
Objekt: Am Bassin 10

Straßenname um 1809: Am Bassin 10
Straßenname bis 1945: Am Bassin 10
Straßenname nach 1945: Am Bassin 10
Straßenname ab 1992: Am Bassin 10
Erbaut: 1773
Grundbuchnummer: 895

Bezirk: VIII
Entwurf: Carl von Gontard
Manger: Bd. II, S. 390, 1773, Nr. X-XII, ohne Nennung des Baumeisters. Vgl. Am Bassin 9, Nr. XI, Lampenhof; ebd., Bd. III, S. 635-636
Nicolai: S. 1186.

Archivalien:
Amt für Denkmalpflege Potsdam, Acta spe-

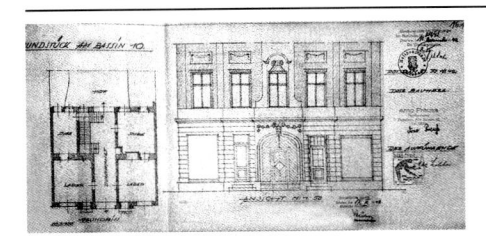

152 Am Bassin 10 in Potsdam (Kat. Nr. 46)

cialia betreffend: Bau-Sachen, Am Bassin No. 10, Laufzeit der Akte: 29. Mai 1883 bis 20. Dezember 1943.
Amt für Denkmalpflege Potsdam, Plansammlung Friedrich Mielke, Am Bassin 10 (KtNr. 371), Treppenhaus, gez. Strenge, gepr. Mielke, September 1954, Format 89 x 62 cm, M 1:20, Feder auf Transparent; Am Bassin 10 (KtNr. 628), Treppengeländer, Detail, gez. D. Strenge, gepr. Mielke, September 1954, Format 76 x 114 cm, M 1:1, Feder auf Transparent.
Stadtarchiv Potsdam, Kania-Kartei, 5/Bl. 16.

Bemerkung
Zu den Gestaltungsprinzipien der Bauten in holländischer Manier vgl. Textteil.
Es handelt sich wiederum um eine fünfachsige Fassade. Aus der Hausakte geht hervor, daß Schlachtermeister Carl Stünz 1892 die Genehmigung für die Einrichtung eines Schlachthauses im Rückgebäude des Anwesens Am Bassin 10 erhält. (AfDP, Bl. 1, 29.3.1883) Im September 1893 plant Stünz eine Durchfahrt durch die Mittelachse des Gebäudes im ehemaligen Flurbereich, wozu die Entfernung der Treppe notwendig war, was auch genehmigt wurde. (AfDP, Bl. 15, 2.9.1883) Ein Jahr später erfolgt der Anschluß an die Kanalisation. (AfDP, Bl. 30/31, 27.6.1894) Zugleich stellt Stünz den Antrag auf Einbringung eines Einganges in die 2. Achse von links und eines Schaufensters in die 1. Achse von links. (AfDP, Bl. 34, 19.6. 1894) 1942 wird eine Zeichnung hinsichtlich der Einbringung einer Türe in die 2. Achse von rechts sowie der Schließung der Durchfahrt eingereicht. (AfDP, Bl. 161, 30.10. 1942) Auch dieses Gebäude erhielt im Verzeichnis der Kriegsschäden 1946 (S. 2) die Einstufung in die Kategorie 1: erhalten, bzw. gering beschädigt.

Kat. Nr.: 47   Abb.:149
Ort: Potsdam
Objekt: Am Bassin 11

Straßenname um 1809: Am Bassin 11
Straßenname bis 1945: Am Bassin 11
Straßenname nach 1945: Am Bassin 11
Straßenname ab 1992: Am Bassin 11

Erbaut: 1773
Grundbuchnummer: 894
Bezirk: VIII
Entwurf: Carl von Gontard
Manger: Bd. II, S. 390, 1773, Nr. X-XII, ohne Nennung des Baumeisters. Vgl. Am Bassin 9, Nr. XII, Hohlfeld; ebd., Bd. III, 635-636
Nicolai: S. 1186.

Archivalien:
Amt für Denkmalpflege Potsdam, Acta specialia betreffend: Bau-Sachen, Am Bassin No. 11, Laufzeit der Akte: 17. Juli 1856 bis 23. März 1950.
Amt für Denkmalpflege Potsdam, Plansammlung Baugewerkschule Berlin, Am Bassin 11, Bl. 80, M = ?, Fassadenaufriß, Profil; Am Bassin 11, Bl. 81, M = ?, gez. Walter Ewalde, Fassadendetails (Volutenbereich des Giebels, Fenster, Tür).
Amt für Denkmalpflege Potsdam, Plansammlung Friedrich Mielke, Am Bassin 11, Treppengeländer, Details, gez. H. Hübner, gepr. Mielke, September 1954, Format 52 x 104 cm, M 1:1, Feder auf Transparent; Am Bassin 11 (KtNr. 743), Treppenhaus, gez. H. Hübner, gepr. Mielke, September 1954, Format 71 x 62 cm, M 1:20, Feder auf Transparent.

Bemerkung
Zu den Gestaltungsprinzipien der Bauten in holländischer Manier vgl. Textteil.
1856 läßt der Tapezierermeister Hamel zwei Dachfenster nach holländischer Art einbauen, wie in der Hauskate vermerkt ist. (AfDP, Bl. 1/1a, 17.7.1856) Eine Zeichnung wegen der Einrichtung eines Ladens im Hause des Tischlermeisters J. Gärtner wird 1887 eingereicht. Eine Tür soll in die 1. Achse von links eingebrochen werden, außerdem soll das Fensters in der 2. Achse von links zu einem Schaufenster umgebaut werden. (AfDP, Bl. 21, 30.9.1887) 1890 läßt Gärtner in die 1. Achse von rechts, anstelle eines Schaufensters, eine Türe einsetzen. (AfDP, Bl. 29/30, 5.3.1890) Wie bei den anderen Bauten erfolgt 1893 der Anschluß an die Kanalisation. (AfDP, Bl. 48, 13.1.1893) Im Verzeichnis der Kriegsschäden 1946 (S. 2) wird das Haus der Kategorie 1, erhalten bzw. gering beschädigt, zugeordnet.

Kat. Nr.: 48   Abb.: 151
Ort: Potsdam
Objekt: Am Bassin 12, Eckgebäude zur Charlottenstraße 62

Straßenname um 1809: Am Bassin 12
Straßenname bis 1945: Am Bassin 12
Straßenname nach 1945: Am Bassin 12
Straßenname ab 1992: Am Bassin 12

Erbaut: 1775
Grundbuchnummer: 893
Bezirk: VIII
Entwurf: Carl von Gontard
Manger: Bd. II, S. 403, 1775, Nr. I-II, ohne Nennung des Baumeisters: »Zweye wurden auf schon mehrgedachte Art holländisch erbauet. Ihre Besitzer waren Bekker und Beskow. Beyder Länge betrug ein und neunzig und einen halben Fuß, die Tiefe sechs und dreißig Fuß, und die Höhe drey Geschoß, ohne die Giebelerker.«
Ebd., Bd. III, S. 635-636
Nicolai: S. 1186.

Archivalien:
Amt für Denkmalpflege Potsdam, Acta specialia betreffend: Bau-Sachen, Am Bassin No. 12, Laufzeit der Akte: 13. Februar 1894 bis 11. Dezember 1951.
Stadtarchiv Potsdam, Kania-Kartei, 5/Bl. 18.

Bemerkung
Zu den Gestaltungsprinzipien der Bauten in holländischer Manier vgl. Textteil. 1894 stellt Kaufmann Sporrmann den Antrag auf Anschluß des Gebäudes an die Kanalisation. (AfDP, Bl. 1, 13.1.1894) Gleichfalls veranlaßt Sporrmann in der achtachsigen Fassade die Einbringung eines Kellerzugangs in die 2. Achse von links. Eine Tür in der 2. Achse von rechts soll in ein Fenster verwandelt werden. Außerdem ist eine große Einfahrt in 1. Achse von rechts geplant. (AfDP, Bl. 7, 19.2.1894)

Kat. Nr.: 49   Abb.: 66-69
Ort: Potsdam
Objekt: Am Kanal 30, sogenannte »Patrontasche«

Straßenname um 1809: Am Canal 30
Straßenname bis 1945: Am Kanal 30
Straßenname nach 1945: Am Kanal 30
Straßenname ab 1992: Yorckstraße 18/20
Erbaut: 1776, Entwurf bereits 1770
Grundbuchnummer: 256
Bezirk: III
Entwurf: Carl von Gontard
Manger: Bd. II, S. 414-416, 1776, Nr. III (vgl. Textteil); ebd., Bd. III, S. 635-636.
Nicolai: S. 1152: »Hierauf folgt das Brockesche Haus (14), eines der schönsten Gebäude in Potsdam, von 184 Fuß Länge. Es ist 1776 nach des Hauptmanns v. Gontard Angabe durch Baukonduktör Titel gezeichnet und in vortrefflichem Geschmacke gebauet. Die beiden obern Geschosse haben Pilaster und das Risalit in der Mitte vier freistehende römische Säulen.«
Ebd., S. 266: »Dieses Haus wird im gemeinen Leben die Patrontasche genannt, weil das vorige alte Gebäude wenig Tiefe und daher nur ein halbes Dach hatte, welches

sehr tief auf das nur ein Geschoß hohe Gebäude herunterging und einer Patrontasche etwas ähnlich sah.«

Vorbilder:
Nancy, Place Royale, Hôtel de Ville, E. Héré de Corny 1752
Reims, Hôtel des Fermes, Entwurf Pouilly, Weiterführung Rogier (vgl. Mielke, Bürgerhaus, Bd. I, S. 311/312)
Claude Perrault, Louvre-Ostfassade (1664-1674)
Johann Baptist Broebes, Entwurf für den Marstall zu Berlin, um 1702
Ange-Jacques Gabriel, Eckbebauung der Place Louis XV in Paris, begonnen um 1755.

Archivalien:
GStA PK, I. HA, Rep. 36, Hofverwaltung, Nr. 3087, Special Rechnung der Geld Ausgaben für Besichtigung und Reparatur der schadhaften Vasen und Figuren auf publiquen und Privat-Gebäuden pro 1790.
GStA PK, I. HA, Rep. 96 B, Extracte, Nr. 140, Bl. 145, Schreiben 11.9.1772; Nr. 141, Bl. 348, Schreiben 18.5.1773; Nr. 142, Bl. 128, Schreiben 28.9.1773.
Amt für Denkmalpflege Potsdam, Acta specialia betreffend: Bau-Sachen, Am Canal 29-32, Laufzeit der Akte: 30. Mai 1884 bis 8. Juni 1945.
Stadtarchiv Potsdam, Kania-Kartei, 1/Bl. 33.
Andreas Ludwig Krüger: Abbildungen der schönsten Gegenden und Gebäude sowohl in als ausserhalb der königlichen Residenz=Stadt Potsdam (Abbildungen und Textteil), »Vorstellung der Nord-Seite am Canal, und insbesondere des Brockschen Hauses«, Radierung, 25,8 x 43,4 cm, Bez.: A. L. Krüger fec. 1779, Stiftung Preußische Schlösser und Gärten Berlin-Brandenburg (Plankammer Potsdam), Mappe 108 (Vorzeichnung von Krüger in der Plankammer).

Bemerkung
Die »Patrontasche« bildet einen langgestreckten dreigeschossigen Bau über 19 Achsen mit dreiachsigen flachen Risalitausbildungen in der Mitte und an den Seiten. Das Erdgeschoß wird durch eine gebänderte Arkadenstruktur bestimmt, wobei die Kanten des Mittelrisalits rustiziert sind. Tür- und Fensteröffnungen sind rundbogig gestaltet, und letztere schneiden mit einer gekehlten Laibung in die Bänderung. Eine ungewöhnliche Motivkombination von Festons und voluten artigen Agraffen zeichnet das Erdgeschoß im Risalit aus. Die Agraffen enden triglyphenartig und sind mit Masken versehen, die die Enden der Festons in den Mund nehmen. Ein Gurtgesims trennt das Erdgeschoß von den beiden oberen Etagen, die mit kolossalen kompositen Säulen im Risalit und Pilastern an den Seiten zu-

sammengefaßt werden. Im Mittelrisalit wird eine Loggia ausgebildet, die antenartig mit einem Dreiecksgiebel über vier freistehenden komposi ten Säulen präsentiert wird. Die Ecksäulen werden von Pilastern flankiert, die sich am Risalitrücksprung verkröpfen. Blendbaluster verzieren die Fensterbrüstungen der Risalite. Es erfolgt eine horizontale Trennung der Obergeschosse durch ein Sohlgesims. In der Bel étage werden durchgängig Rechteckfenster eingesetzt. Die Mittelfenster der seitlichen Risalite sowie die drei des Mittelrisalits werden mit schmalen Pilastern ausgezeichnet, die ein Bogenfeld tragen. Dieses ist mit einer großen Muschel dekoriert, was für Gontard ein sehr ungewöhnliches Motiv ist. Hier läßt sich eine Beziehung zu Gabriels Konzeption der Eckrisalite der Baublöcke am Place Louis XV. in Paris ab 1755 herstellen, die wiederum eine Perrault-Rezeption darstellen. Bei Gabriel tauchen in den äußeren Achsen rundbogige Figurennischen auf, deren Kalotte ebenfalls durch eine große Muschel gefüllt wird.756 Der Schmuck wird hier durch eine Scheitelagraffe und Festons erweitert. Eingetiefte Schmuckfelder über den seitlichen Fenstern sind nur in den Eckrisaliten mit plastischem Dekor ausgestaltet. Im zweiten Obergeschoß sind einfache schmucklose Rechteckfenster eingesetzt, die nur in den Risaliten kleine Agraffen und Gehänge erhalten. Über dem Gebälk erstreckt sich eine Balustrade, die ursprünglich über den Eckrisaliten mit Vasen und im Mittelrisalit mit Kindergruppen von Wohler besetzt war. Die Dekoration ging leider verloren. Nach Krügers Stich erstreckte sich ein Zahnschnitt entlang des gesamten Traufgesimses sowie am Fronton. Spätere Ansichten lassen den Zahnschnitt auf die Risalitbereiche begrenzt erscheinen.

Kat. Nr.: 50   Abb.: vgl. Lindenstraße 44, 44a, Abb. 153, 154

Ort: Potsdam
Objekt: Bäckerstraße 6, Eckgebäude Lindenstraße 44, 44a

Straßenname um 1809: Bäckerstraße 6
Straßenname bis 1945: Bäckerstraße 6
Straßenname nach 1945: Bäckerstraße 6
Straßenname ab 1992: Bäckerstraße 6
Erbaut: 1770
Grundbuchnummer: 529
Bezirk: IV
Entwurf: Carl von Gontard
Manger: Bd. II, S. 351, 1770, Nr. XVII-XIX: »Drei Häuser von der Ecke gegen die neue Hauptwache zu, bis an die im Jahre 1765 erbauten vier Häuser für drey Bayreuther Werkmeister und dem Hofgärtner Heydert, erhielten wiederum drey Stockwerk Höhe.

Das Eckhaus gehörte einem Destillateur Cramer, und hatte gegen die Hauptwache sechzig und dreyviertheil Fuß Länge. Die andern beyden neun und siebenzig einviertheil Fuß lang, kamen auf den, von den 1764 abgerissenen Kasernen noch ledigen Platz, zu stehen, und solche erhielten die Bildhauer Ränz aus Bayreuth zum Geschenk.«
Ebd., Bd. III, 635-636
Nicolai: S. 1179.

Archivalien:
Amt für Denkmalpflege Potsdam, Acta specialia betreffend: Bau-Sachen, Bäckerstraße 6 (I), Laufzeit der Akte: 20. September 1928 bis Juni 1938.
Amt für Denkmalpflege Potsdam, Acta specialia betreffend: Bau-Sachen, Lindenstraße 44 (II), Laufzeit der Akte: 14. Mai 1890 bis 8. September 1951.
Amt für Denkmalpflege Potsdam, Plansammlung Friedrich Mielke, Lindenstraße 44 II (KtNr. 67), Aufmaß Treppengeländer, gez. Mielke, Juli 1954, Format 48 x 110 cm, M 1:1, Feder auf Transparent; Lindenstraße 44 (KtNr. 739), EG Bauplan 193-, gez. Marianne -, gepr. Mielke, undatiert, Format 73 x 57 cm, M 1:50, Feder auf Transparent; Lindenstraße 44 (KtNr. 847), Treppengelände, gez. Mielke, undatiert, Format 64 x 92 cm, M 1:20, M 1:1.
Amt für Denkmalpflege, Plansammlung Baugewerkschule Berlin, Bäckerstraße 6, Bl. 125, WS 1922/23, gez. Hans Dittmar, M = ?, Aufriß der Gesamtfassade; Bl. 126, WS 1922/23, gez. Walter Bräuner, M 1:20, Teilansicht des Eckbereiches Bäcker- und Lindenstraße, Gesimsprofil; Bl. 127, WS 1922/1923, gez. Erich Völker, M 1:10, Ansicht einer Tür (vermutlich um 1900).
Stadtarchiv Potsdam, Kania-Kartei 3/Bl. 8; 7/Bl. 22.

Bemerkung
Das Eckgebäude Bäckerstraße 6 und die Häuser Lindenstraße 44a und 44 umfassen drei Geschosse und haben eine einheitliche Fassadengliederung erhalten. Zur Bäckerstraße besitzt es sieben und zur Lindenstraße insgesamt dreizehn Achsen. An den Gebäudekanten und im Erdgeschoß ist der Putz gebändert. In den äußeren Ecken der Fassade zur Bäckerseite waren ursprünglich korbbogige Portale eingebracht, in die wohl später Rechtecktüren eingesetzt wurden. Der linke Eingang ist heute geschlossen. Über den Portalen sind Masken mit Festons angebracht. Die einfachen Rechteckfenster sind in Rechtecknischen eingebracht. Darüber befinden sich Dekorfelder mit Festons. In der Bäckerstraße waren diese Felder um die Jahrhundertwende entfernt und sind nun rekonstruiert worden. Zur Lindenstraße sind die mittleren drei

Katalog

*links und unten:
153 und 154. Potsdam, Bäckerstraße 6/Ecke Lindenstraße 44 (Kat. Nr. 50, Aufnahme 1995, 1999)*

Achsen leicht hervorgezogen. Eingänge befinden sich (v.l.n.r.) in der 7. (korbbogig) und 13. Achse (rechteckig mit Maske). Ein Gurtgesims trennt das Erd- von den Obergeschossen. Im ersten Obergeschoß sind Rechteckfenster mit Dreiecks- und Segmentbogigen Giebeln im Wechsel eingesetzt und mit dekorierten Schlußsteinen ausgestattet. Auf einem durchgehenden Sohlgesims sitzen die Fenster des zweiten Obergeschosses auf. Sie sind ebenfalls rechteckig und mit verzierten Schlußsteinen versehen. Das Traufgesims verkröpft sich über den Fenstern leicht.

Ein Foto um die Jahrhundertwende in der Hausakte zeigt im Gebäude die Eckkneipe »Zum Heidelberger Faß«. (AfDP, I, Bl. 1a, o.D.) Ein Änderungsantrag von acht EG-Fenstern in der Bäckerstraße wird 1926 von der städtischen Baupolizei nicht genehmigt, da hierdurch ein zu großer Eingriff in die Architektur und den harmonischen Gesamteindruck entstehen würde. (Berufung auf Vorschrift in Paragraph 3 der Ortssatzung zur Verhütung der Verunstaltung des Stadtbildes Potsdams vom 23. März 1920 und Paragraph 24 der B.P.V. vom 22. März 1926; AfDP, I, Bl. 4, 12.6. 1931) 1890 beantragte Max Winkler die Erhöhung des Hintergebäudes zur Lindenstraße. (AfDP, II,

Bl. 3, 4.6.1890) Ernst Strauß (Eigentümer Lindenstraße 44/ Bäckerstraße 6) beabsichtigte 1931 die schadhaften Fenster der Galerie im Erdgeschoß zu entfernen und durch neue ersetzen zu lassen, die vom Abbruch des städtischen Krankenhauses stammten, was aber nicht genehmigt wurde. (AfDP, II, Bl. 41, 11.5.1931, Bl. 43) 1933 sah Strauß umfangreiche Baumaßnahmen vor. Der Zugang zu den Wohnungen in der Bäckerstraße sollte in die Lindenstaße verlegt werden. Außerdem sollte das ehemalige Treppenhaus der Bäckerstraße zu einem Gastzimmer umgebaut sowie verschiedene Türdurchbrüche im 1./2. OG und der Einbau von Toiletten vorgenommen werden. (AfDP, II,Bl. 58, 12.6.1933) Das Haus wurde im 2. Weltkrieg kaum beschädigt und im Verzeichnis der Kriegsschäden 1946 (S. 5/19) in die Kategorie 1, erhalten bzw. gering beschädigt, eingestuft. 1951 wurde die Decke im Treppenhaus Lindenstraße 44a als äußerst schadhaft beschrieben, Teile seien bereits herabgestürzt. (AfDP, II, o.P., 2.7.1951)

Brauerstraße, Blücherplatz und Berliner Straße

Diese drei Straßen führten vom Alten Markt und dem Potsdamer Stadtschloß zum Berliner Tor und stellten eine wichtige Verkehrsachse nach Berlin dar. Aus diesem Grunde wurden hier, vor allem ab dem Ende der 1760er Jahre, eine ganze Reihe von Prospektbauten nach Plänen Gontards errichtet, die den Straßenzug aufwerten sollten.

Kat. Nr.: 51   Abb.: 60, 62
Ort: Potsdam
Objekt: Berliner Straße 4/5

Straßenname um 1809: Berliner Straße 4
Straßenname bis 1945: Berliner Straße 4/5
Straßenname nach 1945: Stalinallee 162/163
Stadtarchiv, Hausakte: Stalinallee 163/164
Straßenname ab 1992: Berliner Straße
Erbaut: 1772
Zerstörung: 1957 abgerissen
Grundbuchnummer: 163 (Berliner Str. 4), 164 (Berliner Str. 5)
Bezirk: I
Entwurf: Carl von Gontard
Manger: Bd. II, S. 382, 1772, Nr. IV/V, ohne Nennung des Baumeisters (vgl. Textteil); ebd., Bd. III, S. 635-636
Nicolai: S. 1153: »das ehemalige Weißbachische jetzt Punschelsche Haus an der Ecke der Schusterstraße (Nr. 14), und das Punschelche Haus zwischen dem Bullenwinkel und dem Kanal, von 3 Geschossen. Ersteres ist nach Gontards Angabe in ionischer, und letzteres in dorischer Ordnung gebauet, und hat eine sehr schöne Stirnwand, auf welcher oben Vasen stehen.«

Archivalien:
GStA PK, I. HA, Rep. 36, Hofverwaltung, Nr. 3071, Rechnungen und Belege der Königl. Baukasse in Potsdam.
GStA PK, I. HA, Rep. 36, Hofverwaltung, Nr. 3209, Special-Bau-Rechnung der Bürger-Häuser pro 1772.
Stadtarchiv Potsdam, Sig.1-9/882, Acta specialia betreffend: Bau-Sachen, Berliner Straße No.4 (Stalinallee 163), Laufzeit der Akte: 8.5.1893 bis 21.10.1943.
Stadtarchiv Potsdam, Sig.1-9/883, Acta specialia betreffend: Bausachen, Berliner Straße No.5 (Stalinallee164), Laufzeit der Akte: 30.8.78 bis 8.10.1941.
Stadtarchiv Potsdam, Kania-Kartei, 5/Bl. 68.

Bemerkung
Beschreibung vgl. Textteil.
Laut Hausakte war im Haus Nr. 5 1778 die Legung von vorschriftsmäßigen Wasserleitungen durchgeführt worden. (StAP, Sig. 1-9/883, Bl. 23, 1878) Eigentümer A. Bils beabsichtigte im Keller seines Hauses Berliner Str. 5, auf der Seite zur Garde-du-Corps-Straße, eine Kellerwohnung einzurichten. (StAP, Sig. 1-9/883, Bl. 10, 10.4. 1872) Dazu sollten die Kellerfenster bis zum Straßenpflaster hinunter vergrößert und eine neue Tür an der Ecke zur Berliner Str. eingerichtet werden. (StAP, Sig. 1-9/883, Bl. 12, o.D.) 1878 wird die Witwe Bils wegen der Entfernung der hofseitigen Holzverkleidung und Galerie (1./2.OG) in der Berliner Str. 5 vorstellig. (StAP, Sig. 1-9/883, Bl. 4, 30.10.1878) Ein Jahr später läßt sie einen Laden einbauen, weshalb der Fußboden in diesem Bereich tiefer gelegt, außerdem ein Schaufenster und Ladentür durchgebrochen sowie eine Freitreppe entfernt wurden. (StAP, Sig. 1-9/883, Bl. 13, 1.8. 1879) Tabakhändler Ebeling beabsichtigt 1882 den Einbau eine Dachstube mit Küche und den Ausbau eines Dachfensters. (StAP, Sig. 1-9/883, Bl. 19, 29.4.1882) Auf Antrag der Witwe A. Pampé wurde bei den ihr gehörigen Häuser Berliner Str. 4 und Am Canal 63 1893 der Anschluß an Kanalisation gelegt. (StAP, Sig. 1-9/882, Bl. 1b, 8.5. 1893) 1904 scheint das Gesims des Hauses sehr schadhaft gewesen zu sein, da Putz- und Gesimsteile im Bereich Nr. 4 herabstürzten. (StAP, Sig. 1-9/882, Bl. 15, 2.7.1904) Der Abbruch einer Wagenremise im Hof Berliner Str. 4 erfolgte 1923. (StAP, Sig. 1-9/882, Bl. 44, Mai 1923) Die Einrichtung einer Wohnung in den Räumen der Gastwirtschaft im Hause Berliner Str. 4, in der linken Haushälfte wurde 1923 durchgeführt. (StAP, Sig. 1-9/882, Bl. 49, 11.9. 1923) Im Verzeichnis der Kriegsschäden 1946 (S. 6) wird das Haus Nr. 4/5 der Kategorie 2, »teilbeschädigt, Wiederaufbau ohne Schwierigkeiten möglich und er-wünscht«, zugewiesen.

Kat. Nr.: 52   Abb.: 61
Ort: Potsdam
Objekt: Berliner Straße 18/19, Ecke Garde-du-Corps-Straße 26

Straßenname um 1809: Berliner Straße 18/19
Straßenname bis 1945: Berliner Straße 18/19
Straßenname nach 1945: Stalinallee 8/9
Straßenname ab 1992: Berliner Straße
Erbaut: 1772
Zerstört: Wohl erst in den späten 1960er oder zu Beginn der 1970er Jahre abgerissen
Grundbuchnummer: 76 (Berliner Straße 18), 75b (Berliner Straße 19)
Bezirk: I
Entwurf: Carl von Gontard
Manger: Bd. II, S. 382, 1772, Nr. I-III, ohne Nennung des Baumeisters (vgl. Textteil); ebd., Bd. III, S. 635-636
Nicolai: S. 1154, vgl. Berliner Str. 4/5.

Archivalien:
GStA PK, I. HA, Rep. 36, Hofverwaltung, Nr. 3087, Special Rechnung der Geld Ausgaben für Besichtigung und Reparatur der schadhaften Vasen und Figuren auf publiquen und Privat-Gebäuden pro 1790.
GStA PK, I. HA, Rep. 36, Hofverwaltung, Nr. 3209, Special-Bau-Rechnung der Bürger-Häuser pro 1772.
Amt für Denkmalpflege Potsdam, Acta specialia betreffend: Bausachen, Berliner Straße 18 (Stalinallee 8), Laufzeit der Akte: 21. März 1866 bis 29. September 1941.
Amt für Denkmalpflege Potsdam, Acta specialia betreffend Bausachen, Berliner Straße No. 19 (Stalinallee 9), Vol. I, Laufzeit der Akte: 7. Februar 1872 bis 14. April 1927; Vol. II, Laufzeit der Akte: 11. Januar 1928 bis 23. Februar 1945.
Amt für Denkmalpflege Potsdam, Plansammlung der Baugewerkschule Berlin, Bl. 24, Berliner Straße 19, Eckansicht (Detail des Gebälks mit Dachansatz und bekrönender Vase) des Mittelbaus (Offizierskasino), SS 1921, M = ?.

Bemerkung
Beschreibung vgl. Textteil.
Für Haus Nr. 18 stellte Bäckermeister Schnitzke 1866 den Antrag, Umbaumaßnahmen im Erdgeschoß für die Einrichtung einer Wohnstube mit Kochgelegenheit durchführen zu dürfen, wie in der Hausakte vermerkt ist. (AfDP, Berliner Str. 18, Bl. 1/2, 21. März 1866) 1876 beabsichtigt er

Katalog

den Ladeneingang von der Berliner Straße in die Garde-du-Corps-Straße zu verlegen. (AfDP, Berliner Str. 18, Bl. 9, 28. Mai 1876) Die Tür wird schließlich in der Gebäudeecke Berliner Straße und Garde-du-Corps-Straße eingebracht. (AfDP, Berliner Str. 18, Bl. 12, 29. Juli 1876) 1892 erfolgte der Anschluß an die Kanalisation. (AfDP, Berliner Str. 18, Bl. 27, 5. Dezember 1892) Im Jahr 1900 möchte der Eigentümer Kniebel den Hauseingang von der Berliner Straße nach der Garde-du-Corps-Straße verlegen, um ein Vorderzimmer zu gewinnen. (AfDP, Berliner Str. 18, Bl. 46, 20. Juni 1900) Wegen der Einrichtung eines Backraums im Keller, soll dieser eine größere Höhe erhalten und einige Kellerfenster vergrößert werden, damit mehr Licht in den Raum fällt. (AfDP, Berliner Str. 18, Bl. 70, 19. April 1924) Kniebels Antrag hinsichtlich einer Vergrößerung der Schaufenster wird abgelehnt, da die architektonisch wertvolle Schauseite bereits durch Schaufenster verunstaltet sei und weitere Beeinträchtigungen nicht gestattet werden könnten. (AfDP, Berliner Str. 18, Bl. 95, 1. April 1927) Nach einem Einspruch Kniebels wird die Genehmigung für die Vergrößerung der Schaufenster erteilt, jedoch muß der Ladeneingang an der Gebäudeecke entfernt werden. (AfDP, Berliner Str. 18, Bl. 97, 4. August 1928) Aus wirtschaftlichen Gründen konnten Umbaupläne bis 1933 nicht ausgeführt werden. (AfDP, Berliner Str. 18, Bl. 112, 7. Dezember 1933)

Im Haus Nr. 19, das 1872 dem Kaufmann Beck gehörte, wird in jenem Jahr ein Ladeneingang ver- und eine Treppe angelegt. (AfDP, Berliner Str. 19/Vol. I, Bl. 1, 7. Februar 1872) Eigentümer G. Studier möchte 1889 im Erdgeschoß einen 3. Treppenaufgang einrichten und deshalb einige nichttragende Wände herausnehmen. Hierfür wird eine Treppe im rückwärtigen linken Gebäudebereich geplant. Ein großer Saal im 1. Obergeschoß soll zu einer Wohnung umgebaut werden. Er erstreckt sich über die ersten drei Achse von links des Risalits und nimmt die gesamte Gebäudetiefe ein. (AfDP, Berliner Str. 19/Vol. I, Bl. 17, 5. März 1889) Ein Plan hierzu zeigt einen ovalen Raum im rückwärtigen Bereich. An der Vorderfront sind die Räume durch eine Enfilade verbunden. Die geplante Wohnung soll zum Risalitbereich links abgeschlossen werden. (AfDP, Berliner Str. 19/Vol. I, Bl. 19, 5. März 1889) Gleichzeitig wird der Einzug einer Zwischendecke geplant. Die Deckenhöhe soll von 5 m auf 4 m reduziert werden. Im rückwärtigen Bereich des 2. Obergeschosses ist kein Vollgeschoß ausgebildet. Auf dieser Seite ist das Dach bis auf die Fußbodenhöhe der Etage heruntergezogen. (AfDP, Berliner Str. 19/Vol. I, Bl. 20, 5. März 1889) Der Anschluß an die Kanalisation erfolgte 1892. (AfDP, Berliner Str. 19/Vol. I, Bl. 49, 13. Oktober 1892) Studier möchte 1894 im Erdgeschoß eine blinde Fensterachse durchbrechen und ein Schaufenster (Risalit, 1. Achse von rechts) einbringen lassen. (AfDP, Berliner Str. 19/Vol. I, Bl. 66, 21. Juni 1894) 1895 werden zwei Kellerzugänge in die 4. und 8. Achse v.l. eingefügt. (AfDP, Berliner Str. 19/Vol. I, Bl. 80, 30. April 1895) 1904 wird ein Antrag auf Einbruch von zwei Schaufenstern abgelehnt, da die architektonisch interessante Barockfassade durch Einbauten zu stark beeinträchtigt würde. (AfDP, Berliner Str. 19/Vol. I, Bl. 121, 15. Januar 1904) Ein Kino soll 1910 im Bereich Nr. 19 eingerichtet werden. (AfDP, Berliner Str. 19/Vol. I, Bl. 215, 15. Juni 1910) 1933 wird der gesamte Gebäudeteil Nr. 19 als äußerst reparaturbedürftig bezeichnet. (AfDP, Berliner Str. 19/Vol. II, Bl. 43, 27. September 1933) Die Baupolizei dringt 1933 auf die Wiederherstellung der Fassade unter Beseitigung aller Schaufenster und zusätzlicher Türen. Eine regelmäßige Fassadenabwicklung, dem Originalzustand entsprechend, wird angestrebt. (AfDP, Berliner Str. 19/Vol. II, Bl. 164, 1933) Im November 1934 werden die Putzarbeiten als weitgehend fertig bezeichnet, nur die Helme in der Sturzmitte stehen noch aus. (AfDP, Berliner Str. 19/Vol. II, Bl. 167, 28. November 1934) Ein Brand auf dem Grundstück Berliner Straße 19 zerstörte 1940 Teile des Dachstuhls, der Bodenkammern und Wirtschaftsgegenstände. (AfDP, Berliner Str. 19/Vol. II, Bl. 180, 9. Januar 1940) 1941 wird das Gebäude, wohl in der rechten Risalithälfte, durch eine Fliegerbombe beschädigt. (AfDP, Berliner Str. 19/Vol. II, Bl. 189, 21. Juli 1941) Im Verzeichnis der Kriegsschäden 1946 (S. 6), wird das Haus in die Kategorie 1, erhalten bzw. gering beschädigt, eingestuft. Das Haus wurde in der Nachkriegszeit abgerissen.

Kat. Nr.: 53   Abb.: 155/156
Ort: Potsdam
Objekt: Blücherplatz 7, Ecke Yorckstraße

Straßenname um 1809: Ziegen-Markt 7
Straßenname bis 1945: Blücherplatz 7
Straßenname nach 1945: Scharrenstraße 1 bzw. Wohngebiet Zentrum Süd
Straßenname ab 1992: Wohngebiet Zentrum Süd
Erbaut: 1769
Zerstört: 1950er Jahre
Grundbuchnummer: 132-136
Bezirk: II
Entwurf: Carl von Gontard
Manger: Bd. II, S. 336, 339, 1769, Nr. XIII: »Zwey Bürgerhäuser, eines an der Ecke der Schusterstraße und dem freyen Platze, den die Berliner= und Burgstraße formiren, (...) Das erste bestand aus drey sehr elenden niedrigen Häusern von Fachwerk, die ganz unreglmäßige Winkel und Einbiegungen gegen einander hatten. Nach v. Gontards Entwurfe erhielt es gegen den Platz zwar auch eine gebogene aber doch symmetrische Seiten, sieben und neunzig Fuß lang, überhaupt zwanzig jonische Pilaster, und gegen die Schusterstraße eine gerade Linie von einhundert vierzig Fuß. Die Höhe ward von drey Stockwerken.«
Ebd., Bd. III, S. 635-636
(Erstbewohner: Dickow; vgl. Fellien 1988, S. 19)
Nicolai: S. 1155.

Archivalien:
Stadtarchiv Potsdam, Sig.1-9/1148, Acta specialia betreffend: Bausachen, Blücherplatz 7 (Scharrenstaße 1), Laufzeit der Akt: 23.9.1857 bis 3.12.1951.
Amt für Denkmalpflege Potsdam, Plansammlung der Baugewerkschule Berlin, Blücherplatz, Ecke Yorckstraße, Bl. 62, Grundriß, M 1:200, Aufriß, M 1:100, WS 1932/33, gez. Franz Schulze.

Bemerkung
Das Eckhaus Blücherplatz 7 umfaßte drei Einzelgebäude. Wegen der Straßenführung konnte die Fassade nicht in eine Flucht gesetzt werden, sondern brach sich mehrmals. Sie wurde um die Straßenecke herum in die Yorckstraße (Schusterstraße) fortgesetzt. Zum Blücherplatz erhielt die dreigeschossige Fassade neun (3:3:3) und zur Yorckstraße elf Achsen nach einem einheitlichen Konzept. Erd- und erstes Obergeschoß wurden durch kolossale ionische Pilaster auf Sockeln zusammengefaßt, wobei am Blücherplatz die mittleren drei Achsen risalitartig betont wurden. Hier wurden wiederum halbe Pilaster eingesetzt. Über den Kapitellen, zwischen denen Tuchgehänge plaziert waren, verlief ein breites Gesims mit Zahnschnitt. Darüber war ein weiteres Geschoß aufgesetzt, das mit einfachen Vorlagen gegliedert wurde. Es wurden durchweg Rechteckfenster eingesetzt. Die geraden Verdachungen des Erdgeschosses und das Sohlgesims des ersten Obergeschosses bildeten eine zweifache horizontale Unterteilung. Zwischen diesen Bändern waren einfache Dekorfelder eingefügt. Im Erdgeschoß waren die Brüstungsfelder um die Jahrhundertwende weitgehend durch Schaufenstereinbauten beseitigt worden. Ein großes rundbogiges Portal befand sich in der Mittelachse zum Blücherplatz. Daneben waren noch weitere Ladeneingänge eingebrochen worden. An der gesamten Fassade war der Putz gebändert.

Der Aufriß erinnert sehr stark an die Gliederung des Palais Künßberg in Bayreuth (um 1761, Kat. Nr. 21), bei dem ebenfalls die unteren Etagen durch kolossale ionische Pilaster gegliedert werden. Gleichfalls setzt in Bayreuth ein zweites Obergeschoß über einem Gesimsband auf, wobei eine Rhythmisierung durch gedoppelte toskanische Pilaster stattfand. In Potsdam wurde das Aufrißschema noch stärker durchgearbeitet und plastischer akzentuiert, z.B. durch die Strukturierung des Putzes, die kräftigeren Kapitelle oder das deutlich vorkragende Gebälk.

Bereits 1857 werden von der Baupolizei starke Fassadenschäden am Haus Blücherplatz 7 (Eigentümer Geschwister Luise und Wilhelmine Bullrich) bemängelt und in der Hausakte vermerkt. Ornamente an der Fassade, d.h. Gesimsteile und Pilasterkapitelle waren lose und mußten teilweise abgenommen oder abgeschlagen werden. Es handelte sich um Kragsteine aus Gips, die mit Nägeln befestigt waren. Da die Fassade durch die Entfernung der losen Teile stark in Aussehen beeinträchtigt worden wäre, wurde sie neu abgeputzt und die fehlenden Ornamente wiederhergestellt. (StAP, Sig. 1-9/1148, Bl. 1, 23.9.1857) Ein Kellerhals wird 1863 eingebracht. (StAP, Sig. 1-9/1148, Bl. 79, 6.7.1863) 1865 und 1874 werden Achsenveränderungen wegen Ladeneinbauten vorgenommen. (StAP, Sig. 1-9/1148, Bl. 85, 19.5.1865, Bl. 94, 4.3.1874) 1874 wird aus feuerpolizeilichen Gründen eine Holzgalerie auf der Rückseite entfernt. (StAP, Sig. 1-9/1148, Bl. 94, 4.3.1874) 1889 wird die Fassade erneut verputzt und gestrichen. (StAP, Sig. 1-9/1148, Bl. 103, 17.4.1889) Der Anschluß an die Kanalisation erfolgte 1892. (StAP, Sig. 1-9/1148, Bl. 111, 31.10.1892) Ein 1928 beantragter Balkon an der Fassade, wurde aus denkmalpflegerischen Gründen (Paragraph 3 der Ortssatzung zur Verhütunng der Verunstaltung des Stadtbildes von Potsdam vom 23.3.1920) abgelehnt. (StAP, Sig. 1-9/1148, Bl. 183, 22.2.1928) 1945 wurde das Gebäude von einer Sprengbombe getroffen. »Der linksseitige Giebel ist in Höhe des 1. und 2. Obergeschosses stark herausgedrückt, auch fehlt ein Teil des Daches.« (StAP, Sig. 1-9/1148, Bl. 254, 7.6.1945) Im September 1945 wird das Haus als völlige Ruine bezeichnet. (StAP, Sig. 1-9/1148, Bl. 256, 9.5.1945) Allerdings enthält die Akte ein Schreiben von 1951, in dem die Reparatur einer Wohnung im Vorderhaus beantragt wird. (StAP, Sig. 1-9/1148, Bl. 262, 1.101951) Auch im Verzeichnis der Kriegsschäden 1946 (S. 6) wird es in die Kategorie 2, teilbeschädigt, Wiederaufbau ohne Schwierigkeiten möglich und erwünscht, eingestuft. Letzlich fiel das Haus den Straßenbaumaßnahmen der 1950er Jahre zum Opfer.

155. Potsdam, Blücherplatz 7 (Kat. Nr. 53, zerstört, Aufnahme vor 1900)

156. Potsdam, Blücherplatz (v.l.n.r.) 9, 8, 7, Ecke Yorckstraße (Kat. Nr. 53, zerstört, Aufnahme vor 1900)

Kat. Nr.: 54 Abb.: 156
Ort: Potsdam
Objekt: Blücherplatz 9

Straßenname um 1809: Ziegen-Markt 9
Straßenname bis 1945: Blücherplatz 9
Straßenname nach 1945: Scharrenstraße 3, Wohngebiet Zentrum Süd
Straßenname ab 1992: Wohgebiet Zentrum Süd
Erbaut: 1769
Zerstört: 1945
Grundbuchnummer: 130
Bezirk: II
Entwurf: Carl von Gontard
Manger: Bd. II, S. 336/339, 1769, Nr. XIII: »Zwey Bürgerhäuser, eines an der Ecke der Schusterstraße und dem freyen Platze, den die Berliner= und Burgstraße formiren, das andere auf einer Seite mit der Ecke gegen gedachten freyen Platz, auf der andern gegen das Grüngäßgen. (...) (Es, d.V.) hatte gegen den Platz sechs und funfzig Fuß Länge, und die Wiederkehr gegen das Grüngäßgen vierzig und ein Viertheil Fuß. Es ward auch drey Stockwerk hoch nach v. Gontards Entwurf aufgeführt.«
Ebd., Bd. III, S. 635-636
(Erstbewohner: Moys; vgl. Fellien 1988, S. 19)
Nicolai: S. 1155.

Archivalien:
Stadtarchiv Potsdam, Sig.1-9/1153, Acta specialia betreffend: Bau-Sachen, Blücherplatz No. 9 (Scharrenstraße 3), Laufzeit der Akte: 13.8.1890 bis 19.4.1941.
Amt für Denkmalpflege Potsdam, Plansammlung Baugewerkschule Berlin (BgsB), Blücherplatz 9, Bl. 182, Haustür, Aufriß und Profil, gez. G. Dominick, gesehen Klatte, M 1:10; Bl. 183, Haustür mit linkem angrenzenden Fenster, Aufriß und Profil, SS 1922, M 1:20, gez. Kurt Federhardt, gesehen Hollaender; Bl. 184, Teilansicht, Profil EG, 1./2.OG.

Bemerkung
Nach einer Zeichnung des Erdgeschosses in der Hausakte (StAP, Sig. 1-9/1153, Bl. 2, 19.8.1890), besaß das Haus zum Blücherplatz 6 Achsen. Über einem schmalen Sokkelband mit querrechteckigen Kellerfenstern, war der Verputz mit einem Fugenschnitt versehen. In der 2., 4. und 6. Achse waren rundbogige Eingänge eingebracht. Die Fenster waren rechteckig konzipert, aber mit runden Umrahmungen ausgestattet und im Bogenfeld mit Muscheldekor verziert. Aus den Zeichnungen der Baugewerkschule Berlin (AfDP/BgsB, Bl. 184) geht hervor, daß die beiden oberen Geschosse mit kolossalen Wandvorlagen zusammengefaßt waren. Eine spezielle Ordnung ist nicht erkennbar. Horizontal unterteilte ein Gesimsband die beiden Obergeschosse, die mit einfach profilierten Rechteckfenstern ausgestattet waren. Laut dem Verzeichnis der Kriegsschäden 1946 (S. 6) wurde das Haus völlig zerstört.

Kat. Nr.: 55
Ort: Potsdam
Objekt: Brandenburger Straße 37
Straßenname um 1809: Brandenburger Straße 37
Straßenname bis 1945: Brandenburger Straße 37
Straßenname nach 1945: Klement-Gottwald-Straße 37
Straßenname ab 1992: Brandenburger Straße 37
Erbaut: 1776
Grundbuchnummer: 899
Bezirk: VIII
Entwurf: Carl von Gontard
Manger: Bd. II, S. 416, 1776, Nr. VII-IX: »Drey in eben der Gegend am Bassin, der Stadtmauer gegen über, nämlich: die Dielitz, Brandt= und Hintzischen Häuser, wurden wiederum drey Geschoß hoch mit Giebeln auf holländische Art erbauet, und hatten eine Länge von einhundert und vierzehn Fuß bey der gewöhnlichen Tiefe. Es ist bey denselben weiter nichts zu bemerken, als daß die Bildhauergesellschaft die daran gekommenen vier Festons von Sandstein verfertigte. Alles andere waren Stuckarbeiten.«
Ebd., Bd. III, S. 635-636
Nicolai: S. 1180.

Archivalien:
Amt für Denkmalpflege Potsdam, Acta specialia betreffend: Bau-Sachen, Brandenburger Straße No.37, Laufzeit der Akte 28. Juni 1883 bis 10. April 1951.
Amt für Denkmalpflege Potsdam, Plansammlung Friedrich Mielke, Brandenburger Straße 37 (Klement-Gottwald-Straße 37, KtNr. 1), Aufmaß Treppengeländer, gez. Eva Pudicke, gepr. Mielke, 29.11.1954, 60,5 x 85 cm, M ca. 1:1, Feder auf Transparent.
Stadtarchiv Potsdam, Kania-Kartei, 3/Bl. 48.

Bemerkung
Zu den Gestaltungsprinzipien der Bauten in holländischer Manier vgl. Textteil.
Friedrich Schlunke stellte 1883, laut Hausakte, den Antrag für den Anschluß des Hauses an die Kanalisation. (AfDP, Bl. 1, 28. Juni 1883) 1906 läßt Gustav Schulz eine Dachgaube einbauen. (AfDP, Bl. 15, 9. Juni 1906) 1937 befand sich die Gastwirtschaft »Zum Langen Kerl« in dem Gebäude. (AfDP, Bl. 55, 12. Oktober 1937) Wie die übrigen Häuser am Bassin erlitt das Haus nur geringe Kriegsschäden. (Verzeichnis der Kriegsschäden 1946, S. 6, Kategorie 1, erhalten bzw. gering beschädigt.)

Kat. Nr.: 56 Abb.:145
Ort: Potsdam
Objekt: Brandenburger Straße 38

Straßenname um 1809: Brandenburger Straße 38
Straßenname bis 1945: Brandenburger Straße 38
Straßenname nach 1945: Klement-Gottwald-Straße 38
Straßenname ab 1992: Brandenburger Straße 38
Erbaut: 1777
Grundbuchnummer: 915
Bezirk: VII
Entwurf: Carl von Gontard
Manger: Bd. II, S. 424-425, 1777, Nr. V: »Auf der andern Seite des Bassins kam wiederum ein Haus im holländischen Geschmacke an der Ecke der Brandenburger Straße zu stande, welches dem jüdischen Fabrikanten Hirsch David gehörte. Eine Seite desselben hatte funfzig und einen halben Fuß, und die andere ein und vierzig und einen halben Fuß in der Länge. Es erhielt so wie die bisher gebauten holländischen Häuser außer dem Erdgeschosse und drey Geschossen über der Erde noch einen großen Dacherker. Die Tiefe ward die gewöhnliche von sechs und dreyßig Fuß.«
Ebd., Bd. III, S. 635-636
Nicolai: S. 1180.

Archivalien:
Amt für Denkmalpflege Potsdam, Acta specialia betreffend: Bau-Sachen, Brandenburge Straße 38 (Klement-Gottwald-Straße 38), Laufzeit der Akte: 27. September 1886 bis 26. Oktober 1971.
Amt für Denkmalpflege Potsdam, Plansammlung Friedrich Mielke, Brandenburger Straße 38 (Klement-Gottwald-Straße 38, KtNr. 635), Treppenaufmaß, gez. Eva Pudicke, gepr. Mielke, 7.10.1954, Format 75 x 129 cm, M 1:1, M 1:20, Feder auf Transparent.
Stadtarchiv Potsdam, Kania-Kartei, 3/Bl. 49.

Bemerkung
Zu den Gestaltungsprinzipien der Bauten in holländischer Manier vgl. Textteil.
Das Haus besitzt fünf Achsen zum Bassin und sechs Achsen zur Brandenburger Straße. 1894 bescheinigt die Baupolizei in der Hausakte die vorschriftsmäßige Ausführung der Entwässerungsanlage. (AfDP, Bl. 7, 26. Januar 1894) Der Antrag von Friedrich Faust wegen des Einbaus von Schaufenstern sowie eines Balkons wird 1906 genehmigt. (AfDP, Bl. 12, 10. Januar 1906) Auf dem zugehörigen Detailplan zum

Schaufenstereinbau soll die Gebäudeecke. Am Basin/Brandenburger Straße abgeschrägt und als Eingang durchbrochen werden. Ein Balkon aus Metall mit Lorbeerfestons soll eingebaut werden. (AfDP, Bl. 20, 28. Februar 1906) Wie die übrigen Häuser am Bassin, so wird auch dieses im Verzeichnis der Kriegsschäden 1946 (S. 6) in die Kategorie 1, erhalten bzw. gering beschädigt, eingestuft. Die staatliche Bauaufsicht bezeichnet 1971 das Dach als durchlässig und den Deckenputz als stark beschädigt. Die Wohnung mußte vorsorglich gesperrt werden. (AfDP, Bl. 56, 26. Oktober 1971)

Die Burgstraße

Diese Straße zweigt an der Kreuzung Blücherplatz und Berliner Straße in östlicher Richtung ab und verläuft parallel zur Havel. Am Ende der Straße, die auf die Stadtmauer zuführt, befand sich die Heiliggeistkirche. Schon im 17. Jahrhundert sind hier etliche Häuser nachgewiesen. Unter Friedrich II. wurde der Straßenzug besonders ab 1770 überformt. Ein Großteil der Bauten wurde zweigeschossig errichtet und insbesondere Georg Christian Unger zugeordnet. Die 1770 entstandenen Bauten weist Manger pauschal Gontard zu, wobei es sich um sechs Wohnbauten und das Salzmagazin handelte. Sie befanden sich gleich am Beginn der Straße. Im 2. Weltkrieg wurden auch die Bauten der Burgstraße z.T. schwer beschädigt. Nach dem Krieg wurden durch Veränderungen der Straßenführung zahlreiche Bauten abgebrochen. Die Gontardschen Bauten existieren heute nicht mehr.

Kat. Nr.: 57
Ort: Potsdam
Objekt: Burgstraße 2

Straßenname um 1809: Burg-Straße 2
Straßenname bis 1945: Burgstraße 2
Straßenname nach 1945: Burgstraße (Burgstr. 1-31, 34-57 beim Wiederaufbau überbaut bzw. eingezogen, Wohngebiet Zentrum Süd)
Straßenname ab 1992: Burgstraße, Wohngebiet Zentrum Süd
Erbaut: 1770
Zerstört: nach 1953
Grundbuchnummer: 19
Bezirk: I
Entwurf: Carl von Gontard
Manger: Bd. II, 350, 1770, Nr. I-VI: »Sechse in der Burgstraße, und zwar bey dem Heruntergehen nach der heiligen Geistkirche, drey Häuser auf der rechten, und eben so viel auf der linken Seite. Die Namen der Besitzer waren bey der Erbauung: I. Peters, zwey Häuser; 2. Grädicke, 3. Gerloff, 4. Giffheim, 5. Reinicke; die auf der ersten Seite hatten ein hundert zwey und dreyßig Fuß länge, und die auf der andern einhundert zwölf und ein Viertel Fuß. Sie bekamen allesamt sechs und dreyßig Fuß Tiefe und zwey Strockwerk Höhe. Die Nr. I., III., IV. erhielten gemeinschaftliche, die andern aber eigene Aussenseiten.«
Ebd., Bd. III, S. 635-636
Nicolai: S. 1149: »Die Burgstraße bestehet fast duchgängig aus ganz neu erbauten, zwei Geschoß hohen Häusern, wovon die letztern 1777 fertig geworden. Sie geht bis zur Heil. Geistkirche. Das Salzhaus, (rechts in der Mitte der Straße) von drei Geschoß, neu und steinern erbauet. Das Hintergebäude geht bis an die Havel, daß also das Salz aus den Schiffen gleich in das Magazin gebracht werden kann. Der Schlachthof und dicht daneben das Krankenhaus für das erste Bataillon Garde, von K. Friedrich II. neu gebaut, 2 Geschoß hoch. Hieran stößt der Packhof. Links in dieser Straße den beiden letzten Gebäuden gegenüber stehen die Predigerhäuser an der Ecke der Burg- und Kellerstraße, 1780 nach Ungers Zeichnung erbauet. [...]«

Archivalien:
Stadtarchiv Potsdam, Sig.1-9/1205, Acta specialia betreffend: Bau-Sachen, Burgstraße No. 2, Laufzeit der Akte: 2.4.1887 bis 11.9.1944.
Stadtarchiv Potsdam, Sig.1-9/1205/1, Vol. II., Akten betreffend Burgstraße Nr. 2, Laufzeit der Akte: 18.5.1953 bis 16.12.1949.
Stadtarchiv Potsdam, Kania-Kartei, 4/Bl. 3.

Bemerkung
Auf einem Foto sowie auf Grundrissen in der Hausakte ist zu erkennen, daß es sich um ein siebenachsiges Gebäude handelte, das nachträglich aufgestockt wurde. (StAP, Sig. 1-9/1205, Bl. 1a, o.D.) Die mittleren drei Achsen wurden risalitartig leicht nach vorne gezogen und durch erweiterte Achsenabstände von den seitlichen Achsen abgesetzt. In der Mittelachse lag ein korbbogiges Portal. Die Fenster waren rechteckig und im Ergeschoß mit einer kartuschenartigen Verzierung und geschweiften Verdachungen ausgestattet. Im Obergeschoß wurden geohrte Fenster mit geraden Verdachungen plaziert. Kleine Konsolen, zwischen denen Tuchgehänge gespannt waren, stützten die Rahmungen. Da Manger von zweigeschossigen Häusern spricht, muß das dritte Geschoß nachträglich aufgesetzt worden sein. Im hinteren linken Bereich der Durchfahrt lag der Treppenaufgang. (StAP, Sig. 1-9/1205, Bl. 175, 1932) 1887 war das Haus im Besitz von Franz Dietrich, der hier eine Badeanstalt führte. (StAP, Sig. 1-9/1205, Bl. 1, 2.4.1887) Der Anschluß an die Kanalisation erfolgte 1892. (StAP, Sig. 1-9/1205, Bl. 12, 8.11.1892) Das Grundstück reichte insgesamt bis an die Havel und war großräumig überbaut. (StAP, Sig. 1-9/1205, Bl. 13, November 1892) Ein Teil der Badeanstalt (rechtes Seitengebäude) sollte 1922 abgebrochen werden. (StAP, Sig. 1-9/1205, Bl. 109, 2.4.1922) 1932 sollen unter Wegfall der vorhandenen Durchfahrt größere Umbaumaßnahmen vorgenommen werden, wobei die Treppe erneuert und jede Wohnung eine eigene Eingangstür erhalten sollte. (StAP, Sig. 1-9/1205, Bl. 170, 24.11.1932) Im 2. Teil der Hausakte wird das Gebäude 1945 als völlige Ruine bezeichnet. (StAP, Sig. 1-9/1205/1, Bl. 6, 19.5.1945) Auch im Verzeichnis der Kriegsschäden von 1946 (S. 9), wird das Gebäude der Kategorie 2, »teilbeschädigt, Wiederaufbau ohne Schwierigkeiten möglich und erwünscht«, zugewiesen. Weitere Einträge sind aber noch bis 1953 erhalten. (StAP, Sig. 1-9/1205/1, Bl. 4, 22.5.1953)

Kat. Nr.: 58
Ort: Potsdam
Objekt: Burgstraße 3, ehemaliges Salzmagazin

Straßenname um 1809: Burg-Straße 3
Straßenname bis 1945: Burgstraße 3/4
Straßenname nach 1945: Burgstraße (Burgstr. 1-31, 34-57 beim Wiederaufbau überbaut bzw. eingezogen, Wohngebiet Zentrum Süd)
Straßenname ab 1992: Burgstraße, Wohngebiet Zentrum Süd
Erbaut: 1770
Zerstört: 1945
Grundbuchnummer: 1208 (Kania-Kartei: 1219)
Bezirk: I
Entwurf: Carl von Gontard
Manger: Bd. II, S. 349, 1770: »Das königliche Salzmagazin in der Burgstraße hatte zwar fornenher nur eine Breite von sechs und zwanzig und einem halben Fuß, da es aber in diesem Jahre neu und massiv, und bis an die Havel reichend von drey Geschoß hoch neu erbauet wurde; so können die Schiffe nunmehr sogleich hinter demselben ausladen, und es hat einen innern Raum zu zweytausend vierhundert Tonnen oder, 12 Tonnen auf eine Last gerechnet, zu zweyhundert Lasten.«
Ebd., Bd. III, 635-636
Nicolai: S. 1149, vgl. Burgstraße 2.

Archivalien:
Stadtarchiv Potsdam, Sig.1-9/1206, Acta specialia betreffend: Bau-Sachen: Burgstraße No. 3/4, Laufzeit der Akte: 27.1.1856 bis 5.11.1947.
Stadtarchiv Potsdam, Kania-Kartei, 4/Bl. 4.

Katalog

Bemerkung
Dem ehemaligen Salzmagazin in der Burgstraße 3, das ursprünglich wohl nur drei Fensterachsen besaß, wurde 1868 das Wohnhaus Burgstraße 4 angeschlossen, wie aus der Hausakte hervorgeht. Dieses war im Besitz des Malermeisters Scheibe und hatte eine gemeinsame sechsachsige Fassade mit Nr. 5. (StAP, Sig.1-9/1206, Bl. 20, 25.10.1868) Bei dieser Maßnahme wurde auf die Fassade von Nr. 4 das Aufrißschema von Nr. 3 übertragen. Hofmaurermeister Petzholz führte den Umbau durch. Beide Häuser werden zu diesem Zeitpunkt als dreigeschossig angegeben. Die Ansicht der ursprünglichen Fassade von Nr. 3 zeigt ein dreiachsiges Gebäude mit einem rundbogigen Mitteleingang. Das Erdgeschoß zeigt Lagerfugen, die über den Bogen der Tür und der Fenster abknicken. Ein breites Gesimsband trennte das Erdgeschoß ab und bildete das Auflager der Fenster im 1. Obergeschoß. Diese waren rechteckig konzipiert und mit geraden Verdachungen versehen. Im zweiten Obergeschoß waren einfache Rechteckfenster eingesetzt. Bei der ehemaligen Nr. 4, war das Erdgeschoß ebenfalls gefugt, die Fenster jedoch rechteckig und mit darunterliegenden Dekorfeld ausgestattet. Die Haustür wird auf dem Plan in der äußeren linken Achse gezeigt. Auch hier bildete ein Gesimsband das Auflager der Fenster des 1. Obergeschosses. Diese waren rechteckig, oben geohrt und mit löwenartigen Masken dekoriert. Im 2. Obergeschoß befanden sich Rechteckfenster, die unten geohrt waren. Bei den Umbaumaßnahmen wurde das Erdgeschoß völlig umgestaltet. Der Putz erhielt eine Quaderung, die Fenster wurden zu Rechteckfenster umgewandelt, die Dekorfelder entfernt. In den Obergeschossen wurde das Schema von Nr. 3 weitergeführt. Ein neues Gesamttreppenhaus wurde in Haus Nr. 3 angelegt, das ehemalige von Nr. 4 beseitigt. (StAP, Sig.1-9/1206, Bl. 21, 20.10.1868) Die Witwe Scheiwe beantragte 1892 den Anschluß ihres Grundstückes Burgstr. 3/4 an Kanalisation. (StAP, Sig.1-9/1206, Bl. 22, 1.11.1892) 1945 wird das Gebäude 3/4 als völlige Ruine bezeichnet. (StAP, Sig.1-9/1206, Bl. 79/80, 19.5.1945) 1947 werden die Überreste der Fassaden von Nr. 3-5 eingerissen. (StAP, Sig.1-9/1206, Bl. 82, 5.11.1947)

Kat. Nr.: 59
Ort: Potsdam
Objekt: Burgstraße 4/5

Straßenname um 1809: Burg-Straße 4/5
Straßenname bis 1945: Burgstraße 5
Straßenname nach 1945: Burgstraße (Burgstr. 1-31, 34-57 beim Wiederaufbau überbaut bzw. eingezogen, Wohngebiet Zentrum Süd)
Straßenname ab 1992: Burgstraße, Wohngebiet Zentrum Süd
Erbaut: 1770
Zerstört: 1945
Grundbuchnummer: 20 (Burgstraße 4), 21 (Burgstraße 5)
Bezirk: I
Entwurf: Carl von Gontard
Manger: Bd. II, S. 350, 1770, Nr. I-VI, (Nr. III/IV, Gerloff, Griffheim), vgl. Burgstraße 2; ebd., Bd. III, S. 635-636.
Nicolai: S. 1149, vgl. Burgstr.2.

Archivalien:
Stadtarchiv Potsdam, Sig.1-9/1206, Acta specialia betreffend: Bau-Sachen: Burgstraße No. 3/4, Laufzeit der Akte: 27.1.1856 bis 5.11.1947.
Stadtarchiv Potsdam, Kania-Kartei, 4/Bl. 7.
Stadtarchiv Potsdam, Sig.1-9/1207, Acta specialia betreffend Bau-Sachen, Burgstraße No. 5, Laufzeit der Akte: 17.6.1875 bis 21.4.1908.
Stadtarchiv Potsdam, Kania-Kartei, 4/Bl. 7.
Amt für Denkmalpflege, Plansammlung der Baugewerkschule Berlin, Burgstraße 5, Bl. 143, Fassadenaufriß (Ausschnitt), Details des Fensterkreuzers, Schmuckfelder EG, Profile, SS 1928, gez. G. Boyn, M 1:25; Bl. 144, Fassadenaufriß (Ausschnitt, M 1:5), Detail Tuchgehänge EG, Detail des Schmuckfeldes im 1. OG, Profile, Treppe (Einzelbaluster), SS 1928, gez. Wilhelm Ferundt; Bl. 145, Fenster (Details), Beschläge, Tür mit Beschlägen, SS 1928, gez. G. Kliche.
Stadtarchiv Potsdam, Kania-Kartei, 4/Bl. 9.

Bemerkung
Ursprünglich handelte es sich bei diesem Gebäude um die Doppelfassade Burgstraße 4/5. 1868 wurde, wie aus der Hausakte ersichtlich ist, der Teilbereich Nr. 4 an das ehemalige Salzmagazin, Burgstraße 3, angegliedert und die Fassade überarbeitet. Der Eingang des dreiachsigen und dreigeschossigen Teilbereichs Nr. 5 lag 1875 in der äußeren rechten Achse. Da Manger nur von zweigeschossigen Bauten spricht, muß eine Aufstockung stattgefunden haben. (Vgl. Burgstraße 2.) Der Eigentümer F. Lindner (Weißgerber) beabsichtigte 1875 die Einrichtung von Dachstuben im Vorderhaus sowie den Umbau zweier Stubenerker in den Seitenflügeln und den Neubau einer Waschküche. (StAP, Sig.1-9/1207, Bl. 1, 17.6.1875) 1892 beantragt Lindner den Anschluß der Burgstr. 5 an die Kanalisation. (StAP, Sig.1-9/1207, Bl. 7, 12.12.1892) Im Verzeichnis der Kriegsschäden 1946 (S. 8) wird die Burgstraße 4/5 in die Kategorie 3, »schwer beschädigt bzw. in einzelnen Teilen zerstört«, eingeordnet. Der Wiederaufbau wird als erwünscht bezeichnet. 1947 werden die Überreste der Fassaden von Nr. 3-5 eingerissen. (StAP, Sig.1-9/1206, Bl. 82, 5.11.1947)

Kat. Nr.: 60   Abb.: 157
Ort: Potsdam
Objekt: Burgstraße 37

Straßenname um 1809: Burgstraße 37
Straßenname bis 1945: Burgstraße 37
Straßenname nach 1945: Burgstraße (Burgstr. 1-31, 34-57 beim Wiederaufbau überbaut bzw. eingezogen, Wohngebiet Zentrum Süd)
Straßenname ab 1992: Burgstraße, Wohngebiet Zentrum Süd
Erbaut: 1780? (Verzeichnis der Kriegsschäden 1946, S. 9)
Grundbuchnummer: 84?
Bezirk: I
Zerstört: 1945
Entwurf: Carl von Gontard? (Verzeichnis der Kriegsschäden 1946, S. 9; Zuschreibung durch Fellien 1988, S. 31/32, an Unger, 1776; vgl. Manger, Bd. II, S. 417/XXII)
Manger: Bd. II, S. 441, 1780, Nr. XVII-XX: »Sechse in der Burgstraße und zwar: Im Hinuntergehen nach der Heiligengeistkirche linker Hand des Meyers, Bäthge, Dressels und Bauers Häuser von hundert ein und siebenzig und ein Viertheil Fuß länge und zwey Geschoß Höhe.«
Nicolai: S. 1149, vgl. Burgstr. 2.

Archivalien:
Stadtarchiv Potsdam, Sig.1-9/1232, Acta specialia betreffend: Bau-Sachen, Burgstr. No. 37, Laufzeit der Akte: 6.10.1892 bis 5.11.1938.
Stadtarchiv Potsdam, Sig.1-9/1232/1, Akten betreffend: Burgstr. 37, Laufzeit der Akte: 27.5.1938 bis 24.10.1951.
Stadtarchiv Potsdam, Sig.1-9/1232/2, Burgstr. 37, Laufzeit der Akte: 1955 bis 1957
Stadtarchiv Potsdam, Kania-Kartei, 4/Bl. 71.

Bemerkung
Nach der Größe des Hauses Nr. 37 auf einem Foto in der Hausakte zu urteilen, haben die bei Manger erwähnten Häuser keine gemeinsame Fassade erhalten. (StAP, Sig. 1-9/1232, Bl. 10) Es handelte sich um ein neunachsiges und zweigeschossiges Gebäude. Im Erdgeschoß gliederten leicht vorkragende gequaderte Lisenen die Fensterachsen und knickten über dem rundbogigen Eingang in der Mittelachse hakenförmig ab. Die Fenster waren rechteckig und mit Dekorfeldern versehen. Im Obergeschoß waren Rechteckfenster mit Scheitelsteinen und geraden Verdachungen einge-

157. Potsdam, Burgstraße 37 (Kat. Nr. 60, Aufnahme vor 1945, zerstört)

setzt. Über einem schmalen Gesimsband verlief eine schmale Zone mit kleinen Luken unterhalb des Dachansatzes.

Nach einem Lageplan des Grundstückes, das sich um 1901 im Besitz von B. Cohn befand, stieß das rückwärtige Areal mit dem Stall eines Gebäudes der Garde-du-Corps-Straße aneinander. Auf dem Hofareal befand sich ein Fabrikgebäude. (StAP, Sig. 1-9/1232, Bl. 19, 26.10.1901) Der neue Eigentümer Heinrich Siebert, verlegte 1918 seinen Molkereibetrieb (Firma C. Düwelsdorff) in die Burgstr. 37. (StAP, Sig. 1-9/1232, Bl. 39, 25.6.1918) 1925 möchte der Eigentümer Peter Rosskamp das Meiereigebäude auf dem Grundstück vergrößern lassen. (StAP, Sig. 1-9/1232, Bl. 87, 23.11.1925) Ein Umbauantrag von 1927 zeigt den Grundriß, der leicht trapezförmig ist. (StAP, Sig. 1-9/1232, Bl. 117, 1.4.1927) Danach lag im hinteren rechten Bereich der Durchfahrt der Treppenaufgang. Der Keller der Anlage war gewölbt. Die einfachen rechteckigen Räume waren von der Durchfahrt aus zugänglich und untereinander verbunden. (StAP, Sig. 1-9/1232, Bl. 120, 7.4.1927) 1938 war das Anwesen im Besitz der Berliner Bürgerbräu AG, Friedrichshagen, die eine Vergrößerung der Durchfahrt beantragt (StAP, Sig. 1-9/1232, Bl. 208, 29.7.1938), was 1939 ausgeführt wurde. (StAP, Sig. 1-9/1232/1, Bl. 12, 12.1.1939) 1945 wird das Haus als weitgehende Ruine bezeichnet. (StAP, Sig. 1-9/1232/1, Bl. 63, 9.6.1945) Die Fassade war aber noch bis 1957 erhalten. (Sig. 1-9/1232/2, Bl. 1/2) Trotz Forderungen der Denkmalpflege, die Fassade zu erhalten, wurden die Überreste abgebrochen.

Die Zuweisung des Gebäudes an Gontard erfolgt einzig im Verzeichnis der Kriegsschäden von 1946. (S. 9) Da der Wechsel Gontards nach Berlin im Juli 1779 stattfand, könnte er durchaus noch Pläne für das kommende Jahr entworfen haben. Allerdings deuten die vorkragenden gequaderten Lisenen, die eingetieften Fensterachsen sowie die rahmenlosen Fenster des Erdgeschosses eher nicht auf Gontard als Schöpfer der Fassade hin.

Kat. Nr.: 61
Ort: Potsdam
Objekt: Burgstraße 55/56

Straßenname um 1809: Burg-Straße 55/56
Straßenname bis 1945: Burgstraße 55/56
Straßenname nach 1945: Burgstraße (Burgstr. 1-31, 34-57 beim Wiederaufbau überbaut bzw. eingezogen, Wohngebiet Zentrum Süd)
Straßenname nach 1992: Burgstraße, Wohngebiet Zentrum Süd
Erbaut: 1770
Zerstört: 1945
Grundbuchnummer: 104 (Burgstraße 55), 105 (Burgstraße 56, ursprünglich 56/57), 106 (Burgstraße 57)
Bezirk: I
Entwurf: Carl von Gontard
Manger: Bd. II, S. 350, 1770, Nr. I-VI, (Nr. I, V, Peters und Reinicke), vgl. Burgstraße 2; ebd., Bd. III, S. 635-636
Nicolai: S. 1149, vgl. Burgstr. 2.

Archivalien:
Stadtarchiv Potsdam, Sig. 1-9/905, Acta specialia betreffend: Bau-Sachen, Burgstr. No. 55, Laufzeit der Akte: 18.10.1878 bis 9.6.1945.
Stadtarchiv Potsdam, Sig. 1-9/906, Acta specialia betreffend: Bau-Sachen, Burgstraße 56, Laufzeit der Akte: 26.1.1884 bis 20.7.1939.
Stadtarchiv Potsdam, Kania-Kartei, 4/Bl. 118, 119.

Bemerkung
Vor das zweigeschossige Haus Burgstraße 55/56, das ursprünglich aus drei Einzelobjekten bestand, war eine gemeinsame dreizehnachsige Fassade vorgeblendet. Zum Haus Nr. 56 gehörten (v.l.n.r.) die 1.-9. Achse. Die mittleren drei Achsen der Fassade waren risalitartig leicht hervorgezogen und hatten einen erweiterten Achsenabstand erhalten. Im Erdgeschoß war die Bänderung der Putzfassade an den Kanten zusätzlich durch eine Quaderung betont. Mehrere Eingänge erschlossen das Gebäude, wobei ein korbbogiger Eingang in der Mittelachse vermutlich zum originalen Bestand gehörte. Weitere rechteckige Türöffnungen lagen (v.l.n.r.) in der 1./8./11. Achse. Die einfachen Rechteckfenster lagen auf eckigen Fensterbänken auf. Dekorfelder über den Fenster bildeten zugleich Keilsteine aus, die den Fenstersturz durchstießen. Zwischen den Etagen trennte ein Gesimsband. Das Obergeschoß war glatt verputzt. Hier waren durchweg Rechteckfenster mit Dreiecksgiebeln eingesetzt.

Der Erdgeschoßbereich wurde durch Schaufenstereinbauten mehrfach verändert. (StAP, Sig. 1-9/905, Bl. 2, 18.10.1878; Bl. 31, 22.10.1909) Während das Gebäude 1909 in der Hausakte noch zweigeschossig dargestellt wird, zeigt ein Aufriß von 1916 das Haus um eine Etage erhöht. Zwischenzeitlich muß also eine Aufstockung stattgefunden habe. Zur gleichen Zeit wurden Schaufenster- bzw. Türeinbauten in der 1./2./8./9. Achse beseitigt werden. (StAP, Sig. 1-9/905, Bl. 31, 1909; StAP, Sig. 1-9/906, Bl. 36, 1916) 1946 wird das Gebäude im Verzeichnis der Kriegsschäden (S. 9) als total zerstört beschrieben.

Die Charlottenstraße

Im Rahmen der friderizianischen Stadtverschönerung wurden große Abschnitte der Charlottenstraße mit dreigeschossigen Prachtbauten besetzt. Die Charlottenstraße (Pflugstraße) war für die Ost-West-Erschließung der Stadt von großer Bedeutung und bildete die südliche Grenze des Platzes am Bassin. Bei der Erneuerung der Bauten in der Charlottenstraße wurde 1769 mit der

Katalog

Hälfte östlich der Schnittstelle mit der Nauener Straße begonnen. Der gesamte Ausbau dauerte bis ca. 1784 an. Einige wenige Bauten wurden schon 1752 durch Johann Boumann im Bereich der Französischen Kirche errichtet. Im wesentlichen werden Gontard, Unger, Richter und Krüger als Baumeister dieses Straßenzuges angesehen.[757] Ein Teil der Charlottenstraße wurde ab 1773, zusammen mit den Neubauten am Bassin und in der Brandenburger Straße, als Verbindungsglied zwischen den friderizianischen Prachtbauten und dem holländischen Viertel in Backsteinarchitektur errichtet. In der Charlottenstraße gehören die Häuser Nr. 62-68 dazu. Mit Ausnahme der Häuser Charlottenstraße Nr. 63 und Nr. 64, sind die Gebäude in diesem Abschnitt dreigeschossig erbaut worden. (Vgl. Textteil.)

Kat. Nr.: 62 Abb.: 63
Ort: Potsdam
Objekt: Charlottenstraße 44, Eckhaus mit Wilhelmplatz 12

Straßenname um 1809: Pflug Straße 44
Straßenname bis 1945: Charlottenstraße 44
Straßenname nach 1945: Wilhelm-Pieck-Straße 42
Straßenname ab 1992: Charlottenstraße
Erbaut: 1769
Zerstört: 1945
Grundbuchnummer: 1091
Bezirk: IX
Entwurf: Carl von Gontard
Manger: Bd. II, S. 336, 1769, Nr. I (gehört zu den 9 Häusern an der Nauenschen Plantage, Wilhelmplatz 6-12): »In der Stadt worin sechszehn Bürgerhäuser erbauet wurden, und zwar: Neune an der Nauenschen Plantage in einer Reihe von der Ecke am Holländischen Bassin an bis an das letzte 1766 erbaute Urbansche Haus. Die Besitzer hießen dazumal: 1. Reinicke, 2. Floreif, 3. Bardus, 4. Melzer, 5. Jenner, 6. Koch, 7. Bellin, 8. Wehnert, und 9. Löper. Davon erhielten je zwey und zwey einerley Aussenseiten, bis auf Num. 9, welches für sich blieb. Ihre Länge betrug überhaupt vierhundert sechs und funfzig, und die Wiederkehr bey Nr. 1 gegen das Bassin ein und siebenzig Fuß. Die Tiefe ward durchgehends sechs und dreyßig Fuß, und die Höhe von drey Geschossen.«
Ebd., Bd. III, S. 635-636
Nicolai: S. 1179: »Die Pflugstraße (28). Sie geht von der Mauer am Brandeburger Tor neben der Brandenburger Querstraße weg, durchschneidet die Lindenstraße, die Waisenstraße, trennt die Hoditz- und die Jägerstraße, durchschneidet die Nauensche Straße, geht neben der Plantage am Bassin fort und endiget sich jenseits der Französischen Kirche an der Tuchmacherstraße. Sie ist mit der Waisenstraße die längste in Potsdam und nunmehr durchgängig mit neuen Häusern besetzt, von welchen viele sehenswert sind, als das Polbornsche und Tritschlersche Haus, die unter einer Stirnwand gebrachten Schurig, Manhard- und Lemkenschen Häuser, von vier Stock nach Gontards Zeichnung: eine Nachahmung der französischen Maler- und Bildhauerakademie zu Rom.«

Archivalien:
Stadtarchiv Potsdam, Sig. 1-9/952, Akten betreffend Charlottenstr. 44 (Wilhelm-Pieck-Str. 42), Laufzeit der Akte: 18.1.1934 bis 18.5.1945.
Stadtarchiv Potsdam, Sig. 1-9/1059, Wilhelmplatz 12 (Bl. 49, Aufriß beider Straßenfronten).
Stadtarchiv Potsdam, Kania-Kartei, 5/Bl. 63.
Andreas Ludwig Krüger: Abbildungen der schönsten Gegenden und Gebäude sowohl in als ausserhalb der Königlichen Residenz =Stadt Potsdam, Potsdam 1769, Vorstellung der Nord=Seite beym Bassin in Potsdam.

Bemerkung
Das dreigeschossige Eckhaus Charlottenstraße 44 wurde 1769, zusammen mit den Bauten Wilhelmplatz 6-12, errichtet. Zur Charlottenstraße umfaßte die Fassaden elf und zum Wilhelmplatz 13 Achsen. An beiden Straßenseiten waren die mittleren drei Achsen risalitartig hervorgehoben und mit dorischen Kolossalpilastern gegliedert, erhielten aber keinen Fronton. Das Erdgeschoß zeigte Lagerfugen, die über den stichbogigen Fensteröffnungen abknickten. Haupteingänge lagen jeweils in der Mittelachse. Ein Gurtgesims trennte das Erdgeschoß von den Obergeschossen, außerdem verlief ein Gesimsband zwischen den oberen Etagen. Beide Etagen waren mit Rechteckfenstern ausgestattet, wobei über denen des ersten Obergeschosses einfache Dekorfelder angelegt waren.
Da der vorhandene Band der Hausakte erst in den 1930er Jahren einsetzt, ist wenig über die Geschichte des Hauses zu erfahren. 1945 wurde es durch Kampfhandlungen zerstört und brannte völlig aus. (StAP, Sig. 1-9/952, Bl. 17, 18.5.1945) Im Verzeichnis der Kriegsschäden 1946 (S. 10) wird es als total zerstört beschrieben, weshalb der Wiederaufbau in der alten Form als nicht machbar angesehen wurde.

Kat. Nr.: 63 Abb.: 52, 63
Ort: Potsdam
Objekt: Charlottenstraße 45-47

Straßenname um 1809: Pflug Straße 45-47
Straßenname bis 1945: Charlottenstraße 45-47
Straßenname nach 1945: Wilhelm-Pieck-Straße 43
Straßenname ab 1992: Charlottenstraße
Erbaut: 1773
Zerstört: 1945
Grundbuchnummer: 1090 (Charlottenstraße 45), 1089 (Charlottenstraße 46), 1088 (Charlottenstraße 47)
Bezirk: IX
Entwurf: Carl von Gontard
Manger: Bd. II, S. 390, 1773, Nr. VII-IX: »Drey Häuser am Bassin in der Linie der Pflugstraße. Diese hatten zusammen einhundert und zwölf Fuß Länge, bekamen an der Aussenseite sechszehn korinthische Pilaster zu drey Geschoß Höhe, und über deren Hauptgesimse eine Balustrade. Die Tiefe ward wie gewöhnlich sechs und dreyßig Fuß. Seidel, Poltborn und Moshammer hießen die Besitzer. Die Gebrüder Ränzen machten dazu zwey siebenfüßige Gruppen und die Dekorateurs sechszehn korinthische Pilasterkapitäle und hundert sechs und zwanzig Modiglions.«
Ebd., Bd. III, S. 635-636
Nicolai: S. 1179, vgl. Charlottenstraße 44.

Archivalien:
Stadtarchiv Potsdam, Sig. 1-9/953, Acta specialia betreffend: Bau-Sachen, Charlottenstr. 45 (Wilhelm-Pieck-Straße 43), Laufzeit der Akte: 30.1.1893 bis 20.12.1939.
Stadtarchiv Potsdam, Sig. 1-9/954, Acta specialia betreffend: Bausachen, Charlottenstr. 46/47 (Wilhelm-Pieck-Straße 43), Laufzeit der Akte: 10.10.1892 bis 13.8.1926.
Stadtarchiv Potsdam, Sig. 1-9/954, Akten betreffend: Charlottenstr. 46/47 (Wilhelm-Pieck-Straße 43) Band III, Laufzeit der Akte: 2.3.1937 bis 18.5.1945.
Stadtarchiv Potsdam, Kania-Kartei, 8/Bl. 65, 66, 67.
Andreas Ludwig Krüger: Abbildungen der schönsten Gegenden und Gebäude sowohl in als ausserhalb der Königlichen Residenz =Stadt Potsdam, Potsdam 1769, Vorstellung der Nord=Seite beym Bassin in Potsdam.

Bemerkung
Die dreizehnachsige und dreigeschossige Anlage ist in korinthischer Ordnung errichtet worden und bildete wiederum einen flachen dreiachsigen Mittelrisalit mit bekrönendem Fronton aus. Das Erdgeschoß wies die üblichen Lagerfugen auf. Drei rundbogige Eingänge mit darüberbefindlichen Festons erschlossen das Gebäude in der (v. l. n. r.) dritten, siebten und elften Achse.
Nach Krügers Darstellung waren ursprünglich alle rechteckigen Fenster dieser Etage mit geraden Verdachungen versehen sowie mit Agraffen und Festons dekoriert. Die Fenster lagen auf triglyphenartig verzierten

Konsolen auf. Vierzehn kolossale korinthische Pilaster gliederten die beiden Obergeschosse. Am Risalitansatz ist die korinthische Ordnung um die Verkröpfung herum fortgesetzt worden, was zu einer Pilasterüberschneidung führte. Einheitlich sind wiederum Rechteckfenster mit alternierenden, segmentbogigen und dreieckigen Verdachungen auf Konsolen in der Bel étage verwendet worden. Zwischen Fenster und Verdachung lagen Dekorfelder mit Festons, die Giebelfelder waren mit kartuschenähnlichen Motiven gefüllt. Blendbaluster bildeten die Brüstungsfelder. Die Fensterbänke des zweiten Obergeschosses erschienen in Form eines Gesimsbandes, das von den Pilastern durchschnitten wurde. Diese Fenster sind mit schmalen Verdachungen ausgestattet gewesen, die in das Gebälk übergingen. Ein Zahnschnitt ist im Fronton und entlang des Traufgesimes eingesetzt gewesen, über dem sich eine Balusterbrüstung erhob. Im übrigen ist auf späteren Ansichten zu erkennen, daß sich hinter der Balusterbrüstung ein Mezzaningeschoß verbarg. Ob das schon zur Erbauungszeit der Fall war, ist unklar, aber sehr wahrscheinlich. Der Dreiecksgiebel ist seitlich von Skulpturen flankiert worden, die die Bayreuther Bildhauerbrüder Räntz schufen. Krüger bezeichnet die Gruppen als Vertumnus und Pomona sowie Zephir und Flora.

Zur Grundrißstruktur lassen sich nur bescheidene Aussagen machen, da wiederum kein originales Planmaterial auffindbar ist. Während auf Krügers Ansicht alle drei Zugänge des Hauses mit vorgelegten Treppen gezeigt werden, wurde in späterer Zeit derjenige in der (v.l.n.r.) dritten Achse geschlossen, die anderen in Durchfahrten verwandelt. Auf Plänen von 1932 zur Bel étage ist erkennbar, daß jeweils in den äußeren Achsen sich im rückwärtigen Bereich eine Treppenanlage befand. Die Etage wurde durch einen Mittelflur erschlossen und war zur Straßenseite, zwischen der ersten und neunten Achse, durch eine Enfilade verbunden.

Der Hausakte ist zu entnehmen, daß der Hausbereich Nr. 45 spätestens seit 1908 im Besitz der Potsdamer Creditbank war, die den Originalzustand der Fassade herstellen wollte. (StAP, Sig. 1-9/953, Bl. 28, 15.4.1908) Der Abschnitt Nr. 46/47 war bereits spätestens 1892 von der Creditbank erworben worden, die in jenem Jahr den Anschluß an die Kanalisation durchführen ließ. (StAP, Sig.1-9/954, Bl. 1, 10.10.1892) In der Folgezeit wurden zahlreiche Umbauten im Erdgeschoß vorgenommen. 1914 erfolgte ein großer eingeschossiger Anbau im Hofareal, wozu ein Teil der Hofwand entfernt wurde, um einen direkten Anschluß zum Vorderhaus herzustellen. (StAP, Sig.1-9/954, Bl. 61-62, 17.2.1914) 1923 wurde eine Aufstockung des rückwärtigen Anbaus

158 Potsdam, Charlottenstraße 54a/54b/55 (Stich von A.L.Krüger, 1769.

159 Potsdam, Charlottenstraße 54a/54b/55 (Aufnahme vor 1945, zerstört) (Kat. Nr. 64)

und des Seitenflügels für Geschäftsräume beabsichtigt. (StAP, Sig.1-9/954, Bl. 118, 26.6.1923) 1945 wurde das Haus bei Kampfhandlungen zerstört und brannte aus. (StAP, Sig.1-9/954, Bl. 7, 18.5.1945)

Kat. Nr.: 64   Abb.: 158, 159
Ort: Potsdam
Objekt: Charlottenstraße 54a/54b/55

Straßenname um 1809: Pflug Straße 54 (a+b), 55

Straßenname bis 1945: Charlottenstraße 54 a, 54 b, 55
Straßenname nach 1945: Wilhelm-Pieck-Straße 50, 51, 52
Straßenname ab 1992: Charlottenstraße
Erbaut: 1775
Zerstört: 1945
Grundbuchnummer: 1081 (Charlottenstraße 54 a), 1080 (Charlottenstraße 54 b), 1079 (Charlottenstraße 55)
Bezirk: IX
Entwurf: Carl von Gontard
Manger: Bd. II, S. 403, 1775, Nr. VIII-IX:

Katalog

160. Potsdam, (v.l.n.r.) Charlottenstraße 68-62 (Kat. Nr. 65-71, Aufnahme 1999)

»Das Loos der neuen Erbauung traf dieses Jahr vier und zwanzig Bürgerhäuser, wovon Neune in der Pflugstraße lagen. (...) Die Eigenthümer (...) weiter unten am Bassin Schurig, Mannhart und Lemcke. (...) Zu den drey letztern hatte der König eine von der französischen Akademie der Baukunst zu Rom eingesendete Zeichnung gegeben, nach derselben erhielten alle drey Häuser, welche nur hundert und eilf Fuß Länge hatten, folglich auch nur neun Fenster erhalten konnten, drey Stockwerke Höhe. Von diesen war das unterste das höchste, und mußte also zur Bequemlichkeit der Bewohner ein Mezzaningeschoß bekommen, dessen Fenster auf dem Fußboden reichten. Nach dem Hofe zu konnten vier ordentliche Geschosse eingerichtet werden. Die Aussenseite erhielt in der Mitte von drey Fenstern eine Vorlage mit vier tuskanischen Säulen, deren Postamente und Hauptgesims bis unter die hangende Platte des letztern verkröpft wurden, auf dieses Gesims kam ein Balkon mit Brustlehne. Zwey kleinere Balkons erhielten die Mittelfenster der auf jeder Seite des Mittelrisalits noch übrigen drey Fenster, wovon jeder auf zwey großen Tragsteinen ruht. Die Verzierungen in den Frontonfeldern der Fenster und im Friese des Hauptgesimses wurden von Stukk.«

Ebd., Bd. III, S. 635-36
Nicolai: S. 1179, vgl. Charlottenstraße 44

Archivalien:
Stadtarchiv Potsdam, Sig.1-9/961, Acta specialia betreffend: Bausachen, Charlottenstr. 54 (Wilhelm-Pieck-Str. 50), Laufzeit der Akten: 30.4.1893 bis 18.5.1945.
Stadtarchiv Potsdam, Sig.1-9/962, Acta specialia betreffend: Bau-Sachen, Charlottenstr. 54 a (Wilhelm-Pieck-Str. 5), Laufzeit der Akte: 7.2.1895 bis 9.3.1940.
Stadtarchiv Potsdam, Sig.1-9/963, Acta specialia betreffend: Bau-Sachen, Charlottenstr. 55 (Wilhelm-Pieck-Str. 52), Laufzeit der Akte: 23.5.1854 bis 30.5.1945.
Stadtarchiv Potsdam, Kania-Karei, 8/Bl. 79, Bl. 82, Bl. 83.
Krüger, Andreas Ludwig: Abbildungen der schönsten Gegenden und Gebäude, sowohl in als ausserhalb der königlichen Residenz =Stadt Potsdam, Potsdam 1779.

Bemerkung
Ein weiterer römischer Stadtpalast, der in Potsdam kopiert wurde, war der Palazzo Mancini (Abb. 21), der nach Plänen von Carlo Rainaldi für Filippo Mancini, Herzog von Nevers, ab 1662 errichtet wurde. In späterer Zeit beherbergte er die französische Malerakademie, in der die Rom-Stipendiaten der Pariser Académie Royale untergebracht wurden. Gontard dürfte auch diesen Bau aus eigener Anschauung gekannt haben, denn ein Besuch der Markgräfin Wilhelmine in der Accademia di Francia am 14. Juni 1755 ist in ihren Reisenotizen festgehalten.[758] Der Einfluß auf die Bayreuther Bauten wurde bereits angesprochen.
Erbaut wurde das Anwesen Charlottenstraße 54a/b/55 1775, nahe der Französischen Kirche. Die Fassade war zum Bassin gerichtet. Zwischen zwei niedrigeren Bauten gelegen, kam die Fassade eindrucksvoll zur Geltung, wie Krügers Ansicht des Bassinplatzes verdeutlicht. (Abb. 158) Manger be-schreibt umfassend das Bauvorhaben, er-wähnt Gontard aber nicht ausdrücklich.[759] Friedrich Nicolais Ausführungen heben Gontard als Baumeister der Fassade hervor.[760] In Krügers Beschreibung zu seinem Kupferstich der Fassade wird Unger als Zeichner benannt. Jedoch fügt er hinzu, daß die Angabe der Gesimse, wie auch übrige Details, von Gontard bestimmt wurden.[761] Leider sind auch bei diesem Objekt weder Pläne noch Kostenaufstellungen erhalten geblieben. 140,631.14.07 Taler wurden für insgesamt vierundzwanzig Immediatbauten in jenem Jahr aufgewandt.[762]

Der Entwurf wurde weitgehend getreu der Vorlage übernommen. Jedoch mußte aus Platzgründen in Potsdam der mittlere Gebäudeteil um zwei Achsen reduziert werden. Außerdem wurden zusätzliche Eingänge in der zweiten und zehnten Achse geschaffen. Während am Original in Rom ein Mezzaningeschoß zwischen Erd- und erstem Obergeschoß plaziert ist, wurde dieses in Potsdam verschleiert. Zwar wurde ebenfalls ein Halbgeschoß an dieser Stelle eingefügt, jedoch ohne eigene Fenster zu erhalten. Die Geschoßgrenze zwischen beiden Etagen überschnitt die Fenster des Erdgeschosses, so daß das Mezzanin seine Lichtquelle auf Fußbodenhöhe durch einige Scheiben der Erdgeschoßfenster erhielt. Mangers Kritik an diesen völlig unzulänglichen Wohnbedingungen wurde im Zusammenhang mit Palastkopien bereits zitiert. Erst im 19. Jahrhundert wurden auch für das Halbgeschoß eigene Fenster in die Fassade eingebaut.[763]

Im Haus Charlottenstr. 54 war, wie aus der Hausakte hervorgeht, um 1895 eine Katholische Mädchenschule untergebracht, für die zahlreiche Umbauten vorgenommen wurden. (StAP, Sig. 1-9/961, Bl. 13, 10.7.1895) Um 1900 machten sich Risse am Gebäude bemerkbar, die auf Schäden an der Pfahlgründung zurückgeführt wurden. Eine Senkung des Wasserspiegels um 1886 ließ die Pfahlköpfe faulen. (StAP, Sig. 1-9/961, Bl. 20/21, 1.2.1900) Eine Zeichnung um 1900 zeigt, daß das Dach vorne relativ niedrig und flach war, während es an der Hinterseite steiler abfiel, wie dies von Manger beschrieben wurde. (StAP, Sig. 1-9/961, Bl. 25, 3.2.1900) Der Gebäudeteil Nr. 54 a wird 1933 als Katholisches Pfarrhaus bezeichnet. (StAP, Sig. 1-9/962, Bl. 4, 25.7.1933) Ein zweigeschossige Anbau wurde 1854 an Nr. 55 angeschlossen. (StAP, Sig. 1-9/963, Bl. 1, 23.5.1854) Erwähnt wird in einem Schreiben von 1892, daß das Haus bereits 1880 an die Kanalisation angeschlossen wurde. (StAP, Sig. 1-9/963, Bl. 3, 28.12.1892) 1945 ist das gesamte Haus durch Kampfhandlungen völlig zerstört worden, weshalb ein Wiederaufbau nicht in Erwägung gezogen wurde. (Verzeichnis der Kriegsschäden 1946, S. 11.)

Kat. Nr.: 65   Abb.: vgl. Am Bassin 12, Abb. 151
Ort: Potsdam
Objekt: Charlottenstraße 62, Eckhaus mit Am Bassin 12

Straßenname um 1809: Pflug Straße 62
Straßenname bis 1945: Charlottenstraße 62
Straßenname nach 1945: Wilhelm-Pieck-Straße 83
Straßenname ab 1992: Charlottenstraße 83
Erbaut: 1775
Zerstört: 1945
Grundbuchnummer: 892
Bezirk: VIII
Entwurf: Carl von Gontard
Manger: Bd. II, S. 403, 1775, Nr. I-II: »Das Loos der neuen Erbauung traf dieses Jahr vier und zwanzig Bürgerhäuser, wovon Neune in der Pflugstraße lagen. Zweye wurden auf schon mehrgedachte Art holländisch erbauet. Ihre Besitzer waren Bekker und Beskow. Beyder Länge betrug ein und neunzig und einen halben Fuß, die Tiefe sechs und dreyßig Fuß, und die Höhe drey Geschoß, ohne die Giebelerker.«
Nicolai: S. 1179, vgl. Charlottenstraße 44.

Archivalien:
Amt für Denkmalpflege Potsdam, Acta specialia betreffend: Bau-Sachen, Charlottenstraße 62 (Wilhelm-Pieck-Straße 83), Laufzeit der Akte: 11. Juni 1894 bis 11. Juni 1935.
Stadtarchiv Potsdam, Kania-Kartei, 8/Bl. 92.

Bemerkung
Zu den Bauten in holländischer Manier vgl. Textteil.
Es handelt sich bei diesem Haus um ein Eckhaus, das 6 Achsen zur Charlottenstraße und 4 Achsen zur Straße Am Bassin umfaßt. 1894 erfolgte der Anschluß an die Kanalisation, wie in der Hausakte verzeichnet wurde. (AfDP, Bl. 1, 11. Juni 1894) 1905 wurde eine Nebentreppe zwischen Laden und Lagerraum entfernt. (AfDP, Bl. 3, 27. Januar 1905) 1935 wurde die Fassade mit Binder AC 2 o.ä. in rotem Ton gestrichen werden. Fensterfaschen und Sockel sollen in grau, die Fenster in weiß und die Türen in einem dunklen Ton gestrichen werden. (AfDP, Bl. 12, 16. März 1935) Wie die meisten Häuser am Bassinplatz wurde es im Krieg nur gering beschädigt. (Verzeichnis der Kriegsschäden 1946, S. 11)

Kat. Nr.: 66   Abb.:150, 160, 162
Ort: Potsdam
Objekt: Charlottenstraße 63

Straßenname um 1809: Pflug Straße 63
Straßenname bis 1945: Charlottenstraße 63
Straßenname nach 1945: Wilhelm-Pieck-Straße 84
Straßenname ab 1992: Charlottenstraße 84
Erbaut: 1774
Grundbuchnummer: 891
Bezirk: VIII
Entwurf: Carl von Gontard
Manger: Bd. II, S. 394-395, 1774, Nr. VII-XII: »An Bürgerhäusern wurden sieben und zwanzig neu erbauet und zwar Sechs Häuser von drey Geschossen und einem Giebel auf holländische Art kamen in die Pflugstraße bis an die Ecke am Bassin zu stehen. Sie gehörten Linken, Schultze, Meyer, Brömmel, Popel, Griese und ihre Länge betrug zu-sammen einhundert und sechs und achtzig Fuß.«
Ebd., Bd. III, S. 635-36.
Nicolai: S. 1179, vgl. Charlottenstraße 44.

Archivalien:
Amt für Denkmalpflege Potsdam, Acta specialia betreffend: Bau-Sachen Charlottenstraße 63 (Wilhelm-Pieck-Straße 84), Laufzeit der Akte: 30. November 1881 bis 14. November 1944.
Amt für Denkmalpflege Potsdam, Plansammlung Friedrich Mielke, Charlottenstraße 63 (Wilhelm-Pieck-Straße 84, KtNr. 523), Haueingangstür, gez. H. G. Winkler, März 1954, Format 64 x 49 cm, M 1:20, M 1:1, Feder auf Transparent; Charlottenstra-ße 63 (Wilhelm-Pieck-Straße 84, KtNr. 653), Treppendetails, gez. D. Poßuweit, gepr. Mielke, September 1954, Format 52 x 112 cm, M 1:1, Feder auf Transparent; Charlottenstraße 63 (Wilhelm-Pieck-Straße 84, KtNr. 656), Treppendetails OG, gez. Lacina, gepr. Mielke, Oktober 1954, Format 52 x 83 cm, M 1:20, M 1:1, Feder auf Transparent.
Stadtarchiv Potsdam, Kania-Karei, 8/Bl. 94.

Bemerkung
Zu den Bauten in holländischer Manier vgl. Textteil.
Das Gebäude umfaßt vier Achsen und zwei Geschosse. Aus der Hausakte geht hervor, daß 1881 ein Hintergebäude auf Antrag von Rentier Guido Ziegelmeyer umgebaut, d.h. erhöht wurde. (AfDP, Bl. 1a-c, 30. November 1881) Zugleich werden die Fenster in der (v.l.n.r.) 1./2. Achse zu einer Tür und einem Schaufenster für die Witwe des Meiereibesitzers Albert Borchardt umgebaut. (AfDP, Bl. 2, 16. Juli 1890) 1894 erfolgte der Anschluß an die Kanalisation. (AfDP, Bl. 23, 19. Juli 1894) 1899 wird ein Ladeneinbau in der rechten Gebäudehälfte wieder beseitigt. (AfDP, Bl. 31, 16. Juli 1899) Auch dieses Haus hat im Krieg nur geringen Schaden erlitten. (Verzeichnis der Kriegsschäden 1946, S. 11)

Kat. Nr.: 67   Abb.:160
Ort: Potsdam
Objekt: Charlottenstraße 64

Straßenname um 1809: Pflug Straße 64
Straßenname bis 1945: Charlottenstraße 64
Straßenname nach 1945: Wilhelm-Pieck-Straße 85
Straßenname ab 1992: Charlottenstraße 85
Erbaut: 1774
Grundbuchnummer: 890
Bezirk: VIII
Entwurf: Carl von Gontard

Katalog

161. Charlottenstraße 68-66 in Potsdam (Kat. Nr. 71-69, Aufnahme 1999)

Manger: Bd. II, S. 394-395, 1774, Nr. VII-XII, Popel, vgl. Charlottenstraße 63; ebd., Bd. III, S. 635-636.
Nicolai: S. 1179, vgl. Charlottenstraße 44.

Archivalien:
Amt für Denkmalpflege Potsdam, Acta specialia betreffend: Bau-Sachen, Charlottenstraße 64 (Wilhelm-Pieck-Straße 85), Laufzeit der Akte: 13. April 1891 bis 8. Januar 1952.
Stadtarchiv Potsdam, Kania-Kartei, 8/Bl. 95.

Bemerkung
Zu den Bauten in holländischer Manier vgl. Textteil.
1891 wird der Abbruch eines alten und die Errichtung eines neuen Hintergebäudes auf Antrag des Klempnermeisters E. Priegnitz in der Hausakte belegt. (AfDP, Bl. 1, 13. April 1891) Das Vorderhaus besitzt vier Achsen und zwei Geschosse. 1893 wird der Anschluß an die Kanalisation durchgeführt. (AfDP, Bl. 11, 2. Februar 1893) Um 1915 befanden sich in dem vierachsigen Haus in der (v.l.n.r.) ersten Achse ein Schaufenster und in der 2. und 3. Achse jeweils Türen. Ein Stubenfenster in der 4. Achse soll zu einem Schaufenster erweitert werden. (AfDP, Bl. 29, 11. Januar 1915) Wiederum hat auch dieses Haus nur wenig Schäden im 2. Weltkrieg erlitten. (Verzeichnis der Kriegsschäden 1946, S. 11)

Kat. Nr. : 68 Abb.:160, 162
Ort: Potsdam
Objekt: Charlottenstraße 65

Straßenname um 1809: Pflug Straße 65
Straßenname bis 1945: Charlottenstraße 65
Straßenname nach 1945: Wilhelm-Pieck-Straße 86
Straßenname ab 1992: Charlottenstraße 86
Erbaut: 1774
Grundbuchnummer: 889
Bezirk: VIII
Entwurf: Carl von Gontard
Manger: Bd. II, S. 394-395, 1774, Nr. VII-XII, Brömmel, vgl. Charlottenstraße 63; ebd., Bd. III, S. 635-636.
Nicolai: S. 1179, vgl. Charlottenstraße 44.

Archivalien:
Amt für Denkmalpflege Potsdam, Acta specialia betreffend: Bau-Sachen, Charlottenstraße 65 (Wilhelm-Pieck-Straße 86), Laufzeit der Akte: 31. März 1893 bis 30. Dez. 1936.
Stadtarchiv Potsdam, Kania-Kartei, 8/Bl. 95.

Bemerkung
Zu den Bauten in holländischer Manier vgl. Textteil.
1893 erfolgte, wie aus der Hausakte zu ersehen ist, der Anschluß des Hauses an die Kanalisation, das damals im Besitz von Fr. Jaehne war. (AfDP, Bl. 1, 31. März 1893) 1902 läßt Jaehne das offene Treppenhaus durch eine massive Wand aus Drahtputz (»Rabitzwand«) abschließen und Kachelöfen einbauen. (AfDP, Bl. 7, 23. Dezember 1902) Auch dieses Gebäude erlitt im 2. Weltkrieg nur geringe Schäden. (Verzeichnis der Kriegsschäden 1946, S. 11)

Kat. Nr.: 69 Abb.: 160, 161
Ort: Potsdam
Objekt: Charlottenstraße 66

Straßenname um 1809: Pflug Straße 66
Straßenname bis 1945: Charlottenstraße 66
Straßenname nach 1945: Wilhelm-Pieck-Straße 87

162. Charlottenstraße 63 in Potsdam (Kat. Nr. 66-68, Aufnahme 1999)

Straßenname ab 1992: Charlottenstraße 87
Erbaut: 1773
Grundbuchnummer: 888
Bezirk: VIII
Entwurf: Carl von Gontard
Manger: Bd. II, S. 389, 1773, Nr. XIII-XV:
»An Bürgerhäusern in der Stadt wurden dieses Jahr dreyßig neu und ganz steinern erbauet. Davon waren (...) Drey eben dergleichen Häuser auf holländische Art mit Vordergiebeln, Scheiben, Lucken und Leer zuständig, kamen um die Ecke herum in die Plugstraße zu stehen. Die Länge betrug fünf und neunzig Fuß und die Tiefe sechs und dreyßig Fuß.«
Ebd., Bd. III, S. 635-636.
Nicolai: S. 1179, vgl. Charlottenstraße 44.

Archivalien:
Amt für Denkmalpflege Potsdam, Acta specialia betreffend: Bau-Sachen, Charlottenstraße 66 (Wilhelm-Pieck-Straße 87), Laufzeit der Akte: 5. März 1874 bis 26. Mai 1934.
Stadtarchiv Potsdam, Kania-Kartei, 8/Bl. 97.

Bemerkung
Zu den Bauten in holländischer Manier vgl. Textteil.
Um 1874 besaß das vierachsige Haus, nach den Eintragungen in der Hausakte, ein Hintergebäude, daß zu diesem Zeitpunkt umgebaut wurde. (AfDP, Bl. 1, 5. März 1874) Ein Besitzer mit Namen Göhlke beantragt 1893 den Anschluß an die Kanalisation. (AfDP, Bl. 8, 29. März 1893) Gustav Paersch beabsichtigt 1894 einen Ladenausbau für sein Friseurgeschäft, wozu die Tür in der äußersten linken Achse verbreitert und das an-schließende Fenster zu einem Schaufenster erweitert werden soll. (AfDP, Bl. 14, 1. August 1894, Bl. 20, 1. August 1894) 1904 wird eine Dachluke eingebaut. (AfDP, Bl. 36, 10. April 1902) Im Verzeichnis der Kriegsschäden von 1946 (S. 11) werden nur geringe Kriegsschäden erwähnt.

Kat. Nr.: 70   Abb.: 160, 161
Ort: Potsdam
Objekt: Charlottenstraße 67

Straßenname um 1809: Pflug Straße 67
Straßenname bis 1945: Charlottenstraße 67
Straßenname nach 1945: Wilhelm-Pieck-Straße 88
Straßenname ab 1992: Charlottenstraße 88
Erbaut: 1773
Grundbuchnummer: 887
Bezirk: VIII
Entwurf: Carl von Gontard
Manger: Bd. II, S. 391, 1773, Nr. XIII-XV, Lucke, vgl. Charlottenstraße 66; ebd., Bd. III, S. 635-636.
Nicolai: S. 1179, vgl. Charlottenstraße 44.

Archivalien:
Amt für Denkmalpflege Potsdam, Acta specialia betreffend: Bau-Sachen, Charlottenstraße 67 (Wilhelm-Pieck-Straße 88), Laufzeit der Akte: 12. Oktober 1868 bis 13. März 1942.
Stadtarchiv Potsdam, Kania-Kartei, 8/Bl. 98.

Bemerkung
Zu den Bauten in holländischer Manier vgl. Textteil.
Laut Hausakte erfolgte 1892 der Anschluß des fünfachsigen Hauses an die Kanalisation, das zu dieser Zeit im Besitz von Wilhelm Fritz war, . (AfDP, Bl. 5, 10. Oktober 1892) Ein Kellerzugang wird 1893 in die Fassade eingebrochen. (AfDP, Bl. 12, Dezember 1893) Zu diesem Zeitpunkt sind neben dem Eingang in der Mittelachse jeweils Schaufenster über 2 Achsen eingebracht. (AfDP, Bl. 14, 30. Dezember 1893) 1924 beabsichtigte Tischlermeister F. Glöckner den Fußboden der Läden und des Flures abzusenken. (AfDP, Bl. o.Nr., 28. Februar 1924) Im Verzeichnis der Kriegsschäden 1946 (S. 11) werden nur geringe Schäden erwähnt.

Katalog

Kat. Nr.: 71 Abb.: 160, 161
Ort: Potsdam
Objekt: Charlottenstraße 68

Straßenname um 1809: Pflug Straße 68
Straßenname bis 1945: Charlottenstraße 68
Straßenname nach 1945: Wilhelm-Pieck-Straße 89
Straßenname ab 1992: Charlottenstraße 89
Erbaut: 1773
Grundbuchnummer: 886
Bezirk: VIII
Entwurf: Carl von Gontard
Manger: Bd. II, S. 391, XIII-XV, Scheibe, vgl. Charlottenstraße 62; ebd., Bd. III, S. 635-636.
Nicolai: S. 1179, vgl. Charlottenstraße 44.

Archivalien:
Amt für Denkmalpflege Potsdam, Acta specialia betreffend: Bau-Sachen, Charlottenstraße 68 (Wilhelm-Pieck-Straße 89), Laufzeit der Akte: 1. November 1885 bis 16. Dezember 1938.
Amt für Denkmalpflege Potsdam, Plansammlung Friedrich Mielke, Charlottenstraße 68 (Wilhelm-Pieck-Str. 89, KtNr. 677), Treppengeländer, gez. Rosemarie Johl, gepr. Mielke, 22.11.1954, Format 52 x 83 cm, M 1:1, Feder auf Transparent.

Bemerkung
Zu den Bauten in holländischer Manier vgl. Textteil.
In das vierachsige Gebäude wird 1889, wie aus der Hausakte ersichtlich, ein Schaufenster in die (v.r.n.l.) 2. Achse eingebaut. (AfDP, Bl. 1, 1. November 1885) An die Kanalisation wird das Haus 1893 angeschlossen. (AfDP, Bl. 10, 20. Juni 1893) Da ein Ladenraum im Erdgeschoß in einen Wohnraum umgewandelt werden sollte, wird 1895 die Entfernung einer Ladentür, einer Treppe und eines Schaufensters beantragt. (AfDP, Bl. 22, 2. März 1895.) Den 2. Weltkrieg überstand auch dieses Gebäude ohne größere Schäden. (Verzeichnis der Kriegsschäden 1946, S. 11)

Kat. Nr.: 72 Abb.: Vgl. Berliner Straße 18/19, Abb. 61
Ort: Potsdam
Objekt: Garde-du-Corps-Straße 26 (Fortsetzung der Fassadengliederung Berliner Straße 18/19)
Straßenname um 1809: Berlinerstraße 18
Straßenname bis 1945: Garde-du-Corps-Straße 26
Straßenname nach 1945: Wilhelm-Raabe-Straße 26, Wohngebiet Zentrum Süd
Straßenname ab 1992: Wohngebiet Zentrum Süd
Erbaut: 1772
Zerstört: wohl erst in 1960er oder zu Beginn der 1970er Jahre
Grundbuchnummer: zu Nr. 76 (Berliner Str. 18)
Bezirk: I
Entwurf: Carl von Gontard
Manger: Bd. II, S. 381-382, 1772, Nr. I-III (vgl. Textteil); ebd., Bd. III, S. 635-636.
Nicolai: S. 1154.

Archivalien:
GStA PK, I. HA, Rep. 36, Hofverwaltung, Nr. 3078, Special Rechnung der Geld Ausgaben für Besichtigung und Reparatur der schadhaften Vasen und Figuren auf publiquen und Privat-Gebäuden pro 1790.
GStA PK, I. HA, Rep. 36, Hofverwaltung, Nr. 3209, Special-Bau-Rechnung der Bürger-Häuser pro 1772.
Stadtarchiv Potsdam, Kania-Kartei, 5/Bl. 162.

Bemerkung
Vgl. Textteil, Berliner Straße 18/19.

Die Hoditzstraße

Friedrich II. begann ab 1771 mit der Überformung der Hoditzstraße (ehemals Kleine Jägerstraße). Den Anfang machte das auf Prospektwirkung ausgelegte Haus Nr. 6. Nachdem etliche Jahre keine weiteren Baumaßnahmen mehr stattfanden, wurde ab 1777 bis 1803 die gesamte Hoditzstraße erneuert. Die Hauptphase der Baumaßnahmen lag zwischen 1780 und 1785. Georg Christian Unger und Andreas Ludwig Krüger werden im wesentlichen die Entwürfe zugeschrieben.[764] Während eines Bombenangriffs in der Nacht zum 15. April 1945 wurde die Hoditzstraße schwer getroffen. Nach dem Krieg wurde 1950 ein Projekt zum Wiederaufbau der Hoditzstraße, die nun in Wilhelm-Staab-Straße umbenannt worden war, eingeleitet. Dabei wurde nach drei verschiedenen Maßgaben vorgegangen. Der noch relativ erhaltene Bestand wurde hinsichtlich des barocken Zustands restauriert. Weiterhin wurden Bauten rekonstruiert, bei denen nur noch partiell auf originale Substanz zurückgegriffen werden konnte. Schließlich entstanden völlige Neubauten, die in ihrer Fassadengestaltung an das barocke Straßenbild angeglichen wurden.[765]

Kat. Nr.: 73 Abb.: 163
Ort: Potsdam
Objekt: Hoditzstraße 6

Straßenname um 1809: Hoditz Straße 6
Straßenname bis 1945: Hoditzstraße 6
Straßenname nach 1945: Wilhelm-Staab-Straße 6
Straßenname ab 1992: Wilhelm-Staab-Straße 6
Erbaut: 1771
Grundbuchnummer: 620
Bezirk: VIII
Entwurf: Unger oder Gontard
Manger: Bd. II, S. 363/366, 1771, Nr. XV: »Der in diesem Jahre neu und ganz steinern aufgeführten Bürgerhäuser sind neunzehen. Davon liegen [...] Ein Haus in der kleinen Jägerstraße = jetzt Hotitzstraße, einem Zirkelschmidt Winkler gehörig, von vierzig und einem halben Fuß Länge, erhielt sechs und dreyßig Fuß Tiefe, und drey Stockwerke Höhe. Das alte Haus stand gerade vor der kleinen Straße, die nach der Nauenschen Plantage führt, und verursachte einen schlechten Anblick, wenn man in der Nauenschen Straße vorbey kam. Daher ließ es der König neu bauen, ungeachtet in dieser Gegend sonst noch nichts von neuen war aufgeführet worden.«
Ebd., Bd. III, S. 635-636.
Nicolai: S. 1183: »Die Hoditzstraße (29) geht vom Kanal zwischen der Kavalier- und Nauenschen Brücke ab, neben der Plantagenquergasse vorbei bis in die Pflugstraße. Sie ist mit lauter neuen und zum Teil sehr schönen Häusern bebaut, worunter bemerkenswert sind: gleich am Kanal die beiden Eckhäuser, das Springsche Haus links und das Lautensacksche Haus rechts; beide 1777 drey Geschoß hoch neu gebauet. Neben dem letztern ist das Waßmannsdorfische Haus, ein schönes Gebäude nach Gontards Zeichnung. Das Kamblysche Haus, worin Prinz Heinrich, Bruder des Königs, einige Jahre lang bis 1756 gewohnt hat. Dicht daneben ist das ehemalige Quintussche Haus, dessen Stirnwand der berühmte Oberste Guichard, genannt Quintus Icilius, neu erbauen lassen. Es hat einen Balkon, der von freistehenden Säulen getragen wird. Das Winklersche Haus, welches auf die Plantagenquergasse stößt, von drei Geschossen.
(29 Diese Straße ward sonst mit der Jägerstraße als eine Straße angesehen [...] 1784 bekam der obere Teil vom Kanal bis an die Pflugstraße auf königl. Befehl den Namen Hoditzstraße [...])«

Archivalien:
Amt für Denkmalpflege Potsdam, Acta specialia betreffend: Bau-Sachen, Hoditzstraße 6 (Wilhelm-Staab-Straße 6), Laufzeit der Akte: 3. Juli 1893 bis 2. Juli 1943.
Stadtarchiv Potsdam, Kania-Kartei, 2/Bl. 32; 15/Bl. 16.

Bemerkung
Das fünfachsige Gebäude Hoditzstraße 6 ist ein klassisches Beispiel für friderizianische Prospektbauten. Da es genau in der Blickachse der Kupferschmiedgasse (Ebrä-

163. Potsdam, Hoditzstraße 6 (Kat. Nr. 73, Aufnahme 1999)

Katalog

ergasse) lag, die eine Verbindung zwischen der Nauenschen Plantage und der Hoditzstraße bildete, ließ Friedrich II. dieses Gebäude 1771 als erstes in dieser Straße erneuern, während die Überformung der übrigen Anwesen erst in den späten 1770er Jahren begonnen wurde. Bei den Zuschreibungen für 1771 ergeben sich bei Manger Überschneidungen zwischen Unger und Gontard.[766] Im Erdgeschoß ist eine starke Bänderung eingesetzt worden, die über den rundbogigen eingenischten Fenstern abknickt. Für die Zusammenfassung der beiden Obergeschosse wurden kolossale Wandvorlagen gewählt. Über den Rechteckfenstern des ersten Obergeschosses sind Dekorfelder mit Puttenreliefs eingesetzt. Konsolen und Girlanden, die unmittelbar unter dem Traufgesims liegen, verzieren die Fenster des zweiten Obergeschosses. Der Umstand, daß hier keine der klassischen Pilasterordnungen gewählt wurde sowie die Puttenreliefs, die zu dieser Zeit für Gontard ungewöhnlich erscheinen, lassen eher auf Unger als Entwerfer der Fassade schließen. Kania (StAP, Kania-Kartei, 15, Bl. 16) weist das Gebäude allerdings Gontard zu.

Aus der Hausakte sind nur wenige Informationen zu entnehmen. 1893 ist das Gebäude im Besitz von Fr. Tuckay. (AfDP, Bl. 1, 3. Juli 1893) 1939 wird Bankier Rössler als Eigentümer nachgewiesen. (AfDP, Bl. 29, 14. Mai 1936) Ein allgemein schlechter Zustand des Hauses, besonders der Ofenanlagen, wird 1943 von dem Mieter Emil Rößler beanstandet. (AfDP, Bl. 35, 3. April 1943) Im Verzeichnis der Kriegsschäden 1946 (S. 15) wird das Haus als lediglich gering beschädigt aufgelistet. Da das Haus nur wenig beschädigt wurden, besitzt es noch die barocke Pfahlgründung und wohl auch den gewölbten friderizianischen Keller, das Treppenhaus und den Dachstuhl des 18. Jahrhunderts.[767]

Kat. Nr.: 74   Abb.: 164, 165
Ort: Potsdam
Objekt: Hoditzstraße 13

Straßenname um 1809: Hoditz Straße 10
Straßenname bis 1945: Hoditzstraße 13
Straßenname nach 1945: Wilhelm-Staab-Straße 13
Straßenname ab 1992: Wilhelm-Staab-Straße 13
Erbaut: 1780
Grundbuchnummer: 761
Bezirk: VIII
Entwurf: Unger oder Gontard
Manger: Bd. II, S. 439/442-443, 1780, Nr. XXXVII: »Wassmannsdorfs Haus bekam eine besondere Vorwand, einen Balkon auf zwey Konsols, auf dessen Balustrade zwey Vasen und auf der Attik zwey Kindergruppen. Die Länge betrug zwey und funfzig Fuß und die Höhe wie die vorigen zwey Geschoß.«
Nicolai: S. 1182 (Vgl. Hoditzstraße 6).

Archivalien:
Stadtarchiv Potsdam, Sig.1-9/1188, Acta specialia betreffend: Bau-Sachen, Hoditzstr. No. 10 (Wilhelm-Staab-Str. 13), Laufzeit der Akte: 14.2.1856 bis 25.5.1944.
Stadtarchiv Potsdam, Kania-Kartei, 2/Bl. 400; 15/Bl. 16.

Bemerkung
Es handelt sich um ein fünfgeschossiges Anwesen von zwei Stockwerken, bei dem die Mittelachse risalitartig hervorgezogen ist. Hier liegt der segmentbogige Eingang mit vorgelegter Freitreppe. Im Erdgeschoß sind Rechteckfenster in die gequaderte Putzfassade eingeschnitten. Diese tragen im Sturz einen Keilstein, ihre Rahmungen liegen auf schmalen Sohlbänken auf. Darunter sind einfache rechteckige Dekorfelder eingesetzt. Ein Gurtgesims trennt das Erdgeschoß von der oberen Etage, die durch ionische Pilaster gegliedert wird. Der Mittelrisalit wird durch gedoppelte Pilaster und einen geschwungenen Balkon akzentuiert, der von Konsolen gestützt wird. Ein geschweifter Giebel überfängt die Balkontür, deren abgeschrägte Laibung kassettenartig verziert ist. Im inneren Bogenfeld ist ein kartuschenartiges Motiv eingebracht. Die seitlichen Fenster sind rechteckig gestaltet und besitzen gerade Verdachungen. Ihre Rahmungen sitzen auf einem Sohlgesims auf. Nach oben und unten haben die Fenster relativ viel Spielraum. Über dem Traufgesims ist die Attika mit Balustern verziert und mit zwei Kindergruppen besetzt.

In der Hausakte sind nur wenig Eintragungen aus der Zeit vor 1937 enthalten. Ein Grundriß von 1942 zeigt, daß das Gebäude an der Rückseite sechs Achsen hatten und die Treppe sich im hinteren Flurbereich befand, von dem aus die einzelnen Räume betreten werden konnten. (AfDP, Bl. 31, 25.2.1942) 1945 wurde das Gebäude bei einem Bombenangriff schwer beschädigt, wobei im wesentlichen nur die Fassade erhalten blieb. Im Verzeichnis der Kriegsschäden (S. 15) wird es allerdings nur als teilbeschädigt bezeichnet, der Wiederaufbau als unproblematisch erachtet. Bei dem Projekt zum Wiederaufbau der Wilhelm-Staab-Straße ab 1950 wurde deshalb eine Mischform aus erhaltener Substanz und neuer Grundrißstruktur für das Gebäude gewählt. Jedoch wurde die barocke Pfahlgründung durch eine Bohrpfahlgründung ersetzt.[768]

Auch bei diesem Objekt ist die Zuschreibung problematisch. Manger weist alle Immediatbauten des Jahres 1780 Unger zu.[769] Nicolai nennt hingegen Gontard als Baumeister des Wassmannsdorfschen Hauses. (Vgl. Hoditzstr. 6) Sowohl Unger als auch Gontard waren zu diesem Zeitpunkt vermutlich überwiegend in Berlin tätig. Da der Wechsel im Juni 1779 stattfand, können aber beide durchaus noch Entwürfe für die Potsdamer Bauten von 1780 geschaffen haben. Zwar zeigt die Fassade ein-

164. Potsdam, Hoditzstraße 13 (Kat. Nr. 74, Aufnahme 1996)

165. Potsdam, Hoditzstraße 13 (Kat. Nr. 74, Aufnahme 1996)

zelne Dekorationsmittel, die auch von Gontard verwendet wurden (gequadertes Erdgeschoß, geschweifter Fenstergiebel, Balkon), doch scheint der Gesamteindruck eher auf Unger hinzuweisen. Hier ist besonders zu erwähnen, daß die seitlichen Fenster im Obergeschoß relativ viel Spielraum haben, was bei Gontard-Bauten eher selten der Fall ist. Kania (StAP, Kania-Kartei, 15/Bl. 16) hat dieses Gebäude Unger zugewiesen.

Die Hohe Wegstraße

Die Hohe Wegstraße bildet die Fortsetzung der Nauener Straße südlich des Kanals. Erste Erneuerungen fanden ab 1764 statt. Ihre Überformung wurde ab 1769 vorangetrieben und war 1779 abgeschlossen. Einzelne Fassaden werden Büring (Nr. 7/8) zugeschrieben, der Rest vor allem Unger und Gontard.[770] Als Weiterführung der Nauener Straße jenseits des Kanals mündete die Hohe Wegstraße in der Nähe des Stadtschlosses und war ein wichtiges Bindeglied der Nord-Süd-Erschließung Potsdams. Bei den Gestaltungsmitteln der Fassaden wurde deshalb an die Dekorationsmittel der Nauener Straße angeknüpft, auch wenn es sich um kleinere Objekte handelte. Es wurden Bänderungen im Erdgeschoß - meist Rechteckfenster, kräftige Verdachungen, Agraffen und Festons - für die Gestaltung der Fassaden eingesetzt, anscheinend aber keine Pilastergliederungen oder Frontons. Eine gewisse Bedeutungsabstufung hinsichtlich der Nauener Straße drang also dennoch durch. Ein wichtiger städtebaulicher Akzent wurde 1771 durch die Konzeption der Gebäude an der Straßenkreuzung Hohe Wegstraße und Schwertfegerstraße geschaffen. Die Objekte Hohe Wegstraße 3, 12 a, Schwertfegerstraße 9, 10, bildeten durch konkav eingezogene Fassadenpartien ein Rondell. Da jedes Haus dadurch zwei Ecken zum Rondell erhielt, wurde die Anlage allgemein als die »Acht Ecken« bezeichnet. Überwiegend wird diese Konzeption Unger zugeschrieben, vereinzelt wird aber auch Gontard als Schöpfer der Platzsituation genannt.[771]

Kat. Nr.: 75
Ort: Potsdam
Objekt: Hohe Wegstraße 5

Straßenname um 1809: Hoheweg Straße 5
Straßenname bis 1945: Hohe Wegstraße 5
Straßenname nach 1945: Friedrich-Ebert-Straße 5
Straßenname ab 1992: Friedrich-Ebert-Straße
Erbaut: 1769
Zerstört: 1945
Grundbuchnummer: 199

Katalog

Bezirk: III
Entwurf: Carl von Gontard
Manger: Bd. II, S. 339, 1769, Nr. XV-XVI: »Die letzten beyden Häuser lagen auf dem hohen Steinwege unweit der Nauenschen Brücke. Eines gehörte dem Bäcker Köppen, hatte ein und sechzig Fuß Länge, bekam sechs und dreyßig und ein Viertel Fuß Tiefe; [...] Beyde wurden drey Stockwerke hoch gebaut. Die Stukkverzierungen an selbigen sind von Sartori.«
Ebd., Bd. III, S. 635-636.
Nicolai: S. 1160.

Archivalien:
Stadtarchiv Potsdam, Sig.1-9/1019, Acta specialia betreffend: Bau-Sachen, Hohenwegstr. No. 5 (Friedrich-Ebert-Straße 5), Laufzeit der Akte: 11.7.1874 bis 11.5.1936.
Stadtarchiv Potsdam, Sig.1-9/1020, Akten betreffend Friedrich-Ebert-Str. 5, Band II, Laufzeit der Akte: 1.4.1936 bis 28.5.1945.
Stadtarchiv Potsdam, Kania-Kartei, 15, Bl. 17.
Amt für Denkmalpflege Potsdam, Plansammlung Friedrich Mielke, Hohewegstr. 5 (Friedrich-Ebert-Str. 5, KtNr. 823), EG (Bauzeichnung 1934), gez. Brigitte Güttler, Friedrich Mielke, undatiert, Format 86 x 58 cm, M 1:50, Feder auf Transparent.

Bemerkung
Eine Ansicht des Gebäudes in der Hausakte (StAP, Sig.1-9/1019, Bl. 169, wohl um 1900) zeigt, daß es sich um ein siebenachsiges und dreigeschossiges Gebäude handelte. Das Erdgeschoß war gebändert. In die Mittelachse war ein rundbogiger Eingang mit gequaderter Fassung eingefügt. Neben Schaufensterreinbauten, sind einfache Rechteckfenster auf schmalen Fensterbänken erkennbar. Ein Gurtgesims trennte das Erdgeschoß von den übrigen Etagen ab. Da die Rechteckfenster des ersten Obergeschosses auf einem Sohlgesims auflagen, wurde durch die beiden Gesimsbänder ein Band ausgebildet, das in den Fensterachsen mit Tuchgehängen verziert war. Diese Fenster waren mit Segmentgiebeln versehen, die auf Konsolen auflagen und deren Bogenfeld mit Muscheln verziert war. Im zweiten Obergeshoß waren einfache Rechteckfenster mit kleinen Scheitelagraffen eingesetzt. Über der Traufe befand sich ein niedriges Mezzanin. Im Verzeichnis der Kriegsschäden von 1946 (S. 15) wird für 1881 eine Erneuerung der Fassade in ähnlichen Formen angegeben, was aus der Hausakte allerdings nicht hervorgeht. Da auf dem genannten Foto unter den Erdgeschoßfenstern die Bänderung fehlt, könnte dies auf die Baumaßnahmen hinweisen. Für 1878 ist ein Schaufensterreinbau anstelle einer Tür rechts neben der Durchfahrt für Bäckermeister Köppens Gebäude vermerkt. (StAP, Sig- 1-9/1019, Bl. 7, 14.5.1878) 1880 soll das rechte Hintergebäude aufgestockt werden. (StAP, Sig- 1-9/1019, Bl. 12, 18.2.1880) 1892 wird der Anschluß an die Kanalisation beantragt. (StAP, Sig- 1-9/ 1019, Bl. 17, 23.12.1892) Der Sachverständigenbeirat zum Schutz gegen die Verunstaltung von Straßen, Plätzen und Flächen empfahl 1934 eine gleichmäßige Ausbildung des Erdgeschosses unter der Verwendung des Eingangsmotives. (StAP, Sig- 1-9/1019, Bl. 172, 21.7.1934) Eine Zeichnung sieht eine durchgängige Einbringung von rundbogigen Türen und Fenstern vor. (StAP, Sig- 1-9/ 1019, Bl. 173, 4.7.1934) Im zweiten Teil der Hausakte wird die Zerstörung des Hauses durch Kriegseinwirkungen 1945 notiert. (StAP, Sig- 1-9/1020, Bl. 19, 28.5.1945)

Kat. Nr.: 76
Ort: Potsdam
Objekt: Hohe Wegstraße 6

Straßenname um 1809: Hoheweg Straße 6
Straßenname bis 1945: Hohe Wegstraße 6
Straßenname nach 1945: Friedrich-Ebert-Straße 6
Straßenname ab 1992: Friedrich-Ebert-Straße
Erbaut: 1764
Zerstört: 1945
Grundbuchnummer: 1191
Bezirk: III
Entwurf: vermutlich Büring
Manger: Bd. II, S. 280, 1764, Nr. II: »Auf der hohen Wegstraße stand rechter Hand gegen die Nauensche Brücke neben dem 1756 neuerbauten Eckhause noch eine alte hölzerne Kaserne: Diese nebst dem anstoßenden Hause des französischen Bäcker Dellon wurden abgebrochen und beyde neu massiv von drey Stockwerk hoch erbauet. Ersteres ward zwey Bayreuther Familien, einem Grobschmidt Namens Zuleger und einem Messerschmidt, Weiße, eingerichtet.«
Nicolai: S. 1160.

Archivalien
Stadtarchiv Potsdam, Sig.1-9/1021, Acta specialia betreffend: Bau-Sachen, Hohenwegstraße No. 6 (Friedrich-Ebert-Straße 6). Stadtarchiv Potsdam, Kania-Kartei, 15, Bl. 17.

Bemerkung
Dieses Objekt wird im Verzeichnis der Kriegsschäden von 1946 (S. 15) Gontard zugeschrieben. Da die Immediatbauten in der Regel aber ein Jahr im voraus konzipiert und veranschlagt werden mußten, ist es sehr fraglich, ob Gontard als Baumeister in Betracht gezogen werden kann. Gontard kam erst Mitte des Jahres 1764 nach Potsdam. Von Manger werden die zwei erwähnten Bürgerhäuser des Jahres 1764 Büring zugeschrieben.[772] Allerdings werden bei Mielke insgesamt vier Bauten in dieses Jahr datiert.[773] Auch Kania nennt in seiner Häuser-Kartei Gontard als Architekten. (StAP, Kania-Kartei, 15/Bl. 17)
1867 ist in der Hausakte als Besitzer der Uhrmachermeister L. Bonstedt nachgewiesen, der ein neues Quergebäude im Hof errichten wollte. (StAP, Sig. 1-9/1021, Bl. 1, 3.4.1867) Nach einer Fassadenzeichnung von 1881 umfaßte die Fassade fünf Achsen und drei Geschosse. Das Erdgeschoß zeigt eine Bänderung des Putzes. In der (v.l.n.r.) ersten Achse befand sich ein geohrtes Rechteckfenster, in der 2. und 5. Achse Schaufenster mit geraden Verdachungen. Die geohrte Haustür lag in der Mittelachse, eine geohrte Ladentür in der 4. Achse. Im ersten Obergeschoß waren Rechteckfenster mit geraden Verdachungen eingesetzt, die auf einem Sohlgesims auflagen. Auch im zweiten Geschoß befanden sich Rechteckfenster. Diese waren leicht geohrt, auch verkröpfte sich das Traufgesims über ihnen. (StAP, Sig. 1-9/1021, Bl. 7, 21.4.1881) Offensichtlich fand 1881 eine starke Überarbeitung der Fassade statt, da 1892 das Erdgeschoß als gequadert und die Kanten aller Etagen durch eine Eckrustika eingefaßt werden. Ein dazugehöriger Schnitt zeigt die Dachkonstruktion, die allerdings mit derjenigen Konstruktion übereinstimmt, die für die Berliner Bauten unter Gontard nachgewiesen ist. (Vgl. Abb. 82) Dabei wurde das Regenwasser über und nicht hinter der Attika abgeleitet. (StAP, Sig. 1-9/1021, Bl. 11, 16.6.1892) Eine Erneuerung in ähnlichen Formen aus dem Jahr 1881 wird außerdem auch in der Kania-Kartei (StAP, Kania-Kartei, 15/Bl. 17) notiert. 1945 wurde das Haus völlig zerstört. (StAP, Sig. 1-9/1021, Bl. 69, 28.5. 1945) Im Verzeichnis der Kriegsschäden von 1946 (S. 15) wurde ein Wiederaufbau als wünschenswert bezeichnet.

Kat. Nr.: 77   Abb.: 166
Ort: Potsdam
Objekt: Hohe Wegstraße 9

Straßenname um 1809: Hoheweg Straße 9
Straßenname bis 1945: Hohe Wegstraße 9
Straßenname nach 1945: Friedrich-Ebert-Straße 118
Straßenname ab 1992: Friedrich-Ebert-Straße 118
Erbaut: 1769
Grundbuchnummer: 234
Bezirk: III
Entwurf: Carl von Gontard
Manger: Bd. II, S. 339, 1769, XVI: »Die letzten beyden Häuser lagen auf dem hohen

Steinwege unweit der Nauenschen Brücke. (...) das andere gehörte auch einem Bäcker Namens Langner, war zwey und funfzig und einen halben Fuß lang und drey und dreyßig Fuß tief. Beyde wurden drey Stockwerke hoch gebauet. Die Stukkverzierungen an selbigen sind von Sartori.«
Ebd., Bd. III, S. 635-636
Nicolai: S. 1160.

Archivalien:
Amt für Denkmalpflege Potsdam, Acta specialia betreffend: Bau-Sachen, Hohenwegstraße 9 (Friedrich-Ebert-Straße 118), Laufzeit der Akte: 12. Februar 1883 bis 22. Juli 1941.
Stadtarchiv Potsdam, Kania-Kartei, 15/Bl. 15.

Bemerkung
Bei dem Haus Hohe Wegstraße 9 handelt es sich um ein siebenachsiges und dreigeschossiges Gebäude. In der Hausakte ist eine Ansicht um 1900 enthalten. Das Erdgeschoß ist darauf durch Ladeneinbauten bereits fast völlig überformt, lediglich der korbbogige Eingang mit Scheitelagraffe und Rankendekor scheint noch original zu sein. In den Obergeschossen wird die Mittelachse durch einen erweiterten Achsenabstand betont. Rechteckfenster mit Agraffen und kräftigen segmentbogigen Verdachungen liegen auf Dekorfeldern auf. Auch im zweiten Obergeschoß ist eine ähnliche Gestaltung beibehalten worden. Im zweiten Obergeschoß sind die Fenster lediglich kleiner, mit Dreiecksgiebeln versehen und liegen auf Fensterbänken auf, unter denen Festons plaziert sind. 1891 wird die Dachstube des Hauses als desolat bezeichnet. (AfDP, Bl. 1, 20. August 1891) Ladeneinbauten wurden 1894 durch die Erbengemeinschaft des Kaufmanns Wolff beabsichtigt. (AfDP, Bl. 11, 8. Dezember 1894) Weitere Umbauten wurden 1907 beantragt. (AfDP, Bl. 31, 10. September 1907) Im Krieg wurde das Gebäude nur gering beschädigt. (Verzeichnis der Kriegsschäden 1946, S. 16)

Kat. Nr.: 78   Abb.: 166
Ort: Potsdam
Objekt: Hohe Wegstraße 10

Straßenname um 1809: Hoheweg Straße 10
Straßenname bis 1945: Hohe Wegstraße 10
Straßenname nach 1945: Friedrich-Ebert-Straße 119
Straßenname ab 1992: Friedrich-Ebert-Straße 119
Erbaut: 1770
Grundbuchnummer: 235
Bezirk: III
Entwurf: Carl von Gontard
Manger: Bd. II, S. 350-351, 1770, Nr. XI,

166. Potsdam, (v.l.n.r.) Hohe Wegstraße 10, 9 (Kat. Nr. 75)

XII: »Zwanzig Bürgerhäuser kamen dieses Jahr an die Reihe, auf königliche Kosten neu und massiv erbauet zu werden, davon liegen (...) Zweye am hohen Steinwege unweit der Nauenschen Brücke, welche Köppen dem Zinngießer, und dem jüdischen Kaufmann Liebmann gehörten, erhielten ebenfalls drey Stockwerk Höhe, und drey und dreißig Fuß Tiefe. Ihre Länge betrug acht und siebzig und einen halben Fuß.«
Ebd., Bd. III, S. 635-636.
Nicolai: S. 1160.

Archivalien:
Amt für Denkmalpflege Potsdam, Acta specialia betreffend: Bau-Sachen, Hohenwegstraße 10 (Friedrich-Ebert-Straße 119), Laufzeit der Akte: 30. April 1872 bis 7. Juli 1941.
Stadtarchiv Potsdam, Kania-Kartei/15/Bl. 17.

Bemerkung
Das Gebäude Hohe Wegstraße 9 besitzt fünf Achsen und drei Geschosse. Aus der Hausakte geht hervor, daß das Erdgeschoß bereits 1872 im Auftrag des Kaufmanns Schuhmann durch Schaufenstereinbauten völlig verändert wurde. (AfDP, Bl. 1f, 17.4.1872) Im ersten Obergeschoß befinden sich Rechteckfenster mit geraden Verdachungen und Festons. Ein darüberliegendes Sohlgesims bildet das Auflager der Fenster im zweiten Obergeschoß. Sie sind ebenfalls rechteckig und mit Blüten über dem Sturz verziert. Den Krieg überstand das Gebäude relativ unbeschädigt. (Verzeichnis der Kriegsschäden 1946, S. 16)

Kat. Nr.: 79
Ort: Potsdam
Objekt: Hohe Wegstraße 11/12 (ursprünglich ein Haus)

Straßenname um 1809: Hoheweg Straße 11
Straßenname bis 1945: Hohe Wegstraße 11, 12

Straßenname nach 1945: Friedrich-Ebert-Straße 120, 121
Straßenname ab 1992: Friedrich-Ebert-Straße 120, 121
Erbaut: 1770
Grundbuchnummer: 236
Bezirk: III
Entwurf: Carl von Gontard
Manger: Bd. II, S. 350-351, 1770, Nr. XI, XI, Kaufmann Liebmann, vgl. Hohe Wegstr. 10; ebd., Bd. III, S. 635-636.
Nicolai: S. 1160.

Archivalien:
Amt für Denkmalpflege Potsdam, Acta specialia betreffend: Bau-Sachen, Hohenwegstraße 11 (auch Neuer Markt 3/4; Friedrich-Ebert-Straße 120), Laufzeit der Akte: 10. Juni 1891 bis 24. Oktober 1963.
Stadtarchiv Potsdam, Sig.1-9/1034, Acta specialia betreffend: Bau-Sachen, Hohe Wegstr. 12 (Friedrich-Ebert-Str. 121), Laufzeit der Akte: 25.4.1867 bis 24.2.1962.
Stadtarchiv Potsdam, Kania-Kartei, 15/Bl. 17.

Bemerkung
Bei den Häusern Hohe Wegstraße 11/12 handelte es sich ursprünglich um ein Gebäude von insgesamt 10 Achsen und drei Geschossen. Das Erdgeschoß wurde mehrfach umgebaut, besonders 1946 und 1963, wie der Hauskte zu entnehmen ist. (AfDP, Bl. 72, 12.12.1946; Bl. 73, 24.10.1963) Im ersten Obergeschoß sind Rechteckfenster mit Segmentgiebeln auf Konsolen eingefügt. Ein weiteres Gesimsband unterscheidet die beiden Obergeschosse und bildet das Auflager der Rechteckfenster der obersten Etage. 1895 erfolgte der Anschluß des Hauses (zumindest bei Nr. 10) an die Kanalisation. (AfDP, Bl. 4, 13. Mai 1895) Im Verzeichnis der Kriegsschäden von 1946 (S. 16) wird nur eine geringe Beschädigung des Gebäudes verzeichnet.

Kat. Nr.: 80 Abb.: 78-79
Ort: Potsdam
Objekt: Humboldtstraße 4, Noacksches Haus

Straßenname um 1809: Am Schloß 4
Straßenname bis 1945: Humboldtstraße 4
Straßenname nach 1945: Humboldtstraße 4
Straßenname ab 1992: Friedrich-Ebert-Straße
Erbaut: 1777
Zerstört: 1945
Grundbuchnummer: 4
Bezirk: II
Entwurf: Carl von Gontard
Manger: Bd. II, S. 423-424, 1777, Nr. I, vgl. Textteil; ebd., Bd. III, S. 635-636.
Nicolai: S. 1130.

Archivalien:
GStA PK, I. HA, Rep. 36, Hofverwaltung, Nr. 3087, Special Rechnung der Geld Ausgaben für Besichtigung und Reparatur der schadhaften Vasen und Figuren auf publiquen und Privat-Gebäuden pro 1790.
Stadtarchiv Potsdam, Sig.1-9/1088, Acta specialia betreffend: Bau-Sachen, Humboldtstr. No. 4, Laufzeit der Akte: 29.12.1892 bis 17.12.1930.
Stadtarchiv Potsdam, Sig.1-9/1089, Akten betreffend Humboldtstr. 4, Band II., Laufzeit der Akte: 19.6.1924 bis 28.5.1945.
Stadtarchiv Potsdam, Kania-Kartei, 2/Bl. 58.
Krüger, Andreas Ludwig: Abbildungen der schönsten Gegenden und Gebäude, sowohl in als ausserhalb der königlichen Residenz =Stadt Potsdam, Potsdam 1779.

Bemerkung
Das Noacksche Haus gehörte zu den Bauten in Potsdam, die nach italienischen Vorbildern konzipiert wurden. Vermutlich lieferte der Mittelteil des Palazzo Chiericati, der ab 1551 nach Entwürfen Palladios in Vicenza errichtet wurde, wesentliche Anregungen. Dem stark rustizierten Erdgeschoß mit Rechteckfenstern und rundbogigem Mittelportal war ein Altan über sechs dorischen Säulen auf einer Sockelzone vorgelegt, wobei das mittlere Interkollumnium leicht erweitert war. Die Fenster saßen auf Volutenkonsolen auf, zwischen denen Festons hingen und waren mit geraden Verdachungen und darunterliegenden Dekorfeldern mit Girlanden ausgestattet. Ursprünglich war der Altan über einer Gebälkzone mit einer Balusterbrüstung versehen, deren Podeste mit Vasen besetzt waren. Auf späteren Ansichten, auf denen die Balusterbrüstung fehlt, ist zu erkennen, daß sich zwischen Erd- und erstem Obergeschoß ein Mezzanin verbarg, da nun schmale Fensteröffnungen knapp oberhalb der Geschoßgrenze sichtbar wurden. In den Obergeschossen wurde ebenfalls der Steinverband im Putz widergespiegelt. Die Fenster des Piano nobile waren rechteckig, die Faschen unten geohrt. Segmentbogige Verdachungen mit Muscheldekor lagen auf Rechteckfeldern auf, die mit Tierschädeln und Festons verziert waren und von schmalen Konsolen getragen wurden, an denen kleine Ranken hingen. Besondere Betonung erfuhr das Mittelfenster, das mit einem geschweiften Giebel ausgestattet war, auf dessen Bogen seitlich liegende Putti angeordnet waren. Unterhalb des Bogens war eine große Kartusche mit Festons plaziert. Gestützt wurde der Giebel durch zwei Atlanten in Form von Hermenpilastern, die sich zur Basis hin verjüngten. Im zweiten Obergeschoß waren kleinere rechteckige Fenster mit geohrten Faschen eingesetzt. Ein Gebälk mit stark vorkragender Traufe war mit Konsolen und Rosetten dekoriert und trug eine mit sechs Skulpturen bekrönte Balustrade. Nach Kania handelte es sich um antike weibliche Gottheiten. (StAP, Kania-Kartei, 2/Bl. 58)
Grundrisse in den Bauakten zeigen, daß sich ein schmaler Treppenaufgang im hinteren Bereich, auf der linken Seite des Durchganges, befand. In der rechten Gebäudehälfte waren zwei gleichgroße Räume angelegt. Auf der linken Seite wird 1904, neben dem Treppenaufgang, noch eine schmale Kammer gezeigt. Die Räume waren vom Durchgang aus zu betreten und untereinander verbunden. Die Raumaufteilung ist in den Obergeschossen wiederholt worden. 1904 wurde jedoch das Treppenhaus vergrößert, indem die Rückwand des Hauses auf dieser Seite herausgebrochen und weiter in den Hof versetzt wurde. Dabei erhielt die äußere linke Achse einen Anschluß an einen Anbau im Hof. Aus diesem Plan geht auch hervor, daß das Mezzanin von 2,10 m Höhe ursprünglich nur durch den oberen Teil der Erdgeschoßfenster Tageslicht erhielt. Äußere und innere Geschoßgrenzen stimmten also nicht überein. Die schmalen Fenster, die das Mezzanin nun von oben belichteten, wurden erst 1904 auf baupolizeiliche Anordnung eingebracht. Dazu mußte die Geschoßhöhe auf 2,60 m angehoben werden. (StAP, 1-9/ 1088, Bl. 12-14, 8.3.-20.4.1904) Der Einschub eines derart ungünstigen Mezzaningeschosses ist ein weiterer Hinweis auf die Verwendung einer fremden Vorlage. Mangers Kritik am Nachbau ausländischer Stadtpaläste bezog sich gerade auch auf die ungünstigen Zwischengeschosse.
Wie der Palast Barberini, so wurde auch dieses Haus im 2. Weltkrieg schwer beschädigt. Die Rekonstruktion aus künstlerischen, baugeschichtlichen oder städtebaulichen Gründen wurde ebenfalls nicht als machbar angesehen, da das Haus völlig zerstört war. (Verzeichnis der Kriegsschäden 1946, S. 8)

Kat. Nr.: 81 Abb.: 78, 167
Ort: Potsdam
Objekt: Humboldtstraße 5/6

Straßenname um 1809: Am Schloß 5/6
Straßenname bis 1945: Humboldtstraße 5/6
Straßenname nach 1945: Humboldtstraße 5/6
Straßenname ab 1992: Friedrich-Ebert-Straße
Erbaut: 1771-1772
Zerstörung: 1945
Grundbuchnummer: 5 (Humboldtstraße 5), 6 (Humboldtstraße 6)
Bezirk: II
Entwurf: Gontard/Unger
Manger: Bd. II, S. 363-365, 1771, Nr. VII, VIII: »Der in diesem Jahre neu und ganz steinern aufgeführten Bürgerhäuser sind neunzehn. Davon liegen [...] Zweye am alten Markte unweit des Schlosses, die einerley Aussenseite, und zwar nach dem Befehle des Königs von dem Palaste Borghese zu Rom erhielten. Ihre Länge betrug überhaupt einhundert sieben und funfzig Fuß, und die Tiefe funf und vierzig Fuß. Die Höhe und die Verschiedenheiten an denselben sind von Nicolai genau angemerkt, es ist also hier nichts weiter als eines besondern Vorfalls zu gedenken. [...] Figuristenarbeit findet sich nicht daran; von Dekorateurs aber haben Eppen und Gehülfen verfertiget: Sechs antike jonische Wandsäulenkapitäle, Sechs doppelte gekröpfte römische Pilasterkapitäle, und Sechs antike Vasen auf die obere Balustrade. Das andere sind Stukkarbeiten von Sartori und dessen Gehülfen.«
Vgl. ebd., Bd. III, S. 635-636.
Nicolai: S. 1130f.

Archivalien:
Stadtarchiv Potsdam, Sig.1-9/1090, Bd. 1, Acta specialia betreffend: Bau-Sachen, Humboldtstr. No. 5/6, Laufzeit der Akte: 6.8.1845 bis 4.5.1934.
Stadtarchiv Potsdam, Sig.1-9/1091, Acta specialia betreffend: Bau-Sachen, Humboldtstr. 5/6, Bd. 2, Laufzeit der Akte: 29.5.1897 bis 28.7.1933.
Stadtarchiv Potsdam, Sig.1-9/1092, Sonderakten betreffend Bau Akten Humboldtstr. 5/6, Palast Barberini, Laufzeit der Akte: 20.12.1916 bis 25.1.1939.
Stadtarchiv Potsdam, Sig.1-9/1093, Akten betreffend Humboldtstr. 5/6, Bd. 4, Laufzeit der Akte: 10.7.1934 bis 28.5.1945.
Stadtarchiv Potsdam, Kania-Kartei, 2/Bl. 60.
Krüger, Andreas Ludwig: Abbildungen der schönsten Gegenden und Gebäude, sowohl in als ausserhalb der königlichen Residenz-=Stadt Potsdam, Potsdam 1779.

Bemerkung
Das imposante Anwesen in der Humboldt-

straße 5/6, das allgemein als Palast Barberini bezeichnet wurde, stellte eines der größten Objekte nach ausländischen Vorbildern in Potsdam dar. Pläne oder Kostenaufstellungen haben sich nicht erhalten. Für die 19 im Jahr 1771 begonnenen Immediatbauten wurden insgesamt 143.252.10.01 Taler ausgegeben.[774] Es gehörte zu den repräsentativsten Fassaden in unmittelbarer Nachbarschaft des Stadtschlosses und war mit der Schauseite zum Alten Markt gerichtet. 1771 wurde mit dem Bau des Palastes Barberini in Potsdam begonnen und der Rohbau war 1772 soweit vollendet, daß die Arbeiten im Innern in Angriff genommen werden konnten.[775]
Bei Manger tauchen zwei unterschiedliche Vorbildnennungen auf. Er wiederholt dabei eine falsche Zuordnung aus einer früheren Beschreibung. Zunächst gibt er den Palazzo Borghese in Rom an und bezeichnet dann an anderer Stelle den Palazzo Barberini als Vorlage.[776] Der Name »Barberini« wurde im Volksmund wegen der Namensähnlichkeit auch auf die Tänzerin Barbarina zurückgeführt, die 1744 bis 1748 in Berlin lebte, jedoch besteht kein Zusammenhang.[777] Eine Berichtigung erfolgte eigentlich schon 1779 durch Krüger, der ausschließlich den Palazzo Barberini als Vorbild und Unger als Zeichner nennt, was aber häufig nicht beachtet wurde. Auch erläutert er die Entstehung des Entwurfes. Lediglich der Mittelrisalit wurde von dem Palazzo Bar-berini übernommen, die seitlichen Flügel wurden »dazu komponirt.«[778] Damit sind Spekulationen über den Einfluß des Palazzo Borghese auf den Potsdamer Stadtpalast und dessen abgewandelte Disposition der Seitenflügel hinfällig.[779]
Manger beschreibt zwar ausführlich das Baugeschehen, das mit einem Unglücksfall verbunden war, doch nahm er in den 1770er Jahren nur ungenaue Zuschreibungen der Bauvorhaben an einzelne Baumeister vor. Bei dem Chronisten fehlt eine definitive Zuordnung.[780] Es ist zu vermuten, daß Gontard als Leiter des Baucomtoirs trotzdem Anteil an den Modifikationen des Entwurfes hatte, auch wenn die Zeichnung von Unger ausgeführt wurde, wie Krüger bemerkte. Schließlich kannte Gontard den Palazzo Barberini sehr wahrscheinlich von seiner Romreise. Markgräfin Wilhelmine erwähnt in ihren Reiseaufzeichnungen einen Besuch des Palazzo Barberini am 23. Mai 1755.[781] Der Palazzo Barberini in Rom wurde von 1625 bis ca. 1700 von Carlo Maderna, Francesco Borromini und Gianlorenzo Bernini errichtet und lieferte das prinzipielle Aufrißschema des Mittelrisalits, wie Krüger berichtet. Jedoch ist die Gesamtdisposition des Palazzo Barberini hufeisenförmig, wobei der mittlere Baukörper zurückgesetzt ist. Zudem sind die Seitenflügel

167. Rom, Giovanni Piranesi, um 1748, Palazzo Barberini (C. Maderna, F. Borromini, G. L. Bernini, 1625 bis um 1700)

auch etwas niedriger und dreiachsig angelegt und schlossen über eine vermittelnde Achse an den Risalit an. Mezzaningeschosse kommen hier außerdem nicht vor. Während in Potsdam der Dachansatz völlig verdeckt war, ist bei dem römischen Vorbild dieses abgewalmt, besitzt keine Attika und ist z.T. mit weiteren Aufbauten versehen.
Die abgewandelte Grundrißform in Potsdam dürfte, über Krügers Erläuterungen hinaus, auch auf die Platzsituation am Alten Markt und die Wünsche des Königs zurückzuführen sein. Der Alte Markt bildete keine völlig regelmäßige Anlage, wobei die Humboldtstraße die südwestliche Begrenzung bildete und am Stadtschloß vorbeiführte. Eine hufeisenförmige Anlage mit einem weit zurückliegenden Haupttrakt wie in Rom hätte die Platzsituation noch unregelmäßiger wirken lassen. Auch hätte der Mittelrisalit nicht die in Potsdam gewünschte Prospektwirkung erzielen können. Es ist außerdem zu beachten, daß bei den Potsdamer Immediatbauten, trotz aller Kulissenwirkung, Straßenzüge ohne große Rücksprünge in der Fassadenflucht bevorzugt wurden. Ein Mittelrisalit, der nur um eine Achse hervorkragte, dürfte deshalb eher in das Fassadenkonzept gepaßt haben, als ein vierachsiger Rücksprung.

1845 wurde im Auftrag König Friedrich Wilhelms III. ein umfassender Um- und Ausbau des Palastes vorgenommen. (StAP, Sig. 1-9/1090-1, Bl. 1, 2/3, 6.1.1845) Mit den Ausführungen wurden die Maurermeister Zech und Hecker betraut, denen auch ein Teil des Gebäudes gehörte. Der Vertrag zwischen dem König und den beiden Handwerker beinhaltete eine genaue Benutzungsordnung für das spätere Gebäude durch den König sowie Zech und Hecker. Diese verpflichteten sich, den Aus- und Neubau für die Summe von 80.000 Thaler innerhalb von vier Jahren, von Baubeginn an, auszuführen. Auf Befehl König Friedrich Wilhelms IV. sollte ein Teil der Räume dem Kunst- und Wissenschaftlichen Verein unent-geltlich auf »ewige Zeiten« überlassen werden. 1877 wird der Kaufmann Julius Rotax als Eigentümer genannt, der ein Restaurant im Keller einrichten läßt. (StAP, Sig.1-9/ 1090-1, Bl. 29, 24.2.1877, Bl. 34, 24.2.1877)
Schon 1880 wird ein neuer Eigentümer, der Geh. Kommerzienrat Conrad aus Berlin, genannt. (StAP, Sig.1-9/1090-1, Bl. 54, 29.4.1880) 1891 wird Tischlermeister Albrecht Seiler als Eigentümer erwähnt. (StAP, Sig.1-9/1090-1, Bl. 149, 7.4.1891) Im zweiten Teil der Hausakte wird ein repräsentativer Saal in den Obergeschossen gezeigt. Dieser Konzertsaal mit Empore besaß eine Wandgliederung durch kannelierte korinthische Säulen sowie eine kassettierte Decke und konnte gemietet werden. (StAP, Sig.1-9/1091, Bl. 198, 29.1.1907) In den 1930er Jahren war im rechten Seitenflügel eine Jugendherberge untergebracht. (StAP, Sig.1-9/1091, Bl. 256, 20.4.1933) 1938 wurde auch der linke Flügel dazu genutzt. (StAP, Sig.1-9/1093, Bl. 11, 10.11.1938) Während in der Hausakte das Gebäude 1945 als völlige Ruine bezeichnet wird (StAP, Sig.1-9/1093, Bl. 23, 28.5.1945), gibt das Verzeichnis der Kriegsschäden von 1946 (S. 16) an, daß dies nur auf die Flügelbauten zutraf. Der Hauptbau wird als teilweise beschädigt beschrieben, der Wiederaufbau sei ohne Schwierigkeiten möglich.

Katalog

Kat. Nr.: 82 Abb.: 153, 154, 168a
Ort: Potsdam
Objekt: Lindenstraße 44, 44 a, Eckgebäude mit Bäckerstraße 6

Straßenname um 1809: Linden-Straße 44
Straßenname bis 1945: Lindestraße 44, 44/I
Straßenname nach 1945: Otto-Nuschke-Straße 44, 44 a
Straßenname ab 1992: Lindenstraße 44
Erbaut: 1770
Grundbuchnummer: 1202
Bezirk: IV
Entwurf: Carl von Gontard
Manger: Bd. II/350-351, 1770, Nr. XVII-XIX, vgl. Bäckerstraße 6; ebd., Bd. III, S. 635-636.
Nicolai: S. 1177.

Archivalien:
Amt für Denkmalpflege Potsdam, Acta specialia betreffend: Bau-Sachen, Lindenstraße 44, Laufzeit der Akte: 14. Mai 1890 bis 8. September 1951.
Amt für Denkmalpflege Potsdam, Plansammlung Friedrich Mielke, Lindenstraße 44 II (KtNr. 67), Aufmaß Treppengeländer, gez. Mielke, Juli 1954, Format 48 x 110 cm, M 1:1, Feder auf Transparent; Lindenstraße 44 (KtNr. 739), EG Bauplan 193?, gez. Marianne ?, gepr. Mielke, undatiert, Format 73 x 57cm, M 1:50, Feder auf Transparent; Lindenstraße 44 (KtNr. 847), Treppengeländer, gez. Mielke, undatiert, Format 64 x 92 cm, M 1:20, M 1:1.
Amt für Denkmalpflege Potsdam, Plansammlung Baugewerkschule Berlin, Bäkkerstraße 6, Bl. 125, WS 1922/23, gez. Hans Dittmar, M = ?, Aufriß der Gesamtfassade; Bl. 126, WS 1922/23, gez. Walter Bräuner, M 1:20, Teilansicht des Eckbereiches Bäcker- und Lindenstraße, Gesimsprofil; Bl. 127, WS 1922/23, gez. Erich Völker, M 1:10, Ansicht einer Tür (vermutl. um 1900).
Stadtarchiv Potsdam, Kania-Kartei 3/Bl. 8; 7/Bl. 22

Bemerkung
Vgl. Bäckerstraße 6

Kat. Nr.: 83
Ort: Potsdam
Objekt: Nauener Straße 22

Straßenname um 1809: Nauener Straße 22
Straßenname bis 1945: Nauener Straße 22
Straßenname nach 1945: Friedrich-Ebert-Straße 104
Straßenname ab 1992: Friedrich-Ebert-Straße 104
Erbaut: 1770
Grundbuchnummer: 787
Bezirk: VIII
Entwurf: Carl von Gontard
Manger: Bd. II, S. 350-351, 1770, Nr. XV, XVI: »Zwanzig Bürgerhäuser kamen dieses Jahr an die Reihe, auf königliche Kosten neu und massiv erbauet zu werden, davon liegen [...] Die beyden folgenden Eckhäuser in der Nauenschen Straße, welche jedes zwey niedrige Stockwerke von Fachwerk hoch waren, wurden blos gegen die Straße zu auswendig von Mauerwerk, und zugleich die neben denselben befindlichen Thoreinfahrten auf gleiche Weise und in gleicher Höhe erbauet.«
Ebd., Bd. III, S. 635-636.
Nicolai: S. 1183: »Die Nauensche Straße geht von der Nauenschen Brücke mit einer Wendung bei der Pflugstraße bis zum Nauenschen Tore. Sie durchschneidet die Pflug=, Brandenburger und Junkerstraße. Die Plantagenquergasse, die Häuser an der Faulen See, und die Holländische Querstraße gehen aus derselben ab. Von der Nauenschen Brücke bis zur Pflugstraße stehen hier die prächtigsten Häuser, vorzüglich: das Torchianasche Haus. Das Zeisingsche Haus, eine Nachahmung des jetzigen Zollhauses in Rom, welches ehemals ein Tempel Jupiters gewesen. [...].«

Archivalien:
Stadtarchiv Potsdam, Sig.1-9/1025, Acta specialia betreffend: Bau-Sachen, Nauenerstr. No. 22 (Friedrich-Ebert-Str. 104), Laufzeit der Akt: 18.5.1893 bis 4.8.1934.
Stadtarchiv Potsdam, Sig.1-9/1026, Akten betreffend: Nauener Str. 22 (Friedrich-Ebert-Str. 104), Bd. II, Laufzeit der Akte: 22.5.1924 bis 23.12.1942.

Bemerkung
Wie der Hausakte zu entnehmen ist, wurde der Anschluß an die Kanalisation 1893 durchgeführt. (StAP, Sig.1-9/1025, Bl. 2, 18.5.1893) Ladeneinbauten in dem fünfachsigen und zweigeschossigen Eckggebäude erfolgten zur Nauener Straße 1906. Seitlich des Hauseinganges in der Mittelachse sind in den äußeren Achsen Ladentüren, daneben Schaufenster, eingebracht. Zur Charlottenstraße sind keine Schaufenster vermerkt. (StAP, Sig.1-9/1025, Bl. 24, 12.10.1906) Eine beantragte Aufstockung des Daches wird 1919 abgelehnt, da das Gelände bereits zu stark überbaut sei. (StAP, Sig.1-9/1025, Bl. 76, 9.8.1919) Ein Jahr später wird der Antrag Wilhelm Müllers bezüglich des Dachausbaus doch genehmigt. (StAP, Sig. 1-9/1026, Bl. 23, 30.3.1920) Infolge des Beschlusses des Sachverständigenbeirates hinsichtlich der Ortssatzung zum Schutz der Verunstaltung des Stadtbildes, soll der Eckpfeiler der Hauses wiederhergestellt und statt einer schrägen Tür, zwei Türen jeweils in der Flucht beider Straßen eingerichtet werden. (StAP, Sig. 1-9/1025, Bl. 172, 26.10.1933) Im Verzeichnis der Kriegsschäden von 1946 wird das Gebäude nicht aufgeführt.

168. Potsdam, Lindenstraße 44, 44a (Eckgebäude mit Bäckerstraße 6, Kat. Nr. 50/82, Aufnahme 1996)

169. Potsdam, Nauener Straße 23 (Kat. Nr. 84, Aufnahme 1999)

Kat. Nr.: 84   Abb.: 41, 53-54
Ort: Potsdam
Objekt: Nauener Straße 23 (Staffeldsches Haus)

Straßenname um 1809: Nauener Straße 23
Straßenname bis 1945: Nauener Straße 23
Straßenname nach 1945: Friedrich-Ebert-Straße 105
Straßenname ab 1992: Friedrich-Ebert-Straße 105
Erbaut: 1768, Entwurf wohl um 1766
Grundbuchnummer: 774
Bezirk: VIII
Entwurf: Carl von Gontard
Manger: Bd. II, 317-319, 1768, Nr. VII: »An Bürgerhäusern wurden nur sieben erbauet, und zwar in der Nauenschen Straße, unweit und an der Plantage gleichen Namens. Die Eigenthümer hießen: Maurer, Richter, Fasoli, Zeising, Jury der jüngste, Jonas und Staffeld. [...] VII Das Staffeldsche Eckhaus aber, ehemals, ich weiß nicht warum, der kranke Esel genannt, bekam von außen eine besondere Unterscheidung. Bey dem Grundgraben zu selbigen fand man viele Knochen, theils blos, theils in hölzernen Kasten, die einige für Menschen=, andere für Eselsknochen erkennen wollten, die aber nachher für Schafbeine gehalten wurden. Vielleicht hat ein Leimsieder ehemals da gewohnt. Es ist drüber weiter nichts untersucht worden. Diese Sieben Häuser hatten zusammen ohne die Wiederkehrungen an den Ecken dreyhundert sechs und neunzig Fuß Länge, sechs und dreyßig Fuß Tiefe, und drey Stockwerk Höhe. Die Wittwe Wohlerin lieferte dazu vier Figuren sechs füßiger Höhe; Wenzel und Lehmann jeder vier Vasen, Löffler funfzehn Rosetten in die steinernen Abaken der Kapitäle, und die Kapitäle selbst verfertigte Sartori, nebst den Modiglions, Gewänden und Festons von Stukk.«
Nicolai: S. 1183

Archivalien:
Amt für Denkmalpflege Potsdam, Akten betreffend: Nauener Straße 23 (Friedrich-Ebert-Straße 105), Laufzeit der Akte: 9. Dezember 1925 bis 29. Januar 1936, Vol. I.
Amt für Denkmalpflege Potsdam, Akten betreffend Nauener Straße 23, (Friedrich-Ebert-Straße 105), Vol. II, Umbau Stadtsparkasse, Laufzeit der Akte: 30. Januar 1935 bis 4. März 1936.
Amt für Denkmalpflege Potsdam, Akten betreffend Nauener Straße 23 Ecke Charlottenstraße (Friedrich-Ebert-Straße 105), Sparkasse, Vol. III, Laufzeit der Akte: 18. Juli 1935 bis 4. Oktober 1949.
Stiftung Preußisches Schlösser und Gärten Berlin-Brandenburg (Plankammer Potsdam), Inv. Nr. 1208, Aufrißentwurf zur Seitenfassade des nördlichen Commungebäudes, um 1766.
Stadtarchiv Potsdam, Kania-Kartei, 5/Bl. 23; 15/Bl. 22.

Bemerkung
Zur Fassade vgl. Textteil.
Die Innenraumdisposition war spätestens in den 1920 Jahren verlorengegangen, als das Warenhaus Bernstein und Goldberg in dem Anwesen residierte. (AfDP, Vol. I, Bl. 97/98, Dezember 1929) Es ist weiterhin anzufügen, daß der Bau 1935 für den Umbau der Stadtsparkasse bis zur Kellersohle völlig entkernt und auch an den Außenwänden, insbesondere im Bereich der Erdgeschoßfenster, Auswechselungen von Fassadensubstanz vorgenommen wurden. (AfDP, Vol. II, Bl. 1, 30. Januar 1935, Bl. 6/7, 4. Februar 1935) Ursprünglich sollten ausgebaute Sandsteinprofile des Hauptgesimses original wiederverwendet werden. Es mußten jedoch wohl vielfach Kopien nach Abgüssen und Schablonen angefertigt werden, da sich der Stein als sehr angegriffen erwies. (AfDP, Vol. III, Bl. 77, 17. September 1935) Es existiert hier also kaum mehr originale Substanz aus der Erbauungszeit. Die ursprünglich vier Achsen zur Charlottenstraße sind heute auf neun Achsen erweitert. Das Gliederungsschema wurde auf den anschließenden Gebäudeteil übertragen. Im Anschlußbereich ist es zu Veränderungen des Erdgeschosses gekommen. (Einbau einer korbbogigen Durchfahrt in der 4. Achse.) Im Zweiten Weltkrieg wurde das Gebäude im Verzeichnis der Kriegsschäden von 1946 (S. 20), als »erhalten bzw. gering beschädigt« eingestuft. Volk spricht jedoch von schweren Kriegsschäden und einer Re-

Katalog

konstruktion des Gebäudes »unter Angleichung an die Formen des Vorgängerbaus im Jahr 1952«.[782]

Kat. Nr.: 85   Abb.: 45-46
Ort: Potsdam
Objekt: Nauener Straße 24/25

Straßenname um 1809: Nauener Straße 24/25
Straßenname bis 1945: Nauener Straße 24/25
Straßenname nach 1945: Friedrich-Ebert-Straße 106/107
Straßenname ab 1992: Friedrich-Ebert-Straße 106/107
Erbaut: 1768
Zerstört: 1945
Grundbuchnummer: 773 (Nauener Straße 106), 772 (Nauener Straße 105)
Bezirk: VIII
Entwurf: Carl von Gontard
Manger: Bd. II, S. 317-319, 1768, Nr. V-VI: »An Bürgerhäusern wurden nur sieben erbauet, und zwar in der Nauenschen Straße, unweit und an der Plantage gleiches Namens. Die Eigenthümer hießen: Maurer, Richter, Fasoli, Zeising, Jury der jüngste, Jonas und Staffeld. (...) V, VI Die zunächst auf gedachte folgende Häuser wurden nach v. Gontards Entwürfen an der Aussenseite auch so eingerichtet, daß sie nur das Ansehen hatten, als wenn es ein einzelnes Haus wäre. (...)«
Nicolai: S. 1183.

Archivalien:
Amt für Denkmalpflege Potsdam, Acta specialia betreffend: Bau-Sachen, Nauener Straße 24 (Friedrich-Ebert-Straße 106), Vol. I, Laufzeit der Akte: September 1846 bis 14. Juli 1927.
Amt für Denkmalpflege Potsdam, Acta specialia betreffend: Bau-Sachen, Nauener Straße 24 (Friedrich-Ebert-Straße 106), Vol. II, Laufzeit der Akte: 1. Oktober 1929 bis 9. August 1950.
Amt für Denkmalpflege Potsdam, Acta specialia betreffend: Bau-Sachen, Nauener Straße 25 (Friedrich-Ebert-Straße 107), Schlachthaus Wallbaum, Vol. I, Laufzeit der Akte 13. September 1881 bis 14. März 1887.
Amt für Denkmalpflege Potsdam, Acta specialia betreffend: Bau-Sachen, Nauener Straße 25 (Friedrich-Ebert-Straße 107), Schlachthaus Wallbaum, Vol. II, Laufzeit der Akte: 11. März 1886 bis 7. Oktober 1940.
Stadtarchiv Potsdam, Kania-Kartei, 5/Bl. 24, 25; 15/Bl. 22.

Bemerkung
Bei dem Gebäude Nauener Straße 24/25 handelte es sich um ein zehnachsiges und dreigeschossiges Gebäude. Nach der Ansicht Krügers um 1780 war das Erdgeschoß des Hauses mit einer kräftigen Bänderung versehen. Tür- und Fensteröffnungen waren rund- oder segmentbogig. (Nicht eindeutig zu erkennen.) Ein Gurtgesims trennte zwischen dem Erd- und den Obergeschossen. Im ersten Obergeschoß waren Rechteckfenster mit Dreiecksgiebeln eingebracht. Diese lagen auf Konsolen auf, an denen Zopfdekor herabhing. Zwischen den Konsolen waren Tuchgehänge angebracht. Auch im zweiten Obergeschoß waren Rechteckfenster plaziert, die auf kräftigen Fensterbänken auflagen und über dem Sturz mit Festons verziert waren. 1846 wurde nach Angaben der Hausakten eine Treppe vor der Fassade Nr. 24 (1.- 5.Achse von rechts) entfernt, auch wurden mehrere Dachfenster eingebaut. (Zu Nr. 24, AfDP, Vol. I, o.P., September 1846) Der Anschluß an die Kanalisation erfolgte 1892 auf Antrag von Charlotte Janecke. (Zu Nr. 24, AfDP, Vol. I, Bl. 2, 19. Dezember 1892) Julius Haenel ließ 1922 das Erdgeschoß von Nr. 25 vollständig zu Schaufenstern ausbauen. (Zu Nr. 25, AfDP, Vol. I, Bl. 21, 8. Juli 1910, Bl. 22, 8. Juli 1910) Weitere Schaufensterumbauten folgten 1929, wobei die Fassade mit Marmor belegt werden sollte. (Zu Nr. 24, AfDP, Vol. II, Bl. 4, 23. September 1929) In den 1930er Jahren gehörte Nr. 24 dem Schuhhaus Salamander. (Zu Nr. 24, AfDP, Vol. II, Bl. 7, 24. Oktober 1938) 1938 war im Gespräch, das gesamte Anwesen 24/25 abzureißen, um ein Ufa-Kino auf dem Grundstück zu errichten. Der Plan wurde jedoch fallen gelassen. (Zu Nr. 24, AfDP, Vol. II, Bl. 42, 22. Oktober 1938, Bl. 67, 15. Dezember 1938)
Auch im Hausabschnitt Nr. 25 wurden im 19. Jahrhundert Ladeneinbauten vorgenommen. 1881 ließ Schlachtermeister Wallbaum die beiden linken Gebäudeachsen zu Schaufenstern und die anschließende Achse zur Ladentür umbauen. (Zu Nr. 25, AfDP, Vol. I, Bl. 32, 13. September 1881) Fünf Jahre später läßt Wallbaum ein altes Seitengebäude einreißen und durch einen Neubau ersetzten. (Zu Nr. 25, AfDP, Vol. II, Bl. 1, 11. März 1886) Laden und Kellerumbauten wurden 1902 im Auftrag des Apothekers Meinhardi ausgeführt. (Zu Nr. 25, Vol. II, Bl. 64, 8. April 1902) Auch ließ er einen Erker in der Mittelachse von Nr. 25 ausbauen. (Zu Nr. 25, AfDP, Vol. II, Bl. 67, 19. April 1902) Dabei wurden offensichtlich die Dreiecksgiebel der beiden angrenzenden Fenster beseitigt. Im Verzeichnis der Kriegsschäden 1946 (S. 20) wird das Haus als total zerstört bezeichnet, weshalb der Wiederaufbau nicht in Betracht gezogen wurde.

Kat. Nr.: 86   Abb.: 45-46, 58, 76-77
Ort: Potsdam
Objekt: Nauener Straße 26/27

Straßenname um 1809: Nauener Straße 26/27
Straßenname bis 1945: Nauener Straße 26/27
Straßenname nach 1945: Friedrich-Ebert-Straße 108/109
Straßenname ab 1992: Friedrich-Ebert-Straße
Erbaut: 1768
Zerstört: 1945 schwer beschädigt, nach 1956 abgerissen
Grundbuchnummer: 771 (Nauener Straße 26), 770 (Nauener Straße 27)
Bezirk: VIII
Entwurf: Carl von Gontard
Manger: Bd. II, S. 317-319, 1768, III, IV: »An Bürgerhäusern wurden nur sieben erbauet, und zwar in der Nauenschen Straße, unweit und an der Plantage gleichen Namens. Die Eigenthümer hießen: Maurer, Richter, Fasoli, Zeising, Jury der jüngste, Jonas und Staffeld. (...) III, IV Die beyden folgenden wurden auch nur mit einer zusammenhängenden Aussenseite erbauet, und zwar nach einer Skitze des Königs, die von einem gewissen Hause in Rom entlehnt war. An diesen hatten ehemals, als es noch der Palast eines Fürsten war, fornenher ganz freye korinthische kannelirte Säulen gestanden. Der Pabst aber ließ die Zwischenräume der Säulen mit Mauern ausfüllen, so daß von demselben nur drey Viertheile frey blieben, und machte es zu dem Hauptzollhause. Auf gleiche Weise kamen vor diese beyden Häuser sechs dergleichen Säulen, die nur um drey Viertheile ihres Durchmessers vor der Mauer hervorragten. Um alles mit möglichster Sparsamkeit und doch prächtig zu bauen, so waren die Modiglions des Hauptgesimses nur von Gips in den Anschlag gebracht worden, und so wurden sie auch wirklich an dem Fasolischen Hause angesetzt. Der damahlige Kammerdiener Zeising aber gab den Werkmeistern etwas zu und ließ sie von Stein sogleich an das Gesims anarbeiten. In der Folge hat es sich gezeigt, daß die erstern mit besondern Kosten wieder mußten herunter gestoßen werden, um die Vorbeygehenden für das Todschlagen zu sichern, da hingegen die andern noch alle unversehrt stehen.«
Nicolai: S. 1183.

Archivalien:
Stadtarchiv Potsdam, Sig. 1-9/1028, Acta specialia betreffend: Nauener Straße No. 26 (Friedrich-Ebert-Straße 108), Bd. 1, Laufzeit der Akte: 22.3.1881 bis 22.11.1935.
Stadtarchiv Potsdam, Sig. 1-9/1028/1, Akten betreffend: Nauener Straße 26 (Friedrich-Ebert-Str. 108), Bd. 2, Laufzeit der Ak-

Katalog

171. und 172. Potsdam, Nauener Straße 31-30 (Kat. Nr. 88, erneuert 1783, Aufnahme 1999)

te: 1.7.1935 bis 6.7.1950.
Stadtarchiv Potsdam, Sig. 1-9/1028/2 (Nauener Str. 26) Friedrich-Ebert-Str. 108, Laufzeit der Akte: 2.3.1949 bis 19.12.1956.
Stadtarchiv Potsdam, Sig. 1-9/1029, Nauener Str. 27 (Friedrich-Ebert-Straße 109), aus konservatorischen Gründen gesperrt.
Stadtarchiv Potsdam, Sig. 1-9/1030, Nauener Str. 27 (Friedrich-Ebert-Str. 109), Laufzeit der Akte: 21.41.1937 bis 25.3.1955.
Stadtarchiv Potsdam, Kania-Kartei, 5/Bl. 28, 31; 15/Bl. 22.

Bemerkung
Als Vorbild des Säulenhauses in Potsdam diente die Dogana di Terra in Rom, von der eine Ansicht in Piranesis »Vedute di Roma« enthalten ist. Es handelt sich hierbei um einen Tempelbau des 2. Jh. n. Chr. in Rom, dessen Ruine überformt wurde. 1695 ließ Papst Innozenz XII. die Überreste des Hadriantempels (11 von ursprünglich 13 Säulen), der 145 n. Chr. von Antonius Pius zu Ehren seines verstorbenen Adoptivvaters Hadrian errichtet worden war, durch Francesco Fontana (1668-1708) umbauen. Fontana ergänzte die Fassade auf beiden Seiten durch Mauerwerk, das der Ausdehnung der fehlenden Interkolumnien entsprach. Die verlorenen Säulen wurden nicht rekonstruiert. Alle drei Etagen die eingezogen wurden, erhielten Rechteckfenster mit geraden Verdachungen. Das Traufgesims wurde mit einer Attika bekrönt.[783]

Gontards Rezeption stellt keine identische Kopie des Umbaus von 1695, sondern eine eigenständige Variante dar. Er ließ die seitlichen Ergänzungen Fontanas weg, fügte dafür aber eine zusätzliche zwölfte Säule hinzu. Der Potsdamer Bau erscheint breiter gelagert als das römische Vorbild. Zu diesem Eindruck tragen die veränderten Proportionen bei. Auch wirken die Säulen hier dicker und die Kapitelle üppiger. Gontard vergrößerte außerdem das Interkolumnium der Mittelachse, die mit einer korbbogigen Durchfahrt versehen wurde. Weitere Eingänge wurden in der 2., 5. und 9. Achse eingerichtet. Er behielt zwar die Fensterformen bei, verzichtete aber auf die Verdachungen in den Obergeschossen. Außerdem fügte er Dekorfelder, teils unverziert, teils mit Festons versehen, ein.
Durch Kriegsschäden wurde offenbar, daß der Kammerdiener Zeising (Erstbewohner) auch die Säulen aus Sandstein errichten ließ, während die restlichen auf der nachbarliche Gebäudehälfte lediglich aus verputztem Ziegelmauerwerk waren. Der erste Besitzer von Nr. 26 (Zeising) steuerte, im Gegensatz zu seinem Nachbarn Fasoli (Nr. 27), Gelder aus eigener Tasche beim Bau hinzu. Zeisings Gebäudeanteil (1.-7. Achse rechts) wurde so zum Teil aus soliderem

Materialien erstellt. (Hauptgesimskonsolen aus Sandsteinplatten anstelle von Gips, Säulen aus Sandstein anstatt aus verputztem Ziegelwerk.) Ansichten um 1900 zeigen die unterschiedlichen Ergebnisse.
An dieser Stelle muß erneut auf Abweichungen zu Darstellungen Krügers hingewiesen werden. Auf einer aquarellierten Federzeichnung von 1773 zeigt er Postamentierungen der Attika jeweils über der 1., 5.-8. und 11. Achse, die mit Vasen besetzt sind.[784] Die Zwischenräumen dieser Postamentvorlagen sind mit Festons verziert. Fotografien zeigen hingegen aneinandergereihte Festons mit Schleifen und Löwenmasken als Dekor des Architravs sowie mit Lorbeer umkränzte Okuli über den sieben Achsen der rechten Gebäudehälfte. Auch ist auf Fotografien eine unterschiedliche Firsthöhe sichtbar, was bei Krüger nicht angegeben wird. Ob es sich dabei um später Veränderungen handelt, ist aus dem erhaltenen Quellenmaterial nicht ersichtlich.
Aus den Hausakten geht hervor, daß 1887 im Auftrag des Klempnermeisters Osterland in Nr. 26 Schaufenster in die (v.r.n.l.) 1. und 4. Achse eingebaut wurden. (StAP, Sig. 1-9/1028/1, Bl. 5, 29.3.1887) Der Einbau von zwei Balkonen wird aus denkmalpflegerischer Sicht 1909 abgelehnt, obwohl sich auf der linken Fassadenhälfte bereits zwei befanden. (StAP, Sig. 1-9/1028/1, Bl. 119, 14.4.1909) Die Akte aus jener Zeit zum Hausabschnitt Nr. 27 war aus konservatorischen Gründen gesperrt. Hans Kania verzeichnete in seiner Häuserkartei ein im Inneren z.T. erhaltenes schmiedeeisernes Rokokogeländer sowie ein Rokoko-Boudoir in der Bel étage mit einem Kamin aus schwarzem Marmor. Bei Bombenangriffen wurde das Haus im 2. Weltkrieg schwer beschädigt, jedoch stand die Ruine noch längere Zeit. 1947 existierten Pläne - unter Ausnützung des noch stehenden Torsos - einen DEFA-Filmpalast mit 1.028 Sitzplätzen auf dem Grundstück zu errichten. Zeichnungen geben wider, daß 1947 die Fassade noch erhalten war. (StAP, Sig. 1-9/1028/1, Bl. 19, 11.8.1947, Zeichnung Bl. 33, Oktober 1947.) Die Monumentalfassade wurde in diesem Jahr auf ihre Sicherheit untersucht und als standfest erkannt. Dennoch wurden Sicherungsmaßnahmen in Form von Verstrebungen oder Verankerungen empfohlen, die aber nicht durchgeführt wurden. Dies hatte zur Folge, daß im März 1949 noch stehende Rückwände einstürzten, was die Fassade gefährdete. Eine Sicherung der Fassade wurde anscheinend bis 1951 nicht in Angriff genommen, obwohl sich die Denkmalpflege für ihre Erhaltung stark einsetzte. Der letzte Eintrag erfolgte 1956, wobei keine Veränderungen oder Gefahrenstellen vermerkt wurden. (StAP, Sig. 1-9/1028/2, Nauener Str. 26 , Bl. 1, 13, 21, 22, 37.) Die Fas-

sade des Säulenhauses stand also mindestens noch 11 Jahre, bis die Überreste abgeräumt wurden. Mielke gibt das Jahr 1958 für die endgültige Beseitungung der Ruine an.[785] Vermutlich spielten sowohl finanzielle als auch politische Gründe für den Abbruch eine Rolle. Kurz nach dem Krieg wurde beispielsweise mit der Rekonstruktion der Hoditzstraße als barockem Ensemble begonnen. Da sich die politischen Verhältnisse in den späten 1950er Jahren zunehmend anspannten, hatte die Rekonstruktion eines barocken friderizianischen Prachtbaus zu dieser Zeit vermutlich eher schlechte Chancen. Am Engagement der Denkmalpflege für die Erhaltung des Objektes mangelte es nicht, wie aus den Hausakten ersichtlich ist.

Kat. Nr.: 87   Abb.:45-46, 49-50
Ort: Potsdam
Objekt: Nauener Straße 28/29

Straßenname um 1809: Nauener Straße 28/29
Straßenname bis 1945: Nauener Straße 28/29
Straßenname nach 1945: Friedrich-Ebert-Straße 110/111
Straßenname ab 1992: Friedrich-Ebert-Straße
Erbaut: 1768
Zerstört 1945
Grundbuchnummer: 769 (Nauener Straße 28), 768 (Nauener Straße 29)
Bezirk: VIII
Entwurf: Carl von Gontard
Manger: Bd. II, S. 317-319, 1768, Nr. I-II: »An Bürgerhäusern wurden nur sieben erbaut, und zwar in der Nauenschen Straße, unweit und an der Plantage gleichen Namens. Die Eigenthümer hießen: Maurer, Richter, Fasoli, Zeising, Jury der jüngste, Jonas und Staffeld. Die beyden erstern erhielten eine gemeinschaftliche Aussenseite nach v. Gontard's Entwürfen, die solche nur als ein einzelnes Haus vorstellte.«
Ebd., Bd. III, S. 635-636.
Nicolai: S. 1183.

Archivalien:
Stadtarchiv Potsdam, Sig.1-9/1031, Acta specialia betreffend: Nauener Straße 28 (Friedrich-Ebert-Str. 110), Laufzeit der Akte: 28.12.1868 bis 21.7.1951.
Stadtarchiv Potsdam, Sig.1-9/1032, Akten betreffend Nauener Str.29 (Friedrich-Ebert-Str. 111), aus konservatorischen Gründen gesperrt.
Stadtarchiv Potsdam, Sig.1-9/1033, Acta betreffend: Nauener Str. 29 (Friedrich-Ebert-Str. 111), Bd. 2, Laufzeit der Akte: 2.6.1919 bis 2.11.1936.
Amt für Denkmalpflege Potsdam, Akten betreffend: Nauener Straße 29 (Friedrich-

Ebert-Straße 111), Stadtverwaltung Potsdam, Baupolizei, Vol. III, Laufzeit der Akte: 7. April 1936 bis 27. Oktober 1942.
Stadtarchiv Potsdam, Kania-Kartei, 5/Bl. 33, 34; 15/Bl. 22.
Amt für Denkmalpflege Potsdam, Plansammlung Friedrich Mielke, Nauener Straße 28/29 (Friedrich-Ebert-Straße 110/111, KtNr. 16), Grundriß (nach Bauzeichnung 1880), gez. Irmgard Klatt, gepr. Mielke, Format 75 x 48 cm, M 1:50, Feder auf Transparent.

Bemerkung
Die Fassade des Gebäudes zur Nauener Straße umfaßte dreizehn, die zur Kupferschmiedgasse sechs Achsen. An der Nauener Straße wurde ein flacher dreiachsiger Mittelrisalit mit Fronton ausgebildet. Auf einer Ansicht Krügers um 1780 ist für den später stark veränderten Erdgeschoßbereich festzuhalten, daß die Fenster- und Türöffnungen ursprünglich wohl segmentbogig waren. Dies ist aus späteren Fotografien kaum mehr rekonstruierbar. Eingänge lagen in der (v.l.n.r.) 1./5./7./13. Achse. Auffällig ist dabei, daß im Risalit kein Mitteleingang ausgeführt wurde, sondern zwei seitliche Türöffnungen. Eckrustizierungen fassen die Gebäudekanten ein. Das Erdgeschoß scheint eine Quaderstruktur erhalten zu haben, während die beiden Obergeschosse wohl nur Lagerfugen erhielten, was auch mit späteren Ansichten übereinstimmt. Der Mittelrisalit wurde durch vier kolossale korinthische Pilaster gegliedert. In den beiden oberen Etagen wurden Rechteckfenster eingesetzt. Die Brüstungsfelder der Fenster des zweiten Obergeschosses scheinen kaum eine Abgrenzung zu den Keilsteinen im Sturz der Fenster des ersten Obergeschosses erfahren zu haben. Festons verzierten das Gebälk. Die Attika des Gebäudes wurde in späterer Zeit zu einem Mezzanin ausgebaut. An der Fassade zur Kupferschmiedgasse wurde das gleiche Aufrißprinzip beibehalten.

Bereits 1868 sind Schaufenstereinbauten in der 4./5., 9./10. und 13. Achse des Hauses verzeichnet. Wenn Krügers Ansicht des Gebäudes von 1780 stimmt, so kann der korbbogige Haupteingang, der 1868 gezeigt wird, nicht original sein. (StAP, Sig. 1-9/1031, Bl. 2, 28.4.1868) Weitere Schaufenster Um- und Einbauten folgen 1872 und 1873. (StAP, Sig. 1-9/1031, Bl. 8, 11.10.1872, Bl. 13, 22.3.1873) 1908 soll die gesamt rechte Gebäudehälfte im Anschluß an den Risalit zu Schaufenster umgebaut werden, wobei nur noch schmale Fassadenteile dazwischen vorgesehen sind. (StAP, Sig. 1-9/1031, Bl. 57, 24.4.1908)
1893 wird für das Central Hotel, das in Nr. 29 residierte, eine Glasvorbau über fünf Achsen eingerichtet. 1919 werden Balkoneinbauten mit Eisengittern an beiden Fassaden eingefügt. (StAP, Sig. 1-9/1033, Bl. 31, 1.4.1919) Der Hotelbesitzer Max Lege wird 1933 dazu aufgefordert diese Einbauten zu beseitigen. (StAP, Sig. 1-9/1033, Bl. 213, 11.12.1933) »Da Potsdam durch die Ereignisse des 21.3.1933 ein nationales Heiligtum für alle Deutschen geworden ist, wird es auch in immer zunehmendem Maße von Fremden besucht. Es muss daher auch dafür gesorgt werden, dass das Strassenbild die Fremden nicht enttäuscht.« (StAP, Sig. 1-9/1033, Bl. 230, 18.5.1934) Umbaupläne von 1936 sehen weitgehend rundbogige Fenster- bzw. Türöffnungen vor, jedoch teilweise unregelmäßige Achsenabstände. (Zu Nr. 29, AfDP, Vol. III, Bl. 48, 10. März 1936) Im Verzeichnis der Kriegsschäden von 1946 (S. 20) wird aufgrund der völligen Zerstörung ein Wiederaufbau nicht in Betracht gezogen.

Kat. Nr.: 88   Abb.: 44, 49, 51, 173
Ort: Potsdam
Objekt: Nauener Straße 30/31

173.
Potsdam, Nauener Straße 31-30 (Kat. Nr. 88, erneuert 1783, Aufnahme 1999)

Straßenname um 1809: Nauener Straße 30/31
Straßenname bis 1945: Nauener Straße 30/31
Straßenname nach 1945: Friedrich-Ebert-Straße 112
Straßenname ab 1992: Friedrich-Ebert-Straße 112
Erbaut: 1765
Erneuert: 1783
Grundbuchnummer: 752 (Nauener Straße 30), 751 (Nauener Straße 31)
Bezirk: VIII
Entwurf: Carl von Gontard
Manger: Bd. II, S. 292-293, 1765, Nr. I-III: »Zu drey doppelten Bürgerhäusern an der Nauenschen Plantage lies der König Zeichnungen neuer Außenseiten, drey Stockwerke hoch, durch v. Gontard machen, und befahl deren neuen massiven Aufbau, jedoch mit den möglichst wenigen Kosten. Diese Häuser waren zuvor blos leichte von Fachwerk erbauet und stunden auf einem Pfalroste, weil in dieser Gegend ehemals ein außerordentlicher Sumpf gewesen war. Um nun die Kosten zu sparen, brach man die alten Gebäude bis auf das Fundament ab, lies solche nebst dem darunter befind-

lichen Roste stehen und führte darauf die schweren massiven Lastgebäude auf, dergestalt, daß an vielen Stellen das neue Mauerwerk über das alte übergekragt werden oder vorstehen mußte. Es konnte nicht fehlen, daß der neue Bau für den alten Rost zu schwer war; es äußerten sich daher bald so viele Risse und Spalten, welche sich von Jahr zu Jahr vermehrten, bis endlich 1783 das abermalige Abtragen und Wiederaufbauen erfolgen mußte. Die Besitzer waren zwey Gebrüder Jury, Kupferschmiede, zwischen denen das Haus des italienischen Kaufmanns Torchiana innen lag, und ihre Länge betrug zusammen zweyhundert vier und sechzig Fuß.«
Manger (zum Wiederaufbau) Bd. II, 1783, S. 465-467, Nr. III-VIII; ebd., Bd. III, S. 635; Nicolai: S. 1183.

Archivalien:
Amt für Denkmalpflege Potsdam, Acta specialia betreffend: Bau-Sachen, Nauener Straße 30/31 (Friedrich-Ebert-Straße 112), Laufzeit der Akte: 18. Januar 1890 bis 9. Mai 1936.
Amt für Denkmalpflege Potsdam, Plansammlung Friedrich Mielke, Nauener Straße 30/31 (Friedrich-Ebert-Straße 112, KtNr. 164), Keller (Bauplan 1909), gez. Schlafke, gepr. Mielke, 28.9.1955, Format 80 x 60 cm, M 1:50, Feder auf Transparent; Nauener Straße 30/31 (Friedrich-Ebert-Straße 112, KtNr. 406), Erdgeschoß (Baupläne 1899, 1909), gez. Schlafke, gepr. Mielke, 25.11.1955, Format 76 x 58 cm, M 1:50, Feder auf Transparent.
Stadtarchiv Potsdam, Kania-Kartei, 5/Bl. 37; 15/Bl. 22.

Bemerkung
Das Eckgebäude Nauener Straße 30/31 gehört zu den Häusern an der Nauener Straße, die 1765 auf einem zu schwachen Pfahlrost erbaut und 1783 erneuert wurden. Möglicherweise wurden dabei die Achsenzahlen des Gebäudes verändert. Auf Ansichten von 1780 weist das Gebäude neun Achsen (1:2:3:2:1) an der Hauptfassade auf. Nach Plänen der Hausakte besaß das Haus fünf Achsen zur Kupferschmiedgasse. An der Front bildete es einen dreiachsigen Mittelrisalit und einachsige Eckrisalite aus. Der Putz zeigte in allen Etagen eine Bänderung. Das Erdgeschoß besaß rundbogige (eventuell segmentbogige) Fenster und Türen und war durch ein Gurtgesims von den oberen Stockwerken abgetrennt. Kolossale toskanische Pilaster rahmten die Eckrisalite. In der Bel étage waren ebenfalls rundbogige Fenster eingesetzt, die mit Büsten und Tuchgehängen über dem Bogen verziert waren. In den Risaliten waren sie außerdem mit geraden Verdachungen ausgestattet. Zwischen den Obergeschossen waren Dekorfelder mit Festons eingesetzt. Im zweiten Obergeschoß wurden Rechteckfenster auf Fensterbänken verwendet. Die Bänderung knickte hier hakenförmig über dem Sturz ab. Über dem Hauptgesims mit Zahnschnitt wurde der Mittelrisalit mit einem Dreiecksgiebel ausgestattet.

Aus der Hausakte geht hervor, daß 1909 an der Hauptfassade schon Umbauten stattgefunden hatten. Der Zustand um 1909 zeigt rechtecteckige und segmentbogige Schaufenster und Türen. (AfDP, Bl. 64, 31.1.1909) Hoflieferant Kockert reichte damals Pläne für Ladenumbauten und zur Tieferlegung des Keller- und Erdgeschoßfußbodens ein. (AfDP, Bl. 86, 12. Mai 1909) Auf einer Zeichnung für die Veränderungen in der Ebräerstraße werden segmentbogige Fenster und ein rundbogiges Portal im Erdgeschoß gezeigt. Der gesamte Fensterbereich (1.-4. Achse von links) wurde als durchgehendes Schaufenster vorgesehen. Auch an der Nauener Straße wurde der gesamte Erdgeschoßbereich zu Schaufenstern durchbrochen. In der Kania-Kartei wird eine »denkmalpflegerische Erneuerung« für das Jahr 1911 genannt, die aus der Hausakte nicht hervorgeht. (AfDP, Kania-Kartei, 5/Bl. 37.) 1945 wurde das Gebäude nur leicht beschädigt. (Verzeichnis der Kriegsschäden 1946, S. 20)

Kat. Nr.: 89   Abb.: 44, 55a, 174
Ort: Potsdam
Objekt: Nauener Straße 32

Straßenname um 1809: Nauener Straße 32
Straßenname bis 1945: Nauener Straße 32
Straßenname nach 1945: Friedrich-Ebert-Straße 113
Straßenname ab 1992: Friedrich-Ebert-Straße 113
Erbaut: 1765
Erneuert: 1783
Grundbuchnummer: 749/750
Bezirk: VIII
Entwurf: Carl von Gontard
Manger: Bd. II, S. 292-293, 1765, Nr. I-III (Torchiana, vgl. Nauener Straße 30/31); Bd. II, S. 465-466; ebd., Bd. III, S. 635.
Nicolai: S. 1183

Archivalien:
Amt für Denkmalpflege Potsdam, Acta specialia betreffend: Nauener Straße 32 (Friedrich-Ebert-Straße 113), Vol. I, Laufzeit der Akte: 13. Juni 1892 bis 19. August 1931.
Amt für Denkmalpflege Potsdam, Acta specialia betreffend: Nauener Straße 32 (Friedrich-Ebert-Straße 113), Vol. II, Laufzeit der Akte: 11. Juli 1931 bis 12. April 1951.
Stadtarchiv Potsdam, Kania-Kartei, 5/Bl. 40; 15/Bl. 22.

Bemerkung
Wenig Beachtung fanden bisher die Gestaltungen der Fassade Nauener Straße 32, die sehr stark auf Dekorationsformen der italienischen Renaissance bzw. des zeitgenössischen Palladianismus zurückgreift. Das Anwesen mußte bereits 1783 erneuert werden, da das ungenügende Fundament Schäden verursacht hatte. Auf Krügers Ansicht um 1780 ist zu erkennen, daß Erd- und erstes Obergeschoß nicht durch ein Gurtgesims voneinander getrennt sind. Dieser Bereich ist mit einer sehr kräftigen Diamantierung überzogen. Nach einem darüberliegenden Gesimsband, das auf kleinen Konsolen aufliegt, werden die Fensterachsen des zweiten Obergeschosses durchgehend mittels glatter toskanischer Wandvorlagen rhythmisiert. Die Attika ist mit elf Vasen besetzt worden. Auf Krügers Ansicht wird der Charakter einer Diamantierung erzeugt, da in der Mitte der Quader eine kreuzartige Linienführung erscheint. Man gewinnt den Eindruck einer facettenschliffartigen Oberflächenstruktur. Allerdings wird auf einem Foto des Gebäudes um 1900 in der Hausakte lediglich eine ausgeprägte Quaderstruktur mit glatter Oberfläche gezeigt. (AfDP, Vol. II, Bl. 1a.) Der Erdgeschoßbereich des Hauses wurde durch spätere Umbauten stark verändert und dürfte schon um 1900 keine originale Substanz mehr aufgewiesen haben. Kania schreibt in einem Aufsatz von 1933, daß das Gebäude Nr. 32 im Erdgeschoß eine römisch-dorische Pilastergliederung aufweise und die Quaderung erst im ersten Obergeschoß einsetze, was er als originelle, aber ansonsten nicht übliche Lösung bezeichnet. Diese Beschreibung wird auch von Metzler wiederholt. Vergleicht man diese Fassadenbeschreibung aber mit Ansichten der Nauener Straße von Krüger um 1773 und 1780, so stellt man fest, daß das Erdgeschoß eindeutig keine Pilastergliederung, sondern, zusammen mit dem ersten Obergeschoß, eine starke Quaderung aufweist. Entweder wurde beim Wiederaufbau des Gebäudes 1783 die Aufrißgestaltung doch verändert oder Kania hat hier spätere Fassadenänderungen als Originalzustand gedeutet.[786] Zumindest 1892 war der Erdgeschoßbereich bereits massiv durch Ladeneinbauten verändert. Desgleichen wurde zu diesem Zeitpunkt ein Balkon an der Vorderfront eingefügt. (AfDP, Vol. I, Bl. 3, 1892) Im selben Jahr erfolgte der Anschluß an die Kanalisation. (AfDP, Vol. I, Bl. 10, 21. Dezember 1892) Auch dieses Gebäude erlitt nur geringe Kriegsschäden. (Verzeichnis der Kriegsschäden 1946, S. 20)

Katalog

174. Potsdam, Nauener Straße 32 (Kat. Nr. 89, erneuert 1783, Aufnahme 1999)

Kat. Nr.: 90 Abb.: 44, 55b, 175
Ort: Potsdam
Objekt: Nauener Straße 33/34

Straßenname um 1809: Nauener Straße 33/34
Straßenname bis 1945: Nauener Straße 33/34
Straßenname nach 1945: Friedrich-Ebert-Straße 114
Straßenname ab 1992: Friedrich-Ebert-Straße 114
Erbaut: 1765
Erneuert: 1783
Grundbuchnummer: 748 (Nauener Straße 33), 747 (Nauener Straße 34)
Bezirk: VIII
Entwurf: Carl von Gontard
Manger: Bd. II, S. 292-293, 1765, Nr. I-III, Jury, vgl. Nauener Straße 30/31; zum Wiederaufbau: ebd., Bd. II, S. 465-466 und Bd. III, S. 635.
Nicolai: S. 1183.

Archivalien:
Amt für Denkmalpflege Potsdam, Acta specialia betreffend: Bau-Sachen, Nauener Straße 33/34 (Friedrich-Ebert-Straße 114). Stadtarchiv Potsdam, Kania-Kartei, 5/Bl. 42; 15/Bl. 22.

Bemerkung
Auch das Gebäude Nauener Straße 33/34 gehört zu den Bauten, die 1793 wegen des schwachen Pfahlrostes erneuert werden mußten. Eventuell wurden auch hier Veränderungen bei der Achsenzahl vorgenommen. Um 1780 zeigt Krüger ein zwölfachsiges Gebäude von drei Geschossen. Heute weist das noch erhaltene Haus aber lediglich 11 Fensterachsen auf. Das Erdgeschoß war nach Krüger mit rundbogigen Fenstern und Türen ausgestattet, über denen die Bänderung des Putzes abknickte. Zwei zweiläufige Treppen mit schmiedeeisernen Geländern waren vor den Eingänge in der dritten und zehnten Achse angelgt. Außerdem befanden sich ebenerdige Zugänge (Durchfahrten?) in den äußeren Achsen. Ein Gurtgesims trennte das Erdgeschoß von den Obergeschossen. Die Kanten der Obergeschosse waren durch eine Eckrustika eingefaßt. Im ersten Obergeschoß wurden Rechteckfenster mit Dreiecksgiebeln eingesetzt. An der heutigen Fassade ist zu erkennen, daß diese auf Konsolen aufliegen und mit Girlanden verziert sind. Ihre Fensterbänke liegen ebenso auf Konsolen auf, zwischen denen ein schmuckloses Dekorfeld eingefügt ist. Rechteckfenster mit geraden Verdachungen wurden auch im zweiten Obergeschoß verwendet. Hier liegen die Fensterbänke auf kleinen Volutenkonsolen auf, zwischen denen Girlanden gespannt sind. Das heutige Traufgesims zeigt einen Zahnschnitt. Aus der Hausakte ist zu entnehmen, daß 1894 der Anschluß an die Kanalisation erfolgte. (AfDP, Bl. 1, 30. April 1894) Der damalige Besitzer (Hofkonditor Weiss) ließ 1902 ein Schaufenster in die 2. Achse von links einbrechen. (AfDP, Bl. 14, 12. Juli 1902) 1937 werden Schaufenster in diesem Bereich wieder zugesetzt und durch Rundbogenfenster ersetzt. Zugleich sollen eine Terrasse vor dem Laden und ein Hofgebäude abgerissen werden. Kania nennt eine »denkmalpflegerische Erneuerung« 1937, die sich wohl auf diese Maßnahmen bezieht. (StAP, Kania-Kartei, 5/Bl. 42) Kriegsschäden waren auch in diesem Fall nur in relativ geringem Umfang zu verzeichnen. (Verzeichnis der Kriegsschäden 1946, S. 29)

Kat. Nr.: 91 Abb.: 59, 73-75, 177
Ort: Potsdam
Objekt: Nauener Straße 35/36

Straßenname um 1809: Nauener Straße 35/36

Katalog

175. Potsdam, Nauener Straße 34/33 (Kat. Nr. 90, erneuert 1783, Aufnahme 1999)

Straßenname bis 1945: Nauener Straße 35/36
Straßenname nach 1945: Friedrich-Ebert-Straße 7/8 (Friedrich-Ebert-Straße 115)
Straßenname ab 1992: Friedrich-Ebert-Straße
Erbaut: 1770
Zerstört: 1945
Grundbuchnummer: Nauener Straße 35 (885), Nauener Straße 36 (884)
Bezirk: IX
Entwurf: Carl von Gontard
Manger: Bd. II, S. 350-351, 1770, Nr. XIII-XIV: »Zwey Häuser in der Nauenschen Straße zur rechten bey dem Hingange nach dem Thore, welche von der Ecke der Pflugstraße bis an die 1767 neu erbauten sechs Häuser an der Plantage reichten, wurden drey Stockwerk hoch. Ihre Besitzer waren Hilcker und Hollber, und ihre Länge ohne die Wiederkehr des erstern acht und neunzig Fuß, die Tiefe, wie gewöhnlich, sechs und dreyßig Fuß.«
Ebd., Bd. III, S. 635-636.
Nicolai: S. 1183.

Archivalien:
Stadtarchiv Potsdam, Sig. 1-9/1022, Acta specialia betreffend: Bau-Sachen, Nauener Str. 35 (Friedrich-Ebert-Str.7), Laufzeit der Akte: 12.1.1893 bis 15.7.1942.
Stadtarchiv Potsdam, Sig. 1-9/1023, Akten betreffend: Nauener Str. 36, (Friedrich-Ebert-Str. 8), Bd. II, Laufzeit der Akte: 5.2.1938 bis 28.8.1944.
Stadtarchiv Potsdam, Kania-Kartei, 5/Bl. 46, 48; 15/Bl. 22.

Bemerkung
Bei den Gebäuden Nauener Straße 35/36 handelt es sich um den nordwestlichen Querriegel im Anschluß an die Häuser Wilhelmplatz 15-20. Zusammen umfaßten die Gebäude elf Achsen, wobei eine einheitliche Fassade vorgelegt worden war. In der Aufrißgliederung wurde das Schema von Wilhelmplatz 15-20 variiert. Nach einer Zeichnung von 1896 (StAP, Sig. 1-9/1022, Bl. 42) war das Erdgeschoß schon völlig durch Schaufenstereinbauten zerstört. Kolossale toskanische Wandvorlagen gliederten die Fassade in den Obergeschossen. Im ersten Obergeschoß waren leicht eingetiefte Rundbogenfenster mit profiliertem Bogenlauf und Rankendekor verwendet worden, in der obersten Etage wurden die stichbogigen Fenster der Bel étage der Fassade Wilhelmplatz 15-20 aufgegriffen. Auch deren Brüstungsmotiv wurde übernommen. Desgleichen bildete hier ein Sohlgesims die Fensterbänke aus. Oberhalb des Traufgesimses war ein Mezzanin angelegt.

1896 ließ der Eigentümer Meyerheine am Haus Nr. 35 umfangreiche Umbauten vornehmen. So wurde ein Erker im ersten Obergeschoß der Hauptfassade eingefügt, der zugleich als Balkon für die dritte Etage diente. (StAP, Sig. 1-9/1022, Bl. 32, 25.6.1896) Im gleichen Jahr wird das Dach angehoben, um das Mezzanin zu vergrößern und um drei zusätzlich Dachzimmer zu gewinnen. Bei dieser Maßnahme wurden Konsolen unter das Traufgesims eingefügt, das Mezzanin durch Wandvorlagen untergliedert und die neue Traufe mit Vasen besetzt. (StAP, Sig. 1-9/1022, Bl. 39, 18.8.1896) Die Erhöhung des Daches erstreckte sich auch auf Nr. 36. (StAP, Kania-Kartei, 5/45, 46) 1905 beabsichtigt Meyerheine den Umbau des Treppenhauses und den Ausbau eines Zwerchhauses im Dachbereich zum Hof. (StAP, Sig. 1-9/1022, Bl. 53, 4.3.1905; Bl. 54, 27.3.1905) 1939 werden Rekonstruktionsmaßnahmen durchgeführt, bei denen im Erdgeschoß von Nr. 35 fünf gleichmäßige Bogen eingefügt wurden, wobei eine Bänderung hakenförmig über den

Bogen abknickte. (StAP, Sig. 1-9/1022, Bl. 120, 7.3.1939; Bl. 145, 5.4.1939) Inwiefern diese Gliederung auch auf Nr. 36 übertragen wurde, ist unklar. Die Fassade von Nr. 36, die sechs Achsen zur Nauener Straße und vier zur Charlottenstraße besaß, muß 1944 sehr schadhaft gewesen sein, da lose Putz- und Stuckteile herabstürzten. Ob dies durch Kriegseinwirkung verursacht war, wird nicht erwähnt. (StAP, Sig. 1-9/1023, Bl. 17, 12.8.1944) Beide Gebäude wurden 1945 total zerstört, weshalb der Wiederaufbau nicht in Erwägung gezogen wurde. (Verzeichnis der Kriegsschäden 1946, Bl. 20)

Kat. Nr.: 92
Ort: Potsdam
Objekt: Nauener Straße 37, Ecke Charlottenstraße

Straßenname um 1809: Nauener Straße 37
Straßenname bis 1945: Nauener Straße 37
Straßenname nach 1945: Friedrich-Ebert-Straße 9
Straßenname ab 1992: Friedrich-Ebert-Straße 9
Erbaut: 1770
Grundbuchnummer: 909
Bezirk: IX
Entwurf: Carl von Gontard
Manger: Bd. II, S. 350/351, Nr. XV, XVI: »Die beyden folgenden Eckhäuser in der Nauenschen Straße, welche jedes zwey niedrige Stockwerke von Fachwerk hoch waren, wurden blos gegen die Straße zu auswendig von Mauerwerk, und zugleich die neben denselben befindlichen Thoreinfahrten auf gleiche Weise und in gleicher Höhe erbauet.«
Ebd., Bd. III, S. 635-636.
Nicolai: S. 1183.

Archivalien:
Amt für Denkmalpflege Potsdam, Acta specialia betreffend Bau-Sachen, Nauener Straße 37 (Friedrich-Ebert-Straße 9), Vol. I, Laufzeit der Akte: 16. Mai 1881 bis 29. Dezember 1933.
Amt für Denkmalpflege Potsdam, Acta specialia betreffend Bau-Sachen, Nauener Straße 37 (Friedrich-Ebert-Straße 9), Vol. II, Laufzeit der Akte: 24. November 1934 bis 1. September 1949.

Bemerkung
Bei den beiden Eckgebäuden Nauener Straße 22 und 37 (5:5 Achsen) wurde nicht an die übliche Dreigeschossigkeit angeknüpft, da diese Objekte in der Nauener Straße ursprünglich an Typenhäuser aus der Zeit Friedrich Wilhelms I. anschlossen. In der Charlottenstraße wurde 1773 das Nachbarhaus Nr. 68 in holländischer Manier errichtet. Eine Ansicht der Fassade des Eckgebäudes Nr. 37 um 1881 zeigt bereits ein dreistöckiges Gebäude. Beide Fassaden dürften eine wesentliche Überformung erfahren haben, falls es sich nicht schon um einen Nachfolgebau handelt. (AfDP, Vol. I, Bl. 3, 16.3.1881) Es werden gefugte Fassaden gezeigt, bei denen durchweg Rechteckfenster eingesetzt wurde. Zur Nauener Straße stoßen dabei die Verdachungen der Fenster im ersten Obergeschoß in den jeweils beiden äußeren Achsen eng zusammen und sind mit einem kymaartigen Dekor verziert. Nach einem Gesimsband wurde dieses Schema im zweiten Obergeschoß wiederholt. Ein Palmettenfries unter der Traufe war mit kleinen Rundfenstern durchbrochen. (AfDP, Vol. I, Foto, Bl. 61, um 1912)

Scharrenstraße

Die einstige Scharrenstraße, eine kleine Gasse, die am Rathaus vorbeiführte, verband den Blücherplatz und den Alten Markt und hatte wechselnde Namen. In Stadtbeschreibungen treten die Bezeichnungen »Fleischergasse«, »Hoher Steinweg«, »Hohe Wegstraße« oder »Hohe Steinwegstraße« auf. Etwa ab 1756 wurde die Straße nach den Fleischscharren im Rathaus als Scharrenstraße bezeichnet.[787] Die Bebauung bzw. Erneuerung der Scharrenstraße, die nur wenige Häuser umfaßte, wurde von Gontard und vermutlich von Unger durchgeführt. Nach Mangers Aufzeichnungen sind Gontard die nebeneinanderliegenden Bauten Scharrenstraße 3 und 4, aus den Jahren 1767 und 1770, zuzuordenen.

Kat. Nr.: 93
Ort: Potsdam
Objekt: Scharrenstraße 3

Straßenname um 1809: Scharrenstraße 3
Straßenname bis 1945: Scharrenstraße 3
Straßenname nach 1945: Scharrenstraße 6, Wohngebiet Zentrum Süd
Straßenname ab 1992: Wohngebiet Zentrum Süd
Erbaut: 1767
Zerstört: 1945
Grundbuchnummer: 115
Bezirk: II
Entwurf: Carl von Gontard
Manger: Bd. II, S. 309-310, 1767, Nr. VII: »Außer diesen sechsen (Wilhelmsplatz 15-20, d.V.) lies der König noch ein Bürgerhaus auf der Hohen Wegstraße hinter dem Rathause, dem Wundarzt Beyerlein gehörig, ein und dreyßig und ein viertel Fuß lang, sieben und vierzig und einen halben Fuß tief, drey Stockwerk hoch, [...] erbauen, von welchen nichts weiter anzumerken ist.«
Ebd., Bd. III, S. 635-636.

Nicolai: S. 1155: »Vom obigen Platze, wo die Grünstraße ihren Anfang nimmt, führt die Scharrenstraße zum Alten Markt. Sie wird auch zuweilen der Hohe Steinweg genennet. Rechts sind verschiedenen neugebaute schöne Häuser. Links sind die Fleischscharren, unter einer massiven Bogenlaube des neugebauten Seitenflügels vom Rathause. Aus der Scharrenstraße gehet, neben dem Rathause, die schmale Waagegasse in die Schloßstraße.«

Archivalien:
GStA PK, I. HA, Rep. 36, Hofverwaltung, Nr. 3064, Haupt Rechnung derer innenbenannten 20 Königl. Exterieur Bauen in und vor Potsdam, und in sonderheit des neuen Palais de annis 1762 bis 1768, Bl. 30.
GStA PK, I. HA, Rep. 36, Hofverwaltung, Nr. 3066, Kostenanschläge über Bauten und Baureparaturen in und bei Potsdam, Bl. 35-36, Anschlag der Kosten zur Erbauung eines Bürger Hauses dem Bader Beyerlein.

Bemerkung
Für das 1767 erbaute dreistöckige Haus des Wundarztes und Baders Beyerlein in der Scharrenstraße 3, konnte ein Kostenvoranschlag ausfindig gemacht werden. Die Schätzung der Kosten für die benötigten Materialien und Löhne zur Erbauung des Gebäudes belief sich auf 4.268.18.08 Taler. Auf die von Manger mit 30 1/4 Fuß Länge, aber 47 1/2 Fuß Tiefe angegebenen Maße, wird im Kostenanschlag nicht wie üblich eingegangen. Aus den Angaben zur Anzahl von Fenstern und Türen läßt sich eine fünfachsige, gemauerte und verputzte Fassade erschließen. Da nur eine Vordertür erwähnt wird, ist ihre geplante Lage in der Mittelachse zu vermuten. Alle Fenster an der Vorderfront sollten mit Gewicht-, d.h. Schiebefenstern ausgestattet werden, für die Hoffassade waren einfachere, vermutlich Flügelfenster, vorgesehen. Das Dach sollte durch zwei Fenster belichtet werden. Es sind keine Hinweise auf Fassadendekor erhalten.[788] Für das Haus waren weiterhin vier gemauerte Schornsteinröhren aber drei gemauerte Herde vorgesehen. Keller und Küche sollten gepflastert werden. Das Gesims der Hofseite wurde lediglich in Holz veranschlagt. Da außerdem bei der Lehmer Arbeit »36 Fach zu stacken und zu lehmen« angesetzt wurden, waren Teile der Wände in Fachwerk geplant. In Potsdam war es häufig der Fall, daß nur die Fassade gemauert wurde. Auch Brandwände wurden aus Fachwerk errichtet. Weiterhin hat sich eine Aufstellung des veranschlagten Steinmaterials erhalten.[789] Ansichten des Gebäudes sind nicht bekannt. 1945 wurde das Gebäude total zerstört, ein Wiederaufbau wurde nicht in Betracht gezogen. (Verzeichnis der Kriegsschäden 1946, Bl. 21)

Katalog

176. Potsdam, Waisenstraße 37 (Kat. Nr. 95, Aufnahme 1996)

Kat. Nr.: 94
Ort: Potsdam
Objekt: Scharrenstraße 4

Straßenname um 1809: Scharrenstraße 4
Straßenname bis 1945: Scharrenstraße 4
Straßenname nach 1945: Scharrenstraße 7, Wohngebiet Zentrum Süd
Straßenname ab 1992: Wohngebiet Zentrum Süd
Erbaut: 1770
Zerstört: 1945
Grundbuchnummer: 114
Bezirk: II
Entwurf: Carl von Gontard
Manger: Bd. II, S. 350-351, 1770, Nr. VII: »Des Brauer Rudolphs Haus auf dem hohen Steinweg hinter dem Rathause von funfzig und einem halben Fuß Länge, bekam neun und dreyßig Fuß Tiefe, und drey Geschoß Höhe.«
Ebd., Bd. III, S. 635-636.
Nicolai: S. 1155

Archivalien: —

Bemerkung
Zu dem Gebäude konnten weder Ansichten noch Archivalien ausfindig gemacht werden. Es wurde im 2. Weltkrieg völlig zerstört. (Verzeichnis der Kriegsschäden 1946, S. 21)

Kat. Nr.: 95 Abb.: 176
Ort: Potsdam
Objekt: Waisenstraße 37

Straßenname um 1809: Waisen-Straße 37
Straßenname bis 1945: Waisenstraße 37
Straßenname nach 1945: Dortustraße 37
Straßenname ab 1992: Dortustraße 37
Erbaut: 1770
Grundbuchnummer: 486
Bezirk: IV
Entwurf: Carl von Gontard
Manger: Bd. II, S. 351, 352, 1770, Nr. XX: »Das zwanzigste Bürgerhaus war ein am Kanale neben dem 1769 erbauten Eckhause stehendes zwar einhundert drey und sechszig Fuß langes, aber nur sechs und zwanzig Fuß tiefes altes schlechtes Gebäude ohne Hofraum. Bey Verfertigung des Anschlages fehlten noch sechstausend Thaler zu der gewöhnlich für Potsdam bestimmten Summe. Der König befahl also diese Länge, soviel als es sich mit diesem Gelde thun ließe, wo möglich von außen drey Stockwerk hoch zu erbauen. Nach diesem Befehle erhielt dieses Haus, welches dem Director Rückert aus der Gewehrfabrik gehörte, in seiner neuen Form würklich nach fornen drey, nach hinten zu aber nur zwey Stockwerke, weil das Dach fornen ganz ohne von der Straße gesehen zu werden ablief. Da hierbey alle mögliche Kostenersparung mußte angewendet, gleichwohl eine Attik mit dahinterliegender blecherner Rinne angebracht werden konnte, welches die Folge sehr bestätigt hat.«
Ebd., Bd. III, S. 636.
Nicolai: S. 1172

Archivalien:
Amt für Denkmalpflege Potsdam, Acta specialia betreffend: Bau-Sachen, Waisenstraße 37 (Dortustraße 37), Laufzeit der Akte 10. Juli 1895 bis 17. August 1950.
Stadtarchiv Potsdam, Kania-Kartei, 7/Bl. 49.

Bemerkung
Zur Waisenstraße umfaßt die Fassade 17 Achsen (3:4:3:4:3) und drei Stockwerke. Wie Manger angegeben hat, wurde die Rückseite nur zweigeschossig ausgeführt. Für eine Konzeption Gontards um 1770 zeigt die Fassade extrem wenig Dekorationselemente. Manger weist die Immediatbauten von 1770 jedoch Gontard zu. In der heutigen Ansicht wird das Erdgeschoß gebändert, mit schmucklosen ungerahmten Rechteckfenstern vorgeführt, wobei minimale Vorkragungen nach dem genannten Achsenschema auftreten. Die Obergeschosse werden in den dreiachsigen Abschnitten durch kolossale Wandvorlagen zusammengefaßt. Erstes und zweites Obergeschoß werden durch ein Gesimsband unterteilt. Im ersten Obergeschoß haben die Fenster einfache Faschen erhalten, wobei diejenigen in den »Risaliten« mit geraden Verdachungen ausgestattet sind, während die übrigen nur leere eingetiefte Felder über dem Sturz aufweisen.
In der Hausakte sind nur wenige Informationen überliefert. 1895 wird das Gebäude als Höhere Knabenschule (AfDP, Bl. 1, 10. Juli 1895) und 1903 als Gemeindeschule bezeichnet. (AfDP, Bl. 8, 20. August 1903) Im 2. Weltkrieg wurde das Haus nur teilbeschädigt. (Verzeichnis der Kriegsschäden 1946, S. 23) In der Nachkriegszeit wurden 1950 vom Bauamt für Instandsetzungsmaßnahmen Baustoffe im Wert von M 14.000,- bereitgestellt. (AfDP, Bl. 46, 17. August 1950) Heute ist in dem Gebäude die Volkshochschule untergebracht.

Kat. Nr.: 96 Abb.: 56
Ort: Potsdam
Objekt: Wilhelmplatz 0

Erbaut: 1766
Abriß: 1795
Grundbuchnummer: 1104
Bezirk: IX
Entwurf: Carl von Gontard
Manger: Bd. II, S. 303, 1766, Nr. I-VI: »In der Stadt wurden sechs Bürgerhäuser, denen im vorigen Jahre an der Nauenschen Plantage aufgeführten gegenüber, von drey Stockwerk hoch neu und massiv erbauet. Die Namen der Besitzer waren Urban, Kunze, Morrisson und Weisse; darauf folgte die Judenschule und das Haus des Hauptmann v. Bockelberg. Das Eckhaus blieb, so wie das im vorigen Jahre, gegen über stehen. Die Länge derselben beträgt dreyhundert und zwölf, und die Tiefe sechs und dreyßig Fuß. Die Außenseiten waren nach Entwür-

fen des v. Gontard und so eingerichtet, daß immer zwey und zwey Häuser einerley Ansehen bekamen. Das letzte blieb für sich und erhielt einen Balkon, der auf vier dorischen Säulen ruht. An den übrigen ist nichts Architektonisches besonders zu bemerken. Allesammt mußten einen Pfalrost erhalten und der Grund war so böse und tief morastig, daß bey den beyden erstern sogar doppelte Pfäle mußten aufeinander gesetzt werden, damit sie siebenzig bis achtzig Fuß tief auf festen Boden reichten.«
Ebd., Bd. III, S. 635-635.
Nicolai: S. 1185f: »An der Faulen See. Die hier an der Mitternachtseite des Platzes stehenden 7 Häuser sind unter eine Stirnwand gebracht und nehmen die ganze Breite der Plantage ein. Sie sind nach einer Zeichnung des französischen Baumeister Piron gebauet. Auf den Ecken und in der Mitte der Attika neben dem Fronton stehen Figuren. Im Pleinen heißt die Reihe Häuser an der Morgenseite des Platzes, welche vom Kanal ab bis an die Pflugstraße reicht. Sie sind alle in sehr gutem Geschmack nach v. Gontards Zeichnungen erbauet. Darunter zeichnen sich aus: das Töpfersche Haus mit einem großen Balkon, der von freistehenden Säulen getragen wird, die Jüdische Synagoge oder Schule, das Dielitzsche Haus, die Kunz- und Urbanischen Häuser in dorischer Ordnung.«

Archivalien und Bildmaterial zur Nauenschen Plantage:
GStA PK, I. HA, Rep. 36, Hofverwaltung, Nr. 3207, Special-Bau-Rechnung der Sechs Bürger-Häuser pro 1766.
GStA PK, I. HA, Rep. 96, Geheime Cabinetts-Registratur, Nr. 216 B, Vol. I, Kabinettsakten Fr. W. II., Königliche Immediatbauten Berlin und Potsdam, 1787-1795.
- Johann Friedrich Meyer, Ansicht des Wilhelmplatzes von Süden, Öl auf Leinwand, 94 x 137 cm, bez. Meyer Pein. 1773. Nach einer Zeichnung von A. L. Krüger in der Entwurfszeichnungen, Stiftung Preußisches Schlösser und Gärten Berlin-Brandenburg (Plankammer Potsdam), GK I 5758.
- Johann Friedrich Meyer, Ansicht des Wilhelmplatzes von Norden, Öl auf Leinwand, 94 x 137 cm, bez. Meyer Pein. 1773 Nach einer Zeichnung von A.L. Krüger in der Stiftung Preußisches Schlösser und Gärten Berlin-Brandenburg (Plankammer Potsdam), GK I 5749.
- Andreas Ludwig Krüger, Das »Säulenhaus« am Wilhelmplatz, Feder, laviert, 25,1 x 43,1 cm, unbezeichnet, um 1775, Stiftung Preußisches Schlösser und Gärten Berlin-Brandenburg (Plankammer Potsdam), Mappe 107.
- Andreas Ludwig Krüger, Westseite des Wilhelmplatzes, »Vue Orientale des Environs, en passant par le Pont de Nauen à la Rue de Nauen«, Feder, Pinsel, farbig laviert, 49,1 x 88,8 cm, bez.: Dessine dapr: la Nature par A. L. Krüger, um 1773. Stiftung Preußisches Schlösser und Gärten Berlin-Brandenburg (Plankammer Potsdam), Mappe 107.

Bemerkung
Das siebenachsige und dreigeschossige Gebäude erhielt den schon aus Bayreuth bekannten Altanvorbau über vier toskanischen Säulen, die als Pilaster an der Fassade wiederholt wurden. Eine gebälkartige Zone, die sich über den Altan fortsetzte, trennte das Erdgeschoß von den oberen Etagen. Eckrustizierungen faßten die Gebäudekanten ein. Im Erdgeschoß sticht auf Krügers Ansicht eine auffällige Oberflächengestaltung hervor. Neben der flachen Eckrustizierung wird hier eindeutig ein steinschliffartiger Charakter einzelner Mauersteine vorgeführt, deren Relief ein lebhaftes Licht- und Schattenspiel hervorgebracht haben dürften. Sie füllen die Wandflächen zwischen den Rechteckfenstern aus. Auch in den Obergeschossen wurden Rechteckfenster mit geraden Verdachungen eingesetzt. Als weiterer Dekor wurden Festons verwendet. Das Motiv der Altanbrüstung setzte sich in den Brüstungen der Fenster fort. Die Tür zum Altan scheint rundbogig gestaltet und mit einer von Putten getragenen Kartusche ausgezeichnet gewesen zu sein. Es lassen sich Parallelen zu einem Entwurf ziehen, der Gontard zugeschrieben wird und vermutlich am Gendarmenmarkt in Berlin Umsetzung fand. Dabei wurden ebenfalls ein Altan und zwei verschiedene Diamantierungen zur Gestaltung eingesetzt. (Vgl. Kat. Nr. 137, Abb. 92) Wegen starker Senkungsschäden mußte das Gebäude 1795 abgebrochen werden. (Vgl. Textteil sowie Tabelle IV)

177. Potsdam, Nauener Straße 35 (Kat. Nr. 91, Bauzeichnung 1896, zerstört)

Katalog

Kat. Nr.: 97 Abb.: 56
Ort: Potsdam
Objekt: Wilhelmplatz 1, Synagoge

Straßenname um 1809: Im Pleinen, Wilhelms Platz 2
Straßenname bis 1945: Wilhelmplatz 1
Straßenname nach 1945: Platz der Einheit 1
Straßenname ab 1992: Platz der Einheit
Erbaut: 1766
Abriß: 1795
Grundbuchnummer: 1103
Bezirk: IX
Entwurf: Carl von Gontard
Manger: Bd. II, S. 303, 1766, Nr. I-VI, jüdische Gemeinde, vgl. Wilhelmplatz 0; ebd., Bd. III, S. 635-635.
Nicolai: S. 1185f., vgl. Wilhelmplatz 0.

Archivalien:
GStA PK, I. HA, Rep. 36, Hofverwaltung, Nr. 3207, Special-Bau-Rechnung der Sechs Bürger-Häuser pro 1766.
GStA PK, I. HA, Rep. 96, Geheime Cabinetts-Registratur, Nr. 216 B, Vol. I, Kabinettsakten Fr.W.II., Königliche Immediatbauten Berlin und Potsdam, 1787-1795.
Stadtarchiv Potsdam, Kania-Kartei, 1/Bl. 95.
Bildmaterial: vgl. Wilhelmplatz 0

Bemerkung
Kania gibt an, daß der Vorgängerbau bereits 1730 von »Seiner Majestät Schutzjuden« Liebmann Lewin gekauft und 1766 von Lewin an die jüdische Gemeinde zur Einrichtung einer Synagoge weiterverkauft wurde.[790] Nach Krügers Ansicht um 1773 umfaßte das Gebäude zehn Fensterachsen und drei Geschosse. Verschiedenartig rustizierte Bänderungen bestimmten das Erdgeschoß, in dessen äußeren Achsen zwei Eingänge mit niedrigen Treppen angelegt waren. Fenster und Türen waren rundbogig konzipiert. Im ersten Obergeschoß waren Rechteckfenster mit Dreiecksgiebeln eingesetzt, die wohl auf Konsolen auflagen und auch mit Fensterschürzen ausgestattet waren. Desgleichen waren Rechteckfenster in der obersten Etage eingefügt, aber mit geraden Verdachungen versehen worden. Das Gebäude scheint nicht in besonderer Weise als Synagoge gekennzeichnet gewesen zu sein. Aus den Akten des Geheimen Staatsarchivs geht lediglich hervor, daß die jüdische Gemeinde 600 Taler zu den Bürgerhausbauten 1766 beisteuerte.[791] Der Abbruch des Gebäudes erfolgte 1795. Unklar ist, inwiefern das Grundstück in den Neubau von 1793 für Haus Nr. 2/3 miteinbezogen wurde. (Vgl. Tabelle IV)

Kat. Nr.: 98 Abb.: 47, 56, 178
Ort: Potsdam
Objekt: Wilhelmplatz 2/3

Straßenname um 1809: Im Pleinen, Wilhelms Platz 3/4
Straßenname bis 1945: Wilhelmplatz 2/3
Straßenname nach 1945: Platz der Einheit
Straßenname ab 1992: Platz der Einheit
Erbaut: 1766
Erneuert: Abriß 1793/94, Neubau um 1796
Zerstört: 1945, Abbruch der Fassade nach 1948
Grundbuchnummer: 1102 (Wilhelmplatz 2), 1101 (Wilhelmplatz 3)
Bezirk: IX
Entwurf: Carl von Gontard
Manger: Bd. II, S. 303, 1766, Nr. I-VI, Morrison und Weisse, vgl. Wilhelmplatz 0; ebd., Bd. III, S. 635-635.
Nicolai: S. 1185f.

Archivalien:
GStA PK, I. HA, Rep. 36, Hofverwaltung, Nr. 3207, Special-Bau-Rechnung der Sechs Bürger-Häuser pro 1766.
GStA PK, I. HA, Rep. 96, Geheime Cabinetts-Registratur, Nr. 216B, Vol. I, Kabinettsakten Fr.W.II., Königliche Immediatbauten Berlin und Potsdam, 1787-1795.
GStA PK, X. HA, Rep. 16 A, Abgabe Mielke, Nr. 174, Foto 174, Bauzustand Wilhelmplatz 1-5, 1948.
Stadtarchiv Potsdam, Kania-Kartei, 1/Bl. 97
Bildmaterial: Vgl. Wilhelmplatz 0.

Bemerkung
Die Doppelfassade des Gebäudes Wilhelmplatz 2/3 umfaßte, nach Krügers Ansichten der 1770er Jahre, sieben Achsen und drei Geschosse. Anscheinend war das Erdgeschoß gebändert, hatte rundbogige Türöffnungen in den beiden äußeren Achsen und gleichfalls rundbogige Fenster. Ein Gurtgesims trennte zwischen dem Erd- und den Obergeschossen, die jeweils mit Rechteckfenstern ausgestattet waren. In beiden oberen Etagen waren offenbar Dekorfelder unter den Fenstern plaziert. 1793/94 erfolgte der Abbruch wegen des zu schwach angelegten Pfahlrostes. Um 1796 scheint der Nachfolgebau fertiggestellt gewesen zu sein.[792] (Vgl. Tab. IV) Der Neubau erhielt 12 Fensterachsen. Es dürfte also ein Grundstücksabschnitt von Nr. 1 dazu herangezogen worden sein. Als Baumeister kommt Boumann d. J. in Betracht, der für den Fassadenaufriß eine Mischung aus gotisierenden und maurischen Formen verwendete. Spitzbogige Nischen faßten die Fenster, die mit maßwerkartigem Dekor versehen waren. In den Obergeschossen rhythmisierten schlanke Fialen die Fensterachsen. Im 2. Weltkrieg wurde das Haus schwer getroffen, jedoch stand 1948 zumindest die Fassade noch fast vollständig. (Abb. 47) Obwohl sich die Denkmalpflege stark für den Erhalt einsetzte, wurde die Fassade abgeräumt.

Kat. Nr.: 99 Abb.: 56, 147, 179
Ort: Potsdam
Objekt: Wilhelmplatz 4/5

Straßenname um 1809: Im Pleinen, Wilhelms Platz 5/6
Straßenname bis 1945: Wilhelmplatz 4/5
Straßenname nach 1945: Platz der Einheit
Straßenname ab 1992: Platz der Einheit
Erbaut: 1766
Erneuert: Abbruch 1793/94, Fertigstellung um 1796

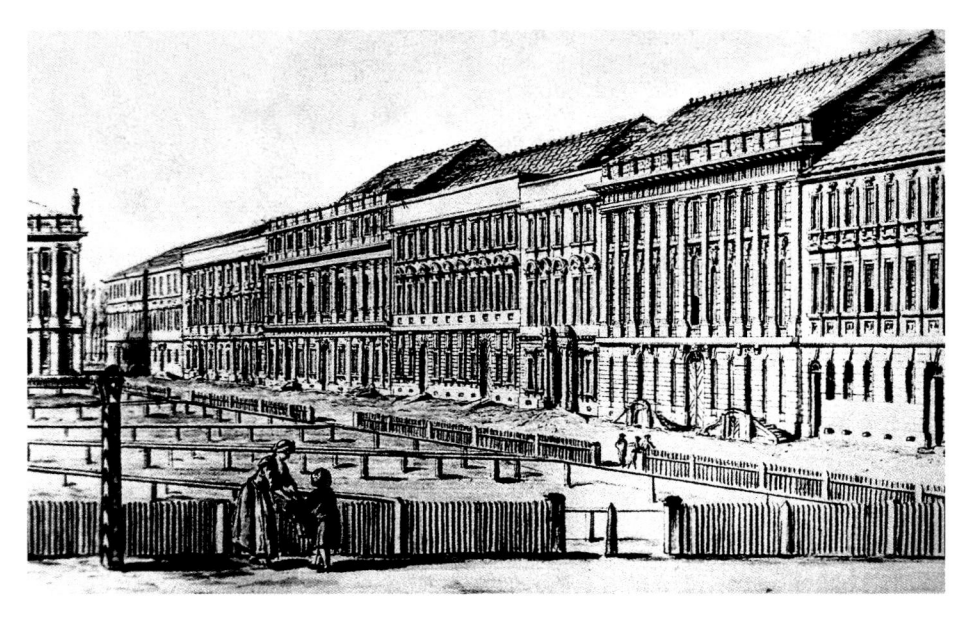

178. Andreas Ludwig Krüger, um 1770, Wilhelmplatz (v.l.n.r.) 12, 11/10, 9, 8/7, 6, 5/4, 3/2 (angeschnitten)

Zerstört: 1945, Abbruch der Fassade nach 1948
Grundbuchnummer: 1100 (Wilhelmplatz 4), 1099 (Wilhelmplatz 5)
Bezirk: IX
Entwurf: Carl von Gontard
Manger: Bd. II, S. 303, 1766, Nr. I-VI, Kunze und Urban, vgl. Wilhelmplatz 0; ebd., Bd. III, S. 635-635.
Nicolai: S. 1185f.

Archivalien:
GStA PK, I. HA, Rep. 36, Hofverwaltung, Nr. 3207, Special-Bau-Rechnung der Sechs Bürger-Häuser pro 1766.
GStA PK, I. HA, Rep. 96, Geheime Cabinetts-Registratur, Nr. 216 B, Vol.I, Kabinettsakten Fr.W.II., Königliche Immediatbauten Berlin und Potsdam, 1787-1795.
GStA PK, X. HA, Rep. 16 A, Abgabe Mielke, Nr. 174, Foto 174, Bauzustand Wilhelmplatz 1-5, 1948.
Stadtarchiv Potsdam, Sig. 1-9/1050, Wilhelmplatz 4/5 (Platz der Einheit); 1996 aus konservatorischen Gründen gesperrt.
Stadtarchiv Potadam, Kania-Kartei, 1/Bl. 98, 100
Bildmaterial: Vgl. Wilhelmplatz 0

Bemerkung
Auch bei diesem Objekt können nur Ansichten aus der Zeit um 1770 Auskunft über die originale Fassadengestaltung geben. Krügers Darstellung der Platzseite zeigt ein elfachsiges Gebäude, dessen zwei Obergeschosse durch toskanische Pilaster gegliedert sind. Die gesamte Fassade scheint mit einer Bänderung versehen gewesen zu sein. Im Erdgeschoß waren zwei rundbogige Eingänge mit vorgelegten zweiläufigen Treppenanlagen in der dritten und neunten Achse sowie eine Durchfahrt in der Mittelachse angelegt. Wiederum trennte ein Gurtgesims das Erd- von den Obergeschossen ab. Das erste Obergeschoß erhielt rundbogige und das zweite Obergeschoß rechteckige Fenster. Über den Fassadenschmuck läßt sich nur wenig aussagen. Oberhalb des Traufgesims verlief eine relativ hohe und gegliederte Attika. 1793/94 mußte das Gebäude wegen Senkungsschäden abgebrochen werden. Der Wiederaufbau erfolgte um 1796, wobei auf eine modifizierte Version der Gontardschen Konzeption zurückgegriffen wurde. (Vgl. Tab. IV) Zwar wurde die Gliederung wohl im wesentlichen beibehalten, jedoch wurde offensichtlich die Mittelachse erweitert, da hier ein Doppelfenster eingesetzt wurde. Ob das Wellenbandmotiv unter den Fenstern des ersten Obergeschosses bereits von Gontard verwendet wurde, ist unklar. Schwere Schäden mußte auch dieses Ge-bäude im 2. Weltkrieg hinnehmen. Wie bei Nr. 2/3 (Abb. 47) stand 1948 noch die komplette Fassade, wurde jedoch nicht erhalten.

Kat. Nr.: 100   Abb.: 178
Ort: Potsdam
Objekt: Wilhelmplatz 6

Straßenname um 1809: Im Pleinen, Wilhelms Platz 7
Straßenname bis 1945: Wilhelmplatz 6
Straßenname nach 1945: Platz der Einheit 7
Straßenname ab 1992: Platz der Einheit
Erbaut: 1769
Erneuert: Abbruch 1793/94, Fertigstellung 1795

Zerstört: 1945
Grundbuchnummer: 1098
Bezirk: IX
Entwurf: Carl von Gontard
Manger: Bd. II, S. 336-337, 1769, Nr. I-IX:
»In der Stadt worin sechszehen Bürgerhäuser erbauet wurden, und zwar: Neune an der Nauenschen Plantage in einer Reihe von der Ecke am Holländischen Bassin an bis an das letzte 1766 erbaute Urbansche Haus. Die Besitzer hießen dazumal: 1. Reinicke, 2. Floreif, 3. Bardus, 4. Melzer, 5. Jenner, 6. Koch, 7. Bellin, 8. Wehnert, und 9. Löper. Davon erhielten je zwey und zwey einerley Aussenseiten, bis auf Num. 9, welches für sich blieb. Ihre Länge betrug überhaupt vierhundert sechs und funfzig, und die Wiederkehr bey Nr. 1 gegen das Bassin ein und siebenzig Fuß. Die Tiefe ward durchgehends sechs und dreyßig Fuß, und die Höhe von drey Geschossen. Die alten Häuser stunden alle auf Pfalrosten; man getraute sich aber doch nicht weiter, als von Nr. I bis III. auf diesen alten Rost neu und ganz steinern zu bauen. Zu den übrigen mußte von neuem gerammt werden, und doch sind einige derselben, die an den alten bösen Sumpf stoßen, in kurzer Zeit wieder baufällig geworden. Zu den Aussenseiten von Nr. VI. und VII. gab der König einen von Ihm Selbst aus freyer Hand mit der Feder, nicht nach dem Maasstabe, aber überaus schön gezeichneten Entwurf. Die übrigen Außenseiten sind von v. Gontards Erfindung. Ich will mich nicht aufhalten, von den an diesen Häusern angebrachten Verzierungen viel zu sagen. Sie waren alle von, der Vergänglichkeit so sehr unterworfen, Stukk, und viele sind davon schon jetzt so entblößt, und von den Besitzern durch Aenderungen so entstellt, daß man blos das nackte Architektonische annoch wahrnehmen kann, welches denn bey gehäuften außerwesentlichen Verzierungen öfters gar sehr verabsäumet wird. Wie mögen sie wohl nach hundert Jahren aussehen, wenn künftige Regenten nicht selbst für ihre Unterhaltung sorgen, und solche blos den Eigenthümern überlassen? An Nr. IX. stehen am Thore zwey jonische Säulen, wozu Jenner die Kapitäler gemacht hat.«
ebd., Bd. III, S. 635-635.
Nicolai: S. 1185f.

Archivalien:
GStA PK, I.H A, Rep. 36, Hofverwaltung, Nr. 3207, Special-Bau-Rechnung der Sechs Bürger-Häuser pro 1766.
GStA PK, I. HA, Rep. 96, Geheime Cabinetts-Registratur, Nr. 216B, Vol. I, Kabinettsakten Fr.W.II., Königliche Immediatbauten Berlin und Potsdam, 1787-1795.
GStA PK, X. HA, Rep. 16 A, Abgabe Mielke, Nr. 174, Foto 174, Bauzustand Wilhelmplatz 1-5, 1948

179. Potsdam, Wilhelmplatz 5/4 (Kat. Nr. 99, erneuerter Bau von 1796, Aufnahme vor 1945, zerstört)

Katalog

180. Potsdam, Wilhelmplatz 8 (Kat. Nr. 101, Aufnahme vor 1945, zerstört)

Stadtarchiv Potsdam, Sig. 1-9/1051, Wilhelmplatz 6 (Platz der Einheit 6), 1996 aus konservatorischen Gründen gesperrt.
Stadtarchiv Potsdam, Kania-Kartei, 1/Bl. 101.
Bildmaterial: vgl. Wilhelmplatz 0.

Bemerkung
Das Haus Wilhelmplatz 6 zählte zu den kleinsten Objekten der Häuserzeile, da es lediglich fünf Achsen aufwies. Auf Krügers und Meyers Ansichten der 1770er Jahre sind nur wenige Details der ursprünglichen Fassade erkennbar. Im Erdgeschoß scheinen eine rundbogige Durchfahrt in der Mittelachse sowie Rechteckefenster angelegt gewesen zu sein. Die Durchfahrt war seitlich von Säulen flankiert, wie Manger angibt. In beiden Obergeschossen sind Rechteckfenster zu erkennen. Ob es sich im ersten Obergeschoß um dreieckige oder segmentbogige Verdachungen handelte, ist nicht eindeutig zu bestimmen. 1793/94 erfolgte der Abbruch des Hauses wegen der genannten Senkungsschäden. Bereits 1795 erfolgte die Fertigstellung des Nachfolgebaus. (Vgl. Tab. IV) Auf Mielkes Rekonstruktion der Fassadenabwicklung von Wilhelmplatz 2-9 fehlen bei der Nr. 6 die erwähnten Säulen seitlich der Durchfahrt, die nunmehr als erhöhter Eingang erscheint. Im ersten Obergeschoß gibt er gerade Verdachungen an. Gegenüber der Ursprungsfassade wurden also auch hier Veränderungen vorgenommen. Im Verzeichnis der Kriegsschäden von 1946 (Bl. 24), wurde das Gebäude als total zerstört bezeichnet und der Wiederaufbau nicht in Erwägung gezogen.

Kat. Nr.: 101   Abb.: 176
Ort: Potsdam
Objekt: Wilhelmplatz 7/8

Straßenname um 1809: Im Pleinen, Wilhelms Platz 8
Straßenname bis 1945: Wilhelmplatz 7/8
Straßenname nach 1945: Platz der Einheit 7/8
Straßenname ab 1992: Platz der Einheit
Erbaut: 1769
Erneuert: 1793/94 Abbruch von Nr. 7, Fertigstellung 1795; Nr. 8 blieb erhalten
Zerstört: 1945
Grundbuchnummer: 1097
Bezirk: IX
Entwurf: Carl von Gontard

Manger: Bd. II, S. 336-337, 1769, Nr. I-IX, Bellin und Wehnert, vgl. Wilhelmplatz 6; ebd., Bd. III, S. 635-635.
Nicolai: S. 1185f.

Archivalien:
GStA PK, I. HA, Rep. 96, Geheime Cabinetts-Registratur, Nr. 216 B, Vol. I, Kabinettsakten Fr. W. II., Königliche Immediatbauten Berlin und Potsdam, 1787-1795.
Stadtarchiv Potsdam, Sig. 1-9/1052, Acta specialia betreffend: Bau-Sachen, Wilhelmplatz No. 7 (Platz der Einheit 7), Laufzeit der Akte: 8.11.1865 bis 30.5.1945.
Stadtarchiv Potsdam, Sig. 1-9/1053, Acta specialia betreffend: Bau-Sachen, Wilhelmplatz No. 8, Laufzeit der Akte: 4.9.1890 bis 29.6.1936
Stadtarchiv Potsdam, Sig. 1-9/1054, Akten betreffend: Wilhelmplatz 8 (Platz der Einheit 8), Bd. 2, Laufzeit der Akte: 25.2.1938 bis 30.5.1945.
Stadtarchiv Potsdam, Kania-Kartei, 1/Bl. 102, 103.
Amt für Denkmalpflege Potsdam, Plansammlung Friedrich Mielke, Wilhelmplatz 7 (Platz der Einheit 7, KtNr. 734), EG (Bauplan 1864), gez. Schlafke, gepr. Mielke, undatiert, Format 61 x 50 cm, M 1:50, Feder auf Transparent.
Bildmaterial: vgl. Wilhelmplatz 0.

Bemerkung
Bei dem Haus Wilhelmplatz 7/8 handelte es sich um eine Doppelfassade von insgesamt zehn Achsen. Von den Abbruchmaßnahmen war 1795 nur die Nr. 7 betroffen. (Vgl. Tab. IV) Beim Wiederaufbau orientierte man sich deshalb an der noch erhalten Hälfte. Rundbogige Eingänge waren in der dritten und achten Achse angelegt. Das Erdgeschoß war mit strukturiertem Putz versehen, wobei aber nicht eindeutig ist, ob es sich von Anfang an um eine Fugenschnitt handelte, wie es auf späteren Aufnahmen der Fall ist. Ein Gurtgesims trennte wiederum das Erd- von den Obergeschossen. Dadurch erschienen die rechteckigen Dekorfelder der Fenster des ersten Obergeschosses dem Erdgeschoß zugeordnet. Im ersten Obergeschoß waren Rechteckfenster mit segmentbogigen Verdachungen auf Konsolen eingebracht. Während in der Hälfte von Nr. 8 im Bereich der Fensterbänke balusterartige Ringmotive eingebracht waren, wurden bei der erneuerten Nr. 7 Festons eingesetzt. Ein Sohlgesims bildete das Auflager der rechteckigen Fenster der dritten Etage, die mit Agraffen verziert waren.
Aus den Hausakten gehen im wesentlichen Schaufenstereinbauten hervor. Das Haus Nr. 8 wurde 1919 von der Reichsbank erworben, die Bankräume im Vorder- und Rückgebäude einrichten ließ. (StAP, Sig. 1-9/1053, Wilhelmsplatz No. 8, Bl. 126, 25.

4.1919) Es erfolgte eine Entkernung des Erdgeschosses im Jahr 1920. (StAP, Sig. 1-9/1053, Wilhelmsplatz No. 8, Bl. 150, 8.6. 1920) Beide Gebäudeteile wurden 1945 total zerstört. (Verzeichnis der Kriegsschäden 1946, S. 24)

Kat. Nr.: 102 Abb.: 71, 178
Ort: Potsdam
Objekt: Wilhelmplatz 9

Straßenname um 1809: Im Pleinen, Wilhelms Platz 9
Straßenname bis 1945: Wilhelmplatz 9
Straßenname nach 1945: Platz der Einheit 9
Straßenname ab 1992: Platz der Einheit
Erbaut: 1769
Zerstörung: 1945
Grundbuchnummer: 1095, 1096
Bezirk: IX
Entwurf: Friedrich II. (vermutlich nach fremder Vorlage), Umsetzung Carl von Gontard
Manger: Bd. II, S. 336-337, 1769, Nr. I-IX, Jenner und Koch, vgl. Wilhelmplatz 6; ebd., Bd. III, S. 635-635.
Nicolai: S. 1185f.

Archivalien:
Stadtarchiv Potsdam, Sig.1-9/1055, Acta specialia betreffend: Bau-Sachen, Wilhelmsplatz 9 (Platz der Einheit 9), Laufzeit der Akte: 4.5.1885 bis Mai 1934.
Stadtarchiv Potsdam, Sig.1-9/1056, Akten betreffend: Wilhelmplatz 9 (Platz der Einheit 9), Bd. 2, Laufzeit der Akte: 4.9.1934 bis 30.5.1945.
Stadtarchiv Potadam, Kania-Kartei, 1/Bl. 106.
Bildmaterial: vgl. Wilhelmplatz 0.

Bemerkung
Die Schauseite zur Nauenschen Plantage umfaßte elf Achsen, drei Stockwerke und schloß zwei Einzelgebäude zusammen. Jedes Geschoß erhielt eine eigene Ordnung in Form von Pilastern, die in Superposition angeordnet waren. Dabei fiel die Korinthia im zweiten Obergeschoß, das nur als Halbgeschoß konzipiert war, deutlich zu klein aus. Eine vergleichbare Situation findet sich auch bei Guêpières Aufriß des Stadtflügels des Stuttgarter Neuen Schlosses. Die Vertikalgliederung wurde durch ausgeprägte Gesimsbänder zwischen den Geschossen abgeschwächt, Fenster und Dekorationen wurden eng in das orthogonale System eingefügt. Im Erdgeschoß wurden Rechteckfenster mit Muscheln und geraden Verdachungen auf Konsolen verwendet. Nur in der dritten, sechsten und neunten Achse wurden sie durch rundbogige Fenster (bzw. die Durchfahrt) mit profilierten Bogenläufen und Agraffen im Scheitel ersetzt. Letztere wurden in der Bel étage wiederholt, erhielten aber zusätzlich Blütengehänge über dem Bogenlauf sowie sehr zierliche Blütengirlanden in darüberliegenden Dekorfeldern. Eine Ausnahme bildete das Mittelfenster, das die gesamte Fläche bis zum Gesims einnahm. Im obersten Geschoß wurden Rechteckfenster mit Agraffen verwendet, wobei das Mittelfenster zusätzlich von Konsolen flankiert wurde. Eine niedrige Attika schloß das Gebäude ab. Im Verhältnis zu den übrigen Bauten wirkt der Bau in seinen Dekorationselementen noch stark dem Rokoko verbunden. Von Senkungsschäden blieb das Haus verschont und wurde deshalb nicht in die Abbruch- und Wiederaufbaumaßnahmen nach 1793 einbezogen. Wie fast die gesamte Umbauung der Nauenschen Plantage wurde es im 2. Weltkrieg zerstört und durch Neubauten ersetzt.
In der Hausakte sind verschiedene Veränderungen an der Fassade für Ladeneinbauten nachzuvollziehen. 1920 wurden Räume durch die Nationalbank angemietet. (StAP, Sig. 1-9/1055, Bl. 98, 13.3.1920) Im Verzeichnis der Kriegsschäden 1946 (S. 24) wird das Gebäude als total zerstört bezeichnet, weshalb ein Wiederaufbau nicht erwogen wurde.

Kat. Nr.: 103 Abb.: 178, 181
Ort: Potsdam
Objekt: Wilhelmplatz 10/11

Straßenname um 1809: Im Pleinen, Wilhelms Platz 10/11
Straßenname bis 1945: Wilhelmplatz 10/11
Straßenname nach 1945: Platz der Einheit 10/11
Straßenname ab 1992: Platz der Einheit
Erbaut: 1769
Zerstört: 1945 lediglich teilbeschädigt, trotzdem abgerissen
Grundbuchnummer: 1094 (Wilhelmplatz 10), 1093 (Wilhelmplatz 11)
Bezirk: IX
Entwurf: Carl von Gontard
Manger: Bd. II, S. 336-337, 1769, Nr. I-IX, Bardus und Melzer, vgl. Wilhelmplatz 6; ebd., Bd. III, S. 635-635.
Nicolai: S. 1185f.

Archivalien:
Stadtarchiv Potsdam, Sig. 1-9/1057, Acta specialia betreffend: Bau-Sachen, Wilhelmplatz 10 (Platz der Einheit 10), Laufzeit der Akte: 28.4.1866 bis 11.11.1936.
Stadtarchiv Potadam, Sig. 1-9/1058, Acta betreffend: Wilhelmplatz 11 (Platz der Einheit 11), Bd. 1, Laufzeit der Akte: 9.3.1881 bis 3.7.1943.
Amt für Denkmalpflege Potsdam, Plansammlung Friedrich Mielke, Wilhelmplatz 11, (Platz der Einheit 11, KtNr. 704), Grundriß EG, Feder auf Transparent.
Bildmaterial: vgl. Wilhelmplatz 0.

Bemerkung
Das Gebäude Wilhelmplatz 10/11 gehörte nicht mehr zur direkten Randbebauung der Nauenschen Plantage, sondern stand den Gebäuden Wilhelmplatz 13-15 gegenüber. Es umfaße zehn Achsen und die üblichen drei Stockwerke. Im Erdgeschoß zeigte es eine rustizierte Bänderung und war durch toskanische Pilaster untergliedert. Vermutlich waren die ursprünglichen Haupteingänge in der dritten und achten Achse angelegt. Die Fenster waren rechteckig und alternierend mit dreieckigen und segmentbogigen Giebeln überfangen. Über den Kapitellen verlief eine gebälkartige Zone, die mit Tuchfestons verziert war. Rechteckfenster befanden sich gleichfalls in den beiden Obergeschossen, wobei sie in der Bel étage mit geraden Verdachungen versehen waren, die auf Volutenkonsolen auflagen. Als Verzierungen erhielten sie Tierschädel und Tuchgehänge. Auf den Verdachungen lagen unmittelbar die Dekorfelder der Fenster der obersten Etage auf. Diese waren mit Konsolen und Festons dekoriert.
1866 sind die frühesten Hinweise auf Schaufenstereinbauten in der Hausakte zu finden, die auf Veranlassung des Klempners Brisnick ausgeführt wurden. (StAP, Sig. 1-9/ 1057, Bl. 3, 28.4.1866) Wie bei zahlreichen bedeutenden Fassaden in Potsdam gab es auch bei diesem Objekt 1935 Bestrebungen zur Wiederherstellung der Schaufassade. (StAP, Sig. 1-9/1057, Bl. 196, 11.4.1935) 1916 wurde an der Teilfassade 11 ein Balkon im ersten Obergeschoß eingefügt. (StAP, Sig. 1-9/1057, Bl. 125, 28.8. 1908) Allerdings wurde bereits 1924 durch die Baupolizei dessen Beseitigung gefordert. (StAP, Sig. 1-9/ 1057, Bl. 140, 23.8.1924) Obwohl das Gebäude im Verzeichnis der Kriegsschäden 1946 (S. 24) als erhalten bzw. gering beschädigt bezeichnet wurde, erfolgte der Abriß.

Kat. Nr.: 104 Abb.: 63, 178
Ort: Potsdam
Objekt: Wilhelmplatz 12, Eckgebäude mit Charlottenstraße 44

Straßenname um 1809: Im Pleinen, Wilhelms Platz 12
Straßenname bis 1945: Wilhelmplatz 12
Straßenname nach 1945: Platz der Einheit 12
Straßenname ab 1992: Platz der Einheit
Erbaut: 1769
Zerstört: 1945
Grundbuchnummer: 1091 (Charlottenstraße 44) 1092 (Wilhelmplatz 12)
Bezirk: IX
Entwurf: Carl von Gontard
Manger: Bd. II, S. 336-337, 1769, Nr. I-IX,

Katalog

Reinicke und Floreif, vgl. Wilhelmplatz 6; ebd., Bd. III, S. 635-635.
Nicolai: S. 1185f.

Archivalien:
Stadtarchiv Potsdam, Sig.1-9/1059, Acta specialia betreffend: Bau-Sachen, Wilhelmplatz 12 (Eckhaus mit Charlottenstr. 44), Platz der Einheit, Laufzeit der Akte: 16.7. 1870 bis 28. 4.1935.
Stadtarchiv Potsdam, Kania-Kartei, 1/Bl. 109.
Bildmaterial: vgl. Wilhelmplatz 0.

Bemerkung
Das dreizehnachsige Gebäude Wilhelmplatz 12 bildete ein Eckgebäude mit dem Haus Charlottenstraße 44 und erhielt die gleiche Fassadengliederung. An beiden Straßenseiten waren die mittleren drei Achsen risalitartig hervorgehoben und mit dorischen Kolossalpilastern gegliedert, erhielten aber keinen Fronton. Das Erdgeschoß zeigte Lagerfugen, die über den stichbogigen Fensteröffnungen abknickten. Haupteingänge lagen jeweils in der Mittelachse. Ein Gurtgesims trennte das Erdgeschoß von den Obergeschossen, außerdem verlief ein Gesimsband zwischen den oberen Etagen. Beide Etagen waren mit Rechteckfenstern ausgestattet, wobei über denen des ersten Obergeschosses einfache Dekorfelder angelegt waren. In der Hausakte sind zahlreiche Fassadenumbauten vermerkt. Das Verzeichnis der Kriegsschäden von 1946 (S. 24), gibt das Gebäude als total zerstört an.

Kat. Nr.: 105 Abb.: 48, 73-75
Ort: Potsdam
Objekt: Wilhelmplatz 15-20

Straßenname um 1809: Im Pleinen, Wilhelms Platz 15-20
Straßenname bis 1945: Wilhelmplatz 15-20
Straßenname nach 1945: Platz der Einheit 15-20
Straßenname ab 1992: Platz der Einheit
Erbaut: 1767
Zerstört: 1945
Grundbuchnummer: 873 (Wilhelmplatz 15), 872 (Wilhelmplatz 16), 871 (Wilhelmplatz 17), 870 (Wilhelmplatz 18), 869 (Wilhelmplatz 19), 868 (Wilhelmplatz 20)
Bezirk: IX
Entwurf: Robert Pitrou, Umsetzung Carl von Gontard
Manger: Bd. II, S. 308-309, 1767, I-VI: »Der König hatte im vorigen Jahre eine Zeichnung aus Paris von einem dortigen Baumeister Pirou (=Pitrou, d.V) erhalten, die Ihm gefiel. Er befahl, die Außenseite von sechs Häusern an der Nauenschen Plantage gerade dem Kanale gegen über dernach zu errichten und diese Häuser neu zu erbauen. Die Besitzer hießen dazumal: Witt-

181. Potsdam, Wilhelmplatz 10/11 (Kat. Nr. 103, Aufnahme vor 1945, zerstört)

we Kaufmann, Ziegler, Stimming, Eremite, Brömmel. Von diesen gehörte dem geschickten Tischler Eremite zwey Häuser nebeneinander. Die Nachahmung der Zeichnung geschah mit möglichstem Fleiße; es fiel aber doch alles sehr jung aus, weil niemand an der Zahl seiner Fenster verlieren wollte. Die Länge betrug vierhundert zwey und dreyßig und dreyviertel Fuß, und es kamen überhaupt mit den beyden Wiederkehrungen funfzig Stück moderne jonische Pilaster, von denen blos die Platte der Kapitäle von Sandstein, die eigentlichen Kapitäle aber durch Augustin und Pedrozzi von Gips gemacht wurden. Eben dieselben machten auch die drey und vierzig Entrelas in der Balustrade von Gips, auf welche letztere sechs Figuren von Sandstein, sechsfüßiger Höhe von Wohler zu stehen kamen. Die Rinnen hinter der Attik wurden hier mit Kupferblech ausgeschlagen, wogegen aber die Eigenthümer den Mehrbetrag gegen Blech an die Baukasse vergüten mußten.«
Ebd., Bd. III/635-636
Nicolai: S. 1185f: »An der Faulen See. Die hier an der Mitternachtseite des Platzes stehenden 7 Häuser sind unter eine Stirnwand gebracht und nehmen die ganze Breite der Plantage ein. Sie sind nach einer Zeichnung des französischen Baumeister(s) Piron (= Pitrou, d.V.) gebauet. Auf den Ecken und in der Mitte der Attika neben dem Fronton stehen Figuren.«

Archivalien:
GStA PK, I. HA, Rep. 36, Hofverwaltung, Nr. 3064, Haupt Rechnung derer innenbenannten 20 Königl. Exterieur Bauen in und vor Potsdam, und in sonderheit des neuen Palais de annis 1762 bis 1768.
GStA PK, I. HA, Rep. 36, Hofverwaltung, Nr. 3208, Manual von der Geldausgabe zum Bau der 9 Bürgerhäuser pro 1767.
GStA PK, I. HA, Rep. 36, Hofverwaltung, Nr. 3066, Kostenanschläge über Bauten und Baureparaturen in und bei Potsdam, Bl. 38.
Stadtarchiv Potsdam, Sig. 1-9/1062, Acta specialia betreffend: Bau-Sachen, Wilhelmplatz 15 (Platz der Einheit), Laufzeit der Akte: 22.8.1892 bis 14.4.1930.
Stadtarchiv Potsdam, Sig. 1-9/1063, Acta specialia betreffend: Bau-Sachen, Wilhelmplatz No. 16/17 (Platz der Einheit), Laufzeit der Akte: 15.5.1874 bis 17.7.1943.
Stadtarchiv Potsdam, Sig. 1-9/1064, Acta specialia betreffend: Bau-Sachen, Wilhelmplatz No. 18 (Platz der Einheit), Laufzeit der Akte: 30.5.1868 bis 14.12.1927.
Stadtarchiv Potsdam, Sig. 1-9/1065, Acta specialia betreffend: Bau-Sachen, Wilhelmplatz 19 (Platz der Einheit), Laufzeit der Akte: 11.9.1890 bis 4.4.1941.
Stadtarchiv Potsdam, Sig. 1-9/1066, Acta specialia betreffend: Bau-Sachen, Wilhelmplatz No. 20 (Platz der Einheit), Laufzeit der Akte: 25.9.1888 bis 11.1.1923.
Stadtarchiv Potsdam, Kania-Kartei, 1/Bl. 116-118.
Amt für Denkmalpflege Potsdam, Plansammlung Friedrich Mielke, Wilhelmplatz 20 (Platz der Einheit 20, KtNr. 610), Grund-riß EG (Bauplan 1888), gez. B. Plock, gepr. Mielke, 3.8.1955, Format 62 x 52 cm, M 1:50, Feder auf Transparent.
Bildmaterial: vgl. Wilhelmplatz 0.

Bemerkung
Gontard setzte bei diesem Gebäude eine modifizierte Version des Rathausentwurfes von Robert Pitrou um, wobei er bestimmte

Vorgaben, wie z.B. die Anzahl der Fensterachsen, zu berücksichtigen hatte. (Beschreibung im Textteil.) Neben Kostenanschlägen für das Jahr 1767, aus denen sich etwa 33.800 Taler für die Nordseite des Wilhelmplatzes ergeben, haben sich noch verschiedene Handwerkerrechnungen erhalten.[793] Aus diesen Rechnungen gehen Pedrozzi (Stukkaturen), Rohrlack (Lehmerarbeiten), Lindner jun., Theuerkauff et Cons., Wustross, Martini sen. (Maurerarbeiten), Boehme, Haupt et Cons. (Tischlerarbeiten) sowie Birn et Cons. und Kathe (Zimmerarbeiten) als beteiligte Handwerker hervor.

Der Hausakte von Nr. 15 ist zu entnehmen, daß 1898 und 1907 zwei Balkoneinbauten in diesem Gebäudeabschnitt erfolgten. (StAP, Sig. 1-9/1062, Bl. 21, 6.4.1898; Bl. 29, 19.4. 1907) Vier Balkoneinbauten sind für Nr. 16/17 aus den Jahren 1878 und 1892 erwähnt. (StAP, Sig. 1-9/1063, Bl. 6, 5.6.1874; Bl. 36, 30.8.1892) Umbauten des Erdgeschosses wurden 1900 für die Reichsbank durchgeführt. (StAP, Sig. 1-9/1063, Bl. 64, 18.8.1900) Ein Luftschutzraum wurde 1943 für den Kreisstab der NSDAP eingebaut. (StAP, Sig. 1-9/1063, Bl. 161, 2.12.1943) Im Bereich Nr. 18 wurden im Auftrag des Kaufmanns Moses Hirschberg 1868 Dachstuben auf der Dachseite zum Wilhelmplatz ausgebaut. (StAP, Sig. 1-9/1064, Bl. 10, 15.6.1868) Mehrere Fassadenumbauten für den Teilbereich 19 sind ab 1900 überliefert. 1907 wurden auch hier zwei Balkons eingebaut. (StAP, Sig. 1-9/1065, Bl. 47, 2.2.1907) Im Gebäudeabschnitt Nr. 20 sind neben zahlreichen Ladeneinbauten, ein Balkoneinbau im Jahr 1899 (StAP, Sig. 1-9/1066, Bl. 47, 15.3.1899), die Aufstockung des Daches zu einem Walmdach 1908 sowie der Ausbau eines Zwerchhauses und zweier Dachgauben zu vermerken. (StAP, Sig. 1-9/1066, Bl. 88, 3.1.1908; Bl. 151, 8.12.1908) 1923 wurden Umbauten für die Commerz und Privat-Bank vorgenommen, wobei die Gebäudeecke zur Nauener Straße abgeschrägt wurde. (StAP, Sig. 1-9/1066, Bl. 327, 2.1.1923) Im Verzeichnis der Kriegsschäden 1946 (S. 24) wird das gesamte Gebäude als schwer beschädigt bzw. in einzelnen Teilen zerstört bezeichnet. Der Wiederaufbau wurde als wünschenswert angesehen, dennoch wurde die Ruine beseitigt.

182. Potsdam, Militärwaisen-haus (Kat. Nr. 106, Aufnahme 1999)

Katalog

Potsdam, Militärwaisenhaus

Kat. Nr.: 106 Abb.: 95-101
Ort: Potsdam
Objekt: Militärwaisenhaus

Lindenstraße 34 a, Breite Straße, Spornstraße, Waisenstraße (Otto-Nuschke-Straße, Wilhelm-Külz-Straße, Spornstraße, Dortustraße)
Erbaut: 1771-1777
Bezirk: IV
Entwurf: Carl von Gontard
Manger: Bd. II, 1771ff., S. 359-360, S. 372-374, S. 385-386, S. 393, S. 400, S. 408-409, S. 421-422; Bd. III, S. 635-636.
Nicolai: S. 1173f.

Archivalien:
Entwurfszeichnungen, Stiftung Preußisches Schlösser und Gärten Berlin-Brandenburg (Plankammer Potsdam): Zugangsnummer 4912-4914, vgl. Kat. Nr. 106/1-3.
GStA PK, I. HA, Rep. 36, Hofverwaltung, Nr. 3189, Acta die mit der Administration des Königl. Großen Militair Waysenhauses ge-führte Correspondenz, wegen der neuen Bau derselben und die hiernächst darein vorgefallenen Reparaturen betref. 1765-1785, Vol. I.
GStA PK, I. HA, Rep. 36, Hofverwaltung, Nr. 3190, Die mit der Administration des Königl. Großen Waisenhauses zu Potsdam in Betreff der Reparaturen der Gebäude desselben, so wie mit dem Directorio dieses Waisenhauses geführte Correspondenz, 1786-1804, Vol. II.
GStA PK, I. HA, Rep. 36, Hofverwaltung, Nr. 3191, Beläge vom Waisenhaus-Bau de 177 1/4, Enthält Rechnungsbelege, Kostenaufstellungen, Auszahlungsbelege für den Waisenhausbau.
Amt für Denkmalpflege Potsdam, Acta specialia betreffend: Bau-Sachen des großen königlichen Militär Waisenhauses, Waisenstraße 36, Laufzeit der Akte: 29. April 1865 bis 2. April 1940.
Amt für Denkmalpflege Potsdam, Plansammlung Baugewerkschule Berlin, Militärwaisenhaus: Bl. 10, Aufriß eines Risalits, M 1:33 1/3; Bl. 11, Mittelbau, Seitenachse (Aufriß und Gesimsprofil), gez. Lehmann; Bl. 12, Haupteingang, Tür, Ansicht, Profil, WS 1931/ 32, gez. Pflüger; Bl. 12 a, Türbeschläge, WS 1931/32, gez. Kurt Schulze, M 1:1; Bl. 14, Speisesaal, Wandaufriß, Gesimsprofil, WS 1933/34, gez. Bruno Schorradt, M 1:20; Bl. 15, Kanzel im Speisesaal, Aufriß der Fensterwand, WS 1933/34, gez. W. Wimmer; Bl. 16, Kanzel im Speisesaal, Aufriß, Grundriß, Schnitt, WS 1933/34, gez. H. Kmeyer (?), M 1:10; Bl. 17, Speisesaal, Details der Empore, WS 1933/34, gez. Hornig, M 1:10; Bl. 20, Fenster, Aufriß, Schnitt, Profil, SS 1924, gez. Günther Warnke, ges. A. Hollaender.

Bemerkung
Der Entschluß für den Neubau des Waisenhauses wurde, wie im Texteil erwähnt, im Frühjahr 1770 dem Baucomtoir mitgeteilt. Aus den Bauakten geht hervor, daß man im Oktober 1770 den Abbruch und Neubau des Flügels in der Breiten Straße für das Frühjahr 1771 beschloß. Gleichzeitig sah man vor, auch einen Teil des alten Flügels zur Kanalseite abzureißen und den Pfahlgrund vorzubereiten.794 Eine Pfahlgrün-

183 und 184. Potsdam, Militärwaisenhaus (Kat. Nr. 106, Aufnahme 1999)

Katalog

Katalog

dung unterblieb aber aus Zeit- und vermutlich auch aus Kostengründen.[795] Mit den Ausschachtungsarbeiten an der Breiten Straße wurde spätestens im April 1771 begonnen, da in den Bauakten eine Rechnung des Maurermeisters Leithold erhalten ist.[796] In der Korrespondenz zwischen der Waisenhaus-Administration und dem Baucomtoir wird weiterhin erwähnt, daß Conducteur Becherer die Grundrißpläne anfertigte.[797] In Mangers Ausführungen zum Jahr 1771 wird angesprochen, daß sich durch die Versetzung der Treppe im Flügel in der Breiten Straße Risse an der Hoffassade abzeichneten. Man fürchtete ernste Gefahr für den Neubau, jedoch handelte es sich nur um Kalkrisse.[798] Das Dach des Waisenhauses wurde als Mansarddach konstruiert, um im unteren Bereich Schlafsäle für die Jungen, Vorratskammern und anderes unterbringen zu können.[799]

Die Baumaßnahmen am Flügel zum Kanal im Jahr 1772 müssen mit größter Eile vorangetrieben worden sein, denn vom November 1772 ist eine Rechnung von Zimmermeister Vogel für Arbeiten am Dachstuhl erhalten.[800] Manger erwähnt für das Jahr 1773 keine weiteren Arbeiten an diesem Flügel. Somit muß der Außenbau zu diesem Zeitpunkt als weitgehend abgeschlossen angesehen werden, was auch dadurch bestätigt wird, daß eine Transportrechnung für »2 Kinder Grouppen am Königl. Waisen Hause« vom 9. September 1772 erhalten ist, wobei es sich um die Attikafiguren handeln muß.[801] Die Rechnungen zur Maurer- und Steinmetzarbeit weisen Leithold, Mader und Trippel als beteiligte Handwerksmeister aus. Trippel und Leithold waren auch die ausführenden Kräfte für den Bau der Treppenanlagen in diesem Flügel.[802]

Im Jahr 1773 wurde der Mittelrisalit mit dem Turmaufbau in der Lindenstraße ausgeführt. Manger hat dessen Aufbau und Dekoration genau beschrieben und nennt beteiligte Handwerker.[803] Im September 1774 wurde der Waisenhaus-Administration durch Manger mitgeteilt, »daß auf die alte untere Mauer zu beyden Seiten des Waysenhaus Thurms ein Paar neue Etagen kommen sollten, jedoch des Herrn Hauptmann von Gontard Hochwohlgebohren mit derselben desfalls vorher noch eine nöthige Untersuchung vornehmen wollte.«[804] Es wurde also schon Ende 1774 beschlossen, die Seitenflügel in der Lindenstraße nur noch dreigeschossig zu errichten. Manger gibt dazu an, daß Friedrich II. die Kosten für das neue Waisenhaus zu hoch wurden und er deshalb die Geschoßzahl reduzierte.[805] Aus diesen beiden Quellen geht hervor, daß offensichtlich nicht der gesamte Waisenhauskomplex König Friedrich Wilhelms I. aus Fachwerk errichtet worden war, sondern der Teil, der 1739/42 angebaut wurde, massiv gemauert war. Die beiden Seitenflügel scheinen 1775 fertiggestellt worden zu sein. 1776 folgte der Wirtschaftsflügel im Hof des Waisenhauses und 1777 der Gebäudeteil in der Sporngasse.[806] Die Funktion als Waisenhaus wurde auch in späterer Zeit beibehalten. 1936 wird die Einrichtung als »Nationalsozialistische Erziehungsanstalt« bezeichnet und 1937 dem Reichswehrministerium unterstellt. 1945 wurde das Militärwaisenhaus aufgelöst.[807] Im 2. Weltkrieg wurde der Turm in der Lindenstraße zerstört sowie der Flügel in der Breiten Straße und andere Partien beschädigt. Ein Teilstück an der Ecke Am Kanal und Sporngasse ist zerstört und wurde bisher nicht ergänzt. Nach dem Krieg wurden verschiedene Behörden und ein Studentwohnheim darin eingerichtet. 1980 wurde es zum Haus der Gewerkschaften und zum Institut für Lehrerbildung umgewandelt.[808]

Kat. Nr.: 106/1 Abb.: 96
Plankammer Neues Palais Potsdam
Objekt: Waisenhaus, Potsdam, erster bekannter Fassadenentwurf zur Breiten Straße

Inv. Nr.: Zugangskatalognummer 4914
Künstler: Carl von Gontard oder Baucomtoir (eventuell Becherer?)
Material: Feder in Schwarz; Bleistift; grau laviert
Größe: H: 27 cm; B: 90,5 cm
Signiert: —
Datiert: —, vor Oktober 1770

Beschreibung
Ankauf aus Auktion 54/II der Galerie Gerda Bassenge, Dezember 1989, durch die »Freunde der Preußischen Schlösser und Gärten«.
Maßstabsskala ohne Benennung; Wasserzeichen nicht erkennbar; Blatt aus drei Teilen zusammengesetzt, leicht fleckig. Auf der Rückseite befindet sich eine Zeichnung für einen Pavillon. (Möglicherweise ein Hofgebäude des Waisenhauses.)
Das Blatt zeigt die erste geplante Waisenhausfassade in der Breiten Straße zwischen der Ecke Linden- und Waisenstraße sowie die angrenzende Bebauung. Die Einzelobjekte sind bezeichnet: »Landschaft«, »Creis Einnehmer«, »Waisen Haus in Potsdam, Breite Strasse«. Der Entwurf sieht für das Waisenhaus 20 Achsen und 4 Geschosse vor, wobei das 1. und 3. Obergeschoß als Halbgeschosse ausgebildet werden. An den Seiten befinden sich dreiachsige Eckrisalite mit unterschiedlichen Portallösungen. In den Eckrisaliten sind jeweils 2 Etagen durch gebänderte Wandfelder zusammengefaßt. Ein Gesimsband untergliedert die Fassade horizontal zwischen dem 2. und 3. Obergeschoß. Das Gebäude wird von einem Mansarddach überfangen.
Die Gestaltung der Fassade lehnt sich an das angrenzende »Crais-Einnehmer-Haus« an, das ebenfalls nur durch gebänderte Wandfelder gegliedert wird, die ebenfalls zwei Etagen zusammenfassen. Gleichfalls war es mit einem Mansarddach versehen. Der Entwurf für das Waisenhaus entsprach in seiner Schmucklosigkeit sicherlich der ursprünglich geforderten »kasernenmäßigen« Bauweise, wurde jedoch stark modifiziert.[809] Da dem Baucomtoir bereits im Januar 1770 das Vorhaben mitgeteilt wurde, ist der Entwurf einer ersten Planungsphase, vor der im Oktober 1770 erwähnten Planänderung, zuzuordnen.[810]

Kat. Nr.: 106/2 Abb.: 97
Plankammer Neues Palais Potsdam
Objekt: Waisenhaus Potsdam, 2. Entwurf für die Fassade zur Breiten Straße

Inv. Nr.: Zugangsnummer 4912
Künstler: Carl von Gontard oder Baucomtoir (eventuell Becherer?)
Material: Feder in Schwarz; Bleistift; grau, rosé laviert
Größe: H: 43,5 cm; B: 56,8 cm
Signiert: —
Datiert: —, nach Oktober 1770 bis ca. Frühjahr 1771

Beschreibung
Ankauf aus Auktion 54/II der Galerie Gerda Bassenge, Dezember 1989, durch die »Freunde der Preußischen Schlösser und Gärten«.
Wasserzeichen: J. Honig & Zoon, Maßstab fehlt, leicht fleckig.
Bezeichnet (unten in der Mitte): »Potsdam Waisen Haus«
Der Entwurf sieht eine siebzehnachsige und viergeschossige Fassade mit jeweils dreiachsigen Risaliten in der Mitte und an den Ecken vor. Das 1. und 3. Obergeschoß werden als Halbgeschosse vorgeführt. Ein Gurtgesims trennt zwischen 1. und 2. Obergeschoß. Die Eckrisalite sind jeweils durch gebänderte Wandfelder zusammengefaßt. Im Mittelrisalit gliedern dorische Kolossalpilaster die Wand. In den Risaliten wird in den einzelnen Etagen zwischen geraden und dreieckigen Verdachungen sowie geohrten Fenster abgewechselt. Als Blickfang wird im Mittelrisalit im 2. Obergeschoß ein rundbogiges Fenster mit profiliertem Bogenlauf auf eingestellten Säulen und Pilastern eingesetzt. Der Scheitel ist mit einer Kartusche versehen, auf dem Bogenlauf sind zwei Figuren plaziert. Ein Fronton mit dekoriertem Giebelfeld sowie seitliche Kindergruppen akzentuieren den Gebäudeteil. Im Giebeldreieck ist eine Kartusche mit Initalen »FWR« für Kö-

185. Potsdam, Militärwaisenhaus (Kat. Nr. 106, Aufnahme 1999)

nig Friedrich Wilhelm I. sowie verschiedenartiges Rankenwerk angelegt. In der 2., 4., 7., 11., 14. und 16. Achse des Mansarddaches sind segmentbogige Dachfenster angezeigt.
Bei dem Entwurf handelt es sich nicht, wie im Auktionskatalog von Bassenge angegeben, um einen Entwurf zur Lindenstraße vor der Konzeption des Turmes, sondern um die überarbeitete Fassadenfassung für die Breite Straße. Die ursprünglich vorgesehene Achsenzahl wurde von 20 auf 17 reduziert und die monotone Achsenreihung durch einen Mittelrisalit abgewandelt, der im wesentlichen die Gliederung der Mittelrisalite der Fassadenzüge Am Kanal und in der Lindenstraße vorbestimmte. Aus dem vorhergehenden Entwurf wurde die Gliederung mittels gebänderte Lisenen, die Geschoßanzahl, die Einteilung in Voll- und Halbgeschosse sowie die Dachfom übernommen. Das Blatt stimmt fast völlig mit der späteren Ausführung überein. Lediglich dem Dekorfeld im Risalit fehlt die Jahreszahlangabe. Das Blatt ist nach dem Entwurf Inv. Nr. 4914 anzusetzen und vermutlich gegen Ende des Jahres 1770 oder im Frühjahr 1771 entstanden.

Kat. Nr.: 106/3 Abb.: 99
Plankammer Neues Palais Potsdam
Objekt: Waisenhaus, Potsdam, Ostfassade zur Kanalseite

Inv. Nr.: Zugangsnummer 4913
Künstler: Carl von Gontard oder Baucomtoir (eventuell Becherer?)
Material: Feder in Schwarz; Bleistift; grau und rosé laviert
Größe: H: 49 cm; B: 129 cm
Signiert: —
Datiert: —, 1771/1772

Beschreibung
Ankauf aus Auktion 54/II der Galerie Gerda Bassenge, Dezember 1989, durch die »Freunde der Preußischen Schlösser und Gärten«.
Wasserzeichen: J. Honig & Zoon; Maßstab fehlt; aus 2 Blättern zusammengesetzt; Rand leicht beschädigt, leicht fleckig.
Bezeichnet (unten in der Mitte): »Waisenhaus in Potsdam Canal Seite«
Das Blatt zeigt den Aufrißentwurf für die Seite zum Kanal über 49 Achsen und vier Geschosse. Prinzipiell wurde der Entwurf zur Breiten Straße übernommen, jedoch leicht variiert, was auch auf die erhöhte Achsenanzahl zurückzuführen ist. So wurden die Risalite von drei auf fünf Fensterachsen erweitert und in den Seitenrisaliten Kolossalpilaster eingesetzt. Auf dem Entwurf fehlt die Jahreszahlangabe über dem Bogenfenster des Mittelrisalits. Nur schwach angedeutet sind die Figurengruppen auf dem Fronton sowie der Reliefdekor des Giebelfeldes. Dies läßt darauf schließen, daß der Entwurf gegen Ende des Jahres 1771 oder zu Beginn des Jahres 1772 angefertigt wurde. Zu diesem Zeitpunkt muß man sich über die Aufrißgestaltung einig gewesen sein, da mit dem Bau im März 1772 begonnen wurde.[811]

Katalog

Brücken- und Kolonnadenbauten in Berlin

Kat. Nr.: 107 Abb.: 124-26
Ort: Berlin
Objekt: Spittelbrücke und Kolonnade (Spitalbrücke)

Erbaut: 1776
Bezirk: Friedrichswerder
Entwurf: Carl von Gontard
Nicolai: I, S. 154.

Archivalien:
GStA PK, I. HA, Rep. 96 B, Extracte, Nr. 146, o.P., Schreiben vom 19. Dezember 1775.
GStA PK, I. HA, Rep. 96 B, Extracte, Nr. 147, Bl. 114, 21. Februar 1776.
GStA PK, II. HA, Forstdepartement: Kurmark, Tit. XXX, Nr. 24, Vol. 7, o.P., Schreiben vom 13. und 17. Dezember 1778.
GNM, Graphische Sammlung, Sammlung Knebel, Kapsel 1555, Hz. 4197.

Bemerkung
Die Spittelbrücke bildete die Verbindung zwischen dem Friedrichswerder und der Friedrichstadt und führte über den ehemaligen Festungsgraben. Anstelle eines hölzerner Vorgängerbaus von Favre aus dem Jahr 1738 wurde eine massive Brücke mit halbkreisförmigen, einander gegeüberstehenden Kolonnaden in ionischer Ordnung errichtet.[812] (Vgl. Textteil)

Zu Kat. Nr.: 107 Abb.: 124-125
Germanisches Nationalmuseum
Objekt: Aufriß und Schnitt zur Spittelkolonnade, Berlin

Inv. Nr.: GNM, Graphische Sammlung, Sammlung Knebel, Kapsel 1555, Hz. 4197
Künstler: Carl von Gontard
Material: Feder in Grau, Schwarz; Bleistift; rosé, braun, blau, grau, gelb, schwarz laviert
Größe: H (max): 41,2 cm; B: 54 cm
Signiert: —
Datiert: —, um 1775/1776

Beschreibung
Maßstab in »Fus«, mit Skala (zum Schnitt angelegt); Wasserzeichen nicht erkennbar, da Blatt kaschiert; Blatt fleckig, mit schwarzem Doppelstrich gerahmt; Ränder nachträglich beschnitten; Klappe auf der Vorderseite.
Die Vorderseite zeigt zwei Variationen zu einem Teil einer Kolonnadenarchitektur, wobei unterschiedliche Ecksituationen, eine Alternative für einen vorspringenden Mittelpavillon sowie ein Schnitt durch die Kolonnade dargestellt sind. Die Kolonnade verläuft über neun Achsen auf einem geschwungenen Grundriß. An den Ecken wird auf der linken Seite eine Säulenstellung mit Architrav gezeigt, während rechts der Kolonnadenabschluß mit Pilastern und einem Arkadenbogen mit Scheitelagraffe gezeigt wird. Die Rückwand ist mit Pilastern gegliedert, zwischen denen rundbogige Durchgänge liegen. Darüber befinden sich Dekorfelder. Am Mittelpavillon erfolgt ebenfalls eine Kombination von Säulen und Pilastern, wobei innen jeweils eine Säule von einem Pilaster flankiert wird, der einen dahinterliegenden Pilaster überschneidet und an den wiederum die nächste Säule anschließt. Ein breites Gebälk mit Zahnschnitt trägt die Attika, die mit Vasen besetzt ist. Über dem Mittelpavillon ist ein Aufsatz mit einer Kartusche vorgesehen.

Es handelt sich offensichtlich um einen Entwurf für die Spittelkolonnaden in Berlin, die über zwei gegenüberliegenden halbkreisförmigen Bogen errichtet wurden. Bei der Ausführung wurde die Ecklösung auf der rechten Seite des Entwurfes sowie der vorkragende Mittelpavillon umgesetzt. Ursprünglich lagen Krämerbuden hinter den Kolonnaden, deren südliche Hälfte schon 1929 abgebrochen wurde. Die nördliche Hälfte wurde im 2. Weltkrieg beschädigt und 1979 rekonstruiert.[813]

Kat. Nr.: 108 Abb.: 127-129 und S. 1
Ort: Berlin
Objekt: Königsbrücke mit Kolonnaden

Erbaut: 1777-1780
Bezirk: Verbindung zwischen Berlin und der Königsvorstadt
Entwurf: Carl von Gontard, Bauleitung Boumann d. J.
Nicolai: I, S. 29.

Archivalien:
GStA PK, I. HA, Rep. 96 B, Extracte, Nr. 148, o.P., Schreiben vom 24. November 1776.
GStA PK, I. HA, Rep. 96 B, Extracte, Nr. 149, o.P., Schreiben vom 11. Februar 1777.
GStA PK, II. HA, Forstdepartement Kurmark, Tit. XXX, Nr. 24, Vol. 5, Bl. 120/121, 6. Februar 1777: Stein-, Bau- und Nutzholzaufstellungen »zum Bau der Königs Thor Brücke, Colonnaden und 27 Bürger Häuser«
GStA PK, I. HA, Rep. 96, Fr. W. I. und Fr. II., Verwaltung, Nr. 412, C1, Acta des Kabinetts Friedrichs des Zweiten, Angelegenheiten der Einwohner von Berlin, Bl. 41-42: »Anschlag Der Königs Brücke, wenn selbige Massiv von Kalckstein und mit Werckstücke beleget, gebauet werden soll.«
GStA PK, I. HA, Rep. 96 B, Extracte, Nr. 150, Bl. 104, 12. August 1777.
GStA PK, I. HA, Rep. 96 B, Minüten, Nr. 79, 1778/79, Bl. 27, 14. Januar 1778.
Entwurfs- und Schauzeichnungen, Plankammer Schloß Charlottenburg, PK 3460/1-3.

Bemerkung
Die Königsbrücke führte aus Berlin, über den ehemaligen Festungsgraben, nach der Königsvorstadt und ersetzte einen hölzerner Vorgängerbau. Gontard entwarf zwei parallel angelegte Kolonnaden in ionischer Ordnung mit dahinterliegenden Ladenanbauten. Viertelkreisförmige Balustraden leiteten zur Brücke über. Der Skulpturenschmuck stammte von Meyer d. J. und Schulz (Kindergruppen) sowie Meyer d. Ä. (große Skulpturen).[814] (Vgl. Textteil) 1878 wurde der Königsgraben zugeschüttet und ein erst 1871-1873 entstandener Brückenneubau abgerissen. 1909/10 wurden die Kolonnaden abgebrochen und in den Schöneberger Kleistpark versetzt.

Kat. Nr.: 108/1 Abb.: 127
Plankammer Schloß Charlottenburg
Objekt: Entwurf zur Königsbrücke und den Kolonnaden, Berlin

Inv. Nr.: PK 3460
Künstler: Carl von Gontard
Material: Feder in Grau, Schwarz; Bleistift; rosé, grau, schwarz laviert
Größe: Blatt: H: 37,1 cm; B: 108,6 cm
Montierung: H: 41,1 cm; B: 112,4 cm
Signiert: —
Datiert: —, um 1776

Beschreibung
Maßstab fehlt; Wasserzeichen nicht erkennbar, da Blatt montiert.
Stempel: Königl. Schloss-Bau-Commission, Hohenzollernmuseum Berlin
Beschriftung: ZVIII sowie auf Montierung: 10b bzw. (13).
Das Blatt ist aus zwei verschiedenen Papiersorten zusammengesetzt.
Der Entwurf zeigt eine Hälfte der Grundrißsituation sowie einen Kolonnadenflügel und die Ansicht der Brücke. Bei dem Aufriß der Brücke, die sich über fünf Korbbogen erhebt, werden verschiedene Varianten der Rustizierung vorgeführt. Gezeigt werden zunächst Lagerfugen mit hakenförmigen Ab-

186. Spittelbrücke und Kolonnade (Spitalbrücke) in Berlin (Kat. Nr.: 107, Aufnahme 2000)

knickungen, anschließend ein kräftiger Fugenschnitt mit betonter Rustizierung sowie zuletzt eine relativ glatte Oberflächengestaltung. Die Bogenzwickel werden unterschiedlich mit ovalen Medaillons, einem rechteckigen sowie einem trapezförmigen Dekorfeld vorgeführt. Eine Balusterbrüstung trägt Kindergruppen, die Laternen halten. Im Grundriß, der in der unteren Hälfte skizziert ist, wird in der Mitte der Brücke alternativ eine halbrunde Nische angedeutet.

Die Kolonnadenarchitektur über ionischen Säulen, die an die Brücke in gerader Achse anschließt, umfaßt 13 Achsen. Auch hier werden zwei verschiedene Variationen durchgespielt. Auf der linken Hälfte werden Doppelsäulen, auf der rechten Hälfte einfache Säulen über dementsprechend kleineren Podesten eingesetzt. Im Grundriß werden allerdings nur einfache Säulenstellungen gezeigt. Risalitartig werden die Ecken und die Mitte hervorgehoben. An der Verbindung zwischen den Eckrisaliten und der Kolonnade erfolgt eine Kombination von drei Säulen, von denen eine zurückgesetzt ist.

Dieses Motiv wiederholt sich vollständig am Mittelrisalit. Hier verkröpft sich dabei das Gebälk über den gekuppelten Säulen. Im linken Interkolummnium wird im Grundriß an dieser Stelle eine geschlossene Mauerpartie mit Pilastergliederung hinter der dort befindlichen Skulpturen vorgeschlagen. Auf der Balustrade über dem Gebälk sind auf der linken Hälfte verschiedene Aufsätze in Gestalt von Kindergruppen sowie Obelisken skizziert, während die rechte Seite mit Vasen besetzt ist.

Der Aufriß der Innenwand wiederholt in Form von Pilastern die Vertikalgliederung und ist durch rundbogige Eingänge zu den dahinterliegenden Kompartimenten bestimmt. Darüber verläuft ein Gesimsband, über dem in jeder Achse Rechteckfelder mit Medaillons und Girlanden eingefügt sind. Die Bogen in den Risaliten nehmen die gesamte Höhe ein. Die Rückwand der Kolonnadenarchitektur und der rechte seitliche Abschluß werden geschlossen, ohne aufgelegten Dekor, vorgeführt.

Kat. Nr.: 108/2   Abb.: 128
Plankammer Schloß Charlottenburg
Objekt: Teilauf- und Grundriß der Königskolonnaden, Berlin

Inv. Nr.: PK 3460/2
Künstler: Carl von Gontard
Material: Feder in Grau, Braun, Schwarz; Bleistift; Lavierungen und Maßangaben in Rosé
Größe: Blatt: H: 46 cm; B: 63 cm
Montierung: H: 47,7 cm; B: 66,5 cm
Signiert: —
Datiert: —, um 1776

Beschreibung
Maßstab fehlt, Wasserzeichen wegen Montierung nicht erkennbar; fleckig.
Stempel: Ober Hof Marschallamt Sr. Majestät d. Kaisers u. Königs
Papiermarke: Plankammer d. K. Hofmarschalamtes, Neues Palais A No. 1c
Beschriftung unten: »82' 4'' halbe Länge der Colonnade«

Gezeigt wird der Teilauf- und Grundriß der linken Hälfte der Kolonnade. Dabei wird die Variante der gedoppelten Säulen aufgegriffen. Ebenfalls wird die geschlossene Mauerfläche hinter den gekuppelten Säulen des Mittelrisalits wiederholt. Gleichfalls zeigt der Grundriß, daß hinter dem Säulengang Raumkompartimente geplant sind. Die Aufrißgliederung und der Balustradendekor sind nicht völlig ausgearbeitet, wiederholen aber das Grundschema von PK 3460. Die Maßangabe entspricht ca. 25,83 m. Für die gesamte Kolonnade waren also ca. 51,67 m Länge vorgesehen, was der späteren Umsetzung entspricht.[815]

Kat. Nr.: 108/3   Abb.: 129
Plankammer Schloß Charlottenburg
Objekt: approbierter Entwurf zur Königsbrücke und den Kolonnaden, Berlin

Inv. Nr.: PK 3460/1
Künstler: Carl von Gontard
Material: Federzeichnung in Grau; grau, blau, braun, rosé laviert
Größe: Blatt: H: 65,4 cm; B: 62,5 cm
Montierung: H: 66,4 cm; B: 63 cm
Signiert: —
Datiert: —, um 1776

Beschreibung
Maßstab fehlt; Wasserzeichen nicht erkennbar, da Blatt montiert.
Stempel (nur z.T. sichtbar): Koenigl. Schlos(s-Bau-Commission) sowie darunter Stempel: Ber(lin) und Teil eines Adlers (Stempel Hohenzollernmuseum); Blatt aus 2 Teilen zusammengesetzt.
Bezeichnet: »von Sr. Königl. Majestät approbirt«
Gezeigt werden zwei Bogen der Brücke und der Ansatz der Kolonnade. Die Gestaltung der Brücke weist eine glatte Oberfläche ohne Rustizierung auf. In den Bogenzwickeln befinden sich trapezförmige gerahmte Reliefffelder. Die Umrahmung wird von Konsolen gestützt. Ein Gesims, das auf Konsolen aufliegt, vermittelt nach einem kleinen Rücksprung zur Brüstung, die mit laternentragenden Kindergruppen besetzt ist. Die Kolonnaden zeigen gedoppelte ionische Säulen und die bereits beschriebenen Verkröpfungen. Die Eckpavillons sind mit dekorierten Aufsätzen versehen, auf denen Putti stehen, die Körbe mit Obst emporheben. Der sichtbare linke Mittelpavillon ist mit einem deutlich höheren Aufsatz und ebenfalls mit Puttigruppen bekrönt. Die Kolonnaden zeigen keine Ansätze von Buden, sondern ebenfalls aufgelegte Pilastergliederung an den Rückseiten. I. C. Krüger verwendete 1789 die Zeichnung als Vorlage für einen Stich.[816]

Kat. Nr.: 109
Ort: Berlin
Objekt: Jägerbrücke

Erbaut: 1782
Bezirk: Verbindung zwischen der Friedrichstadt und Friedrichswerder über den alten Festungsgraben
Entwurf: Unger oder Gontard
Nicolai: I, S. 159.

Archivalien:
GStA PK, I. HA, Rep. 96 B, Extracte, Nr. 158, 1781, Bl. 458, 5. Dezember 1781.

Bemerkung
Nicolai gibt an, daß die Jägerbrücke nach Ungers Entwürfen errichtet wurde. Aus den Extracten des Jahres 1781 geht allerdings hervor, daß Gontard im Dezember 1781, nach längerer Krankheit, einen Entwurf für die Brücke an Unger abgegeben hat.[817] Ob eventuell Gontards Pläne unter der Leitung Ungers umgesetzt wurden, ist unklar.

Festarchitekturen und Torbauten
Innerhalb seines Œuvres hat Gontard, ausgehend von dem Motiv des Triumphbogens, verschiedene Bauten errichtet. Abgesehen von einem niedrigen Gartenportikus für den Reichsgrafen Andreas Philipp von Ellrodt in Bayreuth, handelte es sich sowohl um ephemere Ehrenpforten bzw. Feuerwerksarchitekturen für den Bayreuther Hof als auch um realisierte Stadttore in Potsdam und Berlin. Zudem haben sich verschiedene Entwürfe zu Toranlagen erhalten, die keine Umsetzung fanden.
Den Entwürfen liegt zumeist eine dreiachsige, durch Säulen oder Pilaster untergliederte Konzeption mit rundbogigem Mitteltor zugrunde. Eine Ausnahme bildet die Feuerwerksarchitektur zu Ehren des Geburtstages der Herzogin von Württemberg.[818] Hier wurde lediglich eine einbogige Anlage mit seitlichen Figurennischen und niedrigen seitlichen Anbauten gewählt. (Kat. Nr. 111)
Bei dem Triumphbogen anläßlich der Hochzeit des Markgrafen Friedrich von Bayreuth mit Sophie Caroline von Braunschweig 1759 tritt bereits ein Motiv auf, das Gontard v.a. ab den 1770er Jahren häufiger für Fenstergestaltungen verwandte.[819] Er läßt den Bogenlauf des Mittelbogens auf eingestellten niedrigeren Säulen ruhen. (Kat. Nr. 110, Abb. 188) Bei der Grundkonzeption der dreitorigen Anlage lassen sich Parallelen zu dem Triumphtor feststellen, das Konstantin 312 n. Chr. nach dem Sieg über Maxentius in Rom errichten ließ. Wie bei dem römischen Vorbild wurden die Achsen durch vorkragend plazierte Säulen untergliedert, über denen sich das Gebälk verkröpft. Gleichfalls sind über den Säulen Podeste mit jeweils einer einzelnen Skulptur angebracht, die die Attika nicht überragen. Abweichend ist allerdings die Gestaltung der Seitenachsen mit rechteckigen Toröffnungen und die beschriebene Einstellung niedriger Säulen. Dieses Motiv sowie die rechteckigen Seitendurchgänge, treten auch auf einem möglichen Alternativentwurf für das Brandenburger Tor in Potsdam auf. Teilweise wird jener Entwurf mit Gontard in Verbindung gebracht, zuletzt aber Andreas Ludwig Krüger zugeschrieben.[820] (Kat. Nr. 113, Abb. 190)
Parallelen lassen sich auch zum Triumphbogen an der Porta San Gallo in Florenz ziehen. Dieser wurde 1739 für den Einzug Großherzogs Franz Stephans von Österreich, den Gemahl Kaiserin Maria Theresias in Florenz errichtet. Auch dort gliedern einzelne vorkragende Säulen die Achsen, über deren verkröpftem Gebälk wiederum einzelne Skulpturen plaziert sind.[821] Gontard dürfte beide Bogen bei seiner Italienreise gesehen haben. Darüber hinaus sind sehr interessante Übereinstimmung zum Jupiter-Bogen in Verona (Ende 1. Jh. n. Chr.) zu verzeichnen. Dieser Triumphbogen (Abb. 189) war zwar im 18. Jahrhundert schon fast völlig zerstört, jedoch u. a. durch vier Rekonstruktionszeichnungen Andrea Palladios überliefert. Weitere Zeichnungen sind z.T. noch von Onofrio Panvinio und Giovanni Maria Falconetto überliefert. Palladios Skizze zeigt ebenfalls einen dreitorigen Triumphbogen der durch vorgestellte Säulen untergliedert wird. Er gibt einen mittleren Rundbogen auf eingestellten Säulen sowie seitliche rechteckige Durchgänge an, in die jedoch Pfeiler eingestellt sind. Allerdings sind die Höhen der Basen unterschiedlich. Weiterhin gibt Palladio für die Rechteckfelder über den seitlichen Durchgängen eine Rahmung mit einem Wellenbandmotiv an, daß bei Gontards Triumphtor auf dem Architrav erscheint. Die von Palladio angedeutete spiralförmige Kannelierung der vorgestellten Säulen, könnte bei Gontard in der Umwickelung der Säulen mit Ranken rezipiert gesehen werden.[822] Es konnte jedoch bisher nicht geklärt werden, ob diese Pläne Gontard zugänglich gewesen sein können.
Sowohl die Krüger zugeschriebene Zeichnung als auch der Florentiner Bogen werden mit der Feldseite des Brandenburger Tors in Potsdam in Verbindung gebracht. Es wurde 1770 anstelle eines Vorgängerbaus als westlicher Abschluß der Brandenburger Straße in Gestalt eines dreitorigen Triumphbogens errichtet. (Kat. Nr. 112, 187) Seitlich schlossen ursprünglich viertelkreisförmige Anbauten für die Wache und die Wohnung des Torwächters an. Bei der Zuschreibung gibt Manger lediglich Unger an, der eine Vorlage des »Trojanischen Triumphbogen(s)« abgewandelt haben soll.[823] Nicolai schreibt,

daß Unger die Feldseite nach einem Entwurf Friedrichs II. schuf, der wiederum auf den Trajanbogen zurückginge. Die Stadtseite hingegen stamme von Gontard.[824] Inwiefern eine Kombination von Entwürfen der beiden Architekten tatsächlich stattfand, läßt sich ohne neue Quellenfunde nicht klären. Daß der Trajanbogen als Vorbild ausscheidet, wurde bereits von Giersberg nachgewiesen, der sich ausführlich mit der Errichtung von Stadttoren unter Friedrich II. beschäftigt hat.[825] Mangers expliziter Hinweis auf eine abgewandelte Vorlage läßt aber vermuten, daß tatsächlich ein fremdes Vorbild modifiziert wurde, was in Potsdam bekanntlich öfters der Fall war. Aufgrund der gedoppelten Säulen seitlich des Mittelportals und dessen Figurenschmuck, wird der Krüger zugeschriebene Torentwurf in Bezug zum Brandenburger Tor gesetzt. Dieser geht wiederum auf Perraults Zeichnung für den Triumphbogen im Faubourg Saint-Antoine (Entwurf 1669, 1685 Bau unvollendet abgebrochen) und besonders auf einen Konkurrenzentwurf von Le Brun, abgedruckt bei Mariette 1727, zurück.

Eine weitere Zeichnung für einen Triumphbogen, die z.T. Gontard zugeordnet wird, könnte den Entwurf für die Feldseite des Brandenburger Tors beeinflußt haben.[826] (Kat. Nr. 118, Abb. 196) Es handelt sich ebenfalls um eine dreitorige Anlage mit stark überhöhtem Mitteltor und seitlich dreifach übereinander angeordneten Bogen, die in den beiden oberen Reihen auf eingestellten Säulen ruhen. Die einzelnen Achsen werden durch gedoppelte korinthische Säulen gegliedert, über denen sich das Gebälk verkröpft. Vorbild war unzweifelhaft ein Entwurf von Boffrand für einen Königsplatz in Paris, der bei Patte (1767) abgebildet war.[827] Wie beim Brandenburger Tor sind dort die Säulen so eng gestellt, daß kein Skulpturenschmuck dazwischen Platz findet. Auch der starke Höhenunterschied zwischen dem Mitteltor und dem untersten seitlichen Durchgang könnte hier seinen Ursprung haben. Das schon mehrfach beschriebene Motiv des auf eingestellten niedrigen Säulen ruhenden Bogenlaufes, tritt ab 1771 mehrfach bei Gontard auf, wurde aber schon bei der anfangs genannten Feuerwerksarchitektur verwendet. Eher ungewöhnlich wäre für Gontard in dieser Zeit die Einbringung von antikisierenden Reliefs, wie es hier der Fall ist. Die Vielzahl möglicher Einflüsse und die unterschiedliche Zuordnung der in Frage kommenden Entwürfe machen deutlich, wie schwer die Händescheidung in diesem Falle ist. Bei den übrigen Torentwürfen, die Gontard zuzurechnen sind, bzw. die mit ihm in Verbindung gebracht werden, zeichnet sich aber ab, daß er offensichtlich eher zu Pilastergliederungen und insgesamt nicht so weit ausgreifenden Grundrißlösungen bei Torbauten neigte. Dies zeigt sich an der Stadtseite des Brandenburger Tores, die ihm zugeschrieben wird. Hier gliedern einfache bzw. gedoppelte Pilaster die Front. Alle drei Bogen zeigen die von Gontard häufig verwendeten Scheitelagraffen und Rankendekoration auf den Bogenläufen. Auch die rechteckigen eingetieften Dekorfelder mit Armaturen kommen bei einigen anderen Entwürfen vor.

Auch in Berlin war Gontard verantwortlich für verschiedene Torbauten im Norden der Stadt. Das Rosenthaler Tor, das östlich des Hamburger Tores lag, wird verschiedentlich Gontard zugeschrieben und zwischen 1781 und 1788 datiert. (Kat. Nr. 114, Abb. 191/191) Quellen zum genauen Baubeginn oder dem Baumeister sind nicht erhalten. Tatsächlich zog sich die Fertigstellung wesentlich länger hin, als bisher bekannt. 1794 berichtete Boumann d. J. König Friedrich Wilhelm II. über den Stand der Bauarbeiten.[828] Erst im Juli 1794 wurde mit dem Versetzen des Couronnements, verschiedenen Sandsteinarbeiten und im September die Ausarbeitung des Untersatzes zur Victoria angefangen, obwohl mit dem Tor bereits unter Friedrich II. begonnen worden war. Im Januar 1795 wird der Bau als bezugsfertig für die Wache und die »Thor Officianten« bezeichnet, doch fehle noch verschiedenes am Tor sowie ein Stück der anschließenden Mauer.[829]

Die Grundkonzeption des Rosenthaler Tores verweist bereits auf das Oranienburger Tor. Beim Rosenthaler Tor handelte es sich um eine dreiachsige Anlage mit hohem Mitteltor und zwei niedrigeren Seitentoren, die zunächst nur als Eingänge zu den Seitenflügeln vorgesehen waren und erst später zu Fußgängerpassagen umgewandelt wurden. Eingeschossige viertelkreisförmige Anbauten mit vorgelegten Arkadengängen schlossen sich seitlich an das Tor an und waren durch einfache Wandvorlagen unterteilt. Das Tor wurde mit dorischen Säulen ausgestattet, wobei die beiden äußeren Achsen risalitartig hervorgezogen und mit einfachen Säulenstellungen sowie kleinen Dreiecksgiebeln akzentuiert wurden. Gedoppelte Säulen flankierten das hohe Mitteltor und Skulpturen sowie ein geschweifter Paradeaufsatz bekrönten es. 1869 wurde die Anlage abgerissen.

Ende des Jahres 1785 ordnete Friedrich II. den Neubau mehrerer Stadttore sowie die Ersetzung des Palisadenzauns im Norden Berlins durch eine Stadtmauer an. Von Oberbaurat Seidel forderte er dazu einen Kostenanschlag an, der eine Erweiterung der Stadtmauer im Bereich zwischen dem Unterbaum im Westen und dem Schönhauser Tor im Norden der Stadt vorsah. Der König gab an, daß bei jedem der Tore auch eine Wache eingerichtet werden müsse.[830] Auch verlangte er, daß Gontard oder Unger die Pläne zu entwerfen hätten: »Was aber die Zeichnungen von denen Thoren sind, die muß der Capitain v. Gontard, oder der Bau Inspector Unger anfertigen, dem meine Intention hierunter, und wie es sein soll, bereits bekannt ist, [...].« Dabei könnten die Entwürfe für die neuen Tore an den vorhandenen orientiert, sollten jedoch nicht so hoch gebaut werden.[831] Für 1786 resolvierte der König 50.000 Taler zu diesem Zweck.[832] Die Kostenanschläge, insbesondere für die Mauern, fielen anscheinend sehr knapp aus. Das Berliner Maurergewerk legte Beschwerde ein, da es die berechneten Mauerstärke von 2 Fuß 8 Zoll bei einer Höhe von 15 Fuß statisch für äußerst bedenklich hielt und den Einsturz der Mauer befürchtete. Aus einem weiteren Schreiben geht hervor, daß das Maurergewerk sogar mit Arrest bedroht wurde, um den Kontrakt zu unterschreiben.[833] Tatsächlich wurde Unger im Mai 1786 für vier Tage inhaftiert, da er sich nicht an Seidels Kostenvorgaben bei der Erstellung von Anschlägen für fünf Bürgerhäuser hielt. Sollte er sich diese »Caprice« nochmals erlauben, so drohte ihm der König mit Festungshaft.[834]

Zu den in der Folgezeit konzipierten und errichteten Torbauten gehören das Oranienburger und das Hamburger Tor. Aus Quellen geht eindeutig hervor, daß das Oranienburger Tor (Kat. Nr. 115) von Gontard und das Hamburger Tor von Unger entworfen wurde. Für beide Bauten konnten Kostenanschläge ausfindig gemacht werden.[835] Zum Oranienburger Tor haben sich, außer dem Kostenvoranschlag von 18.604 Taler, verschiedenen Zeichnungen erhalten. Neben dem signierten Schauentwurf (Kat. Nr. 115/1, Abb. 193) sind noch ein dazugehöriger Situationsplan sowie zwei weitere Zeichnungen überliefert, die wohl als Vorstudien oder Alternativentwürfe anzusehen sind.[836] Offensichtlich wurde für das Oranienburger Tor auch eine eintorige Konzeption in Betracht gezogen. Eine Zeichnung (Aufriß/Schnitt), die sich im Landesarchiv Berlin befindet, zeigt die eintorige Variante und sieht rechteckige seitliche Fenster vor.[837] Dieses Blatt dürfte zu den frühesten Entwürfen für die Toranlage zählen. Auch ein Entwurf im Germanischen Nationalmuseum greift eine eintorige Variante auf. (Kat. Nr. 115/2, Abb. 194) Dabei wird ein dreiachsiger rustizierte Aufriß mit hohem Mitteltor, seitlichen Figurennischen und einer dorischen Pilastergliederung in Betracht gezogen. Zur Bekrönung waren Trophäen vorgesehen. Als mögliche Alternative ist eine weitere Zeichnung zu sehen, die zwar eine sehr ähnliche Konzeption aufweist, aber nur ein niedriges Mitteltor und eine etwas abgemilderte Rustizierung vor-

Katalog

sah. Ihre Datierung kann zum Ende des Jahres 1785 oder im Frühjahr 1786 angesetzt werden. (Kat. Nr. 115/3, Abb. 195) Auch auf dem signierten Schauentwurf Gontards werden zwei Varianten vorgestellt. Letztendlich entschloß man sich für die auf der linken Hälfte der Zeichnung durchgespielte Lösung einer dreitorigen Anlage mit dorischer Pilastergliederung, kräftiger Rustizierung und einer Bekrönung aus Trophäen und einem Obeliskenaufsatz in der Mitte. (Kat. Nr. 115/1, Abb. 193) Die Ausführung erfolgt ca. 1786-1788. Wie auf diesem Entwurf vorgesehen, waren die niedrigen Seitentore zunächst nicht als öffentliche Durchgänge geplant, sondern dienten als Eingänge zu den niedrigen viertelkreisförmigen Seitengebäuden. Wie am Rosenthaler Tor waren die Anbauten mit vorgelegten Arkaden versehen. 1867/68 wurde die Anlage abgerissen.[838]

Zuletzt sei noch auf einen Entwurf für ein Stadttor im Kunstbibliothek Berlin hingewiesen, der eine eintorige Anlage mit dorischer Pilastergliederung, seitliche Figurennischen und sechsachsige Anbauten für die Wache vorführt.[839] (Kat. Nr. 119, Abb. 197) Auf einem Paradeaufsatz sind Famen sowie eine bekrönte Kartusche mit dem Monogramm »FR« für Fridericus Rex plaziert. Die Aufrißgliederung zeigt Parallelen zu den Alternativentwürfen für das Oranienburger Tor. Das Gliederungsschema mit Pilasterverwendung und die wenig ausgreifende Grundrißanlage des Tores lassen Gontard als Zeichner in Betracht kommen.

187. Potsdam, Brandenburger Tor, Stadtseite (Kat. Nr. 112)

Katalog

Festarchitekturen und Torbauten

Kat. Nr.: 110   Abb.: 188
Germanisches Nationalmuseum
Objekt: Triumphbogen anläßlich der Vermählung des Markgrafen Friedrich von Bayreuth mit Sophie Caroline von Braunschweig 1759 in Bayreuth

Inv. Nr.: GNM, Graphische Sammlung, Sammlung Knebel, Kapsel 1555, Hz. 4181
Künstler: Carl von Gontard
Material: Feder in Schwarz; Bleistift; grau, rosé, gelb, laviert
Größe: H: 26,4 cm; B: 39,1 cm
Signiert: Gontard nennt sich im seitlichen Text als Zeichner
Datiert: —, 1759

Beschreibung
Maßstab und Wasserzeichen fehlen, Rand unregelmäßig beschnitten; fleckig.
Bezeichnet: »Dieser Triumphbogen ist am Ente des Cannals im fürstl. Gartten aufgerichtet worden, bey der Vermählung der Durchl. H. Markgraf Friedrich mit der Princessin Caroline von braunschweig à 17 ( ), welcher nach dem abgebrannten Feuerwerck sehr reich und schön Elemanierdt geworden und die Zeichnung ist von mir den C: v. Gontard angefertigt und Executiert worden.«
Auf der linken Seite ist senkrecht die Höhenangabe »80 piedes«, notiert. Die Unterschrift »C: v: Gontard« weist auf eine nachträgliche Beschriftung des Blattes hin, da Gontard erst 1767 geadelt wurde. Dies erklärt auch die Lücke bei der Nennung des Datums, bei dem es sich um das Jahr 1759 gehandelt haben muß.
Der Entwurf zeigt einen dreiachsigen Triumphbogen, vor dem eine zweiläufige Treppe mit Balusterbrüstung angelegt ist. Die Brüstung ist mit Feuerwerkskörpern versehen. Der Triumphbogen wird durch vier rankenumkränzte ionische Säulen unterteilt. Der mittlere Rundbogen wird von eingestellten dorischen Säulen getragen und ist mit einer großen Kartusche versehen. Am Scheitel sind Girlanden sowie ein Lüster aufgehängt. In den seitlichen Achsen stützten ebenfalls dorische Säulen große Dekorfelder, die vom Kämpfergesims und vom Architrav begrenzt werden. Hier hängen ebenfalls Lüster. Vor der hohen Attika, die mit drei Dekorfeldern versehen ist, sind in den Achsen Figuren postiert. Auf der Attika werden verschiedene Illuminationen gezeigt. Seitlich sind auf unterschiedlichen Positionen Obelisken skizziert. Auf der Rückseite des Blattes befinden sich verschiedenen Berechnungen sowie eine Skizze für ein Fenster.

Kat. Nr.: 111
Germanisches Nationalmuseum
Objekt: Triumphbogen für eine Feuerwerksarchitektur
Inv. Nr.: GNM, Graphische Sammlung, Sammlung Knebel, Kapsel 1555, Hz. 4182
Künstler: Carl von Gontard
Material: Bleistift
Größe: H: ca. 21,2 cm (unregelmäßiger Rand unten); B: 35,5 cm
Signiert: —
Datiert: —, um 1760

Beschreibung
Maßstab in »Schuh«, mit Skala; Wasserzeichen: IVI (?)
Bezeichnet (Bleistift, rechts oben): »diese feuer werck ißt bey bayreuth auf dem Jagdschloß Kayserhammer durch mich auf den Geburthstag der Frau Herzogin von Würdenberg Executirt worden, die Decorations sind Grünen Tannen reißen mit lamppen Elemuniret«
Dargestellt wird ein einbogiger Triumphbogen mit Scheitelkartusche und seitlichen Figurennischen. Er ist mit einem Podest und darauf befindlichen Obelisken überhöht. Auf dem Podest sind die Initialen der Herzogin Elisabeth Sophie Friederike, der Tochter der Markgräfin Wilhelmine, eingebracht. Seitlich werden die Aufhängungen für die genannten Lampen gezeigt. Im September 1748 hatte die Bayreuther Prinzessin Herzog Carl II. Eugen von Württemberg geheiratet, von dem sie sich jedoch bereits 1756 trennte.[840]

188. Bayreuth, Triumphbogen anläßlich der Vermählung des Markgrafen Friedrich von Bayreuth mit Sophie Caroline von Braunschweig 1759 (Kat. Nr. 110)

Kat. Nr.: 112   Abb.: 187
Ort: Potsdam
Objekt: Brandenburger Tor, urspr. mit seitlichen Flügelanbauten

Erbaut: 1770, anstelle eines einfachen Torbaues von 1733
Zerstörung: Torhäuser 1891 abgetragen
Entwurf: Carl von Gontard, Stadtseite; Georg Christian Unger, Feldseite (nach F. Nicolai)
Manger: Bd. II, S. 346, erwähnt nur Unger
Nicolai: S. 1180

Archivalien:
GStA PK, I. HA, Rep. 36, Hofverwaltung, Nr. 3071, Bl. 207. (Reparatur 1775 durch Kaplunger.)

Beschreibung
1770 wurde das Brandenburger Tor als dreitorige Anlage in korinthischer Ordnung mit überhöhtem Mittelbogen errichtet. Die seitlichen Durchgänge waren ursprünglich Fenster der Wachstuben und wurden erst nachträglich geöffnet. An der Feldseite sind jeweils gedoppelte Säulen auf hohen Podesten vorgelegt. Über den Kapitellen verkröpfen sich das Gesims und die Attika. Die Flächen über den äußeren Bogen zeigen Relieffelder mit Festons und Armaturen. Der Mittelbogen ist mit einer Wappenkartusche (FR) und Famen mit Posaunen belegt. An der Front der Attika ist die Jahreszahl MDCCLXX angebracht. Sie ist mit Trophäen und einer bekrönten Kartusche besetzt, die mit dem Brandenburgischen Adler verziert ist. Diese Seite wurde von Nicolai als Entwurf Ungers, nach einer Vorlage des Königs, bezeichnet, dem der Trajanbogen

Katalog

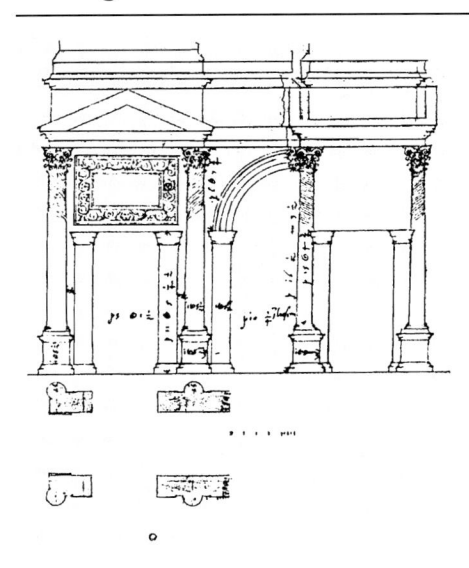

189. Andrea Palladio, Zeichnung des Jupiter-Bogens in Verona aus dem 1. Jh. n. Chr.

in Rom als Vorbild gedient haben soll, was jedoch nicht zutrifft.
Die Stadtseite ist einfacher gehalten. An den Außenkanten sind gedoppelte, innen einfache Pilaster plaziert. Ein Gesimsband über den seitlichen Durchgängen trennt darüberliegende Dekorfelder mit Armaturen ab. Zwischen den Kapitellen sind Girlanden gespannt. Die Attika ist unverkröpft. Nach Nicolais Angaben soll diese Seite von Gontard entworfen worden sein, während Manger ausschließlich Unger erwähnt.

Kat. Nr.: 113   Abb.: 190
Kupferstichkabinett Berlin
Objekt: Entwurf für einen dreitorigen Triumphbogen mit bekrönender Reiterstatue

Inv. Nr.: Hdz. 4025
Künstler: Andreas Ludwig Krüger?
Material: Feder; Bleistift; zartgrau und gelblichbraun laviert;
Grösse: H: 38,1 cm; B: 51,5 cm
Datiert: —, um 1770
Signiert: —

Beschreibung
Die Zeichnung für ein Stadttor mit bekrönender Reiterstatue wurde mehrfach mit der Gestaltung der Feldseite des Brandenburger Tores in Potsdam in Verbindung gebracht. Eine Wappenkartusche mit FR für Fridericus Rex bestätigt zumindest, daß der Entwurf für Friedrich II. geschaffen wurde. Als Vorbilder dienten Perraults Entwurf von 1669 für den geplanten Triumphbogen im Faubourg Saint-Antoine sowie vor allem ein Konkurrenzentwurf von Le Brun, abgedruckt

bei Mariette (1727), was bei der Übernahme der geflügelten Rossebändiger auf der Attika deutlich wird.[841] Auch Broebes Entwurf für einen Triumphbogen in Berlin (1733), geht auf Perraults Entwurf zurück und könnte als Bindeglied zur Zeichnung im Kupferstichkabinett gedient haben.[842] Als Vergleichspunkte zum Brandenburger Tor sind die Doppelung der Säulen, die stark hervorgezogen werden, und die posauneblasenden Famen, die auf dem Bogenlauf lagern, festzuhalten. In ihrer sehr malerischen Anlage unterscheidet sich die Zeichnungen von anderen Entwürfen Gontards für Torbauten. Eine Zuordnung an Gontard ist fraglich. Giersberg schreibt die Zeichnung Andreas Ludwig Krüger zu. Da die Feldseite auf Unger zurückgeführt wird, sollte auch eine Zuschreibung an ihn nicht völlig außer Acht gelassen werden.[843]

Kat. Nr.: 114   Abb.: 191,192
Ort: Berlin
Objekt: Rosenthaler Tor

Erbaut: 1781-1794
Zerstört: 1869
Bezirk: Spandauer Vorstadt
Entwurf: Carl von Gontard (?), Bauleitung Unger, Moser und Boumann d. J.
Nicolai: I, S. 52

Archivalien:
GStA PK, I. HA, Rep. 96, Geheime Cabinetts-Registratur, Nr. 216 b, Vol. I, Kabinettsakten Friedrich Wilhelms II., Kgl. Immediatbauten Berlin und Potsdam, 1787-1795, Bl. 22, 6. Juni 1794, gez. Boumann; ebd., Bl. 24, 1. Juli 1794; Bl. 27, o.D.; ebd., Bl. 29, 30. September 1794; ebd., Bl. 33, 30. November 1794; ebd., Bl. 38, 1. Januar 1795.

Bemerkung
Für den Bau des Rosenthaler Tores wird allgemein eine Bauzeit zwischen 1781-1788 angegeben, ohne daß dies durch genaue Quellen belegt ist. Die Dauer der Bauarbeiten zog sich offensichtlich stärker in die Länge. Als weitgehend vollendet wird der Bau erst im Januar 1795 bezeichnet.[844] Es handelte sich um eine dreiachsige Anlage mit viertelkreisförmigen Anbauten für die Wache. Die Anlage wurde mit dorischen Säulen ausgestattet, wobei die beiden äußeren Achsen risalitartig hervorgezogen und mit einfachen Säulenstellungen und kleinen Dreiecksgiebeln akzentuiert wurden. Gedoppelte Säulen flankierten das hohe Mitteltor. Skulpturen und ein geschweifter Paradeaufsatz bekröntent das Tor. Vierachsige Anbauten mit rundbogigen Arkadengängen schlossen sich seitlich an.

Kat. Nr.: 115   Abb.: 193-195
Ort: Berlin
Objekt: Oranienburger Tor

Erbaut: 1786-1788
Zerstört: Abriß 1867/68
Entwurf: Carl von Gontard

Archivalien:
PK Schloß Charlottenburg, Inv. Nr. PK 3458, »Facade von dem Oranienburger Thor, nach der Stadt Seite«
PK Schloß Charlottenburg, Inv. Nr. PK 3457, »General Plan vom Oranienburger Thor«
GNM, Graphische Sammlung, Slg. Knebel, Kapsel 1555, Hz. 4192 a, Hz. 4192 b
GStA PK, II. HA, Oberbaudepartement: Kurmark, Tit. XXXVIII, Nr. 13, 1786, Acta den Bau der hiesigen Stadt Mauer und die dieserhalb dem Ober-Bau-Departement von Sr. Majestät übertragene Aufsicht über das Baucomtoir.
LA Berlin, Pr. Br., Rep. 42, VII, 39.

Bemerkung
Zum Bau des Oranienburger Tores haben sich ein Kostenanschlag sowie verschiedene Entwürfe erhalten. Es handelte sich um eine dreitorige rustizierte Anlage mit dorischer Pilastergliederung. Das hohe Mitteltor wurde von rustizierten Quadern eingefaßt. Vier dorische Pilaster gliederten das Tor, wobei die seitlichen Durchgänge, vormals Zugänge zu den Seitenflügeln, niedriger konzipiert waren. Über ihnen lagen ovale Dekorfelder, die wiederum von rustizierten Quadern gefaßt wurden. Über dem Traufgesims war ein Obelisk auf einem geschweiften Sockel plaziert, der seitlich von Trophäen flankiert wurde. Seitlich schlossen sich niedrige viertelkreisförmige Anbauten mit vorgelegten Arkaden an, die nach dem Schauentwurf ebenfalls stark rustiziert waren.

Kat. Nr.: 115/1   Abb.: 193
Plankammer Schloß Charlottenburg
Objekt: Schauentwurf für das Oranienburger Tor in Berlin

Inv. Nr.: PK 3458
Künstler: Carl von Gontard
Material: Feder in Grau, Schwarz; grau und schwarz laviert
Größe: Blatt: H: 53,5 cm; B: 42,3 cm
Montierung: H: 62,5 cm; B: 51 cm
Signiert: unten rechts: »v. Gontard«
Datiert: —, um 1785/86

Beschreibung
Bezeichnet: »Façade von dem Oranienburger Thor, nach der Stadt Seite« (oben)
»Es sind auf beiden Seiten des Thores Tropheen veranschlagt. Die Wohnungen der

Katalog

190. Andreas Ludwig Krüger, Entwurf für einen dreitorigen Triumphbogen mit bekrönender Reiterstatue, um 1770 (Kat. Nr. 113)

Accise Bediente werden in Ansehung ihrer inneren Einrichtung abgeändert.« (unten) Maßstab in »Fuss«; Wasserzeichen nicht erkennbar, da Blatt montiert; mit schwarzem Doppelstrich gerahmt.
Das Blatt zeigt einen Aufriß- und einen Grundrißentwurf für das Oranienburger Tor, das im Zuge der Errichtung der Stadtmauer ab 1785 dem Berliner Baucomtoir aufgetragen wurde.[845] Der Entwurf spielt zwei Varianten mit nur leicht abgeänderten Aufrißkonzeptionen durch. Auf der linken Seite wird die Rustizierung stärker betont, das Dekormotiv über dem seitlichen Eingang des Tores anders gerahmt, das Gebälk mit Volutenkonsolen versehen und die Achsen insgesamt mit Armaturen bekrönt. Nur der mittlere Bogen ist als Durchgang konzipiert.

Kat. Nr.: 115/2   Abb.: 194
Germanisches Nationalmuseum
Objekt: Entwurf für das Oranienburger Tor

Inv. Nr.: GNM, Graphische Sammlung, Sammlung Knebel, Kapsel 1555, Hz. 4192 a
Künstler: Carl von Gontard
Material: Feder in Grün, Schwarz; grün, grau laviert
Größe: H: 26,8 cm; B: 22,7 cm
Signiert: —
Datiert: —, um 1786

Beschreibung:
Maßstab und Wasserzeichen fehlen, Blatt mit schwarzem Doppelstrich gerahmt.
Bei diesem Blatt handelt es sich um eine Entwurfszeichnung für das Oranienburger Tor in Berlin. Die wesentlichen Gestaltungskriterien wie der hohe Mittelbogen mit einem Kopf als Scheitelstein, die Gliederung durch vier toskanische Pilaster, die Unterteilung der Wandstreifen seitlich des Bogens durch ein Gesims, die ovalen Reliefelder und die starke Rustizierung des Bogenlaufes und der Reliefs sind in bezug auf den Charlottenburger Schauentwurf PK 3458 bereits angelegt. Anstatt der seitlichen Figurennischen wurden Türöffnungen ausgeführt. Für die Gestaltung des Architravs werden Tuchgehängen anstelle von Konsolen (bei der Ausführung wohl Triglyphen) vorgeschlagen. Während hier noch fünf bekrönenden Trophäen vorgesehen wurden, fand bei dem Charlottenburger Entwurf schon die veränderte Anordnung von zwei Trophäen und einem Obelisken in der Mitte Umsetzung.

Kat. Nr.: 115/3   Abb.: 195
Germanisches Nationalmuseum
Objekt: Entwurf zu einem Stadttor (Alternativentwurf für das Oranienburger Tor?)

Inv. Nr.: GNM, Graphische Sammlung, Sammlung Knebel, Kapsel 1555, Hz. 4192 b
Künstler: Carl von Gontard
Größe: H: 23,8 cm; B: 27,8 cm
Signiert: —
Datiert: —, um 1785/86

Beschreibung
Maßstab und Wasserzeichen fehlen; Blatt mit schwarzem Doppelstrich gerahmt.
Bezeichnung (sehr schwach mit Bleistift): »PORTE VILLE«

Bei dem Auf- und Teilgrundriß eines Stadttores könnte es sich um eine weitere Variante für das Oranienburger Tores handeln. Es werden ebenfalls vier toskanischen Pilaster und die Teilung der seitlichen Wandstreifen durch ein Gesims gezeigt. Auch existiert lediglich ein Durchgang, der aber nur bis in Höhe des Gesimsbandes reicht. Die Figurennischen und Dekorfelder sind hier in Rechteckform angegeben. Als Bekrönungen sind vier Trophäenarrangements vorgesehen.

Kat. Nr.: 116
Germanisches Nationalmuseum
Objekt: Entwurf für eine Toranlage mit Brücke
Inv. Nr.: GNM, Graphische Sammlung, Sammlung Knebel, Kapsel 1555, Hz. 4188
Künstler: Carl von Gontard
Material: Feder in Grau, Schwarz; Bleistift; grau laviert
Größe: H: 52,5 cm; B: 38 cm
Signiert: —
Datiert: —, um 1777 (?)

Beschreibung
Maßstab fehlt, Wasserzeichen: VL (?), mit einfachem grauen Strich gerahmt.
Auf dem Blatt werden ein Auf- und ein Teilgrundriß für eine Toranlage mit dem Ansatz einer Holzbrücke dargestellt. Über einer ru-

191. Berlin, Rosenthaler Tor, Kupferstich von Serrurier, um 1797 (Kat. Nr. 114)

192. Berlin, Rosenthaler Tor

Katalog

193. Schauentwurf für das Oranienburger Tor in Berlin, um 1786 (Kat. Nr. 115/1)

stizierten trapezförmigen Substruktion erhebt sich die Toranlage, die nur mit einem niedrigen segmentbogigen Durchgang in der Mittelachse versehen ist, der von einem hohen Rundbogen überfangen wird. Die Rahmung des Durchganges ist geohrt, der Scheitel mit einem Kopf dekoriert, der mit einer Art Strahlenkranz hinterlegt ist. Vor dem Durchgang ist ein Schnitt durch eine Holzkonstruktion für eine Brücke, einen Steg oder einen Schiffsdurchlaß angelegt. Die seitlichen Wandflächen sind rustiziert und enthalten glatte Wandfelder, vor denen jeweils weibliche Figurengruppen postiert sind. Triglyphen dekorieren das Gebälk, über dem sich eine Attika erhebt.
Möglicherweise hängt dieser Entwurf mit den Planungen um 1777 für die Lange Brücke und das Teltower Tor in Potsdam zusammen. Ein Entwurf für dieses Projekt zeigt eine Brückenkonstruktion, in deren Mitte sich zwei Torbauten mit dazwischenliegender Zugbrückenkonstruktion befinden.[846]

Kat. Nr.: 117
Germanisches Nationalmuseum
Objekt: Entwurf für eine Toranlage

Inv. Nr.: GNM, Graphische Sammlung, Sammlung Knebel, Kapsel 1555, Hz. 4189
Künstler: Carl von Gontard
Material: Feder in Schwarz; Bleistift; grau laviert
Größe: H (max.): 47,5 cm; B: 37,8 cm
Signiert: —
Datiert: —, um 1777 (?)

Beschreibung:
Maßstab und Wasserzeichen fehlen.
Der Entwurf zeigt den Aufriß sowie Teilgrundrisse einer Toranlage, deren Substruktion leicht trapezförmig angelegt ist. In der Mittelachse ist ein rechteckiger Durchgang eingebracht, der von einer rundbogigen Rahmung eingefaßt ist. Im Bogenfeld ist ein Relief mit Armaturen eingefügt. Flankiert wird der Durchgang von dorischen Säulen. Der Zwischenraum bis zum Gebälk ist mit einem längsrechteckigen Feld ohne Dekor ausgefüllt. Rechteckige Figurennischen sind in die seitlichen gebänderten Wandflächen eingebracht. Zwei männliche Heroen, möglicherweise Herkules und Mars, werden hier dargestellt. Das Gebälk ist mit Triglyphen dekoriert. Vor der Attika sind vier Armaturen plaziert, die in der Mitte ein vielfiguriges Relief flankieren. Als Couronnement befindet sich ein bekröntes Wappen (oder evtl. eine Kartusche) mit seitlichem Muschelwerk auf der Attika.

Kat. Nr.: 118   Abb.: 196
Plankammer Schloß Charlottenburg
Objekt: Entwurf für ein Stadttor

Inv. Nr.: PK 5352
Künstler: Carl von Gontard (?)
Material: Feder in Grau; Bleistift; partielle Lavierungen
Größe: Blatt: H: 22,6 cm; B: 29,3 cm
Montierung: H: 25 cm; B: 31,5 cm
Signiert: —
Datiert: —, letztes Drittel 18. Jh.

Beschreibung
Stempel: Ober Hof Marschallamt Sr. Majestät d. Kaisers u. Königs
Papiermarke: Plankammer d. K. Hofmarschalamtes, Neues Palais A No. 4e;
Maßstab fehlt; Wasserzeichen nicht erkennbar, da Blatt montiert. Gezeigt wird ein dreiachsiges Stadttor mit einer hohen Mittelöffnung, flankiert von drei übereinandergestellten kleineren Öffnungen in dorischer, ionischer und korinthischer Ordnung. Die Achsen sind durch kolossale korinthische Doppelsäulen gegliedert, die ein Gebälk mit vielfigurigen Reliefdarstellungen und eine Attika tragen, auf der die Bekrönungen grob anskizziert sind. Eine Anlehnung an einen Entwurf von Boffrand (Projekt J) für einen Königsplatz in Paris (Patte, 1767, Pl-XLVIII) wurde von Giersberg nachgewiesen.[847]

Kat. Nr.: 119   Abb.: 197
Kunstbibliothek Berlin
Objekt: Stadttor mit Seitengebäuden

Inv. Nr.: Hdz. 5891 (3830 b)
Künstler: Carl von Gontard (?) oder Umkreis
Material: Feder in Rot, Schwarz.
Größe: 31,1 x 86,9 cm

194. Entwurf für das Oranienburger Tor in Berlin, um 1786 (Kat. Nr. 115/2)

195. Entwurf für ein Stadttor, um 1785/86 (Kat. Nr. 115/3, Alternativ-entwurf für das Oranienburger Tor)

Datiert: –, um 1786
Beschreibung
Der Entwurf zeigt ein dreiachsiges Stadttor, bei dem jedoch nur ein Mitteldurchgang vorgesehen ist, während die seitlichen Achsen mit Figurennischen besetzt sind. Vier dorische Pilaster gliedern die Front und tragen einen Fries, bei dem sich Triglyphen, eine Krone und die Initialen »FR« für Fridericus Rex abwechseln. Der eigentliche Durchgang ist rechteckig. In einem darüberliegenden Bogenfeld wird ein Relief mit der Darstellung einer Cäsarenbüste gezeigt. Zusätzlich überfängt ein Fronton mit Zahnschnitt und Armaturenrelief die Mittelachse. Über der Attika erhebt sich in der Mitte ein geschweifter Paradeaufsatz mit trompeteblasenden Genien, in deren Mitte sich eine bekrönte Kartusche mit den königlichen Initalien »FR« befindet. Seitlich sind vier Skulpturen plaziert. Eingeschossige Anbauten schließen sich seitlich an, wobei jeweils drei Achsen als Arkaden und drei Fensterachsen gezeigt werden. Das Blatt ist weder datiert noch signiert. Eindeutig gehört es aufgrund der Initialen »FR« noch in die Zeit Friedrichs II. Der König ließ während seiner Regentschaft zu verschiedenen Zeiten und von verschiedenen Baumeistern Stadttore in Berlin und Potsdam er-richten. Möglicherweise gehört das Blatt zu den Stadttorprojekten um 1786. Die zeichnerische Anlage und das Gliederungsschema des Blattes weisen auf Gontard hin.

196. Entwurf für ein Stadttor, letztes Drittel 18. Jh. (Kat. Nr. 118)

Berlin, verschiedene Objekte und Projekte

Kat. Nr.: 120
Ort: Berlin
Objekt: Innenräume der königlichen Bibliothek

Erbaut: 1775-1780
Entwurf: Außenbau von Unger, Bauleitung Boumann d. J.; Innenausbau, ehemals mit rückwärtigem Treppenhaus und Großem Bibliothekssaal durch Gontard
Nicolai: S. 171.

Archivalien:
GStA PK, I. HA, Rep. 96 B Minüten, Nr. 80, 1780.

Bemerkung
Die königliche Bibliothek wurde 1775-1780 nach Plänen Ungers konzipiert, denen die Entwürfe Joseph Emanuel Fischer von Erlachs d. J. für den Michaelertrakt der Wiener Hofburg zugrunde lagen. Für den Innenausbau der Bibliotheksräume war Gontard verantwortlich, wie aus verschiedenen Aufzeichnungen in den Minüten hervorgeht. Gontard hatte die üblichen Kostenkalkulationen durchzuführen und die Aufrisse anzufertigen. Friedrich accordierte 2,700 Taler dazu, jedoch ist nicht klar, was alles in dieser Summe für den Ausbau enthalten war. Die Überführung und das Einordnen der Bücher konnte nach dem 15. Dezember 1780 in Angriff genommen werden.[848]

197. Stadttor mit Seitengebäuden, um 1786 (Kat. Nr. 119)

Kat. Nr.: 121
Ort: Berlin
Objekt: Flügel der Charité

Erbaut: Pläne ab 1780, erbaut ca. 1784-1788
Bezirk: Spandauer Vorstadt
Entwurf: Erste Entwürfe durch Carl von Gontard, aber nicht verwirklicht. Spätere Entwürfe und Ausführung durch Unger.
Nicolai: I, S. 47f., 631ff.

Archivalien:
GStA PK, I. HA, Rep. 96 B, Minüten, Nr. 80, Bl. 84, 5. Februar 1780.
GStA PK, I. HA, Rep. 36, Hofverwaltung, Nr. 2773, Cassenbuch vom Königl. Bau der Charité 1785/86.
GStA PK, I. HA, Rep. 76, Kultusministerium, VIII D Nr. 1, Verhandlungen über das Charitékrankenhaus 1733-1780.
GStA PK, I. HA, Rep. 96, Geheimes Zivilkabinett, ältere Periode, Nr. 246 A, Angelegenheiten der Stadt Berlin.
GStA PK, I. HA, Rep.96, Geheimes Zivilkabinett, ältere Periode, Nr. 424 G 1, Collegium medicum und sonstige Medicinalsachen 1751-1786.
GStA PK, II. HA, (Generaldirektorium) Kurmark, Titel CCII Sect.C, Armensachen der Stadt Berlin, Nr. 4.
Humboldt-Archiv, Königl. Charité-Direction, Acta betr. den Bau einer neuen Charité 1780-1787, Nr. 1776.

Bemerkung
Am 5. Februar 1780 gab der König Gontard den Auftrag die Charité zu besuchen und »mit den Directoren der Anstalt wegen der nöthigen Erweiterung und Vergrößerung zu conferiren.«[849] Im Archiv der Humboldt-Universität sind Akten erhalten geblieben, die den ganzen Vorgang enthalten. Am 10. April meldete er dem Armendirektorium, daß ein erster Entwurf für einen neuen Charité-Flügel fertiggestellt sei. Diese Pläne wurden beim König eingereicht, gelangten aber anscheinend nicht in die Registratur des Baucomtoirs. Eine Abschrift Becherers nach Gontards Kostenanschlag (über 44,183 Taler) ist in den Akten enthalten. Aus Geldmangel wurde der Neubau immer wieder bis 1785 verzögert. Zu diesem Zeitpunkt war inzwischen Unger mit dem Bau beauftragt worden, der eigene Entwürfe anfertigte. Gontards Pläne waren, wie aus der Korrespondenz hervorgeht, zu diesem Zeitpunkt nicht mehr auffindbar.[850] Gotthold Mamlock beschäftigte sich 1904 in einem Aufsatz ausführlicher mit der Errichtung dieses Flügels.[851]

Kat. Nr.: 122
Ort: Berlin
Objekt: Schloß Friedrichsfelde, Am Tierpark 39-47

Erbaut: Ende 17.Jh.
Entwurf: wohl Johann Arnold Nering (1659-1695), Baubeginn um 1695
Umbauten: um 1785/86 unter Herzog Peter von Kurland
Bezirk: Friedrichsfelde
Archivalien: —

Bemerkung
Zeitweilig war das Schloß in Besitz des jüngsten Bruders Friedrichs II., Prinz August Ferdinand von Preußen. An dessen Umbauplänen von 1786 sollen Georg Friedrich Boumann, Carl von Gontard und Carl Gotthard Langhans beteiligt gewesen sein. 1785 wurde unter dem Herzog von Kurland das Treppenhaus umgestaltet. Möglicherweise dienten Pläne Gontards als Grundlage dafür. Umfassende Rekonstruktionen und Restaurierungsmaßnahmen wurden 1966-1981 durch das Institut für Denkmalpflege durchgeführt, wobei der Zustand um 1800 zugrundegelegt wurde.[852] Genauere Zuschreibungen sind ohne weiteres Quellenmaterial jedoch nicht möglich.

Kat. Nr.: 123 Abb.: 199-207
Ort: Berlin
Objekt: Deutscher und Französischer Dom, Gensdarmenmarkt

Erbaut: 1780-1785
Bezirk: Friedrichstadt
Entwurf: Carl von Gontard, Entwürfe ca.1777-1780
Nicolai: I, S. 201-203.

Archivalien:
GNM, Graphische Sammlung, Slg. Knebel, Kapsel 1555, Hz. 4195, Skizze zu einem der Dombauten am Gendarmenmarkt.
Stiftung Schlösser und Gärten Berlin-Brandenburg, Plankammer Schloß Charlottenburg, Inv. Nr. 3274, 3275, A. L. Krüger, 1777, Entwürfe für den Gendarmenmarkt?
Stiftung Schlösser und Gärten Berlin-Brandenburg, Plankammer Schloß Charlottenburg, Inv. Nr. 3273, Gontard oder Baucomtoir, approbierter Riß 1780.
Berlin-Museum, Inv. Nr. GHZ 90/3, Gontard oder Baucomptoir, Schnittachse durch einen Turm am Gendarmenmarkt. (Im Berlin-Museum befinden sich weiterhin zahlreiche spätere Bauaufnahmen.)
GStA PK, II. HA, Rep. 93 B, Nr. 2514, Acta betreffend die bauliche Veränderung der neuen Thürme und Dome auf dem Gensd'armen Platz, 1779-1839.
GStA PK, II. HA, Rep. 93 B, Nr. 2515, Acta betreffend die Thürme auf dem Gensd'armen Markt in Berlin 1838-1879.
GStA PK, II. HA, Rep. 93 B, Nr. 2516, Acta betreffend den Umbau der beiden Kirchen auf dem Gensd'armes Markt in Berlin 1818-1838.
GStA PK, I. HA, Rep. 96 B, Minüten, Nr. 79, Bl. 1188, 21.10.1779.
GStA PK, I. HA, Rep. 96 B, Minüten, Nr. 80, Bl. 57, 23.1.1780; Bl. 635, 7.10.1780; Bl. 642, 10.10.1780; Bl. 679, Bl. 26., 10.1780; Bl. 769, 1.12.1780.
GStA PK, I. HA, Rep. 96 B, Minüten, Nr. 81, Bl. 137, 28.2.1781; Bl. 159, 8.3.1781; Bl. 212, 29.3.1781; Bl. 580, 4.8.1781; Bl. 592, 7.8.1781; Bl. 592, 7.8.1781; Bl. 616, 13.8.1781; Bl. 671, 7.9.1781; Bl. 700, 14.9.1771.
GStA PK, I. HA, Rep. 96 B, Extracte, Nr. 155, Bl. 364, 26.10.1780.

Bemerkung
Nicolai gibt an, daß Gontard die Zeichnungen nach einer Idee des Königs anfertigte, wobei die Kirchen auf der Piazza del Popolo in Rom den Ausgangspunkt gebildet hätten.[853] Allgemein werden erste Planungen für die beiden Domtürme am Gendarmenmarkt in das Jahr 1777 datiert. Dies hängt mit zwei Zeichnungen (Plankammer Schloß Charlottenburg, Inv. Nr. 3274, 3275) zusammen, von denen die eine von A. L. Krü-

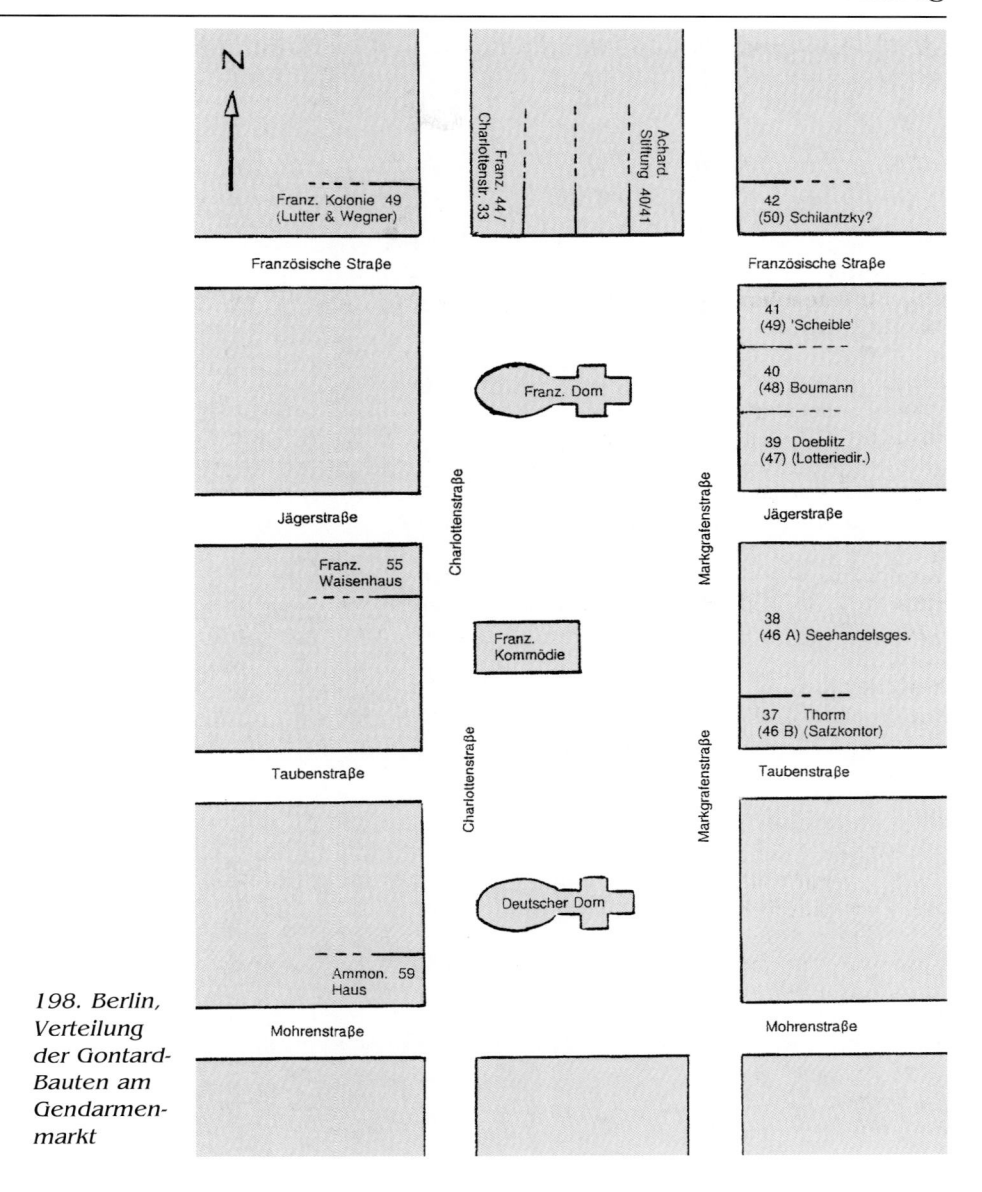

198. Berlin, Verteilung der Gontard-Bauten am Gendarmenmarkt

ger signiert und 1777 datiert ist. (Kat. Nr. 123/1, Abb. 199) Beide zeigen einen relativ ähnlichen Aufbau und sind mit einem Säulenportikus, einer skulpturenbesetzten Balustrade sowie mit einem Turm mit hoher Kuppel und Laterne versehen. Die datierte Zeichnung (PK Charlottenburf Inv. Nr. 3274) ist am Turm bereits mit einer Ringkolonnade versehen. Schriftliche Quellen scheinen aber frühestens ab dem Jahre 1779 erhalten zu sein. Zu diesem Zeitpunkt müssen die Vorbereitungen jedoch schon weit vorangeschritten gewesen sein. In einem Brief vom 17. Oktober 1779 machte Friedrich II. der französischen Gemeinde bekannt, daß sie für die Abtretung der Gebäude und des Kirchhofes entschädigt würden.[854] Am 21. Oktober 1779 zeigte sich der König mit Gontards Anschlägen »wegen des innern vom Thurm der Französischen Kirche« weitgehend einverstanden.[855] Zunächst scheinen die Planungen für beide Kirchen lediglich einen Portikus über vier Säulen vorgesehen zu haben, denn der König läßt Gontard mitteilen: »(...) daß wenn der Bau nach seinem (Gontards, d.V.) gethanen Vorschlag, nehmlich, daß anstatt 4 Säulen zum Peristyl, derer 6 gesetzet werden, vor eben daßselbe Geld gemacht werden kann, so approbiren höchst dieselben solches und können also die Anstalten darnach getroffen werden.«[856]
In diesem Zusammenhang ist vermutlich eine Zeichnung im GNM zu sehen, die eine Kirche über kreuzförmigem Grundriß mit einem Portikus über vier Säulen, einem Tambour mit Ringkolonnade sowie eine Kuppel mit Laternenaufsatz zeigt.[857] (Kat. Nr. 124/2, Abb. 201)
Unter dem Datum der königlischen Mitteilung vom 23.1.1780 an Gontard hinsichtlich der Säulenanzahl des Portikus, datiert außerdem ein Schauentwurf in der Plankammer von Schloß Charlottenburg. (Kat. Nr. 123/3, Abb. 200) Dieser Entwurf stellt eine Weiterentwicklung dar und zeigt bereits sechs Säulen an den Portiken. Die An-

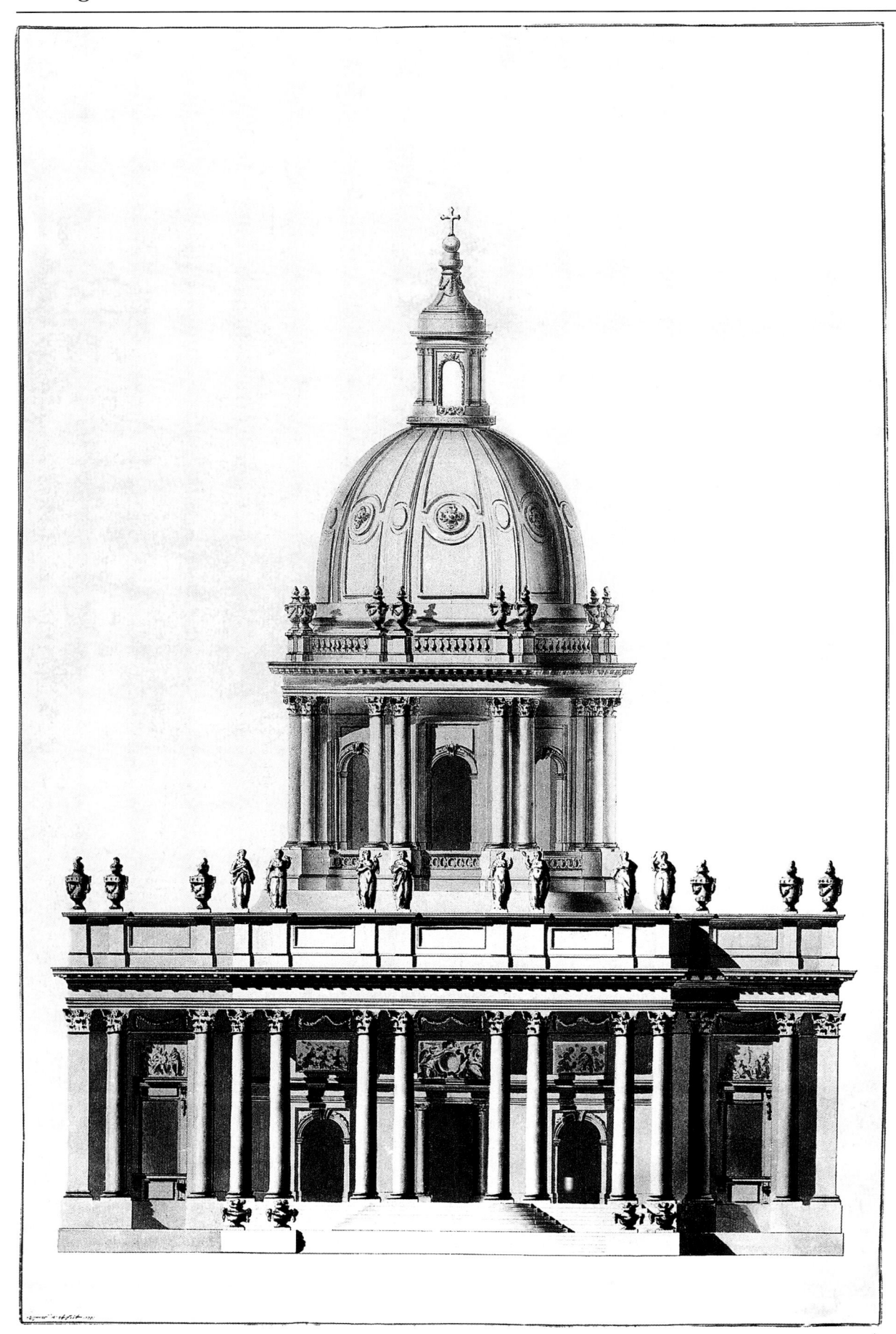

199. Andreas Ludwig Krüger, um 1777, Aufriß für eine Kirche (Kat. Nr. 123/1, möglicherweise ein Vorentwurf für Kirchen am Gendarmenmarkt)

200. Approbierter Aufriß für die Türme am Gendarmenmarkt in Berlin, um 1780 (Kat. Nr. 123/3)

lage erscheint deutlicher als Zentralbau mit gleichen Fassaden nach allen Seiten und hat wesentlich steilere Proportionen erhalten. Gontard scheint jedoch auch zwei unterschiedliche Fassadenkonzeptionen für die Deutsche und die Französische Kirche ins Auge gefaßt zu haben, was an Friedrichs kategorischer Ablehnung scheiterte.[858] Aber auch der approbierte Entwurf stellte noch nicht die tatsächliche Endfassung dar. In einem Brief Gontards an die Kirchenvorsteher der Deutschen Kirche vom 27. April 1780, meldet er die Fertigstellung der Pläne und lud zu deren Besichtigung ein.[859] Am 27.5.1780 erfolgte schließlich die Grundsteinlegung.[860] Das Figurenprogramm wurde von Bernhard Rode und Daniel Chodowiecki Ende des Jahres 1780 entworfen.

Es muß noch während des Baues zu zahlreichen Korrekturen am Originalriß gekommen sein.[861] 1989 tauchten im Kunsthandel ein Schnitt durch einen Turm am Gendarmenmarkt sowie eine Grundrißzeichnung auf.[862] (Kat. Nr. 123/4, Abb. 206) Der Schnitt zeigt weitere Veränderungen im Bereich des Turmansatzes und gibt in Bleistiftmarginalien den Wechsel von den zunächst geplanten Figuren auf dem Kranzgebälk zu Vasen an. Neu ist auch die Angabe einer Uhr im Kuppeltambour, die erstmals im Dezember 1780 erwähnt wird.[863] Aus dem genannten Grundriß geht hervor, daß ein runder Zentralraum von 11 m Durchmesser geplant war. Zweigeschossige Arkaden öffneten den Raum zu den umliegenden Gängen und Emporen, wie aus dem Schnitt hervorgeht.[864] Schon während der Bauarbeiten müssen sich Risse gezeigt haben. Am 28. Juli 1781 stürzte

201. Entwurf für die Dombauten am Gendarmenmarkt in Berlin, um 1779 (Kat. Nr. 123/2)

der Turm der Deutschen Kirche ein, der wohl bis zur inneren Kuppel vollendet war. Vermutlich waren die Arkadenpfeiler durch die Wand des inneren Tambours und die Säulen der Ringkolonnade überlastet.[865] Gontard wurde daraufhin die Bauleitung entzogen. In modifizierter Form vollendete Unger die Kirchenbauten 1785. Stilistisch spielen bei der Konzeption der beiden Kirchen verschiedene Elemente zusammen. Eine Skizze des Königs soll, wie erwähnt, den Ausgang gebildet haben. Die retrospektiven Neigungen der Zeit lassen im Kirchenbau Rückwendungen zu den Domplanungen Friedrichs I. und zum Zentralbau erkennen. Auch hatte die Planung von Türmen in Form von Kuppelbauten in Berlin eine Tradition, die bis ins 17. Jahrhundert reicht. Den Ausschlag für die Errichtung zweier symmetrischer Kirchenbauten gaben vermutlich die schon von Nicolai erwähnten Kirchenbauten an der Piazza del Popolo in Rom. Gleichfalls dürfte der Gedanke des Zentralbaus über einem griechischen Kreuz mit einbeschriebenem Kreis im Inneren, nach Vorbild der Villa Rotonda, Einfluß gehabt haben. Auch die Kirchenbauten mit überkuppelten Türmen des Invalidenhauses in Greenwich von Christopher Wren und Inigo Jones übten Vorbildcharakter aus. Als zeitgenössisches Bauvorhaben war sicherlich die Errichtung von Saint-Geneviève in Paris (1755-1790) von Soufflot von größter Bedeutung, deren Unterbau um 1777 schon stand. Saint-Geneviève besitzt ebenfalls ein griechisches Kreuz als Grundriß, einen sechssäuligen Portikus und einen Kuppelturm mit Ringkolonnade.[866]

Kat. Nr.: 123/1 Abb.: 199
Plankammer Schloß Charlottenburg
Objekt: Aufriß für eine Kirche

Inv. Nr.: PK 3274
Künstler: Andreas Ludwig Krüger
Material: Feder in Grau, Schwarz
Signiert: (unten links) »A. Krüger in. et fecit 1777«
Datiert: 1777

Beschreibung
Maßstab fehlt; Wasserzeichen nicht erkennbar, da Blatt montiert.

Der Entwurf zeigt einen Kirchenbau mit einem Portikus über acht gekuppelten Säulen in korinthischer Ordnung und einen zentralen Turm mit Ringkolonnade. Die hohe Kuppel ist in segmentförmige Felder mit Rosettenmotiven eingeteilt und mit einer Laterne besetzt, die von einem Kreuz bekrönt wird. Das von Krüger 1777 datierte Blatt gehört vermutlich zur ersten Entwurfsphase für die Kirchen am Gendarmenmarkt. Allerdings wird in den »Minüten« des Jahres 1777 der Auftrag Friedrichs II. an das Baucomtoir zu Berlin festgehalten, zu überprüfen, inwiefern die Georgenkirche in der Königsvorstadt vergrößert werden könnte. Ein Kostenvoranschlag soll erstellt werden.[867] Möglicherweise steht der Entwurf auch in Verbindung mit dieser Aktennotiz. Allerdings hatte der König den Auftrag für einen Kostenvoranschlag und einen Entwurf zu einem Erweiterungsprojekt für die St. Georgenkirche »Capitaine Boumann« erteilt, was aus einem Schreiben des Predigers und Vorstehers der Kirche vom 28. September 1778 hervorgeht.[868]

Kat. Nr.: 123/2 Abb.: 201
Germanisches Nationalmuseum
Objekt: Entwurf für die Dombauten am Gendarmenmarkt in Berlin

Inv. Nr.: GNM, Graphische Sammlung, Sammlung Knebel, Kapsel 1555, Hz. 4195
Künstler: Carl von Gontard
Material: Feder in Grau, Schwarz; Bleistift; grau laviert
Größe: H: 25 cm; B: 38,8 cm
Signiert: —
Datiert: —, um 1779

Beschreibung
Maßstab und Wasserzeichen fehlen.
Der Entwurf zeigt eine Kirche mit einem vorgelegten Portikus auf vier dorischen Säulen und einem zentralen Turm. Über einem Tambour wird der Turm mit einer Ringkolonnade (korinthische Säulen) gezeigt, über dessen Gebälk sich eine Kuppel mit Laternenaufsatz erhebt. Der Wandaufriß ist dreiteilig gegliedert, wobei Fenster- und Figurennischen alternieren und darüber zwei Reliefzonen liegen. Die Attika und der Giebel sind mit Skulpturen ausgestattet, der Turm ist mit Rechteckfenstern durchbrochen, die segmentbogige Verdachungen tragen. Vermutlich handelt es sich um einen frühen Entwurf für die Türme am Gendarmenmarkt. Aus einer Notiz in den Minüten geht hervor, daß ursprünglich nur vier Säulen am Portikus geplant waren.[869] Der Riß wurde bisher als verloren angesehen.[870]

Kat. Nr.: 123/3 Abb.: 200
Plankammer Schloß Charlottenburg
Objekt: Approbierter Aufriß für die Türme am Gendarmenmarkt in Berlin

Inv. Nr.: PK 3273
Künstler: Carl von Gontard oder Baucomtoir
Material: Feder in Braun, Grau, Schwarz; grau, blau laviert
Größe: H: 47 cm; B: 36,1 cm
Signiert: —
Datiert: Januar 1780 (?)

Beschreibung
Maßstab fehlt; Wasserzeichen: ligiertes RA (?); mit schwarzem Doppelstrich gerahmt. Bezeichnet: »C« sowie »Die unter den 23ten Januar 1780 allergnädigst approbierte Facade zu zwey neue Thürme.«

Gezeigt wird eine Eckansicht der Neukonzeption für die Türme am Gendarmenmarkt. Die Ansicht vermittelt den Eindruck einer symmetrischen Anlage mit vorgelegten Portiken und zentralem Turm mit Ringkolonnade und Kuppel. Tatsächlich wurde der Entwurf nur an drei Seiten vor die bereits bestehenden Kirchen vorgeblendet, die unter Friedrich I. ab 1701 errichtet worden waren. Die Portiken sind jeweils über 6 Säulen errichtet, die als Pilaster an der Wand wiederholt werden. Diese wird in hochrechteckige Wandfelder geteilt, die Rechteckfenster mit Dreiecksgiebeln bzw. gleichartige Figurennischen sowie durch ein Gesimsband abgetrennte rechteckige Dekorfelder mit Festons bzw. figuralen Darstellungen aufweisen. Über einem geraden Gebälk erheben sich Frontons mit Zahnschnitt und dekoriertem Giebelfeld. Seitlich der Frontons kragt eine Attika mit Figurenschmuck hervor. Über der Vierung erhebt sich ein qua-

202. *Deutscher Dom am Gendarmenmarkt, Berlin*

Katalog

dratischer Baukörper mit risalitartig betonten Ecklösungen hervor, der alternierend mit geohrten längsrechteckigen und ovale Fenstern sowie mit bekrönenden Skulpturen ausgestattet ist. Dessen Dachansatz vermittelt zum Turm mit Ringkolonnade, Architrav, Balustrade und der Kuppel mit bekrönender Figur.

Kat. Nr.: 123/4   Abb.: 206
Berlin-Museum
Objekt: Entwurf für einen Turm auf dem Gendarmenmarkt in Berlin

Inv. Nr.: GHZ 90/3
Künstler: Carl von Gontard
Material: Weißes Büttenpapier; Feder in Schwarz; Bleistift; grau und rosé laviert
Größe: H: 43,1 cm; B: 29,2 cm
Signiert: —
Datiert: um 1780/81

Beschreibung
Maßstab in »Pieds«; Wasserzeichen: D & CC Blauw (Dirk und Co Blauw, Wormerveer/ Holland, vgl. Churchill, Nr. 329)
Bezeichnet: »Coupe et Elevation de la Moitié d'une des Tours commencées en 1780 a Berlin«
Linke Hälfte Schnitt, rechte Hälfte Aufriß; rechts zusätzlich kleine Bleistiftskizze.
Die Konzeption des Unterbaues stimmt mit dem einer anderen Zeichnung zu den Kirchen am Gendarmenmarkt überein (Berlin-Museums, VII 86/49 W). Lediglich im Portikusbereich wird ein zusätzliches Oberlicht anstelle eines Reliefs gezeigt. Die Dekorfelder bzw. Oberlichter sind größer und werden mit einer schmaleren Rahmung gezeigt. Allerdings fehlen die Figuren in den Nischen, und die Festons über den Dekorfeldern werden nur in jeder zweiten Achse vorgeführt. Der Turmansatz zeigt noch den geplanten Ansatz wie bei Inv. Nr. VII 86/49 W. Er ist schlanker geworden und läßt, wie auf dem Charlottenburger Blatt (PK3273), nur noch drei Fensterachsen erkennen. Über dem Gebälk der Ringkolonnade wird aber keine Balusterbrüstung, sondern eine Attika mit Figurenschmuck gezeigt. Rechts daneben ist mit Bleistift die später auf dem approbierten Entwurf gewählte Lösung der Attikabekrönung mit Vasen skizziert. Im Gegensatz zu jenem Blatt ist hier noch ein durchfensterter Kuppeltambour und eine weitere Vasenausstattung vorgesehen, wie es auf dem anderen Blatt des Berlin-Museums noch der Fall ist. Allerdings wird hier im Kuppeltambour über dem Kranzgesims eine Uhr gezeigt, von der erstmals im Dezember 1780 die Rede ist.[871]

203 und 204.
Der Deutsche Dom am Gendarmenmarkt, Berlin
(Kat. Nr. 123/3)

Kat. Nr.: 124   Abb.: 88-89a,b
Ort: Berlin
Objekt: Gebäude der französischen Kolonie, später Weinhandlung Lutter und Wegner, Charlottenstraße 49, Ecke Französische Straße (gegenüber von Nr. 33)

Erbaut: Entwurf 1780, Erbauung 1781
Zerstörung: Im 2. Weltkrieg bis auf Kellergeschoß zerstört, 1959 abgetragen
Bezirk: Friedrichstadt
Entwurf: Carl von Gontard
Archivalien:
Nur noch Ansicht der Entwurfszeichnung sind erhalten. Vgl. Jahn, Franz: Drei Jahrhunderte Baugeschichte Berlin, Berlin 1939, Tafelteil Staatliche Museen zu Berlin, Kupferstichkabinett.
Stadtarchiv Berlin, Grundbuchakten, Grundbuch Friedrichstadt, Bd. 4, Blatt 223.

Bemerkung
Es handelt sich um einen elfachsigen und dreigeschossigen Bau mit Lagerfugenstruktur im Erdgeschoß und einer diamantierten Eckrustika in den Obergeschossen. Im Untergeschoß sind vier toskanische Säulen, deren Schäfte im unteren Drittel rustiziert sind, der Fassade vorgelegt. Es wird jedoch kein Altan ausgebildet. Das Gurtgesims und der Brüstungsbereich des ersten Obergeschosses verkröpfen sich in dieser Zone. Der Abschnitt zwischen Kapitellen und Gesims ist hier mit Rosetten und Festons verziert. Das rundbogige Mittelportal wird von einem gekröpften Segmentgiebel akzentuiert, die Verkröpfungen über den Säulen sind mit Vasen besetzt. Die Erdgeschoßfenster sind rechteckig und tragen gerade Verdachungen auf Konsolen, die am Bau triglyphenartig verziert sind. Diamantierte Konsolsteine tragen die Fensterbänke und rahmen ein Rechteckfeld ein. Rechteckig sind auch die Fenster des ersten Obergeschosses, die mit Dreiecksgiebeln versehen sind, welche auf Konsolen aufliegen und ein Dekorfeld mit Muscheln und Festons rahmen. Eine Ausnahme bildet das Mittelfenster, das eine segmentbogige, leicht geschweifte sowie verkröpfte Verdachung besitzt. Das Giebelfeld ist mit einer Kartusche gefüllt und wird seitlich von zwei Vasen flankiert. Im zweiten Obergeschoß sind ebenfalls

Katalog

205. *Deutsche Dom am Gendarmenmarkt, Berlin*

Katalog

Rechteckfenster mit Dekorfeldern eingesetzt. Ein darüberliegendes Gesimsband verkröpft sich über den Fenstern und bildet gerade Verdachungen aus. Das Traufgesims wird von Konsolen gestützt und trägt eine niedrige Attika. Ein flaches Walmdach überfängt das Gebäude.

Auf einer Ansicht um 1880 ist zu sehen, daß das Gebäude eine Tiefe von vier Fensterachsen einnahm. Zu dieser Zeit war bereits über den Säulen der Hauptfassade ein Altan ausgebaut worden, wodurch der Giebel und die Vasenbekrönungen verschwunden waren. Der Hauseingang wird als schmale rechteckige Türe gezeigt, vor der einige Stufen angelegt sind. Auch die Attika ist zu diesem Zeitpunkt durchfenstert.[872] Nach 1936 wurde der Bau außerdem um ein Geschoß aufgestockt. Das angrenzende Grundstück in der Französischen Straße 46 wurde dem Gebäude angeschlossen und erhielt die gleiche Fassadengliederung wie das Haus Lutter & Wegner. Sogar das Altanmotiv wurde zitiert.[873]

206. Entwurf für einen Turm auf dem Gendarmenmarkt in Berlin, um 1780/81 Kat. Nr. 123/4)

Kat. Nr.: 125   Abb.: 93
Ort: Berlin
Objekt: Französisches Waisenhaus, Charlottenstraße 55, Ecke Jägerstraße

Erbaut: 1725
Umbauten: 1780/81 Fassade überarbeitet
Zerstörung: 1907 abgerissen
Bezirk: Friedrichstadt
Entwurf: Carl von Gontard
Nicolai: I, S. 204

Archivalien:
Franz Jahn: Drei Jahrhunderte Baugeschichte Berlin, Berlin 1939, Tafelteil, Staatliche Museen zu Berlin, Kupferstichkabinett.

GStA PK, II. HA, Forstdepartement Kurmark, Tit.XXX, Nr. 24, Vol. 9, 1780-1783, Bl. 7, Berlin, 19. Dezember 1780.
Landesarchiv Berlin, Rep. 10-02, Lfd.Nr. 2126, Acta des Kgl. Polizei Präsidii, III. Abthl. zu Berlin, betreffend das Grundstück des Eigenthümers: französische Colonie.

Bemerkung
1725 wurde nach Nicolais Angabe das Waisenhaus der Französischen Kolonie in der Charlottenstraße 55, an der Ecke zur Jägerstraße, errichtet. Gontard baute es 1780 um, wie Nicolai erwähnt, überarbeitete die Fassade und erhöhte es um ein Stockwerk. Es existiert eine ältere fotografische Aufnahme einer Bauzeichnung, die Gontard zugeschrieben wird. Der Verbleib des Originals ist unbekannt. Die Aufnahme geht auf eine Abbildung in der Publikation von Franz Jahn: Drei Jahrhunderte Baugeschichte Berlin, Berlin 1939, Tafelteil, Staatliche Museen zu Berlin, Kupferstichkabinett, zurück.[874] Sie betrifft das Haus Charlottenstraße 49, an der Ecke zur Französischen Straße, das 1799 im Besitz der französischen Kolonie nachgewiesen ist. Ab 1811 betrieben die Kaufleute Lutter & Wegner eine Weinstube in dem Anwesen.[875] Es ist zu vermuten, daß es sich um jenes Haus handelt, das 1781 für die französische Kolonie errichtet und von Gontard in der Bauholzaufstellung für 1781 genannt wurde.[876] Somit ist der Entwurf in das Jahr 1780 zu datieren, wenn von der üblichen Verfahrensweise im Baucomtoir ausgegangen wird.
Das Gebäude umfaßte an der Charlottenstraße neun und in der Jägerstraße sieben Achsen, mit einem mittigen Haupteingang zur Charlotten- und einem Nebeneingang in der Jägerstraße. Die Treppensituation wurde 1816 verändert. Ursprünglich lag vor dem Haupteingang eine zweiläufige und vor dem Nebeneingang eine einläufige Treppe.[877] Das stichbogige Hauptportal ist durch zwei Pfeiler mit Vasenaufsätzen gerahmt worden. Generell wurden Rechteckfenster an beiden

207. Französischer Dom am Gendarmenmarkt, Berlin

Fassaden eingesetzt, die im Erdgeschoß mit darüberliegenden Reliefdekorfeldern versehen waren. Im ersten Obergeschoß waren die Felder jeweils mit einer Rosette besetzt. Hier erhielten die Fenster einfache gerade Verdachungen. Die Betonung der Vertikalen ist nur durch ein Gurtgesims über dem Erdgeschoß unterbrochen worden. Zwischen den Fensterachsen wechselten sich gefugte und glatte Wandstreifen ab, die keine Geschoßgrenzen angaben. Das Kranzgesims mit einem Zahnschnitt verkröpfte sich an der Hauptfassade über den beiden äußeren und der mittleren Achse, während dies an der Seite in der Jägerstraße über den mittleren drei Achsen erfolgte. Die Attika ist entsprechend diesen Vorgaben mit zehn Vasen besetzt gewesen. Auffällig an dieser Fassade ist die für Gontard ungewöhnliche Betonung der Vertikalen durch ununterbrochene Wandstreifen, was möglicherweise auf die Gestaltung des Vorgängerbaus zurückzuführen ist. Es fehlen die häufig verwendeten kräftigen Dreiecks- oder Segmentbogengiebel oder eine zu dieser Zeit auftretende stärkere Rustizierung.

Berliner Immediatbauten

Kat. Nr.: 126
Ort: Berlin
Objekt: Charlottenstraße 59, Ammonsches Haus, später Hotel Brandenburg

Erbaut: um 1780
Zerstörung: 1886
Bezirk: Friedrichstadt
Entwurf: vermutlich Georg Christian Unger
Nicolai: I, S. 201, ohne direkte Zuweisung

Archivalien: —

Bemerkung
Nicolai hob in seiner Stadtbeschreibung das Anwesen hervor, ohne jedoch auf den Baumeister einzugehen. Die Hauptfassade zur Charlottenstraße umfaßte drei Geschosse und fünfzehn Achsen. Damit gehörte es zu den größten Objekten am Gendarmenmarkt.[878]
Prinzipell weist dieses Objekt verschiedene Stilmittel auf, die auch Gontard verwendete. Prachtfassaden mit Risalitausbildungen, Kolossalordnungen und Frontons sind mehrfach in Potsdam zu finden. Auch die Fenstergestaltung der Bel étage läßt einen Vergleich mit Gontard zu. Sie wird in ähnlicher Art am Consistorial-Gebäude in der Schützenstraße eingesetzt. Allerdings bleibt die Oberkante der Verdachungen dort in einer Höhe. Ungewöhnlich scheint aber der Dekor der Bogenfelder am Ammonschen Haus, der aber auf Abbildungen kaum erkennbar ist. Es könnte sich eventuell um Lorbeerkränze mit Schleifenmotiven handeln. Dieses Motiv tritt ansonsten bei Gontard nicht auf. Da Nicolai nur sieben Bauten Gontards am Gendarmenmarkt erwähnt, die anhand der Quellen weitgehend lokalisiert werden konnten, ist dieses Gebäude, ebenso wie das Haus Französische Straße 33, vermutlich Unger zuzurechnen.

Kat. Nr.: 127
Ort: Berlin
Objekt: Eckgebäude Französische Straße 44 / Charlottenstraße 33

Erbaut: um 1780
Zerstörung: 1910 abgebrochen
Bezirk: Friedrichstadt
Entwurf: vermutlich Georg Christian Unger
Nicolai: —

Archivalien:
Landesarchiv Berlin, Rep.10-02, Lfd. Nr. 2122, Acta des Königl. Polizei-Präsidii, II. Abthl. zu Berlin, Charlottenstraße 33 / Ecke Französische Straße 44.

Bemerkung
Bei dem Eckgebäude Französische Straße 44 handelte es sich um ein dreigeschossiges und fünfachsiges Gebäude mit einem niedrigen Walmdach. Die mittleren drei Achsen waren risalitartig hervorgehoben. Eine rein stilistische Zuschreibung ist nur schwer möglich. Ungewöhnlich ist sicher die Gestaltung des Portals mit gesprengtem segmentbogigem Giebel und gequaderten Pfeilern. Allerdings tritt dieses Motiv in ähnlicher Form am Weinhaus Lutter & Wegner auf. Da Nicolai aber nur sieben Bauten Gontards am Gendarmenmarkt erwähnt, die anhand der Quellen weitgehend lokalisiert werden konnten, ist dieses Gebäude vermutlich wiederum Unger zuzurechnen.

Kat. Nr.: 128 Abb.: 83
Ort: Berlin
Objekt: Haus des Kammerrats Schilantzky, Markgrafenstraße, Ecke Französische Straße (möglicherweise Markgrafenstraße 42 (50) bzw. Französische Straße 38/39)

Erbaut: 1781
Zerstörung: Datum der Zerstörung unbekannt
Bezirk: Friedrichstadt
Entwurf: Carl von Gontard

Archivalien:
GNM, Graphische Sammlung, Slg. Knebel, Kapsel 1555, Hz. 4198.
GStA PK, I. HA, Rep. 96 B, Extracte für die Kabinettsvorträge, Nr. 141, Bl. 12, Berlin, 7. Januar 1773.
GStA PK, II. HA, Forstdepartement Kurmark, Tit. XXX, Nr. 24, Vol. 9, 1780-1783, Bl. 7, Berlin, 19. Dezember 1780.
GStA PK, I. HA, Rep. 96, Nr. 412, C1, Acta des Kabinetts Friedrichs des Zweiten, Angelegenheiten der Einwohner von Berlin, Bl. 82.
Bildmaterial: Fechhelm, Carl Traugott: Der Gensd'armen-Markt mit dem Französichen Kommödienhaus, 1788, Berlin-Museum.
Ansichten der Markgrafenstraße, Ecke Französische Straße von F. Albert Schwarz, um 1880, Staatsbibliothek Berlin, Kartenabteilung. (Abgebildet bei Demps 1988, S. 212, 213, Abb. 120/121.)

Bemerkung
Für die Lokalisierung des Gebäudes kommen die Häuser an der nordöstlichen und südöstlichen Ecke der Straßenkreuzung in Frage. Jedoch zeigen ein Gemälde von Fechhelm von 1788 sowie eine Aufnahme um 1880 abweichende Aufrißgliederungen, so daß der Bau nicht eindeutig bestimmt werden kann. Bei dem nordwestlichen Eckhaus an dieser Kreuzung handelt es sich um die Achardsche Stiftung, Französische Straße 40/41, die ausgeschlossen werden kann. Die nordöstlichen und südöstlichen Ecken nehmen die Anwesen Französische Straße 38/39 und Scheibles Hotel, Markgrafenstraße 41, ein. Fechhelms Ansicht zeigt allerdings deutliche Abweichungen in der Aufrißgestaltung für das Objekt Französische Straße 38/39. Es werden Dreiecksgiebel für die Erdgeschoßfenster und rundbogige Verdachungen für das erste Obergeschoß angegeben. Ein Balkon ist nicht erkennbar.[879] Auf Fotografien dieser Straßenkreuzung um 1880 ist an der Nordostecke ein viergeschossiges Gebäude zu erkennen, das im ersten Obergeschoß Parallelen zu dem Entwurf des GNM aufweist. Es zeigt an beiden Fassaden die Gliederung durch ionische Pilaster sowie den Einsatz von segmentbogigen Verdachungen. Allerdings fehlen der Balkon und dessen rundbogige Tür.[880] Möglicherweise täuscht Fechhelms Ansicht aber auch, so daß die Nordostecke noch als wahrscheinlichster Bauplatz in Frage kommen kann. Da keine Ansicht von Scheibles Hotel zur Französischen Straße ausfindig gemacht werden konnte, kann nur darüber spekuliert werden, ob es sich eventuell um den Aufriß zur Französischen Straße handeln könnte, wenn das Haus Schilantzky tatsächlich als Eckhaus geplant war. Da aber an Scheibles Hotel im im zweiten Obergeschoß alternierend Dreiecksgiebel und segmentbogige Verdachungen eingesetzt werden und eine Pilastergliederung fehlt, erscheint diese Vermutung abwegig. Anscheinend setzte Demps jedoch Scheibles Hotel mit dem Aufriß zum Haus Schilantzky in Verbindung, da er einen 1939 noch vorhandenen Entwurf des Hauses anspricht und sich dabei vermutlich auf Hoffmanns Dissertationsfragment bezog, ohne den Riß zu kennen.[881] Eine genaue Lokalisierung ist deshalb augenblicklich, ohne zusätzliche Informationen, nicht möglich.

Zu Kat. Nr.: 128 Abb.: 83
Germanisches Nationalmuseum
Objekt: Wohnhaus »Cammerrath Schilantzky« am Gendarmenmarkt in Berlin

Inv. Nr.: GNM, Graphische Sammlung, Sammlung Knebel, Kapsel 1555, Hz.4198
Künstler: Carl von Gontard
Material: Feder in Grau, Schwarz; grau laviert
Größe: H: 42,5 cm; B: 55,2 cm
Signiert: (unten rechts): »v. Gontard«
Datiert: —, Entwurf 1780, Erbauung 1781

Beschreibung
Maßstab in »Rheinl. Fus«, mit Skala; Wasserzeichen: C & I Honig; mit schwarzem Doppelstrich gerahmt, linker Rand beschnitten.
Bezeichnet: »Cammerrath Schilantzky an der Marckgrafen = und Französischen Straßen Ecke zu Berlin«, Maßangabe zum Haus: 76' 6''
Das Blatt zählt zu den wenigen von Gontard signierten Immediatbauentwürfen. Vorgeführt wird ein neunachsiges und dreistöckiges Haus mit gefugtem Erdgeschoß. Die Durchfahrt in der Mittelachse ist korbbogig gestaltet, die Fenster sind rechteckig und ohne Rahmung in die Wand eingeschnitten. Gesimsbänder trennen die einzelnen Geschosse. Ionische Pilaster rhythmisieren das erste Obergeschoß, das durch die Gliederung und seine Höhe als Bel étage gekennzeichnet ist. Das Mittelfenster ist rundbogig, mit profiliertem Bogenlauf sowie einer Scheitelkartusche versehen und ist in ein Rechteckfeld eingetieft. Es ist mit einem geschwungenen Balkon auf Volutenkonsolen ausgezeichnet. Die restlichen Fenster sind rechteckig angelegt und mit segmentbogigen Verdachungen auf Konsolen versehen, zwischen denen Girlanden hängen. Auf den Pilasterkapitellen liegt ein Gesims mit Zahnschnitt auf, über dem sich ein weiteres Geschoß befindet. Die Gliederung erfolgt durch toskanische Pilaster. Hier sind einfache Rechteckfenster mit kleinen Scheitelkartuschen und Girlanden eingesetzt. Die Attika ist mit vier Vasen besetzt.

Kat. Nr.: 129   Abb.: 86-87
Ort: Berlin
Objekt: Haus des Weinhändlers Thorm, später Salzkontor und Schuldenverwaltung, Markgrafenstraße 37 (46 b), Eckgebäude zur Taubenstraße

Erbaut: Entwurf 1779, Erbauung 1780
Zerstörung: 1890
Bezirk: Friedrichstadt
Entwurf: Carl von Gontard

Archivalien:
Stiftung Schlösser und Gärten Berlin-Brandenburg, (Plankammer Potsdam) Inv. Nr. 9476.
GStA PK, I. HA, Rep. 96, Nr. 412, C1, Acta des Kabinetts Friedrichs des Zweiten, Angelegenheiten der Einwohner von Berlin, Bl. 84.
GStA PK, I. HA, Rep. 96 B, Minüten, Nr. 80,
Bl. 635, 7. Oktober 1780 und Bl. 642, 10. Oktober 1780.

Bemerkung
Für den Gendarmenmarkt hat sich ein weiterer Entwurf erhalten.[882] Unter dem Aufriß befinden sich nur noch schwach lesbare Namen und Berufsbezeichnungen, von denen sich nur der Name »Thorm« im Zusammenhang mit anderen Quellen identifizieren läßt. Es handelt sich um eine Zeichnung, die für das Wohnhaus des Weinhändler Thorm angefertigt wurde. Dieses Gebäude ist identisch mit dem Haus, in dem zeitweise das Salzkontor und die Schuldenverwaltung untergebracht waren. Es befand sich in der Markgrafenstraße 37, an der Ecke zur Taubenstraße, neben der Seehandelsgesellschaft. Der Entwurf für den Neubau muß in das Jahr 1779 datiert werden, da aus dem genannten Protokoll zu den Wasserschäden hervorgeht, daß das Thormsche Haus 1780 erbaut wurde.[883] Der Maurermeister Christian Friedrich Lübscher gibt darin an, daß er 1780 das Thormsche und 1781 das Nicolassche Haus, zusammen mit Maurermeister Weidner jun., erbaut hat. Die Bauarbeiten wurden durch Bauinspector Scheffler überwacht. Im Oktober 1780 hat Gontard dem König die Bitte der Thormschen Erben, der Weinhändler war offenbar bereits verstorben, um Erbauung des dazugehörigen baufälligen Seitengebäudes übermittelt. Dieses Ansinnen wurde jedoch abgelehnt.[884] Gontards Verknüpfung mit dem Gebäude wird dadurch noch wahrscheinlicher. Der Entwurf für dieses Haus wurde in der Literatur schon erwähnt und auch abgebildet, der Verbleib war aber offenbar nicht bekannt.[885] Da bei Demps die Provenienz und der Name des Erstbesitzers nicht angegeben wurden, ist zu vermuten, daß nur auf eine ältere Bildvorlage des Institutes für Denkmalpflege der DDR zurückgegriffen wurde und der eigentliche Verbleib unbekannt war. Eine Ansicht des Gebäudes um 1880 zeigt, daß das Haus eine Tiefe von vier Fensterachsen besaß. Als Gliederungssystem wurde das der äußeren Achsen an der Hauptfassade verwendet. Die Attika ist zu diesem Zeitpunkt bereits zu einem Halbgeschoß ausgebaut gewesen und hatte den Skulpturenschmuck verloren.[886]

Zu Kat. Nr.: 129   Abb.: 86
Plankammer Neues Palais Potsdam
Objekt: Wohnhaus des Weinhändlers Thorm, Markgrafenstraße 37 (später 46), Berlin

Inv. Nr.: 9476
Künstler: Carl von Gontard
Material: Feder in Grau, Schwarz; Bleistift; grau laviert
Größe: Blatt: H: 37,5 cm; B: 55,2 cm
Montierung: H: 40,7 cm; B: 58,6 cm
Signiert: —
Datiert: —, Entwurf 1779, Ausführung 1780
Beschreibung
Maßstab in »Fuß«; Wasserzeichen nicht erkennbar; mit schwarzem Doppelstrich gerahmt,
Stempel: Koenigl. Schloß Bau Commission
Beschriftet »Z IV« (Tinte), »8 a« (Bleistift), Marginalien in Bleistift, nicht deutlich lesbar: G (?) gus = Lange, (?) hauer (?) Thorm

Das Anwesen umfaßt drei Geschosse und sieben Achsen, wobei die mittleren drei Achsen durch den Altanvorbau betont werden. In den Obergeschossen wird die Akzentuierung durch Wandvorlagen seitlich der mittleren Achsen erzeugt, wodurch der Achsenabstand in diesem Bereich stark erweitert wird. Der dreiachsige Altan ruht auf dorischen Säulen. Das Gebälk ist mit einem Zahnschnitt versehen und die Balusterbrüstung wird in den Dekorfeldern der Fenster des ersten Obergeschosses aufgegriffen. Die rechteckigen Erdgeschoßfenster sind mit geraden Verdachungen auf Konsolen ausgestattet, zwischen denen Tuchgehänge gespannt sind. Unter den Sohlbänken befinden sich unverzierte Dekorfelder. Das Portal in der Mittelachse ist rundbogig, der Bogenlauf profiliert und im Scheitel mit einer Agraffe besetzt. Zwischen Erd- und erstem Obergeschoß trennt ein Gesimsband. Auch in der Bel étage sind Rechteckfenster bzw. Türen eingesetzt. In der 1./2. und 6./7. Achse werden gerade, in der 3./5. Achse dreieckige und in der Mittelachse eine geschweifte segmentbogige Verdachung verwendet. Sie liegen alle wiederum auf Konsolen auf, zwischen denen Festons drapiert sind. Das Bogenfeld der Mitteltür ist mit einer Muschel ausgefüllt, auf dem Bogenlauf liegen seitlich zwei Putti. Flankiert wird die Tür von Wandvorlagen. Im zweiten Obergeschoß wird ein Sohlgesims ausgebildet, das die Rahmung der Rechteckfenster durchschneidet. Über den Fenstern befinden sich jeweils drei Rosetten, in den Feldern dazwischen sind Festons angegeben. Die Attika ist mit vier Skulpturen dekoriert.

Kat. Nr.: 130   Abb.: 90-91a,b
Ort: Berlin
Objekt: Wohnhaus des Brauers Doeblitz, Markgrafenstraße 39 (47), später auch Lotteriedirektion

Erbaut: Entwurf 1780, Erbauung 1781
Zerstörung: 2. Weltkrieg
Bezirk: Friedrichstadt
Entwurf: Carl von Gontard
Nicolai: I, S. 786.

Katalog

Archivalien:
Franz Jahn: Drei Jahrhunderte Baugeschichte Berlin, Berlin 1939, Tafelteil, Staatliche Museen zu Berlin, Kupferstichkabinett.
GStA PK, II. HA, Forstdepartement Kurmark, Tit. XXX, Nr. 24, Vol. 9, 1780-1783, Bl. 7, Berlin, 19. Dezember 1780.
GStA PK, I. HA, Rep. 96, Nr. 412, C1, Acta des Kabinetts Friedrichs des Zweiten, Angelegenheiten der Einwohner von Berlin, Bl. 83.

Bemerkung
Ebenfalls nur noch als Fotografie ist eine Fassadenzeichnung erhalten, die in der Literatur um 1800 datiert wird und die zum Wohnhaus des Brauers Doeblitz gehört, das vermutlich Gontard entworfen hat. Der Verbleib des Originals ist unbekannt. Es ist deshalb nicht zu klären, ob es sich um die Entwurfszeichnung oder eine spätere Bauaufnahme handelt. Die genaue Ausführung der Details deutet jedoch eher auf den Originalentwurf hin. Auch zeigt die Ansicht einige Motive, die am Objekt selber nicht verwirklicht wurden. Die Aufnahme geht ebenfalls auf eine Abbildung in der genannten Publikation von Franz Jahn zurück.[887] Es handelt sich um das Gebäude Markgrafenstraße 39, an der Ecke zur Jägerstraße. Sowohl in der Holzberechnung Gontards für die Neubauten des Jahres 1781 als auch im Schadensprotokoll von 1782 wird das Haus eines Brauers Doeblitz am Gendarmenmarkt erwähnt.[888] Die genauere Lokalisierung und Identifizierung ermöglichte Nicolais Erwähnung des Doeblitzschen Hauses an der genannten Straßenecke.[889] Der Entwurf des Gebäudes ist also 1780, die Ausführung 1781 zu datieren. Borrmann schreibt als erster dieses Objekt Gontard zu, da er auf dessen Bauholzaufstellung gestoßen war.[890]

Die dreigeschossige Fassade zeigt eine aufwendige Gestaltung mit einer Fülle verschiedener Details. Das Erdgeschoß sowie die mittleren drei Achsen der Obergeschosse werden von kräftig gequaderten Wandfeldern gerahmt. Sie bilden im Erdgeschoß arkadenartige Nischen für die rundbogigen Fenster aus, die einfache Dekorfelder besitzen. Dieses Motiv wurde schon in Potsdam, an den Fassaden Nauener Straße 23 und Am Kanal 30, verwendet. Während die Fenster auf der Zeichnung unten geohrt sind, fehlt das Motiv an der Fassade. Ein Gesimsband bildet die Kämpfer der Arkaden aus. Vor die mittleren Achsen des Gebäudes ist ein Altan gelegt, der auf vier dorischen Säulen aufliegt, von denen je zwei gekuppelt sind. Der Architrav ist nicht durchlaufend, die Teilstücke sind mit Triglyphen dekoriert. In diesem Bereich werden im Untergeschoß keine Fenster eingesetzt, so daß es dadurch zu einer Differenz der Achsenzahlen von elf im Erdgeschoß und dreizehn in den Obergeschossen kommt. Hier ist eine Abweichung zwischen der Zeichnung und späteren Aufnahmen des Gebäudes festzuhalten. Fotografien um 1880 zeigen diesen Bereich mit kleinen Fensteröffnungen. Ob diese Fenster originale Bestandteile der Fassade waren, oder ob sie nachträglich eingebracht wurden, läßt sich ohne Bauakten nicht klären. Im ersten Obergeschoß sind hauptsächlich Rechteckfenster eingesetzt worden, deren Brüstungsfelder das Balustermotiv des Altans aufgreifen. Sie besitzen Dreiecksgiebel, die auf Konsolen aufliegen und ein Festonfeld rahmen. Ausnahmen bilden die Fenster in den beiden äußeren und in den mittleren drei Gebäudeachsen. Die gequaderten Wandstreifen rahmen in den Obergeschossen dreiachsige Fensterkombinationen, wobei das Mittelfenster der Bel étage mit seinem hohen Bogenlauf die Geschoßgrenze und das darüberliegende Fenster überschneidet. Der Bogenlauf liegt auf ionischen Säulen auf, die die seitlichen Fenster rahmen. Er ist mit einer Scheitelkartusche und Ranken besetzt und bildet an den waagrechten Seiten das Auflager für je zwei Putti, die eine Kartusche halten. Dieses Motiv wird in variierter Form an den äußeren Achsen wiederholt, jedoch liegen die Bogenläufe hier auf gedoppelten ionischen Pilastern auf und sind seitlich mit liegenden Putti verziert. Im zweiten Obergeschoß werden Rechteckfenster mit geraden Verdachungen eingesetzt, deren Fensterbänke durch ein Sohlgesims gebildet werden und die auf Konsolen aufliegen. Da die Fenster in den äußeren Achsen nicht dem Schema der Bel étage folgen, ist ihr Achsenabstand zu den angrenzenden Fenstern leicht erweitert. Das Gesims verkröpft sich über den mittleren Achsen ebenso, wie die Attika. An dieser Stelle ist wiederum eine Abweichung zwischen der Zeichnung und der Ausführung festzuhalten. Statt eines Girlandenfrieses wurde ein Zahnschnitt zur Dekoration der Traufe verwendet. Die Attika ist an den Seiten und in der Mitte mit Balustern durchbrochen und ist mit insgesamt sechs Skulpturengruppen dekoriert. Die verschiedenen Abweichungen zwischen der Zeichnung und der tatsächlichen Ausführung deuten darauf hin, daß es vermutlich um den Entwurf, nicht um eine spätere Bauaufnahme handelt.
Das Haus ist identisch mit demjenigen Gebäude, in dem um 1791 die Königliche Lotteriedirektion untergebracht wurde. 1887 bis 1908 war es Sitz des Oberverwaltungsgerichtes Berlin. Zwischen 1901 und 1908 wurde das angrenzende Haus Jägerstraße 56 dem Gebäude angeschlossen und unter das Fassadensystem des damaligen Oberverwaltungsgerichtes gebracht, wonach dieses von ursprünglich fünf auf neun Fensterachsen erweitert wurde.[891] Bis es im 2. Weltkrieg zerstört wurde, zählte es zu den stattlichsten Gebäuden am Gendarmenmarkt aus der Bauphase um 1780. Die Fassade stand zwar noch weitgehend, wurde für Wiederaufbaumaßnahmen aber nicht erhalten.[892]

Kat. Nr.: 131 Abb.: 84
Ort: Berlin
Objekt: Markgrafenstraße 40 (48)

Erbaut: um 1780/81?
Zerstörung: Bei Bombenangriffen im 2. Weltkrieg zerstört. Die Fassade stand 1946 noch, wurde aber nicht für einen Wiederaufbau erhalten.
Bezirk: Friedrichstadt
Entwurf: Johann Boumann d. Ä. oder Michael Philipp Boumann
Nicolai: —

Archivalien: —

Bemerkung
Die Fassade des Hauses Markgrafenstraße 40, zwischen Scheibles Hotel und der Lotteriedirektion gelegen, umfaßte neun Achsen und drei Geschosse.[893] Einige der Fassadenelemente, wie die Dekormotive der Fenster im ersten Obergeschoß, die schräge Verkröpfung der Verdachung des Mittelfensters und die waagrechte Unterteilung der Obergeschosse duch die Verdachungen und das Gesimsband, sind bei den bisher Gontard zugeschriebenen Objekten nicht aufgetaucht. In der Markgrafenstraße häufen sich im Bereich des Gendarmenmarktes Gontardsche Bauten. So wird das Haus von zwei Gebäuden eingerahmt, die ihm zugeschrieben werden. Die verwendete Ornamentik ist jedoch eher ungewöhnlich und deutet auf einen anderen Baumeister hin. 1799 wohnte nachweislich Michael Philipp Boumann, einer der Söhne Johann Boumanns darin, dem vielfach das Haus zugeschrieben wird. Demps geht davon aus, daß das Haus entweder vor 1776 durch Boumann den Älteren oder nach 1786 durch dessen Sohn Michael Philipp errichtet wurde. Das würde bedeuten, daß dieser Straßenabschnitt nicht in einem Zug überformt wurde.[894] Genaue stilistische Untersuchungen zu den Bauten der Familie Boumann, die eine Zuschreibung erleichtern könnten, stehen noch aus.

Kat. Nr.: 132 Abb.: 84
Ort: Berlin
Objekt: »Scheibles Hotel«, Markgrafenstraße 41 (49)

Erbaut: um 1780
Zerstörung: 1883/84, durch Neubau ersetzt
Bezirk: Friedrichstadt
Entwurf: Carl von Gontard (?)
Nicolai: —

Archivalien: —

Bemerkung
An der südöstlichen Ecke der Markgrafenstraße und Französische Straße lag ein weiterer Bau, der verschiedentlich Gontard zugeschrieben wird. Das Eckhaus Markgrafenstraße 41 ist auch als »Scheibles Hotel« bekannt.[895] Borrmann erwähnte als erster das Haus Markgrafenstraße 49 (41) und schrieb es Gontard aufgrund der Holzberechnung von 1780 zu.[896] Der Autor muß über eine Namensnennung zu dem Grundstück 41 verfügt haben, falls es sich nicht um eine reine Spekulation handelte, da aus der Holzbestellung keine genaue Lage der Häuser hervorgeht. Nach der bisher möglichen Zuordnung der Namen aus der Holzberechnung von 1780, kämen für dieses Objekt nur noch Nicolas oder Boquet als Erstbesitzer in Frage. (Vgl. Entwurf für ein unbekanntes Objekt in der Friedrichstadt. Kat. Nr. 137) Ungeklärt bleibt, ob sich der Entwurf für das Haus des Kammerrates Schilantzky möglicherweise auf die Fassade des ehemaligen Hotels Scheibe zur Französischen Straße bezieht. Deshalb muß auch die Möglichkeit in Betracht gezogen werden, daß es sich hier um das ehemalige Haus der Witwe Schilantzky handeln könnte. Die Aufrißgliederung zur Markgrafenstraße läßt dies aber eher unwahrscheinlich erscheinen. 1884 wurde das Gebäude abgebrochen und durch einen Neubau, das spätere Fürsten-Hotel, ersetzt.[897]

Zur Markgrafenstraße nahm das Gebäude sieben Achsen ein und war, trotz seiner Dreigeschossigkeit, deutlich niedriger als das nebenstehende Anwesen Markgrafenstraße 40. Das Erdgeschoß wies um 1880 bereits zahlreiche Veränderungen durch Schaufenstereinbauten auf. Die Erdgeschoßfenster waren rechteckig und mit Scheiteldekor versehen. Der rundbogige Eingang wird in der (v.r.n.l.) fünften Achse gezeigt, ist also nicht in der Symmetrieachse gelegen. Der Besitzer stellte am 19. August 1883 den Antrag für die Errichtung eines Wohn- und Geschäftshauses und erhielt die Genehmigung am 29. August 1883. Auf dem Eckgrundstück wurde ein sechsgeschossiger Neubau errichtet, in dessen Obergeschossen seit ab 1906 das »Fürsten-Hotel« untergebracht war. Demps erwähnt eine Entwurfszeichnung, die bis 1939 vorhanden gewesen sei.[898] Möglicherweise bezieht er sich dabei auf Hoffmanns Dissertationsfragment. Der von Hoffmann genannte und im GNM wiederaufgefundene Plan zu einem Eckgebäude an dieser Kreuzung, bezieht sich aber vermutlich auf das Anwesen Schilantzky (eventuell Markgrafenstraße 42 (50) bzw. Französische Straße 38/39).

Kat. Nr.: 133
Ort: Berlin
Objekt: Wohnhaus zum Weißen Schwan, Markgrafenstr. 35 (44)

Erbaut: 1783 vollendet
Zerstörung: 1891 abgetragen
Bezirk: Friedrichstadt
Entwurf: Carl von Gontard

Archivalien:
Nennung Gontards in der Grundsteinplatte (Märkisches Museum, heute Berlin-Museum, ehemalige Inv. Nr. Märk. Mus. X. 451); nicht mehr erhalten.

Bemerkung
Erwähnung hat in der Literatur auch das Gebäude Markgrafenstraße 35 (44) gefunden. In der Grundsteinplatte des Wohnhauses »Zum weißen Schwan«, war Gontard als Baumeister angegeben.[899] Die Grundsteinplatte befand sich ursprünglich im Märkischen Museum, heute Berlin-Museum, ist aber nicht mehr auffindbar und muß wohl als Kriegsverlust gewertet werden. Das Haus befand sich im Straßenabschnitt zwischen Tauben- und Mohrenstraße und wurde 1891 durch einen Neubau ersetzt.[900] Da sich keine Ansichten des Gebäudes erhalten haben, kann es in eine stilistische Analyse nicht mit einbezogen werden.

Kat. Nr.: 134
Ort: Berlin
Objekt: Mohrenstraße 28

Erbaut: wohl zwischen 1771-1778
Zerstörung: 1893 abgerissen
Bezirk: Friedrichstadt
Entwurf: Carl von Gontard (?)

Archivalien: Stadtarchiv Berlin, Grundbuchakten Friedrichstadt, Band 14 b, Blatt 101

Bemerkung
Ähnlich wie mit dem Wohnhaus »Zum weißen Schwan«, verhält es sich bei dem Gebäude Mohrenstraße 28. Vermutlich wurde das Gebäude nach 1771 erbaut und um 1893 abgerissen. Eindeutige Quellenangaben hinsichtlich einer Zuordnung an Gontard fehlen ebenso, wie aussagekräftige Ansichten. Demps begründet seine Zuweisung mit der Eintragungen in der Grundbuchakte. Das Haus gehört zu den ersten Neubauten am Gendarmenmarkt. Es wurde für den Seidenfabrikanten Zinnemann, gemäß einer Kabinettsorder vom 13. April 1771, neu erbaut. Am 16. Juli 1778 wurde die Schenkungs- und Eigentumsurkunde eingetragen. Der Abbruch erfolgte 1893.[901] Da außerdem kein aussagekräfiges Ansichtsmaterial zur Verfügung steht, kann das Gebäude ebenfalls nicht in Vergleiche einbezogen werden.

Kat. Nr.: 135 Abb.: 94
Ort: Berlin
Objekt: Konsistorialgebäude, Schützenstraße 26, Ecke Jerusalemer Straße

Erbaut: um 1787
Zerstörung: genaues Zerstörungsdatum nicht bekannt
Bezirk: Friedrichstadt
Entwurf: Carl von Gontard (?)
Nicolai: —

Archivalien: —

Bemerkung
Aus stilistischen Gründen wird das Anwesen Schützenstraße 26 vielfach dem Werk Gontards zugeordnet. Es gehörte nicht zu den Bauten am Gendarmenmarkt und war einige Straßenzüge weiter südlich, an der Südostecke der Kreuzung von Schützen- und Jerusalemer Straße, errichtet worden. Der Baubeginn wird teilweise schon um 1785 angesetzt, doch findet das Gebäude erstmals 1790 als Wohnhaus des Kriegsrates Karl Gottfried Kolbe Erwähnung.[902] Bei dem Bautempo der friderizianischen Spätzeit erscheint eine Zeitspanne von fünf Jahren relativ lange. Die Häuser am Gendarmenmarkt waren zwar in der Regel etwas kleiner, wurden aber in einem Jahr bezugsfertig erstellt. Wenn die Nennung des Erstbezuges 1790 mit dem Datum der Fertigstellung übereinstimmt, so wäre ein Baubeginn bei einem Objekt dieser Größenordnung vermutlich um 1787/88 anzusetzen. Quellen oder Pläne, die definitive Hinweise auf die Urheberschaft Gontards für dieses Objekt geben könnten, sind nicht vorhanden. Im Aufbau der Fassade sind jedoch starke Parallelen zu Potsdamer Bauten zu verzeichnen, wie etwa zur Charlottenstraße 45-47. Im 19. Jahrhundert waren verschiedene Ämter darin etabliert, unter anderem ab 1880 das Consistorium der Provinz Brandenburg, nach dem es allgemein benannt wird. Ab 1835 wurde es zum

Dienstgebäude des Oberbergamtes eingerichtet, 1837 folgte die Königliche Domänen- und Forstverwaltung und 1849 wurde es Sitz des Landwirtschaftlichen Ministeriums. 1880 wurde neben dem Konsistorialamt auch das Provinzial-Schulcolleguim darin untergebracht.[903] Auch dieses Objekt existiert nicht mehr.

Die Hauptfassade des dreigeschossigen und neunachsigen Gebäudes war auf die Schützenstraße gerichtet und wurde durch einen dreiachsigen flachen Mittelrisalit akzentuiert. Viele Details erinnern an die Front der Charlottenstraße 45-47 in Potsdam. Auch das Gliederungsschema wurde von Gontard in Potsdam mehrfach verwendet. Lagerfugen gestalteten den Verputz im Erdgeschoßbereich, in dem ein rundbogiges Eingangsportal in der Mittelachse lag. Rechteckfenster mit geraden Verdachungen lagen auf konsolengestützten Fensterbänken auf. Ein Gurtgesims trennte das Erdgeschoß von den oberen Etagen ab, die durch kolossale ionische Pilaster untergliedert wurden. Am Rücksprung der Fassade vom Risalit zu den seitlichen Achsen vermittelte ein Halbpilaster, wie diese auch bei der Charlottenstraße 45-47 der Fall war. Der Risalit ist in der Bel étage außer durch rundbogige Fenstertüren mit Scheitelsteinen noch durch einen Balkon auf vier kräftigen Volutenkonsolen hervorgehoben worden. Vier Vasen besetzten die Postamente der Brüstung. An den beiden Seiten wurden im ersten Obergeschoß Rechteckfenster mit Dreiecksgiebeln auf Konsolen eingesetzt. Das mittlere Fenster erhielt außerdem eine Balusterbrüstung. Im zweiten Obergeschoß wurden einheitlich Rechteckfenster verwendet, die im Risalit durch eine Scheitelkartusche dekoriert wurden. Ein breites Gesimsband mit Wellenband bildete die Auflage für diese Fenster. Über dem Gebälk und dem Traufgesims verlief eine Attika, die alternierend geschlossene Felder und Balustermotive aufwies. Der Risalit wurde von einem Dreiecksgiebel mit Zahnschnitt überhöht. Zwei Skulpturen seitlich des Frontons sowie sechs Vasen besetzten die Attika.

Kat. Nr.: 136 Abb.: 85
Ort: Berlin
Objekt: Wohnhäuser Barrow und Sabbatier

Erbaut: 1781
Bezirk: Friedrichstadt
Entwurf: Carl von Gontard
Nicolai: —

Archivalien:
Stiftung Schlösser und Gärten Berlin-Brandenburg (Plankammer Potsdam), Inv. Nr. 9477.

GStA PK, II. HA, Forstdepartement Kurmark, Tit. XXX, Nr. 24, Vol. 9, 1780-1783, Bl. 7, Berlin, 19. Dezember 1780.
GStA PK, I. HA, Rep. 96, Nr. 412, C1, Acta des Kabinetts Friedrichs des Zweiten, Angelegenheiten der Einwohner von Berlin, Bl. 82.

Bemerkung
Überliefert ist eine weitere Bauzeichnung für zwei nebeneinanderliegende dreigeschossige Gebäude, wobei aber keine Ortsbezeichnung vorhanden ist.[904] Dieser Entwurf kann jetzt erstmals konkret mit der Bebauung am Gendarmenmarkt und mit Gontard in Verbindung gebracht werden. Da zu den beiden Bauten die Namen Sabbatier und Barrow vermerkt sind, lassen sie sich wiederum mit Hilfe der Holzberechnung für 1781 den Berliner Bauten zuordnen. Vermutlich wurden sie in der Nähe des Gendarmenmarktes errichtet und dürften aus der Feder Gontards stammen.[905] In der Holzbestellung ist die Rede von dem Lohgerber Barrow und dem Tuchbereiter Sabbatier, während auf dem Entwurf Sabbatier als Lohgerber bezeichnet wird. Im Vergleich mit Ansichten des Gendarmenmarktes war eine genaue Lokalisierung jedoch nicht möglich, auch werden die Namen nicht im Schadensprotokoll von 1782 erwähnt.[906]

Zu Kat. Nr.: 136 Abb.: 85
Plankammer Neues Palais Potsdam
Objekt: Aufriß der Wohnhäuser Sabbatier und Barrow in der Friedrichstadt, Berlin

Inv. Nr.: 9477
Künstler: Carl von Gontard
Material: Feder in Grau, Schwarz; Bleistift; grau laviert
Größe: Blatt: H: 43,3 cm; B: 78,5 cm
Montierung: H: 43,4 cm; B: 78,7 cm
Signiert: —
Datiert: —, 1780

Beschreibung
Maßstab in »Rheinl. Fus«; Wasserzeichen nicht erkennbar; mit schwarzem Doppelstrich gerahmt. Stempel Koenigl. Schloss Bau Commission. Beschriftung (schwarz): »ZV«
Bezeichnet:
»Lohgerber Sabbatier« »Barrow«
Länge: 35′ 3″ 74′ 7″
Gezeigt werden zwei dreigeschossige Bauten mit leicht unterschiedliche Trauf- und Geschoßhöhen. Bei dem Haus »Sabbatier« handelt es sich um ein Eckgebäude von vier Achsen, dessen Eingang in der (v.l.n.r.) vierten Achse liegt. Er ist etwas erhöht und mit einer einläufigen Treppe versehen. Die Kanten sind mit Eckrustika verziert, die gesamte Fassade zeigt Lagerfugen im Putz. Ohne Rahmung und einfach in die Wand eingeschnitten werden die Fenster angegeben. Unterhalb der Fenster des ersten und zweiten Obergeschosses sind rechteckige Dekorfelder mit Festons eingetieft.
Das angrenzende Haus »Barrow« besitzt neun Achsen und zwei Hauseingänge in der (v.l.n.r) 3. und 7. Achse. Sie liegen ebenfalls etwas erhöht und sind mit Freitreppen ausgestattet. Ein Gurtgesims grenzt das Erd- von den Obergeschossen ab. Zwischen den Fensterachsen des Erdgeschosses sind gequaderte Vorlagen gesetzt, deren Oberflächenstruktur alternierend glatt und gekörnt gezeigt wird. Sowohl Fenster als auch Türen sind rundbogig, wobei die Fenster mit profilierten Bogenläufen und Scheitelagraffen versehen sind. Die Türöffnungen sind einfach in die Wand eingeschnitten. Im ersten Obergeschoß sind die Rechteckfenster durchgehend mit Dreiecksgiebel ausgestattet. Seitliche Konsolen sind triglyphenartig verziert. Unter den Fenstern sind einfache Rechteckfelder mit Festons angebracht. Ebenfalls rechteckig sind die Fenster im zweiten Obergeschoß, deren Faschen unten leicht geohrt und mit Guttae verziert sind. Sie tragen eine gerade, auf Konsolen aufliegende Verdachung. Beide Bauten werden ohne das Dach gezeigt.

Kat. Nr.: 137 Abb.: 92
Ort: Berlin
Objekt: Entwurf für ein Wohnhaus, vermutlich Berlin, Friedrichstadt

Erbaut: 1781?
Entwurf: Carl von Gontard
Bezirk: Friedrichstadt

Archivalien:
GNM, Graphische Sammlung, Slg. Knebel, Kapsel 1555, Hz. 4199.
GStA PK, II. HA, Forstdepartement Kurmark, Tit. XXX, Nr. 24, Vol. 9, 1780-1783, Bl. 7, Berlin, 19. Dezember 1780.
GStA PK, I. HA, Rep. 96, Nr. 412, C1, Acta des Kabinetts Friedrichs des Zweiten, Angelegenheiten der Einwohner von Berlin, Bl. 83.

Bemerkung
Eine weitere Zeichnung kann aus stilistischen Gründen sowie wegen ihrer Provenienz (GNM, Slg. Knebel) mit Gontard in Verbindung gebracht werden. Leider ist sie nicht mit näheren Angaben zum Eigentümer oder dem geplanten Erbauungsort versehen worden.[907] Auf der Rückseite des Blattes ist jedoch der Vermerk: »Bürger Häuser pro 1781« angebracht. Es liegt nahe, daß es sich um den Entwurf eines Gebäudes am Gendarmenmarkt in Berlin han-

delt. In demselben Konvolut von Zeichnungen, aus dem dieser Aufriß stammt, befindet sich auch der Entwurf für das Haus des Kammerrats Schilantzky von 1780. Wenn die Notiz auf der Rückseite des Blattes stimmt, so müßte es sich unter den aufgezählten Häusern in der Holzberechnung Gontards für die Neubauten 1781 befinden. Nach den bisherigen Zuordnungen, bleiben für diesen Entwurf nur noch die beiden Kaufleute Nicolas und Boquet übrig, die beide auch in dem erwähnten Schadensprotokoll auftauchen. Hervor geht daraus auch, daß Bauinspector Scheffler zumindest am Nicolasschen Haus die Bauarbeiten betreute.[908] Eine noch nähere Lokalisierung war bisher nicht möglich. Auch war kein weiterer Hinweis auf die Personen Nicolas oder Boquet zu finden. Die Namen könnten auf Mitglieder der französischen Kolonie hindeuten. Es zeigen sich in der Aufrißgestaltung deutliche Parallelen zu dem Haus des Hauptmanns Bockelberg in Potsdam, Wilhelmplatz 0.

Zu Kat. Nr.: 137 Abb.: 92
Germanisches Nationalmuseum
Objekt: Entwurf für ein Wohnhaus, vermutlich Berlin Friedrichstadt

Inv. Nr.: GNM, Graphische Sammlung, Sammlung Knebel, Kapsel 1555, Hz. 4199
Künstler: Carl von Gontard
Material: Feder in Grau, Schwarz; grau laviert
Größe: H: 34,6 cm; B: 52,2 cm
Signiert: —
Datiert: —, um 1780

Beschreibung:
Maßstab in »Fuß«, mit Gradeinteilung; Wasserzeichen: Lilie, bekrönt; J H & Z (Johann Honig & Zoon(en)?); mit schwarzem Doppelstrich gerahmt; leicht fleckig.
Bezeichnet (Rückseite): »Bürger Häuser pro 1781« in Bleistift, aber nicht von Gontard.
Der Entwurf zeigt die Fassade eines siebenachsigen und dreigeschossigen Wohnhauses. Auffällig sind die sehr hohen Kellerfenster, die auf die Anlage einer Souterrainwohnung oder eines Kellerladens deuten. Das Erdgeschoß ist stark rustiziert, wobei drei verschiedene Arten vorgeführt werden. So sind die rechteckigen Fenster mit abgespitzten kleinen »Einzelquadern« gefaßt, die Wandstreifen dazwischen werden trapezförmig und die Bossen um den rundbogigen Eingang ohne speziellen Schliff vorgeführt. Das Portal wird seitlich von zwei ionischen Säulen flankiert, die einen kleinen Altan stützen. Er ist mit einer Balusterbrüstung und zwei Vasen an den Ecken dekoriert. Ein Gesimsband trennt das Erdgeschoß von den beiden Obergeschossen, die mit kolossalen ionischen Pilastern gegliedert sind, wobei das 2. Obergeschoß als Mezzanin ausgeführt ist. Die Bel étage ist mit Rechteckfenstern versehen, deren Dreiecksgiebel auf Konsolen mit kleinen Guttae und unmittelbar auf der Rahmung aufliegen. Die Fensterbänke scheinen leicht verkröpft zu sein und liegen auf schmalen sockelförmigen Feldern auf, zwischen denen sich jeweils ein glattes Rechteckfeld befindet. Das Mittelfenster ist zusätzlich mit einer Muschel versehen. Zudem ist hier der Achsenabstand deutlich größer als bei den übrigen Fenstern. Die Mezzaninfenster sind rechteckig und besitzen gerade Verdachungen, die ebenfalls auf Konsolen aufliegen. Ihre Rahmung ist unten geohrt. Über dem Traufgesims verläuft eine niedrige Attika ohne Dekoration.

Kat. Nr.: 138 Abb.: 70
Germanisches Nationalmuseum
Objekt: Aufriß und Teilgrundriß für ein fürstliches Wohngebäude

Inv. Nr.: GNM, Graphische Sammlung, Sammlung Knebel, Kapsel 1555, Hz. 4210
Künstler: Carl von Gontard
Material: Feder in Grau, Braun, Schwarz
Größe: H: 22 cm; B: 27,1 cm
Signiert: —
Datiert: 17. Oct. 1777 (im Eckrisalit des Grundrisses verzeichnet)

Beschreibung
Maßstab in »Fuss«, Skala für Modul; Wasserzeichen: z.T. abgeschnitten, eventuell Wappen oder Krone; mit schwarzem Dreifachstrich gerahmt.
Bezeichnet: »Façade eines Wohn=Hauses für eine Fürstliche Person in einer grossen Stadt«; »pres du 26. oct. 1777« (oben links).
Der fünfzehnachsige Bau zeigt das bekannte Gliederungsschema von gefugtem Erdgeschoß und kolossal gegliedertem Obergeschoß in ionischer Ordnung unter Ausbildung von Eckrisaliten und eines Mittelrisalits mit Fronton. Die bei der Fassade des Hauses Am Kanal 30 einsetzende Verwendung von Säulenreihen nach dem Vorbild Perraults wird noch gesteigert, indem sie über die gesamte Gebäudemitte ausgedehnt wird. Das in der französischen Architekturtheorie besonders seit Mitte des 18. Jahrhunderts geforderte Säulenarchitravsystem wird in diesem Entwurf stärker umgesetzt als bei seinen verwirklichten Bauten. Zwar sind im Gegensatz zur Louvre-Ostfassade die Eckrisalite nur zweiachsig, doch findet, wie bei Perrault, der Einsatz von Pilastern statt. Vermutlich ist auf dieses Vorbild auch der Einsatz von segmentbogigen Fenstern zurückzuführen, die sonst bei Gontard kaum Verwendung fanden. Als Rokokoreminiszenzen sind wohl die Couronnements auf den Eckrisaliten zu deuten, die keinen wirklichen Bezug zum Gebäude haben. Bei der Wahl der Fensterformen und der Bekrönungen der Eckrisalite lassen sich außerdem Beziehungen zu Héré de Cornys schon angeführten Aufriß für das Hôtel de Ville in Nancy feststellen. (Abb. 67) Das Aufrißsystem der Wand bildet ein strenges orthogonales Netz. An Perraults Schöpfung erinnern auch die ovalen Medaillons mit Girlandendekoration im Mittelrisalit, die Gontard in Ovalfenster übersetzte. Der Untertext gibt eine detaillierte Beschreibung der Maßverhältnisse des Entwurfes, die in Bezug zur Harmoniebegriffen in der Musik gesetzt werden:

»Die Länge der Fronte AB ist in 25 gleiche Theile eingetheilt, wovon jedes Eck=Risalit 4., das Mittel=Risalit 5., und jeder Flügel dazwischen 6. Theile hat. AC, DE und CD, sind also in der Arithmetischen Progression 4.5.6 welches in der Music das Verhältniß der tertia major und der tertia minor hervorbringt. Die Höhe des Gebäudes F.G. hat 6. von diesen Theilen bringt bey A.C. an den Ecken 2:3 oder die Quinte, bey D.E. in der Mitte 5:6. oder die tertia minor, bey CD. 6:6 oder das Quadrat hervor, welches in der music der Unisono ist. Die Höhe HJ mit dem Socle über dem Gebälck ist just ein Viertel von der ganzen Länge A.B. Die Höhe des Rez-de Caussée a.b., ist zur Höhe der Säule mit ihrem Würfel = bc, wie 3:5, woraus die Sexta major; und zu b.d., oder der Säule mit dem Gebälck und Würfel, wie 1:2; woraus die octave entspringt. f.g., oder die Höhe der Ionischen Säule, ohne Würfel, ist just die Helfte von der ganzen Höhe FG. Die 3 Hauptstücke des Gebäudes sind in Arithmetischen Proportion 3:4:5. welches musicalisch, die Quarto oder tertia major hervorbringt. Der Impost h.i. geht durch das 7te Zwölftheil der Säulenhöhe und hat zu seiner Dicke 1/2. dieser Zwölftheile. Die Fenster im Bel Etage sind durchgehend zu ihrer Höhe wie 4:9, just so, wie die Säulenweite de à 8 modul, zur Höhe der Ionischen Säule à 18 modul, sich verhält. Im Rez-de Chaussée sind die Fenster, wie auch die Mittel=Thüre wie 1:2, die bey den Neben=Thüren aber wie 4:9. Die mezzaninnen oben, sind im Arrière=Corps wie 4:5 an der Ecke aber, wie 2:3. Die durchbrochenen Medaillons im Mittel= Risalit sind wie 3:5.

Die Fenster=Einfaßungen sind 1/6tel ihrer Weite im Lichten, diese Weite verhält sich also zur breite des Fensters mit der Einfaßung zu beyden Seiten, wie 3:4. Die Thürpfosten in der Mitte sind 1/3. von der Weite der Thüre, und diese Pfosten ist wieder in 3. theile eingetheilt, wovon die Einfassung 1. die Pile aber 2 theile beköm̃t. Die Vasen sind mit ihren socle 6. Modul hoch, welches einen von den 25. Hauptteilen der Front ist. Die Statüen auf dem Fronton sind 7. und mit ihrem socle 8 modul hoch. Die Couron̄ements an den Ecken sind über dem Gebälck 12 modul erhaben, daß also die breite des Eck=Risalits zu seiner ganzen Höhe wie 24:48. oder wie 1:2. ist. Es ist also alles in guten und leichten Verhältnissen zusam̃enpaßend. Die übrigen harmonischen Proportions sind aus den Scalen sowohl im Grund als an der Facade, leicht zu erkennen. Modillons können rund herum, in der vollkom̃ensten Richtigkeit, zu 1. modul distance, ausgetheilt werden, welches der kleine Maasstab in der Zeichnung anzudeuten nicht erlaubt hat. Der modul kann zu 18. Zoll, und darüber, aber nicht wol kleiner gemacht werden, weil sonst die Fenster à 3 modul, zu schmal würden.«

Bauten und Projekte für König Friedrich Wilhelm II.

Nachdem Gontard unter Friedrich II. wegen des Einsturzes des Deutschen Domes am Gendarmenmarkt gänzlich in Ungnade gefallen war, rehabilitierte ihn der Nachfolger Friedrich Wilhelm II. »Ich habe für gut befunden Euch bey den Berlinischen und hiesigen Bauten, besonders in Ansehung der Zeichnungen wiederum zu beschäftigen (...)«, heißt es in den Minüten von 1786.[909] Es geht jedoch nicht daraus hervor, um welche Zeichnungen es sich handelte. Ob es sich bereits um Entwürfe für die Königskammern oder für das Marmorpalais handelte, bleibt reine Spekulation. Gontard wurde auf sein persönliches Gesuch hin, nicht auf Initiative König Friedrich Wilhelms II., 1787 in den Rang eines Majors erhoben.[910] Jedoch scheint König Friedrich Wilhelm II. den Baumeister sehr geschätzt zu haben, da er ihm die Ausgestaltung der Trauerfeierlichkeiten übertrug.[911] Im Kupferstichkabinett Berlin hat sich eine Zeichnung von Andreas Ludwig Krüger erhalten, die die Gestaltung des Paradezimmers mit dem aufgebahrten Sarg zeigt.[912]

Kat. Nr.: 139
Ort: Berlin
Objekt: Einrichtung der Königskammern im Berliner Stadtschloß

Erbaut: Einrichtung vom Frühjahr 1787 bis November 1788
Entwurf: Leitung Carl von Gontard und Friedrich Wilhelm von Erdmannsdorff, Zeichnungen von Friedrich Gottlieb Schadow und Boeck. Ausstattung der Wohnung für Königin Friederike durch Carl Gotthard Langhans ab 1789

Bemerkung
Gontard und Erdmannsdorff arbeiteten parallel zueinander, ein übergeordnetes Ausstattungsprogramm lag nicht vor. Dadurch entstand ein reizvoller Wechsel zwischen den einzelnen Räumen. Gontard entwarf die Dekoration der Audienzsuite mit dem Thronzimmer, für das Vorzimmer, das Konzert-, das Schlaf- und das Schreibzimmer zum Schloßhof und für das Neuwiederzimmer mit den lakierten Kabinetten zum Lustgarten. Gontard bevorzugte dabei traditionellere Dekorationssysteme mit Holzvertäfelungen, Lamberien, textilen Bespannungen, Wandspiegeln über Kaminen und Konsoltischen. Zwischen Wänden und Decke vermittelten Vouten. Seine Ornamentik war noch stärker vom Louis XVI. bestimmt. Je nach Zimmer variierte er die Fülle der Ornamente.[913]

Kat. Nr.: 140   Abb.: 102-103
Ort: Potsdam
Objekt: Marmorpalais am Heiligen See und Küchengebäude

Erbaut: 1787-1791
Umbauten: 1797 wurde das Palais zu einer Dreiflügelanlage erweitert
Entwurf: Carl von Gontard (Außenbau), Inneneinrichtung v.a. Carl Gotthard Langhans

Archivalien:
GStA PK, I. HA, Rep. 96, Geheime Cabinetts-Registratur, Nr. 210 B, Die Königl. Schlösser und andere Bauten in und bei Potsdam.
GStA PK, I. HA, Rep. 96, Geheime Cabinetts-Registratur, Nr. 211, Personalien der Königl. Bau-Beamten 1790-1797.
Planmaterial Stiftung Schlösser und Gärten Berlin-Brandenburg (Plankammer Potsdam):
Inv. Nr.: 2535, Entwurf für das Marmorpalais von der Westseite mit Terrasse und Küche, 1786/87
Inv. Nr.: 3536, Ansicht des Marmorpalais, ohne Seitenflügel, um 1787
Inv. Nr.: 2537, Marmorpalais, Grundriß des Obergeschosses, um 1787
Inv. Nr.: 2538, Marmorpalais, Grundriß EG, um 1787
Inv. Nr.: 2539, Marmorpalais, Schnitt durch EG und OG von Treppenhaus und Grottensaal mit oberem Saal
Inv. Nr.: 2540, Marmorpalais, »Plan von der 2ten Etage«
Inv. Nr.: 2625-2638, Marmorpalais, Entwürfe für die Reliefdekorationen am Mittelbau des Marmorpalais (Rohde, Heymüller u.a.)

Beschreibung
König Friedrich Wilhelm II. betraute Gontard nach dem Tode Friedrichs II. mit dem Bau des Marmorpalais und des Küchengebäudes am Ufer des Heiligen Sees. Nach dem Vorbild palladianischer Villen über quadratischem Grundriß, konzipierte Gontard ein zweigeschossiges Gebäude mit Belvedere. Einflüsse übten auch Gabriels »Petit Trianon« (1762-1764), Ledoux' Pavillon für Madame Du Barry in Louveciennes (1771) und die Kenntnis der Entwürfe von Domenico Merlinis für das Schloß auf der Insel in Lazienki bei Warschau aus. Letztere soll Friedrich Wilhelm II. Gontard vermittelt haben.[914] Das Zentrum bildet eine quadratische Treppenanlage. An der Fassade, die Ziegelmauerwerk und blaugrauen schlesischen Marmor miteinander verbindet, wird eine flächenhafte Gliederung deutlich, die Friedrich Wilhelms II. Neigung zum Dessau-Wörlitzer Kunstkreis erkennen läßt. Relieffelder mit Puttenszenen zeigen Darstellungen der Jahreszeiten und Themen der Fischerei und Landwirtschaft. Sie wurden nach Entwürfen von Bernhard Rode durch die Brüder Wohler und Johannes Eckstein ausgeführt. 1789 wurde die Bauleitung an Langhans übertragen, was Veränderungen am Treppenhaus zur Folge hatte. Aber auch Gontard hatte bereits Veränderungen der ersten Grundrißdispositionen, z.B. beim Grottensaal, vorgenommen. Im Vestibül wurde die Wandgliederung noch im wesentlichen nach Gontards Vorgaben umgesetzt. Aus den Akten geht die Ungeduld des Königs hinsichtlich der Dauer der Bauarbeiten immer wieder hervor. Dies führte offensichtlich dazu, daß zu frisches Holz verwendet wurde. Bereits 1792 wird ein massiver Schwammbefall der Zimmer im Erdgeschoß gemeldet, was umfangreiche Auswechslungsmaßnahmen nach sich zog. 1792 scheint auch der Balkon an der Wasserseite einsturzgefährdet gewesen zu sein.[915] Vermutlich kam es sogar zu einem Bauunglück, wie aus einem Schreiben Woellners an den König hervorgeht. Es wurde Gontard zur Last gelegt, der sich natürlich nicht mehr wehren konnte.[916] Der nahegelegene separate Küchenbau wurde

von Gontard in Gestalt einer versunkenen Tempelruine in korinthischer Ordnung errichtet und war durch einen unterirdischen Gang mit dem Schloß verbunden.

Kat. Nr.: 140/1 Abb.: 102
Plankammer Neues Palais Potsdam
Objekt: Marmorpalais, Entwurf für Wasserseite mit Terasse und Küche (Grund- und Aufriß)

Inv. Nr.: 2535
Künstler: Carl von Gontard
Material: Feder in Grau; aquarelliert
Größe: H: 43,1 cm; B: 98,6 cm
Signiert: —
Datiert: —, wohl um 1786/1787

Beschreibung
Maßstab in Rhein. Fuß; Wasserzeichen: I J. Honig, Wappenschild.
Stempel des Ober-Hofmarschall Amts s. Majestät des Kaisers u. Königs
Stempel des Hohenzollernmuseums Berlin
Papiermarke »Neuer Garden 2 d«; links unten Bleistiftmarginalien
Der Entwurf zeigt erste Grund- und Aufrißplanungen für das Marmorpalais in Potsdam. Die Küche des Palais ist links separat als versunkene Tempelruine in korinthischer Ordnung gezeigt. Ihr Backsteinmauerwerk ist blaßviolett gehalten, Sandsteinpartien oder Putzteile sind grau dargestellt.

Auf einer erhöhten Terrasse mit Treppen zum See befindet sich das Palais, das als zweigeschossiger und fünfachsiger Bau über quadratischem Grundriß angelegt und das mit einem offenen Belvedere bekrönt ist. Auf der rechten und linken Seite sind zweiläufige Treppen angeordnet. Die Fassade wird als Mauerwerk vorgeführt und verkröpft sich leicht in den äußeren Achsen. Zur Seeseite ist ihr ein Altan über sechs dorischen Säulen vorgelegt, die an der Fassade als Pilaster rezipiert werden. Erd- und Obergeschoß sind durch ein breites Gurtgesims voneinander abgesetzt. In den äußeren Fensterachsen sind jeweils Rechteckfenster eingesetzt. Im Erdgeschoß besitzen sie undekorierte Schürzen, über dem Sturz sind sie mit Girlanden versehen. Anstelle der Girlande sind im Obergeschoß Reliefszenen erkennbar. Alle übrigen Fenster sind rundbogig und mit dekorierten Bogenfeldern ausgestattet. Die Wandfelder zwischen den Obergeschoßfenstern sind nicht als Mauerwerk charakterisiert. Hier befinden sich abgesetzte Dekorfelder mit weiterm Girlandendekor. Über der Mittelachse ist die Attika mit Balustern versehen. Auf dem flachen Dach erhebt sich ein offenes Belvedere, das in der Hauptachse rundbogig geöffnet ist, während zwischen den anderen Achsen ein gerader Schluß verläuft. Das Belvedere wird von einem Aufsatz mit Figurenschmuck überhöht.
Der Grundriß des Palais ist in bezug auf die Raumaufteilung längs der Hauptachse symmetrisch angelegt. Er zeichnet sich durch einen ovalen Raum auf der Seeseite und eine dahinterliegende Treppe mit Wendepodesten aus. Jedoch ist die Achsenverteilung auf See- und Gartenseite voneinander abweichend. Die Grundrißstruktur wurde in späteren Entwürfen verändert.

Kat. Nr.: 140/2 Abb.: 103
Plankammer Neues Palais Potsdam
Objekt: Marmorpalais

Inv. Nr.: 2536
Künstler: unbekannt
Material: Feder in Grau, Schwarz; farbig aquarelliert
Größe: H: 34 cm; B: 48,4 cm
Signiert: —
Datiert: um 1787

Beschreibung
Bezeichnet: nachträglich unten rechts: »Ansicht von Gartenseite«; mit Doppelstrich gerahmt.
Stempel Hohenzollernmuseum Berlin; Stempel Ober-Hofmarschall Amt d. Kaisers u. Königs; Papiermarke d. Plankammer d. Hofmarschallamtes: Neuer Garten 31
Das Marmorpalais wird noch ohne die späteren Seitenflügel dargestellt, die erst um 1797 angebaut wurden. Hierfür wurden die Knobelsdorffschen Marmorkolonnaden aus dem Rehgarten von Schloß Sanssouci verwendet.

Kat. Nr.: 141 Abb.: 104
Germanisches Nationalmuseum
Objekt: Entwurf für den Wiederaufbau des Alten Schlosses in Bayreuth

Inv. Nr.: GNM, Graphische Sammlung, Sammlung Knebel, Kapsel 1555, Hz. 4180
Künstler: Carl von Gontard
Material: Feder Grau; Bleistift; grau und rosé laviert
Größe: H: 22 cm; B: 37,3 cm
Signiert: —
Datiert: —, um 1753

Beschreibung
Maßstab fehlt; Wasserzeichen: VDL und Lilie; (Broda, Architekturzeichnungen, GNM 1996: Churchill 405: van d. Ley), Blatt einmal gefaltet.
Vorderseite: »Prouillon zu das alte Residenz Schloß so abgebrandt wiederum auf zu bauen ist« (Bleistift); Rückseite: Verschiedene Skizzen zur Fenstergestaltung mit Maßangaben, Berechnungen.
1. Entwurf: »Facade gegen die große allee« (Bleistift)
2. Entwurf: »Facade gegen der Stadt« (Bleistift)

Nachdem die Residenz der Bayreuther Markgrafen im Januar 1753 abbrannte, wurde zunächst der Wiederaufbau geplant. Gontard führt Entwürfe für die Stadtseite und die Seite zur einstigen Schanze vor. Bereits hier findet die von Gontard später so häufig verwendete Konzeption von gefugtem Erdgeschoß und kolossal gegliederten Obergeschossen Verwendung. Alternativ werden an der Stadtseite unterschiedliche Konzepte für das Erdgeschoß (rechteckige Fenster und Türen bei Risalit mit Fugenschnitt bzw. Lagerfugen und rundbogige Öffnungen) sowie gekuppelte oder einfache Säule in den Obergeschossen durchgespielt.

Katalog

Entwürfe für unverwirklichte Schloßbauten

Kat. Nr.: 142 Abb.: 105
Plankammer Schloß Charlottenburg
Objekt: Teilaufriß für die Hoffassade eines unverwirklichten Schloßprojektes (Projekt I)

Inv. Nr.: PK 5342
Künstler: Carl von Gontard
Material: Feder in Schwarz, Grau; Bleistift; grau und blau laviert.
Größe: Blatt: H: 42,4 cm; B: 90,1 cm
Montierung: H: 46,5 cm; B: 94,2 cm
Signiert: —
Datiert: —, um 1764?

Beschreibung
Stempel: Ober Hof Marschallamt Sr. Majestät d. Kaisers u. Königs
Papiermarke: Plankammer d. K. Hofmarschalamtes, Neues Palais A No. 2c
Maßstab in »Pieds«; Wasserzeichen nicht erkennbar, da Blatt montiert; mit breitem schwarzem Strich gerahmt; unbezeichnet.
Das Blatt zeigt einen Teil einer weitläufigen mehrflügeligen Schloßanlage mit einem Ehrenhof, der durch Kolonnaden und eine triuphbogenartiges Tor mit aufgesetztem Tempietto abgegrenzt wird. Die große Tiefe des Ehrenhofes wird dadurch angedeutet, daß die hinten gelegenen Partien weicher und schattierter dargestellt werden. Einzelne Teilbereiche sind mit einer unterschiedlichen Anzahl von Etagen ausgeführt bzw. auch pavillonartig hervorgehoben. Der Aufriß des Hauptgebäudes ähnelt in den Obergeschossen den Communs. Die Pavillons bzw. Risalite zeigen im Erdgeschoß Quaderungen, die Obergeschosse sind glatt verputzt. Sie sind mit ungewöhnlichen Kuppelkonstruktionen bekrönt. Diese setzen sich z.T. aus einem Tambour (beim Mittelrisalit), konkav eingeschwungenen Verbindungsstücken und halbkugelförmigen Kuppeln zusammen, die wiederum mit Armaturen besetzt sind. Alle drei klassischen Ordnungen werden an der Fassade durchgespielt.
Das Dach wird durch eine, mit Armaturen bestückte Balustrade, verdeckt. Zu diesem Entwurf sind keine weiteren Aufrisse, Grundrisse oder Schnitte vorhanden. Es erinnert in der Konzeption ein wenig an Blondels »Elevation du coté de l'entree d'un grand Hôtel avec ses dépendances« und »Plan au Rez de Chaußée d'un grand Hôtel«, die in Diderots Encyclopédie abgebildet sind.[917]

Kat. Nr.: 143/1 Abb.: 106
Plankammer Schloß Charlottenburg
Objekt: Grundrißentwurf für ein unverwirklichtes Schloßprojekt (Projekt II)

Inv. Nr.: PK 5346
Künstler: Carl von Gontard
Material: Feder in Schwarz, Grau, Rot; Bleistift
Größe: Blatt: H: 54,4 cm; B: 112,6 cm
Montierung: H: 58,6 cm; B: 116,8 cm
Signiert: unten rechts: »Fais par C. Gontard Cap. et Inspecteur«
Datiert: —, 1765-1770?

Beschreibung
Maßstab in »pieds«; Wasserzeichen nicht erkennbar, da Blatt montiert; Blatt mit schwarzem Doppelstrich gerahmt; Blatt aus mehreren Teilen zusammengesetzt und übereinandergeklebt, nachträglich beschnitten.
Stempel: Ober Hof Marschallamt Sr. Majestät d. Kaisers u. Königs
Papiermarke: Plankammer d. K. Hofmarschalamtes, Neues Palais A No. 3a
Auf der Montierung nachträglich vermerkt: »Fassadenaufriß vgl. Nr. 2 H Neues Palais«
Bezeichnet: unten: »Plan du premier Etage«, »Cour« (Feder in Schwarz).
In Bleistift unten links: »No 2«
Der Entwurf zeigt eine dreiflügelige Anlage, in der Mittelachse sich ein längsovaler »Salon« zum Garten und ein querrechteckiger »Sale des Gardes« zum Hof sich an den Fassaden risalitartig abzeichnen. Vor den Mittelrisaliten und den jeweils drei äußeren Achsen zum Garten werden Säulen angegeben. An der Hofseite sind seitlich des Risalits Säulengänge eingezeichnet. Die Raumdistribution ist weitgehend symmetrisch angelegt. Neben dem Saal für die Garde befinden sich auf beiden Seiten große einflügelige Treppenaufgänge. Es sind zwei Bibliotheken in den Seitenflügeln und eine Galerie angegeben. Der Grundriß vermittelt den Charakter eines Lustschlosses im Typus von Vaux-le-Vicomte (1657-61) über einem hufeisenförmigem Grundriß, mit zentralem, zur Gartenseite vorkragenden Ovalsaal und flachem Risalit zur Hofseite, was vielfach rezipiert wurde. Wie bei Veaux-le-Vicomte sind die Treppenaufgänge seitlich des Vestibüls plaziert. Im Gegensatz zum französischen Vorbild ist der Ovalsaal allerdings längs der Symmetrieachse ausgerichtet. Auch ist der Anlage auf der Hofseite im Obergeschoß ein Säulengang vorgelegt. Zu dem Grundriß gehören die Charlottenburger Aufrisse PK 5347 und PK 5353.

Kat. Nr.: 143/2 Abb.: 109
Plankammer Schloß Charlottenburg
Objekt: Entwurf für die Hoffassade eines unverwirklichten Schloßprojektes (Projekt II)

Inv. Nr.: PK 5347
Künstler: Carl von Gontard
Material: Feder in Grau, Schwarz; grau, rosé, blau laviert.
Größe: Blatt: H: 43,8 cm; B: 140,2 cm
Montierung: H: 47,9 cm; B: 143,9 cm
Signiert: rechts unten: »Fair par Ch. Gontard Cap. et Inspecteur du Batiments«
Datiert: —, 1765-1770?

Beschreibung
Maßstab fehlt; Wasserzeichen nicht erkennbar, da Blatt montiert; mit schwarzem Doppelstrich gerahmt.
Stempel: Ober Hof Marschallamt Sr. Majestät d. Kaisers u. Königs
Papiermarke: Plankammer d. K. Hofmarschalamtes, Neues Palais A No. 3b
Bezeichnet: oben: »Elevation du coté de la cour«; unten in Bleistift: »No 2«
Auf Montierung unten in Bleistift: »Grundriss dazu vgl. Nr. 2 H Neues Palais Hohenz. Museum«

Der Plan zeigt eine zweigeschossige Anlage über insgesamt 15 Achsen mit einem Mittelrisalit sowie seitlichen eingeschossigen Anbauten (Schnitt). Die Hofseite ist ganz der dorischen bzw. toskanischen Ordnung untergeordnet. Beide Geschosse zeigen Säulen bzw. Pilaster in Superposition. Ein Fronton bekrönt den Mittelrisalit. Er ist mit Armaturen im Giebelfeld sowie mit einer Statue (Minerva?) und Armaturen auf den Giebelschrägen dekoriert. Die Anlage ist mit Säulengängen im Erd- und im Obergeschoß versehen, die ein gerades verziertes Gebälk tragen, das sich am Risalit verkröpft. Extrem rustiziert wird das Erdgeschoß vorgeführt, dessen Säulen bzw. Pilaster mit würfelförmigen Partien manieristisch durchstoßen sind. In den Eckrisaliten befinden sich Figurennischen (wohl Herkulesdarstellungen) seitlich der Eingänge, das Portal im Mittelrisalit ist von Brunnen flankiert. Alle Wandöffnungen sind rundbogig gehalten und mit Kriegerbüsten im Scheitel dekoriert. Darüber befinden sich Dekorfelder mit Tuchgehängen und Armaturen. Im Obergeschoß ist die Rustizierung etwas zurückgenommen, die Säulen bzw. Pilaster erscheinen in gewohnter Manier. Die Wand zeigt jedoch Mauerwerksstruktur. In den Risaliten sind die Fenstertüren rundbogig gehalten. Im übrigen

Gebäudeteil sind sie rechteckig angelegt und mit segmentbogigen Verdachungen ausgestattet, die reich verziert sind (liegende Figuren auf den Giebelbogen). Auch die Balustrade ist reich mit Armaturen bekrönt. Über den seitlichen Risaliten erheben sich geschweifte Kuppelaufsätze, der Mittelrisalit trägt die Kuppel über einem Tambour. Der Plan gehört zu dem Charlottenburger Grundriß PK 5346 und dem Aufriß PK 5353.

Kat. Nr.: 143/3   Abb.: 110
Plankammer Schloß Charlottenburg
Objekt: Entwurf für die Gartenfassade eines unverwirklichten Schloßprojektes (Projekt II)

Inv. Nr.: PK 5353
Künstler: Carl von Gontard
Material: Feder in Grau, Schwarz; grau, blau laviert
Größe: Blatt: H: 41,6 cm; B: 106,4 cm
Montierung: H: 45,6 cm; B: 110,2 cm
Signiert: »Fait par C. Gontard Cap. et Inspect.«
Datiert: —, 1765-1770?

Beschreibung
Maßstab fehlt; Wasserzeichen nicht erkennbar, da Blatt montiert; Blatt mit schwarzem Doppelstrich gerahmt.
Stempel: Koenigl. Schloss-Bau-Commission
Bezeichnet: »Elévation du coté du jardin«, ZI (Feder in Schwarz); auf Blatt unten links: »No 2« (Bleistift), auf Montierung: Kgl. Hofbauamt.
Der Aufriß gibt die Gartenseite zu PK 5346 und PK 5347 wieder, die in ihrer Rustizierung deutlich zurückgenommen ist. Auf die manieristische Quaderung der Säulen und Pilaster wurde verzichtet. Ein monumentaler Altan, dessen Gebälk mit Triglyphen und dessen Brüstung mit Vasen dekoriert ist, wird der gesamten Gartenseite vorgelagert. Risalitartig sind die jeweils drei äußeren Achsen hervorgezogen. Der auf dem Grundriß erkennbare Ovalsaal kragt abgetreppt aus der Flucht hervor. Rundbogige Eingänge liegen (v.l.n.r.) in der 2., 10. und 18. Achse. Die Achsenanzahl ist gegenüber der Hofseite, aufgrund der abweichenden Aufrißgestaltung der seitlichen Risalite, erhöht. Die Wandflächen des Erdgeschosses zeigen Lagerfugen, die Rechteckfenster sind mit dreieckigen Verdachungen auf Konsolen sowie mit Agraffen und Festons versehen. Im Obergeschoß findet ein Wechsel zur Ionica in Form von Pilastern statt. Bis auf den Mittelrisalit mit rundbogigen Fenstern, ist das Obergeschoß mit Rechteckfenstern ausgestattet, die mit segmentbogigen Verdachungen versehen sind. Der Zierrat ist durch liegende Figuren auf den Giebelbogen erweitert. Die Balusterbrüstung trägt Armaturen und Skulpturenschmuck sowie eine große Kartusche über der Mittelachse. Die Kuppeln erscheinen wie bei PK 5347.

Kat. Nr.: 144/1   Abb.: 111
Plankammer Schloß Charlottenburg
Objekt: Grundrißentwurf für ein unverwirklichtes vierflügeliges Schloßprojekt (Projekt III)

Inv. Nr.: PK 5340
Künstler: Carl von Gontard
Material: Feder in Rot, Grau, Schwarz; Bleistift; schwarz und grau laviert
Größe: H: 71 cm; B: 135 cm
Signiert: —
Datiert: —, um 1775?

Beschreibung
Maßstab in »Pieds de france«; Wasserzeichen nicht erkennbar, da Blatt montiert; aus mehreren Teilen zusammengesetzt; Klappen; Raumbezeichnungen in Bleistift; Bleistiftskizzen rechts.
Stempel: Ober Hof Marschallamt Sr. Majestät d. Kaisers u. Königs
Papiermarke: Plankammer d. K. Hofmarschalamtes, Neues Palais A No. 2a
Bezeichnet: »fa ca de, du jartin«, »Plan du Premier Etage« (oben)
»facade du cotté de la Grande Cour du Chateau Nro. II«
Nachträglich mit Bleistift unten rechts angemerkt: »Fassade hierzu vgl. No III (andere Lösung ist Nr. 2.«
Das Blatt zeigt eine vierflügelige Schloßanlage mit zwei Innenhöfen, einem Kapellenanbau sowie Arkadengängen. Ausgehend von einem großen Salon in der Mitte der Gartenseite, schließen sich verschiedene Vorzimmer, Kabinette, mehrere Bibliotheksräume, eine Bildergalerie, Schreibzimmer etc. an und führen zum Saal für die Garde auf der gegenüberliegenden Seite zum Hof. Dort befindet sich die Haupttreppe. Sie ist aber nach rechts aus der Achse verschoben und steigt einläufig an. Erst nach dem Wendepodest setzt sie sich zweiläufig fort. In ihrer repräsentativen Wirkung ist sie im Erdgeschoß deshalb eingeschränkt. Neben der Haupttreppe existieren noch verschiedene kleinere Treppenhäuser. Die Ecksituationen sind risalitartig betont und treten an der Hofseite pavillonartig hervor. Ebenso zeichnen sich die beiden Hauptsäle an den Fassaden ab. Der Grundriß gehört zu den Charlottenburger Aufrissen PK 5341 und PK 5354 sowie den Schnitten PK 5343, PK 5344, PK 5345.

Kat. Nr.: 144/2   Abb.: 112
Plankammer Schloß Charlottenburg
Objekt: Entwurf für die Hoffassade eines unverwirklichten vierflügeligen Schloßprojektes (Projekt III)

Inv. Nr.: PK 5341
Künstler: Carl von Gontard
Material: Feder in Grau, Schwarz; grau laviert.
Größe: Blatt: H: 38,6 cm; B: 106 cm
Montierung: H: 42,7 cm; B: 106 cm
Signiert: —
Datiert: —, um 1775?

Beschreibung
Maßstab in »Pieds de France«; Wasserzeichen nicht erkennbar, da Blatt montiert; aus 2 Teilen zusammengesetzt; mit schwarzem Doppelstrich gerahmt; auf der linken Seite Überklebung eines ersten Teilentwurfes, später an rechter Klebekante wieder gelöst. Klappe mit Alternativentwurf für Kuppel des Mittelrisalits.
Stempel: Ober Hof Marschall Amt Sr. Majestät d. Königs u. Kaisers
Papiermarke: Plankammer d. K. Hofmarschall Amtes Neues Palais A No. 2b
Bezeichnung: »ELEVATION DE LA FAÇDE DU COTÉ DE LA COUR No III«

Der Entwurf zeigt die Hofseite einer dreigeschossigen Schloßanlage mit Risalitausbildungen an den Seiten und in der Mitte, die mit segmentbogigen bzw. einem dreieckigen Giebel überfangen sind. Grundlegend für die Aufrißgestaltung ist die Rezeption der Ostfassade des Louvres (1667-1674) von Claude Perrault. Besonders deutlich wird dies an der Hoffront, die durch zwölf gekuppelte kolossale Säulenpaare in den beiden Obergeschossen untergliedert wird, welche einen Säulengang ausbilden. Die Verwendung der dorischen Säulenordnung wird durch die Rustizierung des Erdgeschosses und die Plazierung zahlreicher Armaturen und gerüsteter Figuren auf der Attika ergänzt. Dadurch wird der martialische Charakter der Fassade noch stärker hervorgehoben. Abweichend von Perraults Vorbild, ist die Aufrißgliederung des Erdgeschosses und der seitlichen Pavillons. Anstelle segmentbogiger Erdgeschoßfenster werden rundbogige Arkaden angegeben. In den Risaliten wird zudem eine starke Quaderung vorgeführt. Bei den Pavillons wird auf Perraults Pilastergliederung der äußeren Achsen der Obergeschosse verzichtet, nur die eingestellten Säulen seitlich der Mittelachse treten auf. Allerdings ist der Entwurf in diesen Bereichen nicht vollständig ausgeführt. Rechts befinden sich schwache Bleistiftskizzen für zwei große Dekorfelder. Der linke Seitenrisalit ist überklebt. Darüber hinaus waren ursprünglich über den

Katalog

Partien der Eckpavillons Klappen mit Alternativentwürfen angebracht (Klebespuren), wie dies auch im Mittelteil der Fall ist. Auch die Gliederung der Wandflächen ist stark an Perrault angelehnt. Anstelle der Figurennischen sind bei Gontards Entwurf jedoch Fensteröffnungen vorgesehen. Über dem Gebälk ist eine Balustrade mit Armaturen angelegt, die das Dach verdeckt. An den Seiten sind halbkugelförmige kuppelartige Abschlüsse der Risalite dargestellt. In der Mitte ist ein zusätzliches Halbgeschoß mit zwei Varianten für die Kuppelausbildung vorgesehen. Alternativ werden wiederum eine halbkugelförmige Lösung bzw. ein trommelartiger Aufsatz mit Armaturen angeboten.
Das Blatt gehört zu dem Charlottenburger Aufriß PK 5354, zum Grundriß PK 5340 sowie den Schnitten PK 5343, PK 5344, PK 5345.

Kat. Nr.: 144/3   Abb.: 113
Plankammer Schloß Charlottenburg
Objekt: Aufriß der Gartenfassade eines unverwirklichten vierflügeligen Schloßprojektes (Projekt III)

Inv. Nr.: PK 5354
Künstler: Carl von Gontard
Material: Feder in Grau, Schwarz; grau laviert.
Größe: Blatt: H: 39,4 cm; B: 106,6 cm
Montierung: H: 42,7 cm; B: 106,6 cm
Signiert: —
Datiert: —, um 1775?

Beschreibung
Maßstab in »Pieds de France«; Wasserzeichen nicht erkennbar, da Blatt montiert; aus 2 Teilen zusammengesetzt; z.T. Partien herausgeschnitten (z.B. Fenster im OG des rechten Risalits), sorgfältig hinterklebt und mit Neuzeichnung versehen. Klappe mit Alternativentwurf für Kuppel des Mittelrisalits. Blatt mit schwarzem Doppelstrich gerahmt. Mit Bleistift oben und über der Arkade Skizzen angedeutet. Ursprünglich wohl Klappe über dem rechten Risalit, da Klebespuren vorhanden.
Stempel: Koenigl. Schloss Bau Commission, darüber (Feder in Schwarz): Z II. Oben rechts auf Montierung: 6b
Bezeichnung: »ELEVATION DE LA FACADE DU COTÉ DU JARDIN No IIII«

Der Entwurf zeigt die Gartenseite einer dreigeschossigen Schloßanlage mit Risalitausbildungen an den Seiten und in der Mitte. Das Gliederungsprinzip der Hofseite (PK 5341) wurde weitgehend beibehalten. Die Risalite sind wiederum mit segmentbogigen bzw. einem dreieckigen Giebel überfangen. Auch hier ist Perraults Entwurf für den Louvre spürbar. An den Pavillons kommt Perraults Vorbild stärker zum Ausdruck, indem hier die Pilastergliederung wiederholt wurde. Im Gegensatz zur Hoffront zeigen die Pavillons nur ein Fenster im rustizierten Untergeschoß. Im übrigen Erdgeschoß werden Rechteckfenster anstelle von arkadenartigen Bogen eingesetzt. Das Aufrißschema der seitlichen Risalite zum Hof zeigt Veränderungen gegenüber Perraults Vorbild, die aus der Beschäftigung Gontards mit Palladio und den englischen Palladio-Nachfolgern resultieren. Parallelen zeigen sich auch bei einem Entwurf von Ange-Jacques Gabriel, der um 1750 für die Gestaltung der Place Louis XV. in Paris geschaffen wurde. (Abb. 168) Gabriels Entwurf basiert gleichfalls auf Perraults Louvre-Kolonnade, zeigt aber, wie später Gontard, eine arkadenartige Erdgeschoßsituation und segmentbogige Giebel über den seitlichen Pavillons. Bei den Pavillons wird ebenfalls nur die mittlere Achse durchfenstert. Ebenso sind Perraults Figurennischen im ersten Obergeschoß in Fenster übersetzt worden. Vergleichbar ist außerdem die Verkröpfung des Mittelrisalits der Gartenseite auf Gontards Plan mit der Lösung, die Gabriel angibt. Zwar sind die Dreiachsigkeit und die eingestellten Säulen übernommen worden, doch zeigt sich hier ein deutlich anderes Verhältnis zwischen Fensteröffnungen und geschlossenen Wandpartien. Waren bei Perrault noch alle drei Achsen mit Fenstern versehen, so sind auf Gontards Zeichnung nur ein Fenster in der Mittelachse sowie Oberlichter vorgesehen. An den Seiten werden wiederum halbkugelförmige kuppelartige Aufsätze gezeigt. In der Mitte ist ebenfalls wieder ein zusätzliches Halbgeschoß mit zwei Varianten für die Kuppelausbildung vorgesehen. Über dem Gebälk ist eine Balustrade mit Armaturen angelegt, die das Dach verdeckt. Geschlossene Wandflächen werden deutlich betont. Diese glatten undekorierten Flächen werden in Gegensatz zum gequaderten Erdgeschoß gesetzt. Der Aufriß gehört zu dem Charlottenburger Aufriß PK 5341, zum Grundriß PK 5340 sowie den Schnitten PK 5343, PK 5344 und PK 5345.

Kat. Nr.: 144/4   Abb.: 114
Plankammer Schloß Charlottenburg
Objekt: Schnitt durch die Mittelachse eines unverwirklichten vierflügeligen Schloßprojektes (Projekt III)

Inv. Nr.: PK 5343
Künstler: Carl von Gontard
Material: Feder in Braun Grau, Schwarz; grau, rosé, braun laviert.
Größe: Blatt: H: 35 cm; B: 53,9 cm
Montierung: H: 38,5 cm; B: 57,4 cm
Signiert: —
Datiert: —, um 1775

Beschreibung
Maßstab fehlt; Wasserzeichen nicht erkennbar, da Blatt montiert.
Stempel: Ober Hof Marschallamt Sr. Majestät d. Kaisers u. Königs
Papiermarke: Plankammer d. K. Hofmarschalamtes, Neues Palais A No. 2d
Bezeichnet: »No. V Coupe sur la ligne marqué A.B dans les Plans«
unten in der Mitte: »zu II«
Die Bezeichnung wurde nicht in einem Zuge notiert. Der Abschnitt »Coup (...) AB« ist mit Feder in Schwarzer Tinte geschrieben, »marqué« wurde nachträglich, wohl zusammen mit »dans les Plans« mit brauner Tinte angefügt. Die Schrift scheint aber von derselben Hand zu stammen. Der Schnitt verläuft durch die Mittelachse der Schloßanlage, vom Mittelrisalit A der Gartenseite zum Mittelrisalit B an der Hofseite. Beide Höfe sind durch einen offenen Durchgang verbunden. Während die »Sale des Gardes« zur Hofseite fast keinen Dekor zeigt, ist der »Grande Sallon« an der Gartenseite mit eingestellten marmorierten Säulen und Pilastern korinthischer Ordnung ausgestattet. Die Säulen tragen ein gerades Gebälk. Der Raum wird von einer zweischaligen Kuppelkonstruktion mit ovalen Fenstern überfangen. Über den Türen scheinen Landschaften dargestellt zu werden, zwischen den Säulen ist ein großer Spiegel mit einem Konsoltisch plaziert. Die Wandflächen sind rosé, Türen, Fenster und Holzkonstruktionen sind braun laviert. Der Schnitt gehört zu dem Charlottenburger Grundriß PK 5340, den Aufrissen PK 5341 und PK 5354 sowie den Schnitten PK 5344, PK 5345.

Kat. Nr.: 144/5   Abb.: 115
Plankammer Schloß Charlottenburg
Objekt: Teilschnitt durch den hofseitigen Flügel eines unverwirklichten vierflügeligen Schloßprojektes (Projekt III)

Inv. Nr.: PK 5344
Künstler: Carl von Gontard
Material: Feder in Grau und Schwarz; Bleistift; grau, rosé, hellbraun laviert.
Größe: Blatt: H: 32,2 cm; B: 41,1 cm
Montierung: H: 36 cm; B: 45,2 cm
Signiert: —
Datiert: —, um 1775?

Beschreibung
Maßstab fehlt; Wasserzeichen nicht erkennbar, da Blatt montiert.
Stempel: Ober Hof Marschallamt Sr. Majestät d. Kaisers u. Königs
Papiermarke: Plankammer d. K. Hofmarschalamtes, Neues Palais A No. 2e

Bezeichnet: »No VI Coupe sur C:D: du Plan du Premier Etage«
Auf der Montierung unten: »Zu Nr. II«
Der Schnitt verläuft durch einen Teil des Flügels zur Hofseite, zwischen dem links an den Mittelrisalit angrenzenden kleinen Antichambre und der kleinen Treppe, durch den »Salle des Gards«, durchschneidet die »Grande Escalier« bis zum Durchgang »D«, der zum »Salle a mangée pour les Chambelants« (Kammerherren) führt. Die Haupttreppe ist mit mehreren Ruhepodesten, einem Wendepodest sowie einem Baustergeländer ausgestattet. Im ersten Obergeschoß, wo die Treppe zweiläufig mündet, wird das Treppenhaus extrem überhöht. Die Wände in diesem Bereich sind mit ionischen Kolossalpilastern gegliedert, auf denen ein gerades Gebälk ruht. Nach einer Kehlung erhebt sich darüber eine Laterne mit alternierend ovalen und eckigen Fensteröffnungen. Die kleine Treppenanlage ist mit einem schmiedeeisernen Geländer versehen. Im Eingangsbereich des Risalits befindet sich ein niedriges Gewölbe über toskanischen Säulen. Der Schnitt gehört zu dem Charlottenburger Grundriß PK 5340, den Aufrissen PK 5341 und PK 5354 sowie den Schnitten PK 5343 und PK 5345.

Kat. Nr.: 144/6   Abb.: 116
Plankammer Schloß Charlottenburg
Objekt: Schnitt durch den Kapellenanbau eines unverwirklichten vieflügeligen Schloßprojektes (Projekt III)

Inv. Nr.: PK 5345
Künstler: Carl von Gontard
Material: Feder in Grau, Braun, Schwarz; grau und rosé laviert.
Größe: Blatt: H: 36,5 cm; B: 22,1 cm
Montierung: H: 38,5 cm; B: 24,2 cm
Signiert: —
Datiert: —, um 1775?

Beschreibung
Maßstab fehlt; Wasserzeichen nicht erkennbar, da Blatt montiert.
Stempel: Ober Hof Marschallamt Sr. Majestät d. Kaisers u. Königs
Papiermarke: Plankammer d. K. Hofmarschalamtes, Neues Palais A No. 2f
Bezeichnet: »No Vii Coupe de la chappelle E:F:«
Auf der Montierung unten: »zu No II«
Der Schnitt verläuft durch die Längsachse des Kapellenanbaus auf dem Flügel zur Hofseite bis zum »Sallon Servent d'antichambre pour la chapelle«. Bei der Kapelle handelt es sich um eine längsrechteckige Saalkirche mit Emporeneinbau. Korinthische Säulen ohne Kanneluren tragen ein gerades Gebälk, das eine tonnengewölbte Decke trägt. Diese ist kassettenartig, mit z.T. antikisierenden Motiven wie Wellenbändern und geometrischen Motiven, dekoriert. Zwischen den Säulen sind im Erdgeschoßbereich rundbogige Fenster vorhanden. Im Emporenbereich sind rechteckige Fensterflächen angedeutet, die im Bereich der Apsis bereits ausgeführt sind. Im Obergeschoß des »Sallon Servent d'antichambre pour la chappelle« führt ein rechteckiger Durchgang zum »Sallon pour le Petites Peintures.« Der Schnitt gehört zu dem Charlottenburger Grundriß PK 5340, den Aufrissen PK 5341 und PK 5354 sowie den Schnitten PK 5343 und PK 5344.

Kat. Nr.: 145/1   Abb.: 117
Plankammer Neues Palais Potsdam
Objekt: Zeichnung einer palastartigen Kolonnadenarchitektur

Inv. Nr.: GK I 40796 (alte Nummer 1986)
Künstler: Carl von Gontard
Material: Aquarell
Größe: H: 44 cm; B: 97 cm
Signiert: —
Datiert: —, letztes Drittel 18. Jahrhundert

Beschreibung
Die Ansicht gelangte 1883 in das Neue Palais. Jedoch ist unklar, ob es sich um eine Neuerwerbung handelte oder ob sie aus Beständen kam. Im Zugangsverzeichnis ist das Aquarell unter »Gontard« eingetragen und wird als Projekt zum Neuen Palais gewertet. Auf der Rückseite soll, nach Dreschers Angaben, die Notiz »aus dem Nachlaß des Capitän v. Gontard« vermerkt sein. Die Anlage besitzt leicht geschwungenen Seitenflügeln, davor zwei Brunnen mit Meereswesen und Einfassungen. Im hinteren Bereich sind die Risalite bzw. Pavillons mit belvedereartigen Aufbauten bzw. Laternen versehen. Die Kolonnadenarchitektur erinnert an jene der Communs und weist Übereinstimmungen mit Skizzenblättern in der Plankammer Charlottenburg (PK 4348, PK 4349, PK 4350) auf, die vermutlich Vorstudien darstellen.

Kat. Nr.: 145/2   Abb.: 118
Plankammer Schloß Charlottenburg
Objekt: Perspektivischer Entwurf zu einer Schloßanlage

Inv. Nr.: PK 5348
Künstler: Carl von Gontard
Material: Feder in Grau; Bleistift; grau, hell- und dunkelbraun laviert
Größe: Blatt: H: 47,5 cm; B: 117,1 cm
Montierung: H: 51,3 cm; B: 121 cm
Signiert: —
Datiert: —, letztes Drittel 18. Jahrhundert

Beschreibung
Maßstab fehlt; Wasserzeichen nicht erkennbar, da Blatt montiert.
Papiermarke: Plankammer d. K. Hofmarschalamtes, Neues Palais A No. 4a
Beschriftung auf Montierung oben rechts: 4a
In perspektivischer Aufsicht wird ein Teil einer Schloßanlage mit Kolonnadenarchitektur skizziert, deren Flügel über einem geschwungenem Grundriß liegen und Innenhöfe ausbilden. Die Ecksituationen, der Mittelrisalit und die Scheitelpunkte werden risalitartig hervorgezogen und pavillonartig betont. Eine weiträumige Terrassensituation wird vorgelagert. Die Skizze zeigt starke übereinstimmungen mit der lavierten Zeichnung einer palastartigen Kolonnadenarchitektur (Inv. Nr. GK I 40796) in der Plankammer Sanssouci sowie den Charlottenburger Blättern PK 4349 und PK 5350.[918] Die Skizzen der Plankammer Charlottenburg stellen vermutlich Vorstudien zu dem Blatt in der Plankammer Potsdam dar.

Kat. Nr.: 145/3   Abb.: 119
Plankammer Schloß Charlottenburg
Objekt: Verschiedene Skizzen zu einer Schloßanlage mit Kolonnadenarchitektur

Inv. Nr.: PK 5349
Künstler: Carl von Gontard
Material: Feder in Grau, Schwarz; Bleistift; grau, violett laviert.
Größe: Blatt: H: 88,2 cm; B: 64,6 cm
Montierung: H: 91,5 cm; B: 67,3 cm
Signiert: —
Datiert: —, letztes Drittel 18. Jahrhundert

Beschreibung
Maßstab fehlt; Wasserzeichen nicht erkennbar, da Blatt montiert.
Stempel: Ober Hof Marschallamt Sr. Majestät d. Kaisers u. Königs
Papiermarke: Plankammer d. K. Hofmarschalamtes, Neues Palais A No. 4b
Beschriftung auf Montierung: 4b
Das Blatt zeigt verschiedene kleine Skizzen einer Schloßanlage sowie den Teilgrundriß und Teilaufriß einer Kolonnadenarchitektur mit betonter Ecklösung. Die Skizze zeigt starke Übereinstimmungen mit der lavierten Zeichnung einer palastartigen Kolonnadenarchitektur (Inv. Nr. GK I 40796) in der Plankammer Potsdam sowie den Charlottenburger Blättern PK 4348, PK 5350. Die Skizzen in Schloß Charlottenburg stellen vermutlich Vorstudien zu dem Blatt in der Plankammer Potsdam dar.

Katalog

207. Aufrißentwurf für eine Kirche, um 1750/52 (Kat. Nr. 148/1)

Kat. Nr.: 145/4   Abb.: 120
Plankammer Schloß Charlottenburg
Objekt: Teilaufriß einer Kolonnadenarchitektur in perspektivischer Aufsicht sowie verschiedene kleinere Skizzen und Detailstudien

Inv. Nr.: PK 5350
Künstler: Carl von Gontard
Material: Feder in Braun, Grau; grau laviert; Bleistift
Größe: Blatt: H: 37,8 cm; B: 54,6 cm
Montierung: H: 41,1 cm; B: 57,9 cm
Signiert: —
Datiert: —, letztes Drittel 18. Jahrhundert

Beschreibung
Maßstab fehlt; Wasserzeichen nicht erkennbar, da Blatt montiert.
Stempel: Ober Hof Marschallamt Sr. Majestät d. Kaisers u. Königs
Papiermarke: Plankammer d. K. Hofmarschalamtes, Neues Palais A No. 4c

Beschriftung auf Montierung oben rechts: 4c.
Dargestellt wird ein Ausschnitt aus einer monumentalen Kolonnadenarchitektur, die teilweise mit belvedere- bzw. laternenartigen Aufsätzen versehen ist. Eine Terrassenanlage erscheint auf niedrigerem Niveau vorgelagert. Verschiedenen kleine Skizzen greifen Details wie den Obelisken oder die Ecksituation der Kolonnade auf. Die Skizze zeigt starke Übereinstimmungen mit der lavierten Zeichnung einer palastartigen Kolonnadenarchitektur (Inv. Nr. GK I 40796) in der Plankammer Potsdam sowie den Charlottenburger Blättern PK 4348, PK 5349. Die Skizzen der Plankammer Charlottenburg stellen vermutlich Vorstudien zu dem Blatt in der Plankammer Potsdam dar.

Kat. Nr.: 146   Abb.: 121
Plankammer Schloß Charlottenburg
Objekt: Verschiedene Skizzen zu einer weitläufigen Schloßanalge

Inv. Nr.: PK 5355
Künstler: Carl von Gontard
Material: Feder in Braun; Bleistift.
Größe: H: 64,4 cm; B: 48,8 cm
Signiert: —
Datiert: —, letztes Drittel 18. Jahrhundert

Beschreibung
Maßstab und Wasserzeichen fehlen.
Stempel: Ober Hof Marschallamt Sr. Majestät d. Kaisers u. Königs
Die Skizzen zeigen Variationen zu einer weitläufigen Schloßanalge mit zahlreichen Innenhöfen. Treppenanlagen deuten auf ein verschieden hohes Terrain der Anlage hin.

Kat. Nr.: 147   Abb.: 122 (Vorderseite), 123 (Rückseite)
Plankammer Schloß Charlottenburg
Objekt: Verschiedene Skizzen zu einer Schloßanlage
Inv. Nr.: PK 5351, Vorder- und Rückseite

Künstler: Carl von Gontard
Material: Feder in Braun; Bleistift (Vorderseite); Feder in Grau; Bleistift (Rückseite)
Größe: H: 39,5 cm; B: 38 cm
Signiert: —
Datiert: —, letztes Drittel 18. Jahrhundert

Beschreibung
Maßstab fehlt; Wasserzeichen J. Honig & Zoon.
Papiermarke: Plankammer d. K. Hofmarschalamtes, Neues Palais A No. 4d (teilweise überklebt)
Papiermarke: C23 Verwaltung Schlösser und Gärten

Vorderseite
Die Skizzen zeigen verschiedene Aufrißstudien und Grundrißentwürfe für eine Schloßanlage mit Kolonnadenarchitektur. Es scheint sich um eine Anlage über halbkreisförmigem Grundriß zu handeln, bei der Niveauunterschiede im Terrain vorkommen. Bei der »Esquece pour l'Elevation A« (untere Hälfte des Blattes), wird eine ähnliche Treppensituation wie an den Kopfbauten der Communs angedeutet.

Rückseite
Nachträgliche Beschriftung in Bleistift: »Handskizze von Gontard (?) Neues Palais, Potsdam«
Das Blatt zeigt verschiedene Grundrißentwürfe und perspektivische Aufsichten auf eine Schloßanlage. Das Objekt ist nicht so stark verschachtelt wie PK 5355, wobei zwei Varianten, eine rechtwinklige und eine abgerundete Terrassenkonstruktion, durchgespielt werden. Die Anlage (unten links) bildet einen hufeisenförmigen Grundriß mit verschiedenen Innenhöfen, darunter die »Reitschule«. Diese Bezeichnung deutet zumindest auf einen deutschsprachigen Zeichner, was Legeay ausschließt. In der Konzeption ist ein gewisser Bezug zu PK 5342 herzustellen, was die pavilionartige Ecklösungen des linken Annex betrifft.

Entwürfe bzw. Ansichten für Kirchen- und Tempelanlagen

Bis auf die Domtürme am Gendarmenmarkt in Berlin, war Gontard praktisch nicht mit Sakralbauten betraut. Vermutlich zu den Entwürfen seiner Studienzeit in Paris gehören der Auf- und Grundriß für eine Kirche, die mit Servandonis Projekt für Saint-Sulpice in Paris in Verbindung stehen. Daneben existieren mehrere Ansichten von Tempelanlagen, die wohl von der Reise mit dem Bayreuther Markgrafenpaar stammen. Zwei der Tempelansichten sind 1755 in Lyon datiert. Da die Skizzen in Lyon entstanden sind, ist zu vermuten, daß es sich um Ansichten von dortigen Bauwerken handelt. Es war jedoch keine nähere Identifizierung möglich. Problematisch sind die Datumsangaben vom November 1755. Während man auf der Hinreise nach Italien vom 30.10.1754 bis zum 19.11.1754 in Lyon Station machte, kehrte das Markgrafenpaar im August 1755 aus Italien nach Bayreuth zurück, ohne nochmals nach Frankreich zu reisen. Entweder handelt es sich um eine nachträgliche falsche Datumsangaben oder Gontard hatte eine bisher unbekannte weitere Möglichkeit nach Lyon zu reisen.

Kat. Nr.: 148/1   Abb.: 207
Germanisches Nationalmuseum
Objekt: Aufrißentwurf für eine Kirche

Inv. Nr.: GNM, Graphische Sammlung, Samm-

lung Knebel, Kapsel 1555, Hz. 4186
Künstler: Carl von Gontard
Material: Feder in Grau, Schwarz; Bleistift; grau, schwarz laviert
Größe: H: 36,2 cm; B: 25,4 cm
Signiert: —
Datiert: —, um 1750-1752

Beschreibung
Maßstab und Wasserzeichen fehlen. Im oberen Blattbereich befinden sich Klebereste einer Klappe, die vermutlich einen alternativen Laternen- oder Turmentwurf zeigte.
Die Aufrißgestaltung hängt mit dem Grundriß GNM Hz 4185 zusammen, da Übereinstimmungen im Portikusbereich zu verzeichnen sind. Der Portikus ist als zweigeschossige Säulenvorhalle (dorisch/ionisch) mit Giebeldreieck zwischen seitlichen dreigeschossigen Türmen angelegt. Das Erd- und erste Obergeschoß der Türme ist jeweils mit gedoppelten Pilastern in Superposition an den Kanten versehen, wobei an den seitlichen Rücksprüngen Säulen plaziert sind. Beide Geschosse sind mit Rechteckfenstern versehen. Oberhalb des ersten Obergeschosses verläuft eine breite Attika, die im Bereich der Türme mit Skulpturen besetzt ist. Bei dem zweiten Obergeschoß der Türme, deren Höhe leicht variiert, sind die Kanten abgeschrägt und ausschließlich Pilaster verwendet. Außerdem sind hier Rundbogenfenster eingesetzt. Die Turmhauben sind prinzipiell gleich, aber alternativ mit einer Figur und mit einer Spitze besetzt. Ein zweiachsiges und zweigeschossiges Querschiff ragt seitlich hinter dem Portikus und den Türmen hervor. Über der Dachkonstruktion von Mittel- und Querschiff ragt über der Vierung ein extrem großer oktogonaler Turm empor, der mit Rundfenstern ausgestattet ist. Eine abgetreppte Dachkonstruktion wird von einer Laterne bekrönt, die wiederum eine abgetreppte kleine Kuppel besitzt. Mit Bleistift ist eine größere Variante der Laterne skizziert. Klebereste deuten auf eine Klappe für eine weiteren Alternativentwurf hin.
Hoffmann brachte den Entwurf erstmals mit der Diskussion um die Fassadenentwürfe von Niccolo Servandoni für St. Sulpice in Paris in Verbindung, die zu Gontards Studienzeit in Gange war. Die Übereinstimmungen zu Servandonis Fassade, die um 1736 begonnen wurde, sind unverkennbar. Sie deuten hinsichtlich der Entstehungszeit deshalb auf Gontards Parisaufenthalt um 1750 bis 1752 hin.[919]

Kat. Nr.: 148/2
Germanisches Nationalmuseum
Objekt: Grundrißentwurf für eine Kirche

Inv. Nr.: GNM, Graphische Sammlung, Samm-

208. Ansicht eines Rundtempels, 1755 (Kat. Nr. 149/1)

209. Ansicht einer tempelartigen Anlage, um 1754/55 (Kat. Nr. 151)

lung Knebel, Kapsel 1555, Hz. 4185
Künstler: Carl von Gontard
Material: Feder in Grau, Braun, Schwarz; Bleistift; grau, schwarz laviert
Größe: H (max.): 53,4 cm; B (max.): 32,4 cm
Signiert: —
Datiert: —, 1750-1752

Beschreibung
Maßstab und Wasserzeichen fehlen.
Der Entwurf zeigt einen langgestreckten Kirchengrundriß und gehört zu dem Kirchenaufriß GNM Hz. 4186, da Übereinstimmungen der Säulenstellungen im Portikusbereich festzustellen sind. Das Blatt ist mit 8 (!) Klappen für alternative Entwürfe der Portalsituation (1), der Querschiffe (5) sowie für den Chorschluß (2) ausgestattet. Die Klappen, insbesondere am Chor, weisen je zwei verschiedene Grundrißvariationen auf. Daneben sind zahlreiche Bleistift- und Tintenskizzen sowie Berechnungen eingebracht. Der Schlußentwurf, der durch die Klappen gebildet wird, ist ca. ein Viertel größer als der Ausgangsentwurf. Ablesbar ist eine Zweiturmfassade mit einem Säulenportikus über insgesamt 16 Säulen in drei Reihen. Alternativ wird auf der rechten Seite ein Säulenumgang gezeigt, auf der linken Seite sind Kapelleneinbauten angelegt. Auf dem untersten Blatt ist dabei eine »Chapelle de la vierge« verzeichnet. Zum Chor führen rechts mehrere Treppenabsätze. Links sind in diesem Bereich Nischen für Sarkophage angegeben. Auf einer der Klappenrückseiten für den Chor befindet sich eine Skizze für einen Prunksarkophag.

Kat. Nr.: 149/1   Abb.: 208
Germanisches Nationalmuseum
Objekt: Ansicht eines Rundtempels

Inv. Nr.: GNM, Graphische Sammlung, Sammlung Knebel, Kapsel 1555, Hz. 4194
Künstler: Carl von Gontard

Katalog

Material: Feder in Grau; Bleistift; grau laviert
Größe: H: 20,4 cm; B: 25,5 cm
Signiert: —
Datiert: »fait à Lyon le 29.9bre 1755«

Beschreibung
Maßstab fehlt; Wasserzeichen: nicht erkennbar; Blatt leicht fleckig.
Die Ansicht zeigt einen Rundtempel auf einer rechteckigen Substruktion mit schmal eingeschnittenen Treppenaufgängen. Der Tempel weist eine äußere und innere Ringkolonnade aus ionischen Säulen vor der Cellawand auf. Die Kapitelle tragen das Gebälk mit Zahnschnitt und eine niedrige Attika mit Vasen, aus denen Flammen züngeln. Nach einer abgetreppten Zone erscheint das Kuppelsegment. Die Schäfte der Säulen sind über den Basen mit Akanthusblättern und tuchartigem Dekor versehen. Die Cellawand wird als Sichtmauerwerk vorgeführt. In der Mittelachse liegt eine rechteckige Türöffnung, darüber befindet sich ein Fenster mit kleeblattartigem Abschluß.

Kat. Nr.: 149/2
Germanisches Nationalmuseum
Objekt: Grundriß eines Rundtempels

Inv. Nr.: GNM, Graphische Sammlung, Sammlung Knebel, Kapsel 1555, Hz. 4187
Künstler: Carl von Gontard
Material: Feder in Rot, Schwarz; Bleistift; rot und schwarz laviert.
Größe: H: 17,7 cm; B: 24,3 cm
Signiert: —
Datiert: —, wohl 1754/1755

Beschreibung
Maßstab fehlt; Wasserzeichen nicht erkennbar.
Das Blatt zeigt einen Teil des Grundrisses und einen horizontalen Schnitt in Fensterhöhe. Es gehört zu GNM Hz. 4894, worauf die doppelte Ringkolonnade und die Gestaltung der Substruktion deuten.

Kat. Nr.: 150
Germanisches Nationalmuseum
Objekt: Ansicht eines Rundtempels

Inv. Nr.: GNM, Graphische Sammlung, Sammlung Knebel, Kapsel 1555, Hz. 4193
Künstler:: Carl von Gontard
Material: Feder in Grau; grau und grauviolett laviert.
Größe: H: 19,4 cm; B: 24,7 cm
Signiert: —
Datiert: »fait à Lyon le 30me 9br 1755«

Beschreibung
Maßstab fehlt; Wasserzeichen: nicht erkennbar (beschnitten); Blatt leicht fleckig.
Gezeigt wird ein Rundtempel korinthischer Ordnung mit einer einfachen Ringkolonnade auf einem gemauerten Sockel, der in den Hauptachsen mit Treppen versehen ist. Die Kapitelle tragen ein mit Rankenmotiven verziertes Gebälk mit vorkragendem Traufgesims, auf dem eine niedrige Attika aufsitzt. Ähnlich wie bei GNM Hz. 4194, sitzt die segmentbogige Kuppelschale auf einem abgetreppten Aufsatz auf. In der Hauptachse der Cellawand befindet sich eine rechteckige Tür mit Dreiecksgiebel. Seitlich schließen sich alternierend rundbogige und eckige Figurennischen an. In Höhe der Kapitelle ist die Wand mit Festons dekoriert.

Kat. Nr.: 151 Abb.: 209
Germanisches Nationalmuseum
Objekt: Ansicht einer tempelartigen Anlage
Inv. Nr.: GNM, Graphische Sammlung, Sammlung Knebel, Kapsel 1555, Hz.4196
Künstler: Carl von Gontard
Material: Feder in Grau, Schwarz; Bleistift; grau, braun, laviert
Größe: H: 34,7 cm; B: 49,1 cm
Signiert: —
Datiert: —, um 1754/1755

Beschreibung
Maßstab fehlt; Wasserzeichen: Reiter vor einem Baum; Blatt aus zwei Teilen zusammengesetzt; in der Mittelachse des Tempels wurde Papier eingesetzt; fleckig, Quetschfalten, kleine Risse.
Gezeigt wird eine symmetrisch angelegte Tempelanlage über einem polygonalen Grundriß. An den sichtbaren Seiten sind jeweils zweiläufige Freitreppen vorgelegt. Die Front der vorderen Treppe scheint eine teils rustizierte, teils gekörnte Oberfläche zu besitzen. Liegende Löwen besetzen die Ecken der Brüstung. Die Eingänge sind je-

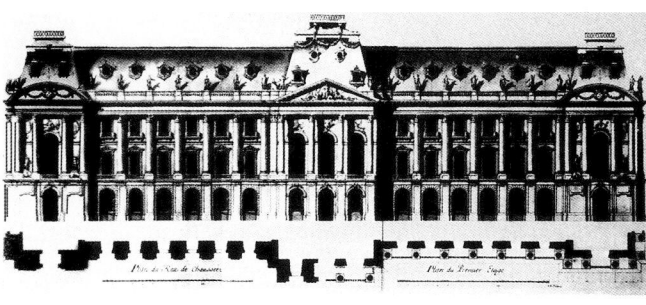

210. Turm des Militärwaisenhauses in Potsdam (Kat. Nr. 106)

211. Ange-Jacques Gabriel, Entwurf für die Place Louis XV. in Paris, um 1750

weils mit weit vorgesetzte Portiken auf wohl je 8 dorischen Säulen versehen, worüber ein Gebälk mit Triglyphendekor verläuft. Doch nur der Portikus in der Hauptachse ist mit einem Fronton versehen. Eine umlaufende Attika ist mit Vasen und Figuren besetzt. Die seitlichen Vorhallen besitzen flache kuppelartige Verdachungen, die offenbar abgetreppt und in der Mitte mit einer Kugel dekoriert sind. Der Zentralraum ist durch eine vergleichbare, aber größere Kuppel überfangen, die sich über einem tambourartigen Aufsatz erhebt, der wiederum mit Vasen versehen ist. Auf der Rückseite des Blattes befindet sich ein nicht vollständig ausgeführter Entwurf der Tempelsubstruktion. In der zeichnerischen Anlage ist die Ansicht mit denjenigen zu vergleichen, die Gontard in Lyon anfertigte. (Vgl. GNM Hz. 4193, 4194) Möglicherweise entstand das Blatt auch auf der Frankreich- und Italienreise 1754/1755. Der Aufbau der Tempelanlage läßt eine gewisse Verwandtschaft mit dem Tempel der Vier Winde von Nicolas Hawksmoor (1668-1723) im Park von Castle Howard erkennen.

Brunnenanlage

Kat. Nr.: 152   Abb.: 212
Germanisches Nationalmuseum
Objekt: Entwurf für eine öffentliche Brunnenanlage

Inv. Nr.: GNM, Graphische Sammlung, Sammlung Knebel, Kapsel 1555, Hz. 4190
Künstler: Carl von Gontard
Material: Feder in Grau, Schwarz; gelb, ro-sé, grau, schwarz laviert
Größe: H: 46,2 cm; B: 36,5 cm
Signiert: —
Datiert: —, 1751 (?)

Beschreibung
Maßstab und Wasserzeichen fehlen; mit schwarzem Doppelstrich gerahmt.
Bezeichnet (unten rechts): »surément de Gontard« (vermutlich durch Knebel).
Vorgeführt werden der Auf- und Teilgrundriß einer Brunnenanlage in dorischer Ordnung, die vor einer Mauer plaziert ist. Ein hoher rustizierter Sockel verkröpft sich und bietet so in der Mitte Raum für ein Überlaufbecken. Darüber befindet sich erhöht ein Sockel für eine Figurengruppe. Neptun mit einem Dreizack steht auf einer Mu-schel, die von Meereswesen getragen wird. Eine weibliche und eine männliche

212. Entwurf für eine öffentliche Brunnenanlage, um 1751 (Kat. Nr. 152)

Figur liegen ihm zu Füßen. Seitlich des Hauptbrunnens befinden sich erhöht zwei kleine Brunnen mit Fontainenanlage und Wasserspeiern. Auf den Sockeln erheben sich je vier dorische Säulen, wobei die äußeren je-weils zurückgesetzt sind. Sie tragen ein verkröpftes Gebälk mit Triglyphendekor. Eine niedrige Attika ist mit zwei Figurengruppen und vier Vasen besetzt. Eine Auftragsstellung für eine öffentliche Brunnenanlage ist innerhalb Gontards Schaffen nicht bekannt. Datierungen oder lokale Zuweisungen sind deshalb nur schwer zu treffen. Der Entwurf scheint aber stilistisch zu den frühen Studienblättern zu zählen. Einen Hinweis auf eine frühe Datierung könnte evtl. die Themenstellung des Grand Prix der Académie royale d'architecture von 1751 bieten: »Une fontaine publicque de décoration d'architecture, de vingt toises de face, avec plans du rez de chaussée et d'entablement détaillez, dont d'un pouce et demye par toise. L'Académie leur (aux élèves) laisse au surplus la liberté du choix de l'ordere de l'architecture pour y être employée.«[920] Die jeweiligen Themenstellungen des Prix de Rome wurden an Blondels Schule sicherlich aufmerksam verfolgt. Vielleicht nutzte Blondel die Themen als Aufgabenstellungen für seine Schüler.

Anmerkungen

1. »Stilstufe der europ. Kunst in allen ihren Erscheinungsformen, etwa 1770-1830.« Jahn 1983, S. 409. Hans Jacob Wörner grenzt den Zeitraum des Frühklassizismus zwischen 1760-1790 ein. Wörner 1979, S. 14.
2. Zur Problematik diese Begriffes vgl. Wörner 1979, S. 18f. Häufig genügte bereits die Verwendung eines einzigen antiken Motives, um einen Bau in der zeitgenössischen Meinung der 2. Hälfte des 18. Jh. als antik zu bezeichnen. Häberle 1995, S. 7, Abb. 1.
3. Häberle weist in diesem Zusammenhang darauf hin, daß die Rezeption Palladios im wesentlichen über Wiederauflagen der »Quattro Libri« stattfand, deren Bildmaterial auf den Holzschnitten der Originalausgabe von 1570 beruhte. Dieses Medium erlaubte nur eine bedingte Detailgenauigkeit, so daß die kubischen Tendenzen stärker hervortraten, was nicht ohne Einfluß geblieben sei. Häberle 1995, S. 77.
4. Von den Stipendiaten, die später zu Bedeutung gelangten, seien nur Jean Laurent Legeay (Prix 1723) und Jacques Germain Soufflot genannt. Während Gontards Aufenthalt in Paris (ca. 1750-1752) sind Marie Joseph Peyre (1751) und Charles de Wailly (1752) die Preisträger. Vgl. Häberle 1995, Liste der französischen Architekturstipendiaten im 18. Jh. in Rom, S. 183-190.
5. Erichsen 1980, S. 15.
6. Häberle 1995, S. 77f.
7. Erichsen 1980, S. 31.
8. Wörner 1979, S. 164ff.
9. 1753 starb Balthasar Neumann, 1766 starben Johann Michael Fischer und Dominikus Zimmermann. Für den nachfolgenden Generationswechsel sei Pierre Michel d'Ixnard angeführt, der 1795 verstarb. Bereits 1779/1780 hatte d'Ixnard aber den bedeutenden Auftrag des Kurfürsten von Trier, Erzbischofs Clemens Wenzeslaus von Sachsen, für die Errichtung der neuen Koblenzer Residenz verloren. Der Auftrag ging bezeichnenderweise an Antoine François Peyre d. J. (1739-1823). Vgl. Wörner 1979, S. 14; Franz 1985, S. 157ff.
10. Etwa 14.000 Hugenotten strömten nach Brandenburg, von denen sich ca. 6.000 in Berlin, insbesondere in der Dorotheenstadt und ab 1688 in der entstehenden Friedrichsstadt niederließen. Peschken 1987, S. 47.
11. Friedrich Wilhelm, der Große Kurfürst, war ein Urenkel Wilhelms I. von Oranien und in erster Ehe mit Luise Henriette von Oranien verheiratet. Börsch-Supan 1980, S. 31.
12. Häberle 1995, S. 4-7.
13. Dies ist beispielsweise an Ange-Jacques Gabriels Planänderungen am Grand Projet in Versailles 1759 zu belegen. Häberle 1995, S. 62.
14. Wallé 1891.
15. Brunner 1891, S. 117-125.
16. Hofmann 1901.
17. So handelt es sich bei dem Exemplar des Stadtmuseums Bayreuth wohl um eine Kopie der Rohfassung, während das Landesarchiv Berlin eine stärker überarbeitete Ausgabe, nebst Hoffmanns Korrespondenz und anderen Unterlagen, besitzt. Weitere Exemplare sollen sich in der Berliner Zentralbibliothek (Amerika Haus), in der Berliner Ratsbibliothek und in der Bibliothek des »Herold« (Torso) befinden. Diese Angaben entstammen einem Vorwort von Dr. R. Bickerich von 1959 zu der Bayreuther Ausgabe der Dissertation. Hoffmann (I), o.S.
18. Sitzmann hat sich um die Lokalforschung sehr verdient gemacht, doch erscheinen heute einige seiner Zuschreibungen übereilt. Sitzmann 1952.
19. Lindeiner-Wildau 1958.
20. Die Aufsätze der Autoren sind im Literaturverzeichnis unter dem jeweiligen Namen angeführt.
21. Metzler 1990. Es wurde jedoch kein weiterführendes Quellenstudium vorgenommen.
22. Metzler 1993.
23. Fick 1991.
24. Die zahlreichen Artikel Kanias sind im Literaturverzeichnis unter dem Verfassernamen aufgeführt.
25. Drescher/Badstübner-Gröger 1991; Mielke 1972; Mielke 1981.
26. Giersberg 1986.
27. Demps 1988; Goralczyk 1987.
28. GNM, Graphische Sammlung, Slg. Knebel, Kapsel 1555. Unklar ist, in welcher Beziehung von Knebel zu Gontard stand. Von Knebel war offensichtlich selber Architekt, wie aus Zeichnungen dieses Konvolutes hervorgeht. Möglicherweise war er ein bisher unbekannter Schüler Gontards.
29. Merten 1964, S. 7.
30. Stadtarchiv Bayreuth, König, Beschreibung der Stadt Bayreuth, um 1800, Abschrift. Stadtarchiv Bayreuth, Rissebuch, um 1800, Abschrift. StB Bamberg, M.v.O., Ms. 29, König: Beschreibung der Stadt St. Georgen am See sonst Brandenburger genannt.
31. Fischer 1991.
32. Hierzu zählen der Aktenbestand GStA PK, X. HA, Pr. Br., Rep. 12, Hof-Bau-Behörden, Berlin Oberhofbauamt (Registratur A: Generalia und Berliner Akten; Registratur B: Potsdamer Akten; Registratur C: Rechnungen 1786-1821), sowie Teile des Aktenbestandes GStA PK, X. HA, Pr. Br., Rep. 40, Konsistorien. Ebenso gingen Karten und Pläne aus der XI. Haupabteilung des Geheimen Staatsarchives verloren, insbesondere ca. 130 Pläne von Berliner Häusern aus der Zeit von 1750-1815 und 1806-1815. Vgl. hierzu Lüdicke 1939, Bd. 3, zur X. - XI. HA.
33. Manger 1789/90, Bd. III, S. 547. Der Befehl ist nach dem Siebenjährigen Krieg nicht wiederholt worden. Erhaltene Baurechnungen wurden ab 1780 durch den Sekretär Pfüller geordnet. Inwieweit dieser Befehl jemals konsequent ausgeführt wurde, ist nicht bekannt. Vgl. ebd., S. 774/775.
34. Lindeiner-Wildau 1958.
35. Vgl. Wallé 1891, S. 5; Sitzmann 1952, S. 8.
36. Bezüglich einer Darstellung der angesprochenen genealogischen Zusammenhänge wird nochmals auf Lindeiner-Wildau 1958, S. 1/2 und 9/10 verwiesen.
37. Lindeiner-Wildau 1958, S. 19; nach Gotha, Briefadel 1928 und Berechnungen nach der Altersangabe beim Tode.
38. Lindeiner-Wildau 1958, S. 18/19.
39. Carl Philipp von der Pfalz, aus dem Hause Kurpfalz-Neuburg, regierte vom 8.5.1716 bis zum 31.12.1742. Vgl. Lindeiner-Wildau 1958, S. 17, Anm. 63. Carl Wilhelm von der Pfalz, Regierungszeit 16.5.1685 - 2.9.1690.
40. Bezüglich der Geburt, der Taufe oder der Eheschließung Alexander Gontards konnten bisher keine archivalischen Belege gefunden werden. Erst anläßlich der Taufe seiner Tochter Eleonore Johanna Christina am 30. März 1729 wird er im Kirchenbuch der Oberen Pfarrei (Jesuitenkirche) in Mannheim verzeichnet. Lindeiner-Wildau 1958, S. 17.
41. Die Nobilitierungsakte für Paul und Carl Philipp Christian Gontard vom 8.7.1767 erwähnt »(...) ansehnliche Bedienungen (...)«, die Alexander Gontard am Churpfälzischen Hof bekleidet habe. Österreichisches Verwaltungsarchiv, Allgemeines Verwaltungsarchiv, Reichsadelsakten: Gontard Paul, Carl Philipp Christian, Wien 8. Juli 1767, Bl.7.
42. Friederike Sophie Wilhelmine von Preußen (geb. 3. Juli 1709 in Berlin, gest. 14. Oktober 1758 in Bayreuth), Tochter Friedrich Wilhelms I. in Preußen und seiner Gemahlin Sophie Dorothea von Hannover. Friedrich von Brandenburg-Bayreuth (geb. 10. Mai 1711 in Weferlingen bei Halberstadt, gest. 26. Februar 1763 in Bayreuth), Sohn des Markgrafen Georg Friedrich Karl (Weferlinger Linie des Hauses Brandenburg-Bayreuth) und der Sophie Dorothea von Holstein-Beck. Am 20. November 1731 fand die Vermählung Friedrichs und Wilhelmines in Bayreuth auf Betreiben des Soldatenkönigs statt. Der Regierungsantritt Friedrichs erfolgte am 17. Mai 1735. Seelig 1982, S. 138.
43. Beyer 1954, S. 60 und Beilage S. 73; vgl. Lindeiner-Wildau 1958, S. 17, Anm. 62.
44. Lindeiner-Wildau 1958, S. 17/18. Vgl. Anm. 48.
45. Prinzessin Elisabeth Friederike Sophie (1732-1780) war das einzige Kind des Markgrafenpaares Friedrich und Wilhelmine von Bayreuth. Am 26. September 1748 fand die Vermählung mit Herzog Karl Eugen von Württemberg in Bayreuth statt. Vgl. Seelig 1982, S. 138/139; Lindeiner-Wildau 1958, S. 18. Auch in einem Schreiben des Stadtgerichts Berlin vom 14.6.1782 an die Stadt Mannheim in Nachlaßangelegenheiten, wird er als »gewesener Hofmeister der Prinzessin von Württemberg« bezeichnet. Walter 1919, Nr. 4-6.
46. »Von Weyl. Herr Alexander Gontard, Hochfürstl. Brandenb. Ballett Meister informator bey Ihro Durchl. Princessin allhier. Seines Alters 40 Jahr 3 Monath und 5 Tag.« Ev. Hofgemeinde Bayreuth, Leichen und Hochzeiten Register, 1. April 1747. Lindeiner-Wildau 1958, S. 18. Die »Wittib Gontard« erhielt 1765 eine Jahrespension von 240 Florin. Historischer Verein von Oberfranken in Bayreuth, Ms. 157, Neue Besoldungsordnung pro 1765, Pensionen; nach Lindeiner-

47 Zu den übrigen Geschwistern Carl von Gontards vgl. Lindeiner-Wildau 1958, S. 19/23.
48 »Anno Domini 1731 Januarii 13 ma baptizatus est Carolus Philippus Christianus Filius legitimus Alexandri Gondhard et Elisabeth Kurzii conjugum; levantibus serenissimo et potentissimo principe Electore Palatio et serenissimo Comite Palatio hereditario Sulzbacensi Christiano. Vices supplentibus Domino Chrysostomo Mang Urbis consule et ejus conjuge Maria Margaretha.« Wallé 1891, S. 6. Der Autor begründet die Annahme der Übereinstimmung von Geburtstag und Taufe mit einer Mitteilung des geistl. Rats Koch in Mannheim, daß um 1730 Taufen vielfach am Tage der Geburt vollzogen wurden.
49 UB Bayreuth, Adress-Calender 1750, S. 107.
50 Geb. Erlangen, 8. Dezember 1733, gest. Berlin 26.7.1795; vgl. Lindeiner-Wildau 1958, S. 19.
51 Tätigkeit als Kammerfrau vgl. UB Bayreuth, Adress-Calender: - 1751, S. 110; - 1752 fehlt; - 1753, S. 114; - 1754, S. 115; - 1755, S. 120; - 1756, S. 118. StA Bamberg, Rep. C 22 II, Nr. 1724 III, g 115 (Prod. III a-h); Acta das Absterben der Frauen Marggräfin königlichen Hoheit betrl., Copie Du Codicille, fol. 26v; vgl. auch Lindeiner-Wildau, S. 19, Anm. 80.
52 Zu den zahlreichen Kindern und dem jeweiligen Taufdatum vgl. Lindeiner-Wildau 1958, S. 20-23; Evangelische Hofkirchengemeinde Bayreuth, Taufen 1728-1762, 1763-1787.
53 UB Bayreuth, Adress-Calender 1755, S. 117; ebd., Adress-Calender 1756, S. 117.
54 Sitzmann 1952, S. 11; Aign 1918, S. 29.
55 UB Bayreuth, Adress-Calender 1764, S. 44/47.
56 Manger 1789/90, Bd. III, S. 673/674. Kabinettsorder bezüglich der Aufsicht über den Potsdamer Bauhof an Gontard vom 24. November 1764. (In den Akten nicht mehr nachweisbar.)
57 Österreichisches Staatsarchiv, Allgemeines Verwaltungsarchiv, Reichsadelsakten: Gontard Paul, Carl Philipp Christian, Wien, 8. Juli 1767. Diese Ehrung wurde ihm gemeinsam mit seinem Bruder Paul Ferdinand zuteil. Auszüge bei Wallé 1891, S. 34/35 und im LA Berlin, Rep. 200, Acc. 737, Lfde. Nr. 4. Im Schreiben Mangers an Friedrich Nicolai vom 31. August 1778 wird angegeben, daß auch eine Schwester der beiden geadelt worden sein soll. Sie wird in der Adelsurkunde jedoch nicht erwähnt. Stiftung Preußischer Kulturbesitz, Staatsbibliothek, Handschriftenabteilung, Nachlaß Nicolai, Bd. 47, Briefwechsel F. Nicolais mit H.L. Manger 1776-1789. Abgedruckt bei: Drescher 1968, S. 193-195.
58 Manger 1789/90, Bd. II, S. 311. Vgl. Kapitel »Diebe, Lügner, »Erz-Canaillen« Friedrich II. und seine Baumeister«.
59 GStA PK, I. HA, Rep. 96 B, Extracte, Nr. 136, 1769, Bl. 560, 14. November 1769; ebd., Bl. 600, 12. Dezember 1769.
60 GStA PK, I. HA, Rep. 96 B, Extracte, Nr. 137, 1770, Bl. 15, 9. Januar 1770.
61 GStA PK, I. HA, Rep. 96 B, Extracte, Nr. 139, 1772, Bl. 253, Potsdam, 1. Mai 1772. Friedrichs II. Anmerkung dazu lautet: »Kann sich hier eben so guth curieren lassen.«
62 GStA PK, I. HA, Rep. 96 B, Extracte, Nr. 172, 1791/92, o.P., Schreiben vom 29. September 1791.
63 GStA PK, I. HA, Rep. 96 B, Extracte, Nr. 165, Jan.-Juni 1787, Bl. 57; Berlin, 12. Januar 1787: »Der Capitaine von Gontard, in Berlin, legt seinen devotesten Dank, zu Füßen, für die ihm verwilligten 800rth. rückständiger Diaeten, und bittet: 1) um einige Tage Urlaub, nach Potsdam, um das Terrain, und die Anschläge zum Bau in Ew. Maj. Weinberg, zu untersuchen; und 2) um Avancement zum Major, nach 22jährigen Diensten, als Capitaine.« Marginalien zu 1) »Can hin gehen«; zu 2) »acordirt«.
64 Todesanzeige Carl von Gontards, Nr. 117 der Berliner Nachrichten von Staats- und gelehrten Sachen vom 29. September 1791, abgedruckt bei Wallé 1891, S. 35. Nach dem gesicherten Taufdatum vom 13. Januar 1731 muß Gontard bereits im 60. Lebensjahr gestanden haben.
65 BLHA, Pr. Br. Rep. 37 Neuhardenberg, Nr. 1717, Bl. 19-22. Es handelt sich um vier Briefe Gontards an d'Adhemar, die vom 6. Oktober 1764, 24. Oktober 1765, 24. November 1765 und vom 2. Mai 1772 datieren.
66 Markgräfin Wilhelmine bot d'Adhémar eine Besoldung von 4000 Livres, freie Tafel und Equipage sowie den Titel eines Kammerherrn an. Er wurde ein enger Vertrauter der Markgräfin, dem sie ihre letzten Briefe diktierte und den sie auch in ihrem Testament bedachte. Müller 1958, S. 4/5.
67 BLHA, Pr. Br. Rep. 37 Neuhardenberg, Nr. 1717, Bl. 19, 6. Oktober 1764. Dieses Inventar ist nicht überliefert.
68 Uriot war 1742 in die Frankfurter Freimaurerloge »Zur Einigkeit« aufgenommen worden. Vgl. Beyer 1954, S.177f. Pfeilsticker 1957, Bd. I, § 969, 2002. Klaiber 1959, S. 132.
69 BLHA, Pr. Br. Rep. 37 Neuhardenberg, Nr. 1717, Bl. 20, 24. Oktober 1765.
70 Gleichen-Rußwurm 1925, S. 253.
71 Wallé 1891, S. 7.
72 Österreichisches Staatsarchiv, Allgemeines Verwaltungsarchiv, Reichsadelsakten: Gontard Paul, Carl Philipp Christian, Wien, 8. Juli 1767.
73 Schütte 1984, S. 23. Daß man auch in Bayreuth durchaus zwischen Ingenieur- und Civilbaukunst unterschied, wird in einer Bemerkung des Gesandten Buchholz im Rahmen seiner Depeschen aus Bayreuth an Friedrich II. deutlich. Vgl. Anm. 90.
74 GStA PK, I. HA, Rep. 96, Friedrich Wilhelm II., Nr. 211, Personalien der Königlichen Bau-Beamten, (Ober-Hofbauamt), 1791-1797, Bl. 4, Schreiben 28. Dezember 1792: »(...) Ew. Königl. Majestät Befehle zu Folge soll die Ablegung der bisherigen Uniform des Hof-Bau-Amts, Morgen in der Berliner Zeitung bekannt gemacht werden. (...)« gez. Woellner.
75 Lediglich Reparaturen an verschiedenen Kasernen wurden in Potsdam von ihm ausgeführt. 1781 hat er vermutlich Anteil an der Planung eines Kasernenbaus für die Berliner Artillerie gehabt. GStA PK, I. HA, Rep. 96 B, Minüten, Nr. 81, 1781, S. 22, 11. Januar 1781: »S.K.M. haben dero Capitain v. Gontard Bericht vom 9ten dieses, den Platz zum Bau einer augmentations Caserne vor die Artillerie betreffend, erhalten, und laßen ihm darauf bekannt machen, daß höchstdieselben ihm darüber Selbst noch sprechen werden, und erfolget der eingereichte Plan hirbey zurück.«
76 Hoffmann (I), S. 6, Anm. 13; UB Bayreuth, Adress-Calender 1746, S. 106. Für die Jahre 1745, 1747 und 1748 fehlen die Exemplare in der Universitätsbibliothek, so daß eine Überprüfung der Angaben für diese Jahrgänge nicht möglich war. Es handelt sich bei der Eintragung mit größter Wahrscheinlichkeit um Carl Gontard. Der Verbleib zweier weiterer der vier Söhne Alexander Gontards (Johann Hartmann, geb. 27.10.1733 und Carl Johann Ignaz, geb. 30.10.1735) ist gänzlich ungeklärt, der Werdegang und die Ausbildung Paul Ferdinands (geb. 18.10.1739 oder 1740, gest. nach 1800) ist bekannt. Vgl. Lindeiner-Wildau 1958, S. 19-23.
77 UB Bayreuth, Adress-Calender 1749, S. 103.
78 Hofmann 1901, S. 243/244. Diese Vermutung wurde später von Diether Hoffmann und Karl Sitzmann aufgegriffen. Während Hoffmann Montpernys Einfluß als entscheidend erachtete (Hoffmann (I), S. 6.), hielt Sitzmann für ausschlaggebend, daß zu dieser Zeit die Innenraumgestaltung des Opernhauses durch Giuseppe und Carlo Galli-Bibiena vollendet wurde und Gontard wohl stark beindruckt haben müsse. Sitzmann 1952, S. 9.
79 Beyer 1954, S. 89.
80 UB Bayreuth, Adress-Calender 1750, S. 107. Sitzmann gibt bereits das Jahr 1749 an, was durch den Adress-Calender jedoch nicht bestätigt wird. UB Bayreuth, Adress-Calender 1749, S. 107. Bei Wolfgang Jahn, der die Sammlung des Hochfürstlich-Brandenburgisch-Culmbachischen Adress-Calenders des StA Nürnbergs für seine Nachforschungen benutzte, wird sogar erst das Jahr 1751 für den Eintritt ins Hofbauamt genannt. Jahn 1990, S. 349.
81 Rudolf Heinrich Richter wurde am 13.8. 1709 in Altenburg oder Königstein an der Elbe geboren und verstarb am 8.2.1771 in Bayreuth. 1736 kam er mit Johann Friedrich Grael von Schwedt nach Bayreuth, wo er 1737 als Kondukteur in das Hofbauamt eintrat und 1745 zum Hofbauinspektor ernannt wurde. Ab 1754 leitete er das Hofbauamt gemeinsam mit Gontard. Thieme-Becker, Bd. 28, S. 301. Joseph Saint-Pierre wurde ca. 1708/09, vermutlich im Piemont, geboren und verstarb 1754 in Bayreuth. Zunächst in Ludwigsburg tätig, kam er nach Bayreuth, wo er von 1743 bis 1754 als Hofbauinspektor beschäftigt war. Merten 1964, S. 9/20.
82 Sitzmann 1952, S. 9.
83 UB Bayreuth, Adress-Calender 1749, S. 103.
84 Jahn 1990, S. 354.
85 Sitzmann glaubte, daß Gontard 1752 aus Frankreich zurückkehrte. Sitzmann 1952, S. 9. Hoffmann zieht als spätesten Zeitpunkt für die Rückkehr Gontards von dieser Studienfahrt das Jahr 1756 in Betracht. Gontards Vermählung mit Friederica Sophie Erckert fand am 17. Mai 1756 in Bayreuth statt. Hoffmann (I), S. 9.

Anmerkungen

86 UB Bayreuth, Adress-Calender: - 1755, S. 117; -1756, S. 117; -1756, S. 117; -1757, fehlt; -1758, fehlt; -1759, fehlt; -1760, S. 118; -1761, fehlt; -1762, fehlt; -1763, S. 48; -1764, S. 44.

87 Einen Anhaltspunkt dafür, daß Gontard sich zu Anfang des Jahres 1753 wieder in Bayreuth aufhielt, könnte die Sammlung »von Knebel« im Germanischen Nationalmuseum in Nürnberg liefern. Die Sammlung enthält neben zahlreichen Entwürfen von Knebels auch Blätter, die von Gontard stammen. Darunter befindet sich eine Entwurfszeichnung (GNM, Graph. Slg., Kapsel 1555, Hz. 4180; vgl. Kat. Nr. 141), die für den Wiederaufbau des 1753 bei einem Brand stark zerstörten Alten Schlosses in Bayreuth gedacht war. Demnach könnte sich Gontard zu diesem Zeitpunkt in Bayreuth befunden haben.

88 Stiftung Preußischer Kulturbesitz, Staatsbibliothek, Handschriftenabteilung. Nachlaß Nicolai, Bd. 47. Briefwechsel F. Nicolais mit H. L. Manger 1776-1789. Abgedruckt bei Drescher 1968, S. 193-195.

89 In Auszügen erstmals bei Wallé 1891, S. 34/35, abgedruckt.

90 GStA PK, I. HA, Rep. 96, Geheime Kabinetts-Registratur, Nr. 19 A, Friedrich II. - Politica, 1763; Des Preuß. Gesandten Buchholz Depeschen aus Baireuth, Bl. 56. Buchholz erwähnt den neunzehnjährigen Sohn Schloßkastellans Lüdcke, der Talent zur Mechanik, zur Ingenieur-Kunst, zum Artilleriewesen und zur Civilbaukunst aufweise. Der Markgraf habe diesen im Schloß wohnen lassen und habe ihn nach Italien zur Fortbildung schicken wollen, was durch den Tod des Markgrafen unterblieben sei.

91 Häberle 1995, S. 10 u. S. 69.

92 UB Bayreuth, Adress-Calender: -1754, S. 114; -1755, S. 117.

93 Die Originale der Tagebuchaufzeichnungen der Markgräfin befinden sich in der Deutschen Staatsbibliothek Berlin, MS Boruss. Fol.806. Datum der Rückkehr nach Weber 1995, S. 102.

94 Bei Mengs bestellte Wilhelmine das Gemälde »Königin Semiramis erhält die Nachricht vom Aufstand in Babylon«, das als Supraporte für das Neue Schloß in Bayreuth 1755 angefertigt wurde und eine Verherrlichung der »Guten Herrscherin« darstellt. Hojer 1995, S. 19/20.

95 Gleichen-Rußwurm 1925, S. 45; Weber 1995, S. 25-50.

96 GStA PK, I. HA, Rep. 96 B, Extracte, Nr. 1764/65, o.D., Bl. 53: »Der Nahmens Gontard aus Bareuth (...) zeigt allerunterthänigst an, daß die mines de Pozzuola, so er für die höchst seelige Markgräfin von Bareuth Königl. Hoheit anzufertigen hatte, weggekommen wären, ohne daß jemand wisse wohin.« Zu den Reiseskizzen gehören vermutlich auch mehrere Ansichten von Tempelanlagen, die z.T. neopalladianische Einflüsse erkennen lassen. Vgl. Kat. Nr. 149/1-2, 150, 151.

97 StA Bamberg, Markgrafentum Brandenburg-Culmbach, neuverzeichnet, Nr. 3268: Vorbereitung und Finanzierung der holländischen Reise des Markgrafen Friedrich (...) 1762/63; ebd., Nr. 3265: Bezahlung des zur Finanzierung der Reise des Markgrafen nach Holland (...) aufgenommenen Darlehns von 21.000 fl., 1763.

98 Drescher/Badstübner-Gröger 1991, S. 22/23, Anm. 59/60.

99 StA Bamberg, Markgrafentum Brandenburg-Culmbach, neuverzeichnet, Nr. 2703, o.P., Schreiben Gontards an den Markgrafen vom 29.2.1764.

100 GStA PK, I. HA, Rep. 96, Geheime Cabinetts-Registratur, Nr. 434 D, Acta des Kabinetts König Friedrichs des Zweiten, Bau Wesen 1755-56, Bl. 1-2.

101 GStA PK, I. HA, Rep. 36, Hofverwaltung, Nr. 3071, Rechnungen und Belege der Königl. Baukasse in Potsdam über Bau- und Reparaturarbeiten in Potsdam, Nr. 48, 1771-1775; Bl. 282 (Hildebrandt), Bl. 283 (Büring).

102 GStA PK, I. HA, Rep. 36, Hofverwaltung, Nr. 3071, Rechnungen und Belege der Königl. Baukasse in Potsdam über Bau- und Reparaturarbeiten in Potsdam, Nr. 48, 1771-1775, Bl. 284-294.

103 GStA PK, I. HA, Rep. 36, Hofverwaltung, Nr. 3616, Belege über gezahlte Gehälter an Angestellte des Hofbauamtes Potsdam 1783-1784; o.P., Quittung vom 30. April 1784.

104 GStA PK, I. HA, Rep. 96 B, Extracte, Nr. 165, 1787, Bl. 57. Ob dies im Zusammenhang mit Strafmaßnahmen gegen Gontard bezüglich des Turmeinsturzes des Deutschen Doms auf dem Gendarmenmarkt in Berlin 1781 in Verbindung steht, ist unklar. Eine Kürzung von lediglich 5 Talern pro Jahr erklärt nicht den Betrag von 800 Talern.

105 GStA PK, I. HA, Rep. 36, Hofverwaltung, Nr. 3615, Kassenbuch über gezahlte Tagesgelder und Gehälter an Angestellte des Hofbauamtes Potsdam 1775, vgl. Bl. 1-7. Aufgeführt sind Zahlungen an Richter, Manger und Unger sowie an verschiedene Conducteure. Gontard erscheint hier nicht, was damit zusammenhängen kann, daß sein Hauptaufgabenfeld zu dieser Zeit in Berlin lag und er deshalb nicht aus Potsdamer Geldern bezahlt wurde.

106 GStA PK, I. HA, Rep. 36, Hofverwaltung, Nr. 3618, Belege über den Königl. Bau-Officianten Bewilligte Gratifikations-Gelder, pro 1787, Bl. 18. »Einhundert Thaler Extraordinaire Gratifikation habe ich der Anweisung gemäß aus der Königl. Bau Casse zu Potsdam baar erhalten solches quittire Berlin den 11. Jan. 1788 v. Gontard«. Ab welchem Zeitpunkt diese Gratifikationen einsetzten, war nicht zu klären. In diesem speziellen Fall bezieht sich der Bonus auf Einsparungen im Jahr 1786. Vgl. dazu GStA PK, I. HA, Rep. 36, Hofverwaltung, Nr. 3617, Special-Rechnung der Geld-Ausgaben von den (...) bewilligten Gratifikations Geldern Pro 1787, Bl. 1.

107 Vollet 1958, S. 161.

108 Bereits seit Ende der 1670er Jahre sind Hugenotten in Bayreuth nachweisbar. Ausstellungskatalog »Vom Nutzen der Toleranz« 1986, S. 53. Die strenge protestantische Grundhaltung kam besonders deutlich während der Regentschaft des Markgrafen Georg Friedrich Karl (1726-1733) zum Ausdruck. Er war stark vom puritanisch strengen Pietismus des Hofpredigers Christoph Silchmüller beeinflußt und stand künstlerischen Dingen aus religiösen und auch finanziellen Gründen ablehnend gegenüber. Habermann, 1982, S. 2.

109 Wörner 1979, S. 164.

110 Charles Philippe Dieussart, Geburtsort u. -datum unbekannt, gest. 1696, wahrscheinlich in Bayreuth. Vertreter des niederländischen Klassizismus. Bildhauer und Baumeister der 2. Hälfte des 17.Jh. in Güstrow, Berlin, Potsdam und Bayreuth, ab 1691 als fürstlicher Oberbaumeister für den Markgrafen Christian Ernst von Brandenburg-Bayreuth tätig. Thieme-Becker, Bd. 9, S. 279. Markgraf Christian Ernst beauftragte Dieussart 1691 mit der Vereinheitlichung der Fassade des Alten Schlosses, das über Jahrhunderte hinweg unregelmäßig gewachsen war. Merten 1964, S. 15. Antonio della Porta, geb. um 1631 in Manno (Tessin), gest. 1702 in Bayreuth. Ab 1697 in Bayreuth als Oberbaumeister beschäftigt. In Bayreuth war er u.a. am Alten Schloß und am Schloß St. Georgen (1701) tätig sowie am Umbau der Kaserne beteiligt. Er errichtete desweiteren ein Jagdschloß in Kaiserhammer und lieferte die Pläne für den sog. Prinzenbau in Himmelkron. Thieme-Becker, Bd. 27, S. 277. Gottfried von Gedeler, geb. um 1710. Ab 1702 als königlich preußischer Ingenieur mit der Inspektion der herrschaftlichen Gebäude in Bayreuth betraut. Er erhält 1703 den Rang eines Oberingenieurs und Oberbaumeisters und wird mit der Vollendung der von della Porta begonnenen Bauten betraut. 1705-1711 errichtete er die Ordenskirche in St. Georgen. Er war vom strengen französischen Klassizismus beeinflußt, der vor allem durch seinen Schüler Paul Decker in der Markgrafschaft zum Tragen kam. Thieme-Becker, Bd. 13, S. 318.

111 Paul Decker (1677-1713) war von 1710 bis 1713 als Hochfürstlich Bayreuthischer Architekt und Oberbaudirektor für Markgraf Georg Wilhelm von Brandenburg-Kulmbach-Bayreuth tätig. In Bayreuth und Umgebung werden verschiedene Objekte mit Decker in Verbindung gebracht, sein Anteil ist jedoch nur bedingt nachweisbar (Toreinbau am mittleren Flügel des Alten Schlosses 1712, Entwurf der Kaserne am Neuen Weg, Planungen für das Alte Schloß der Eremitage, Bauleitung für Schloß Himmelkron, Kreis Kulmbach). Barbara Kutscher kommt zu dem Schluß, daß Decker »bei den wenigen Bauten, bei denen er als Beteiligter namentlich genannt wird, höchstens als Bauleiter, niemals jedoch als entwerfender Architekt in Erscheinung getreten ist.« Kutscher 1995, S. 19/20, 43/48.

112 Merten 1964, S. 15.

113 Johann David Räntz d.Ä. geb. 1690 in Bayreuth, gest. Bayreuth 1735. Räntz war Schüler von Gedeler und Decker. Zu seinen Werken in Bayreuth zählen u.a. das Alte Schloß der Eremitage (1715/18), das Jagdschlößchen Thiergarten (1715/20, unvollendet) und das Schloß St. Georgen (1725/27). Thieme-Becker, Bd. 27, S. 558. Im Verhältnis zur immer noch eher nüchternen Architektur, steigert er den plastischen Schmuck der Fassade, z.B. beim Corps de logis des Schlosses St. Georgen. Dehio 1979, S. 165. Johann Friedrich Grael, geb. 1708 in Schwedt a.O., gest. 1740 in Bayreuth. Schüler von M. H. Böhme und Fr. W. Dietrichs in Berlin. Grael war bis 1735 in Berlin tätig, danach wechselte er über Schwedt

114 nach Bayreuth in die Dienste des Markgrafen, wo er mit der Erweiterung der Kaserne, der Kanzlei und dem (nicht mehr erhaltenen) Jagdschloß Kaiserhammer betraut wurde. Thieme-Becker, Bd. 14, S. 477.
114 Zu Joseph Saint-Pierres bedeutendsten Arbeiten zählen das Opernhaus (Fassade, 1746/50), das Neue Schloß der Eremitage (1749/53), der Hainbau und das Felsentheater in Sanspareil (1744-1748) sowie der Hauptbau des Neuen Schlosses in Bayreuth (1754/55), dessen Vollendung er nicht mehr erlebte.
115 Habermann 1982, S. 9.
116 Leider führt der Autor hierfür keine Quelle an. Hartmann 1949, S. 144.
117 Merten 1964, S. 21.
118 Merten 1964, S. 61/62.
119 Klaus Merten bespricht in seiner Dissertation zu Saint-Pierre – außer dem Meyernschen Haus in der Friedrichstraße – auch andere Objekte, die für Privatpersonen konzipiert wurden. Vgl. Merten 1964.
120 Relativ gesichert scheint Richters Beteiligung am Spitalbau in Bayreuth, am Schlößchen Karolinenruh in Colmdorf und am Schloß Fantaisie in Donndorf. Wahrscheinlich war er auch am Italienischen Bau beschäftigt. Bei den Privatbauten wird Richter als Baumeister für das Layrizhaus, das Haus Liebhardt und das Wohnhaus des Fayencenfabrikanten Pfeiffer in St. Georgen in Erwägung gezogen. Thieme-Becker, Bd. 28, S. 301.
121 Gebeßler weist das Haus Gontard zu, doch zeigt die Fassadengestaltung kaum bekannte Elemente der Architektursprache Gontards, insbesondere, wenn man das Gebäude mit der um 1756 begonnenen Hofapotheke vergleicht. Gebeßler 1959, S. 60. Vgl. Kat. Nr. 18. Da Mader selbständig Risse erstellen konnte, dürfte sein eigenes Wohnhaus sehr wahrscheinlich auch von ihm selber entworfen worden sein.
122 GStA PK, I. HA, Rep. 96, Geheime Kabinetts-Registratur, Nr. 19A, Fr. II. - Politica, 1763, Des Preuß. Gesandten Buchholtz Depeschen aus Baireuth, Bl. 106, 1. Oktober 1763. »Dieser Hofbau- und Steinhauer Meister Mader soll der geschickteste Mann in seinem Metier seyn und nicht nur alle ihm aufzutragendene Bauten auszuführen im Stande seyn: sondern auch selbst sehr gute Risse und Dessins machen.«
123 Stiftung Preußischer Kulturbesitz, Staatsbibliothek, Handschriftenabteilung. Nachlaß Nicolai, Bd. 47. Briefwechsel F. Nicolais mit H. L. Manger 1776-1789. Zitiert nach Drescher 1968, S. 193-195: »Soviel weiß ich von diesen beyden (Unger und Gontard; d.V.) zu sagen; wenn ich aber Ew. Hochedelgeb. auch von den wichtigsten Gebäuden, die jeder derselben aufgeführt hat, Nachricht geben soll, so muß ich gestehen, daß es nicht wohl thunlich seyn wird, weil hier keiner allein etwas entworffen und ausgeführt, sondern ein jeder etwas dazu beygetragen hat.«
124 Füssel 1788, S. 82. Merten 1964, S. 79ff., Anm. Kap. 5/5-9.
125 GNM, Graphische Sammlung, Slg. Knebel, Kapsel 1555, Hz. 4180. Vgl. Kapitel »Unverwirklichte Entwürfe Gontards für Schloßbauten«, außerdem Kat. Nr. 141, Abb. 104.
126 Es dürfte sich aber vielmehr um eine Gartenstaffage handeln, die zu Ehren Vergils errichtet wurde und nicht als ein stellvertretendes Grabmal gedacht war. Wilhelmine besuchte in Italien das sogenannte Grabmal des Vergil in Pozzuoli bei Neapel. Möglicherweise soll die künstliche Ruine auch das Grabdenkmal für Folichon, den Lieblingshund der Markgräfin, darstellen. Habermann 1982, S. 136/137. In ihrem Tagebuch schreibt Wilhelmine in diesem Zusammenhang von der Grotte der Prosalipe in Boussole (Pozzuoli?) von einer »grotte du chien«. Staatsbibliothek Berlin Preussischer Kulturbesitz, MS Boruss. fol. 806, f. 300r.
127 In der Slg. Knebel haben sich zwei Skizzen zu ephemeren Festarchitekturen erhalten. GNM, Graphische Sammlung, Slg. Knebel, Kapsel 1555, Hz. 4181, 4182. Vgl. Kat. Nr. 110, 111.
128 Gontards Einfluß auf die Fassade ist deutlich, doch ist eine Zusammenarbeit mit Richter anzunehmen, wie dies für die Communication nachgewiesen ist.
129 Dehio 1979, S. 153.
130 GNM, Graphische Sammlung, Slg. Knebel, Kapsel 1555, Hz. 4183. Kat. Nr. 4, Abb. 130. Vgl. Habermann 1982, S. 94.
131 StA Bamberg, R 1246. Vgl. Habermann 1982, S. 26/27.
132 Dehio 1979, S. 525.
133 Habermann 1982, S. 69; Dehio 1979, S. 227.
134 Sitzmann 1952, S. 28/29.
135 Im Adreß-Calender 1764 wird Gontard noch als Hofbauinspektor genannt. UB Bayreuth, Adreß-Calender 1764, S. 44.
136 StA Bamberg, Markgrafentum Brandenburg-Culmbach, neugeordnet, Nr. 2703, o.P., Schreiben Gontards an den Markgrafen vom 29.2.1764. Die Akte enthält außerdem verschiedene Schreiben, die von Gutachten über den desolaten Zustand des Alten Schlosses noch vor dem Schloßbrand 1753 bis zu Bauangelegenheiten des Jahres 1764 reichen. Aus einem Schreiben Richters von 1763 geht hervor, daß er mit Arbeiten im neuen Gebäude am Residenzschloß beschäftigt war. Das Schreiben Gontards vom 29.2.1764 gibt darüber Auskunft, daß er für den Bau der Communication 1450 fl. fränk. veranschlagt und auf baldige Ausbezahlung der Gelder dringt, damit Material angeschafft und Arbeiter bezahlt werden können. Vgl. auch Bachmann 1948, S. 61.
137 Hoffmann berichtet als erster hierüber. Hoffmann (I), S. 23. Zur Übersicht über die Bayreuther Bauten Gontards wurde im Anhang die Tabelle I angefügt. Vgl. auch Abb. 24, Verteilung der gesicherten Gontard-Bauten in Bayreuth.
138 Vgl. hierzu den Katalogteil der Arbeit mit der Einzelaufstellung der Objekte.
139 Dies wird bei der Betrachtung von Bauten wie dem Spindlerschen Haus oder dem Palais Künßberg deutlich, die im Kataloganhang aufgeführt sind.
140 Serlio, Sebastiano: Delle habitationi di tutti li gradi degli homini, VI. Buch, Vorrede. Zitiert nach Forssman 1984, S. 22.
141 Palladio, Andrea: Die vier Bücher der Architektur (Bd. II/1), Venedig 1570, in der Übersetzung von Andreas Beyer und Ulrich Schütte 1991, S. 113.
142 Schütte 1984, S. 214.
143 Penther, Johann Friedrich: Collegium architectonicum, Göttingen 1749, S. 11. Zitiert nach Schütte 1984, S. 214.
144 Wohn=Häusern wohl anzugeben, 1721, fol. C1b. Zitiert nach Schütte 1984, S. 215.
145 Schütte 1984, S. 214.
146 Diderot & d'Alembert 1751-1780, Bd. 8, S. 319/320, »Hôtel«: »Les habitations des particuliers prennent différens noms, selon les différens états de ceux qui les occupent. On dit la maison d'un bourgeois, l'hôtel d'un grand, le palais d'un prince ou d'un roi. L'hôtel est toujour un grand bâtiment annoncé par le faste de son exterieur, l'étendue qu'il embrasse, le nombre & la diversité de ses logemens, & la richesse de sa décoration interieur.« Blondel 1771, Bd. II, S. 236: »Les Hôtels sont des bâtiments élevés dans les Villes Capitales, & oit les Grands Seigneurs sont habituellement leurs résidence: le caractere de leur décoration exige une beauté assortie à la naissance des personnes titrées qui doivent les habiter.«
147 Blondel 1771-1777.
148 In seiner Dissertation hat sich Ulrich Schütte mit der Entwicklung und Definition der Begriffe auseinandergesetzt. Schütte 1979.
149 Zur Stellung Blondels innerhalb der Architekturtheorie vgl. Wörner 1979, S. 36-41; Kruft 1991, S. 165-168.
150 Blondels »Cours d'Architecture« stellt eine Veröffentlichung seiner ab 1750 an der Architekturschule gehaltenen Vorlesungen dar.
151 Blondel 1771, Bd. II, S. 237: »Lorsqu'il s'agira de la demeure d'un des Chefs d'Armées du Prince, on devra affecter, dans le dehors, un caracter martial (...) par une ordonnance qui, puisée dans l'ordre Dorique, rapelle au spectateur la valeur du Héros qui doit l'habiter.«
152 Vitruv, I. Buch, Kapitel 2. Zitiert nach Forssman 1984, S. 50/56.
153 Blondel 1771, Bd. II, S. 237: »Pour la demeure du Prélat, on peut faire choix de l'ordre Ionique, qui, moins sévère que la Dorique, n'annonce pas moins la décence qui doit présider dans la demeure des principaux Ministre de l'Eglise.«
154 Serlio, Bd. IV, fol. XXXVI. Zitiert nach Forssman 1984, S. 74/75.
155 Forssman 1984, S. 88.
156 Forssman 1984, S. 74-88.
157 Forssman 1984, S. 80.
158 Blondel 1771, Bd. II, S. 237.
159 Blondel 1771, Bd. II, S. 237/242. »La décoration des bâtiments des riches Particuliers, doit avoir un caractere qui ne tienne ni de la beauté des Hôtels, ni de la simplicité qu'on doit observer dans les maisons subalternes; nous croyons que les ordres d'Architecture ne devroient jamais y être employés.«
160 Das Ansehen der korinthischen Ordnung begründete sich besonders darin, daß sie als Säulenordnung des Salomonischen Tempels angesehen und auch im Pantheon verwendet wurde. Vgl. Forssman 1984, S. 89/98.
161 Blondel 1771, Bd. III, 45.: »(...) il nous semble qu'un ordre qui embrasse deux ranges de croisées, devroit être réservé pour nos bâtiments publiques, selon leur plus ou leur moins d'importance; ou plus convenable de nos Places Royales (...).«
162 Blondel 1771, Bd. I, S. 288/289: »Plusieurs regardent les pilastres comme une médiocrité en Architecture; ce genre d'ordonnan-

Anmerkungen

ce représentant, disent-ils, biens plus la contrainte de l'art, qu'il n'imite les beautés de la nature, & ne produisant jamais, ou que rarement une décoration intéressante. Cela peut être vrai à certains égards; mais ne peut-on pas aussi considérer les pilastres comme un genre qui tient le milieu entre l'art de bâtir & l'Architecture proprement dit? (...) Il est vrai que la colonne naturellement plus légere, paroit plus propre que la pilastre à donner mouvement à la decoration des façades: mais c'est précisément par ces differentes manieres de varier les productions de l'art, que l'on peut parvenir fixer dans l'architecture une caractere distinctif que les colonnes communiqueront aux édifices importants, les pilastres aux bâtiments particuliers (...).«

163 »Les décorations extérieures des édifices, ces embellissemens des villes sont négligés ou sacrifiés le plus souvent au détail des distributions, et surchargés d'énormes agraffes, d'écussons de travers, sans goût et sans proportion: à force de vouloir donner à l'architecture un air ingénieux, on lui ôte cet air de grandeur et de noble simplicité.« Patte, Pierre: Discours sur l'architecture, Paris 1754. Zitiert nach Häberle 1995, S. 66.

164 Laugier 1753/1989, S. 47/48.
165 Laugier 1753/1989, S. 92.
166 Laugier 1753/1989, S. 140.
167 Laugier 1753/1989, S. 99.
168 Laugier 1753/1989, S. 41/43.
169 Laugier 1753/1989, S. 179.
170 Häberle 1995, S. 39.
171 In der kunstgeschichtlichen Literatur wurden Gontard verschiedene weitere Objekte in Bayreuth zugeschrieben. Es handelt sich dabei um das Haus des Vormundschaftsrates Layritz (Kat. Nr. 14, Abb. 30), das Anwesen des Geheimen Cameriers Liebhardt (Kat. Nr. 15, Abb. 31) und das Haus des Hofbaumeisters Mader (Kat. Nr. 18, Abb. 32). Durch die Erforschung der Baugeschichte, die in den jeweiligen Katalognummern dargestellt ist, haben sich jedoch deutliche Zweifel an der Richtigkeit dieser Zuweisungen ergeben. Aus diesem Grund wurden die genannten Objekte im Textteil nicht näher erörtert.

172 StA Bamberg, Markgrafentum Brandenburg-Culmbach, neugeordnet, Nr. 3817; Johann Friedrich Örtels, Vater und Sohn Hoff-Apotheckern Previlegium und dessen Confirmation. Item Steuer Beleg betr., Anno 1713-1778. Schreiben Nr. 6, Dekret des Markgrafen Georg Wilhelm, 28. Juni 1712. Der Markgraf erteilte seinem Kammerdiener und Apotheker Johann Friedrich Örtel den Befehl, »(...) aus dem Schlosse jedoch außer der Stadt vor dem Oberen Tore (...)« eine Hofapotheke einzurichten, die für ihn und seine Dienerschaft zuständig sein sollte. Vgl. Mayer 1930, S. 177/178.

173 StA Bamberg, KDK Hofkammer Bayreuth, C 9 VI Nr. 10088; Die Einrichtung der allhießigen Schloß-Apotheke betrl.: ao. 1740-1777; Schreiben des Markgrafen Friedrich an das Kammeramt vom 11. Oktober 1740.

174 StA Bamberg, Rep. K 111, Kreis- und Stadtgericht Bayreuth, Grundakte Nr. 417; Kaufvertrag über das Wohnhaus Nr. 417 vom 3. November 1753.

175 Mayer 1930, S. 178. StA Bamberg, K 111, Kreis- und Stadtgericht Bayreuth, Grundakte Nr. 417; Kaufvertrag vom 3. November 1753. Kaufsumme: 1400 fl. fränk., 3 Carolins Leykauf. Das ehemalige Wohnhaus Nr. 418 verkaufte die Apothekerswitwe am 29. August 1758 an den Bäckermeister Paulus Küspert. Rissebuch, Nr. 418, Abschrift des Stadtarchives Bayreuth, S. 241.

176 Eigenhändige Entwurfszeichnungen des Markgrafen Friedrich sind bisher nicht bekannt. Vgl. StA Bamberg, Markgrafentum Brandenburg-Culmbach, neugeordnet, Nr. 3817; Johann Friedrich Örtels, Vater und Sohns Hoff-Apotheckern Previlegium und dessen Confirmation. Item Steuer Belag betr., Von Anno 1713-1778. Schreiben Nr. 30, 30. Oktober 1759. Ebd., Acta privata, Schreiben Nr. 2, 1793 angefertigte Abschrift eines Bittgesuches der Witwe Örtel an den Markgrafen vom 2. Juli 1759 um Steuererleichterungen etc.

177 Nach dem Rissebuch müßte die Dauer der Bauarbeiten auf die Jahre 1756 und 1757 eingeschränkt werden. Stadtarchiv Bayreuth, Rissebuch, Nr. 417/418, S. 241. König nennt sogar das Jahr 1753 für den Baubeginn und gibt außerdem an, daß für den Bau der Apotheke beide Grundstücke (sowohl das Gelände der alten Örtel'schen Apotheke (Nr. 418) als auch der Grund des neuerworbenen Wohnhauses (Nr. 417), welches abgerissen worden sei), verwendet wurden. König, Beschreibung der Stadt Bayreuth, Abschrift des Stadtarchivs Bayreuth, S. 166. Aus dem Rissebuch geht aber hervor, daß das alte Wohnhaus (Nr. 418) am 29. August 1758 an den Bäcker Paul Conrad Küspert verkauft wurde und somit nicht in den Neubau einbezogen worden sein kann. Stadtarchiv Bayreuth, Rissebuch, Nr. 417/418, S. 241.

178 Erste Planungen für Compiègne wurden schon um 1737 begonnen, mehrfach modifiziert und ab 1751 von Ange-Jacques Gabriel für Ludwig XV. ausgeführt. Die Baumaßnahmen zogen sich jedoch sehr in die Länge (1752-1789). Tadgell 1978, S. 140-150.

179 Aufnahmen um 1900 zeigen neben dem rundbogigen Haupteingang in der Mittelachse der Hauptfassade (mit dahinterliegendem Flur zur Treppenanlage) und eine weitere stichbogige Tür in der äußersten linken Achse. Der Zugang in die Apotheke in der äußersten linken Achse wurde erst nach 1924 (Schenk 1924, Abb. 38) eingebrochen. Aus Symmetriegründen wären neben dem Haupteingang zwei stichbogige Fenster denkbar.

180 Leider standen für die Grundrißuntersuchungen der Hofapotheke nur Pläne des Erdgeschosses zur Verfügung. Vgl. Kat. Nr. 16, Abb. 7.

181 Dehio 1979, S. 152. Nach verschiedenen privaten Eigentümern befindet sich das Gontard-Haus seit 1967 ebenfalls im Besitz der Katholischen Kirche. Frdl. Mitteilung von Herrn Pfarrer S. Keiling.

182 Nach Sitzmanns Angaben und der von ihm zitierten Überschrift der Zeichnung, die er in seinem Aufsatz von 1952 als verloren angab, konnte man in diesem Blatt den originalen Grund- oder Aufriß vermuten, was sich allerdings nicht bestätigt hat. Vgl. Sitzmann 1952, S. 17.

183 Stadtarchiv Bayreuth, Hist. Nr. 843. Die Quelle wurde erstmals bei Sitzmann 1952, S. 40/42 abgedruckt. Gontard moniert in dem Schreiben die Forderung des Hochfürstlichen Oberhof-Marschall-Amtes, daß er trotz weitgehend abgeschlossener Bauarbeiten nachträglich auf seinem Grundstück wegen der Feuergefahr einen Durchgang zum Main freihalten müsse, obwohl er seinen Riß vorgelegt habe.

184 Mit Sicherheit handelt es sich bei einem der Bauten um das Palais des Marquis d'Adhémar. Die Bauarbeiten zur Hofapotheke dürften zu dieser Zeit als abgeschlossen angesehen werden. Möglicherweise bezieht sich Gontard auf das Spindlersche Haus, das Palais Ellrodt, das Jägerhaus, das Palais Reitzenstein oder das Palais Künßberg.

185 Zur gleichen Zeit wurde auch der Italienische Bau für die zweite Frau des Markgrafen mit einer Putzfassade ausgestattet.

186 Stadtarchiv Bayreuth, Hist. Nr. 843, Hist. Verein, Akt 64, i. Collectanea: Häuser der Stadt Bayreuth, Schreiben vom 26. November 1761. Vgl. Sitzmann 1952, S. 40-42.

187 Nach Planangaben umfaßt sie eine Länge von 18,35 m. Eingabeplan für den Umbau des Wohnhauses am Schloßberglein 3, Architekt Walter Schilling, Würzburg 1968; Plan im Besitz der Katholischen Kirche Bayreuth.

188 Den Abschluß zum heutigen Luitpoldplatz, vormals Jägerstraße, bildete, zumindest bis 1898 (Neubau des Kaufhauses Friedmann) eine Sandsteinmauer mit einem schmiedeeisernen Gitteraufsatz. Hofmann 1902, Taf. 13.

189 Die monotonen Fensterschürzen im Zwerchhaus lassen Eingriffe in die Substanz vermuten.

190 Serlio, Sebastiano: Delle habitatione di tutti gli gradi degli omini, IV, fol. XXXVI v. Zitiert nach Forssman 1984, S. 22.

191 Sandrart, I. Zitiert nach Forssman 1984, S. 78.

192 Diderot & d'Alembert, Bd. 22, S. 4.

193 Bereits Sitzmann weist auf diese Beziehung in seinem Aufsatz hin. Sitzmann 1952, S. 18.

194 Forssman nennt als weitere Beispiele für die Verwendung der Ionica das Sebastiansdoelenhuis von Arent van s'Gravesand im Haag oder dessen Lakenhal in Leiden, begonnen 1638. Forssman 1984, S. 80. Das Mauritshuis besitzt eine Putzfassade, umfaßt an der Straßenfront sieben und an den Seiten sechs Achsen und erstreckt sich über zwei Geschosse. Die sonst durchgehende Gliederung mit glatt verputzten ionischen Kolossalpilastern der modernen Ordnung wird im Mittelrisalit an der Front unterbrochen, wo nur die Seiten durch Pilaster gefaßt sind. Risalitartig sind jeweils auch die beiden äußeren Fensterachsen hervorgezogen. Über einem breiten Gebälk mit Zahnschnitt wird der Mittelrisalit durch einen Fronton bekrönt. Es werden einheitlich Rechteckfenster mit leichten Ohrungen verwendet, wobei die Form der Verdachungen variiert. Unter den Fenstern des Obergeschosses hängen üppige Festons. Das ganze Gebäude strahlt vornehme Zurückhaltung aus.

195 Stadtarchiv Bayreuth, König, Grundriß des Gontard-Hauses um 1800, o. Inv.Nr.

196 Durch spätere Umbaumaßnahmen 1968 ist die Enfilade teilweise beseitigt worden, auch ist das hintere Zimmer nur noch vom Flur aus betretbar.

Anmerkungen

197 Die Deckenstukkaturen in den Innenräumen werden Giovanni Battista Pedrozzi, eventuell in Zusammenarbeit mit Adam Rudolph Albini, zugeschrieben. Jahn 1990, S. 172/283. Restaurierungsmaßnahmen mit umfangreichen Befunduntersuchungen wurden 1997 abgeschlossen, wobei die ursprüngliche Farbigkeit nach den Ergebnissen der Untersuchungen wiederhergestellt wurde.
198 Stadtarchiv Bayreuth, Hist. Nr. 843, Akte 64 i. Collectanea: Häuser der Stadt Bayreuth, Schreiben vom 26. November 1761. Vgl. Sitzmann 1952, S. 19.
199 Die Zuschreibung an Gontard wurde erstmals 1902 von Friedrich Hofmann vorgenommen. Hofmann 1902, S. 101.
200 Die Pläne zu diesen Umbauten lassen erkennen, daß das Gebäude fast völlig entkernt wurde. Nach Angaben von Herrn Pfarrer Keiling wurden die vorhandenen Stuckdecken bei diesen Maßnahmen abgehängt. Vgl. Kat. Nr. 13.
201 Stadtmuseum Bayreuth, Inv.Nr.: 06.444.
202 Insgesamt veranschlagte er für den gesamten Bau die Summe von 18.299 fl. frk. In der Antwort des Markgrafen vom 1. Oktober 1760 bewilligte Markgraf Friedrich dem Husarenoberst 2.000 fl. frk. aus einem Extrafond. Desweiteren geben drei Anweisungen des Markgrafen, die unter dem gleichen Datum laufen, Auskunft über die Materialschenkungen an Reitzenstein. Stadtarchiv Bayreuth, Hist. Nr. 2583, Schreiben Reitzensteins an den Markgrafen vom 22. September 1760. Abgedruckt bei Sitzmann 1952, S. 43/45.
203 Der Entwurf ist mit einer Bemerkung Reitzensteins versehen, die in der Vergangenheit zu einigen Spekulationen veranlaßte. Sitzmann transkribierte die Notiz folgendermaßen: »Daß gegenwartiger Riß von dem Joller Bauer ohne alle Beyhilffe eines andern Verfertiget. Attestirt de Reitzenstein mpr.« Sitzmann 1952, S. 25. Herr Walter Bartl, Stadtarchiv Bayreuth, machte mich freundlicherweise darauf aufmerksam, daß die Lesung »Joller Bauer« falsch ist und als »Pollir Bauer« gelesen werden muß. Zu dieser Zeit ist ein Hofmaurermeister Johann Bauer in Bayreuth nachweisbar. Im Hofadreßkalender ist Bauer 1763 und 1764 als Zimmermannspolier aufgeführt. Zwar fehlt er in späteren Kalendern, doch ist der Titel in anderen Quellen verbürgt. Bauer muß vor 1788 verstorben sein. Möglicherweise fertigte der Maurermeister den Riß nach Gontards Angaben an.
204 Habermann 1982, S. 6.
205 Der Palazzo wurde von Carlo Rainaldi (geb. 4.5.1611 in Rom, gest. 8.2.1691 ebda.) für Filippo Mancini, Herzog von Nevers, in Rom entworfen, jedoch erst nach 1695, also nicht mehr zu Lebzeiten des Architekten, mit einigen Abweichungen vom Originalplan, ausgeführt. Hempel 1919, S. 88/91. Friedrich Hofmann führte als erster dieses Vergleichsbeispiel an. Hofmann 1902, S. 103.
206 Die Markgräfin besuchte die Accademia di Francia am 14. Juni 1755. Staatsbibliothek Berlin Unter den Linden, MS Boruss. fol. 806. Mémoires de Fréderique Sophie Wilhelmine Margrave de Bareith, sœur de Frédéric le Grand, ecrits de sa main, 1706-1754, f. 307v.
207 Als weitere Vergleichsbeispiele könnte auch die Fassadenkonzeption des Palazzo Ludovisi (Montecitorio) in Rom genannt werden. Der Stadtpalast wurde im Auftrag von Papst Innozenz X. nach Plänen von G. L. Bernini um 1650 begonnen. Nach längerer Unterbrechung ließ Papst Innozenz XII. im Jahr 1694 die Bauarbeiten durch Carlo und Francesco Fontana fortsetzen. Hootz 1988, Rom I, S. 460.
208 Zur Entwicklung der Grundrißlösungen bei frühklassizistischen Bauten sei insbesondere auf Hans Jacob Wörners Ergebnisse hingewiesen. Wörner 1979, S. 268ff.
209 König, Beschreibung der Stadt Bayreuth, Nr. 433, Abschrift des Stadtarchivs Bayreuth, S. 180: »Das anstoßende große, zierliche, palastähnliche, dreigädige Haus, in dessen unterem Stock ehemals das Deutsche Geheime Kabinett des Markgrafen Friedrich gewesen, erbaute der Ober-Reiß-Stallmeister von Ellrodt aus zwei weggerissenen kleinen Häusern, so Ramsenthaler Lehen gewesen.«
210 König, Beschreibung der Stadt Bayreuth, Nr. 696, Abschrift des Stadtarchivs Bayreuth, S. 153.
211 Das Jägerhaus wirkt dadurch gegenüber dem Palais Ellrodt sehr zurückgenommen. Offensichtlich war an dieser Fassade kein aufwendiges Beiwerk, wie Jagdmotive, Waffen etc., erwünscht.
212 Häberle 1995, S. 7 und Abb. 1.
213 Wörner 1979, S. 270.
214 Eine gewisse Zwischenposition nimmt das Haus Spindler mit seinen stärker italienischmanieristisch geprägten Gliederungselementen ein. (Kat. Nr. 17, Abb. 28)
215 Hôtel de Duchesse d'Estrées, 79 rue de Grenelle, Paris. 1704 von Robert de Cotte gebaut. Hôtel de Torcy, 78 rue de Lille, Paris. 1713 von Germain Boffrand (1667-1754) errichtet. Röver 1977, S. 15, Anm. 24, S. 17, Anm. 26. Köhler 1994, Abb. 22, S. 291, nach: d'Aviler 1691, Taf. 63A.
216 Auf dem Rückweg nach Deutschland reiste man von Rom, über Bologna, Ferrara, Venedig, Padua und Vicenza nach Verona. Explizit erwähnt wird der Theaterbau Palladios in Vincenza. Staatsbibliothek PK, MS Boruss. fol. 806, Memoires de Fréderique Sophie Wilhelmine Margrave de Bareith, f. 310v.
217 Blondel, Jacques François: Discours sur la manière d'étudier l'architecture, Paris 1747, S. 11. Zitiert nach Häberle 1995, S. 31.
218 Der Autor weist auf die Rezeption italienischer Baukunst im Frühwerk Soufflots und des palladianischen Baugedankens bei Gabriels Petit Trianon (1762-1764) hin. Häberle 1995, S. 77-80.
219 Die Innengestaltung des Opernhauses, es wurde 1748 eingeweiht, wurde von Giuseppe und Carlo Galli-Bibiena aus Bologna geschaffen. Zahlreiche Sängerinnen und Sänger, die an der Oper tätig waren, stammten aus Italien. Seelig 1982, S. 59.
220 Die extrem schlechte Quellenlage ermöglichte es bisher nicht, die Genese des Bauwerkes exakt nachzuvollziehen. Vgl. hierzu: Bachmann 1948, S. 59ff; ders. 1985, S. 63f; Habermann 1982, S. 25f; Müssel 1991, S. 11. Eine Dissertation über die Gesamtanlage der Neuen Residenz in Bayreuth wird zur Zeit von Carolin Wehrend M.A., München, erstellt.
221 Vergleiche hierzu Mielke 1981, S. 26-30.
222 Manger 1789/90, Bd. I, S. 19.
223 Mielke 1972, Bd. I, S. 8.
224 Manger vermutete zunächst, daß Ruppin Residenz werden sollte. Manger 1789/90, Bd. I, S. 28.
225 Manger 1789/90, Bd. II, S. 278/279, 297.
226 Mielke 1981, S. 39.
227 Förster 1837, S. V/VI.
228 Brief Algarottis an Lord Burlington 1751, zitiert nach Harris 1994, S. 31: »The other night when I had the honour to dine with His Majesty (Frederick the Great,) the discourse turned to architecture of which the King is very fond indeed. The name of Mylord Burlington came to be mentioned together with those of Jones and Palladio. I mentioned to His Majesty Burlington House, Chiswick, the Egyptian Hall at York, the Thermae which you, Mylord, have had engraved, and the Palladian façade which you have had executed for General Wade's house. But my description only kindled more than ever the curiosity of the King and his wish to see the things which are so beautiful... Now it rests with you, Mylord, to... show his Majesty that you are in this century the restorer of true architecture.«
229 Förster 1837, S. 92, 97.
230 Giersberg 1986, S. 63.
231 Eine Aufstellung der Bücher in den Bibliotheken Friedrichs II. ist nachzulesen bei: Krieger 1914.
232 GStA PK, I. HA, Rep. 96, Geheime Cabinetts-Registratur, Nr. 208 H, Acta des Kabinetts Friedrich Wilhelms II. Verzeichnis der im Sterbezimmer König Friedrichs II. in Sanssouci gefundenen Bücher 1786: »[...] 6. 16 Stück gezeichnete Plans, auch Kupfer 7. eine starke Rolle gezeichneter Plans 8. 12 Kupferstiche von mancherlei Größe [...].« Die Liste wurde am 14. September 1786 von dem Prediger Schmidt am Königlichen Waisenhause zu Berlin aufgenommen.
233 »Man muß, so glaube ich, Sire, zu dem, was man in Berlin ausführen will, (Forum Fridericianum, d.V.) die Vorbilder nirgend anders wo, als in dem triumphirenden Rom suchen. [...] und ich hoffe, Ew. Maj. werden den Architekten Venedigs dieselbe Ehre zu Theil werden lassen, die Sie denen von Rom und Versailles erwiesen, die nämlich, einige ihrer Schöpfungen bei sich heimisch zu machen und mit Ihren eigenen zu vermischen. Potsdam wird eine Schule der Baukunst werden wie es eine Schule der Kriegskunst ist.« Förster 1837, S. 52, 9.
Der Hinweis auf das »triumphierende Rom«, könnte in Bezug auf Häberles Feststellungen gesetzt werden, daß bei der Antikenrezeption um die Mitte des 18. Jahrhunderts, zumindest in Frankreich, die kaiserzeitliche Architektur der Flavier, Adoptivkaiser und Severer bewundert wurde. »Die Franzosen bewundern die monumentalen Gebäudekomplexe, in denen sich die Strenge des antiken Formenapparates mit kostbarer Ausstattung verbindet. Die antiken Tempel und Triumphbögen vereinen in der Vorstellung des 18. Jahrhunderts auf geradezu ideale Weise religiöse und nationale Machtdemonstration. In antiken Basiliken und Zirken [...] sieht man eine vorbildliche Kombination von Zweckarchitektur und prachtvoller architektonischer Umrahmung eines

Anmerkungen

Massenversammlungsortes.« Häberle 1995, S. 38.

234 Vgl. Kapitel »Vorlagen des Königs für Potsdamer Immediatbauten« und »Adaptionen französischer und italienischer Vorlagen«.

235 Für die vorliegende Arbeit wurden die Minüten und Extracte zwischen 1764 und 1792 verwendet. GStA PK, I. HA, Rep.96 B, Minüten, Nr. 68-91; GStA PK, I. HA, Rep. 96 B, Extracte, Nr. 130-172. Die Extracte zwischen 1764 und 1773 tragen in der Regel Marginaldekrete König Friedrichs II. Danach sind Resolutionen des Königs fast ausschließlich von den Kabinettssekretären vermerkt worden. Vgl. Erläuterungen zum Repertorium 96B, Geheimes Staatsarchiv Preußischer Kulturbesitz.

236 Manger 1789/90, Bd. III, S. 667/668.

237 Manger 1789/90, Bd. III, S. 603.

238 Gerlach, Samuel: Kollektaneen, Gesammelte Nachrichten von Potsdam, in: Mitteilungen des Vereins für die Geschichte Potsdams, o.J., Bd. III, S. 129. Zitiert nach Mielke 1972, Bd. I, S. 129.

239 Vormals Zentrales Staatsarchiv Merseburg, HA. Rep. 14 D, Nr. 11, f. 26-29; jetzt GStA PK. Das Reglement ist abgedruckt bei: Giersberg 1986, S. 313-315.

240 Manger 1789/90, Bd. I, S. 191.

241 Manger 1789/90, Bd. III, S. 545.

242 Manger 1789/90, Bd. III, S. 562.

243 Vgl. Manger 1789/90, Bd. III, S. 562/563.

244 GStA PK, I. HA, Rep. 96, Geheime Cabinetts-Registratur, Fr. W. I. und Fr. II., Verwaltung, Acta des Kabinetts König Friedrichs II., Nr. 434 D, Bl .1/2. Legeay bedingte sich 1000 Taler jährliche Pension aus, die aus der Königl. Schatulle gezahlt werden sollte. Außerdem forderte er ein Patent in französischer Sprache, freie Reisekosten und freies Papier. Auch vereinbarte er, daß er nur Zeichnungen zu erstellen hätte, aber keine Kostenanschläge anfertigen müsse, was ihm auch gewährt wurde.

245 Giersberg 1986, S. 269f.

246 Vgl. Kruft 1991, S. 172; Harris 1969, S. 191. Erichsen glaubt im Gegensatz zu diesen Autoren nicht, daß Legeay an Blondels Schule unterrichtet hat, da erst ab 1747 Mitarbeiter dafür genannt werden. Erichsen 1980, S. 246, Anm. 760.

247 Erichsen 1980, S. 250.

248 Manger 1789/90, Bd. II, S. 286.

249 Manger 1789/90, Bd. III, S. 639.

250 Krüger fertige auch nach Gontards Entwurf 1786 eine Zeichnung für die Trauerdekoration für die Begräbnisfeierlichkeiten Friedrichs II. an. Staatliche Museen zu Berlin - Preußischer Kulturbesitz, Kupferstichkabinett, K.d.Z. 9794.

251 Manger 1789/90, Bd. III, S. 640.

252 GStA PK, I. HA, Rep. 96 B, Minüten, Nr. 70, 1767/68, S. 240, 4. Juli 1768: »S.K.M. ertheilen dem Capitain Gontard auf deßen allerunter. Bericht vom 3ten d. hierdurch zur Resolution, wie allerhöchstd. aus dem schlechten Fortgang dero Bauten überall höchst misfällig abnehmen, wie schläfrig u. sorglos gedachter Capit. Gontard sich deren Betrieb angelegen seyn läßt, u. S.K.M. dahero nicht Umgang nehmen können, demselben dero gantzliche Unzufriedenheit darüber hierdurch zu erkennen zu geben.«

253 GStA PK, I. HA, Rep. 96 B, Minüten, Nr. 80, S. 679, 26. Oktober 1780: »Da S.K.M. dero Capitain v. Gontard allhier zu sprechen verlangen, so wird demselben hierdurch aufgegeben, sich zu dem Ende des fordersamsten hier einzufinden, und den Riß und Zeichnung von dem was in der neuen Bibliothek gemacht werden soll, mitzubringen, welches S.K.M. ansehen wollen.«

254 GStA PK, I. HA, Rep. 96 B, Extracte, Nr. 136, 1769, S. 64, 29. Januar 1769 »Der Bau Conducteur am neuen Palais hierselbst Unger bittet allerunterthänigst, ihm die vacant seyn sollende Meinicksche Land Bau Meister Stelle bey der Magdeburgischen Cammer in Gnaden zu ertheilen.« Marginalie des Königs: »Ich trau ihm nicht ob er was versteht.«

255 GStA PK, I. HA, Rep. 96 B, Extracte, Nr. 143, 1774, S. 459, 20. Juni 1774: »Der Conducteur Unger bittet allerunterthänigst, um in der Architectur sich habiler zu machen, ihm die Erlaubniß, mit zwey jungen Mahlern von hier nach Italien abzureisen, mit beybehaltung seiner diaeten, benebst einen Reyse Paß allergnädigst zu ertheilen.«

256 Manger 1789/90, Bd. III, S. 640.

257 GStA PK, I. HA, Rep. 96 B, Minüten, Nr. 86, 1786, S. 496, 22. Mai 1786: »Da sich Unger erdreistet hat, sich nicht an die Anschläge des Oberbaurat Seidels (wg. der Stadtmauern) zu halten, ist Unger in Arrest gesetzt worden.« Bei weiterem Ungehorsam wird Unger mit Festungshaft gedroht.

258 Lageplan von Sanssouci mit ersten eingezeichnten Planungen für das Neue Palais um 1755/56. Drescher/Badstübner-Gröger 1991, S. 26.

259 Manger 1789/90, Bd. III, S. 672.

260 GStA PK, I. HA, Rep. 96, Geheime Cabinetts-Registratur, Fr. II., Politica, Nr. 19 A, 1763, Des Preußischen Gesandten Buchholtz Depeschen aus Bayreuth. Verhandlungen liefen mit dem englischen Maler Harper in Stuttgarter Diensten (Bl. 67), den Bayreuthsche Jucht (Kunstmaler, Bl. 79), Seeger (Vergolder, Bl. 79), Albini (Stukkator, Bl. 81), den Brüdern Räntz (Bildhauer, Bl. 81), Hochgesang (Gipspolierer, Bl. 81), Hanff (Steinschneider, Bl. 81), Foullois und Rupelius (Hoftapezierer, Bl. 81), Kalme (Porzellanmaler, Bl. 81), Kobauer (Zimmermeister, Bl. 81), Goût (Illuminator, Bl. 81), Scheibel und Ringeisen (Marmorarbeiter, Bl. 86), Schleinig und Dorsch (Bildhauergesellen, Bl. 86), Glau (Steinhauergeselle, Bl. 86), Hernmüller (Mühl-Arzt oder Maschinenarbeiter, Bl. 86), Mader (Hofbau- und Steinhauermeister, Bl. 106), dem Bamberger Weiss (Marmorarbeiter), dem Germersheimer Schermer (Marmorarbeiter), den Brüdern Windfuß aus Eger (Marmorarbeiter) und den Ansbachern Kleinod und Schiller (Marmorarbeiter) sowie dem Laquierer Eberlein (Bl. 95).
GStA PK, I. HA, Rep. 96, Geheime Cabinetts-Registratur, Fr. II., Politica, Nr. 54 G 7, 1755-1765, Korrespondenz mit Baron von Plotho (o.P.). Weitere Verhandlungen liefen mit einem Nürnberger Fabrikanten mit Namen Wohlrab (Schreiben vom 7.8.1763) und den Brüdern Spindler (Kunsttischler, nicht namentlich genannt).
Manger nennt außerdem noch Hofmaurermeister Leithold, den Kabinettichler Gigold und den Grobschmied Zuleger. Manger 1789/90, Bd. II, S. 284-286. Desgleichen wurde der Bildhauer Johann Peter Benkert (1709-1769) vermutlich bereits nach 1746 nach Potsdam berufen. Vgl. Thieme-Becker, Bd. III, S. 330; Sauer, Bd. 8, S. 608/609.

261 Mielke 1972, Bd. I, S. 105.

262 GStA PK, I. HA, Rep.96, Geheime Cabinetts-Registratur, Nr. 412, C, 2, Acta des Kabinetts König Friedrichs des Zweiten, Angelegenheiten der Einwohner von Potsdam 1750-1785, Bl. 28. Abschrift der Resolution und Versicherung vor die drey Bayreuthsche Werckmeister als den beyden Steinhauer und Mauermeistern Mader und Leithold und der Zimmermeister Kobauer, wegen ihres hiesigen Etablissements. »(...) daß 1.) Ihnen sowohl bey den hiesigen Schloß Bau als sonsten, jeden nach seiner Profession, Arbeit gegeben und deshalb Accords mit ihnen getroffen werden soll. Da sie sich offeriren gleich jetzo 60 und mehr Gesellen mitzubringen (...). Potsdam den 18. October 1763«, gez. Friedrich

263 Manger 1789/90, Bd. III, S. 672; vgl. Wallé 1891, S. 13.

264 BLHA, Pr. Br. Rep. 37, Neuhardenberg, Nr. 1717, Bl. 19, Brief vom 6. Oktober 1764.

265 Definitiv belegt ist Gontards Mitgliedschaft bei den Freimaurern jedoch nicht. Aber auch Joseph Saint-Pierre, der Vorgänger Gontards am Bayreuther Hofbauamt, war seit 1743 Mitglied der Stadtloge. Vgl. Beyer 1954, S. 132-134.

266 Stiftung Preußischer Kulturbesitz, Staatsbibliothek, Handschriftenabteilung. Nachlaß Nicolai, Bd. 47. Briefwechsel F. Nicolais mit H. L. Manger 1776-1789, Brief vom 31.8. 1778. Zitiert nach Drescher, Bd. 1968, S. 193-195. »Von dem Herkommen und Geburtsorte des Hauptmann von Gontard habe durch ihn selbst nichts erfahren können und es scheinet mir fast als wäre ihm mißfällig, wenn davon bey seinem Leben etwas ins Publikum kommen sollte.«

267 GStA PK, I. HA, Rep. 96 B, Extracte, Nr. 131, 1764/65, ohne Datum, Bl. 53v.: »Der Nahmens Gontard aus Bareuth meldet unterthänigst, daß er die von ihm verlangte plans zur Mitte des vorigen Monaths dem Bau Inspector Neuffer eingesendet. Zeigt allerunterthänigst an, daß die mines de Pozzuola, so er für die höchstseelige Markgräfin von Bareuth Königl. Hoheit anzufertigen hatte, weggekommen wären, ohne daß jemand wisse wohin, und bittet noch sechs Wochen um seine Sachen arangiren zu können, in Bareuth verbleiben zu dürfen.« Handschriftlicher Vermerk des Königs: »6 Wochen guth«.

268 Im 2. Band der Baugeschichte nennt Manger Anfang September als Datierung für die Übernahme des Bauhofes, während eine schriftliche Order des Königs, die im 3. Band abgedruckt ist, erst am 24.11.1764 ausgestellt wurde. Manger 1789/90, Bd. II, S. 284; Bd. III, S. 673/674.

269 Vgl. Manger 1789/90, Bd. II, S. 284/285.

270 Volk 1988, S. 31. Über Gontards Charakter sind jedoch kaum Informationen erhalten, die Rückschlüsse auf diesen Umstand erlauben würden.

271 Manger 1789/90, Bd. II, S. 286/287; Bd. III, S. 546.

272 GStA PK, I. HA, Rep. 96 B, Extracte, Nr. 167, 1788, Bl. 342. Leider ist der Originalbrief nicht erhalten, sondern nur eine Zusammenfassung für die Kabinettsvorträge, Pots-

Anmerkungen

dam, 26.3.1788. Manger gibt an, daß Büring die Rückkehr gestattet wurde, bis zum Jahresende 1788 jedoch noch nicht davon Gebrauch gemacht hätte. Manger 1789/90, Bd. III, S. 629-633. Vgl. hierzu Kapitel »Diebe, Lügner, »Erz-Canaillen« Friedrich II. und seine Baumeister«.
273 Manger 1789/90, Bd. I, S. 28.
274 Mielke 1960, S. 13, Anm. 13.
275 Vgl. Mielke 1972, Bd. I, S. 9.
276 Duden, Fremdwörterbuch, (5. bearb. u. erw. Aufl. 1990): »Immediat' (lat.): unmittelbar (dem Staatsoberhaupt unterstehend)«.
277 Manger 1789/90, Bd. I, S. 88.
278 GStA PK, I. HA, Rep. 93 B, Ministerium der öffentlichen Arbeiten, Nr. 1559, Acta betr. die baupolizeiliche Anweisung für die auf Königl. Kosten erbauten und in Besitz von Privatpersonen übergegangenen Häuser und Gebäude in Berlin, 1787, 1814, 1829-1859. Abschrift »Publicandum Auf ausdrücklichen Immediat Befehl Sr. Königlichen Majestät wird denjenigen Einwohnern zu Berlin und Potsdam, welchen auf Königliche Kosten Häuser erbauet worden sind, hierdurch bekannt gemacht, daß sie keineswegs die Freiheit haben an der Façade sothaner Häuser Veränderungen nach ihrem Gutbefinden vorzunehmen. Es bleibt ihnen daher allen Ernstes untersagt, weder die Attiken, Vasen, Statuen, Gruppen oder auch andere Veränderungen davon wegzunehmen oder zu verändern. (...) Und wollen Sr. Königliche Majestät ferner, daß wenn an solchen Ornamenten etwas schadhaft geworden ist, die unbemittelten Eigenthümer diese sogleich dem Ober-Hof-Bau-Amte anzuzeigen haben, welches Sorge tragen wird, daß die Reparaturen ohne Anstand auf Königliche Kosten geschehen sollen.« Berlin den 31. August 1787, Königl. Ober-Hof-Bau-Amt v. Woellner. Vgl. auch Mielke 1960, Denkmalpflege in Potsdam, S. 79.
279 GStA PK, I.HA, Kurmark, Tit. CLVI, Nr. 9, Besitzrechte an Immediatbauten, Bl. 6. Copia »Seine Königlichen Majestät von Preußen (...) haben mißfällig bemerkt, daß die Bürger ihre neuen Häuser nicht ein bisgen in Ordnung und in stande halten, sondern sie ganz verderben laßen (...) Höchstdieselben befehlen demnach dem Magistrat hierselbst, hierdurch in Gnaden, daß darum, wie es auch seine Schuldigkeit erfordert, etwas mehr zu bekümmern, und mit beßerer Attention, darnach zu sehen, daß die Bürger ihre Häuser, in einen ordentlichen und guten Stande halten, und nicht alles daran, so verderben, und verfallen laßen, sondern wann hin und wieder etwas schadhaft wird, gleich wieder ausbeßern und in Stand zu setzen (...).« An den Magistrat zu Potsdam, Potsdam den 8ten Dezember 1776 Friedrich.
280 Manger 1789/90, Bd. II, S. 337. »Ich will mich nicht aufhalten, von den an diesen Häusern (gemeint sind die 9 Bürgerhäuser an der Nauenschen Plantage aus dem Jahr 1769, später Wilhelmplatz 6-12, d.V.) angebrachten Verzierungen viel zu sagen. Sie waren alle von, der Vergänglichkeit so sehr unterworfenem, Stukk, und viele sind davon schon jetzt so entblößt, und von den Besitzern durch Aenderungen so entstellt, daß man blos das nackte Architektonische annoch wahrnehmen kann, welches denn bey gehäuften außerwesentlichen Verzierungen öfters gar sehr verabsäumet wird.«
281 Potsdamer Bauten nach Entwürfen Friedrichs II. wurden von Boumann beispielsweise 1748 in der Breiten Straße 3, 3a, 4 und 36 umgesetzt. Verschiedene Skizzen des Königs sind abgebildet bei: Giersberg 1986, S. 144ff.
282 Manger 1789/90, Bd. III, S. 618.
283 »Bey diesen drey Häusern (3 Häuser auf der Schloßfreiheit, d.V.) fügte es sich, so wie es bey einigen andern vorherigen (besonders nach Palladio kopierten) geschehen war, daß, zu Gunsten der Königlichen Idee von der Außenseite, die innere Bequemlichkeit sehr leiden mußte. Denn hätten die Stockwerke von Innen eben die Höhe erhalten sollen, wie es die Außenseite erforderte, so hätten solche 19 bis 20 Fuß im Lichten betragen; da dieses aber für Bürgerhäuser durchaus nicht thunlich war und jedes solcher hohen Stockwerke durch besondere Balken in niedrigere Gemächer abgetheilt werden mußte, so konnte es gar nicht anders geschehen, als daß die Fenster der untern Geschosse bis an die Decke reichten, die sich denn oben wieder vom Fußboden ohne eine Brüstung anfingen. Bey ersteren mußten also an den Fenstern Estraden angebracht werden, um darauf die Helle des Tages zu genießen; bey denen darüber aber mußten es sich die Bewohner gefallen lassen, sich auf den Fußboden zu lagern, um Lesen, Schreiben oder andere Arbeiten verrichten zu können, zu denen am Tage Tageslicht erfordert wird.« Manger 1789/90, Bd. I, S. 172/173.
284 Manger 1789/90, Bd. II, S. 257.
285 Manger 1789/90, Bd. II, S. 318.
286 »(...) Von den ersteren (Privatgebäude, d.V.) sind zwar die meisten im besten Geschmack, auch einige würcklich gute Copien von guten italienischen Pälasten; allein diese müssen bloß ausserhalb betrachtet werden, indem das Innere dem Aeußeren gänzlich widerspricht (...)« Millenet 1776, S. 25, 55.
287 Millenet 1776, S. 13, 54.
288 Allgemeines Magazin für die bürgerliche Baukunst, Bd. 2,1, 1797, S. 258. Zitiert nach Schütte 1979, S. 132, Anm. 472. Im übrigen wurde dieses Zitat im Allgemeinen Magazin fast wörtlich von Manger übernommen. Vgl. Manger 1789/90, Bd. I, S. 170.
289 Manger 1789/90, Bd. II (insgesamt) und Bd. III, S. 635-636.
290 Stiftung Preußischer Kulturbesitz, Staatsbibliothek, Handschriftenabteilung. Nachlaß Nicolai, Bd. 47. Briefwechsel F. Nicolais mit H. L. Manger 1776-1789. Zitiert nach Drescher 1968, S. 193-195.
291 1988 hat Hermann Fellien eine Aufstellung und Lokalisierung der bei Manger genannten Bauten unter Einbeziehung verschiedener Archivalien erarbeitet. Kleinere Unstimmigkeiten sind aber auch hier zu verzeichnen. Vgl. Fellien 1988.
292 Drescher/Badstübner-Gröger 1991,S. 59f.
293 Gontard wird im Corps de logis im wesentlichen die Gestaltung der Vestibüle, der Haupttreppenhäuser, der zwei Hauptfestsäle (Grotten- und Marmorsaal) sowie der seitlichen Treppenhäuser, der Marmorgalerie und des Ovalen Kabinetts zugeschrieben. Vgl. Drescher/Badstübner-Gröger 1991, S. 71ff., S. 121f.
294 Zu den höfischen Bauten Gontards in Potsdam vgl. Tabelle V im Anhang sowie Kat. Nr. 24-32.
295 Zur Verteilung der Gontard-Bauten in der Stadt Potsdam, vgl. Abb. 43. Um die Übersicht über den Anteil der einzelnen Baumeister am Baugeschehen in der Stadt Potsdam zu vereinfachen, ist im Anhang die Tabelle III aufgeführt, die in chronologischer Reihenfolge die verschiedenen Objekte zuordnet.
296 Metzler 1993, S. 40.
297 GStA PK, I. HA, Rep. 96 B, Extracte, Nr. 147, Bl. 193, 24.3.1776. Bereits 1771 hatte Friedrich eine Kur Gontards in Berlin abgelehnt. GStA PK, I. HA, Rep. 96 B, Extracte, Nr. 139, 1772, Bl. 253, Potsdam, 1. Mai 1772.
298 GStA PK, I. HA, Rep. 96 B, Extracte, Nr. 152, 1779, o.P., Schreiben Potsdam, den 9. Juni 1779: »Der Capitaine v. Gontard, dem der Bauinspector Unger bekannt gemachet, daß er die approbirten Bauten in Berlin besorgen soll, fräget allerunterthänigst an, ob er in Zukunft die Berliner Bauten einzig und allein wahrnehmen und sich zu solchem Ende gänzlich in Berlin etabliren soll.« Dazu wird vermerkt: »Nur vor dies Jahr.«
299 Vgl. Hoffmann (II), S. 72.
300 Im Dezember 1781 bittet er um Erlaubnis von Weihnachten bis Neujahr nach Potsdam gehen zu dürfen, um häusliche Angelegenheiten zu klären. GStA PK, I. HA, Rep. 96 B, Extracte, Nr. 155, 1780, Bl. 538, 20. Dezember 1780.
301 GStA PK, I. HA, Rep. 96 B, Extracte, Nr. 157, 1781, Bl. 250, 6. Juli 1781. Das Gesuch um Unterstützung für sein Bauvorhaben wurde abgelehnt.
302 GStA PK, I. HA, Rep. 96 B, Extracte, Nr. 158, 1781, Bl. 458, 5. Dezember 1781.
303 Gebäude-Zuschreibungen an Gontard in Potsdam: Am Alten Markt 5, 6, 7, 9/10, 11; Am Kanal 30; Berliner Straße 4/5, 18/19 mit Garde-du-Corps-Straße 26; Blücher Platz 7-9; Burgstraße 2, 3, 4, 5, 37, 55, 56/57; Charlottenstraße 44, 45-47; Hohe Wegstr. 5, 9, 10, 11/12; Hoditzstraße 6, 13 (bei diesen Bauten ist eine Zuschreibung an Unger wahrscheinlich, vgl. Kat. Nr. 73, 74); Lindenstraße 44 mit Bäckerstraße 6; Nauener Str. 22, 23, 24/25, 28/29, 30/31, 32, 33/34, 35, 36, 37; Scharrenstraße 3, 4; Wilhelmplatz 0, 1, 2/3, 4/5, 6, 7/8, 10/11, 12.
304 Hier lassen sich zahlreiche Bauten von Unger nennen, z.B. Am Neuen Markt 6, 8 von 1773, Bäckerstraße 1-5, 1775, Burgstraße 7, 8 aus dem Jahr 1773, Burgstraße 13/14, 1777, oder Burgstraße 32/33 von 1781. Aber auch Gontard konzipierte zweigeschossige Bauten, z.B. 1770 die Häuser Burgstraße 2, 4/5 und 55/56. Vgl. Kat. Nr. 57, 59, 61.
305 Die Nauensche Plantage wurde im Westen durch die Nauener Straße, auch »Am Faulen See« genannt, begrenzt. Für die Straße an der Ostseite der Plantage wurde zeitweilig ebenfalls der Name »Am Faulen See«, »Im Pleinen« und später Wilhelmplatz verwendet. Um 1786 wurde die Bezeichnung »Wilhelmplatz« auch für die Nordseite geläufig. Im Süden bildeten die Häuser »Am Kanal« die Begrenzung.
306 »Zu drey doppelten Bürgerhäusern an der Nauenschen Plantage lies der König Zeichnungen neuer Außenseiten, drey Stockwer-

Anmerkungen

ke hoch, durch v. Gontard machen, und befahl deren neuen massiven Aufbau (...)« Manger 1789/90, Bd. II, S. 292/293. Die davor angrenzende Fassade Nauener Straße 34a gehörte zum Eckgrundstück Am Kanal 19, dem ehemaligen Postgebäude. Dieses »Schlincksche Eckhaus«, ein Fachwerkgebäude, dessen Hauptfassade sich zum Kanal erstreckte, wurde erst bei den Baumaßnahmen von 1783 erneuert. Manger 1789/90, Bd. II, S. 465/II, S. 469/2. Seine Funktion als Posthaus wurde beibehalten. Der Neubau von 1783 wird dem Werk G. Chr. Ungers zugerechnet.

307 GStA PK, I. HA, Rep. 36, Hofverwaltung, Nr. 3066, Kostenanschläge über Bauten und Baureparaturen in und bei Potsdam, f.16v. Es werden 23,324.09.00 Taler veranschlagt. Diese Aufstellung muß jedoch verworfen worden sein. Die Endsumme belief sich letzlich deutlich höher, auf insgesamt 84, 999.17.07 Taler. Vgl. GStA PK, I. HA, Rep. 36, Hofverwaltung, Nr. 3064, Hauptrechnung derer innenbenannten 20 Königl. Exterieur Bauten in und vor Potsdam 1762-1768, f.1v.

308 Vgl. Manger 1789/90, Bd. II, S. 292/293; ebd., S. 465ff. GStA PK, I. HA, Rep. 96, Geheime Cabinetts-Registratur, Nr. 216 B, Vol. I, Kabinettsakten Fr. W. II., Königliche Immediatbauten Berlin und Potsdam, 1787-1795, Bl. 23.

309 Diese sieben Bauten waren die einzigen Immediatbauten des Jahres 1768. Vgl. Manger 1789/90, Bd. II, S. 317. Seine Kostenangabe über 51,284.08.01 Talern deckt sich mit erhaltenen Abrechnungen. Vgl. Manger 1789/90, Bd. III, S. 807; GStA PK, I. HA, Rep. 36, Hofverwaltung, Nr. 3067, 3te Summarische Haupt-Geld-Rechnung von diversen Königlichen Exterieur Bauten auch Reparaturen zu Potsdam und in Sans Souci de ao. 1766 ad incl. 1773, f.6v.

310 Manger 1789/90, Bd. III, S. 636. Seine Angaben zu den Baukosten aller Bürgerhäuser von 1770 stimmen mit erhaltenen Kostenaufstellungen überein und betrugen insgesamt 149,075.04.02 Taler. Vgl. Manger 1789/90, Bd. III, S. 807. GStA PK, I. HA, Rep. 36, Hofverwaltung, Nr. 3067, 3te Summarische Haupt-Geld-Rechnung von diversen Königlichen Exterieur und Interieur Bauten auch Reparaturen zu Potsdam und in Sans Souci de ao. 1766 ad incl. 1773, f.6v. Es ist jedoch keine Differenzierung der Kostenanteile für die einzelnen Bauten möglich, da nur pauschale Summen für die jeweiligen Rechnungsposten angegeben sind.

311 Manger 1789/90, Bd. II, S. 303.

312 Manger 1789/90, Bd. II, S. 308/309, I-IV. Für die sechs Bauten des Jahres 1766 haben sich wiederum Kostenaufstellungen über 35,994.21.01 Taler erhalten, die mit Mangers Angaben übereinstimmen. GStA PK, I. HA, Rep. 36, Hofverwaltung, Nr. 3207, Special-Bau-Rechnung der Sechs Bürger-Häuser pro 1766, 1) Geldstücker Werner, 2) Hauptmann Bockelberg, 3) Kutz, 4) Urban, 5) Judenschule, 6) Schneider Weisse, Bl. 21. Abweichend ist allerdings eine der Namenangaben der Besitzer. Anstelle des bei Manger genannten Morisson tritt in den Akten ein »Geldstücker Werner« auf. Vgl. Manger 1789/90, Bd. III, S. 807. Manger nennt hingegen Urban, Kunze, Morisson, Weisse, die Judenschaft und Hauptmann Bockelberg als Besitzer; ebd., Bd. II, S. 303. Wie auf der gegenüberliegenden Platzseite blieb das Eckhaus Am Kanal 18 stehen.

313 Für dieses Jahr existieren leider keine Einzelaufstellungen, aus denen der Anteil der Kosten für die Bauten am Wilhelmplatz ersichtlich wird. Für insgesamt 16 Immediatbauten wurden in jenem Jahr 122,172.04.02 Taler verbraucht. Manger 1789/90, Bd. III, S. 807. Die Kosten der Baumaterialien beliefen sich auf 45,087.05.03 Taler, für Steinmetzarbeit auf 8,560.13.11 Taler. »Tractament und Diäten« machten 2,659.—.— Taler aus. GStA PK, I. HA, Rep. 36, Hofverwaltung, Nr. 3067, 3te Summarische Haupt-Geld-Rechnung von diversen Königlichen Exterieur Bauten auch Reparaturen zu Potsdam und in Sans Souci de ao. 1766 ad incl. 1773, Bl. 6; Bürgerhäuser 1769.

314 Manger 1789/90, Bd. II, S. 336/337, I-IX.

315 Nach Mangers Beschreibung müssen die Häuser Urban/Kunze und Morisson/Weisse jeweils unter einer Fassade zusammengefaßt worden sein. Daran schloß die neue Synagoge an und das letztes der neuen Häuser, dem Hauptmann Bockelberg gehörig, erhielt den Altanvorbau und kam vor einem nicht erneuerten Gebäude (Am Kanal 18) zu stehen. Vgl. Manger 1789/90, Bd. III, S. 303. Bei Fellien wird jedoch das Haus Am Kanal 18 dem Hauptmann Bockelberg zugeschrieben, was im Vergleich mit Mangers Angaben und Ansichten der Häuserabfolge nicht stimmen kann. Fellien 1988, S. 17/18. Problematisch wird die Zählung durch den Abbruch der Häuser bis zur Nr. 7. Es ist zu vermuten, daß das Haus Am Kanal damals ebenfalls abgebrochen wurde. Zum Wiederaufbau der Häuser ist nur ab der Nr. 2/3, das mit dem Haus Morisson/Weisse identifiziert werden muß, näheres bekannt. Mielke gibt an, daß anstelle der alten Synagoge ca. 1795-1802 eine neue errichtet wurde, die die Hausnummer 1 erhielt, und das im Jahr 1900 die Nr. 2 dazugekauft wurde. Mielke 1981, S. 367. Folglich muß das ehemalige Haus Bockelberg mit »0« beziffert werden, um die Abfolge der Häuser nachvollziehbarer zu machen.

316 Manger 1789/90, Bd. II, S. 303 und S. 337.

317 Vgl. Anhang, Tabelle IV sowie »Zum abweichenden Wiederaufbau der Häuser an der Nauenschen Plantage 1783 und 1793«.

318 Vgl. Kapitel »Adaptionen nach französischen und italienischen Vorlagen«.

319 GStA PK, X. HA, Rep. 16 A, Mielke-Abgabe, Nr. 174. Abschrift eines Gutachtens von Prof. Dr. Richard Hamann, Mitglied der Akademie der Wissenschaften zu Berlin, Arbeitsstelle Kunstgeschichte, undatiert, o.P. Hamann wandte sich aus denkmalpflegerischen Aspekten gegen den Abbruch der Ruinen, die er als wichtige Dokumente der Architekturentwicklung nach Friedrich II. einstufte. Der Wiederaufbau hätte in technischer und finanzieller Hinsicht nach seiner Meinung nur geringe Schwierigkeiten verursachen können.

320 Vgl. Kapitel »Vorlagen des Königs für Potsdamer Bürgerhäuser« und »Adaptionen nach französischen und italienischen Vorlagen«.

321 Als Vergleich sei Ange-Jacques Gabriels repräsentative Konzeption der Place Louis XV., begonnen ab 1755, genannt.

322 Mielke 1981, S. 47.

323 Mielke bezieht diese These allerdings besonders auf Fassadengruppen ab 1780, bei denen mehrere eigenständige Entwürfe sich zu einer Gruppe ergänzen. Mielke 1972, Bd. I, S. 340, 343.

324 Laugier 1753/1989, S. 179/180.

325 Laugier 1753/1989, S. 37ff.

326 Laugier 1753/1989, S. 179/180.

327 Eine Zusammenfassung mehrerer Bauten unter einer gemeinsamen Fassade setzte im übrigen bereits 1750 ein und zog sich, mit unterschiedlicher Intensität, bis in die letzten Regierungsjahre Friedrichs II. hinein. Manger erwähnt 1750 vier Häuser in der Breiten Straßen, denen eine gemeinsame Fassade vorgeblendet wurde. Manger 1789/90, Bd. I, S. 118.

328 Da nicht alle Einzelfassaden an dieser Stelle beschrieben werden können, sei auf den Katalogteil verwiesen.

329 Manger 1789/90, Bd. II, S. 319, VII.

330 Drescher/Badstübner-Gröger 1991, S. 114 und Anm. 579.

331 Der Immediatbau erhielt außerdem flache aufgelegte Dekorfelder unter den Rechteckfenstern des ersten Obergeschosses. Bei den Fensterverdachungen wählte er in dieser Etage statt gerader Verdachungen Segmentbogen und versah die kleineren Rechteckfenster des zweiten Obergeschosses zusätzlich mit geraden Verdachungen.

332 Manger 1789/90, Bd. I, S. 215f.

333 Die Fassade von Wilhelmplatz 9, nach dem Entwurf des Königs, zeichnete sich allerdings durch die Verwendung von Pilastern der drei klassischen Ordnungen in Superposition aus.

334 Das Anwesen Nauener Str. 32 mußte bereits 1783 erneuert werden und hat vermutlich Veränderungen in der Oberflächenstrukturierung erhalten. (Vgl. Kat. Nr. 89.) 1795 wurde das Haus des Hauptmann Bockelberg, Wilhelmplatz 0, abgerissen. (Vgl. Anhang, Tabelle IV.) Es lassen sich Parallelen zu einem Entwurf ziehen, der Gontard zuzuschreiben ist und vermutlich am Gendarmenmarkt in Berlin Umsetzung fand, wobei ebenfalls ein Altan und zwei verschiedene Diamantierungen zur Gestaltung eingesetzt wurden. Vgl. Kat. Nr. 137, Abb. 92, GNM, Hz. 4199.

335 StAP, Sig. 1-9/128, Nauener Str. 26, Bl. 163, Grundriß 1./2.OG. Die Akten StAP, Sig. 1-9/1029 zur Nauener Str. 27 waren aus konservatorischen Gründen gesperrt.

336 StAP, Sig. 1-9/1022, Nauener Str. 35, Bl. 17, Plan vom 20.4.1896. Im September des gleichen Jahres wurden Pläne für die Aufstockung des Gebäudes geschaffen, die auch eine veränderte Binnengliederung zeigen. Zumindest im 2. Obergeschoß umfaßten jetzt drei Räume die 1.-2., 3.-4. und 5. Achse und waren durch eine Enfilade verbunden. Im Dachausbau wurde die Gliederung durch dünne Trennwände wiederholt; ebd., Bl. 42, Umbauplan 14.9.1896.

337 Die Hausakten von Nr. 4/5 bis Nr. 12, die in der 2. Hälfte des 19. Jahrhunderts beginnen, befinden sich im StAP, Sig. 1-9/1050-1059, waren derzeit jedoch aus konservatorischen Gründen teilweise gesperrt. Im Amt für Denkmalpflege in Potsdam: Acta specialia betr. Bausachen Wilhelmplatz 1 (Synagoge, ab 1901), Wilhelmplatz 2.

338 Vgl. Giersberg 1965, S. 82-86. Abschrift: StAP, Sig. 1-9/2, Verzeichnis der, in den Jahren 1792, 1793, 1794, 1795, 1796, 1797, 1798, 1799, 1800, 1801 und 1802 auf Königliche Kosten erbauten Bürger-Häuser zu Potsdam. Genannt werden z.B. 1793 der Königliche Koch Gebhardt oder 1795 der Schuhmachermeister Kunze. Vgl. Giersberg 1965, S. 83.

339 Bei Nr. 12 erschließt der Mittelflur das Haus, die Treppe ist wiederum im rückwärtigen Bereich plaziert. Die Erdgeschoßräume wurden vom Flur aus betreten. Vgl. StAP, Sig. 1-9/1059, Wilhelmplatz 12, Bl. 50.

340 Bei den fünfachsigen Gebäuden Nr. 6 und Nr. 12 wurden die Eingänge in die Mittelachse eingefügt. Dieses Schema gilt im Prinzip auch für die zehnachsigen Doppelfassaden 7/8 und 10/11, bei denen die Eingänge in die 3. und 8. Achse gelegt wurden. Vgl. StAP, Sig. 1-9/1053, Hauakte Wilhelmplatz 8, Bl. 139; StAP, Sig. 1-9/1057, Wilhelmplatz 10/11, Bl. 196/197 und StAP, Sig. 1-9/ 1058, Bl. 131; AfDP, Plansammlung Friedrich Mielke, Teilgrundriß Wilhelmplatz 7, Karteinr. 734, EG (nach einem Bauplan von 1864) und Wilhelmplatz 11, Karteinr. 704, Grundriß EG, umgezeichnet bzw. rekonstruiert nach Bauplänen von 1916.

341 Manger 1789/90, Bd. I, S. 172/173. Vgl. Anm. 283.

342 Hinsichtlich der abweichenden Fensterachsen der 1783 erneuerten Bauten Nauener Straße 30/31, 32, 33/34 vgl. Tabelle IV im Anhang.

343 Gurtgesimse wurden bei folgenden Gebäuden eingesetzt: Nauener Str. 24/25, 28/29, 30/31, 33/34, 35/36; Wilhelmplatz 0, 2/3, 4/5, 6, 7/8, 9, 10/11, 12, 15-20.

344 Hier können die Gebäude Nauener Straße 28/29, 30/31 und das gegenüberliegende Anwesen Wilhelmplatz 4/5 genannt werden.

345 Unter Friedrich II. wurden Satteldächer meist als Kehlbalkendächer mit zweifach stehendem Dachstuhl konstruiert. Die straßenseitige Traufe mit Anbindung an die Attika ist eine Besonderheit Potsdams. Manger beschreibt die Konstruktion, bei der die Sparren hinter der Attika, mit einer dahinterliegenden Rinne enden. Nach 1774 wurden Aufschieblinge vom First bis auf die Attika gesetzt, um Regen oder Schmelzwasser besser abzuleiten. Desweiteren werden auch Kehlbalkendächer mit liegendem Dachstuhl oder Grabendachkonstruktionen eingesetzt. AfDP 1993/3, S. 34/35.

346 Der Palazzetto Santacroce befindet sich in Rom in der Via in Publicolis, 43. Lombardi 1992, Abb. S. 446.

347 Als einzige Ausnahme ist das noch zu besprechende Anwesen Am Kanal 30 (Kat. Nr. 49, Abb. 65, 66a,b) zu nennen.

348 »Außenseiten von Gebäuden in Potsdam, die er (Gontard, d.V.) gezeichnet hat, (...) Zu fünf Bürgerhäusern an der Berliner Brücke 1772.« Manger 1789/90, Bd. III, S. 635/636; außerdem Bd. II, S. 381/382.

349 Fünfzehn Immediatbauten kamen in jenem Jahr zur Ausführung, wie Manger berichtet, für die 133,034.09.00 Taler aufgewendet wurden. Manger 1789/90, Bd. III, S. 807. Vgl. auch GStA PK, I. HA, Rep. 36, Hofverwaltung, Nr. 3067, 3te Summarische Haupt-Geld-Rechnung von diversen Königlichen Exterieur Bauten auch Reparaturen zu Potsdam und Sans Souci de ao. 1766 incl. 1773, S. 12. Die Auflistung wird in einer Spezialrechnung wiederholt, in der einzelne Handwerker genannt werden, jedoch wird der jeweilige Anteil an den Bauten in der Berliner Straße nicht ersichtlich. GStA PK, I. HA Rep. 36, Hofverwaltung, Nr. 3209, Special-Bau-Rechnung der Bürgerhäuser pro 1772, Bl. 29. Für den Innenausbau existiert noch eine Rechnung von 1774, die jedoch keine näheren Details vermittelt. GStA PK, I. HA, Rep. 36, Hofverwaltung, Nr. 3071, Rechnungen u. Belege der Königl. Baukasse in Potsdam 1771-1795, Bl. 227.

350 Die Berliner Straße 4/5 teilten sich Sutor und Dickow. Bei Nr. 18/19 hießen die Erstbesitzer Götze und Lehmann, der Abschnitt Garde-du-Corps-Straße gehörte Jürgens. Vgl. Manger 1789/90, Bd. II, S. 381/ 382.

351 GNM, Graphische Sammlung, Slg. Knebel, Kapsel 1555, Hz. 4210, Kat. Nr. 138, Abb. 70.

352 Mielke zeigt auf einer Rekonstruktionszeichnung der Fassade nur den rundbogigen Mitteleingang und einen weiteren rechteckigen Eingang in der (v.r.n.l.) 6. Achse vor. Lediglich zwei Eingänge dürften bei diesem großen Anwesen eigentlich nicht ausgereicht haben. Außerdem wäre eine symmetrische Verteilung von Eingängen zu erwarten, was folglich einen weiteren Eingang im linken Flügel vermuten ließe. Vgl. Mielke 1972, Bd. II, Abb. 315.

353 Berliner Straße 4/5: Grundrisse aller Geschosse (vermutlich nach 1945) bei Mielke 1972, Bd. II, Abb. 201. In den Hausakten fanden sich bei beiden Objekten keine größeren zusammenhängenden Grundrisse. Allenfalls Teilbereiche waren aufgenommen, die meist nur schwer in den Gesamtzusammenhang eingegliedert werden konnten. StAP, Sig. 1-9/882, 883, Berliner Straße 4/5; AfDP, Acta specialia betr. Bausachen Berliner Str. 18 und 19 (2 Bde.).

354 AfDP, Acta specialia betr. Bau-Sachen Berliner Straße 19, Vol. 1, Bl. 17, 19, 20, jeweils 5. März 1889.

355 Drei Eigentümer mit Namen Seidel, Poltborn und Moshammer teilten sich das Gebäude. In bezug auf die Baukosten sind nur die Gesamtkosten aller dreißig Bürgerhäuser von 1773 in Höhe von 171,665.00.11 Talern bekannt. Manger 1789/90, Bd. III, S. 807. Die Kostenanteile der einzelnen Gewerke sind in einer Auflistung im Geheimen Staatsarchiv zu finden, geben jedoch keine Auskunft über den Anteil einzelner Bauten an den Gesamtkosten. GStA PK, I. HA, Rep. 36, Hofverwaltung, Nr. 3067, 3te Summarische Haupt-Geld-Rechnung von diversen Königlichen Exterieur Bauten auch Reparaturen zu Potsdam und Sans Souci de ao. 1766 incl. 1773, Bl. 12-17.

356 Manger 1789/90, Bd. II, S. 389-393; Bd. III, S. 635-636, 640.

357 Kania 1916, S. 40; StAP, Kania-Kartei, 8/Bl. 65-67; Zieler 1913, Abb. 80; Manger 1789/90, Bd. III, S. XI, Abbildungsverzeichnis der im Reprint verwendeten Illustrationen.

358 Krüger 1779/1781, S. 7: »Folgende Anmerkung scheint mir noch in Ansehung des ersten Gebäudes (Charlottenstraße 45-47, d.V.) nothwendig zu seyn. Es giebt für Baumeister würklich einige Verlegenheit, wenn ihnen bestimmte Breite, Höhe, Anzahl der Fenster, und Säulen=Ordnung angegeben werden. Dies sind allerdings für den Erfinder einschränkende Bedingungen. Die in Italien aufgeführten Gebäude können allerdings, der Witterung wegen, grössere Höhe der Geschosse haben. In einer kalten Gegend muß man die Höhe vermeiden. Hiezu nun ein Verhältnis zu finden, wird, wie leicht einzusehen ist, in vielem Betracht schwer, wenn man dem Gebäude eine große Höhe geben soll. So mußte sich also der Hauptmann von Gontard, ein ganz neues Verhältnis schaffen, damit die Wohnungen zur Heizung bequemer wären; und hiedurch sind die seit seiner Zeit aufgeführten Gebäude für die Einwohner wohnbarer geworden.«

359 Vgl. Mielke 1972, Bd. II, S. 312; Metzler 1993, S. 39.

360 Triglyphenmotive finden sich bei den Fensterverdachungen der ersten Etage am Spindlerschen Haus und als Dekor der Altanbrüstung im Entwurf für das Palais Reitzenstein in Bayreuth.

361 Vgl. hierzu Wilhelmplatz 4/5 (erbaut 1766, erneuert ab 1793/94 bis ca. 1796), wobei jedoch nicht eindeutig ist, inwieweit dieses Motiv auf den Gontardschen Vorgängerbau zurückzuführen ist. Aber auch an der Lindenstraße 44 (Gontard, 1770) bildet ein durchgehendes Gesimsband die Fensterbänke des 2. Obergeschosses aus, auch wenn hier keine Überschneidung durch Kolossalpilaster stattfindet.

362 AfDP, Verzeichnis der Kriegsschäden 1946, S. 10; StAP, Sig. 1-9/954, Charlottenstr. 46/47 (Wilhelm-Pieck-Str. 43) Band III, Bl. 7.

363 Manger 1789/90, Bd. II, S. 414/415.

364 Krüger 1779/1781, S. 6. Krüger korrigiert Nicolais Angabe, in der Titel die Zeichnung des Gebäudes zugewiesen wurde. »Dies ist unrichtig. Der Hauptmann von Gontard hat die Zeichnung selbst gemacht, und ist noch Besitzer von der ersten Originalzeichnung.« Vgl. Nicolai 1786, S. 1152.

365 Manger 1789/90, Bd. II, S. 414-416; ebd., Bd. III, S. 635/636.

366 GStA PK, I. HA, Rep. 96 B, Extracte, Nr. 140, 11.9.1772: »Der Bürger und Glaß Schleifer Brockes, welcher das am Canal neben der Russischen Kirche hirselbst gelegenes Haus, die Patron Tasche genannt, zum behuff einer Glaß Niederlage käufflich an sich gebracht hat, bittet allerunterthänigst, zu denen darin zu übernehmenden höchst nötigen Reparaturen, ihm, zu einiger Hülfe, 25 Stück kienen bau Holtz, gegen Erlegung der Transportkosten, allergnädigst zu accordiren.« Antwort des Königs: »in ao 1774 werde ich es bauen laßen.«

367 GStA PK, I. HA, Rep. 96 B, Extracte, Nr. 142, Bl. 128, 28.9.1773: »Der bürger und Glas Schleiffer Brockes welcher, als im vorigen Herbst zur Reparirung seines an der ehemaligen Russischen Kirche am Canal belegenen baufällig drohenden Hauses, um einiges Bau Holtz allerunterthänigst Ansuchung gethan, zur Resolution erhalten, daß selbiges in anno 1774 neu erbaut werden sollte, bittet, bey dem immer gefährlicher werdenen Zustand desselben, um die allergnädigste Erfüllung solcher Hoffnung.« Antwort des Königs: »Geduld.« Brockes Gesuch, »ihm die beständige Reparatur der Kristalleuchter in den hiesigen Schlössern zu überlassen«, war ebenfalls abgelehnt worden. GStA PK, I.

Anmerkungen

HA, Rep. 96 B, Extracte, Nr. 141, Bl. 348, 18.5.1773.
368 Dies war zwar in Potsdam häufig der Fall, trifft jedoch bei diesem Gebäude, wie z.B. Metzler dies angibt, nicht zu. Vgl. Metzler 1993, S. 39.
369 Dehio 1983, S. 341.
370 Zu den Baukosten haben sich außer Mangers Gesamtaufstellung, die sich 1776 für 25 Bauten auf 171,527.13.10 Taler belief, keine weiteren Belege finden lassen. Manger 1789/90, Bd. III, S. 808.
371 Manger 1789/90, Bd. II, S. 416, 427.
372 Mielke 1972, Bd. I, S. 311/312.
373 Metzler 1993, S. 39.
374 Vgl. Dehio 1983, S. 341; Drescher/Kroll 1981, S. 65; Metzler 1993, S. 39.
375 Am Alten Markt konzentrierten sich die Nachbauten nach italienischen Vorlagen, wie etwa die Verwendung des unverwirklichten Entwurfs Palladios zum Palazzo Giulio Capra in Vicenza für das Haus am Alten Markt 12 im Jahr 1753 oder die Rezeption von Palladios Palazzo Angarano in Vicenza für den Bau des Potsdamer Rathauses Am Alten Mark im Jahr 1757. (Vgl. auch Katalogteil.)
376 Giersberg 1986, S. 163.
377 Manger 1789/90, Bd. III, S. 809: »Zu diesen Bürgerhäusern vom Jahre 1780, nämlich von der Zeit an, da dem Könige die Entwürfe vorhero nicht zu Eigener Korrektur mußten vorgelegt werden, rühren die Zeichnungen verschiedener Aussenseiten derselben von den damaligen jüngern allhier befindlichen Architekten her [...].«
378 Vgl. Nauener Str. 28/29, Charlottenstraße 45-47, Berliner Str. 4/5 und 18/19, Am Kanal 30.
379 Allerdings war Guêpière an die Vorgaben seines Vorgängers Leopold Retti gebunden. Vgl. Wörner 1979, S. 165ff.
380 Eine Ausnahme bildet Gontards Entwurf für ein Lustschloß, dessen Grundriß in der Tradition von Veaux-le-Vicomte steht. Vgl. Kat. Nr. 143/1-3, Abb. 106, 109-110.
381 Laugier 1753/1989, S. 49.
382 Eine Ausnahme bildet das Haus Spindler in Bayreuth.
383 Vgl. Wörner 1979, S. 40.
384 Entwurf zum Wiederaufbau des abgebrannten Bayreuther Residenzschlosses: GNM, Graphische Sammlung, Slg. Knebel, Kapsel 1555, Hz. 4180, um 1753. Entwurf für ein fürstliche Wohnhaus: GNM, Graphische Sammlung, Slg. Knebel, Kapsel 1555, Hz. 4210. Drescher setzte letzteren Entwurf um 1750 an. Er übersah die Datierung, die sich rechts unten in den Mauerflächen des Eckrisalits befindet. Vgl. Drescher/Badstübner-Gröger 1991, S. 19.
385 Wörner 1979, S. 277.
386 Blondel 1737/38, Bd. I, S. 41. Zitiert nach Wörner 1979, S. 37, Anm. 226.
387 Manger 1789/90, Bd. II, S. 337.
388 Giersberg 1986, S. 145.
389 Giersberg identifizierte z.B. die Häuser Breite Straße 3, 3a, 4 (1750) als Bauten nach Friedrichs Entwurf und vermutet Boumann als ausführenden Architekten. Am Kanal 41 (1756) war quasi ein Probebau für das Neue Palais. Vgl. Giersberg 1986, S. 145, 163.
390 Manger 1789/90, Bd. I, S. 171.
391 Giersberg 1986, S. 163.
392 Förster 1837, S. 64, Brief Algarottis an Friedrich II., Potsdam den 9. August 1749.
393 Giersberg 1986, S. 144ff., Abb. S. 144, Kat. Nr. 6, S. 317. Kupferstichkabinett Berlin, K.d.Z. 11481.
394 Manger 1789/90, Bd. I, S. 170.
395 1753 wird eine Kopie der Fassade von Santa Maria Maggiore in Rom durch Knobelsdorff der Nikolaikirche in Potsdam vorgeblendet. Manger 1789/90, Bd. III, S. 617. Zur Fassade der Nicolaikirche vgl. Giersberg, 1986, S. 231ff.
396 Förster 1837, S. 52, Schreiben Algarottis an Friedrich II., Dresden, 11. Juli 1742.
397 Förster 1837, S. 91, Schreiben Algarottis an Friedrich II., Potsdam, 4. August 1751.
398 Förster 1837, S. 117, Schreiben Algarottis an Friedrich II., Venedig, 12. Juni 1754.
399 Förster 1837, S. 92, Schreiben Friedrichs II. an Algarotti, Potsdam, 6. August 1751.
400 Giersberg 1986, S. 38.
401 Hier wäre z.B. Millenet zu nennen, der 1776 bemängelt, daß fast nur fremde, ausländische Baumeister in Berlin und Potsdam tätig seien, der den Vorbildcharakter von Palladio kritisiert und der seine Ablehnung des französischen Geschmacks zum Ausdruck bringt. Vgl. Millenet 1776, S. 7, 13, 54.
402 Manger 1789/90, Bd. II, S. 358. Bereits 1743 hatte Friedrich II. den Plan gefaßt, in Berlin eine Kirche in Form des Pantheons als Tempel aller Religionen zu errichten, was allerdings nicht verwirklicht werden konnte. Um seine Toleranzvorstellungen auch baulich umzusetzen, ließ er für die Katholiken Berlins die Hedwigskirche (1747-1773) erbauen. Vgl. Giersberg 1986, S. 243ff.
403 Laugier 1753/1989, S. 142f.
404 Das 1756 erbaute Nauener Tor gilt als erstes Beispiel des »Gothic Revival« auf dem Kontinent. Dabei ist zu betonen, daß es sich eben nicht um ein reines Staffageobjekt ohne wirkliche Funktion handelte. Auch sollte ein Gasthof in gotischen Formen in der Nähe des Neuen Palais errichtet werden. Vgl. Giersberg 1986, S. 187. Dominierend waren aber vor allem italienische Musterbeispiele des 16. Jahrhunderts, insbesondere Palladio-Bauten.
405 Vgl. Harris 1994, S. 20ff, Abb. 21, 22.
406 Bei den anderen Objekten sei auf den Katalogteil verwiesen.
407 Manger 1789/90, Bd. II, S. 309.
408 Manger 1789/90, Bd. II, S. 309. Insgesamt wurden 1767 neun neue Immediatbauten errichtet und ein Umbau vorgenommen. 45,997.01.05 Taler wurden dafür ausgegeben. Manger 1789/90, Bd. II, S. 308 und Bd. III, S. 807. Manger erwähnt Augustin und Pedrozzi bezüglich der Gipsarbeiten an Kapitellen und Entrelacs. Neben der Aufstellung des benötigten Steinmaterials, haben sich auch verschiedene Rechnungsbelege erhalten, die Auskunft über weitere beteiligte Handwerker geben. Vgl. GStA PK, I. HA, Rep. 36, Hofverwaltung, Nr. 3208, Manual von der Geldausgabe zum Bau der 9 Bürgerhäuser pro 1767. Die Rechnungen datieren ab dem 20. Juni 1767, sind jedoch nicht immer einzelnen Bauten zuzuordnen. Eine geschlossene Abrechnung für die sechs an der Nauenschen Plantage befindlichen, später als Wilhelmplatz 15-20 bezeichneten Häuser, hat sich nicht erhalten. Es existieren jedoch noch Kalkulationen für die drei anderen Neubauten von 1767, die auf rund 12,200 Taler geschätzt wurden. Für die Nordseite des Wilhelmplatzes dürften also etwa 33,800 Taler verwendet worden sein. Vgl. GStA PK, I. HA, Rep. 36, Hofverwaltung, Nr. 3064, Hauptrechnung derer innenbenannten 20 Königl. Exterieur Bauten im Ressort von Potsdam, und in sonderheit des neuen Palais de annis 1762 bis 1768, Bl. 2, Position 19.
409 Vgl. Mielke 1972, Bd. I, S. 330. Pitrou gibt in seinem Dessin ein durch Wandvorlagen gegliedertes Erdgeschoß mit rundbogigen Fenstern und rechteckigen Dekorfeldern vor, das durch ein Gurtgesims von den beiden oberen Etagen abgegrenzt ist. Letzere werden durch kolossale ionische Pilaster zusammengefaßt. Die Bel étage zeichnet sich durch geohrte stichbogige Fenstertüren mit einer Brüstung mit Ringmotiv und Relieffeldern aus. Die quadratischen Fenster des 2. Obergeschosses sind ebenfalls geohrt und mit unten eingeschwungenen Faschen umgeben. Der Dachansatz ist durch eine Balustrade verdeckt. Pitrous Entwurf sah außerdem noch schräggestellte Eckrisalite, partiell noch Geschoßaufbauten oberhalb der Balustrade sowie unterschiedliche Dachformen für einzelle Abschnitte vor.
410 Vgl. Mielke 1972, Bd. I, S. 330f; Kania deutete die Skulpturen neben dem Giebelfeld als Narzis und Hyazinth. StAP, Kania-Kartei, 1/Bl. 114, Wilhelmplatz 16/17.
411 GStA PK, I. HA, Rep. 96 B, Nr. 137, Extracte für die Kabinettsvorträge 1770, f.123r, Beschwerde des Tischlers Eremite, Potsdam 8. März 1770: »Der Potsdamsche Bürger und Tischler Eremite, deßen beyde an der Plantage hirselbst gelegenen Häuser, in anno 1767 abgebrochen und aus allerhöchster Königlicher Freygibigkeit neu erbauet worden, zeigt allunterthänigst an, daß solche, obgleich er dieserhalb öfters bey dem Bau Capitaine Gontard Erinnerung gethan, zu seinem großen Schaden, zum Bewohnen annoch nicht ausgebauet worden, und bittet seiner dieserhalb gegen den Gontard habenden Beschwerde durch eine verordnete Commission allergnädigst examiniren zu laßen.«
412 Mielke 1972, Bd. I, S. 330.
413 AfDP, Verzeichnis der Kriegsschäden 1946, S. 24.
414 Manger 1789/90, Bd. II, S. 317/318. Vgl. Kat. Nr. 86.
415 Vgl. Nash 1968, S. 84-88; Mielke 1972, Bd. II, S. 326ff.
416 Laugier 1753/1989, S. 179/180.
417 Vgl. Mielke 1972, Bd. II., S. 328; Metzler 1993, S. 32/33; Volk 1988, S. 168.
418 Die Grundrißgestaltung wurde im Zusammenhang mit den anderen Bauten an der Nauener Straße schon angesprochen. Kania verzeichnete in seiner Häuserkartei ein im Inneren z.T. erhaltenes schmiedeeisernes Rokokogeländer sowie ein Rokoko-Boudoir in der Bel étage mit einem Kamin aus schwarzem Marmor. StAP, Kania-Kartei, 5/Bl. 28, 31 Nauener Str. 26/27.
419 Manger 1789/90, Bd. II, S. 423-424; ebd., Bd. III, S. 635/636. Allerdings ist die Fassade der Humboldtstraße 3 auf den Palazzo Pompeji in Verona von Michele Sanmicheli zurückzuführen.
420 Mielke 1972, Bd. I, S. 331.
421 Krüger 1779/1781, S. 5: »Das Noacksche

Haus, ist nach der Zeichnung des Hauptmann von Gontard von ihm selbst erbauet. Dieses Pracht=Gebäude verdienet besondere Aufmerksamkeit. Da es auf einer Seite durch ein Gebäude nach einem des Palladio, und auf der andern Seite von einem andern eingeschlossen ist, das eine Nachahmung des Pallasts Barberino ist; so mußte es für jeden Künstler immer eine schwere Sache seyn, ein drittes zwischen beyde zu bringen, daß mit den übrigen eine gute Uebereinstimmung hervorbrächte, und gegen das eine Gebäude nicht zu viel, gegen das andre nicht zu wenig hervorzubringen. Eine tiefe Einsicht in die Kunst leitete den Hauptmann von Gontard, die Schwierigkeit glücklich zu überwinden, und ein so gutes Mittel gegen die übrige Gebäude zu treffen. Wie gut würket die unten angebrachte Kolonnade auf das übrige! Sie war nöthig, um gegen die erwehnte Gebäude eine gute Form hervorzubringen, da der Raum zu schmal war. Die Beendigung dieses Gebäudes wird durch eine Ballustrade, worauf Figuren stehen, in einer angenehmen Gegenhöhe geschlossen.«

422 Gegenüber dem ursprünglichen Entwurf fanden einige Reduktionen des Außendekors statt. Constant 1988, S. 49/50.
423 Vgl. Klünner/Peschken 1982, Abb. 32.
424 Eine weitere Anregung könnte vielleicht auch der Palazzo del Te von Giulio Romano in Mantua geliefert haben. An der Wand des Innenhofes wurden Hermenpilaster als Gliederungsmittel eingesetzt. Der König hatte durch Algarotti vermutlich Zeichnungen von den Bauten Giulio Romanos in Mantua erhalten. Vgl. Förster 1837, S. 117, Schreiben Algarottis an Friedrich II., Venedig, 12. Juni 1754.
425 StAP, Sig. 1-9/1088, Humboldtstr. 4, Bl. 12-14, 8.3.-20.4.1904.
426 AfDP, Verzeichnis der Kriegsschäden 1946, S. 8.
427 Manger 1789/90, Bd. I, S. 40.
428 Manger 1789/90, Bd. I, S. 14/15.
429 Mielke 1960, S. 13.
430 Mielke hat sich eingehend mit der Entstehung des Holländischen Viertels beschäftigt. Vgl. Mielke 1960.
431 Manger 1789/90, Bd. I, S .28.
432 »Dreye auf der andern Seite des Bassins ganz im holländischen Geschmack, nemlich alles Mauerwerk von den besten Rathenauer Mauersteinen in Kreuzverband, welche ihre natürliche rothe Farbe behielten, die Fugen zwischen denselben weis ausgestrichen. Plinthen und Gesimse wurden von Sandstein gemacht, und solche so wie die getünchten Fenstergewände gelblich abgefärbt. Ausser drey Geschossen Höhe kam in die Mitte eines jeden noch ein hoher geschweifter Erker, dessen Schnörkel an den Seiten, und das gebogene Gesims auch von Sandstein wurden. Die Besitzer waren Rück, Lampenhof und Hohlfeld. Bey gewöhnlicher Tiefe hatten sie eine Länge von einhundert und zwanzig Fuß. Von den Dekorateurs wurden acht sandsteinerne Festons angebracht.« Manger 1789/90, Bd. II, S. 390.
433 1773: Am Bassin 9-11, vgl. Manger 1789/90, Bd. II, S. 390, X-XII; ebenfalls 1773: Charlottenstraße 66-68, vgl. ebd., S. 391, XIII-XV; 1774: Charlottenstraße 63-65, vgl. ebd., S. 394, VII-XII; 1775: Am Bassin 12, Charlottenstraße 62, vgl. ebd., S. 403, I-II; 1776: Am Bassin 7-8, Brandenburger Straße 37, vgl. ebd., S. 416, VII-IX; 1777: Brandenburger Straße 38, vgl. ebd., S. 424, V; 1780: Am Bassin 6, vgl. ebd., S. 440, I; 1781: Am Bassin 5, vgl. ebd., S. 449, I; 1782: Am Bassin 4, vgl. ebd., S. 459, I; 1783: Am Bassin 3, vgl. ebd., S. 469, XI; 1785: Am Bassin 2, vgl. ebd., S. 484, I. Das Eckhaus Am Bassin 1 an der Kreuzung zur Junkerstraße wurde erst 1818 errichtet. Vgl. Metzler 1993, S. 36.
434 Metzler 1993, S. 35ff.
435 Vgl. Metzler 1993, S. 36.
436 Mielke vermutet eine Vorlage von Vingboons für das Haus Am Kanal 41, das als Modell für das Neue Palais errichtet wurde. Mielke 1981, S. 48.
437 Manger 1789/90, Bd. III, S. 636, 641.
438 Manger 1789/90, Bd. I, S. 19. Vgl. Kapitel »Bürgerhausbau unter Friedrich Wilhelm I.«.
439 Zwar spricht Manger an dieser Stelle von »(...) drey Geschossen und einem Giebel auf holländische Art (...)«, doch muß es sich hier um einen Flüchtigkeitsfehler bezüglich der Geschoßanzahl handeln. Manger 1789/1790, Bd. II, S. 394, VII-XII.
440 GStA PK, I. HA, Rep. 96 B, Extracte, Nr. 152, 1779, o.P., Schreiben Potsdam, den 9. Juni 1779. Vgl. Anm. 298.
441 »10. Juli 1779. Nachdem Seine Königliche Majestät Allerhöchsten Befehl mit den Bauten zu Berlin wieder der Anfang gemacht werden soll, und dem Herrn Hauptmann von Gontard nach der Allergnädigsten Cabinetsordre vom Juni 1779 die Direction derselben übertragen worden, als ist solches dem Königlichen Baucomptoir bekannt gemacht und den Herrn Bauinspectoren in specie aufgegeben, alles dasjenige, was in Ansehung derer diesjährigen approbierten Bauten besage derer Anschläge und sonst vorkommende Umstände von gedachten Herrn Hauptmann von Gontard verfüget werden würde aufs pünktlichste zu befolgen.« Zitiert nach Hoffmann (II), S. 72. Als Quelle wird bei Hoffmann angegeben: GStA PK, Provinz Brandenburg, Rep. 12 A I 2. Dieser Aktenbestand ist im Krieg verbrannt.
442 Inwiefern seine Pläne für die Jägerbrücke Berücksichtigung fanden, ist unklar. Allgemein wird die Jägerbrücke Unger zugeschrieben. Vgl. hierzu auch die einzelnen Katalognummern.
443 GStA PK, I. HA, Rep. 96 B, Extracte, Nr. 154, Bl. 6, 9. Januar 1780: »Der Capitain v. Gontard, welcher das schadhafte an den Orange Saal zu Monbijou und die verfallene Schälung an der Spree besichtigt hat, meldet unterthänigst, daß (...) er weil der Winter vorüber, (...) er diese Reparatur aufnehmen und einen genauen Anschlag davon anfertigen (...)« werde.
444 Nicolai 1786, S. 184, 186, 198, 200, 201, 204.
445 Ausstellungskatalog »Von Chodowiecki bis Liebermann« 1990, Kat. Nr. 1042-1044, Straße Unter den Linden 61-65 (1772), Leipziger Straße 45 (1774), Neue Commandanten Straße 34-37 (1775).
446 Beispielsweise sollen auf dem Grundstück Unter den Linden 50 drei Gebäude eine gemeinschaftliche Front erhalten haben. Borrmann 1893, S. 128.
447 GStA PK, I. HA, Rep. 96 B, Extracte, Nr. 153, Bl. 658, 20. Dezember 1779: »Die Gast Wirthin Dietrichen, welcher der General v. Chasot bekannt gemacht, daß, wegen des baufälligen alten hölzernen Flügels an ihrem Hause, die Stadt Rom genannt, sie sich bei dem Capitain v. Gontard melden sollte, daß er solchen besehen und allerhöchst Sr. Königlichen Majestät davon berichten könnte (...).«
448 GStA PK, I. HA, Rep. 96 B, Exracte, Nr. 158, Bl. 458, 5. Dezember 1781.
449 GStA PK, I. HA, Rep. 96 B, Minüten, Nr. 81, Bl. 592, 7. August 1781: »S.K.M. laßen dero Bauinspector Unger (...) zur Antwort ertheilen, daß das erfolgte Unglück nicht den schlechten Materialien zuzuschreiben ist, sondern der gantze Fehler liegt daran, daß die Pfeiler und Gewölbe nicht stark genug gemacht, und daß das vorher nicht reiflicher überlegt und gründlicher beurtheilt worden.« Zu den Berliner Bauten Gontards vgl. Tabelle VI und VII im Anhang.
450 Vgl. Giersberg 1986, S. 19/20; Demps 1988, S. 143ff.
451 Der gebürtige Franzose Robert Bartholomé Bourdet (1719-1799) stand ab 1766 als Generalinspekteur der Häfen, Deiche, Dömänen und Schleusen in preußischen Diensten. Er wurde 1771 vom Dienst suspendiert und erst 1788 durch die Berufung als Lehrer der Civil- und Wasserbaukunst an die neue Potsdamer Ingenieurakademie rehabilitiert. Vgl. Sauer, Allgemeines Künstlerlexikon, Bd. 13, S. 360.
452 Vgl. Goralczyk 1987, S. 55ff; Demps 1988, S. 143ff.
453 Demps 1988, S. 149.
454 Goralczyk 1987, S. 59.
455 Goralczyk nennt ab 1770 45 Häuser in der Lindenstraße, 46 Häuser in der Leipziger Straße, 22 am Dönhoffplatz und acht in der Markgrafenstraße. Goralczyk 1987, S. 54, Anm. 68/69.
456 Zumindest zwischen 1774 und 1776 werden die Bau- und Nutzholzaufstellungen für Berliner Bauten von Johann Boumann erstellt, der wohl auch die Pläne entwarf. Johann Boumann (1706-1776) war Oberbaudirektor in Berlin. Die Holzaufstellungen 1777, die ebenfalls mit »J. Boumann« signiert sind, sind aber vermutlich Michael Philipp Boumann (1747-1803) zuzuschreiben, der seit 1771 als Gehilfe des Vaters am Bauamt tätig war, falls bei dem Sterbedatum seines Vaters kein Fehler vorliegt. GStA PK, II. HA, Forstdepartement: Kurmark, Tit. XXX, Nr. 24, Vol. III, 1773-1774, Bl. 64. Ein Schreiben Oberbaudirektor Boumanns an Friedrich II., 3. März 1774, nennt 1774 für Berlin 19 geplante Immediatbauten. GStA PK, II. HA, Forstdepartement: Kurmark, Tit. XXX, Nr. 24, Vol. V, 1776-1777, Bl. 7, 16. Januar 1776, Schreiben Capitaine J. Boumanns bezüglich dem Bau von 20 Bürgerhäusern; ebd., Bl. 9, 10; ebd., Bl. 120, 6. Februar 1777; Nennung von 27 geplanten Bürgerhäusern für 1777 durch J. Boumann.
457 Nicolai 1786, S. 201, 204.
458 Gontard hatte im Januar 1781 außerdem den Auftrag, Kostenanschläge für die Flügelbauten der Porzellanmanufaktur und zu einer Artilleriekaserne am Holzmarkt anzufertigen. Zur Porzellanfabrik vgl. GStA PK, I. HA, Rep. 96 B, Minüten, Nr. 81, Bl. 55, 24. Januar 1781. Zur Kaserne ebd., besonders

273

Anmerkungen

Bl. 36, 65, 66, 215. Vgl. Tabelle VII im Anhang.
459 1) Aufriß zum »Wohnhaus Schilantzky«, GNM, Graphische Sammlung, Slg. Knebel, Kapsel 1555, Hz. 4198, Kat. Nr. 128, Abb. 83. 2) Aufriß für ein unbekanntes Wohnhaus (wohl in der Friedrichstadt in Berlin), GNM, Graphische Sammlung, Slg. Knebel, Kapsel 1555, Hz. 4199, Kat. Nr. 137, Abb. 92. 3) Entwurf für das Wohnhaus des Weinhändlers Thorm, Stiftung Preußische Schlösser und Gärten, Berlin-Brandenburg (Plankammer Potsdam), Inv. Nr. 9476, Kat. Nr. 129, Abb. 86.
460 Entwurf zu den Wohnhäusern Sabbatier und Barrow, Stiftung Preußische Schlösser und Gärten, Berlin-Brandenburg (Plankammer Potsdam), Inv. Nr. 9477, Kat. Nr. 136, Abb. 85.
461 GStA PK, II. HA, Forstdepartement: Kurmark, Tit. XXX, Nr. 24, Vol. 9, 1780-1783, Bl. 7, Berlin, 19. Dezember 1780. Diese Quelle wurde erstmals von Borrmann erwähnt. Vgl. Borrmann 1893, S. 129.
462 GStA PK, I. HA, Rep. 96, Geheime Cabinetts-Registratur, Nr. 412, C1, Acta des Kabinetts Friedrichs des Zweiten, Angelegenheiten der Einwohner von Berlin, Bl. 83. Beschwerde führen die Kaufleute Boquet und Nicolas, die Erben des Brauers Doeblitz, der Weinhändler Thorm, der Sattler Bauer und der Glaser Schlüsser. Für das Haus der Witwe Schilantzky werden keine Schäden vermerkt. Dachkonstruktionen ebd., Bl. 82.
463 Nicolai 1786, I S. 204.
464 Zu diesen Gebäuden gehören das Wohnhaus Zum weißen Schwan in der Markgrafenstraße 35 (Kat. Nr. 133) und das Haus in der Mohrenstraße 28 (Kat. Nr. 134). Beim Ammonschen Haus in der Charlottenstraße 59 (Kat. Nr. 126, Abb. 170), dem Anwesen Markgrafenstraße 40 (Kat. Nr. 131, Abb. 84) und dem Eckhaus Französische Straße 44 / Charlottenstraße 33 (Kat. Nr. 127, Abb. 172) überschneiden sich die Zuordnung. Diese Objekte wurden in jüngster Zeit Unger bzw. auch Boumann zugeschrieben und werden deshalb nur im Katalogteil vorgestellt.
465 Zur Verteilung der Gontard-Bauten am Gendarmenmarkt vgl. Abb. 149.
466 Der Entwurf wurde erstmals von Hoffmann (II), S. 76, erwähnt. Der Verbleib des Blattes war lange ungeklärt. Bei den Nachforschungen für die vorliegende Arbeit konnte er in der Sammlung Knebel im GNM ausfindig gemacht werden.
467 GStA PK, I. HA, Rep. 96, Geheime Cabinetts-Registratur, Nr. 412, C1, Acta des Kabinetts Friedrichs des Zweiten, Angelegenheiten der Einwohner von Berlin, Bl. 82.
468 GStA PK, I. HA, 96 B, Extracte, Nr. 141, Bl. 12, 7. Januar 1773: »Der Kauffmann Schilansky hirselbst bittet allerunterthänigst, um sein Negoce mehr zu extendiren, und sich auf den auswärtigen Handlungs Plätzen ein größeres Zentrum zu erwerben, ihm den Character im Commercien Rath allergnädigst zu accordiren.« Der König vermerkte hierzu: »ich weis nicht wer er ist.«
469 GStA PK, II. HA, Forstdepartement: Kurmark, Tit. XXX, Nr. 24, Vol. 9, 1780-1783, Bl. 7, Berlin, 19. Dezember 1780.
470 Zur genaueren Erörterung der Lokalisierung vgl. Kat. Nr. 128 und 132.

471 Borrmann 1893, S. 129. GStA PK, II. HA, Forstdepartement: Kurmark, Tit. XXX, Nr. 24, Vol. 9, 1780-1783, Bl. 7, Berlin, 19. Dezember 1780. Borrmann muß über weitere Quellen zu dem Grundstück 41 verfügt haben, da aus der Holzbestellung keine genaue Lage der Häuser hervorgeht. Nach der bisher möglichen Zuordnung der Namen aus der Holzberechnung von 1780 kämen für dieses Objekt nur noch Nicolas oder Boquet als Erstbesitzer in Frage. Vgl. Kat. Nr. 137, Entwurf für ein Wohnhaus, vermutlich Berlin, Friedrichstadt.
472 Demps 1988, S. 419, Abb. 276.
473 Stiftung Schlösser und Gärten Berlin-Brandenburg (Plankammer Potsdam), Inv. Nr. 9477. Den freundlichen Hinweis auf dieses Blatt verdanke ich der Kustodin Frau Schendel.
474 GStA PK, II. HA, Forstdepartement: Kurmark, Tit. XXX, Nr. 24, Vol. 9, 1780-1783, Bl. 7, Berlin, 19. Dezember 1780. In der Akte ist die Rede von dem Lohgerber Barrow und dem Tuchbereiter Sabbatier, während auf dem Entwurf Sabbatier als Lohgerber bezeichnet wird. Im Vergleich mit Ansichten des Gendarmenmarktes war eine genaue Lokalisierung jedoch nicht möglich. Auch werden die Namen nicht im Schadensprotokoll von 1782 erwähnt. Vgl. GStA PK, I. HA, Rep. 96, Geheime Cabinetts-Registratur, Nr. 412, C1, Acta des Kabinetts Friedrichs des Zweiten, Angelegenheiten der Einwohner von Berlin, Bl. 82.
475 Stiftung Schlösser und Gärten Berlin-Brandenburg (Plankammer Potsdam), Inv. Nr. 9476. Auch auf dieses Blatt machte mich freundlicherweise Frau Schendel, Plankammer Potsdam, aufmerksam. Unter dem Aufriß befinden sich nur noch schwach lesbare Namen und Berufsbezeichnungen, von denen sich nur Thorm - im Zusammenhang mit anderen Quellen - identifizieren läßt.
476 Vgl. Demps 1988, S. 213.
477 GStA PK, I. HA, Rep. 96, Geheime Cabinetts-Registratur, Nr. 412, C1, Acta des Kabinetts Friedrichs des Zweiten, Angelegenheiten der Einwohner von Berlin, Bl. 84. Der Maurermeister Christian Friedrich Lübscher gibt an, daß er 1780 das Thormsche und 1781 das Nicolassche Haus, zusammen mit Maurermeister Weidner jun., erbaut hat. Die Bauarbeiten wurden durch Bauinspector Scheffler überwacht. Im Oktober 1780 hat Gontard dem König die Bitte der Thormschen Erben - der Weinhändler war offenbar bereits verstorben - um Neuerbauung des dazugehörigen baufälligen Seitengebäudes übermittelt. Dieses Ansinnen wurde jedoch abgelehnt. GStA PK, I. HA, Rep. 96 B, Minüten, Nr. 80, Bl. 635, 7. Oktober 1780 und Bl. 642, 10. Oktober 1780. Gontards Verknüpfung mit dem Gebäude wird dadurch noch wahrscheinlicher.
478 Demps 1988, S. 206, Abb. 114. Da bei Demps die Provenienz und der Name des Erstbesitzers nicht angegeben wurden, ist zu vermuten, daß nur auf eine ältere Bildvorlage im Institut für Denkmalpflege der DDR zurückgegriffen wurde und der eigentliche Verbleib unbekannt war.
479 Der Verbleib des Originals ist unbekannt. Die Aufnahme geht auf eine Abbildung in der Publikation von Franz Jahn zurück. Vgl. Jahn 1939, Tafelteil; Demps 1988, S. 203, Abb. 111.

480 Demps 1988, S. 320.
481 GStA PK, II. HA, Forstdepartement: Kurmark, Tit. XXX, Nr. 24, Vol. 9, 1780-1783, Bl. 7, Berlin, 19. Dezember 1780; vgl. Borrmann 1893, S. 129.
482 Der Verbleib des Originals ist unbekannt. Es ist deshalb nicht zu klären, ob es sich um die Entwurfszeichnung oder eine spätere Bauaufnahme handelt. Die genaue Ausführung der Details deutet jedoch eher auf den Originalentwurf hin. Auch zeigt die Ansicht einige Motive, die am Objekt selber nicht verwirklicht wurden. Vgl. Jahn 1939, Tafelteil; Demps 1988, S. 209, Abb. 117.
483 GStA PK, II. HA, Forstdepartement: Kurmark, Tit. XXX, Nr. 24, Vol. 9, 1780-1783, Bl. 7, Berlin, 19. Dezember 1780 und GStA PK, I. HA, Rep. 96, Geheime Cabinetts-Registratur, Nr. 412, C1, Acta des Kabinetts Friedrichs des Zweiten, Angelegenheiten der Einwohner von Berlin, Bl. 83.
484 Nicolai 1786, I, S. 786; vgl. Borrmann 1893, S. 354.
485 Borrmann schreibt als erster dieses Objekt Gontard zu, da er auf die Bauholzaufstellung Gontards gestoßen war. Borrmann 1893, S. 354/355.
486 Demps 1988, S. 209, 427/429, 459.
487 GNM, Graphische Sammlung, Slg. Knebel, Kapsel 1555, Hz. 4199.
488 GStA PK, II. HA, Forstdepartement: Kurmark, Tit. XXX, Nr. 24, Vol. 9, 1780-1783, Bl. 7, Berlin, 19. Dezember 1780 und GStA PK, I.HA, Rep.96, Geheime Cabinetts-Registratur, Nr. 412, C1, Acta des Kabinetts Friedrichs des Zweiten, Angelegenheiten der Einwohner von Berlin, Bl. 83. Eine noch nähere Lokalisierung war bisher nicht möglich. Auch war kein weiterer Hinweis auf die Personen Nicolas oder Boquet zu finden. Die Namen deuten auf Mitglieder der französischen Kolonie hin.
489 Nicolai 1786, I, S. 204.
490 »(...) Von den auszuführenden Bauten übernehmen Herr Oberbaurat Boumann d.J. die fünf Bürgerhäuser in der Leipzigerstrasse, ausser den Comptoirgeschäften zur besonderen Aufsicht. Von den übrigen Bauten sind a) die vier Bürgerhäuser, b) das Waisenhaus auf dem Gendarmenmarkt, c) das Hospital und die Armenbäckerei in der Oranienburgerstrasse dem Herrn Bauinspector Scheffler unterstellt, die Kolonnade an der Königsbrücke dem Herrn Bauinspector Becherer (...).« Zitiert nach Hoffmann (II), S. 72. Als Quelle wird bei Hoffmann angegeben: GStA PK, Provinz Brandenburg, Rep. 12 A I 2. Dieser Aktenbestand ist im Krieg verbrannt. Vgl. auch Demps 1988, S. 201/202. Nicolai erwähnt ebenfalls den Umbau des Waisenhauses. Nicolai 1786, I, S. 204.
491 Ansichten der Fassade vor der Überformung sind nicht bekannt.
492 LA Berlin, Rep. 10-02, Lfd. Nr. 2126, Acta des Kgl. Polizei Präsidii, III. Abthl. zu Berlin, betreffend das Grundstück des Eigenthümers: französische Colonie.
493 Kothe 1923, S. 181; Gut 1916/1984, S. 282.
494 Ab 1835 wurde es zum Dienstgebäude des Oberbergamtes eingerichtet, 1837 folgte die Königliche Domänen- und Forstverwaltung und 1849 wurde es Sitz des Landwirtschaftlichen Ministeriums. 1880 wurde neben dem Consistorialamt auch das Provin-

Anmerkungen

zial-Schulcolleguim darin untergebracht. Vgl. Borrmann 1893, S. 372/373.
495 Bekannt ist natürlich der Rückgriff auf den Entwurf Fischer von Erlachs für den Michaelertrakt der Wiener Hofburg. Er wurde in Berlin beim Bau der Alten Bibliothek (1775-1780) durch Unger rezipiert.
496 Allerdings sind die Entwürfe und Bauten dieses Architekten in ihrer Gesamtheit noch nicht untersucht worden, so daß dies unter Vorbehalt angemerkt sei.
497 Darüber hinaus ist auch am Gebäude Markgrafenstraße 40, dem sogenannten Boumannschen Haus, ein Altan vor die Fassade gelegt worden. Vgl. Kat. Nr. 131, Abb. 84.
498 Vgl. Exkurs: »Unverwirklichte Entwürfe Gontards für Schloßbauten«.
499 Millenet 1776, S. 6, 54.
500 Aus dem Generalreglement des Waisenhauses von 1724. Zitiert nach Kania 1924, S. 2.
501 Giersberg/Schendel 1990, S. 37.
502 GStA PK, I. HA., Rep. 36, Hofverwaltung, Nr. 3189, Bauten und Reparaturarbeiten am Militärwaisenhaus zu Potsdam, 1765-1785, Vol. 1, f.5r.
503 Kania 1924, S. 47.
504 Vgl. Manger 1789/90, Bd. II, S. 352ff.
505 Vgl. Manger 1789/90, Bd. II, S. 350.
506 GStA PK, I. HA., Rep. 36, Hofverwaltung, Nr. 3189, Bauten und Reparaturarbeiten am Militärwaisenhaus zu Potsdam, 1765-1785, Vol. 1, f.8v.
507 Kania erwähnte in seiner Häuserkartei, daß sich im Archiv des Waisenhauses Pläne Gontards im Zusammenhang mit dem Flügel zum Kanal und dem Speisesaalflügel (Flügel in der Spornstraße) befänden, bestimmte sie aber nicht näher. StAP, Kania-Kartei, 7/Bl. 45, 47. Hoffmann gibt in seinem Dissertationsfragment an, daß sich nur ein Grundriß erhalten habe. Falls Hoffmann das Archiv des Waisenhauses als Quelle nicht übersehen hatte, müssen die Pläne, die Kania erwähnte, schon vor dem 2. Weltkrieg verloren gegangen sein. Auch in anderen Publikationen, in denen das Waisenhaus behandelt wird, fehlen Hinweise auf erhaltene Bauzeichnungen. Hoffmann (II), S. 68. Leider ist bei dem Konzept der Dissertation kein Abbildungsteil oder ein Hinweis darauf erhalten, wo sich der Grundriß zu diesem Zeitpunkt befand.
508 Aus Privatbesitz wurden 1989 im Auktionshaus Gerda Bassenge zahlreiche Blätter versteigert, die Gontard, aber auch Grael, Unger, Titel, Boumann und anderen zugeordnet wurden. Galerie Gerda Bassenge, Auktion 54, Teil II, Architekturzeichnungen, 8.12.1989. Ein Großteil der Blätter wurde vom Berlin-Museum ersteigert, einige Blätter gingen an die Technische Universität Berlin, die Kunstbibliothek Berlin sowie nach Potsdam. Freundliche Hinweise von Frau A. Schendel, Plankammer Potsdam und Herrn A. Teltow, Berlin-Museum. Den »Freunden der Preußischen Schlösser und Gärten« gelang es, die Aufrisse des Waisenhauses zu ersteigern. Sie stehen heute in der Plankammer des Neuen Palais in Potsdam, Zugangsnummer 4912-4914. Das Berlin-Museum konnte bei der Auktion einen Schnitt Gontards durch einen der Domtürme am Gendarmenmarkt erwerben. Berlin-Museum, GHZ 90/3.
509 Bassenge 1989/54, Pos. 5299, S. 14.
510 Vgl. hierzu »Das Noacksche Haus in der Humboldtstraße 4«.
511 Manger nennt Jenner und Kaplunger als Bildhauer für die Kindergruppen am Fronton, Dietrich für die Herstellung der ionischen Kapitelle am Mittelfenster und Sartori für die Stuckarbeiten am Fronton und die Jahreszahlangabe MDCCXXII. Aus Pietät gegenüber dem Stifter des Vorgängerbaues, dessen Namenszug ebenda in einem Fronton dargestellt gewesen war, wurden im Giebelfeld zur Breiten Straße die Initialen »FWR« für König Friedrich Wilhelm I. eingefügt. Manger 1789/90, Bd. II, S. 359/360.
512 Manger 1789/90, Bd. II, S. 372: »Am Waisenhause ward die Seite am Kanale vorgenommen. Es ist dieses die längste des vorgedachten großen Vierecks, denn sie hat überhaupt dreyhundert sieben und neunzig zwey Drittheil Fuß Länge, nemlich den mittlern vierzig Fuß breiten Vorsprung mit eingeschlossen. (...) Dieser Theil hat eben die Abtheilung und Höhe des Geschosses, wie der im vorigen Jahre an der breiten Straße erbaute, auch ein Mansarddach (...).«
513 GStA PK, I. HA., Rep. 36, Hofverwaltung, Nr. 3189, Bauten und Reparaturarbeiten am Militärwaisenhaus zu Potsdam, 1765-1785, Vol. 1, f.59r, 1. Mai 1772. Gontard führt seine eigene wie auch eine Erkrankung Becherers als Grund für die Verzögerung an. Zum Wirtschaftsflügel ebd., f.63r., 4. September 1772. Manger 1789/90, Bd. II, S. 374.
514 GStA PK, I. HA., Rep. 36, Hofverwaltung, Nr. 3191, Rechnungen und Belege über den Bau des Militärwaisenhaus zu Potsdam, 1771-1774, Bl. 446-450.
515 Manger nennt die Bildhauer Kambly, Angermann und Posemann für folgende Sandsteinarbeiten: »Vier kleine jonische Säulenkapitäle; Zwey dergleichen auf viereckige Pfeiler; Vier größere antik=jonische Säulenkapitäle, Vier dergleichen zu Pfeilern, Zwey römische Säulenkapitäle, Vier und sechzig Modiglions, Zwey länglich runde Fensterverzierungen und Ein Gewand; desgleichen acht Vasen.« Manger 1789/90, Bd. II, S. 373/374. Den Bauakten ist zu entnehmen, daß auch der Bildhauer Gering am plastischen Schmuck beteiligt gewesen sein muß. GStA PK, I. HA., Rep. 36, Hofverwaltung, Nr. 3191, Rechnungen und Belege über den Bau des Militärwaisenhaus zu Potsdam, 1771-1774, Bl. 425, Anlieferung eines Werkstückes für Bildhauer Gering durch Stimmig, Rechnung vom 17. September 1772.
516 Nicolai 1786, S. 1173: »K. Friedrich Wilhelm ließ es 1724, von Holz, vier Geschoß hoch erbauen, und demselben an der Seite nach der Lindenstaße in der Mitte einen hölzernen Thurm aufsetzen.«
517 Nicolai 1786, S. 1173: »Ueberhaupt ist die ganze innere Einrichtung den Bedürfnissen einer so weitläuftigen Anstalt vollkommen angemessen, und macht dem Baumeister Ehre.«
518 Dehio 1983, S. 336.
519 Manger 1789/90, Bd. II, S. 393. Die Anlieferung des plastischen Dekors für den Risalit und den Turmaufbau ist im Dezember 1774 in Rechnung gestellt worden. GStA PK, I. HA., Rep. 36, Hofverwaltung, Nr. 3191, Rechnungen und Belege über den Bau des Militärwaisenhaus zu Potsdam, 1771-1774, Bl. 429, Rechnung von Stimmig et Cons., 1. Dezember 1774. Aus anderen Transportrechnungen geht hervor, daß auch Werkstücke des Bildhauers Gering angeliefert wurden; ebd., Bl. 424, 22. Juli 1773. Eine Liste vom 4. Juni bis 3. September nennt die Zimmerleute, die an der Versetzung der Säulen der Kuppel mitgearbeitet haben. Weitere abschließende Arbeiten an den Vasen und Balustern der Kuppel werden noch für den Mai 1775 erwähnt; ebd., Bl. 563.
520 GStA PK, I. HA., Rep. 36, Hofverwaltung, Nr. 3189, Bauten und Reparaturarbeiten am Militärwaisenhaus zu Potsdam, 1765-1785, Vol. 1, f.76r, 28. September 1774. Vgl. auch Manger 1789/90, Bd. II, S. 400.
521 Vgl. Manger 1789/90, S. 400.
522 GStA PK, I. HA., Rep. 36, Hofverwaltung, Nr. 3189, Bauten und Reparaturarbeiten am Militärwaisenhaus zu Potsdam, 1765-1785, Vol. 1, f.70. Schreiben der Waisenhaus-Administration an das Baucomtoir, 30. März 1773.
523 Für dieses Gebäude wurden 22.000 Taler veranschlagt. GStA PK, I. HA., Rep. 36, Hofverwaltung, Nr. 3189, Bauten und Reparaturarbeiten am Militärwaisenhaus zu Potsdam, 1765-1785, Vol. 1, f.94, Ankündigung vom 4. Oktober 1775 an die Waisenhaus-Administration, daß für 1776 der Bau des Flügels in der Sporngasse beabsichtigt sei. Nur 3 Tage später wurde der Befehl durch den König widerrufen und der Bau des Wirtschaftsflügels vorgezogen; ebd., f.95r., 7. Oktober 1775.
524 »Am Waisenhause ward nunmehr der letzte Theil, nämlich in der Spornstraße aufgebauet. Dieses Stück hatte zweyhundert neun und achzig Fuß länge, bekam drey und vierzig Fuß Tiefe und drey Geschoß Höhe, doch wurde alles auf dem alten Fundamente und Kellergeschosse aufgeführt. (...) Eckstein, Kaplunger und Wohler lieferten zwey Kinder von Sandstein auf die Attike dieses Theils.« Manger 1789/90, Bd. II, S. 421/422.
525 Im Inneren dieses Flügels wurde ein Speisesaal eingerichtet, der mit 14 dorischen Säulen verziert war. Vermutlich 1870 wurden in den Saal eine Kanzel und eine Empore eingebaut, die mit einem Fries aus Triglyphen und verschiedenen preußischen Ordensabzeichen verziert war. AfDP, Slg. Baugewerkschule Berlin, Bauaufnahme des Speisesaales mit Empore, Kanzel und Wandaufriß, Bl. 16, 17, 27, 28.
526 Manger 1789/90, Bd. III, S. 796/797.
527 Ausstellungskatalog »Das Militärwaisenhaus zu Potsdam« 1974/75, S. 7/8.
528 Vgl. Merten 1964, S. 86ff., Anm. 77.
529 Drescher/Badstübner-Gröger 1991, S. 21, Anm. 41.
530 Die Datierung des Blattes um 1755 erscheint unlogisch. Da der Neubau bald nach dem Brand begonnen wurde, hätte ein Entwurf für den Wiederaufbau des Schlosses um 1755 wenig Sinn gehabt. Vgl. Drescher/Badstübner-Gröger 1991, S. 21, Anm. 40.
531 Drescher/Badstübner-Gröger 1991, S. 37.
532 Vgl. Blondel, Jacques-François: Plan au Rez de Chaussée d'un grand Hôtel. Abgebildet bei Diderot und d'Alembert 1751-1780, Bd. 22, Tafel XXIII.
533 GStA PK, I. HA, Rep. 96 B, Extracte, Nr. 131,

Anmerkungen

1764, Bl. 53, o.D.: »Der Nahmens Gontard aus Bareuth meldet unterthänigst, daß er die von ihm verlangten Plans zur Mitte des vorigen Monaths dem Bau Inspector Neuffer eingesendet.«

534 Veaux-le-Vicomte wurde 1657-1661 von Louis Le Vau für Finanzminister Nicolas Fauquet in Melun bei Paris erbaut. Binding 1995, S. 201.

535 Palladio entwarf die Villa Sarego in Santa Sofia di Pedemonte bei Verona eventuell schon um 1553 für Marc Antonio Sarego. Die Ausführung erfolgte erst ab ca. 1565-1569. Constant 1988, S. 70. Der Innenhof des Palazzo Pitti in Florenz wurde um 1560-1570 von Bartolommeo Ammanati geschaffen. Wundram 1993, S. 309. Den Palazzo Pitti kannte Gontard vermutlich aus eigener Anschauung, zumindest notierte die Markgräfin den Besuch des Palastes am 26. April 1755. Staatsbibliothek Berlin Preußischer Kulturbesitz, MS Boruss. fol. 806, Memoires de Fréderique Sophie Wilhelmine Margrave de Bareith, sœur de Frédéric le Grand, ecrits de sa main, 1706-1754, Bl. 296r. Außerdem hatte Algarotti dem König Zeichnungen zum Palazzo Pitti übermittelt. Förster 1837, S. 91, Schreiben Algarottis an Friedrich, Potsdam, 4. August 1751.

536 Palladio 1570/1991, S. 187.

537 Keines dieser Blätter ist signiert oder datiert. Stiftung Schlösser und Gärten Berlin-Brandenburg (Plankammer Charlottenburg), PK 5340, 5341, 5343, 5344, 5345, 5354.

538 Nach dem Vorbild von Rheinsberg ließ sich Friedrich II. auch in Sanssouci einen runden Bibliotheksraum einrichten. Giersberg 1986, S. 91.

539 Der Entwurf basiert gleichfalls auf Perraults Louvre-Kolonnade, zeigt aber, wie später Gontard, eine arkadenartige Erdgeschoßsituation und segmentbogige Giebel über den seitlichen Pavillons. Bei den Pavillons wird ebenfalls nur die mittlere Achse durchfenstert. Ebenso sind Perraults Figurennischen im ersten Obergeschoß in Fenster übersetzt worden. Vergleichbar ist außerdem die Verkröpfung des Mittelrisalits der Gartenseite auf Gontards Plan mit der Lösung, die Gabriel angibt. Vgl. Tadgell 1978, S. 175ff, Taf. 149.

540 Stiftung Schlösser und Gärten Berlin-Brandenburg (Plankammer Charlottenburg), PK 5348-5051, 5055.

541 Stiftung Schlösser und Gärten Berlin-Brandenburg (Plankammer Potsdam), Inv. Nr. GK I 40796. Bei den Charlottenburger Skizzen, die Übereinstimmungen mit dem Potsdamer Aquarell aufweisen, handelt es sich um die Blätter PK 4348-4350.

542 Drescher beschäftigte sich als erster mit den Skizzen und dem Aquarell. Drescher/Badstübner-Gröger 1991, S.37ff. Möglicherweise lösten die Klebemarken mit der Aufschrift »Neues Palais« diese Deutungsansätze aus, die sich aber nur auf den Aufbewahrungsort der Pläne beziehen.

543 Darstellungen der Raptusgruppen auf PK 5349, Stiftung Schlösser und Gärten Berlin-Brandenburg (Plankammer Charlottenburg).

544 Giersberg 1986, S. 218/219.

545 Vgl. Franz 1985, S. 157ff, Abb. 159.

546 Vgl. Giersberg 1986, S. 217f, Abb. S. 216. Hoffmann wies als erster diesen Entwurf Gontard zu. Hoffmann (II), S. 73.

547 »K. Friedrich II. ließ sie auf seine Kosten 1782 durch Unger, nach dessen Zeichnung bauen. Der Bogen, wodurch das Wasser fließt, ist von Rothenburger Sandsteine. Auf beiden Seiten sind steinerne Arkaden, nach bäurischer Art; hinter denselben Kramläden; und darüber Ein Geschoß zu Wohnungen.« Nicolai 1786, I, S. 159.

548 GStA PK, I. HA, Rep. 96 B, Exracte, Nr. 158, Bl. 458, 5. Dezember 1781.

549 Die Arkaden mit den Verkaufshallen waren wohl schon um 1825/26 weitgehend beseitigt. Heinze/Thiemann/Demps 1987, S. 153.

550 Horvath 1798, S. 216: »Am andern Ende des Gartens nach dem Jungfernsee ist der Hasengraben, über welchen eine Drehbrücke, nach Gontards Angabe, durch den Hofzimmermeister Brendel angebracht ist, welche nach dem Garten umgedreht ist, wenn sie nicht gebraucht wird.«

551 Nicolai 1786, I, S. 154.

552 GStA PK, I. HA, Rep. 96 B, Extracte, Nr. 146, o.P., Schreiben vom 19. Dezember 1775. »Der Bau Capitaine Gontard, dem die Erbauung der Hospital Brücke in Berlin, nach der approbirten Zeichnung auszuführen anvertraut worden, fräget allerunterthänigst an, da die Potsdamschen Bauten sämtlich eingerichtet sind, ob er nicht auf einige Tage nach Berlin gehen dürfte, um mit den Eigenthümern welche Stellen auf der Hospital Brücke haben, der inneren Einrichtung wegen sich zu besprechen, damit er die nöthigen Riße anfertigen und in Ansehung der Materialien solche Anstalten treffen könne, damit der Bau, wenn er befohlen worden, so gleich angefangen werden könne.« Anmerkung des Königs: »Gantz gut «

553 GStA PK, I. HA, Rep. 96 B, Extracte, Nr. 147, Bl. 114, 21. Februar 1776. Im März 1776 wird ihm gestattet, je drei Tage pro Monat nach Berlin zu reisen. Ebd., Bl. 193, 24. März 1776.

554 Nicolai 1786, I, S. 154.

555 Zu den Materialkosten hat sich lediglich eine Nutzholzaufstellung über 645 Taler erhalten. GStA PK, II. HA, Forstdepartement: Kurmark, Tit. XXX, Nr. 24, Vol. 7, o.P., Schreiben vom 13. und 17. Dezember 1778.

556 GNM, Graphische Sammlung, Slg. Knebel, Kapsel 1555, Hz. 4197. Hoffmann erwähnt das Blatt in seinem Dissertationsfragment, allerdings fehlte die Provenienz. Hoffmann (II), S. 74. Bisher wurde diese Nennung in der Literatur nicht beachtet und verfolgt.

557 LA Berlin, Plankammer, VII, Nr. 30/1-80, Nr. 31/1-14, Nr. 32/1-11, Nr. 33/1-15. Enthalten sind zahlreiche Bauaufnahmen ab 1900. Als mögliche Standorte für eine translozierung wurden der Tiergarten und der Schloßpark von Niederschönhausen erwogen. Vgl. ebd., VII, Nr. 33/1, 14.

558 Dehio 1983, S. 72/73.

559 GStA PK, I. HA, Rep. 96 B, Extracte, Nr. 148, o.P., Schreiben vom 24. November 1776. »Die Hauß-Eigenthümer an der Königs Brücke in Berlin, welche in Erfahrung gebracht, daß ein Plan in Vorschlag gekommen, nach welchen die zu beyden Seiten der Straße von ihren Häusern bis an gedachte Brücke gehende und ihre Gärten einschließende Mauern, an welche sie seithero hölzerne ihnen Zinßbare Kram-Laden gestellet, abgebrochen, und dagegen massive Kram-Laden, viele Füße in ihre Gärten hinein gehend, erbaut werden sollten [...]«

560 GStA PK, I. HA, Rep. 96 B, Extracte, Nr. 149, o.P., Schreiben vom 11. Februar 1777.

561 Nicolai 1786, I, S.29. Borrmann nennt außerdem Bettkober als Bildhauer der Putten auf dem Brückengeländer und gibt an, daß die Rückwände gemauert und verputzt und die Felderdecken in den Säulengängen aus Holz und Gipsverputz gewesen seien. Borrmann 1893, S.388.

562 GStA PK, II. HA, Forstdepartement: Kurmark, Tit. XXX, Nr. 24, Vol. 5, Bl. 120/121, 6. Februar 1777.

563 Von ihm unterschrieben ist der »Anschlag Der Königs Brücke, wenn selbige Massiv von Kalckstein und mit Werckstücke beleget, gebauet werden soll.« Als Gesamtsumme der undatierten Aufstellung werden 5,625.09.05 Taler veranschlagt. GStA PK, I. HA, Rep. 96, Geheime Cabinetts-Registratur, Fr. W. I. und Fr. II., Verwaltung, Nr. 412, C1, Acta des Kabinetts Friedrichs des Zweiten, Angelegenheiten der Einwohner von Berlin, Bl. 41-42.

564 GStA PK, I. HA, Rep. 96 B, Minüten, Nr. 79, 1778/79, Bl. 27, 14. Januar 1778: »S.K.M. befehlen dem Bau Comtoir hierdurch, sofort zu veranstalten, daß die Passage über die soweit fertige Königs Brücke wiederhergestellet, und zu dem Ende die im Wege liegenden Werckstücke auch Gerüste ohne Verlust aufgeräumet werden. Und da höchstdieselben das Geld zu diesem Brücken Bau bereits längst hergegeben, so muß auch die Pflasterung der Brücke bald möglichst vorgenommen, und solche überhaupt je eher so besser, in völlig fertigen Stand gesetzt werden, indem sonst, wenn das Wetter aufgehet, die Brücke daran Schaden leiden könnte.«

565 Stiftung Schlösser und Gärten Berlin-Brandenburg (Plankammer Charlottenburg), PK 3460/1-3. Johann Conrad Krüger verwendete den Schauentwurf 1789 als Vorlage für einen Stich. Abbildung bei: Heinze/Thiemann/Demps 1987, S. 84.

566 Auf den Charlottenburger Zeichnungen PK 3460 und 3460/2 werden an den Innenseiten der Krambuden und ihren Außenwänden keine Gliederungsformen gezeigt. Bei den Kolonnadenflügeln, die 1910 in den Kleistpark versetzt wurden, sind die Budenanbauten nicht mehr vorhanden. Die Rückwände der Kolonnaden wurden wohl wegen der allansichtigen neuen Aufstellung durch Pilastergliederungen ergänzt.

567 Die Gesamtlänge der Brücke betrug 34 m, ihre Breite 11,4 m. Heinze/Thiemann/Demps 1987, S. 87, 152.

568 Heinze/Thiemann/Demps 1987, S. 87.

569 Dehio 1983, S. 73.

570 Manger 1789/90, Bd. III, S. 546.

571 »Le Geai, der französische Baumeister, zeichnete desgleichen an den Hintergebäuden zum neuen Schlosse, und legte sie nach ihrer Vollendung dem Könige vor. Er hatte daran vieles, zwar kunstmäßig, aber doch gegen den eigentlichen Willen des Königs angeordnet, und behauptete gegen Denselben, daß seine Idee die vorzüglich gute und richtige sey. Dadurch verlohr er seine fernere Beschäftigung nebst seinem Gehalte, und ging nach Engelland.« Manger 1789/90, Bd. II, S. 286.

572 GStA PK, I. HA, Rep. 96 B, Extracte, Nr. 168,

573 Manger 1789/90, Bd. III, S. 631.
574 Manger 1789/90, Bd. III, S. 632. Die Eingabe Bürings von 1788 ist in einer Zusammenfassung in den Extracten erhalten. GStA PK, I. HA, Rep. 96 B, Extracte, Nr. 167, 1788, Bl. 342.
575 Sauer, Allgemeines Künstlerlexikon, Bd. 13, S. 360. Der genaue Anlaß für die Suspendierung scheint nicht bekannt zu sein.
576 Manger 1789/90, Bd. III, S. 562/563.
577 Manger 1783-1786, S. 324ff.
578 Manger 1789/90, Bd. III, S. 559.
579 GStA PK, I. HA, Rep. 96 B, Minüten, Nr. 79, Bl. 1165, 24. November 1779.
580 GStA PK, I. HA, Rep.96 B, Minüten, Nr. 81, Bl. 65, 18. Januar 1781.
581 GStA PK, I. HA, Rep. 96 B, Minüten, Nr. 85, Bl. 618, 16. Juni 1785.
582 Manger 1789/90, Bd. III, S. 547.
583 Manger 1789/90, Bd. III, S. 548.
584 Manger 1789/90, Bd. III, S. 807.
585 Manger 1789/90, Bd. II, S. 292/293, S. 465-469. Eine ausführliche Beschreibung der Gründungsarbeiten findet sich bei Manger 1783-1786.
586 Manger 1789/90, Bd. II, S. 469.
587 Metzler 1993, S. 32, Anm. 8; Mielke 1972, Bd. I, S. 41.
588 Auch aus dem erwähnten Dekor lassen sich keine eindeutigen Veränderungen ablesen. Allerdings gibt Manger an, daß zu dem Haus Nr.5, das mit der Nauener Straße 30/31 zu identifizieren ist, zwei Kindergruppen und sieben Vasen neu gemacht oder ausgebessert wurden. Manger 1789/90, Bd.II, S. 469. Dieser Dekor ist auf Krügers Ansicht um 1773 nicht in diesem Umfang erkennbar. Vielleicht befanden sich Teile davon aber auch an der Straßenseite zur Kupferschmiedsgasse.
589 Vgl. Metzler 1993, S. 32 und Anm. 8.
590 Manger 1789/90, Bd. II, S. 309.
591 GStA PK, I. HA, Rep. 96, Geheime Cabinetts-Registratur, Nr. 216 B, Vol. I, Kabinettsakten Fr. W. II., Königliche Immediatbauten Berlin und Potsdam, 1787-1795, Bl. 23.
592 GStA PK, I. HA, Rep. 96, Geheime Cabinetts-Registratur, Nr. 216 B, Vol. I, Kabinettsakten Fr. W. II., Königliche Immediatbauten Berlin und Potsdam, 1787-1795, Bl. 79.
593 Giersberg 1965, S. 82-86. Abschrift: StAP, Sig. Nr. 1-9/2, Verzeichnis der, in den Jahren 1792, 1793, 1794, 1795, 1796, 1797, 1798, 1799, 1800, 1801 und 1802 auf Königliche Kosten erbauten Bürger-Häuser zu Potsdam.
594 Giersberg 1965, S. 58. Horvath berichtet, daß 1798 der Aufbau des Töpferschen Hauses noch nicht abgeschlossen war. Man wollte ein Fundament von 24 bis 28 Fuß mauern, was aber wegen des hohen Grundwassers nicht gelang. Schließlich mußte man eine neue Pfahlgründung anlegen. Horvath 1798, S. 106/107.
595 Manger 179/90, Bd. II, S. 303, S. 465ff. GStA PK, I. HA, Rep. 96, Geheime Cabinetts-Registratur, Nr. 216 B, Vol. I, Kabinettsakten Fr. W. II., Königliche Immediatbauten Berlin und Potsdam, 1787-1795, Bl. 23.
596 GStA PK, I. HA, Rep. 96, Nr. 216 B, Vol. I, Kabinettsakten Fr. W. II., Königliche Immediatbauten Berlin und Potsdam, 1787-1795, Bl. 2 3-85; hier insbesondere Bl. 85.
597 Vgl. Habermann 1982, S. 136.
598 Staatsbibliothek Berlin PK, MS Boruss. fol.806, f.300r.
599 Friedrichstraße 9, 11, und 13 wurden von Georg Mader um 1738 erbaut. Gebessler 1959, S. 60.
600 König, Beschreibung der Stadt Bayreuth, Nr. 289, 289 b, 288, Abschrift des Stadtarchivs Bayreuth, S. 191/192.
601 Vgl. Gebessler 1959, S. 60.
602 StA Bbg., Rep. K 111, Kreis- und Stadtgericht Bayreuth, Nr. 289 a, Kaufvertrag über das Anwesen 289 a in der Friedrichstraße vom 19. Mai 1759.
603 Gebessler gibt für den Anbau den Zeitraum 1743/44 an und nennt gleichzeitig Gontard als Architekten. Falls es sich hier nicht um eine Verwechslung handelt, so kann sich Gebesslers Datierung zumindest nicht auf Gontard beziehen, da dieser damals erst etwa 13 Jahre alt war. Gebessler 1959, S. 59.
604 Gebessler 1959, S. 59/60.
605 Vgl. Habermann 1982, S. 190ff.
606 Vgl. Habermann 1982, S. 90-96.
607 Bachmann 1985, S. 13ff.
608 Archivalienhinweise bei Riedelbauch 1973.
609 Pungs-Schlotmann 1991; Bayer. Verwaltung der staatl. Schlösser, Gärten und Seen, Infoblatt 1994.
610 Riedelbauch 1964.
611 Vgl. Hirschmann 1929. Diether Hoffmann (II), S. 28.
612 Abschriften des Dekrets: bei Bauer 1891, S. 122/123 und bei Wallé 1891, S. 12. Stadtarchiv Bayreuth, Hist. Nr. 2498 und Hist. Nr. 843. StA Bamberg, Rep. K 111, Kreis- und Stadtgericht Bayreuth, Grundakte Nr. 48. Die Grundakte gibt weiterhin darüber Auskunft, daß es Ingenieur-Hauptmann 1759 gelang, sich von der Soldateneinquartierung zu befreien (Schreiben vom 27. März 1759) und für die Wasserversorgung seines Hauses einen Anstich an den Brunnen zu erwirken, der ehemals das Alte Schloß, später die Küche des Neuen Schlosses, versorgte (Schreiben vom 30. Juni 1760).
613 Freundlicher Hinweis von Herrn Dr. Stephan Nöth, Staatsarchiv Bamberg. StA Bamberg, Markgrafentum Brandenburg-Culmbach, neuverzeichnet, Nr. 2464: Acta des Ingenieur Hauptmann Gontards Hauß Bau in dem alten Residenz Schloß allhier dazu erhaltene Begnadigungen betrl. 1759, 1760, 1761, 1763. Die Akte enthält ebenfalls ein Exemplar des Schenkungsdekrets (f.1r).
614 StA Bamberg, Markgrafentum Brandenburg-Culmbach, neuverzeichnet, Nr. 2464, f.2r, Schreiben vom 27. März 1759; f.3r, Schreiben vom 27. März 1759; f.5r, Schreiben vom 11. Mai 1759; f.10r, Schreiben vom 21. Juli 1759. So konnte der Baumeister eine 20-jährige Steuerbefreiung, eine Schenkung an Bauholz, Gips und 12 frei Gebräu Bier für die Dauer von drei Jahren sowie zusätzlich »300 fl.fränk. an baarem Geld aus Banco Mitteln« erwirken.
615 König, Beschreibung der Stadt Bayreuth, Nr. 48, Abschrift des Stadtarchivs Bayreuth, S. 21/22. Rissebuch, Nr. 48, Abschrift des Stadtarchivs Bayreuth, S. 35.
616 Stadtarchiv Bayreuth, Hist. Nr. 843. StA Bamberg, Rep. K 111, Kreis- und Stadtgericht Bayreuth, Grundakte Nr. 48. Im Jahr 1760 ergaben sich für den Bauherren Streitigkeiten mit der Stadt, da er seine Grundstücksgrenze etwas in die Straße herausziehen wollte. StA Bamberg, Rep. K 111, Kreis- und Stadtgericht Bayreuth, Grundakte Nr. 48.
617 Bereits im Herbst 1760 richtet Gontard ein Schreiben an dem Markgrafen, daß der Platz bei seinem Haus zu klein sei, um einen benötigten Stall und eine Wagenremise darin unterzubringen und fügt diesbezüglich eine Lageskizze bei. Daraufhin weist ihm der Markgraf im Februar 1761 den Platz einer Holzschlichte am Fuße des Areals zu, die bisher von der Münze genutzt wurde und gewährt ihm im Februar 1763 wiederum kostenloses Bauholz für den Bau der Stallung und der Chaisenremise. Im Mai 1763 wird im die Fortsetzung seiner Arbeiten an der Remise untersagt, da in einem Schreiben an das Geheime Ministerium die Befürchtung geäußert wird, daß diese einen »üblen Prospekt« erzeugen könnte. Gontard verwehrt sich im Mai 1763 gegen diese Anklage und fügt seinem Schreiben eine Lageskizze sowie einen Aufriß der begonnenen Remise bei, woraufhin ihm die Vollendung des Baues gewährt wird. StA Bamberg, Markgrafentum Brandenburg-Culmbach, neuverzeichnet, Nr. 2464, f.23r; f.31r-42.
618 Abschriften des Kaufvertrags: 1) Stadtarchiv Bayreuth, Hist. Nr. 843. 2) StA Bamberg, Rep. K 111, Kreis und Stadtgericht Bayreuth, Grundakte Nr. 48. 3) Sitzmann 1952, S. 42/43. Vergleicht man den Kaufpreis z.B. mit den Baukosten für ein adäquates Gebäude wie die Hofapotheke (17578 fl.), so erscheint der Betrag verhältnismäßig gering. Im Rissebuch wurde für Gontards Wohnhaus und das dazugehörige Areal samt Schuppen und Stall ein landschaftlicher Steuerfuß von 75 fl. sowie eine Stadt-Lichtmeßsteuer von 3 fl. fr. angesetzt. Rissebuch, Nr. 48, Abschrift des Stadtarchivs Bayreuth, S. 35. Dieser Steuerbelag läßt ebenfalls Parallelen zur Hofapotheke ziehen, die 1757 mit 68 3/4 fl (plus 3 1/8 fl für ein Gartengelände) belegt war. Rissebuch, Nr. 418, Abschrift des Stadtarchivs Bayreuth, S. 241.
619 Carl Christian von Lindenfels, Hochfürstl. Brandenburg-Culmbachischer Geheimer Rath, Hofrichter und Landshauptmann wird als zweiter Taufpate des Kindes, das am 30. Juli 1764 geboren wurde, genannt. Taufregister der Hofgemeinde Pfarrei Bayreuth, Taufen 1763-1787, S. 43.
620 Nach Planangaben nehmen die Langseiten 19,02 m ein. Eingabeplan für den Umbau des Wohnhauses am Schloßberglein 3, Architekt Walter Schilling, Würzburg 1968.
621 Wolfgang Jahn 1990, S. 172/283.
622 Sitzmann 1952, S. 18.
623 König, Beschreibung der Stadt Bayreuth, § 20, Absatz 2, Haus Nr. 42, Abschrift des Stadtarchivs Bayreuth, S. 21/22.
624 Rissebuch der Stadt Bayreuth, Abschrift des Stadtarchivs Bayreuth, Nr. 45, S. 34. Herr Bartel vom Stadtarchiv Bayreuth machte da-

Anmerkungen

rauf aufmerksam, daß in diesem Fall Divergenzen zwischen der Nummerierung der Häuser bei König und der des Rissebuches auftreten, die ansonsten miteinander übereinstimmen. König beschreibt das Palais d'Adhémar unter der Hausnummer 46, während es im Rissebuch mit Nummer 45 angegeben wird. Da auch die Nummer der Grundakte, die leider nicht mehr auffindbar ist, mit 46 angegeben wird, liegt in diesem Fall wohl eine Unstimmigkeit im Rissebuch vor.

625 Sitzmann 1952, S. 19.
626 Umbaupläne des Architekten Walter Schilling, Würzburg 1960.
627 Friedrich Hofmann 1902, S. 104, Abb. 123.
628 Umbauplan des Architekten Walter Schilling, Würzburg 1960.
629 Wolfgang Jahn 1990, S. 283.
630 König, Häuserchronik der Stadt Bayreuth, Nr. 712, 713, Abschrift des Stadtarchivs Bayreuth, S. 117. Rissebuch der Stadt Bayreuth, Nr. 712, Abschrift des Stadtarchivs Bayreuth, S. 335. Stadtarchiv Bayreuth, Hausakt Layriz, Nr. 22345. StA Bamberg, Rep. K 111, Kreis- und Stadtgericht Bayreuth, Grundakte Nr. 712.
631 Brunner 1924, o.S.
632 Sitzmann 1952, S. 15.
633 Brunner 1924, o.S. Hausakte Layriz, Stadtarchiv Bayreuth, Nr. 22345, Kaufnotation vom 7. September 1742.
634 Brunner 1924, o.S.
635 Stadtarchiv Bayreuth, Hausakte Layriz, Nr. 22345, Kostenvoranschlag vom 15. Oktober 1750.
636 Brunner 1924, o.S.
637 Stadtarchiv Bayreuth, Hausakte Layriz, Nr. 22345, Schreiben vom 6. Juni 1753.
638 Sitzmann 1952, S. 15. Stadtarchiv Bayreuth, Hausakte Layriz, Nr. 22345, Kostenvoranschlag vom 2. Oktober 1752.
639 StA Bamberg, Rep. K 111, Kreis- und Stadtgericht Bayreuth, Grundakte Nr. 712, Schreiben vom 2. und 3. Juli 1752.
640 Stadtarchiv Bayreuth, Hausakte Layriz, Nr. 22345, Schreiben vom 5. Oktober 1753.
641 Sitzmann 1952, S. 15. Stadtarchiv Bayreuth, Hausakte Layriz, Nr. 22345, Kostenvoranschlag vom 18. Oktober 1754.
642 Brunner 1924, o.S.
643 Brunner 1924, o.S.
644 Sitzmann 1957, S. 367.
645 Gebessler 1959, S. 52.
646 Vgl. Beschriftung des Fotos LBN C/1176 im Stadtarchiv.
647 Die drei Kostenanschläge geben jeweils verschiedene Dimensionen für den Bau an. Stadtarchiv Bayreuth, Hausakte Layriz Nr. 22345, o.P. Kostenvoranschlag vom 15. Oktober 1750, vom 2. Oktober 1752 und vom 18. Oktober 1754.
648 Hofmann 1901, S. 246. Thieme-Becker, Bd. 28, S. 301.
649 Gebessler 1959, S. 52.
650 König, Beschreibung der Stadt Bayreuth, Nr. 119, Abschrift des Stadtarchivs Bayreuth, S. 185. Rissebuch der Stadt Bayreuth, Nr. 119, Abschrift des Stadtarchivs Bayreuth, S. 145. StA Bamberg, Rep. K 111, Kreis- und Stadtgericht Bayreuth, Grundakte Nr. 119.
651 Ms. 127/III, Geschichte der Stadt Bayreuth, 5 Bde.; Dritter Period unter Regierung derer Fürsten Friedrich und Friedrich Christian, 1735-1768, 1753 Paragraph 8, o.S. Manuskript des Historischen Vereins Bayreuth (heute in die Bestände der Universitätsbibliothek Bayreuth aufgenommen).
652 Reitzenstein 1881, S. 79.
653 StA Bamberg, Rep. K 111, Kreis- und Stadtgericht Bayreuth, Grundakte Nr. 119, Schreiben vom 3. Oktober 1754. Vgl. auch Reitzenstein 1881, S. 79.
654 Dieser Betrag wurde Liebhardt nach den Angaben des Verfassers nicht bar gezahlt. Da ihm Friedrich für ein Darlehn 3600 fl. schuldete, verrechnete er dem Markgrafen beide Summen im Kaufschilling für das am 2. April 1764 erworbene Kanzleimannlehenbare Gut Laineck mit Rodersberg und Uzdorf im Wert von 18.800 fl. Das Kaufdatum 2. April 1764 kann allerdings nicht stimmen, da Markgraf Friedrich bereits 1763 verstarb. Reitzenstein 1881, S. 79.
655 Gebessler 1959, S. 59.
656 Die Figuren über dem Hofportal stellen die Allegorien von Fortitudo (Säule) und Prudentia (Spiegel) dar. Bei den attributlosen Statuetten auf der anderen Seite könnten es sich deshalb um Temperantia und Justitia handeln. Habermann 1986, S. 27.
657 Friedrich Hofmann 1901, S. 222.
658 Sitzmann 1952, S. 16.
659 Merten 1964, S. 98.
660 Zur Baugeschichte der beiden Häuser vgl. Merten 1964, S. 21 ff. und 61 ff.
661 Bei diesen Anlagen sind die einzelnen Elemente des Ensembles allerdings durch Bogen miteinander verbunden.
662 Merten 1964, S. 47.
663 Merten 1964, S. 97.
664 Gebessler 1959, S. 59.
665 Hans Mayer 1930, S. 177. Das von Mayer verwendete, jedoch nicht mit Quellenangaben versehene Archivmaterial zur Geschichte der Hofapotheke, ist teilweise, während Nachforschungen zu der Magisterarbeit der Verfasserin, in einem neugeordneten Aktenkonvolut im Staatsarchiv Bamberg wieder aufgefunden worden. StA Bamberg, Markgrafentum Brandenburg-Culmbach, neuverzeichnet, Nr. 3817; Johann Friedrich Örtels, Vater und Sohns Hoff-Apotheckern Previlegium und dessen Confirmation. Item Steuer Belag betr., von Anno 1713-1778. Enthalten ist außerdem ein mit »Acta privata« bezeichneter und selbständig numerierter Aktenteil.
666 StA Bamberg, Markgrafentum Brandenburg-Culmbach, neugeordnet, Nr. 3817, Schreiben Nr. 6, Dekret des Markgrafen Georg Wilhelm, 28. Juni 1712. Mayer gibt an, daß Örtel zum Hofapotheker ernannt wurde und am 8. August 1712 das Wohnhaus Nr. 418 des fürstlichen Hofsattlers Nicolaus Knorr erwarb, das in der Rennbahn gelegen war. Örtel verstarb am 12. Februar 1730. Seine Witwe verwaltete die Apotheke bis sie 1735 der älteste Sohn, ebenfalls mit Namen Johann Friedrich, übernehmen konnte. Jedoch verschied auch er schon früh. Hans Mayer 1930, S. 177/178.
667 StA Bamberg, Rep. K 111, Kreis- und Stadtgericht Bayreuth, Grundakte Nr. 417, o.P., Kaufvertrag über das Wohnhaus Nr. 417 vom 3. November 1753.
668 Hans Mayer 1930, S. 178; bzw. StA Bamberg, K 111, Kreis- und Stadtgericht Bayreuth, Grundakte Nr. 417; Kaufvertrag vom 3. November 1753 zwischen Johann Georg Michael, Hochfürstlich Brandenburg-Culmbachischer Regierungscanzlist, Johann Michael Herold, Adjutant, Bürger und Weißgerber und Margarethe Örtelin, Hofapothekerin, über das Eckhaus Rennbahn/Rennweg. Kaufsumme: 1400 fl. fränk., 3 Carolins Leykauf. Das ehemalige Wohnhaus Nr. 418 verkaufte die Apothekerswitwe am 29. August 1758 an den Bäckermeister Paulus Küspert. Rissebuch, Nr. 418, Abschrift des Stadtarchivs Bayreuth, S. 241.
669 Kurzübersicht der Befunduntersuchung durch die Kirchenmaler und Restauratoren G. und M. Hofmann aus Hollfeld 1989.
670 König, Beschreibung der Stadt Bayreuth, Nr. 430, Abschrift des Stadtarchivs Bayreuth, S. 177-178.
671 Eine Entwurfszeichnung Richters und Gontards für eine Menagerie und Gartenanlage anstelle des ehemaligen Komödienhauses gibt für die umliegende Bebauung auch »des Maschinen Meisters Haus« an. StA Bamberg, R 1246. Der Plan wird zwischen 1761 und 1763 datiert. Habermann 1982, S. 26-28.
672 StA Bamberg, Rep. K 111, Kreis- und Stadtgericht Bayreuth, Grundakte Nr. 430, Schreiben vom 21. Mai 1784.
673 Rissebuch, Abschrift des Stadtarchivs Bayreuth, Nr. 430, S. 247.
674 1. Obergeschoß: Saal und drei Zimmer; 2. Obergeschoß: zwei Räume. Vgl. Wolfgang Jahn 1990, S. 186/286.
675 Friedrich Hofmann 1901, S. 247.
676 Bestandsplan für das Evangelische Gemeindehaus Ludwigstraße 29, Architekt Kurt Baumann, Bayreuth 1976.
677 Vgl. Schenk 1924, Abb. 39.
678 König: Beschreibung der Stadt Bayreuth, Abschrift des Stadtarchivs Bayreuth, S. 177/178.
679 Gebessler 1959, S. 60.
680 König, Beschreibung der Stadt Bayreuth, Nr. 245, Abschrift des Stadtarchivs Bayreuth, S. 191.
681 Rissebuch, Nr. 245, Abschrift des Stadtarchivs Bayreuth, S. 156/157.
682 StA Bamberg, Rep. K 111, Kreis- und Stadtgericht Bayreuth, Grundakte Nr. 245.
683 König, Beschreibung der Stadt Bayreuth, Nr. 245, Abschrift des Stadtarchivs Bayreuth, S. 191.
684 Eine Abbildung des Planes befindet sich bei Müller 1964, S. 161-198, Abb. 49.
685 GStA PK, I. HA, Rep. 96, Geheime Kabinetts-Registratur, Nr. 19 A, Politica, 1763, Des Preuß. Gesandten Buchholtz Depeschen aus Baireuth, Bl. 106, 1. Oktober 1763. »Dieser Hofbau- und Steinhauer Meister Mader soll der geschickteste Mann in seinem Metier seyn und nicht nur alle ihm aufzutragende Bauten auszuführen im Stande seyn: sondern auch selbst sehr gute Risse und Dessins machen.«
686 Reitzenstein gibt in einem Baugnadengesuch an, daß das Gebäude eine Länge von 126 Schuh und eine Tiefe von 48 Schuh erhalten und »(...) nach dem vom Hauptmann Gontard verfertigten Riß (...)« erbaut werden soll. Stadtarchiv Bayreuth, Hist. Nr. 2583, Schreiben Reitzensteins an den Markgrafen vom 22. September 1760. Abgedruckt bei: Sitzmann 1952, S. 43/45.
687 König, Beschreibung der Stadt Bayreuth, Nr. 710, Abschrift des Stadtarchivs Bayreuth, S. 119/120. Rissebuch, Abschrift des Stadtarchivs Bayreuth, S. 354.
688 StA Bamberg, Rep. K 111, Kreis- und Stadt-

Anmerkungen

gericht Bayreuth, Grundakte Nr. 710.
689 Meier-Gesees gibt in einem kleinen Aufsatz über das Palais die Bauzeit von 1761-1767 an, ohne daß er Quellen oder Belege dafür anführt. Meier-Gesees 1955, S. 4, 1955.
690 Vgl. Hirschmann 1929, Das Bayreuther Rathaus im Wandel der Zeiten, S. 135.
691 Meier-Gesees 1955, S. 4. 1963 wurde der noch stehende Torso des Palais Reitzenstein sowie ein dazugehöriges unversehrtes Gartenhäuschen abgerissen. Habermann 1982, S. 6.
692 Sitzmann 1952, S. 25.
693 Der Palazzo wurde von Carlo Rainaldi (geb. 4.5.1611 in Rom, gest. 8.2.1691 ebda.) für Filippo Mancini, Herzog von Nevers, in Rom entworfen, jedoch erst nach 1695, also nicht mehr zu Lebzeiten des Architekten, mit einigen Abweichungen vom Originalplan, ausgeführt. Hempel 1919, S. 88/91.
694 König, Beschreibung der Stadt Bayreuth, Nr. 433, Abschrift des Stadtarchivs Bayreuth, S. 180. Rissebuch Nr. 433, Abschrift des Stadtarchivs Bayreuth, S. 247.
695 Sitzmann 1952, S. 22.
696 Diether Hoffmann, der das Palais als erster Gontard zuordnete, setzt die Datierung bereits auf 1758 (Diether Hoffman (I), S. 16/17), Gebessler auf 1761/62 an. Gebessler 1959, S. 64.
697 Aus der Grundakte des Gebäudes waren diesbezüglich keine Informationen zu entnehmen. StA Bamberg, Rep. K 111, Kreis- und Stadtgericht Bayreuth, Grundakte Nr. 433.
698 Zuschreibung der einstigen Stukkaturen an Pedrozzi. Wolfgang Jahn 1990, S. 284.
699 Diether Hoffmann (I), S. 19.
700 König, Beschreibung der Stadt Bayreuth, Abschrift des Stadtarchivs Bayreuth, S. 190.
701 Rissebuch, Nr. 244, Abschrift des Stadtarchivs Bayreuth, S. 155-156.
702 StA Bamberg, Rep. K 111, Kreis- und Stadtgericht Bayreuth, Grundakte Nr. 244.
703 Sitzmann 1952, S. 20. Gebessler 1959, S. 53.
704 StA Bamberg, Rep. C 18/I, Collectanea Sauerweiniana, Kapitel 7, Teil 3, S. 85 des Inhaltsverzeichnisses. Der entsprechende Textteil ist verloren gegangen.
705 Müller 1964, Abb. 19.
706 StA Bamberg, Rep. K 111, Kreis- und Stadtgericht Bayreuth, Grundakte Nr. 244, Schreiben 30. Juni 1763.
707 StA Bamberg, Rep. K 111, Kreis- und Stadtgericht Bayreuth, Grundakte Nr. 244, Schreiben vom 30. Juni 1763.
708 Conrad 1974, S. 4.
709 Stadtarchiv Bayreuth, Leihgabe des Historischen Vereins von Oberfranken, Inv. Nr. HV 273, Mappe Arch.1
710 Bei den Pänen handelt es sich um Entwürfe des Zimmermanns Andreas Wunschel, die nach ihrer Beschriftung am 6.2.1750 bzw. 2.10.1755 im Hofbauamt vorgelegt wurden. Da der ältere mit »Lit. A«, der jungere mit »Lit. C« bezeichnet worden ist, kann vermutet werden, daß ursprünglich noch ein drittes Blatt existierte. Der Wunschelplan von 1750 gibt an, daß zu diesem Zeitpunkt noch keine steinerne Brücke über den dort fließenden Sendelbach führte, sondern nur ein Holzsteg. Stadtarchiv Bayreuth, Inv.Nr. HV 296. Der zweite Wunschelplan von 1755 zeigt den Aufriß der Häuser Moritzhöfen 1-5. Als Besitzer werden der Zimmergeselle Übelhack, ein Maurer Pöhm und der Cariolknecht Pöhm genannt. Stadtmuseum Bayreuth, Inv. Nr. HV 802 Vgl. Müssel 1964, S. 1.
711 Müssel 1964, S. 2. König, Beschreibung der Stadt Bayreuth, Abschrift des Stadtarchivs Bayreuth, um 1800, Nr. 734.
712 StA. Bamberg, Rep. K 111, Kreis- und Stadtgericht Bayreuth, Grundakte Nr. 750, Schreiben Nr. 39 vom 16. Juni 1780.
713 StA Bamberg, Rep. K 111, Kreis- und Stadtgericht Bayreuth, Grundakte Nr. 750, Schreiben des Markgrafen Christian Friedrich Carl Alexander vom 6. Februar 1772. Die genannten Immobilien gingen schließlich für 2050 fl. fränk. Kaufschilling und 4 Dukaten Leykauf an den Färber Ulrich Weydmann jr. aus Bayreuth über. Schätzungsprotokoll, ebd., Bl. 4, 12. November 1772, gez. Andreas Wunschel, Zimmermeister und Johann Stahlmann, Mauermeister.
714 König, Beschreibung der Stadt Bayreuth, Nr. 696, Abschrift des Stadtarchivs Bayreuth, S. 153.
715 Rissebuch, Nr. 695/696, Abschrift des Stadtarchivs Bayreuth, S. 349.
716 Sitzmann 1957, Bd. I, S. 33.
717 Sitzmann 1952, S. 19.
718 StB Bamberg, M.v.O. Ms.29, Beschreibung und Geschichte der Stadt St. Georgen am See von Johann Sebastian König, f.12r, um 1800. (Katalog der Handschriften der königl. Bibliothek (jetzt Staatsbibliothek) zu Bamberg, Bd. 3/I, S. 125, 1912, Manuskripte der Marschalk von Ostheimschen Sammlung.
719 Thieme-Becker, Bd. 28, S. 301.
720 Vgl. Drescher/Badstübner-Gröger 1991, S. 60.ff., Abb. 58, 58a, Kat. Nr. 8, S. 198.
721 Vgl. Drescher/Badstübner-Gröger 1991, S. 64ff., Abb. 59, Kat. Nr. 12, S. 199.
722 Manger 1789/90, Bd. II, S. 305, 312.
723 Vgl. Drescher/Badstübner-Gröger 1991, S. 138f., Abb. 117, 118, 120, Kat. Nr. 19, S. 203.
724 Vgl. Drescher/Badstübner-Gröger 1991, S. 143ff., Abb. 125, Kat. Nr. 21, S. 204.
725 Mielke 1981, S. 41.
726 Förster 1837, S. 117, Schreiben Algarottis an Friedrich II., Venedig, 12. Juni 1754.
727 GStA PK, I. HA, Rep. 36, Hofverwaltung, Nr. 3277, Special-Bau-Rechnung der Wacht- und Gärtner Häuser ao 1767, Bl. 1, 5, 8.
728 Stiftung Schlösser und Gärten Berlin Brandenburg, Plankammer Potsdam, Akte 368: Acta betr. die Reparaturen im Lustgarten [...], 1775, 1784, 1790; Bl. 32, 2. Juni 1775, Skizze einer Vase mit Angaben zur farblichen Gestaltung (Vergoldungen, gelbe Farbe mit Auripigmenten).
729 Manger 1789/90, Bd. II, S. 314.
730 Ausstellungskatalog »Potsdamer Schlösser und Gärten«, S. 137. Drescher/Badstübner-Gröger, S. 161.
731 Ausstellungskatalog »Potsdamer Schlösser und Gärten«, S. 137. Drescher/Badstübner-Gröger, S. 162/163. Giersberg 1986, S. 135f.
732 GStA PK, I. HA, Rep. 96 B, Extracte, Bl. 75, 27. Juli 1773.
733 Vgl. Katalog »Paradies des Rokoko«, Bd. II, Kat. Nr. 9, 78.
734 Manger 1789/90, Bd. II, S. 343/344.
735 Ausstellungskatalog »Potsdamer Schlösser und Gärten«, S. 128. Drescher/Badstübner-Gröger, S. 174, Kat. Nr. 26.
736 GStA PK, I. HA, Rep. 36, Hofverwaltung, Nr. 3291, Special Bau Rechnung von einem eisernen Treillage Berceau in Sans Souci 1777.
737 Vgl. Drescher/ Badstübner-Gröger 1991, S. 173f., Abb. 152, Kat. Nr. 26, S. 206.
738 Vgl. Habermann 1982, S. 123f. Drescher/Badstübner-Gröger 1991, S. 173f., Kat. Nr. 25.
739 Manger 1789/90, Bd. III, S. 544/545.
740 Drescher/Badstübner-Gröger 1991, S. 171f. Ausstellungskatalog »Potsdamer Schlösser und Gärten«, S. 144f.
741 Mielke 1972, Bd. II, S. XV-XXXVIII.
742 Manger 1789/90, Bd. I, S. 122, II-VI, nach einer Vorlage von Roland. Charle Antoine Roland, gen. Roland de Virloys (1716-1772), Architekt und Fachschriftsteller. Vgl. Thieme-Becker, Bd. XXVIII, S. 532. Hautecœur, Bd. III, S. 530.
743 Manger 1789/90, Bd. I, S. 137, 141, 148, 157, 168.
744 Giersberg/Schendel 1990, S. 31/32.
745 Manger 1789/90, Bd. II, S. 309, VII-IX; Bd. III, 3.
746 GStA PK, I. HA, Rep. 36, Hofverwaltung, Nr. 3066, Kostenanschläge über Bauten und Baureparaturen in und bei Potsdam, Bl. 31-36. Von den drei Anschlägen ist nur der erste für das Haus Alter Markt 7 (Feldwebel Neumann) am 6. August 1766 datiert. Alle drei befinden sich aber zwischen Gontards signierten Kostenaufstellungen zum Bau der Kolonnaden an den Communs (Bl. 25-29; 6. August 1766) und zur Dekoration des Theaters im Neuen Palais (Bl. 37; 9. September 1766) abgeheftet.
747 GStA PK, I.HA, Rep.36, Hofverwaltung, Nr. 3066, Kostenanschläge über Bauten und Baureparaturen in und bei Potsdam; Bl. 33-42, »Anschlag der Kosten zu neuer Erbauung des Eckhauses am Marckte, so dem Schutz-Juden Joel zuständig, von 40 Fuß lang, 3 Etagen hoch, mit Zubuße an allen Materialien.« Das Haus sollte 3 gemauerte Schornsteinröhren und 3 Feuerherde erhalten, Keller und Küche sollten gepflastert werden. Insgesamt waren 21 Stubentüren, 2 geleimte Türen, eine Laden- und eine Hintertür vorgesehen. Da auch »60 Fach zu staacken und lehmen« im Voranschlag aufgeführt wurden, ist davon auszugehen, daß Teile der Wände in Fachwerk errichtet werden sollten.
748 Vgl. Giersberg/Schendel 1990, Abb. 38.
749 GStA PK, I. HA, Rep. 96 B, Extracte, Nr. 139, Bl. 253, Schreiben vom 1. Mai 1772.
750 GStA PK, I. HA, Rep. 36, Hofverwaltung, Nr. 3066, Kostenanschläge über Bauten und Baureparaturen in und bei Potsdam, Bl. 30.
751 GStA PK, I. HA, Rep. 36, Hofverwaltung, Nr. 3208, Manual von der Geldausgabe zum Bau der 9 Bürgerhäuser pro 1767. Für das Haus Nr. 7 sind Rechnungen von Sartori für Stukkaturarbeiten (Rechnungsnummer 484, 20.6.1767) und von Rendschuh für Maurerarbeiten (Rechnungsnummer 511, 21.1.1767) überliefert.
752 GStA PK, I. HA, Rep. 36, Hofverwaltung, Nr. 3066, Kostenanschläge über Bauten und Baureparaturen in und bei Potsdam; Bl. 31-32, »Anschlag der Kosten Zu Erbauung eines Bürger Hauses für den Feldwebel Neumann, à 54 Fuß en Fronte und 35 Fuß Tiefe.« Für Neumanns Haus sind 4 gemau-

Anmerkungen

erte Schornsteinröhren, aber nur 3 gemauerte Herde vorgesehen. Keller und Küche sollten wiederum gepflastert werden. Insgesamt sind 26 Stubentüren, 2 geleimte Türen und eine Hintertür aufgeführt.
753 Manger 1789/90, Bd. II, S. 350, Nr. VIII-X; Bd. III, S. 636.
754 Manger 1789/90, Bd. III, S. 807. GStA PK, I. HA, Rep. 36, Hofverwaltung, Nr. 3067, 3te summarische Haupt-Geld-Rechnung von diversen Königlichen Exterieur und Interieur Bauten auch Reparaturen zu Potsdam und in Sans Souci de ao. 1766 ad incl. 1773, Bl. 6, Bürgerhäuser 1770.
755 Stadtarchiv Potsdam, Kania-Kartei, 2/Bl. 13, 15, 17.
756 Tadgel 1988, Abb. 154.
757 Vgl. Mielke 1972, Bd. I, S. XXI-XXIII.
758 Staatsbibliothek Berlin Unter den Linden, MS Boruss. fol. 806. Mémoires de Frédérique Sophie Wilhelmine Margrave de Bareith, sœur de Frédéric le Grand, ecrits de sa main, 1706-1754, f.307v.
759 Manger 1789/90, Bd. III, S. 635-36: »Außenseiten von Gebäuden in Potsdam, die er (Gontard, d.V.) gezeichnet hat, sind folgende: (...) und zu etlichen andern Bürgerhäusern in den Jahren 1775, 1776 und 1777.«
760 Nicolai 1786, S. 1179.
761 Krüger 1779/1781, S. 6/7.
762 Manger 1789/90, Bd. III, S. 808.
763 Mielke 1972, Bd. I, S. 321/322.
764 Mielke 1972, Bd. II, S. XXV/XXVI.
765 Debold-Kritter u.a. 1995, S. 9ff.
766 Vgl. Manger 1789/90, Bd. III, S. 636 und S. 640.
767 Vgl. Debold-Kritter u.a. 1995, S. 17ff.
768 Vgl. Debold-Kritter u.a. 1995, S. 17ff.
769 Manger 1789/90, Bd. III, S. 636/640.
770 Mielke 1972, S. XXVI.
771 Eine Zuschreibung an Gontard erfolgt bei Dehio 1983, Bezirk Berlin/DDR und Potsdam, S. 341; Drescher/Bartmann-Kompa 1990, S. 42. Manger weist Gontard lediglich einige Bürgerhäuser in der Breiten Straße zu, während er bei Unger »(...) die 29 Bürgerhäuser, welche 1771 erbaut wurden (...)« nennt. Manger 1789/90, Bd. III, S. 636, 640.
Gontard war ab 1770 mit den Entwürfen und der Ausführung für das Potsdamer Waisenhaus stark beansprucht. Seine Entwurfstätigkeit im Bereich der bürgerlichen Wohnbauten geht in diesen Jahren deutlich zurück. Auch stilistisch gesehen erscheint eher Unger für diese Bauten verantwortlich gewesen zu sein. Bei den vier dreigeschossigen Gebäuden, die unterschiedliche Achsenanzahlen besaßen, wurden verschiedene Motive für die Fassadengestaltung variiert. Gemeinsam war ihnen die konkave Einschwung an der Straßenecke. Jedes Haus erhielt hier im ersten Obergeschoß einen konvex geschwungenen Balkon mit einer schmiedeeisernen Brüstung und einer rundbogigen Balkontüre. Verbindendes dekoratives Element zwischen den Häusern war die Betonung der horizontalen Lagerung der Geschosse mittels durchgehender Lagerfugen bzw. durch die Ausbildung einer Bänderrustika. Auch wurden im wesentlichen Rechteckfenster verwendet, wobei aber unterschiedliche Verdachungen (gerade, offene dreieckige und offene geschwungene Verdachungen, die seitlich abgesetzt sind) und Dekorationselemente (Agraffen, Keilsteine, Tuchgehänge, Blütengehänge, Muscheln, Medaillons, Kartuschen) Akzente setzten. Es fehlt die für Gontard typische enge Einbindung der Fenster in ein Fassadensystem. Die Fenster und ihre Dekorationselemente haben ungewöhnlich viel Spielraum. Ungewohnt für Gontard sind auch die Formen der Fensterverdachungen, insbesondere die Kombination der offenen dreieckigen, abgesetzten Verdachung mit darunterliegendem Muschelmotiv.
772 Manger 1789/90, Bd. III, S. 633.
773 Mielke 1972, Bd. II, S. XXVI.
774 Manger 1789/90, Bd. III, S. 807. GStA PK, I. HA, Rep. 36, Nr. 3067, 3te Summarische Haupt-Geld-Rechnung von diversen Königlichen Exterieur und Interieur Bauten auch Reparaturen zu Potsdam und in Sans Souci de ao. 1766 ad incl. 1773.
775 Wie so oft üblich, gehörte das Objekt zwei Besitzern, die Schulz und Dickow hießen. Nicolai 1786, S. 1130.
776 Vgl. Manger 1789/90, Bd. II, S. 363-365; ebd., Bd. II, S. 423.
777 Kania 1929, S. 216.
778 Krüger 1779/1781, S. 5/6: »Das folgende Dickow= und Schultzische unter eine Stirnwand gebrachte Gebäude, ist auf Seiner Königlichen Majestät Befehl von dem Pallast * Barberino entlehnt, durch den Bau=Inspector Unger gezeichnet, und unter Direktion des Hauptmann von Gontard exekutirt. Das Risalit ist eigentlich nur eine Nachahmung des erwehnten Pallasts Barberino. Man hat hier im dritten Geschoß das perspektivische Zusammenlaufen der Imposten, welches der Ritter Bernini am erwehnten Pallaste angebracht hatte, und nach der Regul ein Fehler ist, vermieden. Den Bernini verleitete die Höhe dazu. Es blieb ihm, das Ganze angenehm zu machen, fast nichts anders übrig. Die beyden Flügel * hängen mit dem Risalite zusammen, und sind dazu komponirt. Man könnte dies Gebäude mit Recht eine freye Uebersetzung nennen.«
* »Es ist nicht der Pallast Borghese, wie in der Beschreibung von Berlin und Potsdam stehet.«
* »In angeführter Beschreibung, haben die vier Fenster keine Aehnlichkeit mit dem Pallast. Die Flügel am Pallast Barberino sind von Beromini (Borromini, d.V.) gebauet, und hängen mit dem Risalit nur durch das dritte Geschoß mit den Imposten der Bogen zusammen.«
779 Mielke führte die Potsdamer Veränderungen bezüglich der Grundrißdisposition auf eine mögliche Mißinterpretation vorhandener Stichvorlagen, wie z.B. Pietro Ferrerios »Palazzi di Roma« zurück, die eventuell den Eindruck erweckten, daß die Seitenflügel in einer Flucht mit dem Mitteltrakt stünden. Mielke 1972, Bd. I, S. 325. Dies war schon deshalb als unwahrscheinlich anzusehen, da in Piranesis »Vedute di Roma«, die im Besitz des Königs waren, die Anlage deutlich als Flügelbau erkennbar ist und darüber hinaus Gontard den Palazzo vermutlich aus eigener Anschauung kannte.
780 Vgl. Manger 1789/90, Bd. III, S. 635-636; ebd., Bd. III, S. 640.
781 Staatsbibliothek Berlin Preußischer Kulturbesitz, MS Boruss. fol. 806., Memoires de Fréderique Sophie Wilhelmine Margrave de Bareith, sœur de Frédéric le Grand, ecrits de sa main, 1706-1754, f.300r
782 Vgl. Volk 1988, S. 168.
783 Mielke 1972, Bd. I, S. 326ff.
784 Vgl. Ausstellungskatalog »Blick auf Potsdam im 18. und 19. Jahrhundert« 1990, S. 15.
785 Mielke 1972, Bd. I, S. 326.
786 Kania 1937, Heimatkundliche Spaziergänge (...) S. 37. Metzler 1993, S. 32.
787 Mielke 1972, Bd. II, S. 94.
788 GStA PK, I. HA, Rep. 36, Hofverwaltung, Nr. 3066, Kostenanschläge für die königl. Baukasse in Potsdam über Bau- und Reparaturarbeiten in Potsdam 1763-1773, Bl. 35-36.
789 GStA PK, I. HA, Rep. 36, Hofverwaltung, Nr. 3066, Kostenanschläge für die königl. Baukasse in Potsdam über Bau- und Reparaturarbeiten in Potsdam 1763-1773, Bl. 38. Unter dem Datum vom 7. August 1766 werden im »Verzeichnis der Materialien Welche zu nachstehenden Bauen erfordert würden wenn solche Sr. Königl. Majestät im künftigen 1767sten Jahre erbauen laßen wollen«, für Beyerleins Haus 120.000 Mauersteine, 4.000 Kalksteine und 312 Maß Kalk veranschlagt.
790 Kania 1937, Heimatkundliche Spaziergänge (...), S. 35-37.
791 GStA PK, I. HA, Rep. 36, Hofverwaltung, Nr. 3207, Special-Bau-Rechnung der Sechs Bürger-Häuser pro 1766, Bl. 1.
792 GStA PK, I. HA, Rep. 96, Geheime Cabinetts-Registratur, 216 B, Vol. I, Kabinettsakten Fr. W. II., Königliche Immediatbauten Berlin und Potsdam, 1787-1795.
793 GStA PK, I. HA, Rep. 36, Hofverwaltung, Nr. 3064, Bl. 2, Position 19. GStA PK, I. HA, Rep. 36, Hofverwaltung, Nr. 3208.
794 Dadurch hätte das Rammen für den zweiten Flügel 1772 nicht unmittelbar neben dem fertiggestellten Neubau beginnen müssen, da man Schäden befürchtete. GStA PK, I. HA., Rep. 36, Hofverwaltung, Nr. 3189, Bauten und Reparaturarbeiten am Militärwaisenhaus zu Potsdam, 1765-1785, Vol. 1, f.10r, 24. Oktober 1770. Auch brachte man in Vorschlag, anstatt der reparaturanfälligen Schiebefenster besser verbleite Flügelfenster mit neuen Beschlägen anzubringen. Ebd., f.27r, 19. Februar 1771.
795 Vgl. Manger 1789/90, Bd. II, S. 373.
796 GStA PK, I. HA, Rep. 36, Hofverwaltung, Nr. 3191, Rechnungen und Belege über den Bau des Militärwaisenhauses zu Potsdam, 1771-1774, Bl. 477r. Rechnung des Maurermeisters Leithold et Consorten über Aushubarbeiten für das Fundament vom 11. April bis 12. Juni 1771 über 456.06.06 Taler.
797 GStA PK, I. HA, Rep. 36, Hofverwaltung, Nr. 3189, Bauten und Reparaturarbeiten am Militärwaisenhaus zu Potsdam, 1765-1785, Vol. 1, f.39r.
798 Manger 1789/90, Bd. II, S. 360. GStA PK, I. HA., Rep. 36, Hofverwaltung, Nr. 3189, Bauten und Reparaturarbeiten am Militärwaisenhaus zu Potsdam, 1765-1785, Vol. 1, f.57r, 11. April 1772. Es werden Risse in der Seitenfront des neuerbauten Waisenhauses, besonders an der Stelle, wo die steinerne Treppe angelegt ist, angeführt. Diese resultierten daher, daß dieser Teil der Mauer höher als die andere angelegt werden mußte und außerdem auch frei, ohne Balken, aufgemauert wurde. Bei der Verset-

zung der Treppe mußten darüber hinaus eiserne Anker eingestemmt und mit eisernen Pfeilern verbunden werden. Durch die so entstandenen Erschütterungen kam es zu Rissen in etlichen Fensterbögen und Sohlbänken. Für die Aufmauerung der Treppe waren Mader et Consorten zuständig, wie aus einer Rechnung über 2,785.03.06 Taler für »Steinmetz Arbeit, zur Treppe im Neuen Waysenhause« vom 10. Januar 1772 hervorgeht; ebd., Bl. 574-575.
799 Manger 1789/90, Bd. II, S. 359.
800 GStA PK, I. HA., Rep. 36, Hofverwaltung, Nr. 3191, Rechnungen und Belege über den Bau des Militärwaisenhaus zu Potsdam, 1771-1774, Bl. 534-535. Rechnung Zimmermeister F. C. Vogel vom 28. Dezember 1772 über 1808,05.10 Taler für Arbeiten am Dachstuhl an der Kanalseite des Waisenhauses.
801 GStA PK, I. HA., Rep. 36, Hofverwaltung, Nr. 3191, Rechnungen und Belege über den Bau des Militärwaisenhaus zu Potsdam, 1771-1774, Bl. 423. Rechnung von 4 Taler von Stimmig et Cons. über Anfuhr von zwei Kindergruppen für das Waisenhaus vom 9. September 1772.
802 GStA PK, I. HA., Rep. 36, Hofverwaltung, Nr. 3191, Rechnungen und Belege über den Bau des Militärwaisenhaus zu Potsdam, 1771-1774, Bl. 5. Rechnung von 1440,23.07 Taler über erhaltene Werkstücke von Mader und Leithold, 17. November 1772; Bl. 583-584, »Rechnung von der Inwendigen großen Treppe der Steinmetz Arbeit im Waysen Hause Anno 1772« von Leithold und Trippel et Cons. 17. November 1772.
803 »Seine Grundfläche war ein Viereck, dessen jede Seite vier und vierzig und zweydrittel Fuß erhielt. Das erste einfache Geschoß bekam vier und zwanzig Fuß Höhe; das zweyte, an welchem vier dorische Pilaster befindlich, mit dem Gesimse sechs und zwanzig und einen halben Fuß; und die Attik, mit vier attischen Pilastern, in welche der Fronton gedachter Ordnung lief, sechszehn und einviertel Fuß. Sodann folgten: Eine vier und einen halben Fuß hohe Balustrade; drey Absätze zusammen acht Fuß hoch; und wieder eine Balustrade von vier und einen halben Fuß: Auf die Postament der letztern kamen acht freystehende Säulen römischer Ordnung in einem Cirkel zu stehen, die mit ihrem Hauptgesimse sieben und zwanzig Fuß Höhe erhielten und über dieselben eine vier und einen viertheil Fuß hohe Attik, auf welcher die Kuppel von sechszehn Fuß Höhe ruhte. Diese trug auf ihrer obern Mitte ein fünf Fuß hohes Postament mit einer Figur von zwölffüßiger Proportion. Es bekam also dieser Thurm vom Straßenpflaster bis zum obern Theile der Figur auf der Kuppel oder dem Dom überhaupt an Höhe: Einhundert und acht und vierzig Fuß. (...)« Manger weist Kaplunger das hölzerne Modell für die Kuppelfigur, Jury die Kupferausformung derselben an, Fischer die Vergoldungsarbeiten daran zu. Sartori wird für die Stuckarbeiten genannt. Manger 1789/90, Bd. II, S. 385/386.
804 GStA PK, I. HA., Rep. 36, Hofverwaltung, Nr. 3189, Bauten und Reparaturarbeiten am Militärwaisenhaus zu Potsdam, 1765-1785, Vol. 1, f.76r, 28. September 1774.
805 »Dem Könige schienen nunmehr die auf dem Waisenhausbau verwendeten Kosten schon zu viel, als daß Alles an demselben von Grund aus neu erbauet werden sollte. Er befahl also, die beyden Seitenflügel neben dem Thurme in der Lindenstraße nur dergestalt zu verändern, daß das untere bereits steinerne Geschoß stehen bleiben, auf selbiges aber noch zwey Geschoß ebenfalls steinern aufgeführet werden könnten.« Manger 1789/90, Bd. II, S. 400.
806 Vgl. Manger 1789/90, S. 408, 421.
807 Ausstellungskatalog »Das Militärwaisenhaus zu Potsdam« 1974/75, S. 7/8.
808 Dehio 1983, S. 335. Mielke 1981, S. 358.
809 GStA PK, I. HA., Rep. 36, Hofverwaltung, Nr. 3189, Bauten und Reparaturen am Militärwaisenhaus zu Potsdam, 1765-1785, Vol. I, f.5r.
810 GStA PK, I. HA., Rep. 36, Hofverwaltung, Nr. 3189, Bauten und Reparaturen am Militärwaisenhaus zu Potsdam, 1765-1785, Vol. I, f.8v.
811 GStA PK, I. HA., Rep. 36, Hofverwaltung, Nr. 3191, Rechnungen und Belege über den Bau des Militärwaisenhaus zu Potsdam, 1771-1774, Bl. 446-450.
812 Nicolai 1786, I, S. 154.
813 Vgl. Dehio 1983, S. 73.
814 Nicolai 1786, I, S. 29.
815 1 rheinländischer (preußischer Fuß) = 0,31 m; vgl. Mielke 1972, S. 515.
816 Demps/Heinze/Thiemann 1987, Abb. S. 84.
817 GStA PK, I. HA, Rep. 96 B, Extracte, Nr. 158, 1781, Bl. 458, 5. Dezember 1781.
818 GNM, Graphische Sammlung, Sammlung Knebel, Kapsel 1555, Hz. 4182
819 GNM, Graphische Sammlung, Slg. Knebel, Kapsel 1555, Hz. 4181.
820 Kupferstichkabinett Berlin, Hdz. 4052.
821 Stopfel 1964, S. 122, Abb. 142b, 142c, 143.
822 De Maria 1988, S. 333f., Fig.79, Tafel 112.
823 Manger 1789/90, Bd. II, S. 346.
824 Nicolai 1786, II, S. 1180.
825 Giersberg 1986, S. 220.
826 Plankammer Schloß Charlottenburg, PK 5352.
827 Giersberg 1986, S. 211ff.
828 GStA PK, I. HA, Rep. 96, Geheime Cabinetts-Registratur, Nr. 216 B, Vol. I, Kabinettsakten Friedrich Wilhelms II., Kgl. Immediatbauten Berlin und Potsdam, 1787-1795, Bl. 22, 6. Juni 1794, gez. Boumann (...) 12. Rosenthaler Thor, ob solches zwar sich nicht mit auf den diesjährigen Etat zu beendigen befindet, so hat Intendantur doch für nothwendig gefunden, aus dem extraordinairen Fond die Gelder herzuschießen, und dieses Thor in diesem Jahr beendigen zu lassen und zwar aus dem Grunde weil solches schon unter der Regierung der höchstseeligen Königl. Majestät angefangen, und bis anjetzo noch nicht vollendet ist.«
829 GStA PK, I. HA, Rep. 96, Geheime Cabinetts-Registratur, Nr. 216 B, Vol. I, Kabinettsakten Friedrich Wilhelms II., Kgl. Immediatbauten Berlin und Potsdam, 1787-1795, Bl. 24, 1. Juli 1794; ebd., Bl. 27, o.D.; ebd., Bl. 29, 30. September 1794; ebd., Bl. 33, 30. November 1794; ebd., Bl. 38, 1. Januar 1795.
830 GStA PK, II. HA, Kurmark, Tit. CXV, Sect. C, Nr. 9, Acta betrf. die, an Oberbaurath Seidel erlassene Cabinets-Ordres, wegen der Königl. Immediat-Bauten zu Berlin und Potsdam, 1785-1786, Bl. 16, 3. Dezember 1785. Der König schreibt von einer Erweiterung der Stadtmauer vom »Unterbaum«, über das Prenzlauer Tor, zum Schönhauser Tor und wieder zum »andern« Tor.
831 GStA PK, II. HA, Kurmark, Tit. CXV, Sect. C, Nr. 9, Acta betrf. die, an Oberbaurath Seidel erlassene Cabinets-Ordres, wegen der Königl. Immediat-Bauten zu Berlin und Potsdam, 1785-1786, Bl. 25, 13. Januar 1786.
832 GStA PK, II. HA, Kurmark, Tit. CXV, Sect. C, Nr. 9, Acta betrf. die, an Oberbaurath Seidel erlassene Cabinets-Ordres, wegen der Königl. Immediat-Bauten zu Berlin und Potsdam, 1785-1786, Bl. 28, 6. April 1786 (Abschrift).
833 GStA PK, II. HA, Oberbaudepartement: Kurmark, Tit. XXXVIII, Nr. 13, 1786, Acta den Bau der hiesigen Stadt Mauer (...) betr., Bl. 9/10, 16. Juni 1786; ebd., Bl. 29, 11. August 1786 (Abschrift). Borrmann gibt an, daß die Berliner Stadtmauer im Durchschnitt eine Stärke von 6 Fuß hatte. Borrmann 1893, S. 144.
834 GStA PK, II. HA, Kurmark, Tit. CXV, Sect. C, Nr. 9, Acta betrf. die, an Oberbaurath Seidel erlassene Cabinets-Ordres, wegen der Königl. Immediat-Bauten zu Berlin und Potsdam, 1785-1786, Bl. 35, 23. Mai 1786 und Bl. 38, 22. Mai 1786.
835 GStA PK, II. HA, Oberbaudepartement: Kurmark, Tit. XXXVIII, Nr. 13, 1786, Acta den Bau der hiesigen Stadt Mauer (...) betr., Bl. 18-23, »Von der Erbauung des Oranienburger Thors zu Berlin, ingleich von einer Wache und von den Wohnungen für die Accise Bedienten an diesem Thor, nach der Zeichnung des Capitain v. Gontard« (Abschrift, 5. Juli 1786); ebd., Bl. 24/25, »Von Erbauung des Hamburger Thors zu Berlin aber ohne der Wache und den Wohnungen der Accise Bedienten, nach der Zeichnung des Bau Inspector Unger«. (Abschrift)
836 Plankammer Schloß Charlottenburg, PK 3458. GNM, Graphische Sammlung, Slg. Knebel, Kapsel 1555, Hz. 4192 a, 4192 b.
837 LA Berlin, Pr. Br., Rep. 42, VII, 39, undatiert/unsigniert, Feder in Schwarz, M = 1:40, H: 57,5 cm, B: 46,5 cm, Maßangaben, Blatt beschädigt.
838 Zwei Sandsteintrophäen des Tores sollen sich in Gross-Behnitz, Bezirk Potsdam, auf Torpfeilern des ehemaligen Gutshauses erhalten haben. Dehio 1983, S. 43.
839 Kupferstichkabinett Berlin, Hdz. 5891.
840 Katalog »Paradies des Rokoko«, Bd. II, vgl. ebd. Kat. Nr. 13/14, S. 140/141.
841 Vgl. Stopfel 1964, S. 27ff, Abb. 21, 26, 27 a.
842 Abb. bei Giersberg 1986, S. 195.
843 Giersberg 1986, S. 197f. Bei seiner Datierung um 1795 muß es sich um einen Druckfehler handeln, da der Autor von einem möglichen Alternativentwurf für das Brandenburger Tor spricht und die Kartusche mit den Initialen eindeutig auf König Friedrich II. hinweist.
844 GStA PK, I. HA, Rep. 96, Geheime Cabinetts-Registratur, Nr. 216 B, Vol. I, Kabinettsakten Friedrich Wilhelms II., Kgl. Immediatbauten Berlin und Potsdam, 1787-1795, Bl. 38, 1. Januar 1795.
845 Vgl. GStA PK, II. HA, Oberbaudepartement: Kurmark, Tit. XXXVIII, Nr. 13, 1786, Korrespondenz und Kostenvoranschlag.
846 Vgl. Giersberg 1986, S. 217f., Abb. S. 216.
847 Giersberg 1986, S. 212.
848 Vgl. GStA PK, I. HA, Rep. 96 B Minüten, Nr. 80, Bl. 575, 612, 622, 679, 686, 692, 716,

Anmerkungen

721, 769, 772, 796, 828; Eintragungen zwischen 10. September bis zum 29. Dezember 1780.
849 GStA PK, I. HA, Rep. 96 B, Minüten, Nr. 80, 1780, Bl. 84, 5. Februar 1780.
850 Vgl. Humboldt-Archiv, Königl. Charité-Direction, Acta betr. den Bau einer neuen Charité 1780-1787, Nr. 1776, besonders Bl. 10, 27, 40-45, 50.
851 Mamlock 1904, S. 80-91.
852 Vgl. Badstübner-Gröger/Rohrlach 1994, S. 21; Dehio 1983, S. 93/94.
853 Vgl. Nicolai 1786, I, S. 201-203.
854 GStA PK, II. HA, Rep. 93 B, Nr. 2514, Bl. 19, Copia. Vgl. Demps 1988, S. 160.
855 GStA PK, I. HA, Rep. 96 B, Minüten, Nr. 79, Bl. 1188, 21.10.1779.
856 GStA PK, I. HA, Rep. 96 B, Minüten, Nr. 80, Bl. 57, 23.2.1780.
857 GNM, Graphische Sammlung, Slg. Knebel, Kapsel 1555, Hz. 4195. Skizze zu einem der Dombauten am Gendarmenmarkt. Die Zeichnung wurde 1987 zwar bei Goralczyk nach einer Vorlage abgebildet und in den gleichen Zusammenhang gestellt, der Verbleib des Blattes war aber unbekannt.
858 GStA PK, I. HA, Rep. 96 B, Minüten, Nr. 80, Bl. 635, 7.October 1780: »Da S. K. M. auch aus der mit eingesandten Zeichnung wahrgenommen, daß die französische Kirche an der einen Seite nicht die Form hat, wie die deutsche Kirche, so wird dem Capitain Gontard hiermit zu erkennen gegeben, daß die erstere absolut dieselbe Form wie die ander haben muß.«
859 GStA PK, II.HA, Rep. 93 B, Nr. 2514, Bl. 29, 27.4.1780. Vgl. auch Demps 1988, S. 160.
860 Nicolai 1786, I, S. 202. Demps konnte jedoch eine Eingabe an den Magistrat vom 13. Juni 1780 ausfindig machen, nach der die Französische Gemeinde gewillt war, einen Grundstein für ihre Kirche in der Friedrichstadt legen zu lassen. Demps 1988, S. 167. Demnach könnte es sich bei dem Datum des 27. Mai möglicherweise um den Beginn der Aushubarbeiten handeln. Möglicherweise fanden die Grundsteinlegungen auch nicht gleichzeitig statt.
861 In einem Brief an Goethe schildert Karl Friedrich Zelter aus seinen Erinnerungen, daß er den Originalriß ins reine zu zeichnen hatte, da dieser durch unzählige Korrekturen während des Baues unkenntlich geworden war. Briefwechsel zwischen Goethe und Zelter, 6 Bde., Berlin 1833/34, Bd. 5, Brief vom 18.6.1829. Nach Goralczyk 1987, S. 73.
862 Der Schnitt konnte für das Berlin-Museum erworben werden, während der Grundriß (Bassenge 1989, Auktion 54/II, Nr. 5301) sich in Privatbesitz befindet. Berlin-Museum, Inv. Nr. GHZ 90/3, Gontard oder Baucomptoir, Schnittachse durch einen Turm am Gendarmenmarkt.
863 GStA PK, I. HA, Rep. 96 B, Minüten, Nr. 80, Bl. 769, 1.12.1780: »[...] daß auf die neue Thürme der Kirchen nothwendig eine Uhr mit der dazu nöthigen Glocken, wie auch eine Glocke zum Läuten, angebracht werden muß.«
864 Ausstellungskatalog »Von Chodowiecki bis Liebermann« 1990, S. 365.
865 Vgl. Goralczyk 1987, S. 78.
866 Vgl. Goralczyk 1987, S. 86/87. Zum Bau von Saint-Geneviève vgl. Häberle 1995, S. 49ff.
867 GStA PK, I. HA, Rep. 96 B, Minüten, Nr. 77, Bl. 472, 6. Juli 1777.
868 GStA PK, II. HA, Forstdepartement: Kurmark, Tit. XXX, Nr. 24, Vol. 6, Bl. 188.
869 GStA PK, I. HA, Rep. 96 B, Minüten, Nr. 80, Bl. 27, 23.1.1780.
870 Vgl. Goralczyk 1987, S. 73.
871 GStA PK, I. HA, Rep. 96 B, Minüten, Nr. 80, Bl. 769, 1.12.1780.
872 Aufnahmen von F. Albert Schwartz, um 1880. Abbildungen bei Demps 1988, S. 204/205, Abb. 112, 113
873 Demps 1988, S. 442/443, Abb. 442.
874 Abbildung bei Demps 1988, S. 203, Abb. 111.
875 Demps 1988, S. 320.
876 GStA PK, II. HA, Forstdepartement Kurmark, Tit. XXX, Nr. 24, Vol. 9, 1780-1783, Bl. 7, Berlin, 19. Dezember 1780. Vgl. Borrmann 1893, S. 129.
877 LA Berlin, Rep. 10-02, Lfd. Nr. 2126, Acta des Kgl. Polizei Präsidii, III. Abthl. zu Berlin, betreffend das Grundstück des Eigenthümers: französische Colonie.
878 Demps 1988, S. 215, Abb. 123, 124, S. 220, Abb. 131.
879 Vgl. Demps 1988, S. 225, Abb. 137.
880 Demps 1988, S. 212/213, Abb. 120/121. Kothe nennt eine Überformung des Anwesens um 1860. Kothe 1923, S. 118.
881 Vgl. Hoffmann (II), S. 76; Demps 1988, S. 213.
882 Stiftung Schlösser und Gärten Berlin-Brandenburg (Plankammer Potsdam), Inv. Nr. 9476. Auch auf dieses Blatt machte mich freundlicherweise Frau Schendel, Plankammer Potsdam, aufmerksam.
883 GStA PK, I. HA, Rep. 96, Nr. 412, C1, Acta des Kabinetts Friedrichs des Zweiten, Angelegenheiten der Einwohner von Berlin, Bl. 84.
884 GStA PK, I. HA, Rep. 96 B, Minüten, Nr. 80, Bl. 635, 7. Oktober 1780 und Bl. 642, 10. Oktober 1780.
885 Vgl. Demps 1988, S. 206, Abb. 114.
886 Demps 1988, S. 207, Abb. 115.
887 Demps 1988, S. 209.
888 GStA PK, II. HA, Forstdepartement Kurmark, Tit. XXX, Nr. 24, Vol. 9, 1780-1783, Bl. 7, Berlin, 19. Dezember 1780 und GStA PK, I.HA, Rep. 96, Nr. 412, C1, Acta des Kabinetts Friedrichs des Zweiten, Angelegenheiten der Einwohner von Berlin, Bl. 83.
889 Nicolai 1786, I, S. 786.
890 Borrmann 1893, S. 354/355.
891 Demps 1988, S. 427/429, Abb. 286.
892 Vgl. Demps 1988, S. 459ff, Abb. 315.
893 Ein Grundriß des Hauses ist bei Gut 1916/1984, Abb. 197/198, dargestellt.
894 Vgl. Demps 1988, S. 221.
895 Vgl. Demps 1988, S. 212/213.
896 Borrmann 1893, S. 129. GStA PK, II. HA, Forstdepartement Kurmark, Tit. XXX, Nr. 24, Vol. 9, 1780-1783, Bl. 7, Berlin, 19. Dezember 1780.
897 Demps 1988, S. 419, Abb. 276.
898 Demps 1988, S. 419.
899 Vgl. Wallé 1891, S. 419. Borrmann 1893, S. 129.
900 Vgl. Demps 1988, S. 213.
901 Demps 1988, S. 214.
902 Borrmann 1893, S. 372. Gut 1916/1984, S. 282. Kothe 1923, S. 181.
903 Vgl. Borrmann 1893, S. 372/373.
904 Stiftung Schlösser und Gärten Berlin-Brandenburg (Plankammer Potsdam), Inv. Nr. 9477. Den freundlichen Hinweis auf dieses Blatt verdanke ich der Kustodion Frau Schendel.
905 GStA PK, II. HA, Forstdepartement Kurmark, Tit. XXX, Nr. 24, Vol. 9, 1780-1783, Bl. 7, Berlin, 19. Dezember 1780.
906 GStA PK, I. HA, Rep. 96, Nr. 412, C1, Acta des Kabinetts Friedrichs des Zweiten, Angelegenheiten der Einwohner von Berlin, Bl. 82.
907 GNM, Graphische Sammlung, Slg. Knebel, Kapsel 1555, Hz. 4199.
908 GStA PK, II. HA, Forstdepartement Kurmark, Tit. XXX, Nr. 24, Vol. 9, 1780-1783, Bl. 7, Berlin, 19. Dezember 1780 und GStA PK, I.HA, Rep. 96, Nr. 412, C1, Acta des Kabinetts Friedrichs des Zweiten, Angelegenheiten der Einwohner von Berlin, Bl. 83.
909 GStA PK, I. HA, Rep. 96 B, Minüten, Nr. 86, 1786, Bl. 971, 30. Oktober 1786.
910 GStA PK, I. HA, Rep. 96 B, Extracte, Nr. 165, Jan.-Juni 1787, Bl. 57; Berlin, 12. Januar 1787 »Der Capitaine von Gontard, in Berlin, legt seinen devotesten Dank, zu Füßen, für die ihm verwilligten 800rth. rückständiger Diaeten, und bittet: 1) um einige Tage Urlaub, nach Potsdam, um das Terrain, und die Anschläge zum Bau in Ew. Maj. Weinberg, zu untersuchen; und 2) um Avancement zum Major, nach 22jährigen Diensten, als Capitaine.« Marginalien zu 1) »Can hin gehen«; zu 2) »acordirt«.
911 Vgl. Hoffmann (II), S. 84/Anm. 92.
912 Kupferstichkabinett Berlin, Zeichnung der Trauerdekoration für die Begräbnisfeierlichkeiten König Friedrichs II., KdZ 9794.
913 Vgl. Klünner/Peschken 1982, S. 75ff, S. 90.
914 Giersberg/Julier 1992, S. 202f.
915 GStA PK, I. HA, Rep. 96, Geheime Cabinetts-Registratur, Nr. 210 B, Bl. 32, 44ff.
916 GStA PK, I. HA, Rep. 96, Geheime Cabinetts-Registratur, Nr. 211, Bl. 4. »[...] die königliche Ungnade auf das Bau Amt wird doch nun in Publico nicht so ruchbar, da die Fabriquen vorgeschoben sind, obgleich die Bau-Officianten tief fühlen. Der schon an der Schwindsucht laborierende Langhans ist über den Vorfall mit dem neuen Hause in Potsdam zur Verzweiflung gebracht, obgleich der eigentlich Schuldige der verstorbene Major Gontard ist, und Langhans bloß decorirt hat. [...] Bei dem allem aber danke ich Gott daß Ew. Königl. Majestät abwesend gewesen sind, denn wie leicht hätte allerhöchst dieselben ein Unglück haben können. [...]«
917 Diderot et d'Alembert, Bd. 22, Tafel XXIV.
918 Vgl. Drescher/Badstübner-Gröger 1991, S. 37ff.
919 Vgl. Hoffmann (II), S. 13ff.
920 Vgl. Pérouse de Montclos 1984, S. 52f.

Literatur und Quellen

Verzeichnis der benutzten Archive und Plansammlungen

Bamberg, Staatsarchiv (StA Bamberg)
Akten der Kriegs- und Domänenkammer, Hofkammer Bayreuth (KDK-HKB)
Ältere Grundakten (Rep. K 111, Kreis- und Stadtgericht Bayreuth)
Collectanae Sauerweiniana
Geheimes Ministerium
Markgrafentum Brandenburg-Culmbach, neugeordent

Bamberg, Staatsbibliothek (StB Bamberg)
Marschalk von Ostheimsche Sammlung (M.v.O), Ms. 29: Beschreibung und Geschichte der Stadt St. Georgen am See von Johann Sebastian König. Katalog der Handschriften der königl. Bibliothek (jetzt Staatsbibliothek) zu Bamberg, Bd. 3,I, S.125, 1912.

Bayreuth, Stadtmuseum und Stadtarchiv
Hausakte Layriz
König, Beschreibung der Stadt Bayreuth, um 1800, (Abschrift des Stadtarchivs Bayreuth)
Rissebuch, um 1800, (Abschrift des Stadtarchivs Bayreuth)
Plansammlung

Bayreuth, Lutherisches Pfarramt
Kirchenbücher

Bayreuth, Universitätsbibliothek (UB Bayreuth)
Ms. 127, Geschichte der Stadt Bayreuth, 5 Bde., Manuskript um 1800, Historischer Verein von Oberfranken.
Ms. 128, König, Beschreibung der Stadt Bayreuth, Manuskript um 1800, Ms. 128 des Historischen Vereins von Oberfranken.
Adress-Calender: Hochfürstlich Brandenburgisch-Culmbachischer Adress- und Schreib-Calender, Jahrgänge 1741/42, 1745/46, 1749/51, 1753/56, 1760, 1763/64.

Berlin, Archiv der Humboldt-Universität
Akten der Armendirektion zum Bau der Charité

Berlin, Landesarchiv (LA Berlin)
Nachlaß des Dipl. Ing. Diether Hoffmann, Rep. 200, Acc. 737; Hausakten, Rep. 10-02, Bauakten A-K, Baupolizei; Plankammer, Pr.Br. Rep. 42 Neue Folge, Bd. 2, Preußische Bau- und Finanzdirektion.

Berlin, Berlin-Museum (Märkisches Museum)
Graphische Sammlung

Berlin, Brandenburgisches Landesdenkmalamt
Fotosammlung

Berlin, Geheimes Staatsarchiv Preußischer Kulturbesitz (GStA PK)
I.HA, Rep. 9, Allgemeine Verwaltung; I. HA, Rep. 36, Hofverwaltung; I. HA, Rep. 76, Kultusministerium; I. HA, Rep. 93B, Ministerium der öffentlichen Arbeiten; I.HA, Rep. 96, Geheime Cabinetts-Registratur Friedrichs I., Friedrich Wilhelms I., Friedrichs II.; I. HA, Rep. 96B, Geheimes Zivilkabinett, Minüten, Extracte und Remissionsjournale; I.HA, Rep. 96C, Sammlung Itzenplitz; II. HA, (Generaldirektorium) Kurmark; II. HA, Forstdepartement: Kurmark; II. HA (Abtl. 30 I-II, 31, 32; Oberbaudepartement, Bauakademie-Deputation, Berg- und Hüttendepartement, Salzdepartement) Städte-Bausachen Kurmark; II. HA, Rep. 14, Kurmark: Städte, Sec. Bau-Sachen; II. HA, Rep. 14, Kurmark: Behörden, Bestallungen Ämter; II.HA, Rep. 14, Kurmark: Materien A-H, J-Z; X. HA, Pr.Br. Rep. 16A, Mielke-Abgabe; XI.HA, Plankammer; Hof-Adreß-Kalender von Berlin 1760-1792.

Staatliche Museen zu Berlin - Preußischer Kulturbesitz
Kupferstichkabinett, Kunstbibliothek

Berlin/Potsdam, Stiftung Preußische Schlösser und Gärten Berlin-Brandenburg
Plankammer Potsdam, Plankammer Schloß Charlottenburg

Berlin, Staatsbibliothek Unter den Linden
MS Boruss. fol. 806. Mémoires de Frédérique Sophie Wilhelmine Margrave de Bareith, sœur de Frédéric le Grand, ecrits de sa main, 1706-1754.

Berlin, Technische Universität
Plankammer

Nürnberg, Germanisches Nationalmuseum (GNM)
Graphische Sammlung, Architekturzeichnungen der Sammlung von Knebel, Kapsel 1555.

Potsdam, Amt für Denkmalpflege, Magistrat
Acta specialia betreffend Bau-Sachen; Plansammlung der Baugewerkschule Berlin; Plansammlung Friedrich Mielke; Wiederaufbau Potsdam, Kriegsschäden an Baudenkmälern, Verzeichnis der baugeschichtlich wertvollen Häuser der Potsdamer Innenstadt entsprechend dem Übersichtsplan über die Kriegsschäden an den Baudenkmälern der Altstadt 1946 (= Verzeichnis der Kriegsschäden 1946), Potsdam 1946.

Potsdam, Stadtarchiv
Sig. 1-9, Acta specialia betreffend Bau-Sachen; Kania-Kartei (Hauskartei zu Potsdam).

Potsdam, Brandenburgisches Landeshauptarchiv (BLHA)
Pr.Br., Rep. 37, Neu-Hardenberg, Nr. 1717.

Potsdam, Stadtmuseum
Fotosammlung

Wien, Östereichisches Staatsarchiv, Allgemeines Verwaltungsarchiv
Reichsadelsakten: Gontard, Paul und Gontard, Carl Philipp Christian. Wien, 8. Juli 1767.

Berichte, Memoiren und Schriften bis zum Ende des 18. Jh.

Blondel, Jacques-François: De la Distribution des Maisons de Plaisance, et de la Décoration des Edifices en général, 2 Bde., Paris 1737/38.

Blondel, Jacques-François: Architectur Française, ou Recueil des Plans, Elévations, coupes et (...), 4 Bde., Paris 1752-1754.

Blondel, Jacques-François: Cours d'Architecture ou Traité de la Décoration, Distribution et Constructions Bâtiments, contenant les Lecons données en 1750 et les années suivantes, Paris 1771-1777.

Campbell, Colen: Vitruvius Britannicus: or, the British Architect, Bd. III, London 1725.

Decker, Paul: Fürstlicher Baumeister oder Architectura civilis, Nachdruck der Ausgabe Augsburg 1711-16, Hildesheim 1978.

Diderot et d'Alembert: Encyclopédie, ou dictionnaire raisonné des sience, des arts et des métiers (= Diderot & d'Alembert), Paris 1751-1780, Reprint 1966-1967.

Füssel, Johann M.: Unser Tagebuch oder Erinnerungen und Bemerkungen eines Hofmeisters, Erlangen 1788, Reprint 1976.

Héré, Emanuel: Recueil des plans, élévations et coupes ... que le Roy de Pologne occupe en Lorraine, 3 Bde., Paris 1750-1753, Reprint 1979.

Horvath, Carl Christian: Potsdams Merkwürdigkeiten, Potsdam 1798.

Koeppel, Johann G.: Briefe über die beiden fränkischen Fürstentümer Ansbach und Bayreuth, Erlangen 1994.

Kent, William: Designs of Inigo Jones, London 1727.

Krüger, Andreas Ludwig: Abbildungen der schönsten Gegenden und Gebäude sowohl in als außerhalb Potsdams, 2 Bde., Potsdam 1779/1781, Reprint Potsdam 1979.

Laugier, Marc Antoine: Das Manifest des Klassizismus, Übersetzung von Beat Wyss, nach dem Originaltitel: Essai sur l'architecture (Paris 1753), München/Zürich 1989.

Manger, Heinrich: Baugeschichte von Potsdam, besonders unter der Regierung König Friedrich II., 3 Bde., Berlin 1789.

Manger, Heinrich Ludwig: Nachricht von dem neuen Grundbau zu einer Anzahl Häusern in Potsdam, 3 Bde., Potsdam/Dessau/Leipzig 1783-1786.

Millenet, Peter Heinrich: Kritische Anmerkungen den Zustand der Baukunst in Berlin und Potsdam betreffend, Berlin 1776.

Nicolai, Friedrich: Beschreibung der königlichen Residenzstädte Berlin und Potsdam, 3 Bde., Berlin 1786.

Nicolai, Friedrich: Wegweiser für Fremde und Einheimische durch die Königlichen Residenzstädte Berlin und Potsdam und umliegender Gegenden enthaltend eine kurze Nachricht von daselbst befindlichen Merkwürdigkeiten, Berlin 1793.

Nicolai, Friedrich: Das Neue Palais bei Potsdam, Reprint Berlin 1929.

Nicolai, Friedrich: Nachricht von den Baumeistern, Bildhauern, Kupferstechern, Stuccateurn und anderen Künstlern, Berlin und Stettin 1786.

Palladio, Andrea: Die vier Bücher zur Architektur, Venedig 1570; Übersetzung von Andreas Beyer und Ulrich Schütte, Lizenzausgabe Darmstadt 1991.

Patte, Pierre: Monumens érigés en France à la gloire de Louis XV, Paris 1767.

Piranesi, Giovanni: Varie Vedute di Roma/Alcune vedute di architrionfali, Rom 1748/1765, Reprint 1974.

Literatur und Quellen

Pitrou, Robert: Recueil de differnts Projets d'architecture de charpente […], Paris 1756.

Reiche, Jobst C.: Bayreuth, Bayreuth 1795, Reprint Erlangen 1980.

Wilhelmine, Markgräfin von Brandenburg-Bayreuth, Friedrich der Große und Wilhelmine von Bayreuth, Jugendbriefe, 1728-1740 sowie Briefe der Königszeit, 1740-1758, hrsg. von Volz, Gustav Berthold, Leipzig 1924/28.

Wilhelmine, Markgräfin von Brandenburg-Bayreuth Memoiren, hrsg. von Anette Kolb, Leipzig 1910, Reprint München 1987.

Neuere Literatur

Accademia Nazionale di San Lucca: Studi sul Borromini, 2 Bde., Rom 1967.

Aign, K.W.: Die Friedrichsakademie zu Bayreuth 1742/43, in: Archiv für Geschichte und Altertumskunde von Oberfranken, Bd. 21/1, S. 1-30, Bayreuth 1918.

Amt für Denkmalpflege Potsdam: Wiederaufbau Potsdam, Kriegsschäden an Baudenkmälern, Verzeichnis der baugeschichtlich wertvollen Häuser der Potsdamer Innenstadt entsprechend dem Übersichtsplan über die Kriegsschäden an den Baudenkmälern der Altstadt 1946 (= Verzeichnis der Kriegsschäden 1946), Potsdam 1946.

Amt für Denkmalpflege Potsdam: Hinweise zur Fassadenbehandlung, Informationsblatt 1, Potsdam 1993.

Amt für Denkmalpflege Potsdam: Hinweise zur Behandlung alter Fenster, Informationsblatt 2, Potsdam 1993.

Amt für Denkmalpflege Potsdam: Hinweise zur Dachinstandsetzung und zum Dachausbau, Informationsblatt 3, Potsdam 1993.

Amtsblatt der Stadt Potsdam, Amtliche Bekanntmachungen der Stadt Potsdam, Verzeichnis der eingetragenen Denkmale von Potsdam, Sonderdruck, 2. Jg., 21. August 1991.

Amtsblatt der Stadt Potsdam, Amtliche Bekanntmachungen der Stadt Potsdam, Liste der Einzeldenkmale und Denkmalbereich zum Verzeichnis der Denkmale des Stadtkreises Potsdam, Sonderausgabe 7, 4. Jg., 30. April 1993.

Auswahlbibliographie zur Geschichte des Bereichs Medizin (Charité), Berlin 1985.

Bachmann, Erich: Zur Baugeschichte des Neuen Schloß Bayreuth, in: Zeitschrift für Kunstwissenschaft, 1948, II, S. 49-62.

Bachmann, Erich (Hrsg.): Markgräfin Wilhelmine und ihre Welt, München 1959.

Bachmann, Erich: Bayreuther Rokoko, in: Bayernland LXIII, 1961, München 1961.

Bachmann, Erich: Neues Schloß Bayreuth, Amtlicher Führer, München 1985.

Bachmann, Erich und Seelig, Lorenz: Eremitag zu Bayreuth, Amtlicher Führer, München 1987.

Badstübner, Ernst: Denkmale in Berlin und in der Mark Brandenburg, Berlin 1987.

Badstübner, Ernst: Das Neue Palais, Berlin 1991.

Badstübner-Gröger, Sibylle: Bibliographie zur Kunstgeschichte von Berlin und Potsdam, Berlin 1968.

Badstübner-Gröger, Sibylle und Rohrlach, Peter P.: Schloß Friedrichsfelde (Große Baudenkmäler 495, Deutscher Kunstverlag), München/Berlin 1994.

Bartoschek, Gerd: Potsdam-Sanssouci, Schloß und Park Friedrichs des Großen, Braunschweig 1989.

Bassenge, Gerda: Auktionskatalog, Auktion 54, Teil II, Architekturzeichnungen, Berlin 8.12.1989, Berlin 1989.

Bauer: Carl von Gontard, in: Archiv für Geschichte und Altertumskunde von Oberfranken, Bd. 18/2, S. 117-125, Bayreuth 1891.

Baupolizei-Verordnung für die Stadt Potsdam, Berlin/Potsdam 1926.

Bayerische Kunstdenkmale VI, Stadt und Landkreis Bayreuth, bearb. von August Gebessler, hrsg. von Heinrich Kreisel und Adam Horn, München 1959.

Bayerische Verwaltung der staatlichen Schlösser, Gärten und Seen: Schloß Fantaisie - Ausbau für Museumszwecke, Informationsblätter anläßlich des Besuchs des Staatsministers Dr. Georg Freiherr von Waldenfels am 6.6.1994 (Exemplar der Schlösserverwaltung Bayreuth).

Beyer: Geschichte der Großloge "Zur Sonne" in Bayreuth von 1741-1811, Bd. I., Die Mutterloge, S. 60, Bayreuth 1954

Benninghoven, Friedrich: Friedrich der Große, Berlin 1986.

Berchtenbreiter, Hans C.: Bürgerliche Wohnhäuser der Barockzeit in Unterfranken, Leipzig 1925.

Berckenhagen, Ekhard: Architektenzeichnungen: 1479-1979, Berlin 1979.

Berve, Raghilt: Stadterweiterungen der fränkischen Residenzstädte Ansbach, Bayreuth und Erlangen im 17. und 18. Jahrhundert, Düsseldorf 1975.

Binding, Günther: Architektonische Formenlehre, Darmstadt 1995.

Bliss, Winfried: Die Plankammer der Regierung Potsdam: Spezialinventar 1651-1850, Köln 1981.

Blondel, Louis: L'architecture française à Genève au 18. siècle, et les œuvres de J.-F. Blondel, in: Congrès d'Histoire de l'art, Paris 26.9.-5-10.1921, Paris 1922.

Blondel, Jacques F.: Réimpression de l'architecture française, Paris, 1904/1905.

Borrmann, Richard: Die Bau- und Kunstdenkmäler von Berlin, Berlin 1982 (Nachdruck der Ausgabe von 1893).

Börsch-Suppan, Helmut: Die Kunst in Brandenburg-Preußen, Ihre Geschichte von der Renaissance bis zum Biedermeier dargestellt am Kunstbesitz der Berliner Schlösser, Berlin 1980.

Boucher, Bruce: Palladio, Der Architekt in seiner Zeit, München 1994.

Bracker, Elisabeth: Markgräfin Wilhelmine von Bayreuth und die geistige Welt Frankreichs, Erlangen 1940.

Brandenburg, Dietrich: Berlins alte Krankenhäuser, Berlin 1974.

Brinckmann, Albert Erich: Bauentwürfe für die Friedrichstadt von Berlin, in: Deutsche Bauzeitung, 44. Jg., 1910, S. 361-364, 373-375.

Brinckmann, Albert Erich: Die Baukunst des 17. und 18. Jahrhunderts in den romanischen Ländern I, Handbuch der Kunstwissenschaft Bd. 22, Berlin 1919.

Brinckmann, Albert Erich: Deutsche Stadtbaukunst in der Vergangenheit, Frankfurt/M. 1921.

Brinkmann, Jens-Uwe: Südwestdeutsche Kirchenbauten der Zopfzeit, Zur Begriffsgeschichte des »Zopfes« und zur Stilgeschichte des späten 18. Jahrhunderts, Köln 1972.

Broda, Werner: Dreiecksverhältnisse, Architektur- und Ingenieurzeichnungen aus vier Jahrhunderten, Nürnberg 1996.

Brunner, Oskar: Wie zur Zeit der Markgrafen ein Haus entstand, in: Heimatkunde, Geschichtsblätter für Bayreuth und Oberfranken, Beilage zum Bayreuther Tagblatt, 2. Jg., Nr. 7, 4. April 1924 und Nr. 8, 19. April 1924.

Brunner, Oskar: Carl von Gontard, in: Archiv für Geschichte und Altertumskunde von Oberfranken, Bd. 18, Heft 2, S. 117-125, Bayreuth 1891.

Burell, Mary: Tougths for Enthusiasts at Bayreuth, 5 Bde., London 1891.

Carpeggiani, Paolo und Tellini Perina, Chiara: Giulio Romano a Mantova, »... una nuova stravagante maniera«, Mantua 1987.

Cassirer, Kurt: Die ästhetischen Hauptbegriffe der Architekturtheoretiker von 1650-1780, Berlin 1909.

Cerutti Fusco, Annarosa: Inigo Jones Vitruvius Britannicus, Rimini 1985.

Clauswitz, Paul: Die Pläne von Berlin, Von den Anfängen bis 1950, überarbeitete Neuauflage, Berlin 1979.

Colombier, Pierre du: L'Architecture Française en Allmagne au XVIIIe Siècle, 2 Bde., Paris 1956.

Conrad, Herbert: Einer Gontard-Fassade droht Gefahr, in: Fränkischer Heimatbote, Monatsbeilage des Nordbayerischen Kuriers, 7. Jg., Nr. 1, 1974.

Constant, Carolin: Der Palladio-Führer, Braunschweig 1988.

Debold-Kritter, Astrid u.a.: Die Wilhelm-Staab-Staße in Potsdam. Die erste Barockstraße in der Deutschen Demokratischen Republik - ein hochrangiges städtebauliches Ensemble, Gutachten des Instituts für Stadt- und Regionalplanung der Technischen Universität Berlin im Auftrag des Ministeriums für Stadtentwicklung und Verkehr des Landes Brandenburg, 4 Bde., Berlin 1995.

Debold-Kritter, Astrid: Potsdam, Zum Wiederaufbau der Wilhelm-Staab-Straße, in: Brandenburgische Denkmalpflege, 4. Jg., H. 1, S. 79-86, 1995.

Dehio, Georg: Handbuch der deutschen Kunstdenkmäler, Bayern I: Franken, München 1979.

Dehio, Georg: Handbuch der Deutschen Kunstdenkmäler, Bezirke Berlin/DDR und Potsdam, Berlin/München 1983.

De Maria, Sandro: Gli Archi Onorari di Roma e dell'Italia Romana, Rom 1988.

Demps, Laurenz: Der Gensdarmen-Markt, Gesicht und Geschichte eines Berliner Platzes, Berlin 1988.

Demps, Laurenz: Das Brandenburger Tor, Berlin 1991.

Demps, Laurenz: Berlin-Wilhelmstraße, Berlin 1994.

Dohrmann, Ulf: Berliner Archive, Berlin 1992.

Dolgner, Dieter: Die Architektur des Klassizismus in Deutschland, Dresden 1971.

Drescher, Horst: Zum Spätstil der friderizianischen Architektur, Die Tätigkeit Carl von Gontards für König Friedrich II. von Preußen am Neuen Palais in Potsdam, Halle-Wittenberg 1968.

Drescher, Horst und Kroll, Renate: Potsdam, Ansichten aus drei Jahrhunderten, Potsdam 1981.

Drescher, Horst und Badstübner-Gröger, Sibylle: Das Neue Palais in Potsdam, Beiträge zum Spätstil der friderizianischen Architektur und Bauplastik, Berlin 1991. (Enthält überarbeitete Version der Dissertation Dreschers, Halle-Wittenberg 1968).

E(?)., Fr.(?): Gontard-Feier im Architekten-Verein zu Berlin, in: Deutsche Bauzeitung Nr. 25, 1891, S.474-475.

Ebert, Siegfried: Berlin von 1648 bis 1870/71, Berlin 1987.

Erffa, Wolfram von: Das Bürgerhaus im westlichen Oberfranken, Tübingen 1977.

Erichsen, Johannes: Antique und Grec. Studien zur Funktion der Antike in Architektur- und Kunsttheorie des Frühklassizismus, Diss. Köln 1980.

Erouart, Gilbert: Architetture come pittura, Jean-Laurent Legeay, Mailand 1982.

Erouart, Gilbert und Richard, Paul: Giovanni Piranesi – Piranesi et les français, Rom 1978.

Esterer, Richard: Instandsetzung und Ausgestaltung der staatlichen bayerischen Schlösser in Franken, in: Deutsche Kunst - Denkmalpflege, Bd. 36, 1934.

Fasolo, Furio: L'opera di Hieronimo e Carlo Rainaldi, Rom 1962.

Fellien, Hermann: Verzeichnis der in Mangers Baugeschichte von Potsdam 1789/90 aufgeführten Bauwerke und der Lokalisierung 1988, Potsdam 1988. Manuskript der Wiss. Allgemeinbibliothek Potsdam.

Fick, Astrid: Adelspalais, Bürgerhäuser und Amtsgebäude des Baumeisters Carl Gontard in Bayreuth (unpubliziert), Bamberg 1991.

Förster, Friedrich: Friedrich des Zweiten Briefwechsel mit dem Grafen Algarotti, Berlin 1837.

Foerster, Charles F.: Das Neue Palais in Potsdam, Berlin 1923.

Forssman, Erik: Dorisch, jonisch, korinthisch, Studium über den Gebrauch der Säulenordnungen in der Achitektur des 16. und 17. Jahrhunderts, Uppsala 1961, Reprint 1984.

Franz, Erich: Rezension zu: Hans Jakob Wörner, Architektur des Frühklassizismus in Süddeutschland, München/Zürich 1977, in: Kunstchronik, 32. Jg., Heft 12, S. 474-477, München 1979.

Franz, Erich: Pierre Michel d'Ixnard 1723-1795, Weißenhorn 1985.

Frenzel, Ursula: Beiträge zur Geschichte der barocken Schloß- und Gartenanlagen des Bayreuther Hofes, Diss. Erlangen, München 1958.

Friedel, Ernst: Das königliche Fassadenrecht in den Residenzen Berlin und Potsdam, in: Brandenburgia 9, 1900, S. 195-197.

Gebessler, August: Stadt und Landkreis Bayreuth, München 1959.

Geist, Johann Friedrich und Kürvers, Klaus: Das Berliner Mietshaus, 1740-1862, 2 Bde., München 1980.

Germann, Georg: Einführung in die Geschichte der Architekturtheorie, Darmstadt 1993.

Geßner, Dorothee: Potsdam-Bibliographie, Potsdam 1993.

Giersberg, Hans-Joachim: Das Potsdamer Bürgerhaus um 1800, Veröffentlichung des Bezirksheimatmuseums Potsdam, H. 10, Potsdam 1965.

Giersberg, Hans-Joachim. u.a.: Potsdamer Schlösser in Geschichte und Kunst, hg. Staatliche Archivverwaltung der DDR und Staatl. Schlösser und Gärten Potsdam Sanssouci, Leipzig 1984.

Giersberg, Hans Joachim.: Friedrich als Bauherr, Studien zur Architektur des 18. Jh. in Berlin und Potsdam, Berlin 1986.

Giersberg, Hans-Joachim: Der Große Kurfürst: 1620-1688, Potsdam 1988.

Giersberg, Hans-Joachim und Schendel, Adelheid: Potsdamer Veduten, Stadt- und Landschaftsansichten vom 17. bis 20. Jahrhundert, Potsdam 1990.

Giersberg, Hans-Joachim und Julier, Jürgen: Preußische Königsschlösser in Berlin und Potsdam, Potsdam 1992.

Gleichen-Rußwurm, Alexander von: Die Markgräfin von Bayreuth, Stuttgart 1925.

Golzio, Vincenzo: Palazzi Romani, Bologna 1971.

Goralczyk, Peter: Der Platz der Akademie in Belin, Berlin 1987.

Grimm, Jakob und Wilhelm: Deutsches Wörterbuch, 33 Bde., Reprint der Ausgabe von 1897, München 1984.

Gurlitt, Cornelius: Geschichte des Barockstiles und des Rococo in Deutschland, Stuttgart 1889.

Gurlitt, Cornelius: Friedrich der Große als Architekt, in: Westermanns illustrierte Monatshefte, Nr. 69, S. 100-129, 1890.

Gurlitt, Cornelius: Potsdam, Historische Städtebilder, Bd.10, Serie 2, H.5, Berlin 1909.

Gut, Albert: Das Berliner Wohnhaus des 17. und 18. Jahrhunderts, Diss. 1916, überarbeitete Neuauflage 1984.

Habermann, Sylvia: Unbekannter Entwurf zum Palais Reitzenstein?, in: Fränkischer Heimatbote, Monatsbeilage des Nordbayerischen Kuriers, 11. Jg., Nr.3, 1978.

Habermann, Sylvia: Bayreuther Gartenkunst, Die Gärten der Markgrafen von Brandenburg-Culmbach im 17. und 18. Jahrhundert, Worms 1982.

Habermann, Sylvia: Alte Bayreuther Fassaden, Bayreuth 1983.

Habermann, Sylvia: Bayreuth, Geschichte und Kunst, Bayreuth 1986.

Habermann, Sylvia: Was aus Bayreuth hätte werden können, Bayreuth 1987.

Häberle, Michael: Pariser Architektur zwischen 1750 und 1800, Die Entstehung des Elementarismus, Berlin/Tübingen 1995.

Hanemann, Regina: Johann Lorenz Fink (1745-1817), Fürstbischöflicher Hofwerkmeister und Hofarchitekt in Bamberg, München 1993.

Hansmann, Wilfried: Baukunst des Barock, Köln 1983.

Harris, John: Le Geay, Piranesi and International Neoclassicism in Rome 1740-1750, in: Essays in the History of Architecture presented to Rudolf Wittkower, S. 189-196, Abb. XX 1-39, London 1969.

Harris, John: The Palladian Revival, Lord Burlington, His Villa and Garden at Chiswick, Yale/New Haven/London 1994

Hartmann, Karl: C. von Gontards Beziehungen zu Bayreuth, in: Bayerische Ostmark, 25. September 1941, Nr. 225, S. 4.

Hartmann, Karl: Geschichte der Stadt Bayreuth in der Markgrafenzeit, Bayreuth 1949.

Hautecœur, Louis: Histoire de l'architecture classique en France, 7. Bde., Paris 1958-1966.

Heinritz, Johann G.: Versuch einer Geschichte der Stadt Bayreuth, 2 Bde., Bayreuth 1823/1825.

Heinze, Eberhard und Thiemann, Eckhard und Demps, Laurenz: Berlin und seine Brücken, Berlin 1987.

Hempel, Eberhard: Carlo Rainaldi, Ein Beitrag zur Geschichte des römischen Barocks, Diss. München 1919.

Hepner, Maria: Das Brandenburger Tor ist renoviert, in: Potsdamer Kulturspiegel 11/1959, S. 318ff.

Herget, Elisabeth: Die »sala terrena« im deutschen Barock, unter besonderer Berücksichtigung ihrer Entwicklung aus der abendländischen Grottenarchitektur, Diss. Frankfurt/Main 1954.

Herrington, Kevin: Changing ideas on architecture in Encyclopédie 1750-1776, 1985.

Hernández, Antonio: Grundzüge einer Ideengeschichte der französischen Architektur theorie von 1560-1800, Diss. Basel 1972.

Herz, Rudolf: Berliner Barock, Bauten und Baumeister aus der 1. Hälfte des 18. Jahrhunderts, Berlin 1928.

Hetzer, Theodor: Das Marmorpalais in Potsdam, Berlin 1921.

Hinrichs, Walther: Carl Gotthard Langhans, Ein Schlesischer Baumeister 1733-1808, Studien zur Deutschen Kunstgeschichte, Heft 116, Straßburg 1909.

Hirschmann, Philipp: Das Bayreuther Rathaus im Wandel der Zeiten, in: Bayreuther Land, 1929.

Hirschmann, Philipp: Wonseeser Turmkopfnachrichten, in: Archiv für Geschichte von Oberfranken, Bd. 30/3, 1929, S. 107-132.

Hirschmann, Philipp: Altbayreuther Bauanlagen, in: Oberfränkische Heimat, Heimatkundliche Beilage der Oberfränkischen Zeitung, 3. Jg., S. 111, 1926.

Hoffmann, Diether: C. von Gontard, Sein Leben und sein Werk, unveröffentlichte Dissertation, Berlin ca. 1934-1940. (Exemplar des Stadtmuseums Bayreuth = (I); Exemplar des Landesarchivs Berlin = (II).)

Hoffmann, Diether (?): Gedenken an Karl von Gontard, Ein Baumeister im alten Potsdam, in: Potsdamer Tageszeitung, o.J., Ausschnittsammlung des Bezirks-Heimat-Museum Potsdam.

Hofmann, Friedrich: Die Kunst am Hofe der Markgrafen von Brandenburg, Fränkische Linie, Straßburg 1901.

Hofmann, Friedrich: Bayreuth und seine Kunstdenkmale, München 1902.

Hofmann, G. und Hofmann, M: Kurzübersicht der Befunduntersuchung durch die Kirchenmaler und Restauratoren G. und M. Hofmann aus Hollfeld in der Hofapotheke Bayreuth, Hollfeld 1989.

Hojer, Gerhard: Neues Schloß Bayreuth, Anton Raphael Mengs – Königin Semiramis erhält die Nachricht vom Aufstand in Babylon, Berlin/München 1995.

Hofmann, Friedrich: Geschichte der Bayreuther Fayencenfabrik St. Georgen am See, Augsburg 1928.

Holle, Johann W.: Geschichte der Stadt Bayreuth, Bayreuth 1900, Reprint 1981.

Holtze: Die erste Potsdam betreffende Urkunde, in: Mitteilungen des Vereins für die Geschichte

Literatur und Quellen

Potsdams, 16. Sitzung am 24.11.1863, Potsdam 1863/64.

Hopfmüller: Stammbaum der fränkischen Linie der Familie Ellrodt, in: Archiv für Geschichte und Altertumskunde von Oberfranken, Bd. 23/2, 1907.

Hootz, Reinhardt (Hrsg.): Kunstdenkmäler in Italien, Rom I, Darmstadt 1988.

Hübsch, Georg: Der fürstliche Lustsitz Eremitage in den Tagen seiner Vergangenheit, Bayreuth 1924.

Hürlimann, Martin: Berlin, Berichte und Bilder, Berlin 1934.

Hürlimann, Martin: Die Residenzstadt Potsdam, Berlin 1933.

Huth, Hans: Chambers and Potsdam, in: Essays in the History of Achitecture presented to Rudolf Wittkower, S. 214-216, Abb. XXIII 1-3, London 1969.

Jahn, Franz: Drei Jahrhunderte Baugeschichte Berlin, Berlin 1939, Tafelteil, Staatliche Museen zu Berlin, Kupferstichkabinett.

Jahn, Johannes: Wörterbuch der Kunst, Stuttgart 1983.

Jahn, Wolfgang: Stukkaturen des Rokoko, Bayreuther Hofkünstler in markgräflichen Schlössern und in Würzburg, Eichstätt, Ansbach, Ottobeuren, Diss. Erlangen/Nürnberg 1985, Sigmaringen 1990.

Kadatz, Hans-Joachim: G.W.v. Knobelsdorff, Baumeister Friedrichs II., München 1983.

Kania, Hans: Friedrich der Große und die Architektur Potsdams, Potsdam 1912.

Kania, Hans: Die Kunst im Neuen Palais, in: Potsdamer Tageszeitung o. J., Ausschnittsammlung des Bezirks-Heimat-Museum Potsdam.

Kania, Hans: Die Kommuns, in: Potsdamer Tageszeitung, o. J., Ausschnittsammlung des Bezirks-Heimat-Museums Potsdam.

Kania, Hans: Potsdamer Baukunst, Potsdam 1916.

Kania, Hans: Neues vom Neuen Palais, in: Potsdamer Tageszeitung, Nr. 66, 1923.

Kania, Hans: Der Erbauer des Neuen Palais, in: Potsdamer Tageszeitung, Nr. 291, 1923.

Kania, Hans: Der Baumeister des Waisenhauses und die kunstgeschichtliche Bedeutung seines Werkes, in: Potsdamsches Großes Waisenhaus, Festschrift zur 200-Jahrfeier 1724-1924, Potsdam 1924.

Kania, Hans: Potsdamer Baukunst, Eine Darstellung ihrer geschichtlichen Entwicklung, Berlin 1926.

Kania, Hans: Zur Geschichte des Palastes Barberini, in: Mitteilungen des Vereins für die Geschichte von Potsdam, N. F. 6, H. 3, 1929, S. 216-218.

Kania, Hans: Kunstbeziehungen Friedrichs des Großen zu Süddeutschland, in: Mitteilungen des Vereins für die Geschichte Potsdams, N. F. 6, Potsdam 1931, S. 87-98.

Kania, Hans: Die Genesis der Entwürfe zum Neuen Palais, Gesammelte Studien zur Kunst- und Kulturgeschichte Potsdams, in: Mitteilungen des Vereins für die Geschichte von Potsdam, N. F. 6, H. 5, Nr. 328, 1932.

Kania, Hans: Die Ost-, Nord- und Westseite des Wilhelmsplatzes, in: Mitteilungen des Vereins für die Geschichte von Potsdam, N. F., VII, H.1, 1933, S. 35-37.

Kania, Hans: Friedrichs des Großen eigene baukünstlerische Betätigung in Potsdam und Sanssouci, in: Völkischer Beobachter, 29.2.1936.

Kania, Hans: Äußerungen Friedrichs des Großen über seine Potsdamer Bauten, in: Mitteilungen des Vereins für die Geschichte von Potsdam, N.F. VII, H. 4, 1937, S. 266-268.

Kania, Hans: Heimatkundliche Spaziergänge in den Straßen Alt-Potsdams, in: Mitteilungen des Vereins für die Geschichte von Potsdam, N. F. VII, H. 1, 1937.

Kania, Hans: Potsdam, Staats - und Bürgerbauten, Berlin 1939.

Kania, Hans: Geschichte der Stadtspakasse zu Potsdam, Potsdam 1940.

Kaufmann, Emil: Architekturtheorie der französischen Klassik, in: Repertorium für Kunstwissenschaft 64, S. 197-237, 1924.

Kaufmann, Emil: The contribution of J. F. Blondel to Mariette's Architecture Françoise, in: Art Bulletin, 31, 1949/1, S. 58-59.

Kaufmann, Emil: Three revolutionary architects, Boullée, Ledoux and Lequeu, in: Transactions of American Philosophical Society, vol. 42/3, 1952.

Keller, Harald: Die Kunst des 18. Jahrhunderts, Propyläen Kunstgeschichte, Bd. 10, 1971.

Keller, Harald: Goethe, Palladio und England, in: Sitzungsberichte der Bayerischen Akademie der Wissenschaften, Phil. Klasse, Jg. 1971, H. 1, München 1971.

Kieling, Uwe: Berlin - Baumeister und Bauten von der Gotik bis zum Historismus, Stuttgart 1987.

Klaiber, Hans A.: Der Württembergische Oberbaudirektor Philippe de la Goûpière, Stuttgart 1959.

Kloeppel, Otto: Friedericianisches Barock: Fürstliche, kirchliche und bürgerliche Baukunst vom 17. bis zum Ausgang des 18. Jahrhunderts, Leipzig 1909.

Klopfer, Paul: Von Palladio bis Schinkel, Esslingen 1911.

Klünner, Hans-Werner: Das Panorama der Straße unter den Linden vom Jahr 1820, in: Mitteilungen des Vereins für die Geschichte Berlins, Nr. 1, S. 2-8, Berlin 1965.

Klünner, Hans-Werner und Peschken, Goerd: Das Berliner Schloß, Frankfurt/Main, Berlin/Wien 1982.

Knabe, Peter-Eckhard: Schlüsselbegriffe des kunsttheoretischen Denkens in Frankreich von der Spätantike bis zum Ende der Aufklärung, Diss. Bochum 1970.

Köhler, Bettina: Die Stadt Paris und das Wohnhaus, Zum »bâtiment particulier« in der französischen Architekturtheorie 1600-1750, Alfter 1994.

Koenig, Willy: Schloß Friedrichsfelde, in: Die Mark, 7, 1910/11, S. 201,202, 218-220.

Kothe, Julius: Der Gendsdarmenmarkt in Berlin, in: Die Denkmalpflege, 23, Berlin 1921, S. 39.

Kothe, Julius: Wohnhäuser von kunstgeschichtlichem Wert in Berlin und Vororten, in Zeitschrift für Bauwesen, 73. Jg., S.66-72, 113-120, 178-186, Berlin 1923.

Kreisel, Heinrich: Fürstenschlösser in Franken, Berlin 1942.

Kreisel, Heinrich: Deutsche Spiegelkabinette, Darmstadt 1954.

Krieger, Bogdan: Friedrich der Große und seine Bücher, Berlin/Leipzig 1914.

Kröll, Joachim: Ludwig Tieck und Wilhelm Heinrich Wackenroder in Franken, Archiv für Oberfranken, Bd. 38, 1961, S. 350-372.

Kruft, Hanno-Walter: Geschichte der Architekturtheorie, Von der Antike bis zur Gegenwart, München 1991.

Kurth, Willy: Sanssouci, Ein Beitrag zur Kunst des Deutschen Rokoko, Berlin 1965.

Kutscher, Barbara: Paul Deckers »Fürstlicher Baumeister« (1711-1716), Frankfurt/Main 1995.

Lamb, Karl: Das Rokoko der Markgräfin Wilhelmine von Bayreuth, München 1952.

Lammert, Marlies: David Gilly, Ein Baumeister des deutschen Klassizismus, Berlin 1964.

Lindeiner-Wildau, Christoph von: Beiträge zur Familiengeschichte der Gontard, Köln/Düsseldorf 1958.

Lindner, Klaus und Zögner, Lothar: Berlin im Kartenbild, Zur Entwicklungsgeschichte der Stadt 1650-1950, Berlin 1981.

Lippert, Gottlieb: Der Baumeister Karl von Gontard, in: Bayerische Ostmark, Nr. 117, S. 3, 20. Mai 1938.

Lippert, Gottlieb: Gontards Bürgerhäuser im markgräflichen Bayreuth, in: Bayerische Ostmark Nr. 177, S. 3, 1. August 1939.

Lippert, Gottlieb: Carl von Gontards Beziehungen zu Bayreuth, in: Bayerische Ostmark, Gauhauptstadt Bayreuth, Nr. 225, S. 4, 25. September 1941.

Lombardi, Ferruccio: Roma, Palazzi, Palazzetti, Case, Rom 1992.

Mamlock, Gotthold Ludwig: Das Charitékrankenhaus in Berlin zur Zeit Friedrichs des Grossen nach zeitgenössischen Berichten, in: Charité-Annalen, 28. Jg., 1904, S. 80-91.

Mayer, Bernd: Bayreuth à la carte, Bayreuth 1987.

Mayer, Bernd: Bayreuth in alten Ansichten, Frankfurt/M. 1978

Mayer, Hans: Die markgräfliche Hof- und Schloßapotheke, in: Bayreuther Land 1930.

Marconi, Paolo: La Roma del Borromini, Rom, o. J.

Marini, Maurizio: Le vedute di Roma, di Giovanni B. Piranesi, Rom 1989.

Martell, Paul: Das Bauwesen unter Friedrich dem Großen, in: Bauen – Siedeln – Wohnen, Berlin 1936, H. 16, S. 323-325.

Meier-Gesees, Karl: Der Bayreuther Hofgarten, in: Bayreuther Land, 1932, S. 65-77.

Meier-Gesees, Karl: Das Bayreuther Herzogspalais »Neues Rathaus«, in: Frankenheimat, Beilage des Bayreuther Tagblatt, Nr. 1, S. 4, 1955.

Mellinghoff, Tilman und Watkin, David: Deutscher Klassizismus, Architektur 1740-1780, Stuttgart 1989.

Merten, Klaus: Der Bayreuther Hofarchitekt Joseph Saint-Pierre (1708/09-1754), Diss. Frankfurt/M. 1964, in: Archiv für Geschichte von Oberfranken Bd. 44, S. 5-160, Bayreuth 1964.

Merten, Klaus: Schloß und Garten Kaiserhammer, Ein neu aufgefundener Plan, in: Achiv für Geschichte von Oberfranken, Bd. 46, 1966, S. 313-333, Bayreuth 1966.

Metzler, Matthias: Die Wohnbauten Carl von Gontards in Bayreuth, Potsdam und Berlin, Leipzig 1990, (unpubliziert).

Metzler, Mathias.: Potsdam, Bürgerhäuser des Baumeisters Carl von Gontard, in: Brandenburgische Denkmalpflege, 2. Jg., H. 1, 1993.

Middleton, Robin: J.-F. Blondel and the Cours d'architecture, in: Journal of the Society of Achitectural Historians, vol. 18, S. 140-148, 1959.

Middelton, Robin und Mellinghof, Tilman: Deutscher Klassizismus, Stuttgart 1987.

Mielke, Friedrich: Der Wiederaufbau Potsdams und die Wilhelm-Staab-Straße, in: Märkische Heimat, 4, 1956.

Mielke, Friedrich: Das Holländische Viertel in Potsdam, Berlin 1960.

Mielke, Friedrich: Denkmalpflege in Potsdam, in: Deutsche Kunst- und Denkmalpflege, Jg. 1960, H. 1, S. 79-82.

Mielke, Friedrich: Potsdam wie es war, Berlin 1963.

Mielke, Friedrich: L'Architecture Palladienne à Potsdam, in: Bolletino del Centro Internazionale di Studi di Architettura Andrea Palladio, X, 1968, Vicenza 1968, S. 59-64.

Mielke, Friedrich: Frédéric II de Prusse et l'Œuvre de Palladio, in: Bolletino del Centro Internazionale di Studi di Achitettura Andrea Palladio, X, 1968, Vicenza 1968, S. 315-321.

Mielke, Friedrich: Friedrich II. und das Neue Palais in Potsdam, in: Jahrbuch für die Geschichte Mittel- und Ostdeutschlands, Bd. 18, S. 319-322, Berlin 1969.

Mielke, Friedrich: Palladio und Potsdam, in: Jahrbuch für die Geschichte Mittel- und Ostdeutschlands, Bd.18, S.326-337, Berlin 1969.

Mielke, Friedrich: Das Bürgerhaus in Potsdam, 2.Bde., Tübingen 1972.

Mielke, Friedrich: Potsdamer Baukunst, Das klassische Potsdam, Frankfurt/M., Berlin, Wien 1981.

Mühe, Henriette: Bürgerhäuser und Paläste, Die Baukunst Karl von Gontards in der Markgrafschaft Bayreuth, Zulassungsarbeit an der Universität Bayreuth, Bayreuth 1977.

Müller, Wilhelm (Hrsg.): Im Glanz des Rokoko, Markgräfin Wilhelmine von Bayreuth, Gedenken zu ihrem 200. Todestag, in: Archiv für Geschichte von Oberfranken Bd. 38, Bayreuth 1958.

Müller, Wilhelm Die italienische Reise 1754/55, in: Im Glanz des Rokoko, hrsg. von Wilhelm Müller, in: Archiv für Geschichte von Oberfranken Bd. 38, 1958, S. 51-112, Bayreuth 1958.

Müller, Wilhelm Das Stadtbild Bayreuths in alten Ansichten, in: Archiv für Geschichte von Oberfranken, Bd. 44, 1964, S. 161-198.

Müssel, Karl: Ein markgräflicher Jagdpavillon im Fichtelgebirge, Abgegangenes und unbekanntes Gontardbauwerk nach 200 Jahren entdeckt, in: Frankenheimat, Beilage zum Bayreuther Tagblatt, Nr. 11, 1961.

Müssel, Karl: Bauten, Jagden und Feste der Markgrafen in Kaiserhammer, in: Archiv für Geschichte von Oberfranken, Bd. 41, 1961, S. 271-345.

Müssel, Karl: Gontardbauwerk – Markgräflicher Jagdpavillon nach 200 Jahren im Fichtelgebirge entdeckt, in: Frankenheimat, Beilage zum Bayreuther Tagblatt, Nr.11, S. 41, 1961.

Müssel, Karl: Neue Gontardspuren in Bayreuth, in: Frankenheimat, Beilage zum Bayreuther Tagblatt, Nr. 1, 1964, S. 1-3.

Müssel, Karl: Kaiserhammer, Ein Nachtrag, in: Archiv für Geschichte von Oberfranken, Bd. 46, 1966, S. 333-339.

Müssel, Karl: Gontardbrücke und -Haus in Moritzhöfen, Rückblick auf die Planungsgeschichte, Bindeglied zum Wittelsbacherring, in: Fränkischer Heimatbote, Monatsbeilage des Nordbayerischen Kuriers, 10. Jg., Nr. 7, 1977.

Müssel, Karl: Kleine Hausgeschichte des Italienischen Baus am Neuen Schloß in Bayreuth, Sonderdruck aus Archiv für Geschichte von Oberfranken Bd. 71, Bayreuth 1991.

Müther, Hans: Berlins Bautradition, Berlin 1956.

Nash, Ernest: Die Börse in Rom und das Säulenhaus in Potsdam, in: Günther Wasmuth zum achtzigsten Geburtstag, Festschrift, Tübingen 1968.

Oestreich, Gerhard: Friedrich Wilhelm I., Göttingen 1977.

Pérouse de Montclos, Jean-Marie: Les Prix de Rome, Concours de l'Académie royale d'architecture au XVIIIe siècle, Paris 1984.

Peschken, Goerd: Berlin, Eine Residenz wird errichtet, Berlin bis 1800, vorgestellt an Stadtgrundrissen und Bauten, Berliner Topographien 1, Berlin 1987.

Pfeilsticker, Walter: Neues Wüttembergisches Dienerbuch, Bd.I, Hof, Regierung, Verwaltung, Stuttgart 1957.

Plodeck, Karin: Hofstruktur und Hofzeremoniell in Brandenburg, in: Historischer Verein für Mittelfranken, Jahrbuch 86, 1971/72.

Prost, Auguste: J.-F. Blondel et son Œuvre, Metz 1860.

Pungs-Schlotmann, Annelie: Schloß Fantaisie, Untersuchungsbericht Pavillon und Kavaliergebäude, Juli 1991 (unveröffentlicht, Exemplar der Schloß- und Gartenverwaltung Bayreuth).

Regler, Georg (Hrsg.): Oberfränkische Heimat, Jg.VIII, Nr.3, 1930.

Reichold, Helmut: Sophie Caroline v. Brandenburg-Bayreuth (1759-1817), in: Jahrbuch des Historischen Vereins für Mittelfranken, 77, 1957, S. 159-180.

Reimann, Georg J.: Das Berliner Straßenbild des 18. und 19. Jh., Berlin 1954.

Reitzenstein: Die Burggüter und Freihäuser in der Stadt Bayreuth, in: Archiv für Geschichte und Altertumskunde von Oberfranken, 1881/15, S. 61-113, Bayreuth 1881.

Reuther, Hans: Barock in Berlin, Berlin 1979.

Ribbe, Wolfgang und Schäche, Wolfgang (Hrsg): Baumeister, Architekten, Stadtplaner, Biographien zur baulichen Entwicklung Berlins, Berlin 1987.

Riedelbauch, Martin: Gontards Einfluß auf Drossenfelder Bauten, in: Frankenheimat, Beilage zum Bayreuther Tagblatt, Nr.1, 1964, S. 3-4.

Riedelbauch, Martin: Schloß und Rittergut Drossenfeld, in: Archiv für Geschichte von Oberfranken, Bd. 53, S. 261-288, Bayreuth 1973.

Riehl, Wilhelm: Aus den Akten eines Hauses, Wilhelmplatz 9, in: Mitteilungen des Vereins für die Geschichte von Potsdam, N.F.1, 1875, S. 39-45.

Röver, Anne: Bienséance: Zur ästhetischen Situation im Ancien Régime, dargestellt an Beispielen der Pariser Privatarchitektur, Hildesheim 1977.

Rose, Hans: Spätbarock: Studien zur Geschichte des Profanbaus in den Jahren 1660 bis 1760, München 1922.

Rumpf, Johann Daniel Friedrich: Der Fremdenführer, oder wie kann der Fremde, in der kürzesten Zeit, alle Merkwüdigkeiten in Berlin, Potsdam, Charlottenburg und deren Umgebung, sehen und kennen lernen, Berlin 1829.

Sauer, K.G.: Allgemeines Künstlerlexikon (= Sauer), 15 Bde., München/Leipzig 1992-1997.

Schachinger, Erika: Alte Wohnhäuser in Berlin, Berlin 1969.

Scheibe: Zweihundert Jahre des Charité-Krankenhauses zu Berlin, in: Charité-Annalen, XXXIV. Jg., Berlin 1910.

Schelter, Alfred: Innenarchitektur fränkischer Sakralbauten des Protestantismus, Diss. Berlin 1978.

Schenk, Clemens: Die kunstgeschichtlichen Sehenswürdigkeiten Bayreuths, Würzburg 1924.

Schlosser, Julius: Die Kunstliteratur, Wien 1924, Reprint 1985.

Schmerber, Hugo: Studie über das deutsche Schloß und Bürgerhaus im 17. und 18. Jh., Strassburg 1902, Repr. 1979.

Schmidt, H.C.P.: Geschichte und Geographie der Königl. Preussischen Residenzstadt Potsdam, Potsdam 1825.

Schmitz, Hans: Altbayreuther Bauten, in: Bayreuth, Ein Überblick über die Geschichte, das geistige Bild, die bauliche Entwicklung, die wirtschaftliche Lage, die heutige Verwaltung und die landschaftliche Umgebung, hrsg. von der Stadt Bayreuth, Bayreuth 1924.

Schmitz, Herrmann: Berliner Baumeister vom Ausgang des 18. Jh., Berlin 1914.

Schneider, Reinhold: Die Hohenzollern, Köln 1953.

Schneider, Richard (Hrsg.): Potsdam um 1900, Berlin 1991.

Schöller, Wolfgang: Die Académie Royale d'Architecture, Frankfurt/Main 1991.

Schütte, Ulrich: »Ordnung« und »Verzierung«, Untersuchungen zur deutschsprachigen Architekturtheorie des 18. jahrhunderts, Soest 1979.

Schütte, Ulrich: Architekt und Ingenieur, Baumeister in Krieg und Frieden, Wolfenbüttel 1984.

Seelig, Lorenz: Friedrich und Wilhelmine, Die Kunst am Bayreuther Hof 1732-1763, München/Zürich 1982.

Silbergleit, Heinrich: Preußens Städte, Denkschrift zum 100jährigen Jubiläum der Städteordnung vom 19. November 1808, Berlin 1908.

Sitzmann, Karl: Kunst und Künstler in der Bayreuther Umgebung, Humanistisches Gymnasium Bayreuth 1919, Bayreuth 1919.

Sitzmann, Karl: Die Frühzeit des Architekten Carl Gontard in Bayreuth, Bayreuth 1952.

Sitzmann, Karl: Künstler und Kunsthandwerker in Ostfranken, Kulmbach 1957.

Stadtverwaltung Bayreuth (Hg): Ein Überblick über die Geschichte, Nürnberg 1924.

Stiehl, Otto: Die Sammlung und Erhaltung alter Bürgerhäuser, Berlin 1905.

Stopfel, Wolfgang: Triumphbogen in der Architektur des Barock, Diss. Freiburg/Br. 1964.

Swillens, P.T.: Jacob van Campen, Assen 1961.

Tadgell, Christopher: Ange-Jacques Gabriel, London 1978.

Tapié, Victor: The age of grandeur, 1960

Tavernor, Robert: Palladio and Palladianism, London 1991.

Thieme, Ulrich und Becker, Felix: Allgemeines Lexikon der bildenden Künstler (= Thieme-Becker), 37 Bde., Leipzig 1907-1950.

Trübsbach, Rainer: Geschichte der Stadt Bayreuth 1194-1994, Bayreuth 1993.

Literatur und Quellen

Uhlmann, Manfred u. a.: Potsdam, Geschichte in Wort und Bild, Potsdam 1986.

Veh, Otto: Wilhelmine und die Antike, in: Archiv für Geschichte von Oberfranken, Bd. 38, 1958, S. 157f.

Versen, F.L.v.: Geschichte der Unteroffiziersschule in Potsdam, 1824-1839, Berlin 1899.

Vollet, Hans: Barock und Rokoko im Stadtbild von Bayreuth zur Zeit der Markgräfin Wilhelmine, in: Im Glanz des Rokoko, hrsg. von Wilhelm Müller, in: Archiv für Geschichte von Oberfranken, Bd. 38, 1958, S. 161-181, Bayreuth 1958.

Volk, Waltraud: Potsdam, Historische Straßen und Plätze heute, Berlin 1988.

Volz, Gustav: Friedrich der Große und Wilhelmine von Bayreuth, 1926.

Waddy, Patricia: Seventeenth-Century Roman Palaces, New York 1990.

Wallé, Peter: Leben und Wirken Karl von Gontards, Zum 100. Todestage am 23. September 1891, Berlin 1891.

Wallé, Peter: Potsdamer Wohnhäuser, in: Blätter für Architektur und Kunsthandwerk, Bd. 1892/93.

Wallé, Peter: Karl von Gontard, in: Kunstchronik, N.F. IV, S.270ff.

Walter, Friedrich: Zur Genealogie der Mannheimer Gontards, in: Mannheimer Geschichtsblätter, Monatsschrift für die Geschichte, Altertumskunde und Volkskunde Mannheims und der Pfalz, 1919, Nr. 4-6.

Weber, Gordian A.: Die Antikensammlung der Wilhelmine von Bayreuth, Schriften aus dem Institut für Kunstgeschichte der Universität München, Bd. 67, München 1996.

Weber-Kellermann, Ingeborg (Hrsg.): Eine preußische Königstochter, 1981.

Werner, Frank: Potsdam, Städtebau und Raumentwicklung seit 1935, Potsdam 1968.

Wolters, Rudolf: Stadtmitte Berlin, Stadtbauliche Entwicklungsphasen von den Anfängen bis zur Gegenwart, Tübingen 1978.

Wörner, Hans Jakob: Architektur des Frühklassizismus in Süddeutschland, München/Zürich 1979.

Wundram, Manfred: Kunstführer Florenz, Stuttgart 1993.

Zieler, Otto: Potsdam, ein Stadtbild des 18. Jahrhunderts, Berlin 1913.

Ausstellungskataloge

Architekt und Ingenieur, Baumeister in Krieg und Frieden, Hrsg. Herzog August Bibliothek, Ausstellung der Herzog August Bibliothek, Wolfenbüttel 1984.

Bayern, Kunst und Kultur, Hg. Stadtmuseum München, Ausstellung des Stadtmuseums München, München 1972.

Begrenzung und Wachstum, Berliner Stadtentwicklung im Spiegel von Karten, Hrsg. Landesarchiv Berlin, Ausstellung des Landesarchivs Berlin 24. März bis 30. Juni 1994 und 30. Januar bis 28. Juli 1995, Berlin 1995.

Berlin im Kartenbild, Zur Entwicklung der Stadt 1650-1950, Hrsg. Staatsbibliothek Preußischer Kulturbesitz, Ausstellung Staatsbibliothek Berlin 20. Mai 1981 bis 22. August 1981, Berlin 1981.

Blick auf Potsdam, Ansichten aus dem 18. und 19. Jahrhundert, Hrsg. Direktion der Schlösser und Gärten Potsdam, Ausstellung Staatl. Schlösser und Gärten Berlin und Potsdam, Ausstellung 1. Juni bis 24. Juli 1990, Potsdam 1990.

China und Europa, Hrsg. Direktion Schlösser und Gärten Berlin, Ausstellung der Staatl. Schlösser und Gärten Berlin, Berlin 1973

Von Chodowiecki bis Liebermann, Katalog der Zeichnungen, Aquarelle, Pastelle und Gouachen des 18. und 19. Jahrhunderts, bearb. von Dominik Barmann und Gert-Dieter Ulferts, Ausstellung des Berlin-Museums 1990, Berlin 1990.

Friedrich II. und die Kunst, Ausstellung zum 200. Todestag, Hrsg. Direktion Schlösser und Gärten Potsdam, Ausstellung 19.7.1986-12.10.1986, Neues Palais Sanssouci, 2 Bde., Potsdam 1986.

Friedrich der Große, Sammler und Mäzen, Hg. Johann Georg Prinz von Hohenzollern, Ausstellung München 1992, München 1992.

Friedrich Gilly 1772-1800 und die Privatgesellschaft junger Architekten, Hrsg. Berlin-Museum, Ausstellung Berlin-Museum 21. September bis 4. November 1984, Berlin 1987.

Friedrich Wilhelm von Erdmannsdorff (1736-1800), Sammlung der Zeichnungen, Hrsg. Staatliche Galerie Dessau, Ausstellung Staatliche Galerie Dessau, Schloss Georgium, Graphische Sammlung 1986, Dessau 1986.

Friedrich Wilhelm von Erdmannsdorff (1736-1800), Literarische Zeugnisse, Hrsg. Staatsbibliothek Dessau, Ausstellung Stadtbibliothek Dessau, Dessau 1986.

Il mostra del Palladio, Ausstellungskatalog Vicenza 1973.

Klassizismus in Bayern, Schwaben und Franken, Architekturzeichnungen 1775-1825, Ausstellung der Technischen Universität München vom 8. Mai bis 27. Juli 1980, München 1980.

Markgräfin Wilhelmine von Bayreuth und ihre Welt, Ausstellung im Neuen Schloß Bayreuth, Sommer 1959, Hrsg. Bayerische Verwaltung der staatlichen Schlösser, Gärten und Seen, München 1959.

Das Militärwaisenhaus zu Potsdam, Gegründet 1724 - vor 250 Jahren, Ausstellung des Geheimen Staatsarchivs Preußischer Kulturbesitz in Berlin, November 1974-Januar 1975, Berlin 1974.

Vom Nutzen der Toleranz, 300 Jahre Hugenottenstadt Erlangen, Hrsg. Stadtmuseum Erlangen, Ausstellung des Stadtmuseums Erlangen, 1. Juni -23. November 1986, Nürnberg 1986.

Potsdamer Persönlichkeiten auf Bildnissen aus vier Jahrhunderten, Hrsg. Bezirksmuseum Potsdam, Ausstellung des Bezirksmuseum Potsdam, 29.8.-15.11.1970, Potsdam 1970.

Potsdamer Schlösser und Gärten, Bau- und Gartenkunst vom 17.-20. Jahrhundert, Hrsg. Stiftung Schlösser und Gärten Berlin-Brandenburg, Potsdam-Sanssouci 1993.

Potsdam und seine Umgebungen seit dem Beginn des 18. Jahrhunderts, Gemälde, Graphik, Kunstgewerbe, Hrsg. von Irmgard Wirth, Ausstellung Berlin-Museum 1980, Berlin 1980.

Von Schinkel bis Mies van der Rohe, Ausstellung Berlin Staatl. Museen Preußischer Kulturbesitz, Berlin 1974.

Johann David Steingruber, Markgräflicher Hofbaumeister (1702-1787), Leben und Werk, Hrsg. Haus der Bayerischen Geschichte u.a., Gedenkausstellung anläßlich des 200. Todestages des markgräflichen Hofbaumeisters in Ansbach vom 29.10. bis 6.12.1987, bearb. von Josef Maier, Ansbach 1987.

Abkürzungsverzeichnis

B.	Breite
d.V.	die Verfasserin
EG	Erdgeschoß
fl.	Florin (= Gulden)
fl.frk.	Fränkischer Gulden
H.	Höhe
Hz.	Handzeichnung
Ktnr.	Kartennummer (Plansammlung Mielke, Amt für Denkmalpflege Potsdam)
M.	Maßstab
o.D.	ohne Datum
OG	Obergeschoß
o.J.	ohne Jahresangabe
o.P.	ohne Paginierung
PK	Plankammer
Rhl. Fuß	Rheinländischer (preußischer) Fuß
Wz.	Wasserzeichen